赵 靖

（1922—2007）

赵靖先生夫妇在家中与本书编者叶坦（左一）合影

赵靖先生与本书编者周建波（右一）合影

赵靖传统经济思想史论选集

周建波　叶坦　主编

商务印书馆
创于1897　The Commercial Press

图书在版编目(CIP)数据

赵靖传统经济思想史论选集 / 赵靖著；周建波，
叶坦主编 . —北京：商务印书馆，2022
ISBN 978-7-100-21578-7

Ⅰ.①赵… Ⅱ.①赵… ②周… ③叶… Ⅲ.①经济思
想史—中国—文集 Ⅳ.① F092-53

中国版本图书馆 CIP 数据核字（2022）第 150424 号

赵靖传统经济思想史论选集

周建波　叶坦　主编

商 务 印 书 馆 出 版
（北京王府井大街 36 号　邮政编码 100710）
商 务 印 书 馆 发 行
北京市十月印刷有限公司印刷
ISBN 978-7-100-21578-7

2022 年 9 月第 1 版　　　开本 880×1230　1/32
2022 年 9 月北京第 1 次印刷　印张 29　插页 1

定价：198.00 元

赵靖先生百年华诞文集总序

叶 坦

2022年9月16日是赵靖先生百年华诞。光阴荏苒，先生离去已经十五个春秋了，我们怀着十分崇敬的心情，深切缅怀这位世纪学者，一同仰望这座燕园丰碑。

赵靖先生（1922—2007），著名经济学家、经济史学家，北京大学经济学院教授。他1922年9月生于济南，1941年齐鲁中学毕业，被保送入燕京大学经济系学习。1945年大学毕业考入南开经济研究所读研究生，1947年毕业留校任教，翌年回到燕京大学工作。新中国成立后，自1952年高校院系调整直至先生去世，他一直在北京大学执教。最初他致力于财政学、经济学原理及政治经济学的教学和研究，半个多世纪以来则重在中国经济思想史学科的建设和人才培养，历任中国经济思想史学会副会长、会长、名誉会长。作为新中国本学科的开拓者和奠基人之一，他为学科、学会以及北京大学经济史学的发展，贡献了毕生的心血和精力。他还加入中国民主同盟等参与工作，先后任北京市政协常委和全国政协委员等。先生论著等身，桃李遍天下，主要代表作有《中国近代经济思想史》

（合著）、《中国古代经济思想史讲话》、《中华文化通志·经济学志》；主编四卷本《中国经济思想通史》以及《中国经济思想通史续集》等，重要论文收入《赵靖文集》《学术开拓的主要路标——赵靖文集》等。

先生曾撰《八十自嘲联》——

出家门进校门犹逊三门干部
既舌耕又笔耕敢附一世寒儒

这或许是他以"自嘲"方式对自己八十年生涯的总括。他博大的襟怀与学术志向是分不开的，在读大学的时候就开始疑惑"经济思想为何都是外国的"，就此开始了他的学术探索和追求。由于他长期从事经济学的教学工作，又自幼喜读古书，看到浩瀚精深的中国文化典籍中蕴含着丰富的、亟待发掘的经济思想宝藏，便从1959年起将主要精力投入到中国经济思想史学科。先生治学心无旁骛，数十年如一日，八秩有余眼疾病痛，仍然笔耕不辍。他博古通今，功力深厚，对许多问题都有独到的见解；许多前人足迹罕至的领域，都留下他辛勤探究和耕耘的汗水。

由于这套百年华诞文集是单篇论文的选辑，尽管注重论文之间的学术联系，但对于系统把握和全面理解先生的学术全貌和治学特点难免还会有影响，有必要解析其治学的系统性经典案例，尽可能全面呈现这座燕园丰碑的学术特征与风貌。在先生厚重丰赡的学术成就中，最具代表性的或许就是他主编的洋洋一百八十万言、历时十余载撰著而成的《中国经济思想通史》，北京大学出版社自1991年至1998年陆续出齐四卷本，2002年出版修订本；2004年还有近五十万字的《中国经济思想通史续集》付梓，五大卷共同构成20世纪中国经济思想通史的系统性经典。

从中国经济学术史视域看，能够做通史研究，不仅需要学科发展的长年积淀，更离不开研究者深厚的学术功力与理论素养。重点择要透析通史研究，能够较为典型地领略先生的学术特色和创新贡献。通史研究之"通"，既是研究时段、撰述内容之"史通古今"——"纵贯中国数千年来经济思想发展的全过程"；更是规律探寻、学理融通的"学究天人"——"探求中国经济思想史的历史发展规律"，终至"创新自成一家言"。《通史》是贯穿先生治学心得、理论探求和无数心血的力作，也是本学科20世纪系统性研究专著的里程碑。我曾应《燕京学报》之邀撰写长篇书评，先后反复摸索斟酌，有幸多次直接聆听先生坦言点拨，发表的稿子包括标题都是经他亲笔圈改的（《二十世纪中国经济思想史研究的鸿篇巨制——评〈中国经济思想通史〉修订本》，载于《燕京学报》新14期，2003年5月），此文或可视为《通史》的导读文章。要了解北京大学中国经济思想史学科的特质与发展，在这套文集之外，《通史》及其续集都是必读之书。

考察学术发展，有必要深入追踪科研创作史。通史的创作过程，无不彰显先生及其团队非常注重"三个有机结合"的编史特色：一是科研方式上人才培育与著作撰写有机结合，写书为育人，出人才则是为更好地写书。作者都是先生的学生,"子弟兵上阵"有利于体现主编的思想意图和风格路数,所谓"教育与科研相结合"在这里得到完满的诠释。二是研究内容中将经济思想史与社会经济史有机结合,力图使思想史脱离"无根之木"、"无源之水"的尴尬境地。三是理论创新中将理论体系和研究方法的创新与具体史实的实证考察有机结合。先生强调治学当以马克思主义为指导,探索意义重大的理论模式创新。提示中西方经济思想研究模式的差异,源于不同的历史进程和社会经济形态,传统中国不适合采用西方的"商品-资本"的模式,而"地产-地租、赋役"模式更加符合国情。

先生主持的研究将经济思想同历史进程相贯通的基本理路,也是系统性经典成果的"筋骨",大致可以表述为"三条主要线索"和"四大基本特征",这也是他长年治学的精要积淀,成为立论框架和核心要论。三条线索一是以历史唯物主义为指导,把经济形态和思想学说看成是每个时代社会经济的反映。二是注重上层建筑与经济基础的相互影响,中国的国家政策对经济思想影响最大。三是把握以儒家思想为主的文化形态,传统经济思想史中儒家思想居于主要地位。四大特征则是:1.中国经济思想是以国家为本位的经济思想,富民富家必须服从富国,富国是主线。2."富"与"均"的关系十分重要,"富"是经济思想的主流,而"均"虽一直存在却是非主流。3."义"与"利"也是中国经济思想史的基本问题,反映了经济利益与社会伦理诸关系,其规范经济行为和获利方式。4.以

"重农"为主要特征的"本末"关系论，说明农业在自然经济时代一直占有主导地位。这些可以作为考察几千年传统中国经济思想发展历程的基本脉络。

先生治学宏微相济，理论追求建立在坚实的史实考辨和史料发掘的基础之上。透过先生鸿篇巨制与精要阐述，可以较为深入全面地概括其治中国经济思想史最突出的十大贡献。**首先**，发掘、整理或丰富了许多人物包括小人物（本学科人物的大小与历史中的不同）的经济思想，如东汉的桓谭、王充直到五代宋元的郭威、苏云卿，再到明清之际的李雯、陆世仪等，深化和拓展了本学科的研究内容。先生强调经济思想的研究要以人物为基础，不赞成"思潮说"。**其次**，爬梳、新解一批有价值的经济思想史文献资料，如《太平经》《农书》等，将本学科的文献史料学推进到一个新的阶段。**再次**，运用材料和考证方法独到，如对《管子》"轻重"诸篇的新考证颇多新见，结合具体时代提出《列子·杨朱》消费思想与战国初期的道家杨朱及杨朱学派大相径庭等。**复次**，对诸子百家的认识和研究也大为深进，如将法家细分成"秦晋法家"与"东国法家"，具体分析两者的观点异同，使科研工作细密深入。**还有**，对禅宗的农禅经济思想的研究颇具创新性，收入《通史》的主要内容曾于1995年发表在《国学研究》第3卷，获得很高评价，丰富和开新本学科的研究对象。**再有**，拓进和深入民族经济思想研究，包括以往很少涉及的辽、夏、金等朝代的民族经济思想，填补和完善了中国多民族经济思想史的应有范围。**再则**，关于"治生之术"等研究，有助于弥补中国经济思想史微观分析之不足，使得学科基础更加科学，更加坚实。**此外**，注重分辨同一词语在特定背景下的不同内涵及其蕴积的经济思想意义，如对重要的基础性范畴"富"的研究，具有示范性作用。**另外**，还有若干精彩之处，如对历代农书中经济思想的发掘阐述、有关司马迁"善因论"和丘濬"自为论"的提出等，颇多创见。**最后**，提示认真总结中华民族优秀的历史遗产，创立中国自己的经济科学，具有重大的战略意义。

基于史实考辨和史料发掘的研究，为先生的理论探索提供了有力的依据。他在学术创新方面再一个重要贡献，就是提出了若干"论"与"学"，不仅得到本学科学者的赞同、肯定和应用，而且将中国经济思想史研究提升到一个新的阶段。在上述"善因论""自为论"等等"论"之外，"学"是经济思想的更高层次。"富国之学"与"治生之学"的概括阐述，虽有主次轻重之不同，却是先生学术理论的"双璧"。他指出，传统经济思想以"富国之学"为主，在"富国之学"中，他以"富国"为中心，诠释富国与富民、富家、分工、分配等的关系，进而展开货币、金融、财政、赋役等等在富国中的作用的考察，揭示传统经济思想的基本特质与发展规律。从"治生之术"等上升到"治生之学"的提出，不仅从微观层面弥补了以往传统经济思想研究的不足，而且成为其学术创新的重要标识。如农书《四民月令》被作为地主的"治家指南"，《齐民要术》则作为地主家庭经济管理思想的重要文献，详尽研究其治生之道、治生之理、治生之策。并且，治生之学的界域并非止于地主，还包括商人、手工业者等，从先秦白圭的治生之术、汉代司马迁的治生之学，到唐宋商人的治生之道，明清之后的"治生之学"更是蔚为大观。

与传统时代不同，先生将中国近代经济思想基本特征概括为"发展之学"。基于中国近代的历史性质和社会经济状况，他提炼出"发展"为经济思想的时代主题。进一步论证发展的社会经济基础以及依循的可能路径、发展的目标模式、工农商业发展、人口问题和对外开放等，及其与经济发展的关系；并沿着这些脉络，对近代中国有识之士关于发展道路的认识，以及由此形成的各种发展方案和理论主张进行概括分析，呈现近代中国经济发展思想的基本线索。作为世界最大的发展中国家，中国的经济发展思想弥足珍贵。

再如，先生的经济思想研究还伴随经济改革的时代脉搏不断鼎新，与时俱进。中华经济文化中蕴积着丰富的经济管理经验与思想，在经济管理思想研究方面，他的引领与导航作用，将文化、哲学以及史学研究中的管理思想研究引向深入。他的《中国古代经济管理思想概论》《中国经济管理思想史教程》等，都具有开拓性的研究成果。

先生提出的若干学术论点，为同仁所赞同、接受与光大。二十余年时光中，我有幸面聆先生教诲，也经常交流个人观点，得到先生悉心指导。我对先生高深而广博的学术之理解不过沧海一粟，只有"心向往之"是真真切切的。1985年我考入中国社科院巫宝三先生门下，这年也是中国经济思想史学科首次面向全国招收博士生。入学不久，即衔巫先生"博采众长"之命到北大"赵门立雪"，沐浴师恩厚泽直至赵先生驾鹤西归。在我学术生涯中一直感受先生那只有力大手的领扶，关键的几步都离不开他的指教、奖掖和扶助。他不仅对我的学位论文提出指导意见，还亲自主持我的博士论文答辩会，为论文获得一致好评而欣喜。此后巫先生和他分别为我博士论文《富国富民论——立足于宋代的考察》出版作序，他指出"这是近年来中国经济思想史学界的一桩喜事"，用"头一部"、"头一本"、"头一个"、"头一人"等词汇予我的研究充分肯定。最后，他意味深长地说："深为我们中国经济思想史学界有像叶坦这样的青年而自豪，并祝愿她在今后继续发扬这种扎实、勤奋的学风，千辛万苦地为攀登学术高峰而奋斗！"书出版后在海内外产生反响。先生的序言还被收录至《赵靖文集》（也被收入此次选集），我不知看了多少遍，每一次都泪水蒙眬，真是高山景行，师恩化雨……可以告慰先生的是，我三十多年前出版的这部学位论文，先后获得多种奖项，近期还入选商务印书馆"中华当代学术著作辑要"，即将出版。

先生对中国经济思想史学会的贡献前无古人，他担任会长期间，为学会工作呕心沥血尽心尽力，受到全国乃至世界同行的崇敬爱戴。先生不仅注重培养后学，更是十分重视学科建设，认为这是中国经济思想史后继和发展的关键所在。本学科不少学者都得到过先生的提携和指教，很多单位都得到过他的关怀和扶持。先生十分关心我供职的中国社科院经济所的本学科点，多次勉励我"坚守阵地"。他说："一个学科点,灭掉容易,再要建设起来就难了。这是一个大有前途的学科,垮了太可惜!无论有多困难,希望你能够坚守阵地。"他还写成书面意见,如1992年底在推荐我破格晋升研究员的推荐书中三度提出要重视培养"学术带头人",还从跨世纪学术事业发展战略的高度来谈这个问题。的确,我们这个学科点是巫先生于1956年最早在全国创立的,而且中国经济思想史唯独在中国大陆是理论经济学的分支学科,具有独特的学科优势和发展前景。正是在北京大学、上海财经大学、复旦大学等校本学科同仁,特别是在赵先生的亲切关怀和不断勉励下,我才能够在非常艰难的境况中一直坚持下来……先生穷毕生精力,对中国经济思想史这门学科做出了卓越的贡献;他循循善诱、勉励后学的教书育人精神永远铭刻在我们心中;他的言传身教历历在目,激励着后人不懈努力;他的音容笑貌如在目前,鼓舞我们在中国经济思想史的园地里不断耕耘。

先生学贯古今,成果卓著,此次编辑出版的百年华诞文集历时有年,尽可能全面地搜集、梳理、稽考、选辑其一生发表在学术刊物、著作、论集等中的中国经济思想史研究论文(包括著作序言等),希望通过反复斟酌最终选定编辑的论文,能够尽可能体现他在本学科领域耕耘一生的突出贡献,这也是北京大学经济史学的重要里程碑。文集分为《赵靖传统经济思想史论选集》和《赵靖近现代经济思想研究辑要》,两本论集主要依据研究内容的不同时代来区分,个别理论性或贯通性研究,则视其主要内容和偏重入选。

选编工作得到北京大学经济学院和经济史学系的鼎力支持，得到商务印书馆的悉心指导帮助。文集选编具有特殊的意义，不仅在于追忆前贤缅怀恩师，更在于赓续学脉，振兴学科。可喜的是，北大经济史学在经济学院领导的扶持帮助下，不断完善教学科研建制与保障，突出标志就是2019年9月27日经济史学系的建立。这几年，尽管疫情肆虐干扰频仍，但本系师生踔厉奋发，砥砺前行，取得了可观的学术成就。多篇有分量的研究成果问世，很有影响力的"北大经济史学名家讲座"开展数年已达一百六十八讲，招标的国家社科基金重大项目获准立项，本学科近日还喜获第一篇北京大学优秀博士论文……

我自2012年起有幸连续三届受聘北京大学经济学院兼职教授，2021年以来又荣聘北大经院讲席教授，深感有责任为北大经济史学的传承发展尽一份绵薄之力。我相信这套文集的出版具有深远意义，先生的学术成就不愧耸立于燕园的巍巍丰碑，先生的崇高形象和学术风范将永远激励我们努力奋进！

2022年6月于北京

序　言

周建波

　　赵靖先生（1922—2007）是中国经济思想史学科的主要开拓者和奠基人之一。其代表性成果是：四卷本的《中国经济思想通史》（1991、1995、1997、1998年初版）、《中华文化通志·经济学志》（1998）和《中国经济思想通史续集》（2004），被认为无论是研究内容，还是理论体系，都达到了20世纪中国经济思想史研究的最高水平。

　　在半个多世纪的学术生涯中，赵靖先生拓展了中国经济思想史的研究内容，提出了中国经济思想史特有的研究模式，构建了科学的学科研究体系，在许多方面做出了开创性贡献。赵靖先生的中国经济思想史研究之路是20世纪后半期中国经济思想史学科发展的缩影。

　　我生也幸，在1995年攻读北大经济学院中国经济思想史专业博士学位时，乃赵靖先生最后一届招博士生，张虎跟从赵靖先生，我跟从石世奇老师。不过，北大中国经济思想史专业是一个大家庭，除了写博士论文时更多地接受导师的指导外，其余时间都是一起读书，一起活动的。当时对赵靖先生印象最深的：一是学问大，只要谈到历史上的话题总能娓娓道来，对北大、燕京大学（赵先生本科就读于燕京大学）、南开大学（赵先生硕士就读于南开经济研究所）的历史故事更是信手拈来。二是教学认真负责。虽然只有我和张虎两人上课，但期中考试、期末考试一步也不落下。尤其期末考试印象最深，不是传统的笔试，而是口试，分必答和抢答两个部分。必答部分的考试是抽签，抢答部分的考试是他读题，我和张虎抢答。两个人的考试，从8:30一直考到11:30，非常紧张。三是本领高，不仅会做学问，还懂医，会生活。当时上课的只我和张虎两位同学，有一次我感冒了，赵先生给我把脉，开药方，保管我三服药后必好。我很好奇赵先生竟然懂医！赵先生这才说道，"文革"时他在江西鲤鱼洲五七干校，毛遂自荐当赤脚医生，后来全县举办赤脚医生大会，还请他做主题报告。赵先生的女儿佳因大姐则告诉我们赵先生当年在平房小院里搭葡萄架种葡萄的事，说到了夏天他在葡萄架下看书聊天，女儿则在院子里写作业，生活过得很是惬意。赵先生还很会做饭，他切的肉丝、土豆丝都特别精致，刀工很是了得。他总把做饭和做家务当作是休息，还会缝被子和缝缝补补的针线活儿。

1999年我博士毕业后，从北大历史系调到了经济学院工作，继续从事中国经济思想史的研究，自然一如既往地常往赵先生家里跑，对赵先生治学严谨、极富创新性的一面有了更多的认识。正如颜敏在《赵靖学术道路和学术贡献》中所说，"研究具体人物的经济思想与探讨抽象的研究理论相结合，是赵靖学术研究的一大特色"。①他并不拘泥于具体人物经济思想的研究,而是力求从中探索中国经济思想的发展规律,他在研究中国经济思想史的初期阶段即开始思考研究对象、任务、方法、发展阶段等核心问题。以中国古代经济思想的研究为例,赵靖先生不仅独具匠心地提出研究中国经济思想史特有的"地产－地租、赋役"模式,不同凡响地指出西汉宣、元之交的《盐铁论》的成书是中国传统经济思想形成的标志,而且还创造性地确立了中国经济思想发展史上所特有的经济范畴,如善因论、治生之学等,并对中国经济思想史上的轻重、富国等进行新的解读,赋予新的内容,为学界接受和引用。他主编的《中国经济思想通史》被认为是"目前中国经济思想史研究领域最全面、最系统、内容最丰富、具有最高水准的权威性的大型学术专著,是在前人基础上又超越前人的鸿篇巨作,它不仅把中国经济思想史的研究推上了一个新的高峰,又必将对中国经济思想史学科的发展产生积极的影响,起到重要的带动和推进"②。它的问世"标志中国经济思想史的研究已步入成熟的阶段"③。

　　在为我的博士论文《洋务运动与中国早期现代化思想》所作的出版序言中,赵先生指出,将经济学理论运用到中国经济思想史的研究中,就要求一方面经济学理论功底好,另一方面要求史料功

---

　　①　颜敏:《赵靖学术道路和学术贡献》,《经济科学》,2010年第1期。

　　②　王同勋:《中国经济思想史学科研究的新高峰——评介赵靖教授主编的〈中国经济思想通史〉》,《经济研究》,2003年第4期。

　　③　朱家桢:《究古今之变　成一家之言——评〈中国经济思想通史〉》,《中国经济史研究》,2003年第3期。

底扎实，将这两个方面有机地结合好，是一个长期的艰巨任务。博士毕业后至今二十多年，越来越理解了赵先生这句话的深刻含义。结合的前提是两边都懂，都很娴熟。要取得被两边都认可的成绩，是一个很不容易的事情。

今年是赵靖先生一百周年诞辰。为了发扬他的严谨治学精神，将中国经济思想史学科更好地传承下去，北大经济学院经济史学系特别编辑了两卷本的赵靖先生百年华诞文集，选编了他不同时期的代表性文章。其中，传统经济思想史论选集由叶坦老师和我编辑，近代经济思想研究辑要由叶坦老师和张亚光老师编辑。在这里要特别感谢叶坦老师，为编辑这套文集，她付出的非常非常多，可说是这套书的灵魂，这里向叶老师表示深深的感谢。

叶坦老师和我负责的这卷传统经济思想史论选集共收录赵靖先生的文章四十三篇，其中研究、分析、考察中国经济思想史学科的研究方法、特点、意义的文章共四篇，分领域研究、分析、考察中国传统经济思想中具有代表性观点的文章共十三篇，分人物、学派或著作研究、分析、考察中国传统经济思想的文章共十八篇，著作序言共七篇，还有一篇考察经济术语的历史起源。

研究中国经济思想史学科的研究方法、特点、意义的四篇文章分别是：《中国经济思想史的对象和方法》《重视中国经济思想史的学习和研究》《中国传统经济思想的历史地位》《中国传统经济思想的主要特点》。正如赵靖先生所指出的，中国历史上的经济思想遗产是极其丰富的，但是作为一门学科，中国经济思想史还很年轻且基础较薄弱。这四篇文章对中国传统经济思想的研究对象、研究方法、历史地位、主要特点等做了认真的研究、分析和考察，放在本书的开头，具有提纲挈领的意义。

这四篇文章中，《中国经济思想史的对象和方法》指出，中国古代不仅已创造出大量的经济原理、观念和范畴，还形成了许多较有系统的经济学说，中国经济思想史的研究便是要弄清经济思想发展变化的规律；关于中国经济思想史的方法，就是指辩证唯物主义和历史唯物主义方法在研究经济思想史中的运用，必须分析经济思想所反映的经济关系、阶级利益，分析政治制度和其他社会思想对经济思想发展的影响，分析经济思想的不同发展阶段之间的联系和各自的特点。《重视中国经济思想史的学习和研究》旨在澄清对这门学科长期存在的一些不符合事实的看法和偏见，中国的经济思想遗产不是"无一顾之价值"，而是极其丰富多彩的；研究中国经济思想史绝不是没有什么现实意义，而是能够对认识和解决当前现实的经济问题有重要帮助。《中国传统经济思想的历史地位》是《中国经济思想通史》的代结束语，认为古代经济思想中形成的强调求富、重视均富、从整个国家的角度考虑经济问题以及伦理和经济相结合的传统等，对历代中国人考察和处理经济问题尤其具有深远的影响。《中国传统经济思想的主要特点》指出中国传统经济思想是中国固有的经济思想，它的成长和发育受到社会经济条件、国家政权和文化背景的影响，它的四大"要旨"是"富"、"均"、"庶"、"义"。

分领域研究、分析、考察中国传统经济思想中具有代表性的观点的十三篇文章分别是:《中国传统经济思想论国家政权的经济作用》《中国古代的"经济学"和富国学》《中国传统经济思想论"富"》《中国传统经济思想论"均"》《中国传统人口思想探微》《中国历史上的货币拜物教思想》《富国之学——中国传统经济学的形成》《论所谓"治生之学"》《先秦的富国策与治生术》《大同思想的历史发展》《儒家大同学说新探》《中国古代经济管理思想的奠基阶段》《从中华文化宝库中发掘富国治生之学——兼评何炼成主编的〈中国经济管理思想史〉》。这十三篇文章中,七篇讨论求"富"问题,两篇讨论古代的大同思想,一篇讨论"均"的问题,一篇讨论"庶"的问题,一篇讨论国家政权的经济作用,还有一篇讨论货币思想。

《中国传统经济思想论国家政权的经济作用》对历史上长期存在的对国家在经济生活中作用的两种不同观点做了研究、分析和考察,干预主义导源于法家,表现为以轻重论为核心的经济理论和经济政策体系,它的思想资料主要集中于《管子》的《轻重》诸篇中;汉代还出现了一种主张国家对经济生活尽可能采取放任态度的经济理论和经济政策体系,即"善因论";这两种理论在后世分别得到刘晏、白居易、叶适、丘濬等人的发展,并达到新的高度。在有关求"富"问题的七篇文章中,赵靖先生对中国古代两大类经济管理思想做了详细的研究、分析和考察,一类是宏观的经济管理思想,以"富国之学"为主要内容,它研究如何管理整个国民经济,以增加财政收入和整个国家的财富；另一类是微观的、关于生产经营单位的管理思想，以"治生之术"为主要内容，它研究私人如何管理自己的生产、经营单位，以增殖个人财富。"求富"问题可以说是中国传统经济思想的基本出发点，春秋时期五国争霸，求富首先就是富国，管仲是富国之学先驱；战国时期百家争鸣中各种学术流派也几乎无不涉及这一问题。富国是同富民问题联系在一起的，荀况将广义的富国、狭义的富国和富民三者统一起来，形成了富国之学。微观的治生之学是富民问题的延伸，亦涌现出白圭、贾思勰、许衡等代表人物，它在一定程度上表达了对发展生产和流通的要求，对社会生产力和新兴封建生产方式的发展有积极的作用。

《中国传统经济思想论"均"》一文，对中国古代"均"思想的概念、对象、表现形式做了研究、分析和考察。"均"的概念包含两种，一种是"平均"，另一种是"均衡"；"均"的客观对象包括财富、收入和土地，所以"均"的思想表现形式包括均富论、均入论和均土地论；"均"的主观对象包括官僚、贵族、地主和富商巨贾等，他们是"均财富"、"均收入"、"抑兼并"的主要攻击对象。《中国传统人口思想探微》指出，人口和财富的关系是中国传统人口思想的核心，古代社会重视人口问题，将人作为社会生产和经济发展的一个基本要素，因而"求庶论"在古代人口思想中占主要地位；古人同样也注意到人口过剩、人多致贫的问题，还主张重视生产者数量，提高人口质量，这些观点对深刻认识当前中国人口问题及其同经济发展问题的关系，有重要借鉴意义。《中国历史上的货币拜物教思想》一文提供了理解马克思关于商品拜物教和货币拜物教分析的中国历史材料，从公元3世纪的西晋时代开始，中国古代陆续出现《钱神论》《乌宝传》《钱神志》《劝民惜钱歌》等专以反映货币拜物教为题材的作品，它们大量记述了当时社会中人们狂热追求货币财富、货币支配人们命运的现象，并予以讽刺和批判。

《大同思想的历史发展》《儒家大同学说新探》两篇，对中国古代的"乌托邦"思想和儒家的社会理想进行了系统考察，先秦时期代表性的大同理想有三类，第一类是农家学派的，主张劳动者参加生产劳动、自食其力；第二类道家学派的"小国寡民"理想，进行简单的和原始的生产和生活；第三类是儒家的，春秋、战国时代的儒者，实际上都只有小康思想，而没有大同思想，大同思想是此后儒者接受道家影响的结果，大同是儒家为动员人们争取小康的目标而提出的理想。

分人物、学派或著作研究、分析和考察中国传统经济思想的十八篇文章分别是：《〈周礼〉中的经济思想试析》《〈老子〉管理哲学的启示》《孔丘与中国传统经济思想的滥觞》《谈孔子的管理艺术》《〈孙子兵法〉在经营管理方面的价值的发现》《早期小生产者利益和愿望的表现——墨翟、许行》《〈管子〉和企业经营谋略》《战国时期地主阶级的两个阶层和两种对立的经济思想——商鞅和孟轲经济思想的比较研究》《中国古代经济思想发展的重要转折点——盐铁会议和〈盐铁论〉》《中国经济思想史上的一个怪胎——王莽经济思想试剖》《汉传佛教经济思想发展的重要阶段——试论禅宗的农禅思想》《论王符的经济思想》《论刘晏关于国民经济管理的思想》《宋代小商品生产者经济思想的代表人物——苏云卿》《丘濬——中国十五世纪经济思想的卓越代表人物》《丘濬——市场经济的早期憧憬者》《清初反对土地兼并的激进思想家——王源》《简论蓝鼎元的经济思想》。具体地，这其中研究、分析和考察先秦时期诸学派和代表人物、代表著作的有八篇，其余十篇除西汉时期的盐铁会议和《盐铁论》以及汉传佛教外，都是各时期具有代表性的人物的经济思想。

《〈周礼〉中的经济思想试析》一文对《周礼》这一儒家基本经典中对经济问题论述最多的书籍之一做了研究、分析和考察，包括土地制度、农业生产、农业税、人口、商业、市场、借贷、备荒、抗灾、救灾、财政支出、国库制度等等，它是对国家政权的机构、人事和职能所进行的设计，具有指导国家在经济、财政方面行为的作用，对后世各封建王朝的建制以及经济思想的发展都有很重要的影响。《〈老子〉管理哲学的启示》一文，认为《老子》管理哲学中积极而有价值的内容主要是"无为"论和"弱用"论，前者指管理活动要顺应道之自然，后者指强和弱不是一成不变、弱在一定条件下可以胜强，这两者对中国当前管理国民经济、赶超发达国家有重要启示意义。《孔丘与中国传统经济思想的滥觞》和《谈孔子的管理艺术》两文是对孔子的经济思想和管理艺术的研究、分析和考察。经济上孔子主张义主利从论，由此引申出的求富论要"富以其道"，分工论要"谋道不谋食"，消费观是"用之以礼"，赋役论是"度于礼"；管理上孔子遵循"无为而治"，在用人上举贤、举所知、因材任使，在用众上使管理对象对实现管理目标具有主动性。孔子作为古代影响最大的思想家，他的思想和观念不仅具有深远影响，也包含借鉴意义。

《〈孙子兵法〉在经营管理方面的价值的发现》一文对《孙子兵法》的主要内容和它对当时商家学派的影响做了研究、分析和考察，先秦的商家学者，正是把《孙子兵法》中的许多思想移植到"治生之学"中从而提出了一系列颇为精彩的经营管理思想。《早期小生产者利益和愿望的表现——墨翟、许行》对战国时期小生产阶级利益代表者墨翟和许行的经济思想作研究、分析和考察，墨翟思想的性质和特点包含在"墨学"十纲中，每一条纲领背后都是丰富的经济思想，而节用论是墨翟经济思想的主要内容；农家许行的主张则是一个小生产者的乌托邦，生产以农业为主，包含适当分工。《〈管子〉和企业经营谋略》对《管子》中包含的微观经营谋略问题作了研究、分析和考察，主要有因乘之术、予夺之术、守泄之术几种，对当代的企业经营管理具有重要价值。战国时期，由新的封君、贵族等组成的地主阶级上层和还处于庶民身份的地主阶级下层形成了王道和霸道两条对立的地主阶级政治路线，《战国时期地主阶级的两个阶层和两种对立的经济思想——商鞅和孟轲经济思想的比较研究》一文将在理论上表现出这两条对立政治路线的孟轲和商鞅二人的经济思想作对比，两者都带有封建主义性质，但由于代表的阶层不同，在土地、世卿世禄、义利关系、商业地位等问题上表现出对立。

《中国古代经济思想发展的重要转折点——盐铁会议和〈盐铁论〉》一文对西汉时期关于经济政策和经济思想的一次重要辩论作了研究、分析和考察,其内容有关轻重政策的功过利弊、是非善恶。《盐铁论》的成书也是封建正统经济思想形成的标志。《中国经济思想史上的一个怪胎——王莽经济思想试剖》一文从对王莽经济思想的评价问题说起,对王莽改革中的王田制、"六筦"经济政策、货币改制进行研究、分析和考察。由于王莽是大地主阶级最腐朽集团既得利益的代表,他也必然不可能制定出具有进步意义、符合人民大众利益的政策。《汉传佛教经济思想发展的重要阶段——试论禅宗的农禅思想》一文对汉传佛教的发展和汉传佛教的经济思想进行研究、分析和考察,《百丈清规》的出现是汉传佛教特有的经济思想开始形成的标志,它的农禅思想对佛教传统的经济观点有了重大的突破。《论王符的经济思想》一文对东汉批判大地主阶级的思想王符的经济思想作研究、分析和考察,其经济思想的基础和中心是"务本论",它是对"重本抑末"论的继承,但对"本""末"采取不同的解释;他的"爱日论"主张统治者要减少对劳动人民生产劳动时间的侵占,具有创新性和借鉴意义。《论刘晏关于国民经济管理的思想》一文对刘晏的理财措施和其背后体现的经济思想作研究、分析和考察,刘晏不仅重视用财政政策作为积极手段来促进生产和流通的发展,而且借商人的自由经营活动来改进封建国家的国民经济管理工作,并利用个人对物质利益的兴趣来提高工作的质量。他的思想在中国古代国民经济管理思想的发展中处于承先启后的地位。

《宋代小商品生产者经济思想的代表人物——苏云卿》一文对苏云卿作为小生产者的经营理念进行研究、分析和考察，代表着宋代遵循生产伦理道德规范的小生产者、小经营者形象。《丘濬—中国十五世纪经济思想的卓越代表人物》《丘濬—市场经济的早期憧憬者》两文对丘濬对于财富、土地制度、工商业、货币问题的观点作了研究、分析和考察，指出他提出了具有时代前沿性的商品经济的主张，包括扩大商品流通、反对贸易禁制，私人经营工商业等。《清初反对土地兼并的激进思想家——王源》对王源的田制理论、币制改革方案、本末论作研究、分析和考察，指出王源的"量田"方案是"耕者有其田"思想的先声，他的币制改革主张统一铸钱并部分废银，本末关系上主张提高商人的社会地位。《简论蓝鼎元的经济思想》一文指出蓝鼎元是清代首先批评闭关政策的人，他要求清朝廷开放对外贸易，并对对外贸易的利弊作了中肯的论述。

七篇序言类文章分别是：《中国经济思想通史》（修订本）序言、《中国古代经济思想史讲话》自序、《中国经济思想史》重版序、《中国经济管理思想史》序、《中国历史上的重本抑末思想》序、《儒家管理哲学》序、《富国富民论》序。《中国经济思想通史》（修订本）是赵靖先生主编的通史性著作，这篇序言中赵靖先生对书的内容作了介绍，对中国经济思想史这一学科的研究内容、特点、方法作了综述。《中国古代经济思想史讲话》是赵靖先生撰写的研究中国经济思想的第一部专著,这篇自序对这本著作的目的和特点作了介绍。《中国经济思想史》重版序是赵靖先生为胡寄窗教授九十五周年诞辰再版他的《中国经济思想史》所作的序,对胡寄窗先生对于中国经济思想史这一学科的发展所做的贡献给予极高的评价。其余四篇序为他序,这些序言中赵靖先生对著作所涉领域、著作特点和优点作了评述,对这些著作对于中国经济思想史学界的意义作了中肯的评价。

上述就是赵靖先生百年华诞文集中有关传统经济思想史部分的主要内容。对于我们后学来讲,重读赵靖先生的著作,就是一个很好的再学习的过程,对传承、发展中国经济思想史学科很有意义。

是为序。

周建波

2022年8月12日

目　录

1 中国经济思想史的对象和方法

中国历史上的经济思想遗产是极其丰富的。有关文献资料汗牛充栋,除了专门论述经济问题的文章著作外,有关经济思想的资料还广泛地存在于政治、哲学、文学、宗教著作以及政策文献中。可是,作为一门学科,中国经济思想史又是十分年轻和基础薄弱的。截至目前,对中国经济思想遗产的发掘和整理工作,同遗产本身的丰富程度相比,还很不相称;同其他一些研究中国历史的学科(如通史、哲学史、文学史、经济史等)相比,也是较为落后的,是起步较迟,迈步也还比较小的。新中国成立后,只出版过少数几种研究中国经济思想史的专著和小册子;大规模整理编选经济思想材料的工作,虽然已有了进展,但总的说来,还只是处于拓荒的初期阶段。

在浩如烟海的研究材料和仍然薄弱的研究基础面前,要对中国经济思想史研究中的一些重大的、全局性的理论问题提出看法,自然是难有把握的。不过,要使中国经济思想史的研究能从大处着眼,而不致长期陷入对局部的、孤立的问题的摸索中,即使在目前这样的拓荒阶段,也还是需要进行一些目测式的探讨。本文正是这种认识的产物。

一

　　中国经济思想史是研究中国历史上各个时期有关生产、交换、分配和消费问题的思想和学说的科学，它的研究任务是揭示和说明中国经济思想发展变化的规律。

　　经济思想是经济关系或社会生产关系在人们头脑中的表现。生活在历史发展各个阶段上的人，总要对他们当时的社会经济条件，对当时社会中的生产、交换、分配和消费等问题，表示自己的看法或主张。当时的社会经济关系或生产关系，必然在人们的头脑中不断地有所反映。人们的这些思想活动，创造出一些相应的原理、观念和范畴。正如马克思所说的："人们按照自己的物质生产的发展建立相应的社会关系，正是这些人又按照自己的社会关系创造了相应的原理、观念和范畴。"[①] "经济范畴只不过是生产方面社会关系的理论表现。"[②]这些原理、观念和范畴，是构成经济思想的基本材料。一定时期的经济思想的发展水平，正是由当时这些基本材料的发展程度以及它们的相互联系状况体现出来的。

　　经济思想，按照其本身的发展程度，可分为下列几种形式：

　　1. 简单的或初级的经济思想：反映经济关系的某些原理、观念和范畴，以较低的抽象程度零散地存在着，或者只有某些表面的联系。

----

　　① 《马克思恩格斯全集》第4卷，人民出版社1958年版，第144页。
　　② 同上书，第143页。

2. 经济学说：在研究、说明某一方面的经济问题时，把若干有关的原理、观念和范畴联系在一起，并进行一定的分析、论证。这些联系、分析和论证，已大体上形成为某种系统或体系。

3. 政治经济学：不仅在许多经济问题方面已有了较为系统的学说，而且对整个社会经济生活的研究已形成一门独立的科学。

经济学说和政治经济学都是经济思想的发展了的形式，而政治经济学则是经济思想的最高发展形式。

经济思想史有广狭二义。狭义的经济思想史是包括简单的、初级的经济思想以及经济学说在内的经济思想发展变化的历史；广义的经济思想史则是包括经济思想的一切表现形式在内的经济思想发展变化的历史，也就是说，不仅包括简单的、初级的经济思想以及经济学说的发展史，还包括政治经济学史在内。

在中国古代以至近代，都还没能产生作为一门独立学科的政治经济学；但是，人们对经济关系的认识和说明，不仅已创造出大量的原理、观念和范畴，还形成了许多较有系统的经济学说。

以中国经济思想史上长期争论的"本末"问题为例。从战国到近代的两千余年中，经济思想领域中一直流行着"本末"的说法。这种说法把建立在封建自然经济下的农业称为"本业"，而把独立的工商业称为"末业"。封建时代所有谈论经济问题的思想家，几乎无人不主张"重本"，多数思想家还在提倡重本的同时主张"抑末"，对独立的工商业抱着敌视的态度；但也有一部分思想家则反对"抑末"，或者采用对"末"另作解释的办法（如只把经营奢侈品的工商业称做"末业"），反对歧视和压制工商业。到了近代，地主阶级的代表人物仍然坚持"重本抑末"论这一传统封建教条；具有资产阶级思想的代表人物则强烈反对这一教条，不少人还提出了

"恃商为国本"、"以工立国"等说法来同"重本抑末"论相对抗。所以,"本"和"末"可说是中国经济思想史上特有的观念或范畴;"重本抑末"和反对"重本抑末"可说是对立的经济原理或经济观点;而运用这些范畴、观念、原理及观点,对农业和工商业的相互关系、自然经济和商品经济的相互关系及其各自在国民经济中的作用,进行一定程度的分析和说明,并且提出处理两者关系的主张,这就构成为一定的经济学说了。

任何科学的研究,都要探求并说明隐藏在现象背后并且支配着现象的运动的规律。中国经济思想史也是这样。在进行研究时,首先需要从事艰苦的搜集、占有材料的工作,并且在此基础上把不同时期的经济思想按代表人物、著作或问题加以汇集和整理。这是研究中国经济思想史十分重要的基础工作。但是,中国经济思想史的研究决不能到此止步,而应以此为立足点,进一步弄清经济思想发展变化的规律。即使在材料的搜集和整理还很不够的现阶段,也不能只满足于搜集材料的工作,同样不能只满足于简单地按照历史顺序列举一些思想家和他们的经济思想。搜集材料、整理并汇集经济思想和探求经济思想的发展规律,是不同的研究步骤或研究阶段;但在实际研究过程中却决不应把这几个步骤或阶段截然分开。只有在搜集材料、整理并汇集经济思想的同时,就联系社会经济发展、阶级斗争以及上层建筑其他领域(政治制度和哲学、文艺、宗教等意识形态)的状况,逐步地探索和揭示经济思想的发展规律,才能把这门学科的研究较快地推向前进。

二

关于中国经济思想史的研究方法，就是指辩证唯物主义和历史唯物主义方法在研究经济思想史中的运用。运用这种方法来研究中国经济思想史，我们认为首先要抓住以下几个方面：

（一）必须分析经济思想所反映的经济关系

正因为经济思想是经济关系在人们头脑中的表现，研究中国经济思想史，就必须首先弄清楚各时期的经济思想所反映的是什么样的经济关系，弄清楚经济思想的发展变化怎样反映了社会经济条件的变化，又怎样反过来对经济发展起着促进的或阻碍的作用。这种分析是了解经济思想的性质及其产生、发展和没落过程的基础。不先进行这样的分析，是不可能找出经济思想的发展规律的。

举例来说，凡是研究中国经济思想史的都了解，中国历代关于土地制度问题的主张、论述和争议特别多。历代史中《食货志》差不多都首列田制，私人著述论及这方面问题的更是多不胜数。为什么这方面的材料特别多？我们只有从当时的社会经济条件出发进行分析，才能找到答案：

第一，有关土地制度问题的思想材料，大多出现在封建时代，特别是从西汉开始的各个朝代。封建社会的主要生产部门是农业，土地是农业中的最主要的生产资料，而封建的土地所有制是封建主义的基础。封建社会中的经济思想特别重视土地问题，是很自

5

然的事情。

第二，中国封建时代占支配地位的土地制度形式是地主土地所有制，而不是领主土地所有制。在地主土地所有制下，必然经常地、大量地发生着土地兼并现象。大地主进行的土地兼并，不仅使大批自耕农丧失土地，沦为佃户或流民，也常会损害某些中、小地主的利益。封建国家的赋税、徭役主要是由自耕农和中、小地主负担的（大地主有种种办法和特权，可以规避赋役），土地兼并的发展和土地集中程度的提高，必然会缩减国家赋税徭役的基础。因此，土地制度问题自然就成了广泛涉及地主和农民、大地主和中小地主以及地主和封建国家之间的关系和矛盾的大问题，必然经常会在经济思想方面表现出来。

第三，在中国的封建社会中，土地兼并的发展具有明显的周期性。一般说来，在一个封建王朝的统治地位确立后若干年代，土地兼并和土地集中促使社会矛盾日益激化，最后，土地集中达到极其严重的程度，就迫使挣扎在死亡线上的广大农民发动一次起义来推翻这一封建王朝。可是，由于当时还没有新的生产力和先进的阶级，代替旧封建王朝的只能是一个新封建王朝。农民起义推翻了一批地主阶级的统治，使大批农民暂时获得了土地或免除了封建义务，从而使土地兼并和土地集中的现象在一段时期中有所缓和。但随着新王朝的稳定，土地兼并再次加剧，社会矛盾又逐渐激化起来。

土地兼并和土地集中现象的周期性，使经济思想领域中有关土地制度问题的思想材料，也呈现着周期增减的特点。在土地兼并和土地集中发展到十分严重的时期，经济思想领域中关于土地制度问题的议论自然就特别多；反之，在土地集中现象较为缓和的时期,这方面的议论也相对地减少了。

(二)要分析经济思想所反映的阶级利益

经济思想史实际上是在人类社会的发展进入阶级社会后才开始的。经济是划分阶级的基础,经济问题最直接地涉及各阶级的不同利害,因此,经济思想的阶级性也特别明显。对同一种生产关系,不同的阶级有不同的利害关系,因而也必然表现为不同的乃至根本对立的经济思想。要弄清经济思想的发展规律,不仅要弄清经济思想所反映的经济关系,还必须分析它所反映的阶级利益。

仍以中国经济思想史上有关土地制度的思想为例。在中国历史上,有反对土地兼并、要求限田(限制私人占有土地的数量)的思想,也有维护土地兼并、反对限田的思想。在反对土地兼并的思想中,有的比较激进,有的则比较温和。为什么会有这些不同的态度?这只能用阶级分析的方法来寻求答案:

第一,封建社会中维护土地兼并,反对均田、限田的思想,是代表大地主利益的(尽管某些思想代表人物本人不一定出身于大地主家庭);反对土地兼并,要求均田、限田的思想,有的代表农民的利益,有的代表中、小地主的利益,有的体现以封建国家为代表的地主阶级的整体利益(例如北魏至隋唐的均田),有的则是反映了不同的大地主集团之间的矛盾(例如王莽集团也提出过"王田"的主张,这只不过是企图更残酷地掠夺农民,并借以打击其他大地主集团、增强本集团势力的一种手法而已)。

第二,在主张均田、限田的思想中,代表无地少地农民的利益的思想是最为激进的(例如从李自成的"均田免粮"到太平天国的《天朝田亩制度》)。这种思想要求夺取与平分地主土地。代表自耕农利益的思想,在激进方面不如无地少地农民,但胜过其他反对土地兼并的思想,它要求对每人占有土地的数量规定较严格的限制,大大削减大地主的地产。例如,清代王源的"平土"主张就是这样。代表中、小地主利益和体现以封建国家为代表的地主阶级整体利益的经济思想,则表现得很温和,一般是承认大地主的既得利益,但企图对以后的占田施加若干限制;或者采取授田办法,利用国有土地安排一部分游民和无地农民进行生产,以解决封建国家赋役问题并缓和社会矛盾。

第三,在封建社会的不同时期,反对土地兼并的思想也有不同内容。一般说来,在封建社会的上升时期,反对土地兼并的思想主要是体现着以封建国家为代表的地主阶级整体的利益。这时,人口较稀少而土地较多,特别是国有土地还比较多。大地主进行的土地兼并,有相当一部分是侵占国有土地。即使是兼并自耕农的土地,也主要是对他们实行人身控制以榨取地租和劳役。像封建社会后期那种退佃、夺佃之类的手段是比较少见的。这种土地兼并,对缩小国家赋税、徭役的来源有突出的作用,因此,反对土地兼并的思想也主要是从保证国家赋税徭役的角度出发的,它所提出的解决办法,也主要是通过分配国有土地来保证赋役的。

在封建社会的下降时期,由于人口增加,土地垦辟,荒地已较少,国有土地也大为减少了。这时的土地兼并主要是夺占私人土地(自耕农及中、小地主的土地),反对土地兼并的思想也大部分是反映中、小地主及自耕农的要求。同时,由于这时封建的人身束缚已较为松弛,地主利用土地所有权对农民进行的剥削压迫更突出起来,这使无地少地农民更迫切地感觉到土地问题的严重性。因此,越到封建社会后期,农民起义中的平分土地思想也越明显地表现出来。

（三）必须分析政治制度和其他社会思想对经济思想发展的影响

经济是政治制度和意识形态的基础，一定的政治制度和意识形态总是在一定的经济基础之上产生的。但是，经济思想却不是经济基础本身，而是对经济基础的认识。它也是一种意识形态。经济思想和政治制度以及其他各种意识形态是互相影响的，而且，从历史发展来看，还应该说，政治制度和其他某些意识形态（如哲学、政治思想等）对经济思想的影响，要比它们所受的经济思想的影响更大一些。

政治是经济的集中表现，它对经济思想的影响是特别巨大的。例如，欧洲到十六七世纪统一的民族国家形成后，关于国家在经济发展中的作用问题的议论才在经济思想中有了显著的表现；中国则在战国到西汉这段时期中，有关这方面问题的讨论，已经成了经济思想的一个突出内容了。这个问题，离开中国封建社会中的中央集权式专制主义的政治制度，是无法解释的。中央集权式封建专制主义的政治制度是中国封建经济制度的上层建筑，当它一经形成，就对经济发展有强大的反作用，因而也必然对经济思想的发展产生巨大的影响。如果忽视或低估了政治制度对经济思想的巨大影响，对中国历史上许多重要的经济思想，特别是中国古代特有的某些经济思想（如轻重思想），就难以获得较为全面的理解和说明。

经济思想虽然是直接地反映不同阶级的物质利益，但正由于经济生活对人们是布帛菽粟不可一日离的事情，人们往往习以为常而不特别注意。再加上在资本主义以前的社会中，超经济强制起着突出作用，而奴隶主、封建主又有着鄙视经济问题的传统（认为经济问题是劳动者，至多是奴隶主、封建主的家臣干的）。这些情况，使得资本主义以前各时代中经济思想的发展，往往不如某些其他意识形态（如哲学、政治思想、宗教和道德等）；人们对经济思想的重视，也往往不如其他意识形态，甚至有把经济思想作为其他意识形态的一部分来对待的情况。例如，在中国封建社会中，儒家的政治思想和伦理道德思想，对经济思想就有着很大的支配作用。儒家的"贵义贱利"论，坚持以统治阶级的道德标准来约束人们的经济活动，要把人们追求物质利益的行为限制在统治阶级所认为的"义"的范围内。这一陈腐教条在中国思想史领域支配了两千多年，对中国经济的发展起了严重的阻碍作用，对经济思想的发展也起了极大的束缚作用。在欧洲中世纪，经济思想完全为宗教所支配，成为宗教教义的附庸，这也是人所共知的。

经济思想的发展总是以过去已有的经济思想材料作为自己的出发点。中国封建时代的经济思想在春秋、战国到西汉中叶这一段时期中形成，以后一直对中国经济思想史的发展有着重大的影响。在此后两千年中，保守的经济思想一直把这种经济思想的现成原理和现成论点当作终古不变的教条，在中国经济思想史上形成为一种保守的、僵化的传统进步的经济思想，则继承了这种经济思想在它为建立和巩固新兴的封建制度而斗争的时期所具有的批判精神和改革的要求，用以反对自己当时的腐朽势力，在中国经济思想史上形成为一种进步的革新的传统。

一国的经济思想，还在横的方面受其他国家、其他民族的经济思想影响。中国近代的经济思想，从西方资产阶级文化中受到过巨大的影响，有着"向西方寻找真理"的传统。中国无产阶级的经济思想，则又直接继承和发展了马克思主义的经济学说。

恩格斯说：任何学说必须"从已有的思想材料出发，虽然它的根源深藏在经济的事实中"①。用辩证唯物主义和历史唯物主义的方法研究中国经济思想史，就是既要从经济思想所反映的经济关系深刻揭示经济思想的产生、发展和变化的根源；又要从经济思想领域中纵的和横的联系和影响，从经济思想所受上层建筑其他部分的影响，来分析、说明经济思想在表现形式和表现材料方面的特点。

（四）必须分析经济思想的不同发展阶段之间的联系和各自的特点

这个问题也就是中国经济思想史的分期问题。目前，对中国经济思想史的分期问题，实际上存在着以下几种意见：

第一，主张按照社会生产方式或社会经济形态来分期，把中国经济思想史分为原始社会的经济思想、奴隶社会的经济思想、封建社会的经济思想、资本主义社会的经济思想、社会主义社会的经济思想，等等。

第二，按王朝顺序进行分期，如秦汉经济思想、魏晋南北朝经济思想、隋唐经济思想、宋元经济思想、明清经济思想等。

第三，按过去流行的一种历史分期法来分期，把中国经济思想史分成先秦、秦汉至隋唐、五代宋至清（鸦片战争前）。这种分期办法实际上是从解放前史学界所采用的上古史、中古史、近古史的

---

① 《马克思恩格斯全集》第20卷，人民出版社1971年版，第19页。

分期办法脱胎而来的。

在具体运用中，也有人把上述分期方法以某种方式结合起来，如在大的方面按社会形态分期，而在社会形态的框子下又按王朝来具体划分。

我们认为，这些分期办法都不能充分适合中国经济思想史的需要。中国经济思想史是一门单独的历史科学，有自己特有的研究对象。它的分期办法，同经济史或其他历史学科，虽有联系和共同点，但毕竟又是不同的。"科学研究的区分，就是根据科学对象所具有的特殊矛盾性。"①中国经济思想史的分期，必须也只能按照自身的特殊矛盾性来划分，而不能机械地搬用其他历史学科的分期方法。

研究经济基础的学科，通例是按社会形态来分期的。经济思想是经济关系在人们头脑中的表现，不同社会形态中的经济关系不同，表现为经济思想也各不相同。因此，经济思想史的分期也应以社会形态或社会生产方式作为基础，这是毫无疑义的。但是，要完全按照社会形态或社会生产方式来划分经济思想史的发展阶段，却是不妥当的，也是不可能的。

这首先因为，有的社会形态就没有或几乎没有什么经济思想材料。例如，原始社会就因为经济生活简单和人类还没有文化，几乎没有留下什么经济思想材料。对原始社会的经济、原始社会的历史、原始社会的社会组织等，可以作为专门学科进行研究；可是，要使"原始社会的经济思想史"成为一项专门学科，却几乎是难以想象的。

---

① 《毛泽东选集》前四卷合订本，人民出版社1966年版，第284页。

这还是因为，世界上各民族、各地区的发展是不平衡的。虽然按照人类社会发展的正常进程，有着五种基本的社会形态类型，但某些国家、某些民族却可以长时期停滞于某一阶段，或者在一定时期中因受外来影响而越过某一种或某几种社会形态。例如，中国的社会发展就没有经历过真正的资本主义发展阶段。如果一定要完全按照五种社会形态来写经济思想发展史，有的国家就会出现某些阶段无甚可写的情况。反之，在某些不属于基本类型的社会或过渡性的阶段中，却可能有颇为丰富的经济思想资料（例如中国的半殖民地半封建社会）。

还应看到，意识形态虽是一定经济基础的上层建筑，但一种新的意识形态却往往在自己的经济基础还未形成以前就产生出来，并积极为自己的经济基础的形成制造舆论；在自己的经济基础形成后，又继续为巩固和发展经济基础服务。比如，马克思主义政治经济学产生于资本主义社会，又在社会主义社会中成为占支配地位的经济思想并继续获得发展。如果完全按社会形态来进行经济思想史的分期，就会把马克思主义政治经济学划分成属于两种不同社会形态的经济思想，这显然是不妥当的。

至于按王朝顺序或按过去习惯的历史分期法分期，本来就不是严格的科学分期法，这里就无需再作评论了。

所以，我们认为，按照中国经济思想史本身的特殊矛盾性和具体历史特点，可以把中国经济思想史分为三个大的发展阶段：

第一阶段：中国古代经济思想史。

以封建社会中的经济思想为主要内容。中国奴隶社会的经济思想比较简单，在表现奴隶制生产关系方面又不很完整，不很明显。因此，中国古代经济思想史只能以封建社会的经济思想作为主要的研究内容。对于奴隶社会的经济思想，可以作为中国古代经济思想史的绪论或第一章，以说明中国古代经济思想的起源，而不能摆在同封建经济思想平列的地位。

中国古代经济思想史又可分为以下两个时期：

1. 中国封建经济思想形成的时期：先秦至西汉中叶（以汉昭帝始元六年盐铁会议的召开为本时期结束的主要标志）。

2. 中国封建经济思想支配的时期：西汉中叶以后至清代第一次鸦片战争前。在唐中叶以前，封建经济思想作为正统经济思想占着支配地位；唐中叶以后，随着封建经济的衰落，封建正统的经济思想也逐渐受到了异端的或非正统的经济思想的批判，但仍然在思想界占着支配地位。

第二阶段：中国近代经济思想史。

研究中国近代半殖民地半封建社会旧民主主义革命时期的经济思想（1840年第一次鸦片战争至1919年"五四"运动前夕）。这一阶段的经济思想发展史的主要内容是中国资产阶级的经济思想。又可分为两个时期：

1. 近代初期带有某些资本主义倾向的经济思想：地主阶级改革派的经济思想和太平天国农民起义的经济思想（1840—1864）。

2. 中国资产阶级经济思想的产生、发展和没落（1865—1919）。

在这一时期，中国资产阶级的经济思想在进步经济思想中占着主导地位，它先为资产阶级的变法维新运动服务（19世纪末），后为资产阶级领导的革命运动造舆论（20世纪初）。在旧民主主义革命失败后，资产阶级的经济思想也趋于没落。没落不是不再存在，而是失去了在进步经济思想中曾经占有过的主导地位。

第三阶段：中国现代经济思想史（1919至今）。

主要内容是中国无产阶级关于半殖民地半封建社会的经济学说和关于社会主义社会的经济学说。

中国古代经济思想的发展水平，在大多数时期都走在世界的前列。像中国封建时代那样完整、那样丰富的经济思想遗产，在全世界的封建制度历史中，也是罕有的。在中国近代，由于社会经济发展的落后，经济思想的发展也显著地落后于欧洲。但是，中国近代的经济思想也有自己的独特之点，在全世界的半殖民地半封建国家中，仍有重要的典型意义。中国现代经济思想，即中国无产阶级的经济思想，更是世界经济思想发展史中的重要组成部分。世界上还只有中国产生了关于半殖民地半封建社会的系统的马克思主义经济学说。中国现代经济思想的另一个重要组成部分——关于社会主义社会的经济学说——目前还处于形成过程中。我国在社会主义道路上的经历是波澜壮阔的，有着非常丰富的正反两方面的经验；当前建设现代化社会主义强国的伟大事业，将为我们研究社会主义政治经济学提供更广阔的实践基础。

三

"历史不外是各个世代的依次交替。每一代都利用以前各代遗留下来的材料、资金和生产力；由于这个缘故，每一代一方面在完全改变了的条件下继续从事先辈的活动，另一方面又通过完全改变了的活动来改变旧的条件。"[1]

---

[1] 《马克思恩格斯全集》第3卷，人民出版社1960年版，第51页。

我们当前正在进行的建设现代化社会主义强国的伟大斗争，正是在"完全改变了的条件下继续从事先辈的活动"（使中国富强），同时又是"通过完全改变了的活动来改变旧的条件"（改变中国的贫穷落后状况）。我们继承下来的资金和生产力都是薄弱的，但我们的自然资源和文化遗产，却是异常丰富的。悠久的历史和丰富的文化遗产，是我们进行现代化社会主义建设的一个重要条件。

我们所进行的是中国式的社会主义现代化，而中国式的社会主义现代化是不能离开中国的历史特点的。历史遗产既已形成，就是一个巨大的客观力量，它不仅通过有形的文字材料，还广泛地通过风俗、习惯、传统等各种渠道，对后代产生着重大的影响。其影响在许多方面以及在相当时间之内往往是不容易为人们所觉察的。历史遗产中的精华部分，会为人们提供有益的历史经验，提供重要的启示和借鉴；而其中的糟粕部分，则会对人们的思想起着消极和束缚的作用。

就中国经济思想遗产来说，其中的精华部分是广大人民和社会先进势力在同社会衰朽势力长期斗争中积累起来的。它不但对我们研究历史、弄清我们进行当前斗争的条件和出发点具有重要意义，还能对我们当前的斗争提供很重要的历史借鉴。例如，在批判林彪、"四人帮"一伙鼓吹的"穷社会主义"、"穷过渡"等谬论时，两三千年前就已脍炙人口的"仓廪实而知礼节，衣食足而知荣辱"，"四海困穷，天禄永终"等著名论点，就仍有很大的启发意义。汉初陆贾关于"马上得天下，而不能马上治天下"的名言，对我们深刻理解当前工作中心的转移问题也会有所帮助。中国历史上揭露和批判"官工"、"官商"的许多先进思想，仍可为我们当前的经济改革工作提供有益的借鉴。历代的进步思想家,特别是近代的资产阶级思想代表人物,对封建经济思想的批判,对我们当前批判和清除封建主义余毒的斗争,意义就更为重要了。

反之,经济思想遗产中的糟粕部分,也是丝毫忽视不得的。由于中国历史发展曾经长期停滞于封建社会,而在近代半殖民地半封建社会中封建的剥削形式也仍然占着优势,封建经济思想本来是根深蒂固的。中国近代的几次思想解放运动,都未能战胜和清除封建思想;解放后的长时期中,又因为对继续批判封建主义的意义认识不足,并没有真正开展这方面的斗争;再加上我国的经济发展仍然落后,封建思想余毒仍有相当大的市场。过去许多年,特别是"十年浩劫"期间,由于林彪、"四人帮"之流的兴风作浪,封建经济思想到处泛滥成灾。更严重的是,封建经济思想还贴着"社会主义"乃至"共产主义萌芽"的标签,鱼目混珠,蛊惑视听:它在反对"经济主义"、反对"唯生产力论"等口号的掩护下,复活了禁止"言利"的封建教条;在反对资本主义的口实下,反对扩大商品生产和商品流通,维护自然经济;它以所谓反对"技术挂帅"来反对新技术和新产品,坚持墨守成规的封建社会主义;还打着反对"洋奴哲学"的旗号,反对引进外国先进技术,坚持封建主义的闭关锁国政策,等等。封建经济思想的泛滥,给国民经济造成了极大损害,也搞乱了人们的思想,留下了沉重的后遗症。

深刻的经验教训告诉我们:研究历史遗产的工作,对我们当前从事的伟大斗争来说,决不是可有可无的。我们必须用辩证唯物主义和历史唯物主义的方法,对历史遗产进行科学的研究和整理,分清其中的精华和糟粕,自觉地利用历史遗产来为当前的伟大斗争服务,把我们的事业向前推进。如果对历史遗产陷入盲目性,那么,它也会像任何客观的自然力一样,作为一种异己的力量起作用,给我们的事业造成巨大的破坏。

毛泽东同志在抗日战争时期曾经说过:"我们这个民族有数千年的历史,有它的特点,有它的许多珍贵品。对于这些,我们还是小学生。今天的中国是历史的中国的一个发展;我们是马克思主义的历史主义者,我们不应当割断历史。从孔夫子到孙中山,我们应当给以总结,承继这一份珍贵的遗产。这对于指导当前的伟大运动,是有重要帮助的。"①

今天,我们所进行的伟大斗争,已不是民族解放战争而是现代化的社会主义建设。毫无疑义,研究和总结历史遗产的工作,对我们进行伟大的社会主义建设事业,是会有重要帮助的。

（原载《经济学集刊》,1982年第2期）

---

① 《毛泽东选集》前四卷合订本,人民出版社1966年版,第499页。

2　重视中国经济思想史的学习和研究

一

我国是世界上历史最悠久的文明古国之一，拥有极其丰富的文化遗产，中国经济思想的历史遗产是其中的一个重要组成部分。认真学习和研究中国经济思想史，使这部分遗产更好地为我国当前的社会主义物质文明和精神文明建设服务，重放光芒于全世界，是当前中国经济思想史学界的历史责任。

当前，中国经济思想史这门学科的状况及其在学术界的地位，和中国经济思想史的丰富历史遗产相比，是很不相称的。不论是在教学还是科学研究中，这门学科的阵地都还很薄弱。形成这种状况的原因是多方面的。中国经济思想史作为一门独立学科起步较晚。解放前只有极少数学者涉猎过这一领域。新中国成立后，在党的关怀扶持下，60年代初中国经济思想史作为一门独立学科已奠定了发展的初步基础；但"十年内乱"又使它遭到了严重的摧残。毋庸讳言，一些不符合事实的看法甚至偏见，对造成这种状况也有不可忽视的影响。

看法之一：认为中国经济思想遗产贫乏，不值得重视。这本是帝国主义分子为了掠夺、奴役东方国家而长期宣扬殖民奴化思想所造成的一种偏见。至今，西方有些人仍然坚持这种偏见，认为包括中国在内的东方国家在经济思想方面从来不行,不仅近代、现代,连古代也没有任何"足以和西方中世纪经院学者在经济方面所做出的良好开端相媲美的东西"①。旧中国的经济学界也有一些人由于受殖民奴化思想的影响而妄自菲薄,例如有的讲授欧美经济思想的人就公开宣扬:中国古代的经济思想,"实无一顾之价值"②。甚至有的写过中国经济思想史小册子的人,也认为中国经济思想遗产无足轻重,并声称自己所以写中国经济思想史就是为了使中国人"自知不足"。③这种数典忘祖的民族虚无主义,阻碍人们正确认识和对待中国经济思想遗产。

看法之二:认为研究中国经济思想史对解决现实的社会经济问题没有什么帮助,不值得为此花费人力和时间。有的还错误地认为研究历史遗产会减弱人们对现实问题的注意。一种更为幼稚的想法甚至把研究历史遗产看作是同搞现代化建设背道而驰的。

要改变中国经济思想史的状况,首先需要从事中国经济思想史教学和研究工作的同志,奋发图强,以艰苦卓绝的努力和尽可能快的速度,开创中国经济思想史科学研究的新局面,向社会提供数量多、质量高的研究成果,使人们有条件更多地了解这门学科。同时,也需要对这门学科的内容、状况和意义作必要的宣传和介绍,澄清长期存在的一些不符合事实的看法和偏见。

---

① 泰罗尔:《东方的经济思想》,载《美国经济评论》1956年5月号。
② 赵兰坪:《近代欧洲经济学说》,商务印书馆1929年版。
③ 甘乃光:《先秦经济思想史》,商务印书馆1926年版,第16页。

二

中国的经济思想遗产不是"无一顾之价值",而是极其丰富多彩的。

中国古代经济思想史的主要内容是封建时代的经济思想。中国的封建社会,时间长达两千余年,经济、技术、文化的水平长期高于欧洲中世纪,经济思想的发展水平也大大超过欧洲的同一时代。

封建土地所有制是封建制度的基础,关于土地所有制问题的思想,在封建经济思想中也占着重要地位,并且最能反映出不同民族在封建时代的经济思想水平。中国封建时代的土地思想,材料之多,是少有伦比的。早在先秦时期就出现了井田思想,后来又相继出现了限田和均田思想,这些成为后来想解决土地问题的人所依据的三种基本模式,以这三种基本模式为蓝本而设计的解决土地问题的方案不下数十种。清初的王源提出了"有田者必自耕"、"惟农为有田"①的主张,成为近代资产阶级民主革命中"耕者有其田"思想的先声。同封建土地制度相联系的农民剩余劳动产品的分配问题,也是中国封建时代经济思想探讨的重要课题,出现过各种各样的地租思想和赋税、徭役思想。在两千年前的西汉中叶,已有人认识到高额地租是农民贫困的重要根源。唐、宋以后,又逐渐出现了地租是不劳而获的看法,并在这一基础上产生了减租的

———————————

① 参看李塨《平书订》。

主张。

在战国到秦、汉时期，逐渐形成了在中国封建时代占支配地位的三个经济观点："贵义贱利"论、"重本（农）抑末（工商）"论和"黜奢崇俭"论。这些观点后来被封建社会的保守势力奉为神圣不可侵犯的正统经济思想的教条，用以压制进步的财政经济改革，禁锢人们的思想。这三大教条受到各时期进步思想家的不断的批判，在经济思想领域中形成了错综复杂的斗争画面。

中央集权专制主义的封建政权为了维护自己的统治，必须运用自己的权力对国民经济进行多方面的干预和管理。在漫长的封建社会中，关于国家干预和管理国民经济的问题的讨论，成了中国封建时代经济思想史的一部分有特征性的内容，其中既包括主张国家干预的思想，也有反对国家干预或不赞成过多地干预的思想。早在西汉时代，就出现了强调国家干预、控制国民经济的"轻重"论和反对国家过多干预私人经济活动的"善因"论（"因"是顺应、听任的意思，"善因"论即强调好的经济政策应听任人们自己进行生产、经营活动，国家少加干预的理论）之间的对立。中国封建时代的财政、赋役思想更为丰富。"量入为出"和"量出制入"财政原则的提出，中国均早于西方。关于财政和国民经济的相互关系的认识，早在先秦时期已达到比较高的水平，既认识到经济是财政之"本"（基础），又看到财政政策可以对经济发展有反作用，可以有"强本"或"伐本"的作用。

马克思认为，商品生产、贸易、货币、生息资本等是资本主义社会和古代社会所共有，古希腊的思想家在这一领域表现出许多"天才和创见"，他们的见解"历史地成为现代科学的理论的出发

点"①。中国封建时代商品经济和工商业的发展水平高于同一社会
形态的欧洲,因此,中国封建时代的思想家在这一领域也同样表现
出许多"天才和创见"。战国时代的著作《墨经》中提出了"为屦
以买不为屦"的论点,意思是说为交换其他商品而做的鞋,对做鞋
的人就不是作为鞋来穿的。这实际上已看到了商品具有使用价值
和交换价值两种属性,和大约同时代的希腊学者亚里士多德的认
识不相上下。

亚里士多德还在商品的价值表现中发现了等同关系。马克思
高度评价这一发现,认为亚里士多德"正是在这里闪耀出他的天
才的光辉"②。也是差不多同时,中国的孟轲指出:各种商品的价格
"不齐",相差可从一倍、五倍至千倍、万倍,这是由于"物之情"不
同。这里,"物"指商品,"情"的意思是"实",即内在的东西。孟
轲自然还不知道"物之情"究竟是什么;但既然他只把"物之情"
归结为数量方面的"不齐",他所说的"物之情"就不是指商品的使
用价值。孟轲的分析显然已触及商品价值的问题,其成就也足可
以和亚里士多德交相辉映。

到15世纪的明代,丘濬进一步认识到,商品的"价"是由生产
商品所用的"功力"决定的,"其功力有深浅,其价有多少"③,这已
是相当明确的劳动价值论了。

在中国古代,货币金属论、货币名目论和货币数量论都出现较
早。公元3世纪末,西晋的鲁褒写了讥刺和反映货币拜物教现象的
专文《钱神论》。11世纪北宋的沈括分析了货币流通速度和货币数

---

① 《马克思恩格斯全集》第20卷,人民出版社1971年版,第250页。
② 《马克思恩格斯全集》第23卷,人民出版社1972年版,第75页。
③ 《大学衍义补》卷二十七《铜楮之币下》。

量之间的关系，认为加快货币流通速度可与增加货币流通数量取
得同样效果。这些都比西方同样的思想早出现数百年至千年。

第一次鸦片战争失败后，中国由封建社会逐渐沦为半殖民地
半封建社会。在半殖民地半封建社会的旧民主主义革命阶段，经
济思想的主要内容是中国资产阶级的经济思想。由于中国近代的
社会发展已远远落后于西方，中国资产阶级的经济思想是不能同
西方资产阶级的优秀的经济思想（例如古典经济学）相比的。然
而，中国旧民主主义革命时期的经济思想也有自己的特点和许多
值得珍视的东西。它不仅具有反封建的内容，还具有反对帝国主
义经济侵略的内容。众多的先进思想家，为摆脱贫弱和屈辱，为发
展民族经济、争取国家独立富强，为向西方寻找真理，使中国跻身
于世界先进民族之林，提出了各种各样的主张，构成了中国近代经
济思想的深有教益的一面，在世界殖民地、半殖民地国家的经济思
想中，仍然具有重要的典型性。

只要不是怀有偏见而是肯于用客观的实事求是的态度研究问
题的人，就会在研究中国经济思想遗产的过程中为其内容丰富、
绚丽而惊叹，而每一个热爱自己祖国的炎黄子孙更会为此而深感
自豪。

我们主张重视自己的经济思想遗产，决不是提倡文化上的排
外主义。我国历史上的进步思想家，向来有尊重和学习外来优秀
文化的好传统。但是，他们在学习和吸收外国文化时，从来不是生
吞活剥地学，不是机械地照搬，而是从中国的需要出发，力求把外
来文化同中国自己的固有文化结合起来。虽然历史人物受其当时
的历史条件和他们本人的世界观的限制，不能结合得很好，但他们
毕竟是力图这样做的。中国近代的历史充分证明：那些从中国的

现实需要出发，结合民族特点和民族形式来吸收外国经济思想的人，多能对中国近代经济思想的发展做出自己的贡献；而那些盲目崇拜外国的东西，把外国经济学说当作"教条集成"①原封不动地加以贩运、转售的人，却不能在中国经济思想史上留下芳名。中国近代经济思想史上的这一条经验，是值得人们深长思之的。

三

研究中国经济思想史决不是没有什么现实意义，而是能够对认识和解决当前现实的经济问题有重要帮助。

我们今天正在为建设有中国特色的社会主义而奋斗，这是过去任何一次伟大的历史运动都不能与之相比的伟大而艰巨的斗争。但是，我们是在历史所形成的条件下进行这一斗争的。离开历史所形成的条件，就谈不上什么中国特色，也谈不上建设有中国特色的社会主义。

在中国经济思想的优秀历史遗产中，可供我们当前参考和借鉴的东西是很多的。在这方面，我们首先要提到历来的进步思想家重视发展经济、强调"富民"的传统，这种思想把繁荣社会经济、增殖社会财富、使广大人民不缺衣食看作是国家强盛、社会秩序安定的基础和前提。相传在尧让位于舜时曾告诫他的继承人说："四海困穷，天禄永终"。这已把黎民百姓的生活状况看作决定王朝安危兴废的关键。春秋时代的大政治家管仲提出了"仓廪实而知礼

---

① 《马克思恩格斯全集》第23卷，人民出版社1972年版，第15页。

节，衣食足而知荣辱”这一带有唯物主义色彩的论点，成为中国历史上传诵千古的名言，鼓舞着历代多少关心国计民生的思想家提出各种美好的理想和改革现实的方案。

古代的进步思想家多是剥削阶级的思想家，他们所说的“富民”同我们所主张的使广大人民共同富裕，有完全不同的阶级内容。但是，像“四海困穷，天禄永终”，“仓廪实而知礼节，衣食足而知荣辱”这些精辟的论点，对我们正确认识必须以社会主义经济建设作为当前我们全部工作的中心，不是深有参考、借鉴的意义吗？对于更深刻地认识“穷社会主义”、“越穷越革命”等论调的反动性，不是大有帮助和教益吗？

中国古代的许多著名思想家和有作为的政治家都很注意总结历史经验，很多深刻的经济思想往往是在总结历史经验的过程中产生的。西汉陆贾的思想就是这方面的一个精彩的典型。

秦始皇在两千多年前就统一了中国，在中国的历史发展中起了重要的推动作用。然而，秦始皇能建立统一的封建帝国而不能巩固它，秦帝国仅十余年就灭亡了。西汉初年的政治家和思想家都很注意总结秦的历史经验，希望能借此避免前朝历史悲剧的重演。汉高祖刘邦的谋臣陆贾，就提醒刘邦：天下可以“马上得之”，但决不能“马上治之”。[①]他劝告刘邦要接受秦的教训，减政省刑，撙节财政经费，轻徭薄赋，与民休息，尽量减轻人民负担和国家政权对民间经济活动的干扰，使人民能有时间和财力进行生产，恢复长期战乱对国民经济造成的严重破坏。他用先秦道家习用的语言，把自己的这些主张称为“无为而治”。这种“无为”论成了西汉前

———————————

① 《史记·郦生陆贾列传》。

期的经济政策的指导思想。它对帮助汉帝国摆脱初年的严重困难和危机、促进封建经济的恢复和发展起了重要的作用。

陆贾所总结的历史经验是以土地私有制的封建经济为社会经济前提的,他为西汉政权指出的是战乱后恢复和发展封建经济的道路。但他关于天下可"马上得之"不可"马上治之"的论点,却触及了一个带普遍性的原理:取得政权和巩固政权是不同的事物,服从于不同的规律,适用不同的办法;在取得政权后继续推行取得政权前所用的一套办法就不行了,必须及时地以"得之"转为"治之",即转到恢复、发展经济和巩固政权的轨道上来,而且"治之"比"得之"需要花更长时间。

以上不过是略举几点,但从中也可看出:在中国古代的经济思想遗产中,可供我们参考、借鉴的东西实在是多不胜数的。

研究近代中国经济思想史同当前斗争的关系就更为密切。

在近代,帝国主义和封建主义的压迫使中国人民陷入了半殖民地半封建社会的深渊。伟大的中国各族人民为改变祖国灾难深重的处境,进行了一百余年的前仆后继的英勇斗争。在中国共产党诞生前,中国的先进人士已经为寻求救国救民的真理历尽千辛万苦。在经济领域,他们强烈抨击帝国主义对中国的经济侵略,提出了发展独立自主的民族经济的要求;他们不同程度地揭露、批判了封建主义的落后性和反动性,要求用资本主义的社会化大生产代替封建主义生产方式,一些激进的思想家还提出了各种各样的改革土地制度的方案;他们对中国经济的贫困落后感到痛心疾首,提出了采用西方的机器设备和科学技术来振兴中国实业的主张。魏源的"师夷长技以制夷"的口号,洪秀全的"天下田天下人同耕"的主张和"无人不饱暖"的理想,郑观应的"商战论",康有为、梁启超等实现国家工业化的要求,孙中山的"耕者有其田"思想和"实业计划"等,尤其是中国近代先进经济思想中的精华。

近代先进中国人为之奋斗而不能完成的目标,在中国共产党领导下,有些已经完成了,并且超过了(如解决土地问题、消除帝国主义殖民奴役、实现民族经济独立等);有些已取得重要成就,但还未充分完成(如实现国家工业化和现代化、使国家富强等)。我们研究中国近代经济思想史就会深深体会到:我们当前确实是"在完全改变了的条件下继续从事先辈的活动"。[①]

中国人民不仅是勤劳、智慧和勇敢、顽强的人民,还是有着宏伟的气魄和远大抱负的人民。这个特点,在近代经济思想领域,主要是通过以下两个方面表现出来的。

一个方面是:中国先进思想家在积极为改变中国的贫穷落后面貌而寻找出路时,还为中国经济的发展提出了更高的目标和要求。中国近代第一个提出学习西方的明确要求的思想家魏源,就坚信中国能通过学习西方而赶上西方,"方见东海之民,犹西海之民"。[②]伟大的中国革命先行者孙中山则还在1894年中日甲午战争前,就为中国的经济发展提出了"驾欧洲而上之"[③]的目标。在走上民主革命道路后,他一再激励中国人民:"夫以四百兆苍生之众,数万里土地之广,固可发愤为雄,无敌于天下。"[④]我们的先辈在旧中国灾难深重的日子里,对祖国的未来抱有这样强烈的信念,

---

[①] 《马克思恩格斯全集》第3卷,人民出版社1960年版,第51页。
[②] 《海国图志·筹海篇三》。
[③] 《孙中山全集》第一卷,中华书局1982年版,第15页。
[④] 同上书,第19页。

对中国的发展怀着这样的壮志豪情。这对我们当前"振兴中华"的斗争,有多么大的激励作用呵!

　　另一个方面是:近代的先进中国人,在"向西方国家寻找真理",企图按西方的面貌改造中国时,却又不满足于资本主义制度。他们对西方国家的垄断压迫、贫富分化和经济危机提出了批评和指责,并且提出了种种的"大同"理想,希望将来在中国能出现一个比资本主义更高的"大同"社会。中国近代的这种"大同"理想,在后期已受到西方社会主义思潮的影响。康有为的"大同",就包含着生产资料公有、人人劳动、无剥削、消灭生产无政府状态、消灭战争等内容,孙中山还明确地把"大同"作为"社会主义"的同义词。当然,由于中国民族资产阶级的软弱,它不能领导中国的资产阶级民主革命取得胜利,更不可能指引中国人民走向"大同"或社会主义。但是,康有为、孙中山等中国资产阶级的杰出思想家都认为资本主义制度不是合乎理想的制度,并且都提出了"大同"理想,这也从一定角度反映出一个真理:资本主义道路在中国是走不通的,只有社会主义能够救中国。①

　　对于经济思想遗产中的糟粕是要加以抛弃或排斥的。但"弃其糟粕"不是弃置一旁不去了解和研究,而是在认真研究历史遗产的基础上,分辨清楚什么是精华,什么是糟粕,科学地认识清楚糟粕的危害性及其产生的历史条件,真正从思想上加以抛弃。如果对历史遗产中的糟粕弃置不加研究,甚至企图加以封禁,这并不能使它不发生影响,反而使它以人们难以察觉的方式潜移默化地毒害人们。尤其应当指出的是:反动势力在利用历史遗产中的糟粕

---

① 毛泽东:《关于正确处理人民内部矛盾的问题》。

毒害人们时,往往不是以其本来的古老形式,而是给旧货贴上新的标签改头换面地搬出来。这样,如果人们对历史遗产中的糟粕缺乏研究,没有足够的识别能力,就很容易受到迷惑。

拿中国封建时代正统经济思想的主要教条之一"贵义贱利"论来说,这一教条把"义"即统治阶级的道德看作是对"利"即经济利益起决定作用的东西,强调人们取得和占有财富必须绝对服从于"义"。在长期的封建社会中,腐朽反动势力一直利用"贵义贱利"论来压制劳动人民改善劳动条件和生活条件的要求,阻碍有进步意义的社会经济改革,把任何触犯腐朽统治势力的既得利益和特权的思想、言论和行动都斥为"不义"。

人们记得,在"十年内乱"时期出现过许多反对重视经济工作的谬论:要求发展生产被指责为"唯生产力论"、"生产压革命",关心群众生活被攻击为搞"经济主义",想改善企业经营管理、结束企业中的混乱状态会被加上"管、卡、压"的罪名,甚至出现了"宁要社会主义的草,不要资本主义的苗"等荒谬绝伦的口号。不难看出,这些奇谈怪论实际上正是"贵义贱利"论封建教条的翻版,只不过是被贴上了"突出无产阶级政治"和"社会主义"的标签而已。

事实证明,"取其精华,弃其糟粕"只有通过对历史遗产进行科学的研究和总结才能办到;忽视乃至拒绝对历史遗产进行研究,其结果往往是适得其反。

毛泽东同志指出:"今天的中国是历史的中国的一个发展;我们是马克思主义的历史主义者,我们不应当割断历史。从孔夫子到孙中山,我们应当给以总结,承继这一份珍贵的遗产。这对于指导当前的伟大的运动,是有重要的帮助的。"①认真学习和研究中国经济思想史,我们对毛泽东同志的这一教导就会备感亲切。

（和石世奇、陈为民合写。原载《红旗》,1985年第5期）

---

① 《毛泽东选集》第二卷,人民出版社1966年版,第499页。

3 中国传统经济思想的历史地位[*]

中国传统经济思想是中国传统文化的一个组成部分。它是1840年鸦片战争前在中国特定的历史条件下形成和发展起来的中国固有的经济思想。

中国从自己的文明早期阶段即不断有经济思想资料的产生和积累，但在漫长的历史时期中，经济思想主要是以零散、片断的形式存在着，表现为一些个别的、相互之间缺乏联系的，或者只有粗浅的、表面的联系的经济观念、原理和范畴。在春秋中后期（约公元前7世纪—前5世纪初）到西汉中期，有明显民族特色的中国经济思想才逐渐产生和日益成熟起来。自此至清代中叶鸦片战争前夕，中国的传统经济思想继续有所发展和丰富；不过，在长达一千七八百年的时间中，经济思想的发展主要表现为量的增长和部分内容的深化，而没有能够在整体上出现质的飞跃，因而从其基本特点来说，仍然属于传统经济思想的范畴。这种状况，直到鸦片战争后才逐渐发生了变化。

作为中国传统文化的一个组成部分，中国传统经济思想也同传统文化的总体一样，具有源远流长的特点。它绵延数千年，代代相承，从未间断；其文献资料之浩繁，内容之丰富多彩，在资本主

---

　　*　原文是在一次讨论中国传统文化的会议上所提供的一篇发言稿，全文收入《中国经济思想通史》修订本并作为结束语。

义以前的世界史上是少有伦比的。

中国的传统文化不是一种自我封闭的文化。在古代经济落后，交通不便，各地区、各国家交往不多的情况下，中国文化仍然不断吸收外来文化的长处以丰富自己。中国传统经济思想也同样具有这种特点。不过，由于当时中国经济的发展和中国经济思想的发展，都高于相交往的国家，尤其是高于周边国家和地区，中国经济思想所受的外来影响是较少的，并未曾因外来影响而导致自身在内容方面和形式方面发生过重大的变化。这是中国传统经济思想和中国传统文化的其他某些组成部分（如哲学、文学、艺术等）的一个明显不同之处。

对中国经济思想遗产的发掘、整理和研究，迄今还是传统文化研究中的薄弱一环：研究人员少，专业研究人员尤其寥寥无几；学术开拓的广度和深度都很不够。过去很长时期，国内外人士谈论汉学或中国传统文化，视野大多限于文、史、哲诸学科领域；中国传统经济思想，只是到近年才开始作为中国传统文化的组成部分受到关注。

中国的经济思想，在漫长的历史时期中，形成了自己的许多一脉相承的传统。其中，强调求富的传统、重视均富的传统、从整个国家的角度考虑经济问题的传统以及伦理和经济相结合的传统等，对历代中国人考察和处理经济问题，尤其具有深远的影响。

中国的传统经济思想是强调求富的经济思想

在中国历史上，求富的思想早就出现了。但在人们对富的内涵、求富的意义以及求富的途径这一系列的问题未进行充分的探讨和论证前,求富还不能构成中国传统经济思想的一种有特色的内容。这方面的探讨和论证是从春秋时代开始的。

春秋中后期,五霸先后崛起。最先称霸的齐桓公,任用管仲,以"通货积财,富国强兵"①作为建立霸业的主要手段。各诸侯国,尤其是有争霸条件的大国,纷起仿效。这样,求富就日益作为国家追求的目标,在社会上受到广泛的注目,开始成为经济思想领域中的热门话题。

随着私田的扩大和工商食官制度破坏后私人工商业的兴起,春秋时期私家求富的要求也日益强烈。当时,私家最具有求富条件并且能够同公室争夺土地和劳动力的,是那些拥有贵族身份和政治权势的大夫之家。这些人怎样求私家之富,也日益成为经济思想领域中议论的话题。

春秋末期的大思想家孔丘首先论述了私家求富的问题。他既肯定求富,又认为求富必须遵循正当的途径。他说:"富与贵,是人之所欲也,不以其道得之,不处也;贫与贱,是人之所恶也,不以其道得(去)之,不去也。"②

富贵是"人之所欲",贫贱是"人之所恶",这也就是说,喜富贵而恶贫贱是人之天性,或者说是与生俱来的"人之情"。既然喜富恶贫是人之天性,求富就不会是偶然的、个别的现象,而必然是在人之天性驱使下的一种普遍的行为。

这样,孔丘就以人性为依据对求富的必然性作了论证,从而使

---

① 《史记·管晏列传》。
② 《论语·里仁》。

求富思想开始有了初步的理论形式。此后两千余年，以人性为依据来肯定求富的思想层出不穷，表述、论证的方式各有特点，但基本思路都和孔丘的上述说法如出一辙。

富强、富贵都不是单纯的经济范畴。国家追求富强，个人或私家追求富贵，其中都包含着经济要求，但又都不限于经济要求，而且，往往还是以非经济的要求占主导地位或优势地位的。[1] 只有当富和强、富和贵分离开来，被作为单独的追求目标提出来时，对富和求富的研究才具有比较明确的经济学研究的性质。

孔丘也曾经把富和求富单独提出来过，如说："富而可求也，虽执鞭之士，吾亦为之；如不可求，从吾所好。"[2] 不过，他在单独提到求富时，并不是有意识这样做的。由于他在谈到富和求富时，总是针对"君子"的求富行为而言的，他从不曾对求富和求富贵二者加以区别，事实上也意识不到这种区别。

在中国历史上，首先把富和贵、求富和求富贵分离开来，作为单独的课题加以探讨的，是西汉的大历史家司马迁。他不再把求富贵，而只是把求富、求利看作人类本性的要求，认为："富者，人之情性，所不学而俱欲者也"[3]，"天下熙熙，皆为利来；天下攘攘，皆为利往"[4]。而且，对待求富，他最为肯定的还是从事农、虞、工、商等经济活动以致富，称赞这些人"皆非有爵邑俸禄，弄法犯奸而富"[5]。

---

① 为争霸而求富强，富就是从属于强的；靠做官以求富贵，富就是从属于贵的。
② 《论语·述而》。
③ 《史记·货殖列传》。
④ 同上。
⑤ 同上。

靠"爵邑俸禄"致富是既富且贵,而靠农、虞、工、商以致富则是只富而非贵。司马迁明确地把这两者区别开来,这就是把求富完全作为一个经济问题来对待了。

可惜的是,后人并未能遵循司马迁的这种思路继续前进。司马迁以后,传统经济思想对求富问题的探讨,在富与贵、求富与求富贵、求富的经济手段与非经济手段之间,许多人,许多场合,往往仍不是区分得十分清楚的。这种混杂和纠缠不清,就使得求富难以作为一个十分明确的经济思想课题,受到人们不断深入的探讨。①

要对求富的有关问题进行探讨,必须首先弄清楚富的内涵,也即什么是富的问题。在中国传统经济思想中,对"富"②这一范畴,有各种层次不同的理解。

一种理解是:把"富"等同于粟。战国末期的法家学者韩非曾说:"磐石千里,不可谓富",因为,"磐不生粟"。③可见,他认为粟是富的唯一存在形式,生产粟的农业是唯一生产富的部门。

韩非对富的这种理解是受他的农业自然经济的狭隘眼界以及法家农战政策的实用主义立场决定的。在农业自然经济下,农业是主要的、决定性的部门,而粟在农业中又是主要的决定性的门类,因而以自然经济眼光观察问题时,就往往只看到粟的重要性,把它看成是富的唯一形式,或几乎是唯一的形式。法家思想强调富国强兵,并认为要实现富国强兵必须推行农战政策,特别要靠重

---

① 例如,北魏的著名农学家贾思勰就说:"夫治生之道,不仕则农"(《齐民要术·杂说》)。这就把求富的经济手段和非经济手段混淆了。

② "富"相当于现代习用的"财富"一词。

③ 《韩非子·显学》。

农积粟作为增强兼并战争实力的保证。韩非作为战国法家思想的集大成式的代表人物，他的农业自然经济眼光和坚持农战政策的立场，都比法家的其他代表人物更突出、更极端，因而才会有这种把粟等同于富的观点。

这种观点当然是过分狭隘的、片面的。但是，它在农业为主的封建时代，对国家政策和人们的观念都有颇为深远的影响。

涵盖面较宽的一种理解是：把富看作是满足一般人基本生活需要的消费品或生活必需品。墨翟是这种理解的早期典型。他只把维持人们生产劳动能力所需要消费的食、衣、住、行等物质产品（所谓"强股肱"、"充虚继气"、使"耳目聪明"①等）看作生产对象，认为只有多生产这些产品才能富国。为此，他主张尽量不生产或少生产贵族、富人们需要的奢侈品，转而增加普通百姓的生活必需品，要"去大人之好聚珠玉、鸟兽、犬马以益衣裳、宫室、甲盾五兵、舟车之数于数倍"②。墨翟没有明确界定"富"的含义，但他认为只有生产生活必需品才能富国，而生产奢侈品则不能，这把他心目中所理解的"富"是什么，已比较清楚地表达出来了。

东汉王符的理解与此相近，只是又补充上了一点：要富国，除了多生产食、衣、住、行等消费品外，还要重视"器"的生产。他曾说："百工者，所使备器也。器以便事为善，以胶固为上。"③这里说的"器"，显然包括两类：一类是消费方面的用器如炊具（炉灶、锅釜）、贮器（缸、瓮）等；另一类为生产工具、生产资料。

---

① 《墨子·节用中》。

② 《墨子·节用上》。墨翟反对进攻战争，而支持防御战争，因而把用作防御战争的武器也看作必需品。

③ 《潜夫论·务本》。

对富的更广义理解则除了上述内容外,还把享乐品、奢侈品也统统包括在内。司马迁就是如此。他把富看作是"中国人民所喜好,谣俗被服、饮食、奉生送死之具"①,只是这些物品并不限于生活必需品,而且是包括"耳目欲极声色之好,口欲穷刍豢之味,身安逸乐,而心夸矜势能之荣使"②,即包括各种享乐及奢侈需要的产品和物资。

这样,富的涵盖面就差不多相当于满足人们欲望所需的一切物质财富。

但这仍不足以解释当时人们的求富行为。因为,当时有些人的求富,显然已不限于食、衣、住、行的基本生活需要,而且也非奢侈、纵欲的需要所能解释。

商鞅对富下过一个更深刻、更耐人寻味的定义。他说:"所谓富者,入多而出寡。"③入多出寡,其差额就是剩余。所以,商鞅实际上指出了:富就是剩余。

事实上,在已存在私有制和贫富分化的社会中,食不果腹、衣不蔽体的贫人对物质财物的要求只能是求生,而谈不上求富;真正孜孜于求富的,所追求的显然不止是生活所需以及享乐、奢侈所需,而主要是剩余本身。

荀况在此基础上,对当时人们的求富动机作了更全面、更深刻的刻画,指出:当时人们求富,"食欲有刍豢,衣欲有文绣,行欲有舆马,又欲有余财蓄积之富也,然而穷年累月不知足,是人之情

---

① 《史记·货殖列传》。
② 同上。
③ 《商君书·画策》。

也"①。求富的人,不但要求得到当时社会上高标准的生活条件,还"穷年累月不知足"地追求"余财蓄积之富",——这种说法是中国传统经济思想对于求富动机所作的涵盖面最宽、最为完整的理解,同时也蕴含着对富的内涵的最赅备的认识。

荀况也把"求富"说成是尽人皆然的"人之情"。然而,如前所说,当时连求生还存在问题的人,不用说"余财蓄积之富",连"食欲有刍豢"、"衣欲有文绣"的要求,也是不会产生的。荀况说的那种求富的人之情,并不是人尽有之的人之情,而只是有求富条件的那些人的"人之情";而且,即使这些人的"人之情",也不是来自什么天性,而是来自其所特有的社会地位和经济条件。

在中国历史上,用人性、人之情来说明求富动力的种种说法,虽然俯拾即是,但这类说法对求富的意义、求富的行动在人类社会生活中的意义、求富活动同人类其他活动的关系等问题,事实上却什么也不能说明。因此,传统经济思想在涉及这些问题时,不得不另寻答案。

对于求富的意义,中国传统经济思想主要是从两种角度说明和论证的。从个人的角度,它论证了富是人的身份、地位、权势以及名誉、声望的基础。例如,它认为有了财富就有了支配别人、役使别人的权力,财富越多,这种权力越大:"富相什,则卑下之,伯(百)则畏惮之,千则役,万则仆。"②认为有了财富就有了政治上、社会上的地位和声势:就可以"荣乐过于封君,势力侔于守令,财赂自营,犯法不坐"③。认为有了财富就有了名誉和声望:"人富而

---

① 《荀子·荣辱篇》。
② 《史记·货殖列传》。
③ 《后汉书·仲长统传》。

仁义附"①、"富殖德"②，如此等等。

从国家角度，传统经济思想论证了富是兵力强大、国家安定的基础。

在春秋、战国诸侯争雄的时代，富国强兵是列国争相奉行的政策，求富的要求，本来是作为富国强兵之政的一部分内容提出来的。随着列国争霸战争的越来越频繁，战争规模越来越大，人们越来越认识到：一国如果没有强大的经济实力，就难以经受住持久的、消耗巨大的战争。于是就自然而然地产生了富是强的基础的认识。战国法家是倡导富国强兵最力的学派，并认为农是富国之本："壹之农，而后国家可富"③。也正是法家人物从列国争霸战争的经验中总结出："国不农，则与诸侯争权不能自持也，则众力不足也。"④并且终于对富和强的关系得出了"国富者强"⑤、富是强的基础的结论。

不过，法家的体系是以强兵和战胜为中心的。他们虽然承认富是强的基础，但毕竟是把求富从属于求强，认为求富不过是为了求强。离开强而言富，在法家的体系中就无任何的意义。

这种情况是同当时列国纷争各大诸侯国都想以兼并战争来统一天下的历史条件相联系的。但是，即便在列国纷争的时期，先秦诸子中的许多家也不赞成法家的以兼并战争统一天下的路线，从而不赞成法家为强兵而富国的主张。这样，在他们的思想体系中，

---

① 《史记·货殖列传》。
② 《陆彦若所著书序》，见《龚自珍全集》上册，中华书局1961年版（下同），第196页。
③ 《商君书·农战》。
④ 同上。
⑤ 同上。

求富就不是同求强联系在一起，而是同"治"（国）或者"安"（民）相联系的。管仲的名言"仓廪实而知礼节，衣食足而知荣辱"①，已表现出了民富则易治的看法。孟轲更反复论证：民贫是国家动乱不安的根源，民富则易于达到国治民安的要求。他一再说："若民，则无恒产，因无恒心。若无恒心，放辟邪侈，无不为己！"②治国如能使"菽粟如水火，而民焉有不仁者乎？"③

在列国纷争的局面为宇内一统的局面代替后，人们所主要关心的已不是强的问题，因而求富就不再同求强，而是同求安联系在一起了。西汉初期的思想政治代表人物都竞相论证：由战国纷争转入秦、汉统一后，主要的任务在于"安天下"，而安天下就必须富民；民贫则思乱，富则易安。贾谊对此尤其慨乎言之。他把这种认识概括为"富安天下"④四个字，这典型地体现了人们对求富目的性的认识的转变。

但是，一统宇内并不意味着可以长治久安，而"一治一乱"则是封建王朝历史上的循环往复现象。因此，富强的主张并未从此销声匿迹，而是和富安、富治的主张交替地为人们宣扬着：在一统政权比较强大巩固，人们强调的是富安、富治；当一统政权比较衰弱，受着外部的严重威胁时（例如北宋），或者一统局面破裂时，则富强的呼声往往又甚嚣尘上。

关于求富的途径，中国传统经济思想的基本主张是"强本节用"。

① 《史记·管晏列传》。
② 《孟子·梁惠王上》。
③ 《孟子·尽心上》。
④ 《论积贮疏》，见《贾谊集》，上海人民出版社1975年版，第82页。

传统经济思想明确认识到,财富的来源是"生财"(即生产),因而求富归根到底要靠增加生产;但又认为:如果所生产的财富全被消费了,就谈不上富。基于这种认识,传统经济思想在论及求富之道时就不仅注意"生财",而总是同时考虑"用财",考虑"生财"和"用财"的关系,并把正确处理这种关系的做法归结为"强本节用"。儒家的著作《大学》有一段话:"生之者众,食之者寡;为之者疾,用之者舒"①。这实际上是对"强本节用"的经典性阐释,成为传统经济思想各时期的代表人物公认的生财之道或求富之道。

由于农业在社会生产中处于主要的、决定的地位,传统经济思想所重视的生产也主要是农业生产。在传统经济思想中很早就出现了"本"的概念,把农业称作"本业"、"本事"。这样,人们重视生产、增加生产的要求,就往往被表现为"重本"、"强本"的提法;而增加生产,节约消费的要求,也就被简化为"强本节用"②的公式。强本节用可说是中国传统经济思想所认为的求富的基本途径。

"本"的提法就意味着在"本"之外还有非本。中国传统经济思想并不认为农业是唯一的社会生产,而是把社会经济划分为农、工、商三个部门,或者农、虞、工、商四个部门,认为"待农以食之,虞以出之,工以成之,商以通之"③,四者都是人们经济生活所必要的部门,也都是人们求富所可以选择的途径。传统经济思想的代表人物,对农业以外的求富途径,态度有所不同,但对农业是"本",是国民经济的首要部门和求富的基本途径,在认识上是没有异议的。

---

① 《礼记·大学》。
② 《荀子·天论》:"强本而节用,则天不能贫"。
③ 《史记·货殖列传》。

　　在战国诸侯兼并时期，法家出于农战政策的需要，把农和非农的关系看作是极端对立的。它认为军粮、马草及当时的大部分军用物资均靠农业供给，而农民又是战士的主要来源，因而把富、强的关系等同于农、战的关系，宣扬"富国以农"和"拒敌恃卒"，强调在国民经济中尽量加强农的地位。法家还把工、商、虞各部门看作都是"害农"、"病农"的，主张用国家的力量尽量限制和压缩非农部门、非农行业的发展。为了从理论上表达这种要求，法家在宣扬农为本的同时，又提出了"末"的范畴，把一切非农部门尤其是工商业称为"末"，并且提出了"重本抑末"的论点，作为其对待农和非农部门相互关系的理论基础。

　　不过，法家的"重本抑末"论，并不意味着它否认各种非农行业也是求富的可能途径。相反，正因为法家也认识到非农行业也可致富，而且致富比农更容易，所以才主张抑末。

　　在战国诸侯争霸的局面结束后，法家为推行农战政策而宣扬重本抑末论的历史条件结束了，但是，农业是社会经济的主要的、决定的部门，而且农业是处于自给自足的自然经济状态下这样的社会经济条件依然未变。因此，法家关于区分本、末并且主张"重本抑末"的思想，在秦、汉以后仍被传统经济思想保留着，并继续用作区分不同求富途径的范畴。桑弘羊说的"开本末之途"①，就是认为求富可有本、末两种途径。司马迁所说的"本富为上，末富次之，奸富为下"②，则是在本、末二途之外，又把"奸富"（以各种罪恶的、害国害民的手段如贪污、盗窃、抢劫、诈骗之类求富）也列

---

①　《盐铁论·本议》。
②　《史记·货殖列传》。

为求富的一条可能的途径。

中国的传统经济思想是重视均富的经济思想

且勿论反映下层贫苦百姓要求的经济思想（如农民起义中提出的口号、纲领等）往往是把均财富的要求放在首位，即使在中国传统经济思想中占主流地位的思想也是重视均富的，是把既富且均看作经济生活的合乎理想的状态，认为只有富还不能为社会带来幸福，只有在富的同时，又使富的分配较为平均，做到家给人足，才能使国家、社会处于和谐、安定的状态。

这种均富的思想有两个特点：

一是要求对富的占有不太悬殊，而不是要求绝对平均。用龚自珍的话说，即避免"大不相齐"，而可以允许"小不相齐"，因为，"大不相齐，则丧天下"①。

二是均必须是在富的基础上均，而不可因要求均而削弱求富的动力，妨碍人们求富的努力。汉武帝时期曾采取比较激烈的打击富人的政策，征收过重的财产税，并发布"告缗"令，对告讦隐匿财产不据实纳税的人重加奖励。司马迁指出：这样做的结果，"民媮甘食好衣，不事蓄藏之业"②。这虽是纪实，也表现了传统经济思想把求富放在首要地位的态度。正因传统经济思想在富和均之间更重视富，有些传统经济思想的代表人物就表现出为了求富宁可

---

① 《平均篇》，见《龚自珍全集》上册，第78页。
② 《史记·平准书》。

牺牲均的态度。宋代以后,随着私有制的进一步发展和富人势力的增长,尤其是工商业富人势力的增长,"保富"的思想在传统经济思想中的地位也有所加强,并且有了为"保富"而强烈反对抑兼并的经济思想的出现。不过,主张既富且均、为了反对不均而主张抑兼并的思想,在中国传统经济思想中总的说还是处于主流地位。

均必有均的对象。均的主观对象是各种富人,特别是垄断了巨量财富的兼并之家,如贵族、大官僚、宠幸、大地主以及大商人等;均的客观对象则为富的各种存在形式,如土地、收入(或赢利)及其他财富(如房产、园林、珍宝、货币等)。

对均的主观对象,传统经济思想进行了极多的、极尖锐的揭露和谴责。这类材料对暴露这些人的腐朽、贪婪面目,激起人们的痛恨有重要的作用。但是,传统经济思想在这方面的理论探讨却是比较贫乏的和不够深刻的。"道义上的愤怒,无论多么入情入理,经济科学总不能把它看作证据,而只能看作象征。"[1]

相比之下,传统经济思想对均的客观对象的研究,则是更为详尽,也更为深入的。它对财富分配不均的状况、根源、意义以及解决不均问题的途径等,都有颇多的分析、论述。从均的客观对象看,传统经济思想的研究包括"均地"(也称"平土")论、"均入"(也称"均利")论及"均财"(财富一般或不区分具体存在形式的财富)论三个方面。

在中国传统经济思想中,均的要求最突出地表现在土地方面,均地或平土是经济思想中最受人重视的课题之一,遗留下来的文献材料极为丰富。在农业为主的封建社会中,地产是最主要的财

---

① 《马克思恩格斯全集》第20卷,人民出版社1971年版,第163页。

产形式,财富分配的不均主要表现在土地占有的不均上。"富者田连阡陌,而贫者无立锥之地",是传统经济思想形容社会贫富分化和贫富对立的典型语言。

土地占有不均的状况不是一成不变的。在每一封建王朝统治期间,土地占有状况的不均都呈不断增进的趋势,而土地兼并是造成这种不断增进的契机。

土地兼并使土地日益集中于社会上最腐朽的大地主集团,而使直接生产者转化为丧失土地的佃农或流民。这对社会生产力是一极严重的销蚀和破坏因素。占有巨大地产的大地主,并不组织农业生产,而只是靠出租土地获取地租。占有土地越多,出租土地就越多,所得的地租也越多。因此,他们所关心的不是土地耕作状况如何,而是占有土地的多少。正如传统经济思想所揭示的那样,他们是"利广占,不利广耕"①。因此,他们对兼并土地的贪欲不知餍足,总是想尽办法多兼并土地,而已经兼并的土地,则是他们继续兼并的手段和凭借。土地被兼并变成了流民的人,固然不能再从事农业生产;失去土地成为佃农的人,也因生产条件和生活条件严重恶化,既无改进生产的能力,也无改进生产的兴趣。这样,就必然使农业生产日益陷入"地力不尽"(耕作粗放)和"田不垦辟"(耕地面积不能扩大)②的停滞和衰落的状况。

土地兼并也损害一部分中、小地主的利益。在拥有巨大财富和权势的大地主面前,许多中、小地主也往往成为兼并的对象。土地兼并也会对封建国家带来损害:大地主兼并土地及农民后,凭借

① 《皮子文薮·请行周典》。
② 《李觏集·潜书一》。

46

权势隐瞒田产、荫蔽人口,国家的赋税、徭役基础就会因之缩小。

土地兼并及其所造成的土地分配不均状况的增进,影响到封建王朝统治下各个社会层面的切身利害,它之成为朝野上下普遍关心的问题是理所当然的。两千年中,各种各样的均地、平土方案层出不穷;为解释、说明这些方案而提出的观点、理论,也颇为可观。这类方案,就其基本类型来看,大体可概括为限田、井田和均田三种模式。限田是在承认土地私有制的前提下,主张由国家规定私人占有土地的最高限额。井田是假托古制而设计的一种在土地国有制基础上平均土地的田制模式。均田则是在不触动私人已占有的地产的情况下,以国有土地分授给无地及少地劳动力以利于恢复和改善农业生产的制度。

土地兼并、土地占有不均的日益严重,是以土地私有制为主的中国封建社会的痼疾。各种均地、平土方案及其思想理论,从根本上说都无法解决这一问题。但是,这种思想对揭露中国封建社会中土地问题的严重性及其症结,使人们认识中国土地问题的历史背景具有重要的、不可忽视的意义,是中国经济思想遗产中十分珍贵的一部分。

均人或均利是指对不同行业的收入或赢利加以调节,使各种行业的收入大体平均,或不致差别过大。

在中国传统经济思想形成以前,中国社会中早已存在着一定程度的社会分工。早在春秋中期,已出现了探讨这种分工及其运行问题的"四民分业"论。既然存在着社会分工,存在着建立在社会分工基础上的国民经济不同部门和不同的行业,自然就存在不同部门、不同行业收入不均等的状况,而收入不均等就会引起劳动力和生产资料在不同行业之间的某种程度的流动或转移。在当时条件下,农业生产的劳动强度大,而收益率却比独立的工商业低,尤其是低于商业。这就会在一定程度上引起农民弃农经商的情况。封建生产方式的重要特征之一是使农民"地着"①,即被束缚在土地上而不能自由转移。农民弃农经商,脱离土地,是和这一特征相反的。为了制止农民弃农经商,封建统治者除了用法令和暴力加强对农民的束缚外,也主张从经济上消除或减杀行业收入差别,尤其是农商收入差别。"均人"论正是对这种要求的理论论证。

　　首先提出均人或均利问题的是秦、晋法家(主要在秦及韩、魏等国活动)的代表人物。他们强调以农战求国家富强,就要千方百计强迫和鼓励百姓从事农战。使从事农战的人得富、得利,是实现这种要求的主要手段之一。秦晋法家认为,求富、求利有各种行业,其中农业是最少吸引力的。秦晋法家的主要代表作之一《商君书》就指出:"农之用力最苦而赢利少,不如商贾技巧之人。"②因此,为了使人们乐意从事农战,就要从两方面设法改变这种局面:一方面设法提高农民的收入,如给予田宅地,减轻其赋税、徭役负担(相对于工商业者而言),以及人为地提高粮价等;另一方面压缩工商业者的收入,如加重其赋税、徭役负担,在赋税征收中,使"不农之征必多,市利之租必重"③,徭役要"使农逸而商劳"④,以及多方设法给工商业经营制造麻烦和困难,如"废逆旅"、"贵酒肉之价"⑤等等。秦晋法家把这些做法概括为一个论点:"利出一空"⑥,即只许

①　《商君书·外内》。
②　同上。
③　同上。
④　《商君书·垦令》。
⑤　同上。
⑥　《商君书·靳令》。

人们从农战这一个孔道得利。

"利出一空"已是在农业和工商业之间均入或均利的思想，不过，秦晋法家还没有明确地提出均入、均利的概念。《管子》之学[①]则明确地提出："故先王使农、士、工、商四民交能易作，终岁之入无道相过也，是以民作壹而得均。民作壹则田垦，田垦则粟多，粟多则国富。"[②]这就把均入的概念、要求、做法、影响，以及均入同求富的关系等都表达了出来。这是中国传统经济思想中表达得最明确，也最典型的均入论。

但是，怎样在不同行业之间实行均入呢？秦晋法家是主张依靠国家的法令、政策和措施人为地降低非农行业的收入、增加农业的收入。管子之学没有明确说出自己的办法，但从它称道"先王"的情况看，显然也是想依靠国家政权的力量和作为来实现均入。在农业自然经济条件下，各生产单位之间缺乏经济上的联系，农民又受着严重的人身奴役并被束缚在土地上，劳动力和生产资料向非农行业的转移是极为困难的，要通过经济机制、依靠生产要素在行业之间的自由转移来实现各行业之间收入的均衡化，实际上是不可能的。在这种情况下，秦晋法家和管子之学都主张依靠国家政权的力量人为地实现均入，就不难理解了。

但是，在某些资本和人力都较容易流动或转移的行业（例如各种商业）间，通过这种流动或转移的经济机制使收入趋于均衡的条件，在当时一定程度上已是存在着的。中国的传统经济思想很早就敏锐地察觉到了这一点。在战国时期，人们就从商业较发

---

① 战国至西汉假托管子而写出的大量文献，汉代编为《管子》一书。实际上《管子》并非一人一时之作，也非一家之言。

② 《管子·治国》。

达的周国（今洛阳一带）的情况指出：当地商人经商"逐十二以为
务"①。这里所说的"十二"，指商人为了获得20%的利润率而经商。
20%的利润率，显然不是当时的最高利润率，而是一般利润率或
平均利润率。由于说得太简单，这种说法没有说出20%的利润率
是怎样形成的，甚至连"十二"是一般利润率或平均利润率这一点
也没有说明白。到两汉时期，全国统一并且长期安定，商业比战国
时期更为发达，出现了"富商大贾周流天下"②的局面。在此基础
上，司马迁分析了农、虞、工、商一百多种行业，指出：经营这些行
业，有一百万钱的资本，就可得二十万钱的年利润，这和一个千户
侯每年从封邑得到的收入相当。他并进一步指出："佗杂业不中什
二，则非吾财也。"③意思是说：如果从事某种行业的经营而得不到
20%的利润率，投资者就会认为这种行业是"非吾财"，即不是自
己应该投资经营的行业。在这里，司马迁不仅指出了利润率趋于
平均化的现象，而且初步揭示了使利润率趋于平均化的经济机制：
竞争使投资者不愿将资本投入利润率低于20%的行业。

　　传统经济思想对不同行业收入或赢利平均化的趋向及其实现
的机制的分析，比仅仅指出不同行业收入存在差别以及企图人为
地泯灭其差别的思想，在经济理论方面自然是更高的，更有价值的
成就。

　　对于均财即对财富一般的平均分配问题，传统经济思想主要
是大量揭露了财富占有严重不均的现象以及由此产生的生活状况
的两极化，而缺乏深入的理论分析。事实上，当时财富的分配不均，

---

① 《史记·苏秦列传》。
② 《史记·货殖列传》。
③ 同上。

主要是建立在土地占有不均的基础之上的。在均地之外，再论述均财的问题，除了使人们对社会贫富分化和贫富对立的严重有更强烈的印象外，也不可能使人们对这一问题的认识和理解有更多的前进。

中国传统经济思想是国家本位的经济思想

这是从对求富主体（谁来求富，为谁求富）问题的探讨中体现出来的。中国传统经济思想实际上把求富主体划分为四种：整个国家、国家政权、民或百姓以及私家。

为整个国家求富，在传统经济思想中称为"富国"。传统经济思想认为，要使整个国家富起来，唯一的办法是生产出更多的财富，以增强国家的经济实力，而这只有靠农、虞、工、商各种经济活动，尤其是靠发展当时国民经济的主要部门农业来实现。在一国经济基本上处于对外隔绝、封闭状况的时代，对外贸易在经济生活中的作用微乎其微，传统经济思想认为富国只能靠生产（尤其是靠农业生产）的观点，无疑是正确的。①

为国家政权求富即增加国库的收入和储备，在传统经济思想中一般也称作"富国"。这容易和上面说的为整个国家求富的富国相混淆。传统经济思想的许多代表人物是认识到这两种"富国"的区别的，有些人还千言万语不厌其烦地论述这两种"富国"的区

---

① 即使在对外贸易能为国家得到相当财富的时代，靠生产来增加财富、增加国家经济实力，也仍然是富国的基本途径。

别及关系,但概念的混淆总使人有"剪不断,理还乱"的困惑。传统经济思想有的代表人物把增加国库收入称为"足君"或"富上"("上"是相对于"下"即百姓而言)。这在"朕即国家"的封建专制政权下,倒是一个含义比较明确的范畴。所以,下面对增加国家政权或国库的收入一律称之为"足君",而不使用"富国"的提法。

传统经济思想把为百姓求富称作"富民"。富民的含义不是富百姓中的某些个人或集团,而是遍指全国的百姓,即所谓"家给人足"。

为个人或私家求富,在传统经济思想中称作"富家"。个人或私家虽然也是民,但在传统经济思想中,"富家"和"富民"是严格区别的。

中国传统经济思想不仅把求富主体分为以上四种,而且对四者的态度明显不同。

在传统经济思想看来,求富必须把富国放在首位。因为,富国不仅有最普遍的品格,还有最基础的品格。国是整体,国富对全国各有关方面(君、臣、民;士、农、工、商等方方面面)均有利。富国意味着全国的生产总量、财富总量的增长,这将是改善各方面经济状况的基础。

传统经济思想就是这样分析问题的。从它对富国同富民、足君以及富家关系的分析,可以清楚地看出来。

对富国和富民、足君的关系,传统经济思想认为:必须优先解决富国的问题。只有国富了,整个国家的财富总量增多了,解决民与君、百姓与政权之间的财富再分配问题,才有更充裕的基础,才可使富民和足君都有保证。否则,财富总量不变,民和君、百姓和政权所得的份额就不能同时增长;如果君主、政权要取得更多的财政收入，就要厚敛于民，这就会使双方矛盾加剧，影响社会的安定。

对富民和足君的关系，传统经济思想认为必须把富民放在更优先的地位，在保证富民的前提下，适当增加国库的收入和储备。

中国传统经济思想认识到：民是生产者，是财富的创造者，而君主、政权的财政收入总是取之于民。因此，只有民富了，才有可能从民取得更多，国库才有可能更充裕；如果反其道而行，百姓贫困，国库收入的来源就必然日趋萎缩，足君、充实国库的困难就越大。在此情况下再强征百姓以"足君"，对政权的统治就可能招致变乱、危亡的后果。

儒家最先论证了富民和足君的关系。孔丘弟子有若的一段名言："百姓足，君孰与不足？百姓不足，君孰与足？"①这成了传统经济思想对待富民和足君关系的经典公式。

君民俱足，国家财政和百姓经济状况两俱改善，这是中国传统经济思想在理财问题上的理想。如果两者发生矛盾，传统经济思想就主张：宁可暂时少增加、不增加，甚或减少一些财政收入，也不可因增加财政收入而使百姓的经济状况恶化。它把这种做法称作"损上益下"，"损上而归之于下"②，并且认为：损上益下只是暂时的，只要百姓的经济状况不受损害，可以维持以至改进生产，国家的财政就有改善的基础和泉源。

既然君主、国库的收入是取之于民，多取、少取总归是"益上"，不会因少取一点而有所谓"损上"；另一方面，取民就是损民或称"损下"，少取一点只是少损一点，而谈不上什么"益下"。不过，传

---

① 《论语·颜渊》。
② 《新语·辨惑》。

统经济思想在富国、富民和足君的关系上强调财富的来源问题，强调生产和生产者的作用，认为在君与民、政权与百姓之间在财富的分配和再分配中要有利于保护财富来源，有利于生产和生产者，这些认识和主张都是相当明确的和一贯的。

对于富家，传统经济思想中占主流地位的看法是比较消极的，总是担心提倡富家就会妨碍富国、富民，加剧社会贫富分化，影响社会安定。因此，传统经济思想的主流不提倡，不鼓励富家，有的甚至主张，对富家施加多方面的限制。传统经济思想对富国、富民和富家的不同态度，对于中国传统经济思想主要表现为国家本位的经济思想，表现为富国之学，是起着很大的作用的。

中国传统经济思想所以对富家问题抱消极乃至歧视的态度，和当时的历史条件下那些大富之家的实际情况有相当关系。在中国的封建时代，最能富家的主要是以下几种人：一是田连阡陌的大地主靠地租、高利贷以及土地兼并等手段鱼肉乡民以富家，二是贵族、官僚等靠政治地位和权势巧取豪夺以富家，三是大商人勾结官府，垄断市利以富家，四是各种邪恶势力靠盗窃、抢劫、诈骗等手段以富家，即司马迁说的"奸富"。当传统经济思想针对这些人的情况宣称：如果听任这些人富家而不加以限制，就会导致"损民贫国"①，传统经济思想的看法是不无道理的。

但是，谴责这些"损民贫国"的富家者是一回事，对富家问题在总体上持什么态度是另一回事。传统经济思想不区分这两者，而对富家问题一般地持不关心、不感兴趣以至歧视的态度，则是不对的。这反映了它在理论上和分析问题的方法上都包含着明显的

① 《潜夫论·务本》。

错误。

从理论方面看，传统经济思想认识到生产是财富的来源，从而得出了要富国必须增加生产以增大一国财富总量的正确论点。但国家并不是一个生产单位，不是进行生产活动的主体；一国的财富总量，不是靠国家自身进行生产活动得来，而是由全国的生产者各自进行生产所创造的财富的总和。在当时的生产是由个体农业和手工业户各自进行的情况下，生产的主体不是国，而恰是一个一个的家。富家才是生产的基本动力。只有家对生产感兴趣，愿意为增加生产而投入劳动力和生产资料，私家的以及全国的财富总量才有可能增长，也就是说，才能既富家也富国。如果对富家采取消极态度，甚至采取压抑的、限制的做法，减低生产的动力，窒塞破坏财富之源，当然就不利于富国、富民要求的实现。

富家而妨碍富国、富民的情况是有的，富家而富一家，损别家，乃至"一家害百家"①的情况，也是有的。这就是那些不靠自己从事生产活动或其他经济活动，而靠把别人、别家所创造的财富大量侵夺归于一己的情况。对这种情况，传统经济思想的有些代表人物是有所认识的。战国法家代表人物就认为：富家可有各种途径，其中有的是同富国相一致的，应予允许，鼓励；有的则是无助于富国，乃至是妨碍富国的，应予限制和打击。他们认识到富家不一定妨碍富国，这是其正确之处。但是，法家一切从兼并战争需要出发的实用主义态度，却使他们不能正确理解和说明富家在什么情况下妨碍富国，在什么情况下无助于富国，在什么情况下则同富国相一致。

---

① 《盐铁论·禁耕》。

法家人物从增强兼并战争的战力考虑问题，把划分这两种富家途径的界线放在农战和非农战之间，认为只有靠农战一途富家才能与富国相一致，对能取得财富的一切非农战途径都力图加以堵塞、打击。同时，由于害怕私家过富就不肯吃苦涉险去从事农战，因而即使对靠农战富家的人也要加以控制、限制，主张采用使"贫者富，富者贫"①的政策，把私家的财富控制在最利于推行农战政策的限度内。这样，法家在理论上虽肯定农战这一种富家的途径，实际上却又不允许人们真正由这条途径实现富家；即使富了，也不允许保持下去。

司马迁对富家和富国、富民的关系作了比较深入的研究。他把富家的途径分作两种不同的情况：一种是靠增大"衣食之源"以富家，另一种情况是靠"夺予"以富家。他所说的"衣食之原"，实际上指的是生产力或创造财富的能力，所以他说："农、虞、工、商"四者"衣食之原也，原大则饶，原小则鲜"②。这说明他认识到，财富（他以"衣食"概指财富）是由各种经济活动创造出来的，农、虞、工、商等经济活动越发达，生产力越高，所创造的财富就越饶裕。这样，私家富了，国家的财富总量也增加了。"夺予"指夺取或给予。用夺予的办法富家，都是把财富由某人或某些人手中转移到别人或另一些人手中，只是对现有财富的重新分配。这种情况自然会使有些私家致富，但一国财富总量并不因之变化。司马迁又把靠夺予致富的人分作两部分：一是靠"爵邑俸禄"，另一是靠各种邪恶手段致富，即奸富。

---

① 《商君书·说民》。
② 《史记·货殖列传》。

　　基于这些的分析，司马迁肯定和赞扬从事农、虞、工、商等经济活动以富家的个人或私家，认为他们是"上则富国，下则富家"①的"贤人"。对靠夺予致富的则分别对待：对其中靠爵邑俸禄致富的贵族、大官不加恭维；对靠各种邪恶手段致富的人则痛加谴责，主张依法惩处。

　　司马迁对富家和富国、富民关系的认识，在中国经济思想史上是颇为杰出的。但是，它没能成为中国传统经济思想在有关问题上的主流，没能改变传统经济思想对富家问题所抱的成见。

　　传统经济思想对富家问题所持的消极态度，还同它分析问题的方法有关。传统经济思想以简单再生产的不变眼光看问题，把生产的规模看作年年如此，没有增长，因而把全国财富总量看作是一个常数。在这种情况下，富家就只能靠对既有财富的重新分配（即司马迁说的"夺予"）来实现，其结果必然是：一些个人或私家富了，必然有另一些个人或私家相应受损，或者是损公、亏国。这样的考察问题的方法导致传统经济思想把对待富家的消极态度一般化：不只是谴责那些靠特权、暴力、诈骗之类的手段来富家的情况，而且一般地把富家和富国、富民对立起来，认为提倡富国、富民就不应提倡富家，而应限制富家。

　　传统经济思想对富家问题的这种消极态度，严重妨碍和窒息了以富家问题为探讨对象的经济学即所谓"治生之学"的发展，尤其是研究靠工商业富家的商人治生之学的发展，使中国经济学的研究在漫长时期处于富国之学一枝独秀的局面。治生之学不发达，使中国经济学的研究缺乏微观的理论基础，从而不容易在理论深

---

　　①　《史记·货殖列传》。

度和逻辑性等方面有较大的、较迅速的前进。

中国传统经济思想属于规范经济学的范畴

中国经济思想探讨求富问题，往往不是只从经济角度，而是把它同伦理道德方面的要求联系在一起，强调谋取物质利益的行为必须受一定的伦理道德规范所制约。用传统经济思想习用的术语说，就是求富、求利必须受"义"的制约，必须合乎义，反对不义之富，不义之利。这种思想的理论形式就是义利关系论或义利之辨。

关于义利关系的议论，早在公元前7世纪已经存在。孔丘总结前人在此问题上的认识，明确地提出了义高于利、义重于利的观点，要求人们，尤其是士君子们，在求富、求利时，必须"见利思义"[①]、"见得思义"[②]，即首先考虑它是否合乎义；对不合乎义的富和利就应自觉地约束自己，对之弃置不顾。他自己就明确表示："不义而富且贵，于我如浮云。"[③]

孔丘把重义还是重利看作"君子"和"小人"思想境界的分野，强调"君子喻于义，小人喻于利"[④]。

在孔丘以前，人们对义、利关系的议论，已逐渐显露出重义的倾向。孔丘对此问题的论述，把这种倾向表现得更加明确和一贯；

---

① 《论语·宪问》。
② 《论语·季氏》。
③ 《论语·述而》。
④ 《论语·里仁》。

把利明确、一贯地置于对义的从属地位。他不像前人对义利关系只是提出个别的论点，而是从理论上对此问题进行了一定的说明和论证。这样，就在义利关系问题上形成了义主利从论。

后来，随着封建制度的确立，地主阶级保守势力在政治、经济以及社会生活的其他领域都日益处于支配地位。它力图维护自己的既得利益，对抗人们反对其兼并、掠夺的斗争，以及广大百姓改善生活状况的要求，于是就把儒家义利关系的论点推向更加绝对的形式，把求富、求利说成是恶的，可鄙的，是违背义的规范的，主张在道德上予以贬责和在政治上予以压制。这样，儒家早期的义主利从论就转化为贵义贱利论。贵义贱利论是封建正统经济思想的主要教条之一，它在近两千年的时间中，对中国经济的进步和经济思想的发展都起着严重的束缚和窒息作用。

贵义贱利论的教条形成之后，就不断遭到关心社会经济进步、反对社会腐朽势力既得利益的人们的非难和抗议。在宋代以后，随着经济的发展和封建制度的渐趋衰落，这种非难和抗议也有了更公开、更尖锐的形式。但是，在封建时代结束前，贵义贱利论在经济思想领域仍保持着正统思想的地位。

贵义贱利论是以义主利从论为基础而将其绝对化、神圣化和保守化所形成的一种禁锢性教条。不应将义主利从论和贵义贱利论混为一谈。同贵义贱利论相比，义主利从论在中国传统经济思想中的地位和意义，还是有所不同的。

义主利从论是中国传统经济思想在义利关系问题上的第一个比较明确的理论形式。它认为在利和义、经济和伦理道德的关系中，义或伦理道德总是起主要的、决定的作用的东西。事实上，伦理道德是以一定的经济为基础的。一定经济的存在、运行和发展，要求有同自己相适应的伦理道德来维护自己,对人们的经济活动起积极的调节和规范作用。如果现存的伦理道德同经济发展的要求不相适应,伦理道德就会对经济起消极、妨碍的作用,并在经济发展的客观力量作用下陷于崩溃,逐渐为适合经济要求的新的伦理道德所取代。义和利的关系,从根本上和总体上说,是利主义从,而不是义主利从,是经济决定伦理道德,而不是伦理道德决定经济。

义主利从论从总体上说是一种倒立着的历史唯心主义的理论。在经济领域处于新旧转变、交替的时期,义主利从论对新的经济力量的成长、发展所起的作用,从总体上说必然是消极的、阻碍的。因此,对儒家义主利从论的唯心主义性质必须批判,把它所颠倒了的义利关系颠倒过来。

但是,另一方面,必须看到,义主利从论也包含着某些合理的、正确的内容:

其一,利不能离开义。义主利从的说法包含着这样一点内容:利和义必须是相结合的,利不能离开义。利或经济必须有一种和它相适应的义或伦理道德来维护,只有这样,利的取得才不至有过大的害与之伴随,经济才能正常的运行和发展。不存在根本不与伦理相结合的孤立的经济,也不存在脱离自己的经济基础而虚悬着的伦理道德。新的经济不能要旧的伦理道德,必然极力予以排拒,但却要求尽快建立一种和自己相适应的伦理道德,并尽快使之完善,否则自己的存在和发展就受不到必要的保护和促进,而处于艰难竭蹶之境。义主利从论认为在义利关系中利总是主,义总是决定利,这是不对的。但它认为利不能离开义,认为求富问题应与伦理道德问题结合起来考虑,这种看法却是未可厚非的。

其二，就局部的范围和具体的事物而言，义也可能对利起主要的、决定的作用。

对义主利从的说法，也应进行具体的分析，不可笼统地加以抹煞。从总体上说，义主利从论是把主从关系颠倒了；但从局部范围看，义同某些局部的、具体的利相比较，却可能起主要的、决定的作用。例如，汉初实行轻徭薄赋，田租（赋）三十而税一。这对统治者自然意味着减少一些利，但这样做有利于新兴汉王朝统治地位的安定和巩固。局部的、具体的"利"（多收或少收点赋税），确实是从属于"义"（有助于王朝统治的巩固）的。

由于伦理道德反映的是经济总体的要求，它对局部的、具体的经济利益而言，确实是处于更高的地位，因而就可能起主要的、决定的作用。

其三，义主利从论对"君子"的规范作用，在一定条件下也可有借鉴的意义。

孔丘的义主利从论有一个明显的特点，即它是作为对"君子"的要求而提出来的。他所说的"君子"，既有品德方面的含义，也有政治地位方面的含义：在政治地位方面是指有贵族地位的人士而言。孔丘要求这些人要"喻于义"和"见得思义"，否则就与自己的"君子"身份不相称。当时的"君子"，实际上有两种：一种是遵循西周以来的旧制度求富、求利的，另一种是力图按当时正在兴起和发展中生产方式求富、谋利的。对这两种"君子"，孔丘都要求他们求富、求利必须严格合乎义，不可"放于利而行"[①]。他判断一个"君子"求利是否合乎义，其具体标准就是西周初期制订的礼制。

---

① 《论语·里仁》。

他认为：依礼求富、得利的就是"喻于义"的"君子"，否则就是"不义而富且贵"，就是有"君子"之位而无"君子"之德。

孔丘的义主利从论，对后一种"君子"而言，就是反对他们背离旧的生产方式、求富方式而从事新的、更先进的生产方式和求富方式（如扩大私田、招纳和使用对生产较有主动性的"氓"、"宾萌"以及"税亩"等），这显然是保守的。对前一种"君子"而言，要求他们遵守礼的规定，不在礼所给予他们的特权之外再任意予取予求，这虽然只能是空想，但毕竟是对他们腐朽、贪婪行为的一种谴责。

春秋、战国时期是中国古代社会制度发生剧烈变革的时期。在社会制度变革后，孔丘所提到的两种"君子"已失去了其特定的历史含义。但是，由于孔丘所说的"君子"是政治上在位、有权的人，他关于"君子喻于义"的论点，作为一个一般的命题，对于政治上在位、有权的人物保持廉洁，树立不利用权势谋取私利的操守，是可以有一定规范作用的。

清代中叶鸦片战争失败后，中国经济思想的发展进入了一个新的时代：它不是在传统经济思想的原有框架内继续呈现量的增长，而是在新的社会经济条件的基础上和在外来经济思想的重大影响下发生着质的改变。但是，中国传统经济思想的价值及其影响并不会从此泯灭。传统虽是历史形成的，却不会为后来的现实所完全排斥和拒绝，而是为现实所继承和发扬，继续活在现实中。

鸦片战争以来，直至今日，一百五十余年间，怎样使中国富强，始终是全体中国人民以及海外炎黄子孙强烈向往和积极为之奋斗的目标。富强的目标，从经济方面来说，就是求富。怎样使中国尽快摆脱贫困，实现富国、富民，一直是中国近、现代经济学研究所致力寻求解决的中心课题。

中国近、现代求富问题的性质和内容同传统经济思想所说的求富迥然不同：它不再限于简单再生产条件下所追求"家给人足"并有"公私之积"以备天灾人祸的目标，不是以维持简单再生产的正常进行为限，而是要在现代技术和生产力的基础上实现生产的社会化，从而使生产能够不断增长和扩大。这是以经济发展为特征的富国、富民，同传统经济思想不包括发展要求的求富论，当然不可同日而语。但是，中国传统经济思想一贯重视求富，把富看作国家强盛和安定的基础，看作促进国民道德和社会文明程度的条件，这种传统，对现代中国发展经济、富国富民的事业，无疑仍然是富有积极意义的。

中国传统经济思想中既富且均的愿望和理想，直至今日，也仍然是活在现实中的优良传统。

鸦片战争失败以来，中国国民经济远远落后于西方列强，中国长期蒙受贫困、衰弱、受侵略、受欺凌的苦难，使得中国人民要求发展经济，脱贫求富的愿望，空前强烈，空前迫切。但是，近代的先进中国人，从来未因重视求富而忽视均的问题，从未放弃既富且均的理想。严复关于"无甚富，亦无甚贫"[1]的理想，谭嗣同关于先富后均[2]的主张，孙中山的救贫防不均[3]的思路，尤其是其中代表。

经过前仆后继的长期努力，中国人民终于走上了社会主义的

---

① 《原强》修订稿，见《严复集》第一册，中华书局1982年版，第24页。

② 《报唐佛尘书》，见《谭嗣同全集》，生活·读书·新知三联书店1954年版，第444—445页。

③ 参看《中国革命的社会意义》，见《孙中山全集》第二卷，中华书局1982年版。

发展道路。实现全体人民的共同富裕是社会主义的本质要求，能够在经济发展的基础上实现共同富裕，是社会主义制度优越性的表现。这决定了社会主义的发展道路必须以既富且均为要求。社会主义的既富且均，同传统经济思想说的富和均，当然是本质不同的。但是，中国传统经济思想中既富且均的思想，体现了中国人民几千年代代相承的愿望和理想，它对形成有中国特色的社会主义理论，其中包括在社会主义道路上解决好富和均的关系，实现共同富裕的思想，其历史背景的意义也是不可忽视的。

中国传统经济思想关于富国、富民和富家三者关系的认识和态度，不但在中国古代经济思想史上形成了一个源远流长的传统，而且对中国近、现代经济思想也有着很深的影响。在鸦片战争后，虽然求富思想的性质已发生了根本的变化，但人们对求富问题的探讨，仍然以富国为中心；只是在资本主义新式工业已经在中国存在，并且显示了对封建生产的巨大优势的情况下，人们对富家已不像传统经济思想那样担心和歧视了。

在社会主义道路上发展经济，怎样处理好富国、富民和富家的关系，使国家、集体和个人的利益都得到妥善的对待，也还是一个需要认真探索的问题。中国在社会主义时期对这一问题的认识和处理，曾经经历过一个曲折的过程，并且付出了很大的代价；后来才找到了如何兼顾国家、集体和个人利益，以及"允许一部分人、一部分地区先富起来"，先富帮后富，达到"共同富裕"①的正确解决办法。今后，怎样在实践中继续解决好这个问题，仍须不断总结经验和进行理论研究。中国传统经济思想关于富国、富民和富家

---

① 《邓小平文选》第三卷，人民出版社1993年版，第166页。

问题的探讨，不论其正确的或错误的认识，都有值得借鉴的意义。

中国封建时代在经济思想领域中长期处于正统地位的贵义贱利论，在鸦片战争后，其正统经济思想的地位已日益动摇并终于崩溃了，但其残余影响仍是不可等闲视之的。时移事易，它当然不可能再以古老的形式重新登场，但穿上新时代的外衣，幻化成现代人习惯的面貌出来迷惑人，却是最值得警惕的。在封建主义沉渣泛起的"文革"年代里，"宁要社会主义的草，不要资本主义的苗"这样的奇谈怪论，不正是穿着"社会主义"服装的贵义贱利论的僵尸出来作怪吗？

社会主义制度为我们提供了高速度发展经济的条件。经济的高速度发展，使过去的伦理道德迅速被冲破，而同新的经济相适应的伦理道德却一时不能建立和完善起来。这样，在一个时期中就会出现伦理道德同经济发展要求不相适应的"脱序"现象。这种情况会在社会生活中引起许多矛盾和冲突，在社会秩序方面带来某些纷扰和混乱，也会对经济自身发生一定的干扰和破坏。这种现象是不可避免的，但其存在是不可容忍的，必须加以解决，解决得越及时越好，越彻底越好。社会主义的物质文明建设和精神文明建设必须两手一起抓、两手都要硬的政策，正是为了在经济迅速发展中使经济和上层建筑的某些环节（其中包括伦理道德方面的）之间更好地相适应而提出来的。

前面讲到，对待义利关系，从总体上说必须承认经济是伦理道德的基础，决不能认为是义主利从；但在局部、具体的问题上，又必须看到义对利、伦理道德对经济事物有可能起主要的、决定的作用。这个道理，对处理社会主义条件下的义利关系也是适用的。在社会主义条件下，尤其不能容忍牺牲社会主义的政治原则和基本道德准则来换取一时的、具体的经济利益的实用主义的态度和行为。

（原载《中国经济思想通史》修订本，北京大学出版社2002年版）

4　中国传统经济思想的主要特点

一、中国传统经济思想是中国固有的经济思想

经济学作为一门独立的科学而出现，是西欧工场手工业时期的事情；在此以前，世界各国家、各民族，都还没有这样一门学科。中国接受西方的经济学，是从19世纪后期开始的。因此，时至今日，许多中国人士，包括一些经济学方面的专业人士，仍认为经济学对中国来说原本是舶来品。我们要以悠久的中国历史为背景写《经济学志》，首先就会碰到一个问题：在1840年以前，中国有经济学方面的研究吗？

"经济"和"经济学"两个词汇，在中国出现很早。早在公元4世纪前期，"经济"一词已相当流行。东晋（建国于公元317年）元帝在褒美大臣纪瞻的诏书中说："瞻忠亮雅正，识局经济。"（《晋书·纪瞻传》）同一时期的著名宗教家葛洪也说："经世济俗之略，儒者之所务也。"（《抱朴子·明本》）到隋、唐时期，"经济"一词的使用更加普及，"经世济物"、"经国济民"……种种说法，经常被人们用来表达治国平天下的抱负。唐太宗名李世民，"世民"二字，也是取"济世安民"（见《旧唐书·太宗本纪》）之义。"经济学"一词，也逐渐为人们所使用。中唐诗人严维，就有"还将经济

学,来问道安师"①的诗句。唐代以后,"经济"、"经济学"等词,更习用不鲜,还陆续出现了一些以"经济"命名的书籍,如宋人滕珙的《经济文衡》,元人李士瞻的《经济文集》,明人冯琦的《经济类编》等等。到了清代,经济之学尤其为关心国计民生的士大夫人物所重视,成为他们反对学术领域虚浮、烦琐风气的斗争旗帜。

不过,这种"经济学"或"经济之学",同现代意义的经济学并不是一回事。正如前面所谈到的,"经济"一词,在中国历史上原指"经世济物"、"经国济民",也即是治国平天下之意,凡同治理国家有关的知识、学问,几乎都可以包括在内。经济之学所探讨的内容,除了有关财政、经济的问题而外,还广泛包括政治、法律、军事、工程建设及管理以及"域外之学"(关于外国情况的知识)等等。

正因中国原来的"经济"、"经济学"等词同现代的经济学含义完全不同,所以,当西方的经济学这门科学传入中国后,几十年间,中国人对 Economics 或 Political Economy 采用过多种译名②,但从未译为经济学。到 20 世纪初,中国才从日本接受了经济学的译名。

我们决不能因为中国历史上早就有"经济学"的名称而望文生义地断言中国在 1840 年以前已有经济学这门科学;但是,这不等于说中国古人对经济学这门科学所研究的领域未曾涉足。恰恰相反,中国人在漫长的历史时期中,对经济问题进行过多方面的研究,留下了丰富的学术遗产。

经济学作为一种意识形态,实际上是社会经济生活在人们头脑中的反映。人们在经济生活中不断遇到各种矛盾,各种问题。

---

① 《秋日与诸公文会天□寺》,见《全唐诗》卷二六三。
② 如"富国策"、"富国学"、"计学"、"生计学"等。

为了解决这些矛盾和问题,以改善自己的经济生活状况,不同经济利害关系的人们提出了各种各样的意见、主张或方案,并且相互进行着议论和争辩。为了说明、解释各自的意见、主张或方案,并在和别人的议论、争辩中陈述自己的理由,就会有各种各样的观念、原理和范畴产生出来。这些观念、原理和范畴,就是人们对经济问题认识的理论形式。随着历史的进展,人们的社会经济生活越复杂,关于经济问题的思想资料积累越多,人们对经济问题认识也越深化。这种深化不仅表现为有关的经济观念、原理和范畴更丰富、更深刻,而且表现为它们之间的联系越密切,越从表面的、外部的联系深化为内在的、逻辑的联系;它们不再是一些零散的、孤立的观念、原理或范畴,而是日益发展为比较系统的经济学说,终于发展成一门独立的科学,即经济学或政治经济学。

中国是一个历史悠久的大国。它在距今约五千年时就已进入文明时代;到公元前221年秦始皇兼并六国时,已形成为一个有2000余万人口和几百万平方公里疆域的统一国家。这样一个广土众民的国家,经济生活取多用宏,不断面临着各种矛盾和问题,因而不能不经常引起人们对经济问题的探讨和争论,并且经过长期的积累和深化,逐渐形成具有自己独特传统的经济学遗产。

西方经济学输入以前,中国在经济学领域中,已经积累了汗牛充栋的文献资料:不仅有无数有价值的经济观点散见于各种典籍、著作中,还有数以千计的经济专文以及相当数量的经济专书。早在公元前6世纪至前3世纪之间,中国人在经济学领域中的探讨,许多方面都已形成具有内在联系的并且较为系统的经济学说。一些重要的思想代表人物,都已大体有了自己的经济学说体系。

中国古代的经济思想遗产,是中国文化遗产的一个重要组成部分,其成就足以和中国文化遗产的其他重要组成部分(如哲学、文学、艺术、宗教等)相提并论。

中国古代经济思想遗产的一个重要特征是:它是中国所固有的,是在中国特有的历史条件下土生土长的。中国的文化不是一种自我封闭的文化,它在历史上曾经不断从吸收、融会外来优秀文化中丰富自己,发展自己。但是,在19世纪中叶以前,中国并未受到外来经济思想多少影响。这并不是由于中国经济思想本身有什么异于其他文化领域的地方,而是由于中国在16世纪以前经济的发展和经济思想的发展,长期领先于其他国家,尤其是领先于周边国家。同19世纪中叶以后的情况相比,此前的中国经济思想是在未受或基本上未受外来经济思想影响的情况下产生和发展起来的中国传统经济思想。

二、传统经济思想成长和发育的社会经济条件

中国传统的经济思想是在中国特有的历史条件下产生和成长起来的。这种特有的历史条件,既包括社会经济条件,也包括政治条件和文化背景。

中国传统经济思想产生和成长的社会经济条件主要有下列特征:

1. 农业在国民经济中处于主要的、决定的地位

中华文明主要是在农耕的基础上发展起来的。黄河流域所以成为中华文明的摇篮,就在于它的中、下游地区广袤平坦,土地松软肥厚,适于农耕。后来,江南地区经济发展起来,并逐渐超过了

北方,也正是由于江南地区的农业生产逐渐得到开发,当地有利于农业生产的自然条件才能够得到较为充分的利用。至少从西周开始,农业已成了国民经济以至整个社会生活的命脉所系。此后三千年,中国都是"以农立国",农业的发展状况,农业收成的丰歉,对国力的强弱,国运的盛衰以及广大人民的饥饱贫富,都有着至关重要的影响。农业被历代王朝视为头等地位的问题。西周时期就有"民之大事在农"(《国语·周语上》)的说法。秦、汉之际的人们所提出的"民以食为天"(《史记·郦生陆贾列传》)的口号,更成为此后两千年家喻户晓的"至理名言"。历代王朝的君主、官吏以及学者、思想家,无不强调农政。举凡田制、劝农、治水、荒政、漕运等等,都是同农业直接有关的"大政";而赋税、徭役,乃至军制等,也经常是从它们同农业的关系来考虑问题的。

农业在经济生活中处于主要的、决定的地位,必然使中国传统经济思想的方方面面,都直接、间接地同农业问题联系着。这成了中国传统经济思想的一个重要特色。

2. 土地私有制是农业生产中占主要地位的土地所有制形式

农业生产的最基本、最主要的生产资料是土地;在农业生产主要靠手工劳动进行、技术和装备十分落后的时代,情况尤其如此。农业生产总是在一定的土地所有制的基础上进行的。中国在西周及西周以前,曾有过把农业生产建立在土地国有制基础上的时候。古老的井田制就是当时土地国有制的形式。但是,从西周晚期已逐渐出现了"私田"。春秋、战国时期土地私有制日益发展,到秦始皇统一后,宣布在全国范围中"令黔首自实田"(《史记·秦始皇本纪》),是对土地私有制合法性的普遍承认。土地私有制日益成为在农业生产中处于主要地位的土地所有制形式。此后相当长的时期内,国有土地仍有很大数量,但在农业生产中的作用则远不如私有土地。到唐代中叶均田制废坏以后,土地私有获得更广泛、更普遍的发展,"田不在官而在民"(张英:《恒产琐言》),已成为谈论土地制度的人们的共识。

3. 土地兼并和土地集中成为朝野人士关注的焦点

土地私有意味着土地可以自由转让,而这就为土地兼并和土地集中提供了可能性。土地兼并和土地集中是牵涉到社会各方面利害的大问题,成为人们在经济方面关心的焦点。

4. 农民的个体的自给自足的经营形式是农业生产的基本经营形式

中国传统农业的基本经营形式是以家庭为单位,在小块土地上进行着耕织结合、农副结合,过着自给自足生活的农民个体经济。小块土地可能是农业劳动者自有的,可能是租种别人的,也可能是部分自有、部分租种别人的。后两者谓之佃农和半佃农,前者则是自耕农。土地兼并使土地越来越集中于少数大地主手中。大地主虽然"田连阡陌",却并不自己经营,而是把土地分成许多小块,租给佃农、半佃农耕种,成为大地产和小经营的结合。在中国传统农业中,农民一家一户为一个单位自给自足的经营形式,是农业生产的基本经营形式;只有少数较小的地主自己经营着中等规模的田庄(所谓经营地主)。

农民的个体经济是自然经济,家庭生活及生产所需的产品,基本上都自给自足,只有极少的产品(如盐、铁及陶器)依靠交换取得;农民的产品,也只有极少部分在市场上出售。经营地主的田庄,也基本是自给自足的;只有靠近城市的田庄,较多地进行着一些供应城市的商品农作物生产。在这种情况下,不仅农户自身,整个农村以至各个地区、整个国家，也都基本上过着自给自足的生活，自然经济在社会经济生活中占主要地位。

5. 商品经济及城市工商业有一定程度的发展，但在社会经济生活中不占主要地位

同欧洲中世纪相比较，中国传统农业社会，在很长的时期内，商品经济还是较为发达的。在春秋、战国时期，手工业和商业已有一定程度的发展。秦、汉时期，由于在全国范围中实现了政治统一，商品流通范围有所扩大，手工业、商业又有进一步发展。隋、唐商品经济的发展更超过两汉，而且，南方地区的商品经济也发展起来。宋代以后，商品经济继续有较明显的增长，东南沿海地区工商业尤为繁荣。在十六七世纪以前，中国生产的商品，品种、质量，在世界上均处于领先地位，对外贸易长期出超。著名的丝绸之路，早在秦、汉统一以前已经开通。唐、宋以后，海上贸易日益兴起，东南沿海形成了一批对外贸易口岸城市。早在战国时期，中国已出现了若干居住二三十万人口、工商业较为发达的城市。唐的都城长安（西安）、北宋都城汴梁（开封）和南宋都城临安（杭州），人口都超过百万。宋代以后，还逐渐出现了一批工商城市。

尽管工商业在长时期中比较发达，但在整个国民经济中始终以自然经济居于主要地位。而且，工商业自身也具有十分畸形的特点：工商业主要集中于城市，特别是一些较大的城市，其市场也主要限于城市居民。商品的购买力，大部分集中于居住城市的贵族、官僚、大地主及其奴仆、爪牙的手中，因而城市工商业的最发达部分，也是供这些人消费的奢侈品行业。城市手工业产品的市场主要限于城市本身，而很少销往农村。这既使商品经济因市场狭小而得不到更大发展，又使农村耕织结合的自然经济特别牢固，

不易被分解破坏,从而使整个国民经济的闭塞、保守、停滞的状况,在漫长时期中很难改变。

自然经济占主要地位,而商品经济又有一定程度的发展,这使自然经济同商品经济的关系成为中国传统经济思想中的一个长期聚讼纷纭的问题;而对商品经济自身有关问题的探讨,则相对地不受人们重视,甚至处于受冷遇、歧视的状态。

三、国家政权在经济发展和经济思想发展中的作用

在中国的文明史上,中央集权的君主专制政权统治时间长达两千余年。早在战国时期,七个强大的诸侯国(所谓战国七雄)的政权都已在向中央集权的方向发展。秦始皇统一中国后,在全国范围中废除诸侯分封制,实行郡县制,形成一个统一的中央集权君主专制大帝国。此后两千年中,虽然"分久必合,合久必分",中国历史处于统一和分裂相交替的局面,但中央集权君主专制政权的形式,在两千年的时间中基本上保持着。全国统一的时期不用说,即使在分裂的时期,各个割据一方的政权,其内部也都是中央集权君主专制主义的。

这种中央集权君主专制主义的政权,有着对国民经济实行较多的干预、控制的必要;同时,也具有实行干预、控制的可能。

在一个疆域辽阔、人口众多而经济、技术又十分落后的农耕社会的基础上建立起来的中央集权君主专制主义政权,要对全国保持和加强控制,就必须建立庞大的政权机构,供养人数众多的官吏和军队。没有巨大的人力、物力,这是难以设想的。为了取得必要

的人力、物力，必须有一套复杂、完备的赋税、徭役制度；而为了使赋税、徭役能有可靠的来源，就不能不设法对国民经济实施多方面的干预和控制。同时，中央集权君主专制政权，本身是一个强大、集中的政治力量，它也有充分的可能对国民经济实施干预和控制。

中央集权君主专制政权对经济生活的干预和控制，它对经济所具有的较大的作用和影响，必然不断地在经济思想领域中表现出来。中国传统经济思想所以主要从宏观的、国家的角度考虑问题，在形式上所以主要表现为富国之学，赋税、徭役方面的经济思想资料所以特别丰富，都是和这种情况息息相关的。一些为中国传统经济思想所特有的内容，如轻重思想、漕运思想、屯田思想、盐铁榷酤思想等，也无不是和中央集权专制政权的特殊经济作用直接联系着的。

国家政权本身不是一种经济事物或经济力量，但它对经济的发展，从而对经济思想的发展，能够有强力的作用和影响。西欧在16世纪开始形成许多统一的民族国家，而经济学正是在此后逐渐发展成为一门独立的科学的。中国在两千年前形成统一的中央集权君主专制主义的国家政权，虽然不是在商品经济发达的基础上形成起来的近代的统一民族国家，但它对经济发展所能够发挥的作用和影响，自然远远不是欧洲中世纪领主、诸侯政权所能比拟的。中央集权专制主义政权对国民经济的特殊作用和影响，是了解中国传统经济思想的特色时所不能忽视的一个因素。

四、传统经济思想形成和发育的文化背景

中国的传统经济思想,是在一个以儒家思想占支配地位的文化背景下,逐渐形成和发育起来的。

在儒家出现以前,中国经济思想已有了一定程度的发展,但基本上还处于萌生、滥觞的阶段:经济思想主要表现为许多零散的、互不联系的观念、原理和范畴,表现为一些直观性的陈述。春秋末期,以孔子为代表的儒家破土而出,揭开了中国古代百家争鸣的帷幕。孔子创立了儒家,也奠定了儒家经济思想的基础。儒家经济思想的出现,标志着中国的传统经济思想开始具备了自己的雏形。

儒家在春秋、战国时期,是百家争鸣中的一家,它不断受到墨、道、法等家的批评和攻击;但是,它在当时已是百家中的最大一家,是当时传布最广、势力最大的"显学"。

在百家争鸣中,各不同学派既互相批评、互相争辩,又互相借鉴、互相吸收。到战国末期以至秦、汉之际,儒家已逐渐发展为一个以儒为主,广泛吸收、融合了墨、道、名、法、阴阳各家的许多思想内容的学派。

西汉中叶以后,儒家的学说,由于更加适合于一统的中央集权君主专制王朝的统治需要,受到官方的尊崇,逐渐成为在政治领域和学术领域占支配地位的思想。自此而后,学术领域中的斗争,就不仅表现为某些学派同儒家学派的公开对立,还更多地表现为儒家内部不同见解之间的交锋。

汉代佛教传入中国，魏、晋以后，逐渐发展为能在意识形态领域同儒家相颉颃的力量。中国固有的神仙方士之术，也在依托道家思想的基础上逐渐形成为道教，并在宗教仪规方面借鉴佛教而发展完备起来。这样，在中国思想文化领域又形成了儒、释、道三教鼎峙的局面。宋代以后，出现了以儒为主，吸收、融合佛、道而形成的新的儒家学派——理学，在宋以后的思想界长期处于支配地位。

中国传统经济思想也是在这种各家、各派的思想、学说互相斗争，又互相交融的历史过程中发育、成长起来的。它经历了从春秋、战国直到西汉中叶的百家争鸣，逐渐形成了以儒为主，广泛吸收、综合墨、道、法各家的一种学术思想，并且在以后的历史时期中延续和更加丰富起来。在后世佛教、道教盛行的情况下，中国的传统经济思想也不能不在一定程度上受到它们的影响。但佛教、道教都是主张出世的宗教，而经济思想所关心的问题却完全是世俗的。因此，和同样历史条件下出现的意识形态的某些其他领域（如哲学、文学、艺术等）相比，中国传统经济思想所受佛教、道教的影响，毕竟要少得多。

五、传统经济思想的几大"要旨"

在现实社会中，人们面临着繁多的经济问题，并不断为解决这些经济问题而思索、议论、判断，形成为这样那样的经济思想。人们对解决经济问题的各种方案及其指导思想的思索、议论和判断，有一个评价标准的问题。解决某一经济问题，可以有各种不同的方案，哪一种是正确的、有效的？评价不同的方案及其指导思想，有不同的具体标准；但既然都是经济问题，而且是在同一的或基本一致的历史条件下的经济问题，就必须有一些基本的、共同适用的标准。

中国传统经济思想是在一个耕织结合的农业社会、中央集权君主专制政权统治之下，并且以儒学在思想界处于支配地位的文化背景下形成和发育起来的。在这种历史条件下，人们考虑经济问题，一般说来离不开以下几个基本标准：

1. 富：即拥有和支配更多的物质财富。富的对立面为贫，即在拥有和支配物质财富方面处于匮乏、不足的状况。在中国传统经济思想中，处于主流地位的倾向是对富的肯定。谈论经济问题的人，一般总认为富比贫好；在评价各种解决经济问题的方案及其指导思想时，多认为能致富去贫的方案是好的、正确的，反之，则是不好的、错误的。

2. 均：这是指物质财富在不同社会成员之间的分配问题。富是中国传统经济思想评价经济方案及其指导思想的首要标准，但不是唯一的标准。富了，物质财富增多了，还有一个分配问题：财富怎样在社会成员之间分配，才能使各类社会成员都感到可以接受，从而能够相安无事，而不致因争夺财富的矛盾激化，使社会陷入扰攘不宁？这是均的问题。至于怎样才算均，不同的学派、不同的代表人物是说法不一的。这在以后的有关章节再具体论述。

3. 庶：即人口众多。物质财富是由人生产出来的，又是由人来消费、使用的。人作为生产者，是生产的基本要素之一；在技术落后、生产装备简陋的历史时期，人在生产中的地位尤为重要。中国传统经济思想早就把人和土（地）看作生产的两个基本要素，并认为人对生产的作用更重于土，所谓"有人此有土，有土此有财"（《礼记·大学》）。在地广人稀的农业社会中，这种说法基本上反映了社会经济的现实。

既然人的要素在当时生产中特别重要而又相对稀少，中国传统经济思想在人口问题上就把"庶"即人口众多看作致富的一个前提和社会繁荣富裕的一个重要标志，而极力加以倡导。"求庶"在传统的人口思想中处于主流的地位；在传统经济思想的早期发展阶段，尤其是这样。

4. 义：指人们的经济生活的各个方面，首先是人们求富的行为要服从于特定的政治和道德的要求。

经济生活总是在一定的社会、政治环境中进行的，因而总有一个经济生活和政治、道德之间的关系的问题。这用儒家经济思想的范畴来表达，就是"利"和"义"的关系问题。在儒家出现以前，早已有"义"和"利"关系的争论，即所谓"义利之辨"。不过，那时所谓的"利"，是广义的利，即有利、利害之利，而不是专指物质利益。孔子在义、利关系方面，强调"义"高于"利"，"利"必须服从于"义"，而且主要是从财利的角度来理解"利"。这就使"义利之辨"有了经济观点的属性。

既然经济生活是在一定的社会、政治环境中进行的，政治、道德当然会对经济生活有一定制约的作用；但是，政治、道德等毕竟是人们谋取和维护自己经济利益的手段，因此，从总体上说来，不是经济从属于政治和道德，而是政治和道德等必须适应于经济的性质和发展水平。

孔子关于义高于利、义主利从的观点，为后世儒家所继承并保持下去，逐渐形成为中国传统经济思想的有特色的观点之一。中国传统的经济思想也因此而明显地具有规范经济学的色彩。

西汉中叶以后，儒家的这种义利观，被硬化为"贵义贱利"论，并且成为在经济思想领域中一个具有严重的禁锢作用的教条。积极谋取财利的言行，尤其是采用变革陈规的办法谋取财利的努力，被看作不义的、可鄙的。在这一教条的长期支配下，经济方面创新的活动、创新的思想，都遭受到压制。这对社会经济的进步和经济思想的发展，都有极大的消极作用。

"富"、"均"、"庶"、"义"，可说是中国传统经济思想的四大"要旨"。在解决经济问题，尤其是重大经济问题时，传统经济思想就是以实现富、均、庶、义及四者尽量完美的结合为最基本的评价准则。当然，这只是就传统经济思想的主流而言。对待其中的某一项以及对待它们之间的相互关系，传统经济思想中都不是没有歧见和争论的。

"义"虽是传统经济思想考虑经济问题的一个"要旨"，但它本身并不是一个经济范畴。因此，本书对中国传统经济思想的论述，只环绕富、均、庶三者及其相互联系展开；对同"义"有关的问题，则结合相联系的经济观点分别在不同章节中探讨，而不作为一个单独的构成部分。

（原载《中华文化通志·经济学志》，上海人民出版社1998年版）

5 中国传统经济思想论国家政权的 经济作用

一、两种对立的观点

中国人在两千多年以前,已经从人们在经济生活中的相互联系和冲突来考察国家的作用问题。荀况指出:人们"欲恶同物,欲多而物寡,寡则必争矣。……离居不相待则穷,群而无分则争。穷者患也,争者祸也。救患除祸,则莫若明分使群矣"(《荀子·富国》)。人们在经济生活中不能不发生联系,"离居不相待则穷",而人们在经济利益方面的分歧,又会不断地导致争斗、冲突。为了维持联系、控制争斗和冲突,就要为各种人的经济利益规定一定的界限,这就是所谓"明分",谁来明分呢?谁来维持联系、控制冲突呢?荀况回答说:"人君者,所以管分之枢要也。"(《荀子·富国》)在君主专制政权下,"人君"是国家的代表,因此,荀况的这句话,实质上就是主张由国家掌握"明分"的大权,负责在社会经济生活中维持人们之间的必要联系,调节、控制各方面的利益分歧和冲突。

既然国家是由维持人们的经济联系、控制人们的利害冲突的需要中产生的,国家在经济生活中就不可能纯然是消极的,无所作为的，它必然能对经济生活发挥某种作用。

问题在于：国家在经济生活中的作用，究竟以发挥到怎样的程度为适当？国家对经济生活的维持、调节、控制活动是以多为好呢？还是以少为好？

这一问题在历史上一直有着争议，有着各种各样的不同观点和主张。这些观点和主张，基本上可分为两大类：干预主义和放任主义。前者主张国家对经济生活要多加干预，认为只有这样才能保证经济生活正常进行，否则就会引起冲突、混乱，对整个社会、国家产生危害。后者则认为怎样从事经济活动是百姓自己的事，百姓自会根据自己的利益行事，而把经济活动进行到最好的状态；国家应听任百姓去做，而不应多加干预，否则只会妨害经济生活的正常进行。

对国家在经济生活中作用的不同观点，在春秋、战国时期已经出现。

干预主义导源于法家。法家认为：人天性是自私自利的，"民之于利也，若水之于下也，四旁无择也"（《商君书·君臣》），"民之欲富贵也，共阖棺而后止"（《商君书·赏刑》）。如果听任人们为追求自身的利益而进行活动，人们都将选择那些代价小、获利多而且容易的行业，一些最苦或最危险而又不容易获利的行业，如农和战，将会无人问津，而这将使法家的基本国策陷于彻底破产。因此，法家坚决反对国家对经济生活采取放任的态度，主张以严厉手段进行干预：一方面提高从事农、战者的利益；另一方面限制、堵塞农、战以外的其他行业，使"利出一空"，即只许靠从事农战取得富贵。

同法家的这种加强国家干预、控制的主张相反，道家主张在各个方面（也包括经济方面）把国家的活动缩减到最小限度。他们认为：国家的活动越多，为社会带来的烦扰和纷乱也会越多："民之饥，以其上食税之多"、"民之难治，以其上之有为"（《老子》七十五章）、"天下多忌讳，而民弥贫"、"法令滋彰，盗贼多有"（《老子》五十七章），因而，治国最好的办法就是实行无为之治。道家强调："为无为，则无不治。"（《老子》三章）

不过，道家说的无为，是要求国家在一切领域无为，而不止是在经济领域无为；而且，道家不仅主张国家无为，还希望百姓人人无为。道家把人类原始时代的低下、简陋的生活，看作是合乎自然的理想状态，而把经济、技术、文化发展所带来的人们生活的变化，看作是对这种理想状态的扭曲和破坏，因而要求人们始终保持不开发智力、不寻求知识、不学习和采用新技术、不提高生活水平，永远保持一种"无知无欲"（《老子》三章）的面貌。道家是主张以君主、官府的无为为倡率，带动百姓形成一个人人无为的风气。在这种风气之下，即使有些愿意有为和能够有为的"智者"，也将"不敢为"（《老子》三章）。

既然要使百姓人人无为和不敢为，那就谈不上听任百姓自主从事经济活动的问题了。道家虽然不主张国家用任何"有为"的办法来迫使百姓无为和不敢为，但他们使经济活动永远保持原始、落后状况的愿望，同后来的放任主义要求国家少干预以减少个人经济活动所受束缚的意图，是正好相反的。显然，道家关于国家政权应当清静、无为的思想，还不能说是在经济活动方面提倡放任主义，而只能说是为放任主义提供了一个哲学基础。

在战国后期兴起并在汉初盛行的道家支派"黄老之学"，以道家的无为论作为指导思想，提出了国家在经济活动方面无为，会有利于百姓进行经济活动，从而有利于社会经济进步的观点。他们说："天有明而不忧民之晦也，〔百〕姓辟户牖而各取昭焉，天无事焉。地有〔财〕而不忧民之贫也，百姓斩木刈新（薪）而各取富焉，地亦无事焉。"（《黄老帛书·称》）这里，黄老之学以天、地作比，要求国家听任百姓自己从事经济活动而少加干预，这样百姓就会自己脱贫致富。

被收入《管子》一书，但实际上带有黄老之学思想倾向的《禁藏》篇①则说："夫凡人之情，见利莫能勿就，见害莫能勿避。……故善者势力之所在，而民自美安：不推而往，不引而来，不烦不忧，而民自富。"这就把《老子》的普遍的（国家和百姓双方的）无为论变成了国家无为、百姓有为的主张，而且把这种主张专用于经济方面，认为只有这样才是富民正道。到黄老之学，道家的无为已由哲学思想和政治思想扩展到经济思想领域，成为中国古代放任主义的滥觞。

二、轻重论

法家对经济生活虽然持严厉的干预态度，但法家的干预主要是出于政治目的，而且干预的手段也主要是政治、法律的手段。这种干预主张，包含着某些经济思想方面的内容，但它自身还不是一种经济思想。

---

① 《禁藏》篇的以国家无为来促进民间经济活动的论点，同汉初黄老之学极为相似，因而有的研究者认为它是汉初的作品。

在中国历史上，轻重论的出现标志着干预主义作为一种经济理论和经济政策的体系，已经基本形成。

"轻重"原本是一种"衡"的概念，指物体重量的大小。在铸币出现后，由于铸币的重、轻意味着其价值的高低，"轻重"就成了表现货币价值的范畴。由于在商品流通中商品和货币的价值是互相通过对方相对地表现出来的，"轻重"又逐渐成为表现商品和货币的相对价值的范畴。例如，人们把商品跌价、货币购买力增长称为"币重物轻"，把货币购买力下降、商品涨价称为"币轻物重"等。

市场上商品和货币的轻重关系即相对价值是不断变化的，商人都懂得利用以至操纵这种变化为自己谋利。后来，中国的君主专制政权从商人的经验中认识到，国家也可以利用并操纵商品和货币之间的轻重变化来达到国家的经济、政治目的；还认识到，国家要成功地利用和操纵这种轻重变化，必然对这种变化进行理论研究。于是，一种专门探讨国家在经济活动中的作用，尤其是国家在商品流通中的作用和活动方法的特殊经济理论和经济政策的体系，即轻重论，就出现了。

轻重论的思想资料主要集中于《管子》的《轻重》诸篇中，并在汉武帝时期有过大规模的和成功的实践。

轻重论的主要内容包括以下三个部分：

一是研究轻重问题并实施轻重政策的目的，即所谓轻重之势或轻重之权。

二是关于实施轻重政策的手段或方法，也即轻重之术。

三是有关轻重问题的一些基本的学理，即轻重之学或轻重之数。

轻重之势或轻重之权，是指国家对全国百姓的经济生活取得绝对支配的权势，做到"予之在君，夺之在君，贫之在君，富之在君"（《管子·国蓄》），使全国人民在经济生活方面"无不累（系）于上"（《管子·国蓄》）。怎样取得对全国经济生活绝对支配的权势呢？轻重论者的主张是："为笼以守民"（《管子·国蓄》），即把百姓能够取得财利的途径统统由国家严格控制起来，使得任何要谋生或获得财利的人，都只能依靠国家来获得财利，百姓的贫、富、予、夺，就自然都掌握在国家手中了。这就是轻重论者说的"利出一空"。①

轻重论者认为，国家的这种轻重之势，受到来自两个方面的威胁：一是诸侯，二是富商大贾。

轻重论者指出：当时的诸侯拥有广大的封土，有自己的军队，还拥有境内的山海自然资源，他们从铸钱、冶铁、煮盐活动中取得巨额财富，积蓄了反叛以君主为代表的中央政权的力量，成为国家取得并保持轻重之势的极大威胁。要取得轻重之势，就必须削弱以至消除诸侯的割据势力。为此，轻重论者提出了"立壤列"（《管子·轻重乙》）（限制大、小诸侯的封土）乃至"毋予人以壤"（《管子·山至数》）（完全取消诸侯封土）的主张。同时，轻重论者还主张"毋授人以财"（《管子·山至数》），即把原来属于诸侯所有的封疆之内的山海资源，收归中央，以消除诸侯同中央政权争夺轻重之势的经济基础。

对于商人，轻重论者认为他们能利用自己的财力奴役、支配一些贫民，这些贫民在经济上就不再或不完全受国家支配，国家的轻重之势就削弱了。商人越富有，能支配奴役的贫民越多，其削弱国家轻重之势的力量越大；一些实力最强的富商大贾，尤其是同国家

---

① 轻重论者说的"利出一空"，同法家不同。法家以此指只许以农、战一途得富贵，轻重论者则只许百姓在国家牢牢控制下从事国家允许参加的经济活动。

争夺轻重之势的大敌。轻重论者把富商大贾同专制君主的关系,称做"中一国而二君二王"(《管子·国蓄》),认为国家要取得轻重之势就非摧毁富商大贾的势力不可。

轻重论者也是抑商论者。不过,轻重论者不像法家那样主要靠政治、法律手段来抑商,而是主张以经济手段为主,把富商大贾能够获利的途径统统垄断起来,使他们"无所贸利"(《盐铁论·本议》),这样他们就无法同国家争夺轻重之势了。

轻重论者所以重视轻重之势,是为了巩固和加强君主专制,也是为了保证国家取得更多财政收入,用轻重论者的话说,就是使"国利归于君"(《管子·国蓄》)。

国家要取得轻重之势,必须推行一系列政策措施,采用多种多样的手段和方法,也就是借助于轻重之术。轻重之术主要有以下几方面的内容:

第一,国家要牢牢地控制住货币和粮食,作为控制整个国民经济的制高点。

轻重论者主张国家控制整个国民经济,对经济生活取得支配一切的轻重之势,但他们认为:货币和粮食是经济生活中最关键、最起决定作用的两个因素,只要控制了它们,就能支配整个国民经济:"人君操谷币准衡而天下可定也,此守天下之数也。"(《管子·山至数》)

在货币、粮食二者中,要害尤在货币。国家必须首先垄断货币的铸造、发行权,由"人君铸钱立币"(《管子·国蓄》),然后以货币对农民贷放,规定农民收获后以粮还贷。轻重论者认为:通过征税及货币贷放,就可把百姓的大部分余粮控制在国家手中。粮食是人们的生存命脉,支配它,就可使百姓在经济生活方面"无不系于上"了。

第二，国家尽可能控制住各种商品和资源，尤其是生产和人民生活所必需的各种商品和资源。

在古代，除了粮食之外，最为人们所必需的无过盐和铁：盐是人人日常生活所必需的消费品，铁是制造农业、手工业生产工具的原料。商人经营盐、铁就可以利用其在生产和生活方面不可缺的特点，高价以获厚利。轻重论者主张国家垄断盐、铁，禁止商人经营，既可削弱、打击商人势力，又可借此支配社会生产和人民生活，并把过去归于商人的高利润夺过来。

除盐、铁之外，轻重论者还提到由国家垄断一些其他的商品和资源，例如木材、某些纺织品、皮革、羽毛、竹箭等。

轻重论者把国家控制各种商品和资源的轻重之术，称为"官山海"（《管子·海王》）、"官天财"（《管子·山国轨》）。

第三，操纵市场，利用物价变化以牟利。

国家垄断了货币、商品粮食以及其他重要的商品和物资，就拥有了左右市场的物质基础，加之拥有政治统治权力，可以用这种权力来压制、排挤竞争势力，这样，国家就处于能够操纵市场的独家垄断地位。

轻重论者主张利用这种地位来操纵市场，人为地造成商品供求和价格的剧烈变化，使国家从中获取暴利。他们尤其认为：粮食这种商品是民生命脉所系，如果商品粮全部或大部分为国家所垄断，国家大大提高粮价，迫使万民不得不买，不仅"君必有十倍之利"（《管子·国蓄》），而且可以使其他商品的所有者不得不忍痛贱卖自己的商品以买粮，从而更加扩大国家的利源。这就是他们所说的"人君御谷物之秩相胜，而操事于其不平之间"（《管子·国蓄》)。

这种由国家自身操纵市场,人为地造成物价剧烈波动以牟暴利的做法,对一个掌握政权的势力来说是很危险的。在野的轻重论者发发这样的议论还罢了;在位的轻重论者却绝对不敢如此胡作非为以自取灭亡。在汉武帝时期,著名的轻重论者桑弘羊负责国家理财工作。他在办国营商业时,就不是采用人为制造物价波动以牟暴利的办法,而是相反地采取了随市场物价和供求吞吐物资以稳定物价的做法,并为其国营商业机构取名"平准"。

第四,兼用行政手段和经济手段。

轻重论者强调以经济手段控制经济,以取得轻重之势;但他们也并不忽视行政手段,而是主张兼用经济手段和行政手段,并以行政手段为更好地运用经济手段创造条件。他们把这种做法叫作"籍于号令"(《管子·国蓄》)。例如,他们认为,当国家征求一项物资时,所征求物资的种类、数量以及限期,都会对这种物资的供给、需求和价格产生重要的影响。因此,国家就可以行政命令故意造成某种影响,以便于国家进一步运用经济手段实现控制经济的目标。

轻重论者不仅要在国内运用轻重之术,还主张在国与国的关系中以轻重之术达到"制天下"的目的。

国与国之间的轻重之术包括两个方面:一是通过价格政策,同别国争夺粮食;二是通过贸易,运用本国的优势或破坏别国的优势。

在自给自足的农业社会中,粮食是关系广大人民生活和国家安危的命脉,"民以食为天"。在国与国之间的关系中,如果能使别国在粮食方面依赖于本国,就可以迫使别国接受本国的支配。因此,轻重论者主张运用"守"、"泄"之术,大大提高本国的粮价,吸引别国的粮食纷纷输入本国,使本国粮食充裕,而别国陷入粮食匮乏的境地,不得不乞求本国卖给其粮食,从而处于受本国支配的地位。本国用高于一切别国的价格防止粮食输出,谓之"守";高价把别国粮食吸引过来,这对别国来说就是"泄"。

大大提高本国的粮价,这是否意味着本国要受到严重经济损失呢?本国是否有力量支付呢?轻重论者并不担心这一点。他们认为:提高粮价,并不等于实际上支付高价。用高价把别国的粮食都吸引来了,市场上的粮食供给大大超过需求,卖方的激烈竞争必然使粮价下降,本国买粮实际支付的价格可能并不高。轻重论者把这种情况称作"有以重至(为高价而来)而轻处(实际以低价买)"(《管子·揆度》)。同时,轻重论者认为:即使粮食是以高价买进,但等到别国因粮食外泄而严重缺粮时,本国可以利用其困难以更高价格把粮食卖出去。

对于利用本国优势通过贸易控制别国,轻重论者以盐为例,主张沿海产盐国家平时把盐囤积起来,禁止出口,等到农忙季节,劳动繁重,"无盐则肿",则以高价输出至内陆不产盐国家,不但可取得特别高的价格,还可以此作为控制、支配别国的手段。

对别国的优势,轻重论者主张通过贸易加以破坏,使其丧失优势,甚至反而转变成劣势。例如,有的外国盛产绨,这本是优势。轻重论者主张大大提高本国的绨价,使产绨国的人都争相生产绨,等到其产量过大时,进口国突然停止绨的进口,使产绨国因没有市场而陷入困境,不得不乞求进口国买绨而接受其支配和控制。

轻重论者把这种利用本国优势、破坏别国优势以在经济上支配别国的轻重之术,叫作"可因者因之,乘者乘之"(《管子·轻重丁》)。

　　轻重论者认为：要成功地运用轻重之术，取得轻重之势，必然要懂得"轻重之数"，也就是关于轻重问题的学理。

　　轻重之数或轻重之学包括两个方面的原理。

　　第一个方面是商品价格和供求关系的原理，这又包括以下两个原理：

　　一是商品的供给、需求状况决定商品的价格。轻重论者指出："有余则轻，不足则重"、"多则贱，寡则贵"（《管子·国蓄》）。所谓"有余"或者"多"，指商品的供给超过需求；"不足"或者"寡"，则指供给对需求而言处于短缺的状况。

　　二是价格影响供求。轻重论者把这一原理表述为："重则见射，轻则见泄。"（《管子·山权数》）意思是：一种商品价格过高时，就成为人们"射"即争购的目标，从而需求就大大增长了；反之，价格过低时，人们就会争着把它"泄"（抛售）出去，市场供给就会大大增加。

　　第二个方面的原理是货币、粮食以及其他商品之间的比价变化的原理，这又包括以下三个原理：

　　一是货币同商品比价变化的原理。轻重论者把这一原理表述为："币重而万物轻，币轻而万物重。"（《管子·山至数》）一商品同其他商品的相对价值或比价，总是表现为相反变化的趋向，一种商品对其他商品的比价上升，从另一个方面看就是其他商品的比价下降。货币同商品的比价也是如此。在轻重论出现之前，早就有"币重物轻"、"刀籴相为价"（《墨子·经下》）的认识，轻重论者不过是把这种认识以更明确的形式表述出来罢了。

　　二是货币同粮食比价变化的原理。轻重论者的说法是："粟重而黄金轻，黄金重而粟轻。"（《管子·轻重甲》）

粟是商品的一种,它同货币比价变化的规律同货币和其他商品的情况完全一致,因而就包括在货币同商品的比价问题之内,为什么轻重论者又要把货币同粮食的比价当作一个问题单独提出来呢?

原来,轻重论者认为粮食在当时是对国计民生特别重要的商品,其重要性堪与货币相提并论。他们说:"五谷食米,民之司命也;黄金刀币,国之通施也。"(《管子·国蓄》)他们正是要利用货币和粮食比价的变化,操纵市场,控制经济生活全局,以取得轻重之势。用他们的话说,就是:"执其通施,以御其司令。"(《管子·国蓄》)这正是轻重之术的第一术。

三是粮食同商品比价变化的原理。轻重论者把这一原理表述为:"谷重而万物轻,谷轻而万物重。"(《管子·乘马数》)

在比较发达的商品经济下,粮食不过是一种普通商品,其他商品的价格只表现在货币上,而不以粮食来表现。"谷重而万物轻,谷轻而万物重"的公式,似乎是不合情理的。问题在于,在轻重论流行的时代,自然经济在经济生活中仍占主要地位,因而在有些地区和有些情况下,粮食还被用作一般等价物,在交易中起着计价和流通手段的作用。在这种情况下,许多商品的价值往往通过同粮食的相对价值表现出来,于是就会有"谷重而万物轻,谷轻而万物重"的情况。

轻重之势、轻重之术和轻重之学,是轻重论的相互联系的三个组成部分。其中,轻重之势是目的,轻重之术是达到目的的手段,而轻重之学则是它们的指导思想和理论依据。

对《管子》的《轻重》诸篇的产生时代,学术界有不同的看法:有的认为是战国管子之学的一部分,较多的研究者认为产生于汉代,还有人认为是王莽时期的产物。主张产生于汉代的,又有文、景时期和武、昭时期两种说法。诸说并陈,各自都提出了若干依据。但从轻重论的内容看,要求削弱诸侯、抑制富商大贾的势力、把造币权及山海资源收归国有、国家垄断工商业以大大增加财政收入,以及对匈奴、南越等的关系中包含着经济斗争的内容等等,都是汉代文、景、武各朝一直寻求解决的矛盾和问题。而且,轻重论能形成如此庞大复杂的体系,如果没有汉武帝时期推行轻重政策的大规模实践,也是难以想象的。至于轻重论究竟是汉代文、景时期还是武、昭时期的产物? 从它的内容及体系看,都不会是短时期内能够形成的,当是文、景、武各朝长达八九十年的时间中逐渐积淀下来的。

三、善因论

轻重论是中国古代国家对经济生活干预主义的典型。同轻重论针锋相对,汉代还出现了一种要求国家对经济生活尽可能采取放任态度的经济政策和经济理论体系,这就是"善因"论。①

善因论是西汉伟大的历史学家司马迁所倡导的。他对国家的经济政策,曾经提出过一个评价优劣次第的标准:

善者因之,其次利导之,其次教诲之,其次整齐之,最下者与之争。(《史记·货殖列传》)

---

① 轻重论的"轻重"是中国古代早有的术语;但善因论的"善因",则不是古代的现成术语,而是根据司马迁的整个思想及"善者因之"一语概括出来的。参阅赵靖:《中国古代经济思想史讲话》第十讲,人民出版社1986年版。

"因之"即听任、顺应其自然发展,不人为地加以干预的意思。作为经济政策,也就是主张国家对人们的经济活动采取放任主义的态度。

"利导之"即因势利导。例如,国家希望人们从事某种经济活动,就对从事这种经济活动的人给予一定优惠条件,以鼓励和诱导更多的人从事这种活动。

"教诲之"即对人们选择所从事的经济活动进行教育和指导,主动告诉人们应从事什么经济活动,以及如何从事等等。

"整齐之"即以国家力量扶助、支持某些经济活动,限制、取缔另一些经济活动。

"与之争"即国家直接经营一些能够获利的行业,与从事这些行业的人争夺财利,以至利用国家权力对某些行业实行垄断,由国家独擅其利。

从司马迁的这段话可以看出:他认为对待经济活动应尽量听任百姓按自己的意愿进行,国家越少干预越好:利导与"因之"相比有了一些干预;教诲的干预成分多于利导;整齐的成分又多于教诲;"与之争"则不仅是干预,而且国家直接参加进经济活动中来,并实行强力的控制和垄断了。

"与之争"也就是轻重论者所主张的"官山海"、"官天财"、"为笼以守民"和使"民无不系于上",即官府垄断经营。

可以看出:善因论对国家在经济活动中的作用的看法,同轻重论是正好相反的。司马迁在大规模推行轻重政策的汉武帝时期宣扬善因论,其针对性是十分明显的。

善因论关于经济政策的主张,有自己的理论依据。这主要是:

第一,经济利己主义。

司马迁认为，人们生而有各种欲望，而且总是力求得到最大的满足。随着社会经济的发展，人的欲望也随之发展，对满足欲望的物质手段，也产生更高的要求。为了充分地满足欲望，人们不断地追求财富，并因而从事各种经济活动。人们的利己动机（表现在满足自己欲望并占有私财），是经济活动的动力。国家干预经济生活，限制人们所愿从事的经济活动，是同人们的利己本性相反的。

这种把利己看作人的天性的观点，在司马迁以前早就有之。但是，前人说的利己，不是仅指经济方面，在论及利己的内容时，总是富和贵并称的；而司马迁却只是从经济方面考虑问题，并且把利己同经济活动联系起来。认为利己是人们从事经济活动的动力。在司马迁的语汇中，"利"和"富"、"求利"和"求财"、"求富"，是基本相同的概念。他说："天下熙熙，皆为利来；天下攘攘，皆为利往"、"富者，人之情性，所不学而俱欲者也"（《史记·货殖列传》）。他认为追求财利既是人的本性，那就一切人都不可能例外，贤人、隐士、品官、将帅、侠客、农、虞、工、商、医、卜、星、相以至赌徒、盗匪、恶棍、娼妓⋯⋯活动的目的，无不是"奔富厚"，无不是"求富益货"。（《史记·货殖列传》）

可见，司马迁说的利己，不是一般地利己，而是从经济方面利己；他所宣扬的利己主义，不是一般的利己主义，而是经济利己主义。

司马迁虽然把经济利己主义作为"因之"的理论依据，却也并不是对一切从经济上利己的行为都主张"因之"。他把求富的"富"分作三种："本富"即以农致富，"末富"即经营工商业致富和"奸富"即以种种害人、违法手段（如抢劫、盗墓等）致富。他主张对追求本富、末富的活动均应该因之，对奸富则非但不应因之，而

且要严加禁止："奸轨弄法,善人不能化,唯一切严削为能齐之。"(《史记·太史公自序》)

第二,经济生活自行调节论。

主张国家干预经济生活的人常用的论据之一是:如果听任人们凭自己意愿进行经济活动,人们必然会为争利、争财而不断地发生纷争和冲突,不但会在经济生活中,还会在政治、社会生活中造成"乱"(混乱无序)和"穷"(危机)。司马迁不同意这种观点。他认为:人从利己动机出发从事经济活动,自然会选择对自己最有利、避开对自己不利的情况。人人如此,社会经济中的一切不正常、不合理的情况就都会自行得到调节和纠正,整个社会经济生活就会趋向于一种均衡的、理想的状态。他把这种状态描绘为:"故待农而食之,虞而出之,工而成之,商而通之,此宁有政教发征期会哉?人各任其事,竭其力,以得所欲。故物贱之征贵,贵之征贱,各劝其业,乐其事,若水之趋下,日夜无休时,不召而自来,不求而民出之。岂非道之所符,而自然之验耶?"(《史记·货殖列传》)

在司马迁看来,人们为追求财利而从事经济活动,既是符合人的本性的,也是符合自然本性的。因此,听任人们自己进行经济活动,就能够使经济生活达到符合自然要求的状态("自然之验"),即使过程中出现一些摩擦和困难,也是可以自行调节、自行解决的;人为的干预,只会违反自然本性和人的本性,扭曲经济生活的正常轨道。

第三,利己即利国论。

主张干预的人的另一个常用论据是:听任人们从利己的动机出发进行经济活动,对某些人可能会有利,但却会不利于其他人,以至损害整个社会、整个国家的利益。

　　司马迁认为不然。在他看来,个人为利己而从事农、虞、工、商等活动,能创造出更多财富,个人固然可以因此致富,国家、社会的财富总量也随之增加了,决不会有使国家受损的问题。这也就是司马迁所宣扬的富家、富国同原论,在前面的有关章节中已经论述过了①。

　　必须指出,司马迁讲的利己即利国,是有其特定条件的:利己只有在从事农、虞、工、商等经济活动,以增大财富之“原”的情况下,才能利国;为利己而夺取别人的财富,例如各种“奸富”,则只利己而不利国,并会给社会、国家带来损害。

　　第四,贫富差别和贫富分化合理论。

　　主张干预者的又一重要论据是:听任人们自己从事经济活动而不加干预,必然会扩大贫富差别,导致社会两极分化,从而对社会的安定有不利影响。

　　司马迁承认,“因之”会扩大贫富差别,导致贫富分化,但他认为这种差别和分化是自然的,合理的,不应加以阻止。

　　他把贫富差别看作个人才智、本领不同的结果:“巧者有余,拙者不足”、“贤者辐辏,不肖者瓦解”(《史记·货殖列传》)。贫富差别,贫富分化是自然的,合理的,富者利用自己的财富对贫人进行剥削和奴役,也同样是自然的。所以他说:“富相什,则卑下之;伯,则畏惮之;千则役,万则仆,物之理也。”(《史记·货殖列传》)既然是物之理,那就无可指责,也就不应加以干预和阻挠了。

　　司马迁自然不可能像现代人那样,谈论所谓效率和公平的矛

───────────────

　　①　参阅《中华文化通志·经济学志》上篇第二章第三节,上海人民出版社1998年版。

盾。但是，他既然认为贫富是个人才智、能力不同的结果，那么，他必然会认为强调公平，不允许出现贫富差别，是会不利于人们的才智、能力的发挥，从而不利于经济的发展的。

四、轻重论和善因论在后代的发展变化

轻重论在汉武帝时期臻于鼎盛。其后，西汉宣帝时期，耿寿昌对轻重之术有了若干改进和创新，尤其是他所创设的常平仓，丰年籴粮进仓，灾年平价粜放，对救灾有重要作用，为后代各王朝所仿效。王莽时期实行"六管"，国家控制经济的范围、程度超过汉武帝时期，但遭到了惨败，没创造出什么新经验，更谈不到理论上的发展。此后，轻重论长期处于停滞的状态。

唐代的疆域及声势均超过两汉。唐人重视管子之学，对轻重问题也颇感兴趣，在实践上及理论上都有了一些新的发展。

在轻重政策方面，刘晏取得了很大的成功。他在漕运工作中，改进并完善了裴耀卿（唐玄宗时人）的办法，实行了全程水运、分段接运的一整套制度，每年运送数十万石至百万石粮食至长安，保证了首都的粮食供应，而且收到了时间快、运费低、损耗少等成效。在榷盐即国家垄断经营食盐的工作中，他采取了官府统购、批发、商人运送、零售的官商结合办法，大批裁减了经营食盐的官府机构和盐官、盐吏，减省了经费，提高了效率；又利用商人的追求利润和相互竞争，使各地区盐的供求得到均衡，以竞争价格取代了过去官府独家垄断时的垄断价格，大大增加了食盐的销售量，从而使国家的盐利（经营食盐的收入）增加十倍以上，占当时全国财政收入

的一半。在国营商业工作中,他建立了一套完备的、快速的信息搜集、传递制度,能及时掌握各地重要商品的供给、需求和价格变化,便于利用国营商业所掌握的商品和物资,适时吞吐,以稳定物价,活跃市场。他的国营商业所包括的地区远比桑弘羊的"平准"范围大(桑弘羊只在首都长安实行平准),但却能做到"使天下无甚贵贱而物常平"(《新唐书·刘晏传》)。在救灾工作中,刘晏创设了组织灾民生产自救、以副(业产品)补农以及利用商人深入灾区收副枲粮的办法,不但提高了救灾的实效,还活跃了衰敝的灾区经济,把"二害"(水旱)变成了"二胜"(《新唐书·刘晏传》)。

刘晏没什么著述,但从他的理财实践,可看出他对轻重论有着以下的重要发展:

第一,在国家对经济的作用方面,从强调控制和取得财政收入到兼而要求发挥一定的促进作用。

轻重论在国家对经济的作用方面,首先强调控制,"为笼以守民",而控制也是为便于取得更多财政收入,"国利归于君"。

刘晏在理财工作中自然也要求加强控制和增加财政收入。他的理财工作在这两方面都比汉代的轻重论者更高明,更有效。不过,刘晏的要求并不止于此,他同时还十分重视国家理财工作对经济发展的积极促进作用。他认为,理财工作不能仅着眼于增加财政收入、节省财政支出,还应力求有利于生产的恢复、发展和流通的活跃。例如,在救灾工作中,他反对单纯的赈济,而更着重于防灾:在灾情刚露苗头时即用减税、贷款等办法,扶助灾民发展生产,增强防灾、抗灾能力。在灾情发生后,则帮助灾民生产自救,以副补农。他的部下追述他的这种见解说:"善治病者不使至委顿,善救灾者不使至赈济","王者爱人,不在赐予,当使耕耘织纴……"

（《新唐书·刘晏传》）。

第二，在国家和商人的关系方面，刘晏不是把商人看作同国家争夺轻重之势的敌人，而是把商人作为国家推行轻重政策的助手。

前代的轻重论者认为商人尤其是富商大贾是同国家争夺轻重之势的大敌，是轻重政策的重要打击对象。刘晏的理财活动，自始至终也是要有效地控制经济生活，取得轻重之势，但他从未把商人看作争夺轻重之势的敌人，从无抑商、困商的言论和行动；与此相反，他总是把商人看作国家理财工作的助手。在许多工作中，他都要借助商人的配合，以更好地推行轻重之术，取得轻重之势。

在刘晏负责榷盐工作以前，唐政权的榷盐工作除了生产以外，其他环节都由官府直接经营。刘晏接任后，认为榷盐工作办不好的症结在于"盐吏多则州县扰"（《新唐书·食货志》），实际上是认为一切都由官府包办不行。于是，他毅然废除了运输、零售等环节的官营，把它们转让给商人经营。结果，榷盐工作的局面就彻底扭转了。

刘晏对救灾工作，沿袭了耿寿昌以来的常平仓制度。鉴于常平仓都设在城内，灾区农民进城买粮不易，而官府机构又不可能深入农村去粜粮，刘晏采取了借助商人沟通城乡的办法。他允许商人以农村副产品同国家易粮，并在比价方面给商人以优惠，鼓励商人下乡收副粜粮。商人为了获利，"不待令驱"，纷纷下乡贸易，使国家的常平粮可以"散入村间"（《新唐书·刘晏传》），解决了灾民的食粮问题，还促进了农村经济的恢复和发展。

刘晏继承了轻重论关于国家控制经济、取得轻重之势的思想，不过，他显然不把控制理解为一切由官府包办。他减少了官府直接经营的许多环节，但控制的实效却加强了，国家对轻重之势的掌握更牢了。

第三，在推行轻重政策的过程中，利用个人对物质利益的兴趣来调动人们的工作积极性，提高工作的效率和质量。

过去的轻重论者不但把商人看作推行轻重政策的敌人，也把农民和其他百姓看作消极、被动的工具。他们强调的是"守民"，是使民"系于上"。

刘晏却不是这样。他不是要求参与轻重政策实施活动的人消极、被动地听从国家摆布，而是要求他们积极参与，提高工作的效率和质量，而他用以调动人们工作积极性的武器，就是给予一定物质利益。

在漕运工作中，刘晏以雇佣的水手代替原来的徭役劳动者担任搬运、驾船等工作，并优给工价，以提高他们的工作积极性。

刘晏为传递经济信息，雇佣善于骑快马的"急足"或"驶足"，并给予高的工价，以保证经济信息传递的迅速、及时。

刘晏为运粮向船商订造漕船，市价只需500两的船，刘晏给价1000两，但要求其保证高质量。他所订造的船，都特别坚固，使用期长，不易出事故。

刘晏对轻重论的这些发展，不止是刘晏个人智慧及经验的表现，而首先是唐代，尤其是唐代中叶社会经济条件变化的反映。

秦汉以来，长期在经济、政治、文化生活中处于优势地位的豪强世族地主，至唐代已逐渐衰落，庶族地主势力日益兴起，农民所受的人身奴役有所减弱，而唐代的工商业也有了进一步的发展，其繁盛程度超过两汉。

刘晏在推行轻重政策的过程中重视商人的积极作用，以雇工代替徭役，注意以给予物质待遇为手段提高工作效率和质量等，这正是同唐代工商业发达和人身依附关系减弱等变化分不开的。

刘晏对轻重论的发展是通过他的理财工作实践体现出来的；而比他迟几十年的著名诗人白居易、元稹，则从理论上对轻重论提出了一些新的见解。

白居易等盛赞"管氏之轻重，李悝之平粜，耿寿昌之常平"，对国家、百姓是"不涸之仓，不竭之府"，认为要"保邦邑于危，安人心于困"①，就必须讲求轻重之术。

白居易等把钱刀、谷帛、器用、财物看作国家运用轻重之术的几个工具。这和《管子》的《轻重》诸篇从黄金、五谷、万物三者的关系来考察轻重问题的思路，是一脉相承的。

他们主要是在以下三个方面对轻重论有了发展和创新：

一是只把货币作为控制经济生活的杠杆，而不再把货币和粮食放在同等地位。

白居易等虽然把钱刀、谷帛、器用、财物看作运用轻重之术的四个工具，但他们认为只有钱刀才是"权节轻重之要"②，因此，运用轻重之术，就要掌握住这唯一的制高点："君操其一，以节其三，三者和钧，非钱不可。"③这里，"一"指钱，"三"指谷帛、器用、财物。在他们的心目中，五谷已被从轻重之术两杠杆之一的地位排除出去，而归入"万物"即一般商品的行列了。

二是在对待商人的态度方面不再强调"抑"和"困"，而是主张"和"与"利"。

白居易等说"三者和钧"，不仅是指谷帛、器用、财物这三类物，

---

① 《白氏长庆集·策林一第十八》。
② 《白氏长庆集·策林二第二十》。
③ 同上。

而且兼指它们背后的三种人。在他们看来：谷帛是农民生产的，器用是工匠制造的，财物是由商人流通的。因此，"三者和钩"，当然包括三种人之间的和钩。

"和钩"指利益方面的和均。他们还说过，国家"权节轻重"要使"四人之利咸遂"①，"四人"即士、农、工、商四民。

可见，白居易等不是把商人看作同国家争夺轻重之势的敌人，也不是像刘晏那样只把商人看作是一种可以借助的力量，而是将其和士、农、工一起看作轻重政策所要"和"、"利"的对象了。

三是不再把增加财政收入作为推行轻重政策的目的。

白居易等主张实行轻重政策应讲求"富"和"利"，但他们认为富和利不是富国库，利君主，而"在于富天下"②、"利散于天下"③。如果国家以增加财政收入为目的而推行轻重之术，那就是"利壅于上"④。"利壅于上"是他们一贯反对的。

前面讲过，轻重论是强调以轻重之术增加财政收入的。刘晏在这一点上也不例外。他在理财中做到了"官收厚利而人不知贵"（《新唐书·食货志》）。"人不知贵"说明他手法比前人更高明，而"官收厚利"则表明他坚持了轻重论增加财政收入的要求。白居易等主张"权节轻重"而不以增加财政收入为目的，这同刘晏也是显然不同的。

善因论自司马迁提出后，长期寂寂无闻，直到南宋以后，才逐渐出现了一些性质相类似的思潮。

---

① 《白氏长庆集·策林二第二十二》。
② 同上。
③ 同上。
④ 同上。

南宋叶适认为求利是"众人之同心"①，人们为此而"朝营暮逐，各竞其力，各私其求，虽危而终不惧"②。对这种求利活动，叶适强调只能顺应，而不应束缚、阻抑："其途可通而不可塞，塞则沮天下之望；可广而不可狭，狭则来天下之争。"③叶适坚决反对由国家掌握"开阖、敛散、轻重之权"，认为商人拥有这种"权"已经"不知其几千百年"了，国家不应擅加夺取，更不应"嫉其自利而欲为国利"④。

这里阐发的是和善因论相一致的观点，不过，叶适所着重的是对相反的观点的批驳，对自己观点的正面阐述，则语焉不详。

对善因论作了重要发展的是明代中叶的丘濬。他的发展主要在于：

第一，他提出了"各遂分愿"论。

丘濬也把利己说成是人的天性，宣称："人心好利，无有纪极。"⑤他还提出了"天下之大，由乎一人之积"⑥的观点，认为整个社会、整个国家的利益，不过是个人利益的"积"，即总和，每个人能实现自己的最大利益，社会、国家的利益总体也就臻于最大。因此，丘濬认为：国家对人们经济活动的正确政策，不是限制，而是听其所为，使"人人各得其分，人人而遂其愿"⑦。丘濬用儒家的术语说：这就是"平天下"之道。

---

① 《习学纪言序目·尚书》。
② 《叶适集·禁耕堂记》。
③ 《叶适集·官法下》。
④ 《叶适集·财计上》。
⑤ 《大学衍义补》卷二十《总论理财之道上》。
⑥ 同上。
⑦ 同上。

第二,丘濬反对国家对经济生活的控制,尤其反对国家为争利而进行的一切官府垄断经营。

丘濬认为:一切自然资源都是"天地生物",因而应由全体人民"公共之"①,即每人都应有平等权利用以为自己求利,而不应由官府垄断。对汉代以来官府所垄断经营的一切行业,他都要求完全取消官府经营,听任民营。对榷盐、榷茶(始于唐代),他都要求改为民营,而由官府征税。对官营商业,他也主张完全改为民营,甚至对宫廷中所用的商品,他也反对官府垄断,而主张派人到民间竞争性市场上去,按照一般的商品交易办法公平买卖:"赍现钱,随时价两平交易,而不折以他物,不限以异时(不赊购),不易以坏币。"②

第三,丘濬有了市场自发调节的观点。

历来主张国家控制经济的人总是强调:如果听任私人自主交易而不加干预,必然会出现哄抬物价、囤积居奇、出售伪劣商品等现象。丘濬反驳了这种观点,认为市场上的自由竞争能使商品的价格、质量和供求数量都自发地得到调节:"民自为市,则物之良恶、钱之多少,易以通融、准折、取舍。"③市场上商品多了,卖方竞争会抑制价格上涨,"其价自然不致甚贵"④,用不着官府人为地稳定物价。

丘濬的这种市场自发调节的论点,要比司马迁的"贱之征贵,贵之征贱"表达得更加明确、具体。这已是一种类似于"看不见的

---

①　《大学衍义补》卷二十八《山泽之利上》。
②　《大学衍义补》卷二十五《市籴之令》。
③　同上。
④　同上。

手"的说法了。

　　丘濬"各遂分愿"论是在一千五百年之后的新的历史条件下对司马迁善因论的继承和发展。一千五百年的历史发展，当然会使他在放任主义的理论认识方面达到一个新的高度。

（原载《中华文化通志·经济学志》，上海人民出版社1998年版）

6 中国古代的"经济学"和富国学

在近代中国,许多人认为经济学是舶来品,认为中国自己原来没有什么经济学;甚至有些中国的经济学家,也持相类似的观点,认为在中国的悠久历史上,不曾有过什么像样的经济学遗产,认为中国古人在经济学方面的成就"本无一顾之价值"。①

中国的许多人自己这样看,外国人对中国经济学方面的遗产,自然就更为陌生了。

中国古代有没有经济学遗产?中国的经济学遗产有什么特色?对它的成就如何评价?本文试图为回答这些问题提供一些供参考的材料和意见。

一、中国古人所理解的"经济"和"经济学"

"经济"、"经济学"之类的概念,中国古代早已有之。公元4世纪,人们已使用"经济"一词,而且对它的涵义,基本上已取得了共识。东晋(建国于公元317年)第一代君主晋元帝,曾发布诏书褒

---

① 赵兰坪:《近代欧洲经济学说》自序,商务印书馆1933年版。

美大臣纪瞻说:"瞻忠亮雅正,识局经济。"①同一时期的著名宗教家葛洪也曾说:"经世济俗之略,儒者之务也。"②隋、唐时期,"经济"一词的使用更为普遍。隋代著名学者王通,以擅长"经济之道"著称,唐初的许多名臣,如房玄龄、魏征等皆出其门。人称其家七世"皆有经济之道"。③唐太宗名李世民,"世民"二字,即取"济世安民"④之意。在唐代,"经济学"一词也已出现。中唐诗人严维,就有"还将经济学,来问道安师"⑤的诗句。

唐代以后,不但"经济"、"经济学"等词,更习用不鲜,还陆续出现了各种以"经济"或"经世"命名的书籍,如宋人滕琪的《经济文衡》、元人李士瞻的《经济文集》、明人冯琦的《经济类编》等。明、清两代,均有人编集本朝专论"经济之道"的文献、论著,辑为卷帙浩繁的类书。《明经世文编》《清经世文编》等,均为其类。在清代,"经济学"尤其为关心国计民生的士大夫所重视,成为他们反对当时烦琐、虚浮学风的旗帜。清中叶后,"经济"之学更为盛行,浸假而有与清代的正统学术义理之学、考据之学和词章之学并立之势。

不过,中国古人所说的"经济学"或"经济之学",同现代意义的经济学,并不是一回事。"经济"一词,在中国古代是指"经世济物","经国济民",也就是"治民安邦、治国平天下"之意;"经济学"或"经济之学",是指用以治理国家的有关的知识和学问。它不仅有财政、经济方面的内容,而且广泛包括政治、法律、军事、舆地、

---

① 《晋书·纪瞻传》。
② 《抱朴子·内篇·明本》。
③ 《中说》卷六。
④ 《旧唐书·太宗本纪》。
⑤ 《秋日与诸公文会天□寺》,见《全唐诗》卷二六三。

工程建设以及所谓的"域外之学"（对国外情况的研究）在内。

用现代经济学的涵义来看中国古代的这种"经济学"，那的确可以说，中国古代的"经济学"不是经济学；中国古代的"经济学"中所积累下来的学术遗产，从现代经济学的角度看，绝大部分是不相干的，不值得重视的。

但是，说中国古代的"经济学"不是经济学，并不等于说，中国古人没有在经济学领域中进行过研究，不等于说中国文化遗产中不包括经济学方面的内容，更不等于说，中国自身的经济学遗产内容贫乏浅薄，"无一顾之价值"。

经济学不过是社会经济生活在人们头脑中的反映，凡是有经济生活的时期和地域，人们在经济生活中总会遇到这样那样的矛盾和问题。为了解决这些矛盾和问题，人们就会不断地提出各种主张或见解；而各种主张或见解之间，也会经常发生争论或辩驳。为了宣扬自己的主张、见解，反驳不同的主张、见解，人们必然要求助于理论，因而产生出各种各样的理论观点。这些为解决现实经济生活中的矛盾和问题而提出的主张、见解，以及为说明和论证这些主张、见解而提出的理论观点，就是当时、当地的经济思想。随着经济生活的发展、变化，经济思想也有所发展和提高；当经济思想发展成一门独立的科学时，经济学就诞生了。

经济生活是人类最基本的社会生活，任何地区、任何国家、任何时代的人，都不可能没有经济生活，中国古代自然也不能例外。不特此也。中国历史悠久，疆域广大，人口众多，全国各地区情况千差万别；而且，早在两千年前，既已形成为统一的国家，各级政权，尤其是中央政权，对社会经济生活发挥着较大的作用。在这些条件下，中国古代的经济生活，和同一时期的其他国家、其他地区相比较,其复杂多样性是仅见的。在中国古代,解决社会经济生活问题,不能不引起各种不同的主张、见解,不能不时常发生争论和辩难,并产生这样那样的经济观点和学说。因此,中国古代在经济学领域中不仅有过研究和探讨,而且,这方面的遗产是十分丰富多彩的。中国古代的经济学遗产,是中国文化遗产的一个重要组成部分,其成就完全可以同中国文化遗产的其他组成部分(如哲学、史学、文学、艺术等)相媲美。

不过,中国古代对经济问题的研究,不是在"经济学"的范畴下,而主要是在富国的旗号下进行的;中国古代的经济学遗产,主要表现为富国学的形式。

中国古代的"经济学",留下了汗牛充栋的典籍、文献,保存着多种学科的丰富资料,其中也包含着一些经济学方面的历史资料。对之加以发掘、整理和研究,是有意义的。但是,要寻找中国古代在经济学方面的历史遗产,主要却不能从"经济学"或"经世学"中去找,而应着重从"富国学"中去找。

二、富国学的形成

经济学的研究,往往是从财富开始的。中国古代从三个不同的角度探讨财富问题:一是从整个国家、整个社会的角度,这就是所谓富国问题;二是从黎民百姓的角度,即所谓富民问题;三是从私家的角度,也就是富家问题。

在春秋时期以前，"富"和"财"①等范畴早已出现，但还说不上有什么对"富"和"财"的学术、理论探讨。从上述三种不同的角度对财富问题进行研究、探讨，基本上都是从春秋时期开始的。

"富国"作为一个引起人们的较大兴趣和关心的课题，是在春秋大国争霸的斗争中提出来的。周自平王东迁后，王室日益衰微，西周时期"礼乐征伐自天子出"的局面，逐渐为"礼乐征伐自诸侯出"②的局面所取代，一些实力强大的诸侯国，为建立霸业而进行着激烈的斗争，出现了所谓的春秋五霸。争霸必须有强大的军事实力，而强大的军事力量，离了雄厚的经济实力是不可想象的。于是，富国强兵之政就成为春秋列国，尤其是有争霸资格的大国竞相讲求的"治道"，而对怎样富国强兵的理论探讨或富国之学，也就随之开始了。

在春秋时期，最先推行富强之政，并开始对怎样富国强兵的问题提出了若干理论观点的，是齐桓公的主要谋主管仲。管仲不仅把富国和强兵并提，而且很强调富国对强兵的作用。史称：管仲以"区区之齐，通货积财，富国强兵"③。这指出了管仲在争霸中对富国所作的努力。《管子》一书提到："为兵之数，存乎聚财，而财无敌。"④这明确地把聚财、富国看作强兵的先务，认为要兵无敌首先要财无敌。《管子》是后人编集，而非管仲本人所作；但其中有些内容是对管仲思想的称述。像上述这个论点，同管仲关于富国和

---

① 中国古代很少把财、富二字连在一起作为一个范畴使用，而是有时称之为财，有时则称之为富；在理论探讨中，"富"的使用更多一些。
② 《论语·季氏》。
③ 《史记·管晏列传》。
④ 《管子·七法》。

强兵相互关系的认识，就显然是一致的。

"富国"一词，在中国古代有广狭二义。狭义的富国是指增加国家的财政收入和财政储备，也可说是富国库；广义的富国是指增加整个国家的国民财富总量，同前者相对应，广义的富国也可说是富国家。

管仲虽然最先提倡富国，却不曾对富国的涵义作过明确的解释。他把富国和强兵连在一起，这显然具有以富国为强兵提供财政基础的意义，也就是说，他说的富国必然具有富国库的涵义。但是，管仲是一个具有战略眼光的大政治家，他懂得，要富国库，增加国家的财政收入，单纯靠财政手段聚敛于民是不行的。在百姓手中的财富未有增加的情况下，靠增加赋税及使用其他财政征敛手段，不但作用有限，而且必然会引起百姓不满，激化社会矛盾。因此，管仲在提倡富国的同时，又很强调要富民，主张治国家，建霸业必须首先使"百姓富"，并且为使百姓富而推行了一系列政策措施，如"无夺民时"、"牺牲不略"、"山泽各致其时"以及"关市几而不征"①等等。

管仲还认识到：同诸侯争霸，必须以本国内部的安定、巩固为条件。如果广大百姓贫困，本国的统治得不到安定、巩固，很大部分国力用于内耗，也就无力对外争霸了。他的两句传诵千古的名言，"仓廪实而知礼节，衣食足而知荣辱"②，充分表达了他对富国、富民和定邦、安民的关系的认识。

可见，管仲所以要提倡富国、富民，不仅是为了强兵，还是为了安邦。他的富国、富民思想，不仅是后人富国、强兵思想的开端，

---

① 《国语·齐语》。
② 《史记·管晏列传》。

也是后代富国、安邦、"富安天下"①思想的滥觞。

　　春秋末期,儒家的创始人、后世被尊为至圣的大学者孔子,进一步从治国安邦的角度发挥了富民思想他把富民作为治国的基本纲领之一,认为治国不仅要在物质生活方面富民,还要在精神领域中教民,而富民则是教民的基础和前提,要先"富之"而后"教之"。②他和他的一些弟子,还屡次使用"足民"、"百姓足"等提法,来表达他们的富民主张。

　　孔子的弟子有若,在反对鲁哀公增加赋税的主张时,还使用了"足君"这一概念。他说:"百姓足,君孰与不足?百姓不足,君孰与足?"③这里,"足君"就是狭义的富国;"百姓足"就是富民。有若这两句名言,可说是中国历史上对富民和狭义富国(富国库)的相互关系的最早的理论说明。

　　到了战国时期,富国强兵的问题更成了政治家、思想家们争相谈论的热门话题:不仅七大诸侯国(战国七雄)的君臣竞求富强之术,百家争鸣中各种学术流派,也几乎无不涉及这一问题。④

　　最强烈主张富国强兵的是法家。法家主张用兼并战争消除列国诸侯并立争雄的局面,建立混一宇内的"帝业"。为此,他们把强兵作为第一位的国策,强调治国要"使民壹于战"⑤。要求把全国的一切人力、物力集中起来用于兼并诸侯的战争。他们深知,要频繁地进行大规模的兼并战争,没有深厚的经济力量是支持不住的。

---

　　①　《新书·数宁》。
　　②　《论语·子路》。
　　③　《论语·颜渊》。
　　④　这里所说的"涉及",指以各种态度对待富国强兵问题,既有抱积极态度的,也有抱消极、反对态度的。
　　⑤　《商君书·算地》。

法家的商君学派就明确地认为,国家不富,经济实力不足,"与诸侯争权不能自持也"。①因此,他们把富国看作强兵的基础和保证。法家是重视富国的,但他们在富国和强兵的关系中,总是把强兵看作决定性的、压倒一切的方面,认为富国只是为了强兵,富国必须从属于强兵的需要。这是法家富国思想的一个最突出的特点。

富国从属于强兵,就要求把一国的财富尽量用于战争的需要,而这首先要把财富尽量集中在政府手中。所以,法家所主张的富国,突出地含有富国库的含义。他们强烈主张:"家不积粟,上藏也。"②也就是说:要把百姓维持基本生活所需之外的一切余粮、余财,全部收进国库,以保证战争的需要。

但是,"上藏"的多少,取决于百姓余粮、余财的数量;而后者又取决于百姓所拥有的财富总量,并最终取决于一国国民财富的总量。尽管法家富国库的要求极为突出,他们的富国主张并不限于富国库,而是同时有着明确的富国家的要求,并且把基础放在富国家,即增加国民财富总量上。要增加一国的财富总量,只能靠生产,在古代以农业生产为主的社会中,首要的就是增加农业生产。所以法家极力宣扬"富国以农"③,把推行农战政策或耕战政策,作为富强之政的中心内容。

法家认为:财富分散、保存于百姓手中,是不便于国家集中使用于战争的,因而他们极力宣扬富国,却不轻言富民。不过,他们也认为,百姓太贫,国内统治秩序不安定,也难于集中力量对外进行战争。他们认为理想的状况是使一国的百姓都不要太富,也不

---

① 《商君书·农战》。
② 《商君书·说民》。
③ 《韩非子·五蠹》。

要太贫。怎样做到这一点呢？他们主张由国家推行一种政策："令贫者富，富者贫"①。所谓"令贫者富"，是指国家使没有土地、无法生存的贫苦百姓能得到田宅，从而能拥有维持一家生存并向国家提供赋税徭役的财力；所谓"令富者贫"，是主张把百姓维持基本生活需要的一切剩余财富，尽量加以征收，"上藏"国库，以供应战争需要。

法家的这种为力征经营天下服务的富国之政和富国之学，受到了战国儒家最大学派之一"孟氏之儒"的激烈反对。孟氏之儒继承孔子以德教民的思想，强调治国家必须施仁政、行王道，他们把法家所崇尚的霸道看作是同自己的仁政、王道水火不相容的，因而不遗余力地加以攻击，孟氏之儒的大宗师孟轲，大骂法家的富国主张是"富桀"②，痛斥为富国强兵而推行"辟土地，实府库"政策的法家代表人物是"民贼"③和"暴君污吏"④。在攻击法家富国主张的同时，孟轲积极宣扬富民，认为国家行仁政则"民可使富"⑤。他把富民看作是教民，提高百姓道德水准的基础，认为百姓越富裕则社会道德水准就越高。他不仅宣扬富民对治国的重要性，还提出了一个富民的最高理想——"至足"。他把"至足"解释为使百姓家家"有菽粟如水火"，宣扬："圣人治天下，使有菽粟如水火。菽粟如水火，而民焉有不仁者乎？"⑥

对于实现富民的途径，孟轲提出了"易其田畴"和"薄其税

---

① 《商君书·说民》。
② 《孟子·告子下》。
③ 同上。
④ 《孟子·滕文公上》。
⑤ 《孟子·尽心上》。
⑥ 同上。

敛"①两个方面。"薄其税敛",同法家"上藏"的主张,自然是针锋相对的;"易其田畴",同法家的"富国以农"、"尽地力",却基本上是相同的主张。这表明,法家的"富国"和孟氏之儒的"富民",看似势同水火,其实都包含着发展社会生产(当时主要是农业生产)以增加国民财富总量的要求。

这一共同点使得法家的富国和儒家的富民,有可能在一定条件下被综合起来。到战国末期,深受法家学说影响的"孙氏之儒"②,终于实现了这种综合。

孙氏之儒的大宗师荀况,在"富国"的课题下,对国民财富的形成、分配和再分配、分工和交换、消费、积累以及国家政权在实现富国、富民中的作用等,进行了较为全面的探讨。在荀况手中,中国古代对富国问题的研究,已初步形成了一个思想体系。也可以说,中国古代经济学研究的独特的理论形式——富国学,至此已基本上形成了。

荀况为"富国"所下的定义是:"上下俱富"③、"兼足天下"④。这里,"上"指以君主为代表的国家政权,"下"指全国的黎民百姓:"上富"指国库充裕,"下富"指百姓家给人足。荀况说的富国,既包括狭义的富国,即富国库,又包括富民,而且要求二者能够同时地、协调地实现。荀况的富国定义,实际上已把富民和富国库二者给统一起来了。

---

① 《孟子·尽心上》。
② 韩非把儒家的孟轲学派称为"孟氏之儒",把儒家的荀况学派称为"孙(战国时赵国人读'荀'为'孙',荀况赵国人)氏之儒"见《韩非子·显学》。
③ 《荀子·王制篇》。
④ 《荀子·富国篇》。

　　要同时做到富民和富国库，必须以国民财富的增长为基础。因为，百姓财富及国库收入都是国民财富的构成部分，是整个国民财富进行分配和再分配的结果，如果国民财富自身是恒量，那么，要同时实现"上下俱富"是不可能的。荀况一再说：财富的源泉是"田野县鄙"和百姓的各种事业，只有使"田肥以易"和农、工、商各行业都能"事业得叙"，①才能使"财货浑浑如泉源，沅沅如河海，暴暴如丘山"②，做到"天下大而富"③。这样，荀况就以"富国"的范畴，把广义的富国、狭义的富国和富民三者，给统一了起来：广义的富国是富国问题的基础和全局，富民和富国库，只有在社会经济发展、国民财富增长的基础上，才能妥善地解决。富民和富国库，从此就成了富国学中的有机组成部分，研究富国学，自然就包括如何处理富民、富国库以及二者的相互关系在内。中国经济学领域中的宏观的研究，逐渐成为富国学的一统天下。

　　荀况以后，中国在经济学领域中的研究，在各个方面均有重大的发展；但这些研究基本上是在富国学的框架内进行的。中国古代的富国学，还未能形成为一门独立的科学；但它对许多问题的理论探讨，已具有相当的深度，它的各个组成部分之间，已具有某种内在的、有机的联系。

　　在富国学的体系形成后，对富民问题的探讨已不单独存在，已没有和富国学并立的富民学。有关富国库的一些基本理论问题如经济和财政的关系、财政在宏观调控中的作用、赋税负担限度等，都被纳入富国学的范围；而关于富国库的一些比较具体的、专门的

---

① 《荀子·富国篇》。
② 同上。
③ 同上。

问题,如预算编制、赋税形式、国库管理等的研究,则以"理财学"的形式继续存在。

三、富国学和治生学,富国学独领风骚的局面

富国学自然包含着使百姓个人和家庭富裕,即所谓家给人足的要求;但富民是从宏观的角度考虑问题;而不是从一家一户的角度谈论如何增殖私家财富。后者不是属于富民,而是属于富家问题的范围。最初,关心富国、富民问题的思想家和政治家,多半不愿意深入探讨富家的问题,有些人甚至对此持明显的消极态度。

孔子在主张富民、足民的同时,也提到了富家的问题,如说:"富与贵,是人之所欲也。"①"人之所欲",当然是从个人角度提出问题,是属于富家的问题不过,孔子总是从"君子"即贵族的角度探讨富家问题。他认为"君子"而一味关心富家,追求富家,就有可能在贵族内部引起争夺,从而打破贵族内部在物质权益方面的均衡;或者利用权势聚敛于民,招致百姓的怨恨、反抗,不利于社会秩序的安定。因此,他强调追求富家要有一个限界,这个限界就是西周的礼制为各级贵族的财富占有和生活享用所规定的等级标准。在他看来,富家的要求不得逾越礼制,否则就是"不义"和"不以其道"。所以,他在说了"富与贵,是人之所与也"之后,紧接着就说:"不以其道得之,不处也。"②"不义而富且贵,于我如浮云。"③

---

① 《论语·里仁》。
② 同上。
③ 《论语·述而》。

从孔子开始,儒家学者对富家问题的探讨就被纳入严格的道德规范之中,人们考虑富家问题不是考虑富家的途径、手段以及条件等,不是考察富家活动本身的规律性,而是首先考虑怎样富家才合乎义。富家本身不成为经济活动的目标,因而也就不能成为一个学术研究的独立课题。于是,富家问题就几乎从儒家的经济学研究的视野中消失了。

法家是极端的国家主义者,他们强调任何个人、任何私家的经济活动,都必须绝对服从于国家的富国强兵政策的需要。从这种立场出发考虑富家问题,法家认为富家可能有各种途径,从事各种不同的职业都有可能富家。但是,在这些途径和职业中,农业劳动最艰苦,而当兵作战最危险,靠农和战来富家是人们所最不情愿的。但是,他们又认为,只有农和战才是最有利于实现富国强兵的行业,要富国强兵就必须最大限度地驱民于农战。如果在农战之外,还有其他能够富家的行业,那么,人们就必然"避农战"。因此,他们主张国家采用各种各样的严厉措施,堵塞其他可以致富的途径,打击、抑制其他可以致富的行业,使百姓只能靠从事农战来富家。这就是法家所宣扬的"利出一空"①论。

即使对从事农战的人,法家对他们的富家所允许的限度也是极其低下的。前面讲过,法家对百姓超出基本生活需要以外的财富,主张尽量"上藏",使私家都"家不积粟"。既然民无余财,家不积粟,还有什么富家之可言呢?

儒家强调以道、义来约束人们追求富家的活动,它无疑对富家问题的探讨设置了很严重的障碍。但是,道、义等毕竟是精神方面

---

① 《商君书·靳令》。

的约束,并不具有强制的力量。法家把富家看作是同富国强兵的国策相违反的东西,主张以国家的强制力量来限制、压抑人们追求富家的活动。法家对富家的消极态度,显然更甚于儒家。

墨家在财富占有和物质生活方面向往比较平均的状况,主张"去大人之好聚珠玉、鸟兽、犬马,以益衣裳、宫室、五盾甲兵、舟车之数"①。他们对富家自然是不会抱积极态度的。道家认为贫富分化会激化社会矛盾,引起动乱,因而也不赞成人们对富家的追求。《老子》宣扬:"多藏必厚亡"②,"金玉满堂,莫之能守"③。极力劝告人们要"知足"、"知止",并提出了"圣人不积"④的论点。"不积"者,不积私财,不求富家之谓也。

对富家抱最极端态度的是轻重论者。⑤轻重论者认为,要使国家强大,巩固,不仅要在政治上加强君主专制,还要在经济上极度强化国家的控制、支配作用,使得黎民百姓在经济生活方面完全受制于君主:"予之在君,夺之在君,富之在君,贫之在君。"⑥他们认为,如果听任人们追求富家,富人就会利用自己的财富支配、役使贫人,因而就必然会削弱国家控制、支配社会经济生活的权力,"使民下相役,而不累(击)于上"⑦。财富越多的人,对贫人的支配能力越大,其同国家争夺经济生活支配权的力量越强。一些富可敌

---

① 《墨子·节用上》。

② 《老子》,第四十四章。

③ 同上书,第九章。

④ 同上书,第八十一章。

⑤ 轻重思想,主要体现于《管子》的〈轻重〉诸篇中。《管子》一书不是一家之言,〈轻重〉诸篇的思想内容,与《管子》其他部分迥然不同,实际上是自成一家的。

⑥ 《管子·国蓄》。

⑦ 同上。

国的富商大贾,尤其是同国家争夺这种支配权的主要对手。轻重论者把这些富商大贾的存在,说成是"中一国而二君二王"①,认为君主要想掌握"轻重之权"或"轻重之柄"(对经济生活的支配权),就绝对不能容忍这类富商大贾势力的存在。

春秋、战国时期,只有代表商人利益的商家②对富家问题感兴趣,并进行了一些研究、探索他们总结商人经商的经验,对怎样观察市场行情,掌握价格和供求变化的规律,抓住机遇进行经营决策,以及选拔和管理商业从业人员等问题,提出了一系列原理。对富家问题的探讨,在这些人的手中初步形成了一种独特的学术。这就是中国古代的治生学。③

商家只是从微观的,从个人如何赢利、致富的角度探讨富家问题,而不涉及当时影响国计民生的各种重大经济问题。他们的研究、探讨,孤立于当时经济问题研究的主流之外;他们对富家问题的研究,处于同富国、富民问题了不相涉的状态。

对富国、富民和富家问题同时进行研究,并企图把富国学和治生学冶于一炉的,是西汉时期的大历史学家司马迁。

司马迁认为,追求富家是人的天性的表现:人生而有各种欲望,要求以各种各样的手段来尽量充分地加以满足,这就产生了私家占有财富,即富家的行为。富家的要求是一切人所共同具有的:"富者,人之情性,所不学而俱欲者也。"④不论是文官、武将、圣贤、

---

① 《管子·轻重甲》。

② 中国古代有"货殖家"之称,但货殖家本意为从事货殖之家,亦即商人,而不是指研究经商之学或货殖之学的人。本文所论的是古代研究经商之学的人,故不称之为货殖家,而称之为商家。

③ "治生"亦称"治生产"、"治生业",意为治家产、治家业。

④ 《史记·货殖列传》。

隐逸、农、工、商、医药、方技，以至盗匪、赌徒、娼妓，其实都在为"奔富厚"，为"求财益货"而活动着。

司马迁把用抢劫、盗墓、铸钱、欺诈、贪污、纳贿等手段得来的财富称为"奸富"，认为奸富是不正当的，应受国法制裁的；而用此以外的手段，尤其是靠从事农、工、商、虞等经济活动来富家，则是正当的，国家不应加以抑制和干涉。他还极力论证：个人能够致富，是有能力的表现，也是有道德的表现，而贫穷至于不能解决自身和家庭的生活问题，则是可羞的。司马迁认为：社会上发生贫富分化，完全是合乎自然的正常现象："凡编户之民，富相什，则卑下之；伯，则畏惮之；千，则役；万，则仆，物之理也。"①

司马迁不仅极力论证了富家的正当性，还从理论上论证富家和富国是可以一致的，而不是相排斥的。他把致富的途径分为两大类，一类是"夺予"，即夺去一部分人的财富而给予另一些人，各种奸富以及贵族、官吏靠"爵邑俸禄"得来的财富都属此类。另一类是增大"衣食之原"，即增大产生财富的基地。他认为农、虞、工、商等经济活动就是"衣食之原"，凡从事农、虞、工、商等经济活动的人，都对增大衣食之原有积极作用。在司马迁看来，夺予只是财富在不同的人之间的转移，而不能导致国民财富总量的增加。一部分人靠夺予富了家，而另一部分人则因此失了财。夺予对一部分人可有富家的作用；但整个社会、整个国家的国民财富总量，却不能因此而变化。富家和富国，在这里是不一致的。靠从事农、虞、工、商等活动而富家，情况就完全不同。因为，农、虞、工、商是"衣食之原"，财富的产生必须通过这些经济活动，必须"待农而食之，虞而出之，

---

① 《史记·货殖列传》。

工而成之,商而通之"①。从事农、虞、工、商等经济活动的人,在富家的同时,也就增大了"衣食之原",增大了生产能力,因而同时也对富国做出了贡献,在这里,富家和富国是完全一致的。所以,司马迁说:"此四者,衣食之原也。原大则饶,原小则鲜,上则富国,下则富家。贫富之道,莫之夺予,而巧者有余,拙者不足。"②

这就是司马迁的富家、富国同原论!

这样,司马迁就把前人认为富家与富国难以相容,从而对探讨富家问题抱消极、保留态度的各种观点,从理论上一举给否定了。他的富家和富国同原论,为富国学和治生学的统一,奠定了理论基础。

如果司马迁的这种体系能为当时及后代研究经济问题的人所普遍接受,那么,中国古代的经济学研究说有可能发展成为一门全面研究富国、富民和富家,既包括宏观的研究,也包括微观的研究的"富学"或"财富学"。可惜的是,中国古代的社会经济条件,不具备这样的学术发展的基础,而传统思想中对待富家问题的偏见,又实在太深了。③司马迁的这种思想,在中国古代只能是曲高和寡,邈焉难继。司马迁以后,两千年间,中国在经济学领域中的研究,基本上是在富国学的框架中发展的;治生学受不到重视,处于不绝如缕的状况。

---

① 《史记·货殖列传》。
② 同上。
③ 前面讲到,诸子百家中最有影响的儒、墨、道、法各家,对富家问题都持比较消极的态度。后代儒学在中国思想界长期处于支配地位,儒家认为"义"高于"利"、求富必受严格道德规范制约的观点,日益僵化为"贵义贱利"的教条。在这一教条的影响下,谋求财利以富家的言行,被视为卑贱的、为士君子所羞为的。这种思想传统在知识分子中造成了极其牢固的偏见,严重妨碍了治生学的发展。

四、近代译者的困惑，向经济学名称的复归

由于中国古代所说的"经济学"，同现代的经济学这门科学，内容大相径庭，当近代的中国人开始接触到来自西方的Economics或Political Economy时，在相当长的时间内，都不曾采用"经济学"作为它的译名。

中国最初设立的西学教育机构同文馆，已开始设置经济学课程。当时，同文馆培养的学生分八年制（须学外语）和五年制（不学外语）两种。这两种学制的最后一年，都设有经济学一门课；不过，课程的名称都不是经济学，而是"富国策"。同文馆讲授经济学所用的教材是英国人法斯德（H. Fawcett）的 *A Manual of Political Economy* 一书。书后经汪凤藻译为汉文，译名即为《富国策》。这一译名通行了一段时间，后来，又出现了"富国养民策"、"富国学"等译名。

中国近代所以首先把Economics译为富国策或富国学，正是以中国古代习于在"富国"的范畴下研究经济问题的传统为背景的。到19世纪末、20世纪初，中国又曾出现过"理财学"、"平准学"等译名，但使用不广。

在中国近代首先翻译了一批西方学术著作，对中国思想界起过重大影响的严复，主张按照希腊文原意，把Economics译为"计学"。[①]可能是这一名称对中国人过于陌生，它并没能为中国学术

---

① 《〈原富〉译事例言》，见商务印书馆《严译名著丛刊》，第二种。

界所接受。稍后,梁启超又试图使用"生计学"的译名,也未能推行得开。

首先把Economics或Political Economy译为经济学或政治经济学的,不是中国人,而是日本人。日本明治初期,开成学校(东京大学前身之一)文学部设有经济学一门课程,为三年级学生所修习,其内容已不是中国古代的"经世济俗之略",而是现代的科学经济学。这是日本人把Economics译为经济学的开始。不过,在以后一个时期,这一译名还未能确定下来。明治十年(公元1877年),东京大学成立,其后五年,东京大学把经济学课程更名为"理财学",并且由一门课程扩大为一种"专攻"(专业)。此后一个时期,日本所译出的经济学书籍,也多用《理财学》的名称。例如,法斯德的 *A Manual of Political Economy*(即汪凤藻译称为《富国策》的原书)就被译为《理财学》。穆勒(J. S. Mill)的 *Principles of Political Economy*,也使用了《理财学》的译名。在此期间,甚至出现过把Political Economy,译为"政治理财学"的情况。

前面讲到,"理财"、"理财学"等名称,中国古代也早已有之,但后来已逐渐专指为国家政权本身理财的知识、学术,其内容相当于或接近于西方的财政学。在财政学也日益"西学东渐"的情况下,把Economics或Political Economy译为"理财学",势必会同财政学发生混淆或纠缠不清的情况。日本在使用"理财学"的名称一个时期之后,Economics的译名又逐渐从"理财学"回复到"经济学",并且逐渐确定了下来。

20世纪初,中国受日本的影响,也逐渐使用了经济学的译名。最初,是由中国学校中聘用的日籍教师和从日本归国的中国留学生使用的,1906年后,使用"经济学"译名的人逐渐多了起来。

1906年出版的《经济学粹》（林祜光）、《经济学讲义》（王绍曾）。1907年出版的《经济学原论》（李佐廷），1908年出版的《经济原论》（朱宝绶）等，都是其例。其他译名虽然还有人使用，但已相形见绌了。

辛亥革命后，孙中山比较了近代中国和日本对 Economics 或 Political Economy 的各种译名，明确地表示：应当把译名确定为"经济学"。他说：

"按经济学本滥觞于我国。管子者，经济家也。……厥后经济之原理，成为有统系之学说，或以富国学名，或以理财学名，皆不足以赅其义；惟'经济'二字，似稍近之。"①

孙中山不仅对译名问题提出了"正名"的意见，而且认为中国古代的富国学实际就是经济学，中国最先提倡富国的管子（管仲），就是中国经济学滥觞时期的"经济（学）家"，或中国最早的经济学家。

Economics 或 Political Economy 的译名，终于被确定为经济学。经济学这一译名一旦确立，曾在漫长的历史时期中习用的"富国学"、"富国策"等名称，就逐渐被人们遗忘了。

当然，被遗忘的只是名称；富国学中的优秀遗产，是永远不会被忘记的。例如，富国必须以发展生产、增殖国民财富总量为前提；富国必须处理好生产与消费的关系，力求"强本节用"②，做到"生众食寡"和"为疾用舒"。③富国要使农、虞、工、商各种经济部门

---

① 《孙中山全集》第二卷，中华书局1982年版，第510页。
② 《荀子·天论篇》。
③ 《礼记·大学》："生财有大道：生之者众，食之者寡；为之者疾，用之者舒，则财恒足矣。"

的发展相协调；富国要做到"兼足上下"，不容许以紧敛百姓财富的办法来充实国库，不容许"损下益上"；富国要兼顾富和均，并且要在富的基础上实现均的要求，要均富而不要均贫；富家必须和富国相一致，反对以"夺予"作为富家的手段，等等。这些古代富国学的精华，也和中国文化遗产中的其他珍品一样，必将为一代代的炎黄子孙所继承和不断弘扬下去。

（原载《燕京学报》，1995年新一期）

7 中国传统经济思想论"富"

一、"求富"——传统经济思想的基本出发点

经济学的研究总是同物质财富关联着的。如果没有人们对财富的生产、交换、分配、消费等活动，没有在这些活动中遇到的各种矛盾和问题，也就不会有经济学的研究。对中国的传统经济思想来说，情况也完全如此。

在中国古代，有"富"和"财"两个概念，它们都相当于我们现代习用的"财富"一词，但两者却很少联用。在两者之中，"富"在传统经济思想中使用得更早，也更普遍一些。传统经济思想主要就是环绕对"富"的探讨而展开的。

传统经济思想探讨"富"的问题，首先是为了求富。

求富的思想始于何时，难于确切指出。相传周武王灭殷商后，向殷商贤人箕子请教治国安民之道。箕子回答时提到了"五福"、"六极"的说法。在"五福"中，"富"列第二；在"六极"中，"贫"为第四（《尚书·洪范》）。把"富"看作人生的福分之一，而把"贫"归入极灾大祸之列，这自然包含着求富避贫的含义。也可以说，这已是一个说得不很明确的求富思想。

"五福"、"六极"的说法出于《尚书·洪范》。学术界对这篇作品的写成时间有不同的看法，因此，不能据以断定求富思想在殷、

周之际或周初已经存在。

表达得比较明确的思想始于孔子。孔子说："富与贵，是人之所欲也"；"贫与贱，是人之所恶也"（《论语·里仁》）。又说："富而可求也，虽执鞭之士，吾亦为之。"（《论语·述而》）这些话不但明确地提出了"求富"，而且对人们为什么求富也作了解释：人人都欲富恶贫，自然在行动上就会求富避贫。

既然人人都欲富恶贫，那就等于说：欲富恶贫是人的本性，而求富避贫则是在人的本性驱使下的行动。

孔子的这些论点，使求富思想具有了初步的理论形式。

求富就是以人们的努力求取"富"，使求取者更富裕起来。但什么是"富"呢？《尚书·洪范》及孔子都未作出解释。

在中国传统经济思想中，对"富"的含义实际有几种不同的理解。

最狭义的理解是把"富"等同于粟。战国末期法家的代表人物韩非，是这种意见的代表。他曾说："磐石千里，不可谓富"，因为"磐不生粟"（《韩非子·显学》）。这里，他是以磐石比喻某些职业的。"磐不生粟"，意思是不生产粟的职业，都是不生产财富的。

这种说法在理论上当然是错误的。但是，在一个自给自足的农耕社会中，粟无疑是最主要、最重要的物质财富。因此，这种说法，在中国历史上，对人们的观念和国家的政策，都曾有相当的影响。

较广义的说法是把"富"看作满足人们基本生理需要的物质资料。这种说法首先是由墨家创始人墨翟提出来的。他认为富就是食、衣、住、行等方面的生活必需品，有了它们人们就可"充虚继气，强股肱，耳目聪明"（《墨子·节用中》），即有必要的体力和精力进行再生产活动。

东汉王符的观点大致相似。他除了把供食、衣、住、行之需的生活必需品看作"富"外，还把能够"便事"的"器"包括在其中，"便事"自然也含有便工、农业生产之事的生产资料。王符认为：各种专供贵族、富豪享用的奢侈品都是"无用之物"，生产、流通"无用之物"的行业，无益于增加社会财富，而只会"损民贫国"（《潜夫论·务本》）。

更广义的说法认为"富"是满足人们各方面需要（包括生活需要和生产需要、基本生理需要和享乐需要）的物质手段。即所谓"中国人民所喜好，谣俗、被服、饮食、奉生、送死之具"（《史记·货殖列传》）。凡为生产和流通这些物质手段服务的农、虞、工、商各行业，都是既能富国，也能富家的"衣、食之原"。这里所谓"衣、食之原"，不止包括维持基本生理需要的衣食，而且也有"极声色之好"、"穷刍豢之味"（《史记·货殖列传》）的享乐品，奢侈品在内。

战国法家的伟大改革家商鞅为"富"下了一个定义："所谓富者，入多而出寡。"（《商君书·画策》）入多出寡，差额就是剩余。剩余是财富的一部分，而不是全部。以此作为富的定义，覆盖面自是不完整的。但是，这种说法对于理解当时人们的求富行为和求富思想，不论从动机、过程和后果而言，都是较为深刻的。当时的贵族、富豪们，早已拥有"广土众民"，并且"仓廪实，府库充"（《孟子·梁惠王下》），如果他们求富是为了满足生活需要，即使是为了满足穷奢极侈的需要，也无须更求了。但是，他们却更加疯狂的、不顾一切地求之靡已，原因何在呢？很显然，他们所求的富，主要的已不是生活所需，而是剩余以及由剩余积累起来的私有财产。

对"富"的较为完整的说法,是战国末期儒家学者荀况提出来的。他认为"富"包括两个方面:(1)满足人们生活需要(包括享乐、奢侈生活需要)的各种物质资料;(2)在此以外的剩余及其积累。从这种说法出发,荀况描写当时人们的求富愿望说:"人之情,食欲有刍豢,衣欲有文绣,行欲有舆马,又欲夫余财蓄积之富也。然而穷年累月不知足,是人之情也。""夫贵为天子,富有天下,是人情之所同欲也。"(《荀子·荣辱》)

按照这种观点,人们求富的愿望和行动,不仅会是无止境的,而且必然是具有排他、损人性质的。所以,荀况把人的这种"情性"概括为"性恶",并认为人在这种情性的驱使下,必然相互争斗无已,如果听之任之,必会使人类社会("群")陷入绝境。

以荀况的这种求富论同《尚书·洪范》的那种未明白说出的求富思想,以及孔子的那种简单的、初具雏形的求富论相比较,可以看出,荀况的求富论对当时社会中求富动机和行为的揭示,不论是在性质、内容及其所引起的社会矛盾、社会冲突方面,都更加丰富得多,更加深刻得多了。

如果求富思想能够按照这种方向发展下去,那么,中国的传统经济思想也许会有可能成为"富学"或"求富之学"。但是,中国传统经济思想一开始就具有的浓厚的规范经济学的性质,限制着人们对"富"本身进行这种比较抽象的、理论思维式的探讨,而把对"富"和"求富"问题的探讨纳入了治国之道的范畴,这就使中国的传统经济思想逐渐具有了富国之学的形式。

二、富国和富民

求富有一主体问题：谁来求富？求富为了谁？这个问题，在传统经济思想中，很早就定了下来：求富的主体就是国家，求富首先就是富国。

当时早已有了私人财产，求个人或家庭之富的活动，早已存在。例如，春秋中叶流传的管、鲍分金的故事，管仲和鲍叔牙合伙经商，共同分配利润。这当然是私人的求富活动。不过，私人求富活动的广泛存在，并不意味着当时的求富思想也主要是这种性质的；恰恰相反，中国的求富思想，主要是作为富国思想产生和形成起来的。

公元前770年，周平王东迁洛阳，是谓东周。此后，周日益衰弱，诸侯并起，互相攻伐，从公元前7世纪开始，逐渐形成为一些大诸侯国争霸的局面，先后出现了所谓的春秋五霸。争霸必须有强大的军事实力和经济实力，于是，富国强兵之道就成为一时的崇尚。适应这种要求，怎样富国的问题开始成了一个热门的经济话题。

五霸中最先建立霸业的是齐桓公，而齐桓公的主要谋士是管仲，因此，管仲就成了富国之学的先驱。史称：管仲治齐，"通货积财，富国强兵"（《史记·管晏列传》）。他推行了一系列富国之政，主要内容为：

第一，重视分工，实行四民分业定居的制度，士、农、工、商各有固定的居住和劳作地区，并且实行职业世袭制，以便于技能的传习和分工秩序的稳定。

第二，坚持以农业作为富国的基础，采取各种措施保证农业生产的正常进行。这又包括：

1."无夺民时"，即不在农忙季节征调农民从事徭役。管仲把这看作保证农业生产的一项关键性的政策，强调："无夺农时，则百姓富"（《国语·齐语》）。

2."相地衰征"，即根据土地肥饶状况而差别征税，以免因赋税负担畸轻畸重而不利于农业生产，所以说："相地而衰征，则农不移"（《国语·齐语》）。

3."山泽各致其时"，即允许百姓在特定季节进入山泽从事采伐捕捞等活动。这种季节，多半定在秋收之后至新春农忙开始以前，一来防止农民在农忙时入山泽妨碍农业生产，二来防止伤害幼树、幼兽。这样，既可利用采伐捕捞等生产活动以增加国民财富，又可保证农业生产有足够劳动力，还可保护自然资源，防止滥捕、滥伐，破坏生态环境。这项政策主要着眼于解决农业和"虞"、"衡"（采伐、捕捞等生产）等业争夺劳动力的矛盾，所以说："山泽各致其时，则民不苟"（《国语·齐语》）。"不苟"者，对农业生产不苟且也。

第三，鼓励工商业的适当发展。管仲为了富国，不仅重视农业这个基础行业，还对工商业的发展抱积极态度，实行了"通鱼盐之利"和"关市几（稽）而不征"等政策。

齐国有重视工商业的传统。早在西周初期齐国始建时，第一代齐国诸侯姜太公就利用齐国近海，有鱼盐之利以及蚕丝业较有基础等优势，鼓励百姓从事工商业生产，并将产品出口到其他诸侯国，使齐国成了一个"冠带衣履天下"（《史记·货殖列传》）的、以工商发达闻名于列国的国家。管仲继承和发扬了这种历史传统，并且根据春秋时期齐国已成为列国霸主的形势，积极发展工商业以加强齐国对列国的影响，"通齐国之鱼盐于东莱，使关市几而不征，以为诸侯利，诸侯称广焉"（《国语·齐语》）。

此外，管仲还实行"牺牲不略"的政策，即禁止抢夺别人的牲畜。这可以说是一项保护私人财产的措施。管仲认为：国家保护百姓的财产，保护他们对自己生产成果的所有权，是生产发展的一个重要前提，因而说："牺牲不略则牛羊遂"（《国语·齐语》）。

管仲之所以能长期坚持推行一系列有效的富国之政，是由于他对"富"和"治"的关系已有相当明确的认识。管仲有一句名言："仓廪实则知礼节，衣食足则知荣辱。"（《管子·牧民》）百姓丰衣足食，并且仓廪储备充实，才能懂得礼节、荣辱，国家的教化、刑赏才能有效地发挥作用，社会秩序才能和谐安定。管仲这一千古传诵的名言，成了中国富国之学的嚆矢。

在传统经济思想中，"富国"有广狭两义。狭义的富国指富国库，即增加财政收入，充实国库的储积；广义的富国，指富国家，即增加一国所拥有的全部国民财富。广义的富国，只能在发展经济、增加社会生产的基础上才能实现。广义的富国和狭义的富国，又是同富民问题联系在一起的：经济发展了，一国的国民财富增加了，其中一部分通过财政的渠道收入国库，余下的即为民间所拥有的财富，而增加民间所拥有的财富，就是富民。

管仲没有明确地解释他所主张的富国究竟为何义。从他的富国强兵以建霸业的要求看，没有较强的财政实力是不行的。他说的富国，事实上必然有着富国库的含义。但是，管仲是位有远见的大政治家，他当然懂得，如果国家的经济实力不加强，单纯靠财政手段增加国库收入,不仅难以支持长久的争霸事业,还会加剧国家和百姓的矛盾,影响国家的安定,甚至引起社会危机。从他的富国之政的各种有关措施看,他所主张的富国总是和发展经济、增加国民财富相一致的。这说明,他所主张的富国又具有广义富国的内容。

他说的"无夺民时则百姓富",是明确的富民主张;而"仓廪实则知礼节,衣食足则知荣辱",也都是就民的一方立论的,是把富民作为提高民众道德水准的基础和前提。

管仲的富国之政,实际上已涉及了狭义富国、广义富国和富民这三个方面的问题,但他还未曾就富国的含义及上述三方面的关系进行理论上的说明。管仲的富国之政,在许多方面已开启了后世富国之学的先声,但他还未能从理论上为富国之学奠定基础。

管仲之后,儒家着重从富民的角度考虑问题,而法家则突出地强调富国。

孔子把"足食"、"足兵"和"民信之"列为治国的三大纲领。(《论语·颜渊》)"足食"在当时实际上是富民的同义语。他游历卫国,看到卫国在一度亡国后已从残破的局面中恢复过来,户口显著增多了,就从"富之"和"教之"两个方面提出了进一步治理卫国的主张。(《论语·子路》)"富之"、"教之"的对象自然都是民。这是比"足食"更加明确的富民思想。他的学生冉求自称自己如治理国政"可使足民"(《论语·先进》)。"足民"也就是富民。

早期的儒家代表人物也谈到过狭义的富国。孔子的学生有若曾经对鲁国的君主鲁哀公说:"百姓足,君孰与不足?百姓不足,君孰与足?"(《论语·颜渊》)意思是:百姓的财富是国家财政的基础,百姓的贫富,最终决定着国库的状况。这里说的"足君",也就是富国库即狭义富国的意思。孔子及其弟子们在财政方面主张薄税敛，反对"聚敛"。他们认为，在民富未增的情况下，多征税以"足君"、增加国库收入，就是"聚敛"，就是暴政，因而，他们对狭义的富国持消极态度。他们从未论述过广义富国的问题，而又否定狭义富国的主张，因而，他们对富国问题的探讨自然就不怎么感兴趣。儒家对"富"的关心，主要表现在富民问题上，言之谆谆，在理论上也作了较多的阐述。

在战国七雄并立之世，各大诸侯国之间进行着频繁惨烈的兼并战争，都想以武力威服诸侯，统一天下。富国强兵之道更加被强调到极端，而法家则是最强硬、最激烈的富国强兵论者。

在富国、强兵二者中，法家把强兵看作是主导的方面，强调国家的一切活动必须服从于强兵的需要，富国也包括在内。但是，法家懂得，战争没有强大的经济实力做后盾是不行的，要保证当时那种规模巨大、频繁的战争，经济实力不足就更不行。法家的商君学派说得很明确：国家没有强大的经济实力，"与诸侯争权，不能自持也，则众力不足也"（《商君书·农战》）。因此，他们把富国看作强兵的基础和保证，认为"国富者强"（《商君书·去强》）。

把富国理解为增强国家的经济实力，这自然是广义的富国。但是，法家主张富国既然是为了强兵，就必然要尽量把财力集中控制在国家的手中，因为，增强战备、进行战争，都只能是由国家进行的，有关的用费，都必须是由国家来支付的。因此，法家又不能不突出地强调狭义的富国。商君学派就主张：富国的基础是发展生产，特别是农业生产，以增加国民财富；但只是增加国民财富，还不能实现富民强兵的目的，而必须把增加的财富尽量集中于国库之中。他们说："家不积粟，上藏也。"（《商君书·说民》）要百姓除留足口粮、种子外,一切剩余上缴国库,以保证战争的财政需要。

既然"家不积粟",百姓家家没有剩余,那自然就谈不上富民了。从把一切力量用于战争的要求出发,法家是不愿意谈富民的;而且,法家把赏赐作为驱使百姓进行战争的一个重要手段,他们也生怕百姓富了,就不会为区区的赏赐而舍生忘死地进行战争。这使他们对富民抱有顾虑以至戒惧之心。但是,他们也懂得,百姓如果太贫,以致无法存活下去,就有可能铤而走险,影响国家统治秩序的安定,富国强兵也就谈不上了。法家不愿民富,而又害怕民贫,在两难之中,他们提出了一个自认为是"两全"的办法:"治国之举,当令贫者富,富者贫。"(《商君书·说民》)使贫苦百姓能有田宅和其他的生产、生活条件,鼓励他们努力进行农业生产,使他们能在维持一身一家的生存之外,还有所剩余,这就是所谓"令贫者富"。百姓有了剩余,国家尽量加以征收上藏,这就是令"富者贫"。

法家能够从增强一国经济实力的角度提倡富国,并且把加强农业生产(当时的主要的、决定的经济部门)作为富国的主要途径。他们对广义富国的认识,比前人更明确了。他们为富国所制定和推行的政策、措施,以及所作的理论说明,也都大大超过了前人。法家也从自己的特殊视角对狭义的富国和富民,以及它们同广义富国的关系,进行了较多的分析和论述。可以说,到了战国时期的法家,富国思想才初步有了自己的思想体系,可以称得上是富国之学了。但是,法家的富国思想体系是充满着矛盾和冲突的:它既重视广义的富国,又突出强调狭义的富国;既不愿民富,又害怕民贫;既要扶持、鼓励百姓勤力耕织以增殖财富,又主张把百姓私家增殖的财富尽量"上藏"国库;既希望努力增加国民财富,使战争能有强大的经济基础，又要频繁地进行大规模的战争，以消耗和破坏这个基础，等等。法家的这个体系，是当时各诸侯内部以及各诸侯国之间激烈的矛盾和冲突在思想、理论领域中的反映。

法家的富国思想遭到战国儒家重要代表人物孟轲的激烈抨击。孟轲继承了孔子及其弟子们的富民思想并进一步加以发挥。他提出了"民可使富也"（《孟子·尽心上》）的口号，主张治国要使百姓家给人足，做到"黎民不饥不寒"和"仰足以事父母，俯足以畜妻子，乐岁终身饱，凶年免于死亡"（《孟子·梁惠王上》）。这可说是他为富民规定的最低标准，即温饱的标准。此外，他还提出了一个最高的理想标准，即"使民有菽粟如水火"。他称此为"至足"（《孟子·尽心上》），即极其富足。

孟轲主张行"仁政"以吸引列国百姓来归服，从而达到统一天下的目的，而坚持反对法家的以兼并战争来实现统一的主张。因此，他也完全否定法家的那种以富国从属于强兵的富国之学。但是，他不能区分法家所谈的广义富国和狭义富国，而是完全从狭义来理解富国，认为主张富国就是重税于民以富国库。儒家主张薄税敛，本来就是反对重税的，加上法家主张重税的目的是为了强兵，这就更加激起了孟轲的强烈反感。他激烈攻击法家的富国主张，认为"君不行仁政而富之，是富桀也"（《孟子·告子下》）。他把推行法家富国政策的君主及其谋主诋为"暴君污吏"（《孟子·滕文公上》）。他不但反对"充府库"即狭义的富国，痛骂这样做的人是有"大罪"的"民贼"（《孟子·告子下》），还把"辟草莱，任土地"（《孟子·离娄上》）也看作是不可饶恕的罪过。这就连广义的富国也给否定的。

当然，孟轲也不是一般地反对"辟草莱，任土地"，他自己也主张"易其田畴"(《孟子·尽心上》)。他所反对的只是为了增强战争的物质力量而这样做,即反对法家的为强兵而富国的主张。

同法家的强调富国正好相反,孟轲绝口不提"富国"二字。这使他对广义富国、狭义富国以及富民三者的关系问题,也不可能进行比较全面的探讨。

战国时期齐国的管子之学,也主张富国强兵,但却不像商鞅、韩非等法家人物那样强烈地主张为强兵而富国,而是在强兵和富国二者之中,更强调富国的意义。它强调"民饥不可以使战"(《管子·八观》),认为战争的胜负最终取决于经济实力:"为兵之数,存乎聚财,而财无敌。"(《管子·七法》)它还认为:即使为了战争的需要,也不必经常把大量财富存储于国库,而应当是在平时对百姓实行轻税,让百姓自己多保留些财富;在战争需用激增,国库入不敷出时,再增加对百姓的征收。这样,可以博得百姓的好感,也较能得到百姓的理解和支持。管子之学把这种认识概括为一个命题:"府不积货,藏于民也。"(《管子·权修》)这一命题和上述法家所主张的"家不积粟,上藏也",正好是针锋相对的。这也是中国传统经济思想中藏富于民思想的第一次明确的表述。

管子之学认识到,民是财富的生产者,国库的收入是通过财政渠道从民征收来的。因此,国库的丰啬对百姓的贫富有直接依赖关系,"民足于产,则国家丰"(《管子·君臣上》)。这里所谓的"国家丰",是指国库充裕,即狭义的富国。

管子之学也谈到了广义富国问题。它认为,财富来自生产,生产主要靠两个要素的结合。它以当时财富的主要形式——粮食的生产为例说,"谷非地不生,地非民不动,民非作力无以致财"(《管子·八观》),因此,"力地而动于时,则国必富"(《管子·小问》)。

这里说的国富,就是指国民财富的增加,即广义的富国了。

管子之学比较全面地接触到广义的富国、狭义的富国,以及富民三个方面,并对其中的某些关系(例如富民和狭义富国之间的关系)作了较多的分析、论述,其认识在许多方面也比商鞅学派的法家和孟轲学派的儒家更深入;但是,它没能在广义富国即国民财富增长的前提下阐明富民和狭义富国之间的关系,没能从理论上把广义富国、狭义富国和富民三者统一起来。

能够实现这一任务的是荀况,荀况写了名为《富国》的论述经济问题的专篇,对"富"的生产、分配、消费、积累以及社会分工、社会经济各部门之间的关系和国家对经济的管理、调控等进行了比较全面的考察。他的考察是环绕着"富国"这个中心展开的。这样。在荀况手中,中国传统的经济思想——富国之学,可以说是已具备了自己的雏形。

荀况对"富国"所下的定义是:"上下俱富","兼足天下"(《荀子·富国》)。这里,"上"指以君主为代表的国家政权,"下"指全国的黎民百姓;"上富"指国库充裕,"下富"指百姓家给人足。可见,荀况的富国定义,本身就把狭义的富国和富民给统一起来了。

在上富及下富,即狭义的富国和富民的关系上,荀况认为起决定作用的方面是富民。他断言:"下贫则上贫,下富则上富","潢然使天下必有余而上不忧不足"(《荀子·富国》)。如果不是在保证下富的前提下追求上富,那就只能是对百姓的聚敛和"好取侵夺",其结果不仅会因百姓贫困而搜刮不出多少财富,而且会激起百姓的不满和反抗,削弱自己的国家,为外敌侵犯提供可乘之机,造成"召寇、肥敌、亡国、危身"(《荀子·王制》)的结果。以这种做法追求"富国",其结果只能是"求富而丧其国"(《荀子·富国》)。

要同时做到富民和富国库,必须以富国家即增加一国的国民财富总量为基础。因为,国库收入和百姓财富都是整个国民财富的组成部分,如果国民财富的总量不变,要增加国库收入,就只能靠加重对百姓的征敛来取得,要保证百姓财富不受损失,就不能增加对百姓的征敛,国库收入也就无从增长。要同时富民和富国库(抛开改善财政工作效率、减少赋税征收中的流失和中饱等做法)是不可能的。而使整个国民财富增长,也就是广义的富国。

荀况十分明确地把广义的富国看作"上下俱富"的基础。他在使用"富国"一词时,基本上是从富国家即广义富国的意义上来使用的,而把狭义的富国称作"富上"。这样,他基本上避免了前人同时从广、狭两义来使用"富国"一词所带来的矛盾和混乱。对"富民"一词,他仍然经常使用;有时为了同"富上"对称,也把"富民"称作"富下"。这样,广义富国、狭义富国和富民三者的关系,在荀况的体系中就表现为富国、富上和富下(富民)之间的关系,从而在理论上、概念上有了更清晰的形式。

对于怎样富国,荀况认为,只能靠充分发挥人和自然两方面的力量,做到"上得天时,下得地利,中得人和",大力进行生产和其他经济活动。他相信,人们的努力会使得"财货浑浑如泉源,汸汸如河海,暴暴如丘山"足以保证"上下俱富",甚至富到公私仓库都收储满溢,"交无所藏之"的地步。(《荀子·富国》)

传统经济思想发展到荀况,"富国"就成了一个能够把广义的富国、狭义的富国("富上")和富民("富下")三者都统一在一起的经济范畴,而对"富国"问题的研究,也就开始形成了一种比较全面地、综合地考虑各种经济问题的学术思想——富国之学。

三、富家和治生

富民，自然包含着使黎民百姓个人和家庭尽皆富裕，即所谓家给人足的要求。但是，它还是从宏观的角度看问题，是把"民"作为一个总体来考虑，而不是从一家一户自身出发，研究其怎样致富。在传统经济思想中，后者不是富民思想探究的范围，而是关于"富家"的问题。

中国的传统经济思想，较少探讨富家问题；而且，其中占主流的倾向，还是讳言富家的。这种倾向，在先秦时期的学术思想中，几乎到处均可见其端倪。

孔子说："富而可求也，虽执鞭之士，吾亦为之。"这是从个人角度谈论"求富"的问题，也就是谈论富家的问题。如果这话是文义自足的，那就可以解释为："不管干什么工作，即使是像'执鞭'这种在当时被人们看不起的职业，只要能够富身、富家，我也情愿去做。"可是，上述引文只不过是孔子说过的半句话，下边还有半句是："如不可求，从吾所好。"从全句的文义可以看出，孔子说的"可求"，不是指能否求得到手，而是从政治、道义的角度看是否"可求"，也就是说，要看这样求来的富，是否合乎义。孔子并不一概否定富家，但严格要求一切求富、求利的行为，必须合乎义，服从义，"不义而富且贵，于我如浮云"（《论语·述而》）。而他所说的"义"，又是和"君子"即贵族的身份相联系的。他认为君子的职分只是"谋道"，即从事政治管理活动，治国，治民；君子的"富家"，也只能是按照礼制的规定从国家获得封邑俸禄以富家。只为一身、一家"谋食"或求利，从事生产或经营活动以糊口或富家，则是"小人"即庶民百姓的事情，而非君子所当为。所以他一再说："君子谋道而不谋食"（《论语·卫灵公》），"君子喻于义，小人喻于利"（《论语·里仁》）。既然君子不应干谋食、求利的事，也就不需从事这方面的探讨、议论，所以孔子"罕言利"（《论语·子罕》）。这样一来，富家之道就被排除于他的学术活动范围之外了。

孔子只是认为君子不应该为了富家而从事谋食、求利的活动，而并不是认为一切人都不应追求富家，不应为了富家而干谋食、求利的活动。"小人"是允许谋食、求利的，由此而富家，也不在禁限之列。孔子主张"因民之所利而利之"（《论语·尧曰》），就表明他并不反对庶民百姓的求利、富家活动。

当时的"士"，不属于君子之列。但孔子把士看作是"君子"的候补阶层，认为士的唯一正当出路就是学道求仕，使自己上升为君子，因此，士也应该以君子为楷模，"谋道不谋食"。孔子说："士志于道，而耻恶衣恶食者，未足与议也。"（《论语·里仁》）士也是不应以富家为目标的。

君子和士是当时掌握文化、学术的社会势力，如果他们都不应从事各种经济活动以谋食、求利，那么，富家之道就将很难在学术活动中占有一席之地了。孔子是对传统思想影响最大的人，他对富家问题持这种观点，对中国传统经济思想不重视富家问题无疑起了最突出的作用。

法家认为：人天性都是自私的，"民之于利也，若水之于下也，四旁无择也"（《商君书·君臣》），"民之欲富贵也，共阖棺而后止"（《商君书·赏刑》）。这种求利的本性，必然驱使人们各自为富家而活动。但是，法家虽然承认富家是产生于人类本性的要求，却不主张对人们的富家活动采取放任态度。他们认为,富家可以有各种不同的途径,从事各种职业都有可能达到富家的要求;但这些途径、职业对实现富家的难易,却是各不相同的。靠从事农业生产以富家,是最艰苦的;靠作战立功以得赏赐,是最要冒危险的;而靠工商业或其他某些职业来富家,则较为容易,也较少危险,如果听任人们自由选择富家的途径,人们是不愿意选择农和战的。但是,法家同时又认为,农和战是最有利于实现富国强兵的行业。"富国以农,而拒敌恃卒"(《韩非子·五蠹》)。因此,为了驱使更多的人从事农、战,法家主张只许百姓靠农、战得富贵,而把农、战以外可以富家的各种行业,统统堵塞住。这就是所谓"利出一空"(《商君书·靳令》)。

即使是以农、战富家,法家也不允许超过一定限度。前面谈到的商君学派关于使"富者贫"的思想,就表明了这一点。

墨家主张财富以维持基本生活需要为度,反对积存超过此标准的财物,因而要求"去大人之好聚珠玉、鸟兽、犬马"(《墨子·节用上》)。这样,墨家对富家自然是不抱积极态度的,至少是不赞成把富家作为追求目标的。

道家的理想是使人类社会永远保持低下的、原始的发展状况,并认为个人或家庭多积私财、社会发生贫富分化会激化社会矛盾和社会冲突,以致使积私财的富贵之家也难逃覆灭,"多藏必厚亡"(《老子》四十四章)、"金玉满堂,莫之能守"(《老子》九章)。因此,道家提倡"圣人不积"(《老子》八十一章),甚至憧憬着人类早期那种"知作而不知藏"(《庄子·山木》),即人类劳作仅足维持最低生存需要,而无剩余产品可藏的时代!

"不积","不知藏",那当然谈不上什么富家了。

儒、墨、道、法，都是先秦时期的主要学派，对传统经济思想的形成有重大的影响。它们对富家问题都持淡漠的、消极的态度，这就必然使富家思想成为传统经济思想的"弃儿"，而长期受到冷遇。

在先秦时期，只有代表商人利益的商家或货殖家对富家问题进行了若干探索。他们总结古代商人的经商经验，对怎样观察行情、掌握价格和供求变化的规律、抓住机遇进行经营决策，以及选拔经营管理人员等，都作了探讨，提出了一系列的原理。这就是早期的"治生之学"①。商家只是从微观的、个人赢利的角度考察求富问题，而不涉及当时影响国计民生的各种重大经济问题。他们的研究，孤立于当时经济问题研究的主流之外，从而使以富家问题为研究对象的治生之学，同富国之学处于了不相涉的状态。

在传统经济思想的代表人物中，同时研究富国、富民和富家三个方面的问题，并且企图把富国之学和治生之学冶于一炉的，只有司马迁一人。

司马迁认为，求富是人的天性的表现。人生而有欲望，要求以各种物质手段来满足，于是就产生了人们追求财富以富家的行为。富家的要求是一切个人无不具有的，"富者，人之情性，所不学而俱欲者也"（《史记·货殖列传》）。贤人、官吏、将士、农、虞、工、商、医、卜、星、相，以至盗匪、赌徒、娼妓，其实都是在为追求私人财富而不停地活动着。

司马迁把富家的手段分为两大类：一类是靠"夺予"，即夺取

---

① 　"治生"也称"治生产"或"治生业"。先秦已有这种学术，教人怎样经商富家。陶朱公曾以此传猗顿，而白圭尤其以此闻名。《史记·货殖列传》说："天下言治生祖白圭"，可见白圭已被视为治生之学的大宗师了。

别人的财富或接受别人给予的财富而富家；另一类是靠经营农、虞、工、商等经济事业而富家。他认为，靠前一类手段来富家，富家和富国是不一致的。因为，靠夺或予得到的财富，固然可使夺者或受者富了家，但被夺者或予者则相应地减少了财富，贫了家。二者相抵，整个国家的国民财富并未因之而有变化。靠经营农、虞、工、商以富家，情况则完全不同。因为，自然资源虽然"山出而棋置"，天然地存在着，但必须通过人的经济活动才能成为满足人们需要的财富。农、虞、工、商正是这样的经济活动，财富必须靠"农以生之，工以成之，虞以出之，商以通之"（《史记·货殖列传》）。农、虞、工、商等经济事业越发达，可用于满足人们需要的财富越充裕。因此，司马迁把农、虞、工、商等经济事业称为"衣食之原"，即产生衣食等财富的基地，认为经营农、虞、工、商等业的人通过自己的活动，生产和流通了财物，自己因此富了家，也为整个国家、整个社会提供了更多财富，从而为富国做了贡献。所以他说：农、虞、工、商"此四者，衣食之原也。原大则饶，原小则鲜，上则富国，下则富家"（《史记·货殖列传》）。富家和富国，在这里完全是一致的。

在司马迁看来，"富家"和"治生"这两个范畴不是等同的：靠"夺予"也能富家，但不能谓之"治生"；只有靠从事农、虞、工、商等经济活动，才既是"治生"，又能富家。在司马迁以前，早已有"治生"一词，但含义没能确切地界定，因而常和富家相混淆。司马迁把"治生"解释为靠经营农、虞、工、商以富家，从此才使"治生"成为一个含义明确的经济范畴，使治生之学成为一种有确定的研究范围的经济思想。

这样，司马迁就纠正了过去人们认为富国和富家相排斥、相妨碍的看法,从理论上把富国和富家、把富国之学和治生之学统一起来了。

四、富国之学和治生之学

传统经济思想发展至荀况,已把广义的富国、狭义的富国("富上")和富民三者在理论上给统一了起来。从此,在富国这个总题目下,就可以全面地探讨这三个方面的各种有关问题及其相互联系,从而使得整个研究能成为在理论上具有某种体系的"富国之学"。

传统经济思想发展至司马迁,本来已可说是把富国和富家也给统一起来了。但是,在司马迁以前,传统经济思想对富家、治生问题的偏见已经太深;西汉中叶以后,这种偏见又得到了进一步的加深。由于儒家思想日益成为占支配地位的思想,儒家的义重于利、义主利从的思想,也逐渐硬化为"贵义贱利"论,并且在经济思想领域中长期成为"正统"观点①。贵义贱利论把追求财利尤其是追求私家财利看作是不高尚的行为,而予以鄙视、贱视。在这种局面下,"富家"问题几乎成了学术上、理论上的禁区。谈经济问题的人,大多只是在富国、富民的旗号下探讨一些有关国计民生的宏观性的问题。这样,汉代以后,治生之学就不绝如缕,传统经济思想领域几乎形成了富国之学一枝独秀的局面。

---

① 参阅赵靖主编:《中国经济思想通史》第1卷,第二十一章,北京大学出版社1998年版。

富国之学，在当时比较通用的名称是富国之道或富国之策。富国之道与富国之学基本同义；富国之策意思是对富国的划策、献策，它不仅包括对具体方案、措施的建议，也多有理论上的说明、论证以及有关是非、当否的议论和评价。因此，富国之策主要也属于学理的范畴，而不是政策的范畴。宋代李觏写了名为《富国策》的经济专著，就是在这种意义上称之为"策"的。因此，本书对传统经济思想中的富国之学，不称之为富国之道或富国之策，而称之为富国之学，从内容上看是更为切合的，对现代人的理解来说也是更容易接受的。

富国之学，主要是从宏观的角度研究国民财富的生产、交换、分配和消费、积累等方面的问题。有关狭义富国的一些基本理论问题，如财政和经济的关系问题、财政负担的限度问题、赋税征收的均平问题等，也包括在富国之学中。一些比较具体的、专门的问题，如财政机构的设置，财政收支的管理、审核等，则作为理财问题来探讨。

治生之学则始终因为上面谈到的情况而被排斥在富国之学即传统经济思想之外。西汉以后，治生之学极大地衰落，而从工商业角度研究治生、富家问题的商人治生之学，尤其成了绝学。治生之学，最初本是作为商人的治生之学而产生的；但由于中国的社会经济发展，长期被囿于一个自给自足的农耕社会模式中，商人的治生之学难有发展前途。汉以后士大夫中轻商、贱商的积习日深，学者耻谈工商；即使是极少数亲身从事工商的士人，也不公开讲论。这更加速了商人治生之学的衰亡。北魏贾思勰的《齐民要术》，是一部专从富家角度研究问题的著作，也可说是一部治生之学的专书。它在谈到自己对治生问题的研究范围时说："治生之道，不仕则农。"(《齐民要术·杂说》)这就明确地把以工商治生、富家的途径，从治生之学中排除出去了。治生之学的研究日益缩小为"以农治生"的范围，成了地主或富裕农民的庄园管理学、家庭经济学。①

由于这类庄园同市场没什么联系，或者联系不多，经济问题本来比较简单，"以农治生"的治生之学，也不能不日益陷入停滞、枯萎。到了清代，治生之学宣扬"治生唯稼穑"论，强调"舍稼穑无可为治生者"②，只有"耕读"才是治生"正术"，而"商贾技术之智"，则是"儒者羞为"③的。清代的治生之学，不但排斥工商业，连从事医药以至置买、租赁房产等也都认为不是好的治生之道。即使是"以农治生"，也很少论及农业生产、农产品的流通等问题，而是把主要研究内容限于如何管佃、催租以及利用灾荒廉价买田，进行土地兼并这类问题上。治生之学把自己同已经走到了绝境的一种经济形式紧紧地联系在一起，结果使自己也完全走进了死胡同。

在治生之学不受重视，而它自身也越来越失去活力的情况下，富国之学成了漫长历史时期中中国传统经济思想的主要理论形式。因此，当19世纪后半期开始接触到从西方传入的经济学或政治经济学时，中国人士就从自己习惯的形式出发，把它译为"富国策"或"富国学"。清代培养洋务人才的学校"同文馆"设有"富国策"一门课程，其讲授内容就是经济学。1882年，汪凤藻翻译出版了英国人法斯德（H. Fawcett）的著作 *A Manual of Political Economy*，这是中国人翻译的第一本西方的经济学书籍，其译名就

---

① 参阅胡寄窗：《中国经济思想史》（中），上海人民出版社1963年版，第304页。

② 《张杨园先生谱》。

③ 《张杨园先生全集》卷一一《答张佩葱》。

是《富国策》。亚当·斯密（Adam Smith）的《国富论》初传入中国时，有些人也道听途说地把书名讹称为《富国策》。19世纪90年代中期，陈炽写了一本论述经济问题的专书，取名《续富国策》，自诩为堪作亚当·斯密著作之续。到19世纪90年代后期，一些人又对经济学这门学科使用了"富国学"的译名。

（原载《中华文化通志·经济学志》，上海人民出版社1998年版）

8 中国传统经济思想论"均"

一、传统经济思想关于"均"的概念

本书第一章已讲过,"均"是关于财富在各类不同社会成员之间的分配问题。人们不仅希望"富",即获得更多的财富;而且希望"均",即各类社会成员之间的分配数额差别小。

"均"是传统经济思想中探讨得最多的问题之一,它不仅被人们以直接的形式议论着,而且渗透到各种经济问题中(不论是土地问题、商业问题、赋税徭役问题,还是国家在经济生活中的作用问题等);同时,均的问题又经常同富的问题联结着。关于均的各种见解,纷然杂陈,互相争持,形成传统经济思想的一个颇为丰富多彩的部分。

在研究传统经济思想的这部分内容时,必须先弄清以下几个问题:

1. 均的概念,即何谓"均"的问题。

传统经济思想中的"均",大致有两种不同的含义:一种含义是"平均",即要求不同社会成员在财富分配中所得份额相等,或大体相近,而不过于悬殊。另一种含义是指"均势"或"均衡",即财富分配要和人们在政治、社会方面的等级地位相适应。传统经济思想的代表人物中,有些人从前一种含义理解"均",有些人则从后一种含义来理解，也有兼取两种含义的：既要求财富分配同社会等级地位相适应，又要求各人所得到的财富，不致差别过多。

2."均"的对象，即对什么事物实行均的问题。

均的对象可分客观对象和主观对象，前者是均什么物的问题，后者是对什么人实行均的问题。

从均的客观对象看，传统经济思想所谈的"均"的对象，大致涉及以下三种：

第一是财富。即不区别具体形式的财富或财富一般。传统经济思想中所说的"均富"或"均财"，即指此而言。

第二是收入。这里指的不是个人收入，而是不同职业或不同行业的收入。同一职业或行业的不同人员之间，收入是互有差别的，有些还是十分悬殊的：田连阡陌的大地主和耕而食、织而衣的个体农户之间，财累万金的富商巨贾同追逐蝇头小利的贩夫贩妇之间，财产、资力悬殊，收入自然也无法相提并论。但是，个人之间的收入差别，一般是列入前一种均的对象，即均财富之内的，而不单独作为一种均的对象。传统经济思想所探讨的"均人"，是针对不同职业、不同行业之间的收入差别而言的。

在各种不同职业、不同行业的收入中，工商业同当时主要经济部门的农业之间的收入差别，最为人们所关注。传统经济思想的均人主张，主要就是要求在农商之间均人，使商的收入高于农的情况受到限制。由于商的收入是以利润形式表现的，因此，传统经济思想也将均人称为"均利"；但实际上，当时大多数职业的收入并不表现为利润形式，"均利"的说法是不确切的。

第三是土地。这里指对土地的占有和固定使用权。中国的传统农业社会是以土地私有为主，而又存在着各种各样形式的公有土地（国有土地、宗族土地以及学田、祭田之类）。土地所有权形式复杂，因而"均地"、"平土"之类的主张，内容也是多种多样的。

在以土地私有制为主的中国传统农业社会中，土地所有权是财产的主要形式；土地占有的不均，是财富分配不均的基础。但正因如此，土地占有的不均及其影响，往往只有在财富不均所引起的社会矛盾和社会冲突达到比较严重的程度时，才能较为普遍地为人们所感知。在传统经济思想中，均土地的思想要比均富、均入的思想出现得更晚，道理正在于此。

"均"的主观对象是客观对象的人格体现，因而它总是和均的客观对象联系着的。在中国传统经济思想中，均的主观对象主要是以下几类人：

一是贵族、官僚（包括皇室、贵戚、文武官、宦寺等）。这是一些凭借政治权势兼并财富的势力。在中央集权的君主政权下，这些人是财富分配不均的最大受益者，而他们聚敛财富的方式又最招人痛恨，因而在"均"的主观对象中占着最突出的地位。

二是那些拥有大量地产的豪绅、庄主。他们垄断着当时社会中最主要的生产资料——土地，又把大批农业劳动力作为自己的依附农民，对这些农民进行着人身奴役。由于他们分处各地区，其掠夺财富的手段之贪婪、残暴以及生活方面的奢侈、糜烂，都为民间所习见，因而也成为反对财富分配不均的思想的一个重要的谴责对象，尤其是均土地思想的主要抨击对象。

三是那些富商巨贾。这些人在当时社会中等级身份低下，受到贵族、官僚、绅士乃至士人的贱视，但他们财力雄厚，富甲一方，其生活之豪侈，甚至令许多豪门世族所妒羡。他们利用农民、手工业者及其他一些贫民的困难，以商业、高利贷剥削他们，使他们陷入破产；又借满足一些贵族、世家子弟的淫欲，而使他们倾家荡产。因此，富商巨贾也成为"均"的主要对象之一。"均人"的思想，如上所述，也主要是指向商人；不过，"均人"的思想在很大程度上是为了限制农民因羡慕工商利高而弃农、避农，因而它的对象并不专是富商巨贾。

3. "均"的思想的表现形式。

在传统经济思想中，既有主张"均"的思想，也有不重视"均"，甚至反对"均"的思想。但总的说来，主张"均"是财富分配问题上的占主流地位的倾向。

在春秋、战国时期，百家争鸣中的各家，大多数在财富分配问题上是主张"均"，反对"不均"的。

最先把"均"作为一个治国的方针性的问题提出来的是孔子。他说："丘也闻有国有家者，不患贫而患不均，不患寡而患不安。"①这里，孔子把解决"贫"和"不均"并列为"有国有家者"必须解决的两个方针性问题，而且，他甚至把"不均"看成是比贫更严重的问题。

道家著作《老子》把"均"看作是"天道"、"自然"的表现，认为人道必须"法天"、"法自然"，在财富分配方面实现"均"的要求，"损有余而补不足"，而决不可"损不足以奉有余"（《老子》七十七章），加剧分配不均的现象。

墨家比儒道、道家更重视均富、均财。他们主张在消费方面实现均平，在"王公大人"和平民百姓之间，要"去"前者的奢侈之费

---

① 《论语·季氏》。《论语》今本作"不患寡而患不均，不患贫而患不安"。自汉代就有人怀疑"寡"、"贫"两字位置颠倒。从语义看，换位为是。

以"益"后者的基本生理需要之物;在财富的分配方面,也主张"有财者以分人"(《墨子·鲁问》)。

许行学派的农家,在财富分配问题上也强烈反对不均。他们主张即使君主也应当和普通农民过一样的生活,不得有"仓廪府库"以积存财物,否则就是"厉民而以自养"(《孟子·滕文公上》)。

这些在财富分配方面主张"均"的早期观点,被后代继承下来,并逐渐发展成为"抑兼并"的思想。

"兼并",原本是一个政治、军事术语,如兼并诸侯、兼并战争之类。秦汉以后,逐渐转用于经济方面,指夺取、侵吞别人的财富、并归于一己的行为。兼并加剧了财富分配的不均,而进行财富兼并的,主要又是那些本来就已拥有巨额财富的贵族、显宦、豪绅、巨商,因此,他们自然成了"抑兼并"思想的主要攻击对象,成了"均财富"、"均土地"的主张所反对的"兼并之家"、"兼并之徒"。抑兼并思想日益成为传统经济思想中的一个受到大多数人肯定和接受的观点;反对财富兼并、反对土地兼并,成了"均"的思想的主要表现形式。

二、均富论

传统经济思想重视均富,有经济方面的考虑,也有政治、道德方面的考虑。

经济方面的考虑之一:财富分配不均会造成已有财富的过量消费,从而使国民财富减缩,不利于富国、富民。

这一观点是和节用、崇俭的思想联系在一起的:财富分配不均,贫富严重分化,拥有巨额财富的人就会在生活享用方面穷极奢侈,从而使消费的增长超过社会承受能力,导致经济衰敝,陷入国贫民困。

东汉王符着重从那些倚靠政治权势和世代门阀势力而兼并了巨额财富的贵戚、宠臣以及豪强世族来论述财富分配不均在经济方面的弊害。他指责这些人都是"无德而富贵"的人,尤其是那些靠裙带关系及君主宠幸而暴发起来的贵戚、宦官,更是些"窃官位盗府库"的"凶民"(《潜夫论·遏利》)。他们兼并、掠夺财富的手段既凶残卑劣,挥霍浪费财富的行为又极端荒淫无耻;他们"一飨之费,破终身之本业",一餐就吃掉一个农民一辈子生产的财富。他们生时挥霍无度,死后还把大量财物埋入地下:"一棺之成,功将千万"、"黄壤致藏,多埋珍宝,偶人车马"(《潜夫论·浮侈》)。他们本人及家族之外,连他们的"从奴仆妾",也是衣必"冰纨锦绣",饰必"犀象珠玉",居必"石山隐饰,金银错镂"(《潜夫论·浮侈》)。这些既得利益者奢侈淫靡的行为,还会严重败坏社会风气,使人们在生活方面竞相攀比,其结果必然使消费的膨胀日益超过社会生产的承受力,犹如"山林不能给野火,江海不能灌漏卮"(《潜夫论·浮侈》)一样,导致社会经济的崩溃。

经济方面的考虑之二:财富分配不均引起资源的滥用或不合理使用,从而削弱社会再生产能力,使社会更加贫困。

早在战国初期,墨翟就指责那些"厚措敛于万民"的"王公大人",把本来可用于耕稼、织纴的人力、物力用来生产奢侈品,或者为满足他们的观赏、玩好而从事各种徭役,不仅"单财劳力,毕归之于无用"(《墨子·辞过》),而且严重减少了用于民生必需品生产的人力、物力资源,加重了百姓的窘乏:"女子废其纺织,而修文采,故民寒;男子离其耕稼,而修刻镂,故民饥。"(《墨子·辞过》)他责备"王公大人"们为了满足自己的声色之娱而役使大批的歌童舞女:"必使当年,因其耳目之聪明,股肱之毕强"(《墨子·非乐上》),即选择那些年轻、精壮、敏慧的男女劳动力,其结果不仅使这些人本身不能作为生产劳动力发挥作用,而且还要征收其他劳动者生产的财富来养活他们。他们自身既"不从事乎衣食之财",反而要"食乎人"。(《墨子·非乐上》)这对社会生产造成了双重的负累,其结果自然会造成财匮民贫。

经济方面的考虑之三:财富分配不均会妨碍生产者和生产的物质条件相结合,从而不利于生产的正常进行。

不论生产的社会形式如何,生产者同生产的物质条件的结合,总是生产得以进行的先决条件。在技术落后的农业社会,这种结合主要是生产者同一定面积的耕地相结合。因此,中国传统经济思想论述财富分配不均对生产和社会经济的影响,多是从人地结合的方面考虑问题。

战国时期,孟轲就指出:"民无恒产",就会使他们"仰不足以事父母,俯不足以畜妻子"(《孟子·梁惠王上》),陷入"父母冻饿,兄弟妻子离散"(《孟子·梁惠王上》)的灾难处境;而要解决这个问题,就要"制民之产",使贫困的"野人"(农民)每户得到"五亩之宅"、"百亩之田"作为"恒产"。

可见,孟轲认为:贫民所以贫,关键就在于没有土地(当时生产的基本物质条件),而这就使他们的劳动力没法和生产的物质条件结合起来。

宋代的李觏,对财富分配不均,尤其是土地占有的不均,对生产者和生产的物质条件的结合所起的不利作用,作了比较深刻的分析。他指出：当时土地及财富占有的不均，已发展到"贫者无立锥之居，而富者田连阡陌"①，"巨产宿财之家，谷陈而帛腐；佣饥之男，婢寒之女，所得弗过升斗尺寸"②。这就会从两个方面造成生产者和生产的物质条件的分离：在贫民一方，既无土地、耕畜，又无维持生活所需的衣食用度，无力进行生产活动，"贫者则食不自足，或地非己有，虽欲用力，莫由己也"③。在富者一方，有大量丰腴的土地，成群的健硕的耕畜，又拥有众多的奴婢，不缺乏人力。

但是，劳动者和生产的物质条件，在他们手中却不能互相结合起来。因为，他们凭借自己的巨额财富，可以兼并更多的财富：通过购买或结合高利贷，兼并农民的田宅。这比亲自组织生产，在劳动力和土地结合的基础上增殖财富，要容易得多，增殖财富的数量和速度，要多得多，快得多。"恃其财雄，膏腴立致，谁肯役虑于葍畜之事哉？"④

贫民无力实现劳动力和土地的结合，富人有此能力而不肯实现这种结合，这样，生产者和生产条件的分离，就是不可避免的，而这种分离，就必然造成"地力不尽，田不垦辟"⑤，必然造成农业生产凋敝、衰落的恶果。

均富的主张，除了经济方面的考虑外，也有从政治、道德的角度进行的考虑，甚至可以说，更多地是出于政治、道德方面的考虑。

孔子所以认为"不均"比"贫"更为可患，就是因为，破坏财

① 《李觏集·周礼致太平论·国用第四》。
② 《李觏集·潜书一》。
③ 《李觏集·富国策第二》。
④ 同上。
⑤ 同上。

富分配方面的均势,会扰乱社会的既定秩序,引起国家政局的不安定。他关于"不患贫而患不均"的一番话,是针对鲁国执政大臣季孙氏要去伐并颛臾而说的。颛臾是一个小国,西周初确定为鲁国的附庸。孔子认为,季氏伐并颛臾,夺占了颛臾贵族的土地和财富,这就改变了鲁国贵族内部的财富分配状况,打破了各贵族之间在经济、政治方面的均势。在孔子看来,季氏伐并了颛臾,固然可以为自己增加一些财富,但却由此引起了均势的破坏,二者相比,将是得不偿失的。

孟轲以更明确的方式表达了他对"不均"的政治、道德后果的看法,提出:由于当时财富分配的严重不均,贵族们"庖有肥肉,厩有肥马"(《孟子·梁惠王上》),"仓廪实,府库充"(《孟子·梁惠王下》),但黎民百姓却"老弱转于沟壑,壮者散而之四方"(《孟子·梁惠王下》),"父母冻饿,兄弟妻子离散"(《孟子·梁惠王上》)。这样,贫苦饥寒的百姓为了"救死",就会"放辟邪侈,无不为已"(《孟子·梁惠王上》)。不仅顾不上什么礼义、道德,连国家法纪("辟")也敢于违反,国家的动乱,就难以避免了。

墨家认为,社会财富分配不均,则"富贵者奢侈,孤寡者冻馁"。冻馁之民为了求生,就容易干犯法纪。国家为惩治犯罪而加重刑罚,必使矛盾更加激化:"刑罚深则国乱","虽欲无乱,不可得也"。(《墨子·辞过》)

秦、汉以后,反对财富分配不均、主张抑兼并的思想,更进一步把贫富分化问题同农民的不满和抗争联系起来,不断地向历代专制王朝发出警告。还在西汉国势处于鼎盛的汉武帝时期,董仲舒就敏锐地指出:财富分配的严重不均,使富者"邑有人君之尊,里有公侯之富",而"贫民衣牛马之衣,食犬彘之食"(《汉书·食货志》),贫富之间冲突日益剧烈,贫民的反抗活动受到官府压制,"刑戮妄加",结果,迫使贫民"亡逃山林,转为盗贼"(《汉书·食货志》),走上武装反抗的道路。

董仲舒谈的虽然是秦、汉时期的历史情况,但所反映的问题,则是历代王朝普遍存在的。财富的兼并,尤其是土地的兼并的发展,在各个王朝都导致社会冲突的激化,引起农民武装抗争的爆发。因此,同董仲舒相类似的论调,在思想界也反复出现。

到鸦片战争前二十余年,当中国的最后一个君主专制王朝——清王朝开始出现衰征时,龚自珍写了《平均篇》,认为:从历代王朝的情况看,贫富差别愈大,王朝的统治就愈接近末日:"浮、不足之数相去愈远,则亡愈速。"[1]由于贫富分化,贫富之间的摩擦和冲突愈演愈烈,最后必然"发为兵燹",即演变为农民的武装起义和武装抗争,使王朝的统治陷入"丧天下"的结局。龚自珍把这种变化说成是历代王朝历史中的一个规律性的现象,说:"千万载治乱兴亡之数,直以是券矣。"[2]由此,他把"平均"看作治国的一项基本原则,强调说:"有天下者,莫高于平之之尚也。"[3]

从董仲舒到龚自珍,这种把财富分配的均与不均,看作对国家的治乱安危有决定意义的问题的见解,有力地表明了均财富、抑兼并的思想在传统经济思想中的地位。

均财富、抑兼并的思想在传统分配思想中处于主流的地位,但是,与此相反的思想,也并不是无足轻重的。事实上,后者在许多时期都是存在的,在有些情况下,表现得还比较强烈。

---

① 《龚自珍全集·平均篇》。
② 同上。
③ 同上。

不赞成均财富、抑兼并的思想，一般都是从经济方面考虑问题，即认为均贫富会妨碍人们生产和积累财富的积极性，从而不利于富国、富民。

荀况首先对均财富的主张明确地表示了异议。他认为：财富同人们的欲望相比总是稀缺的，"欲多而物寡"（《荀子·王制》），不可能充分满足一切社会成员的欲望，因而在财富分配方面不应该、也不可能实行均的原则，而只能"制礼明分"，即制定一种礼制来确定"贫富贵贱之等"（《荀子·王制》），以等级的高低来决定人们应得财富的"分"，做到"上贤禄天下，次贤禄一国，下贤禄田邑，愿悫之民完衣食"（《荀子·正论》）。

只有这样，每人各安于礼为自己规定的"分"，社会秩序才能维持，生产及各种经济活动才能正常进行，富国、富民，"兼足天下"的目标，才能够实现。

荀况批评均财富的主张，认为"均"的弊害是："分均则不偏（遍），势齐则不一，众齐则不使。"（《荀子·王制》）

所谓"分均则不偏（遍）"是说：既然财富是相对稀缺的，平均分配决不能满足人们的欲求，因而必然引起无休止的争夺，"争则乱，乱则穷"，社会纷争不已，生产及一切经济活动均难正常进行，人们只会陷于普遍的贫困。

所谓"势齐则不一，众齐则不使"，则是说：如果实行均财富，君主、贵族、官员等社会上层人物，财富多少和别人一样，他们就失去了对别人发号施令的经济基础，他们的命令就没有人肯听从，社会就将陷入"赏不行"、"罚不行"、令不从、禁不止的无政府状态，社会生产以及其他一切经济活动，都组织不起来，结果就只会使"天下乱"、"天下贫"（《荀子·富国》）了。

荀况反对均财富,是从平均的意义上反对均,而不是从均势、均衡的意义上反对均。他的"制礼明分",恰恰是一个使财富分配和经济、政治方面的等级势力相适应的纲领。可以说,荀况在财富分配问题上的主张,实质上和孔子是一致的。但孔子的"不患贫而患不均",是以肯定均的形式提出来的;而荀况的"分均则不偏",则恰是以否定均的形式表现出来的。

荀况的学生韩非,对均财富持更强烈的反对态度。他把富看作是勤和俭的结果,而把贫看作是侈和惰之所致,因而认为"均财富"是"夺力俭而与侈惰",必然会使人们丧失发展生产、积累财富的活力,"欲索民之疾作而节用,不可得也"(《韩非子·显学》)。

晋代人杨泉反对均财富的思想,同韩非极为相似。他把"割剥富强以养贫弱"的主张,比做"饿耕牛乘马而饱吠犬"①,意思是均贫富只会使生产者受害。

司马迁反对均财富的思想,具有更为完整、更为系统的形式,其主要内容为:

第一,贫富是侈惰和勤俭的不同结果,实行均贫富就会鼓励侈和惰,使"民偷甘食好衣,不事畜藏之产业"(《史记·平准书》),不利于社会经济的进步。这和韩非的说法是一致的。

第二,贫富还是个人才智、能力不同的结果。司马迁认为:勤和俭对致富固然重要,但对致富起更大作用的是智和巧;贫富的差别,贫富的分化,主要是由于个人才智、能力的不同:"巧者有余,拙者不足","贤者辐辏,不肖者瓦解"(《史记·货殖列传》)。但是,个人的才智和能力是不可能均的。

---

① 《物理论》,清光绪八年钱保塘辑本。

　　第三,贫富分化以及富人对贫人的支配、役使,都是自然的:"凡编户之民,富相什,则卑下之;伯,则畏惮之;千则役,万则仆,物之理也。"(《史记·货殖列传》)

　　这样,均财富、抑制贫富分化的主张,在司马迁看来,就成了违反自然的,成了对"物之理"的人为干扰。

　　唐、宋以后,由于门阀世族的衰落和工商业的发展,庶民身份的富人在社会经济中的地位日益重要。他们逐渐成了均富、抑兼并思想指责的主要对象。例如,宋代王安石变法,强调"抑兼并,振贫弱"(《续资治通鉴长编》卷二二五),而他说的"兼并",就把这类庶民富户包括在内。他在谈到"抑兼并"的对象时,就明确地说:兼并者不一定是那些"贵强桀大"之人,一些"阡陌闾巷之贱人",也能"私取予之势,擅万物之利,以与人主争黔首"[①]。所谓"阡陌闾巷之贱人",就是那些不是贵族、官僚和豪门世家,没有特殊等级身份的庶民地主和工商业富户。

　　同这种把庶民富户列为抑兼并对象的思想针锋相对,也出现了一种宣扬"保富"和反抑兼并的思想。南宋的叶适,就是这种思想的典型代表。

　　叶适认为,富民是一国"上下之所赖"[②]。"上"指官府,"下"指贫苦百姓。"上"之所赖,意思是国家的赋税主要由富户负担。他说:富民"上当官输,杂出无数;吏有非时之责,无以应命,常取具于富人"[③]。"下"之所赖则是说:富人出租土地、雇工,为贫民提供就业机会;富人放高利贷,可解贫民急需。他称富人的这些行为是为国

---

①　《王临川集·度支副使厅壁题名记》。
②　《叶适集·民事下》。
③　同上。

家"养民":"小民之无田者,假田于富人;得田而无以为耕,借资于富人;岁时有急,求于富人;其甚者,庸作奴婢,归于富人;游手末作,俳优技艺,传食于富人。"①

在叶适的笔下,富人收租、放高利贷,玩弄俳优以至买人为奴婢,都是"养民"的善举!

这种"养民",是要被"养"者付出沉重代价的。叶适也承认这一点,但他认为,这是富人应得的利益:"虽厚取赢以自封殖,计其勤劳,亦略相当矣。"②

既然富人养民有功,而由养民取得的财富又是富民所应得的,因此,对富人及其财富就应该尽力保护,而不应抑制和损害。叶适提出了"保富"的主张,并要求国家定为国策。他坚决反对抑兼并,反对"破富人以扶贫弱者"③。甚至对那些"贪暴过甚"、民愤较大的富人,叶适也主张尽量从宽处理,给予一定教诫,使他们"自改则止",也不应因惩而"破坏富人"④,使他们的财富受到重大损害。

叶适不仅反对抑兼并的行为和政策,还极力反对抑兼并的思想,认为宣扬抑兼并的思想会使"客主相怨,有不安之心"⑤。"客"指佃户(当然称为"佃客"、"庄客")、雇工,"主"指地主、雇主。叶适认为:佃农、雇工等受到抑兼并思想的影响,就会怨恨地主、雇主,而不安于自己的悲惨处境,这对"保富"是不利的。

十分明显,叶适反对均财富,反对抑兼并的思想,所反映的是

---

① 《叶适集·民事下》。
② 同上。
③ 同上。
④ 同上。
⑤ 同上。

当时那些新崛起的庶民地主和工商业富民的利益。

三、均入论

均入的思想是战国时期法家代表人物首先提出来的。前面讲到,法家把农战看作实现富国强兵目标的唯一途径,要求尽量驱使更多的百姓从事农战。但是,他们认为工商业的赢利率高于农业是妨碍他们这种努力的一个重要因素,因而千方百计地企图压低商利,增加农利。不过法家并没有明确地提出"均入"和"均利"的概念。

最先把这个问题以明确的理论形式提出来的,是管子之学的某些有法家色彩的篇章。这类篇章指出:"今以末作奇巧者,一日作而五日食;农夫终岁之作,不足以自食也。然则民舍本事而事末作,则田荒而国贫矣。"(《管子·治国》)这种说法以数字对比的方式提出问题,显然要比法家人物那种笼统的说法,更能给人以强烈的印象。

接着,管子之学的有关篇章又明确提出了"均入"的问题:要防止这种舍本事末、田荒国贫的情况出现,就必须对不同行业的收入,有"术以均之",使得"农、士、商、工四民交能易作,终岁之利,无道相过","民作一而得均"(《管子·治国》)。

法家只是主张压低商利,增加农利,而没有明确地提出实行"均入"、"均利"。法家抱着强烈敌视工商业的态度,他们的抑商利主张实际上是要使农利高于商利,而并不是在农、商之间均利。但是,管子之学的上述论点,却是明白无误的"均入"或"均利"思想。

它不仅使用了"均利"、"均得"等范畴,而且把"均利"解释为在农、士、工、商各行各业中实行"均利"、"均得",这就使"均人"思想开始具有了更为普遍的形式。

《管子》的有关篇章提到:要实行"均人"、"均利",必须"有术"。但是,什么是"均人"、"均利"之术呢?

法家主张以国家政权的活动来调节各部门的"人"或"利"的差别,而国家政权的活动又主要归结为各种政治、法律手段的运用,如赋税、徭役方面的差别对待、限制工商业的经营范围和经营规模,以及为工商业的经营制造困难(如前面提到过的"废逆旅"、"贵酒肉之价")等等。

法家也提到过以经济手段来调节"人"或"利"的问题,如说:工商业者"无田不得不易其食,食贵则田者利。……食粜,食不利;而又加重征,则民不得无去其商贾技巧而事地利矣"(《商君书·外内》)。这里说的"食贵则田者利",意思是粮价高则可提高农民的"人"或"利"。而且,食贵主要是因工商业者"无田不得不易其食",处在了不得不买,虽价高也无所选择的地位。但是,如果农民也处于不得不卖的地位,那就仍然不见得会出现"食贵"的情况。事实上,当时农民卖粮,主要是迫于纳税、归还高利贷或家有急需,因此,农民在交易中的地位总是比工商业者更不利。现实的情况,更多的不会是法家所希望的"食贵",而恰恰是"谷贱伤农"。法家想通过经济活动自身的作用来调节"人"和"利",是完全不可能的。他们要想使"食贵",唯一能做的就是用行政手段限制粮价,把粮价强行规定到一个相当高的标准。可见,法家用经济手段调节"人"或"利"的主张,是没有什么实际意义的;他们的均人、均利之"术",在实行中只能归结为行政、法律手段。

管子之学明确地提出了均利之术的说法，并且把"农、士、工、商，终岁之利，无道相过"作为均入、均利的目标；但是，他们说的均利之术，仍然不过是"禁末作，止奇巧"之类的政治、法律手段。

在"均入"或"均利"的问题上，认识得最深刻、最值得称述的是司马迁。

前面谈到，司马迁在财富分配问题上是不赞成均的；对"入"或"利"，他显然也不主张以"术"或人为的手段来"均之"。但是，他对"均入"、"均利"问题的研究和论述却是相当多的：不仅从士、农、工、商这些社会分工的大领域，而且从经济活动的多种多样的具体行业，指出了"均入"、"均利"现象的存在，还分析了造成"均入"、"均利"的机制。

他把农、工、商、贾同拥有爵邑的诸侯、封君相比较，指出：一个封邑千户的"千户侯"，每年从封邑中得到的租税为二十万钱；"庶民农、工、商、贾率亦岁万息（利润）二千"，如有百万资金，每年利润也是二十万。由此，他认为农、工、商、贾各种行业的较大规模经营，都会把20％的利润作为投资经营的最低限度。他列举了饲养马、牛、羊、豕，捕鱼、伐木以及粮食、园圃和各种经济作物的种植，铜、铁、木器、纺织等手工业，醯、酱、酒的酿造销售，还有商业、牙行、高利贷等几十种行业，指出这些行业按照20％的利润率，当经营达到一定规模时，都可每年得到二十万钱的纯收入。如果有的行业利润不及20％，有资金者是不肯投资经营这种行业的，"它杂业不中什二，则非吾财也"（《史记·货殖列传》）。

司马迁没有谈论行业之间利、入不均的矛盾，更没涉及怎样使之均的所谓均之之术；他只是指出了多种多样的行业之间利、入趋于平均的现象。"率亦岁万息二千"，这显然是对现实中存在的现象的描述。既然是现实中存在着的现象，能够看到并加以指出的，也就不会限于司马迁。早在战国时期，已有人指出："周人之俗，治产业，力工商，逐什二以为务。"（《史记·苏秦列传》）但是，司马迁不仅看到并指出了这种现象，而且开始触及了形成这种现象的机制，那就是私人经营者（即他说的"庶民农、工、商、贾"）为了追求利润而进行的竞争。他显然已经觉察到，私人为了"求富益货"（《史记·货殖列传》），总是把资金投向利润率高的部门，而判断利润率高低的标准，就是20%这一当时大多数行业都能得到的一般利润率，农、工、商、贾各行业的经营者，都不愿经营利润率在20%以下的行业。

司马迁还没能对竞争怎样使不同行业的利润趋于平均的机制和过程做出具体的分析、说明；但他已指出了私人投资选择利润率高的行业，而且指出了20%的利润率这个判断利润率高低的标准。因此，可以断言，司马迁的分析，已经在很大程度上接触到了均入、均利的机制问题了。

商业资本最容易流动，因而在商业领域首先出现利润率平均化的倾向。即使在自然经济还占优势、工商业很不发达的历史时期，在某些商业较繁盛的地区，也有可能在商业的较多行业中出现利润率平均化的趋向。西汉时期工商业有了一定发展，司马迁又是一个对工商业状况比较了解并有较强观察力的学者，因而能对各行业利润率平均化的趋向及其机制达到这样的认识。

司马迁不是从国家政策的需要考虑均入、均利的问题，而是把均入、均利作为经济运动客观过程的趋向来把握，这是他远过于前人和同时人之处。但是，当时还是自然经济占绝对优势的时代，利润率趋于平均化的现象，只能在极有限的范围中发生。司马迁把它作为农、工、商、贾各业中广泛存在的趋向来描述和论断,又未免有些超越现实了。

司马迁反对在个人之间"均财"、"均富",因为他认为这是违反经济运行的自然趋向的。他没有反对过在不同行业之间"均入"、"均利",因为,他认为均入、均利是经济运行的自然趋向的表现。但是,也正因此,他从不谈论什么均之之术。

四、均土地论

在传统经济思想中,均土地的论述,要比均富、均入的思想更为丰富多彩。

均土地的思想是针对土地兼并及其后果而产生的。

在土地私有为主的中国传统农业社会中,土地兼并是一个牵动着社会各方面利害的大问题。两千年中,一直受到朝野人士的普遍关注。

土地私有就意味着土地可以自由转让。这种转让不管是通过什么形式,其基本趋向总是由小的土地所有者转入大土地所有者手中,也即是由大土地所有者不断兼并小土地所有者,兼并的结果必然使土地日益集中,形成"富者田连阡陌,贫者无立锥之地"的局面。

在隋、唐以前,兼并土地的主要是具有强大门阀势力的豪强世族地主;隋、唐以后,则主要是以财富称雄的庶族地主。豪强世族地主对农民有着很强的人身支配,以"宾客"、"部曲"等形式,奴役着大批农民。他们的土地兼并,是把对土地的兼并和对农民的人身兼并结合在一起的：原来独立的农民，在土地被兼并的同时，自身也就转化成为豪强世族地主的"宾客"、"部曲"，不仅为他们佃耕土地，还在本人及家属的人身方面依附于他们，受他们的支配和奴役。庶族地主对农民的人身支配权较小，在农民土地被其兼并后，农民可以合同的形式成为他们的佃户；也有权为其他地主佃耕土地，或者转往非农职业谋生。不论为豪强世族地主所兼并，或者为庶族地主所兼并，对被兼并的农民而言，总是意味着处境的严重恶化。因此，土地兼并的过程必然是地主和农民利害冲突不断加剧的过程。

大地主不仅兼并众多的农民，往往还利用自己的巨额财富和权势，兼并一些较小地主的土地；而各种不同的地主（如官僚地主和商人地主）之间，也常为土地兼并而发生着冲突和争夺。

大地主多能利用自己的强大势力瞒产逃税。因此，土地兼并越发展，土地越集中，纳税的土地及实收税额就越减少。豪强世族地主由于还兼并农民人身，农民在被兼并后就由为国家服徭役的"编户齐民"变成豪强世族地主的"私属"，而不再具有自行承担国家徭役的身份。这样，土地兼并的发展会使国家赋税、徭役的基础不断缩小，从而使国家和土地兼并者之间的利害分歧也越来越扩大。

于是，土地兼并成了一个同社会各方面的利害都密切相关的问题。人们从不同角度探讨、议论这个问题，形成了各种各样的方案和见解。

由于受土地兼并之害的是大多数人，国家的赋税、徭役也受其威胁，而且，土地兼并加剧社会矛盾和社会冲突，还会导致动乱，危及王朝的统治秩序，因此，反对土地兼并，主张以均土地来抑制土地兼并，就成为传统经济思想在土地问题方面的主流。

在秦统一六国前，有些著作（如《孟子》《周礼》等）已提出了分配土地的方案；但它们主要是为安置当时社会中的大批"无恒产"之民而提出来的。春秋、战国时期的社会大变动，使大批有劳动能力的人从生产中游离出来。一些思想家，为了重建社会秩序，企图利用国有土地为他们"受田"，而设计出了一些不同的方案。这时，地广人稀，土地兼并尚未成为一个受人注意的问题。因此，秦统一以前的田制思想，未有反对土地兼并的内容。

秦统一后，"使黔首自实田"（《史记·秦始皇本纪》），在全国范围中承认了土地私有权。西汉使统一的中央集权专制政权巩固下来，农业在土地私有制的基础上得到了恢复和发展，而土地兼并也随之发展起来，逐渐受到了人们的注意。

汉初，晁错首先看到了土地兼并问题。他指出：当时商人利用农民的困难，以高利贷掠夺农民，兼并农民土地，使农民"卖田宅，鬻子孙以偿债"（《汉书·食货志》）。

晁错只是看到了土地兼并问题的一个侧面（商人利用高利贷兼并农民土地），而且只是指出了问题，并未提出解决土地兼并问题的方案，没提出均土地的要求。这种情况说明，汉初土地兼并还未十分严重。

汉武帝时期的董仲舒，是首先对土地兼并的性质、状况、后果以及对策等进行了全面分析、论述的学者。他指出：

第一，土地兼并是土地私有制的必然产物。

他说："秦用商鞅之法，改帝王之制，除井田，民得买卖，富者田连阡陌，贫者无立锥之地。"（《汉书·食货志》）

董仲舒把土地私有制的出现归咎于商鞅，是不符合历史事实的,但他把土地兼并和土地集中看成是土地私有、"民得买卖"的产物,则是对土地兼并的性质和原因的正确认识。

第二,土地兼并是财富分配不均和贫富两极分化的基础。

董仲舒指出:田连阡陌的富豪,以苛重地租盘剥贫苦无地的农民,后者"耕豪民之田,见税什伍"(《汉书·食货志》)。正是在这种基础上,富豪们"邑有人君之尊,里有公侯之富",而贫民则"衣牛马之衣,食犬彘之食",贫富两极分化日益严重。

第三,土地兼并是一个关系到社会秩序和王朝统治安危的尖锐问题。

董仲舒认为:贫富严重分化,贫民生活无门,必然导致犯罪率不断上升,终将发展到大批农民"亡逃山林,转为盗贼"的武装暴乱。

第四,要解决贫富严重分化,巩固王朝统治,必须限制土地兼并。

董仲舒认为:解决土地兼并及其造成的后果,治本的办法是恢复历代儒家学者所称颂的"井田"制;但井田制已"难卒行",比较现实的办法是"限民名田,以澹(赡)不足,塞并兼之路"(《汉书·食货志》)。

"限民名田",即限制私人占有土地的数量。董仲舒是历史上第一个针对土地兼并而提出均土地要求的人。不过,对怎样限田,董仲舒并未提出具体方案。西汉末,师丹、孔光、何武等提出:私人占有土地限额最高为300顷,超过部分限三年内自行处理,逾期则由国家没收。限田的方案至此开始有了具体的形式。

限田是中国传统经济思想中均土地思想的基本模式之一。后代各种各样的限田主张,均以董仲舒、师丹、孔光的限田思想为嚆矢。

均土地思想的另外两个基本模式是井田和均田。

西周曾实行过井田。战国时期孟轲设计过一个"井地"方案：以国有土地授田于农民，授田以井为单位，每井900亩，中间100亩为"公田"，周边800亩分授给8家，称为"私田"。8家各耕自己的私田，收获归己；共同耕种公田，收获归国家。这实际上是以耕种公田的劳动作为地租。孟轲的设想，给后代的井田模式提供了蓝本，但孟轲的井地方案不是针对土地兼并而提出的。这在前面已论述过了。

秦汉时期，"井田"日益成为儒家学派用以反对土地兼并的理想化的田制。董仲舒在倡议限田时，就把井田看作比限田更合理的田制，只是因为它不易实行，所以才倡议限田。

此后，人们对"井田"的空想设计越来越具体化，终于形成了一个完整的模式：以国有土地按井对农民授田，每井900亩，8户农民各受"私田"100亩；中间的100亩，以其中20亩分授给8家为宅田，供种桑、养蚕及饲养畜禽，余80亩为公田，由8家各负责耕种10亩，收获归公，作为各家使用国有土地交付的地租。①

这个方案显然是以孟轲的方案为蓝本设计出来的。但是，它不但在公田数量以及耕作、管理方式等方面和孟轲的方案有所不同，更重要的是，它是为了抑兼并而设计出来的。东汉末的经学家何休，以注经的形式完整地描绘了上述井田方案②，并赞颂"井田"说："夫饥寒并至，虽尧舜躬化，不能使野无寇盗；贫富兼并，虽皋

---

① 见《春秋·公羊传解诂》，鲁宣公十五年。
② 班固在《汉书·食货志》中，已大体勾画了这一方案，可见把井田作为解决土地兼并问题的模式，在两汉人士中早在酝酿了。

陶制法,不能使强不凌弱。是故圣人制井田之法而口分之。"①这话表明:何休虽然是以注经、解释"圣制"的手法提出"井田"方案,实际上却是把它作为均贫富、抑兼并的理想方案来设计的。

孟轲的井地,是为解决"无恒产"的"野人"(农民)的土地问题而设计出来的,并未企图在农业中普遍推行。他说:"国中什一使自赋"(《孟子·滕文公上》),就表明不拟在城市、郊区实行井地。汉代人的井田方案,是针对土地兼并而提出的均土地方案,因而,它同限田一样,是均土地思想的一种基本模式。

限田只是限制私人土地占有数额,而不包括怎样组织农业生产的问题,可以说,它唯一的出发点是"均"。井田则不仅体现了均的要求,还是一个组织农业生产的模式。它对私田及公田的耕作、宅田上的副业经营等,都作了设计。再加上,它又是被儒家学者所称颂的"圣王"遗制。因此,它在田制思想中的地位,比限田更高。

限田在西汉末曾一度颁令实行,但未成功。井田方案则从未实行过;而且,从董仲舒开始,推崇井田的人,多半同时认为它"难卒行"、"不可复"。

东汉末的仲长统极力主张复井田,盛赞井田制是使百姓家给人足、国家长治久安的基础;但是,他也并未提出复井田的具体方案,而是针对东汉末大乱之后"土广民稀"的情况,提出了一个解决土地问题的变通的方案。这一方案包括以下两点内容。

第一,"限以大家,勿令过制"(《后汉书·仲长统传》附损益篇),也就是对大土地所有者实行限田。

---

① 见《春秋·公羊传解诂》,鲁宣公十五年。

第二,"其有草者,尽曰官田,力堪农事乃听受之"(《后汉书·仲长统传》附损益篇)。意思是:对荒地一概收归国有,授给有劳动能力而无田可耕者。

仲长统的这个方案,不同于"限田",也不同于"井田"。限田是在土地私有制的前提下,限制占田的最高限额,以抑兼并。井田则是利用国有土地按"井"对农民授田。仲长统的方案是既承认土地私有(限制数额),又利用国有土地进行授田。授田不仅是为了"均",更主要的是依据"力",即劳动能力。

仲长统自己还意识不到,他的这个方案实际上在田制思想中开启了一种新思路。二百余年后,一种均土地思想的新模式——"均田",事实上正是和仲长统的方案循着同样的思路设计出来的。

公元485年,中国北方的一个少数民族——鲜卑族拓跋氏——建立的北魏政权,颁布了《均田诏》,在肯定私人已占有土地的产权①的同时,利用国有土地对农民办理受田。受田者分良丁、奴婢、病残幼寡及耕牛四种。良丁为列入国家户籍、年龄在15—60岁的自由民,即所谓"编户齐民"。良丁每人受田数为:丁男每人露田40亩,桑田20亩,丁女只受露田20亩。成年奴婢受露田同于良丁,但不受桑田。耕牛每头受田30亩,但以4头牛为限。病残幼(11—15岁)等弱劳动力,每人受田20亩;寡妇未再嫁的,受"妇田"20亩。

良丁年满60岁的,须还田(露田)于国家;奴婢、耕牛死亡或转让,也要按减少的数量还田。有受有还,是为了保持土地的国有性质,以保证均田制的继续实行。

---

① "均田"制的倡议者李安世就针对当时民间产权的争讼提出建议说:土地原主有充分证明的由原主收回;如"事久难明"、证据不足,则"悉属今主"。

桑田有受无还，但受田者必须按国家规定在桑田中种足桑、榆、枣等树木，如种不足数，则国家收回相应的桑田亩数。

受田者承担向国家缴纳租调的义务。一夫一妇年纳粟2石，谓之"租"，帛1匹，谓之"调"。此外，还要按国家规定服徭役。未婚男女4人，奴婢8人，耕牛20头，缴纳一夫一妇同等数额的租调。

均田制的主要指导思想是：

1. 不触动原有的私田，但以"官田"进行授田。

这同仲长统的主张是一致的；但仲长统对私田还要"限以大家"，均田制则无此限制。

2. 在一定程度上有均土地的要求。

它名为"均田"，在办理受田时确实也考虑均的原则。均田的倡议人李安世曾说：均田要使"雄擅之家，不独膏腴之美；单陋之夫，亦有顷亩之分"、"细民获资生之力，豪右靡余地之盈"（《魏书·李安世传》）。可见，北魏是企图通过均田，对土地兼并施加一定限制的。

3. 恢复和增加农业生产，以富国、富民，增强国力。

均田的最主要出发点，是尽可能充分利用劳动力、土地和其他生产要素，以恢复和发展农业生产。授田不是按人口，而是按劳动力强弱；露田有受有还，而桑田只授不还，以适应林木生产周期长的特点。对于耕牛也实行授田，使当时农业生产中这一最强的动力，能得到较充分的利用。李安世说：均田要使"力业相称"，"土无旷工，民罔游力"（《魏书·李安世传》)，意思就是使人和物、劳动力和生产资料这些生产要素能更好地结合起来，从而有利于农业生产的发展。

均田不仅是一个反土地兼并的思想、理论模式，还有一个实际存在过的土地制度：自北魏开始，北齐、北周、隋、唐都曾颁行"均田"，直至唐中叶才陷于废坏，历史长达二百余年。

限田、井田、均田，是秦、汉以后逐渐形成起来的均土地思想的三个基本模式。在中国传统的经济思想中，均土地的思想层出不穷，但绝大多数都是这些基本模式的变种。

除了这三种基本模式及其各式各样的变种而外，反对土地兼并的思想中，较值得注意的还有以下一些内容。

一是减租思想。

地租是土地所有权在经济上的实现。因此，限制地租也就意味着对土地所有权的限制，没收地租就意味着对土地私有权的否定。1840年以前，中国尚未有过没收地租的思想；但限租或减租的思想，却一再有人提出。

西汉董仲舒、东汉荀悦，都已指出过土地兼并者不仅占有大量土地，而且以苛重地租压榨农民；但都只是提出了限田的主张[1]，而未涉及限租、减租的问题。最先提出减租主张的是唐代的陆贽。陆贽在唐中叶均田制已完全废坏后，面对土地私有制的更充分发展和土地兼并的加剧，极论地租苛重之害。他认为农产品是农民生产出来的，但在土地私有制下，则被兼并土地的人以地租的形式占去很大部分："土地王者之所有，耕稼农夫之所为，而兼并之徒，居然受利。"[2]他怀恋均田制下租调归国家的情况，认为均田制废坏后租调为私人地主所吞，国家及农民两方均受损害："稽人安得足食，公廪安得广储？"[3]但是，陆贽也深知回到均田制是不可能的，

---

① 荀悦主张按家庭人口数限田，并只许使用，不得买卖。见《前汉纪》卷八。
② 《陆宣公翰苑集·均节赋税恤百姓》，第六条。
③ 同上。

因此,他提出了从土地所有权和地租率两个方面进行限制的主张:"凡所占田,约为条限;裁减租价,以利贫人。"①

清初的顾炎武,根据当时苏南农村土地高度集中的情况,特别强调减轻地租对均贫富的意义。明、清两代,江南赋重,而江苏东南地区尤甚,要求在这一地区减赋的呼声极为强烈。顾炎武认为:"吴中之民,有田者什一,为人佃作者什九。"②而且,在这一地区,地租率高者达百分之八九十,低者也有50%。在这种情况下,减赋只能使占人口总数10%的地主得利。因此,他主张减赋应与减租并行,把地租率减至"上田(亩产3石左右)不得过八斗"。这样,才可使"贫者渐富,而富者亦不至于贫"。③

二是耕者有其田思想的先声。

清初著名的颜李学派揭露土地兼并和土地集中的严重状况,指出:大地主"一人而数十百顷",而贫苦农民"或数十百人而不一顷"④。这种情况不仅使贫富对立尖锐,而且极不利于农业生产的发展。他们强烈主张"均田",认为均田是"天下第一仁政"⑤。不过,他们说的均田,不是北魏至隋、唐那种利用国有土地办理受田的均田模式,而是主张在土地私有制的基础上,把土地逐渐由地主所有转变为耕者所有。颜李学派的创始人颜元主张:凡地主出租的土地,准其收租三十年;三十年后,则产权转为耕种土地的农民所有。⑥颜李学派认为:实现这种产权改革,耕者能有自己的土地,

---

① 《陆宣公翰苑集·均节赋税恤百姓》,第六条。
② 《日知录》卷一〇。
③ 《四存篇·存治》。
④ 《拟太平策》卷二。
⑤ 同上。
⑥ 同上。

就会大大提高生产积极性："上粪备精"、"地辟田治，收获自加倍蓰"①。颜元的学生王源明确提出了"有田者必自耕"②的口号。他所谓"自耕"，不仅排除了出租土地，而且主张"勿募人以代耕"，即不许"有常工为之治田"③。这实际上是限定占有土地者只能靠本人及家属的亲身劳动来耕田。这就把一切土地所有者都变成了以自己劳动耕田的耕者。颜李学派，尤其是王源的主张，可说是后来"耕者有其田"思想的先声。

在中国传统经济思想中，也有一些对"均土地"持异议的情况。晋代李重就强调：自秦、汉以来，土地私有早已成为定制，国家的政策、法令，只能顺应这种历史条件，而不应违背它："王者之法，不得制人之私。"（《晋书·李重传》）因此，他坚决反对同时人恬和的限制土地兼并的主张。

宋代以后，土地私有制更为发展，反对均土地的思想也随之有所发展。南宋叶适认为：土地私有制"使民自养于中"，是最好的土地制度。他坚决反对抑制土地兼并的主张，强调："儒者复井田之学可罢，而俗吏抑兼并富人之意可损。"④明代丘濬从"安富"的主张出发，反对任何抑兼并的主张，其中也包括抑制土地兼并的要求。他认为：自周代的井田制废坏以后，"田不在官而在民"⑤，土地私有制由来已久，不应加以否定或限制。由此，他提出了在土地所有制问题上"听民自便"⑥的口号，不但反对"复井田"的主张，

---

① 《平书订》卷七。
② 同上。
③ 同上。
④ 《叶适集·民事下》。
⑤ 《大学衍义补》卷十四《制民之产》。
⑥ 同上。

而且认为"限田之议，均田之制"，也都"拂人情而不宜于土俗"①。这样，丘濬就把传统经济思想中均土地、反对土地兼并的三种基本模式，无一例外地给否定了。

丘濬在理论上是完全反对均土地的，但是，他同时又提出了一个限田的方案，主张以某一特定时间为限，在此以前私人占有的土地，不论多少皆允许其继续保留；在此时限以后，一夫占田只限一顷。不足一顷的，可买进差额，但不得买过差额；已足一顷的，则不许再买。他把这种限田办法称为："不追咎其既往，而唯限制其将来。"②

这种限田的办法，不是丘濬的发明，宋代早已有人提出类似的主张。但是，像丘濬这种在理论上反对均土地的人，竟然也提出了限田的方案，这在一定程度上反映了当时土地兼并、土地集中程度及其后果的严重，反映了社会上反对土地兼并呼声的强烈。

（原载《中华文化通志·经济学志》，上海人民出版社1998年版）

---

① 《大学衍义补》卷十四《制民之产》。
② 同上。

9　中国传统人口思想探微

中国历来重视人口问题,不仅后来人口众多时如此,古代人口稀少时也是如此;不仅思想学术界十分关心和重视人口问题,封建王朝官方也一贯重视人口问题,总是把它作为国之大政来抓。正因如此,中国历史上积累下来的人口思想和人口政策的文献资料十分浩繁,内容丰富多彩。对这笔历史遗产加以整理研究,弄清其特点和发展演变的规律性,对深刻认识当前中国人口问题及其同经济发展问题的关系,也是有重要借鉴意义的。

一、庶富关系论——中国传统人口思想的核心

中国历来对人口问题的探讨,大多是同经济问题联系着的,庶和富的关系,也即人口多少同财富的关系,一直是中国传统经济思想所深为重视的一个研究课题。在中国古代,谈论人口问题而不涉及经济问题的情况是有的,例如,"不孝有三,无后为大"的说法,就是从封建宗法制"奉宗庙"、"延宗祀"的要求考虑人口问题。这种人口观,在中国历史上有深远的影响。但是,本文不是一般地谈论人口问题,而是研究历史上人们对人口和经济相互关系的认识,对这封建宗法制的人口观,就置而不论了。

古代思想学术界所以重视人口问题，是由于把人看作社会生产和经济发展的一个基本要素。

中国人早就把人和土地看作生产的两个要素，并且认为，二者之中，人的要素更为重要。《大学》："有人此有土，有土此有财。"①《管子》则说："穀非地不生，地非民不动。"②这些说法表达得都很清楚：人和土地这两个生产要素，必须结合起来，才能进行生产；而在这两个生产要素中，人的要素是起着主动作用的。

看来，早在两千多年以前，中国人对"劳动是财富之父，土地是财富之母"的观点，已经认识并阐述得相当明确了。

古代地广人稀，到处有可以开垦的土地，土地这个生产要素，是相对丰裕的；生产的工具和装备，又十分简陋，在生产中发挥的作用不那么显著和突出。在这种情况下，人在生产要素中的地位自然就特别受重视。

历代封建王朝官方所以重视人口问题，是从国家赋税、徭役的需要考虑的。徭役的承担者是人；赋税的计征对象可以是人（例如人头税），也可以是物（实物，货币），但赋税的承担者也只能是人。不论农业税、工商税、财产税、户税和人头税，都是如此。在唐代中叶实行两税法改革之前，主要的税种租、调，也是以"丁"或"夫"作为计税标准的。

赋税和徭役是封建王朝的生存基础。为了确保赋税、徭役来源，官方历来都重视对人口的控制和管理。早在公元前789年（周宣王三十九年），西周就在一次战争失败后为了补充兵源而进行了

---

① 《礼记·大学》。
② 《管子·八观》。

"料民"①,即人口调查。《周礼》一书已经设计出了一套相当完备的人口调查、登记和户籍管理的制度。记载全国耕地状况的资料"图"和记载民户人口状况的资料"籍",是历代封建王朝实施统治的基本资料。一个王朝覆灭后,代之而起的王朝无不首先"按图籍"②,即接管前朝的耕地和人口资料。一个新王朝建立后,也要尽快建立自己的"图籍"。

由于国家的赋税徭役都取自人,封建王朝对人口的资料"籍"的重视,还更甚于耕地的资料"图"。东汉末,建安七子之一的徐干就把一国的统治者"周知民数"③,即详细掌握人口数量称作"为国之本",并反复论证说:"故民数者,庶事所自出也,莫不取正焉:以分田里,以令贡赋,以造器用,以制禄食,以起田役,以作军旅……"④"治平在庶功兴,庶功兴在事役均,事役均在民数周。民数周,为国之本也。"⑤

从生产要素的角度重视人口问题的,多是学者和思想家,或具有学者、思想家特色的官方人士;从赋税、徭役的角度重视人口问题的,则主要是封建王朝的政府机构和官方人士。

严格地说,能够作为生产要素发挥作用的,并不是所有的人,而是有劳动能力并进行生产劳动的人,幼、少儿及老年以及病残等不具备劳动能力或失去了劳动能力的人,不是生产要素。古代从生产要素角度考虑人口问题的人,一般不能清楚地分清这两种情

① 《国语·周语上》。
② 《战国策·秦策》。
③ 《中论·民数》。
④ 同上。
⑤ 同上。

况，人口思想中的分歧和混乱，在很大程度上是同这种认识局限有关的。

赋税、徭役的承担者，也不是所有的人。抛开那些因身份、特权或职业而不纳赋税或不服徭役的人（如贵族、官僚、僧道等）不计，在承担徭役的户中，服徭役的也只是"丁男"，即成年男劳动力；赋税在很长的时期中，也主要是以"丁"计征，唐代中叶以后，才逐渐改为按资产计征。因此，官府从赋税、徭役角度考虑人口问题，重视"民数"，实际上关心的主要是丁数。虽然官府的户籍也包括非丁人口，但重点则是登记、载录各户的丁数，以便计征赋税、徭役，有时甚至仅包括丁数。这种情况使人口统计数字往往很不完备，很不准确，为研究历代人口变迁造成很大的困难。

二、求庶论及其在传统人口思想中的地位

中国古代有多种多样的人口思想，但以谈论人口数量问题者居多，其中尤以求庶论占主要地位。

孔子就把"庶"看作一国兴旺发达的标志之一，看作是施政有成效的一个重要表现。他在游历卫国时，对自己的学生冉求赞叹道："庶矣哉！"冉求问："既庶矣，又何加焉？"孔子回答说："富之。"冉求再问："既富矣，又何加焉？"孔子答："教之。"①

卫国曾被狄人灭亡，后经齐桓公援助复国。孔子赞扬"庶矣哉"，是肯定卫国复国后施政有成效不过，孔子认为人口增多只能

---

① 《论语·子路》。

是施政成效的一个方面,还必须使一国百姓经济富裕,并且受到良好的教育、教化,才算是把国家真正治理好了。

孔子同时提出庶、富、教三者,并且把庶排在最前头。这种排列顺序并不见得反映了孔子对施政顺序的想法,更不能据此断言孔子认为治国必须先求增加人口,然后才能致力于富和教;而无宁说:孔子认为治国只使人口众多还不够,必须使百姓更富裕,更文明,才算是把国家治理好了。

孔子赞扬"庶",也不见得他是认为一国人口越多越好,而只能说,他认为在残破衰敝的卫国,人口增多是国势稳定、国力恢复的表现。

对于怎样求庶,孔子只谈到过从国外招引移民。他认为:只要把本国治理好,邻国的百姓就会受到吸引而纷纷前来归附,本国的人口就会增多了。孔子一再宣扬:"近者悦,远者来"①,"四方之民,襁负其子而至矣"②。都是说的这种求庶之道。

孔子的这种求庶之道,是一种招引外来移民使本国人口机械增长的办法。他对通过国内人口的自然增殖来求得人口有机增长的途径,未曾论及。

孔子事实上只提出了一些零散的人口观点,还没能构成比较完整的人口思想。但是,孔子在古代思想家中率先提出了求庶的观点,是中国传统人口思想的主流——求庶论的嚆矢。他把庶、富、教三者并列为一国兴旺、繁荣的标志,这表明他所希望的庶,决不是同贫困、愚昧结合在一起的人口多,而是同经济富裕和文明程度

① 《论语·子路》。
② 同上。

的增进相联系的人口多。这种包含着对人口的物质和文化状况的关心的人口观点，是十分可贵的。后代的人口思想，虽然在体系的完整、内容的丰富和理论的深度等方面都超过了孔子，但在这一方面却没能对孔子的思想有进一步的发扬。

孔子在人口问题方面的议论，充其量不过数十字，但是，它对传统人口思想乃至对传统经济思想的影响，都是极为深远的。

对孔子和儒家都持激烈反对态度的墨家学派创始人墨翟，在人口问题上却把孔子的求庶观点接了过去，并且从多方面加以发挥，形成了传统人口思想中第一个比较完整的求庶论体系。

墨翟把"国家富"、"人民众"并列为治国的两大目标，强调："古者，王公大人为政国家者，皆欲国家之富，人民之众。"[1] 又说："天下贫，则从事乎富之；人民寡，则从事乎众之。"[2]

这种治国并重国富、人口众的提法，都是对孔子庶、富结合思想的沿袭。

墨翟不但对治国要求实现既富且众，而且在富和众两方面都提出了"倍之"[3]，即成倍地增长的高目标。他还认为，要使财富成倍地增长，并不太难；要使人口成倍地增长，却极为不易："惟人为难倍。"[4] 为此，他设计了一系列办法以加速人口增长。这些办法大体可以划分为积极的办法和消极的办法两大类。

第一类：积极增加人口的办法。其主要内容是由国家提倡并强制实行早婚、早育和多育。

---

① 《墨子·非命上》。
② 《墨子·节葬下》。
③ 《墨子·节用上》。
④ 同上。

墨翟假托"古圣王之法"说："丈夫年二十，毋敢不处家；女子年十五，毋敢不事人。"①他认为在当时的各诸侯国，这种"古圣王之法"早已废坏无余，以致婚龄平均推迟十年左右，这会使每对夫妇所生子女减少三个左右："若纯三年而字子，生可以二三年（子）矣。"②为了使"人民众"，墨翟首先强调必须复"古圣王之法"，强制实行早婚、早育和多育，使每对夫妇生育更多子女。

和孔子"来远人"的机械增长的办法不同，墨翟增加人口的积极办法是提高人口的自然增殖率，以实现人口的有机增长。

春秋末期，越王勾践曾厉行增殖人口的政策，规定："女子十七不嫁，其父母有罪；丈夫二十不取，其父母有罪。……生丈夫，二壶酒，一犬；生女子，二壶酒，一豚；生三人，公与之母；生二人，公与之饩……"③这和稍后的墨翟所宣扬的办法颇为相似。不过，越王勾践推行这种政策是为了报复吴国，以增加人口来增强军事潜力，因而是一种在一定时期、一定条件下推行的特殊政策。墨翟宣扬"非攻"，他自然不赞成为增加军事实力而推行增殖人口的政策。他所以提倡早婚、早育及多育，是由于他把"人民众"本身看作是治国的一项基本目标。这表明，在他的心目中，积极增殖人口，并不是一时的特殊政策，而是一项基本国策，正如他自己所说的，是具有神圣意义和绝对意义的"古圣王之法"。

第二类：消极的增加人口办法，即用减少人口的损失率来增加人口的办法。用他本人的话说，就是去除各种"寡人之道"④。

---

① 《墨子·节用上》。
② 同上。
③ 《国语·越语上》。
④ 《墨子·节用上》。

墨翟认为,当时各诸侯国存在的"寡人之道"主要有:

其一,赋税、徭役的苛重,使大批百姓衰病死亡,造成人口的减损:"今天下为政者……其使民劳,其籍敛厚,民财不足,冻饿死者,不可胜数也。"①

其二,兼并战争,直接造成大量战士和百姓的伤亡。战时男丁从军出征,夫妻分离,又减少人口的增殖。因此,战争是一最突出、最激烈的"寡人之道":"且大人唯毋兴师,以攻伐邻国……男女久不相见,此所以寡人之道也;与居处不安,饮食不时,作疾病死者;有与侵就援橐、攻城野战死者,不可胜数。"②

其三,贵族的"蓄私",即占有、役使大量妾、婢,使民间男女失配,也造成人口的减少:"当今之君,其蓄私也,大国拘女累千,小国累百,是以天下之男多寡无妻,女多拘无夫,男女失时,故民少。"③

其四,丧葬制度对减损人口的作用:贵族、富人厚葬久丧的制度妨碍适时的婚配、生育,影响人口增殖;以人殉葬的制度,更直接造成大量人口死亡的惨祸。

墨翟对儒家维护的周代丧礼特为反感,其主要理由之一,就是不利于人口的增殖。他指责周代丧礼,长则三年(父母之丧),短亦数月。守丧期间,人们寝苦食粥,不得食肉饮酒,不得婚配,必然使婚姻失时,身体虚弱,生殖能力减退:"冬不仞寒,夏不仞暑,作疾病死者,不可胜计也。此为败男女之交多矣。"④

---

① 《墨子·节用上》。
② 同上。
③ 同上
④ 《墨子·节葬下》。

他抨击当时仍相当严重地存在着的以人殉葬的制度，痛陈："天子杀殉，众者数百，寡者数十；将军、大夫杀殉，众者数十，寡者数人。"①

墨翟揭露了当时存在着这许多"寡人之道"后指出，如不放弃这些寡人之道，要想使"人民众"，"譬犹使人负（伏）剑而求其寿也"②。

为了去除这些"寡人之道"，墨翟主张减轻赋税、徭役，限制蓄私，改革丧葬制度，实行薄葬、短丧，并且实行他的"非攻"主张，制止"攻伐邻国"的战争。他把这些主张称作与"寡人之道"相反的"众人之道"。他认为一方面实行早婚、多育等积极的增加人口措施，另一方面以这些众人之道取代寡人之道，就不但能使"人民众"，而且能做到"人有可倍"③，即使一国人口成倍增长。

墨翟是中国历史上求庶论的典型。他对求庶的意义（治国的基本目标之一）、求庶的要求（人口成倍增长）、妨碍求庶的因素（晚婚、晚育及各种"寡人之道"）以及求庶的途径（恢复"古圣王之法"和实行"众人之道"）等问题，都作了较多、较详细的论述。这样，他的人口思想就不仅有着求庶论的色彩，而且已经初步形成了一个以求庶或求众为主要特点和中心的思想体系。

墨翟的求庶论，是当时的农业、手工业小生产者利益和要求的理论表现。春秋、战国之际的剧烈社会变革，使许多过去处于奴隶地位的农业、手工业劳动者从旧的枷锁下解脱出来，成了能够有自己的生产资料和家庭经济的农业、手工业个体劳动者。他们就是

---

①　《墨子·节葬下》。
②　《墨子·节用上》。
③　同上。

墨翟所说的"农业工肆之人"①。对这些农与工肆之人而言,劳动力是他们生存的唯一本钱。家庭中如有较多的劳动力,尤其是较多的男劳动力,生产就较容易进行,家庭经济就较容易改善,而增加劳动力的途径,从家庭内部而言,就是早婚、早育、多育;从外部而言,就是去除各种"寡人之道"。因此,农业和手工业小生产者,尤其是农民小生产者,对家庭人口众多的要求最顽强,对早婚、早育、多育的观念最执着。

春秋、战国之际,学术思想界出现了一批反映小生产者利益和要求的人物,如墨翟及墨家学派的大多数人物、许行及其农家学派以及《墨子》中提到的吴虑等。墨翟是战国初期代表农业、手工业小生产者利益的思想家中最有影响的人物。他的全部学说,都极力为改善"农与工肆之人"的经济状况和政治、社会地位而奔走呼号②。他的人口思想,所以如此强烈地主张求庶、求众,就十分典型地体现了农业与手工业小生产者的这种特点。

前面提出,孔子在考虑人口问题时是把庶、富、教三者并提的。墨翟从孔子的人口思想中撷取了"庶"(墨翟所谓"人民众")、"富"两项要求,却把"教"给舍弃了。这不是偶然的,而是他所代表的"农与工肆之人"的落后性的表现。

儒、墨之外,先秦法家在人口问题上也是求庶论者。法家主张厉行农战政策以求富国强兵。农和战都要靠人力,在古代技术及装备落后的情况下,更主要是依靠人力。为增加人口,法家也重视

---

① 《墨子·尚贤上》。
② 参阅赵靖:《中国古代经济思想史讲话》第三讲第二节,人民出版社1986年版。

提高生育率。商鞅治秦,曾规定父子兄弟"同室内息者为禁"①。这也有禁止近亲婚配以利于人口增殖之意。不过,法家急功近利的态度,使他们感到,靠人口自然增殖的办法来增加人口,速度不够快,赶不上厉行农战政策的要求。因此,他们在求庶的办法方面,更多的是依靠"徕民",即招徕国外的移民以实现本国人口的机械的,但却是更迅速的增长。

法家求庶的动机,不纯然是经济的。他们不像儒、墨两家那样只是把求庶同求富相联系,而是把庶和富、强相联系。由于法家在富和强二者中更强调的是强,在农、战二者中更着重的是战,他们求庶的非经济动机,要比其经济动机更突出。不过,在求庶的手段方面,法家所利用的却主要是经济手段。战国后期,当秦国为兼并六国而频繁地进行攻战,深感本国人力不足时,就采取"利其田宅,复之三世"②、"不起十年征"③等减免赋税、徭役的办法,以招诱三晋之民来秦国开荒务农。

秦统一后的历代王朝,为了保证赋税、徭役的征收,在人口问题上都是求庶的。国家对地方官的考绩,总是把户口增减作为重要的甚至是主要的标准。

传统人口思想以求庶为主流,而求庶又总是和求富联系着的,"富庶"在汉语中事实上已形成了一个单独的词。在中国历史上,从来不曾有把人口既多又贫看作理想的人口状态的思想。但是,庶和富二者究竟是什么关系?为什么必须庶、富并提,而不应是单纯地求庶或求众?这个问题在长达两千年的时间中,却一直没人

---

① 《史记·商君列传》。
② 《商君书·徕民》。
③ 同上。

讲清楚,甚至无人认真进行过探讨。孔子主要是把它们看作一种机械的关系,即把庶和富加在一起(还要加上"教"),才算把国家治理好了。墨翟比孔子更重视"人民众",对"庶"或"众"的问题发挥得更多,但他也没讲清楚人民众同国家富有什么内在联系,没讲清楚人民众对国家富能起什么作用。

不能揭示庶和富之间的关系,求庶的思想就没有自己的理论基础。

直到19世纪初,包世臣才对求庶和求富之间的内在联系说出了自己的看法。他在反驳当时已经颇为流行的"人多致贫"论(即把人口多看作中国贫困的原因)时说:"夫天下之土,养天下之人,至给也。人多则生者愈众,庶为富基,岂有反以致贫者哉?"[①]

包世臣的逻辑是:人是生产者,一国人口多,生产者就多,生产出的财富就越多。人民众是国家富的基础,人多只会使社会、国家更富,而不会导致更贫。

这就是包世臣的"庶为富基"论。庶为富基论的提出,开始为求庶论提供了自己的理论基础。不过,这个理论基础是不完善的,是包含着一系列错误的。

首先,人并不等于生产者:人并不是生而为生产者,一个发育正常的人,一般在诞生后要经过二十年左右才能养成正常的生产能力,才能成为真正的生产者;而且,在成为生产者后,至多也只能在几十年(一般约四十年左右)起生产者的作用。

其次,有生产劳动能力的人不能赤手空拳地从事生产活动,而

---

① 《安吴四种·庚辰杂著二》。此文作于1820年,但包世臣在1801年已提到"以天下之土,养天下之人,至给也",见《说储上篇前序》。

必须同一定的生产资料和生活资料结合起来，才能够由可能的生产者变成现实的生产者，才能创造出财富。

但是，人和生产资料、生活资料能否结合，怎样结合，是取决于多方面的条件的。这其中既有物质技术方面的条件，也有社会经济方面的条件。如果没有必须的条件，或者条件不完备，人和生产资料、生活资料就不能结合，或者不能充分结合。在不能结合或不能充分结合的情况下，就会一方面存在着众多的有生产能力而不能就业、无法从事生产活动的人，另一方面有着大量闲置的、得不到利用的生产资料不能就业、不能同必要的生产资料和生活资料相结合的人，就是社会上的过剩人口。过剩人口自身当然是贫穷的；他们的人数多到一定程度，社会、国家也会为贫穷、不安所困扰。人多虽不是贫困的原因，但人多在和贫困并存时，却使问题具有特别惊心动魄的性质。

显然，求庶论者是不承认有人口过剩问题的，自然也不可能理解这一问题的意义并为之寻求对策。

三、同求庶论相对立的人口思想

在中国历史上，对人口的庶或众抱消极态度的，最早的当推道家，道家宣扬"小国寡民"①的社会理想，自然是不赞成人口众多的。不过，道家从未正面反对和批判过求庶论，它还不能算是求庶论的直接对立面。

---

①《老子》，第八十章。

　　首先看到人口过剩现象，并试图从理论上加以说明、论证的，是战国末期的法家学者韩非子。

　　韩非说："今人有五子不为多，子又有五子，大父未死而有二十五孙，是以人民众而货财寡，事力劳而供养薄，故民争。"①

　　"人民众而货财寡"，人多财少，人浮于财，这就是说：社会上存在过剩人口。

　　为什么会存在过剩人口呢？在韩非看来，这是人口增长速度高于财富增长速度的必然结果。他把人口看作是按照几何级数增长的：1→5→25……财富按怎样速度增长呢？韩非没具体说。但是，他肯定是认为财富增长没有人口增长快，否则，就不致"人民众而货财寡"了。

　　韩非对人口过剩，不仅是作为一种现象，还是作为一种规律指出来的。因为，他是把人口增长速度快于生活资料增长速度看作一种由自然原因所决定的必然趋势，这种趋势是在任何历史时期都存在着的，只不过是，在远古时代，由于人烟稀少，表现得不够明显、不够强烈而已。

　　可见，韩非心目中的人口过剩是绝对的人口过剩，是不依社会历史条件为转移的人口过剩。

　　在韩非的时代，战国七雄加在一起，不过有两千万左右的人口，大部分地区地广人稀，未开垦土地极多，已垦地也多经营得很粗放，生产提高的潜力很大，韩非说的这种人口过剩现象，在当时决不可能是普遍存在的现象。

　　当然，人口过剩的现象，在当时也可能是有一定程度的存在的；

---

　　① 《韩非子·五蠹》。

否则,韩非也不可能凭空设想出人口过剩的问题来。

韩非是韩国人,活动于战国末期。当时的韩、魏两国,尤其是韩国,邻近秦国,长期受秦攻打,国土已丢失大半。被攻占地区的人民,不愿归附秦国,纷纷向还未丧失的国土上转移,以致使仅存的国土上出现地狭民稠、人众财寡的现象。当时的秦国就有人指出韩、魏的处境是:"土狭而民众,其宅参居而并处……民上无通名,下无田宅,而恃奸务末作以处,人之覆阴阳泽水者过半。"①

这种现象,秦国的人描绘得如此具体,身在韩国的韩非自然更是亲见熟知的。韩非对外主张用兼并战争统一列国,对内主张加强君主专制以巩固封建势力的统治,在思想方面就要宣扬一种暴力论的哲学,把人和人的关系看成是一种极端对立的、互争的关系。为了把这种对立、互争的关系说成是一种天然的、绝对的事物,于是就把当时韩国实际存在着的人口过剩现象绝对化,作为自己宣扬暴力哲学的理论依据。

然而,当时这种"土狭而民众"的人口过剩现象,只是局部地区在战争环境下发生的一种特殊现象。它不是什么真正的人口问题,而只是一个难民问题。韩非把它说成是一种必然存在于一切时代、一切地区的合乎规律的现象,犯了以偏概全的错误,是不能令人信服的,是不会为人们重视和接受的。韩非提出这种人口论后,在上千年的历史时期中,未得到什么响应或附和,就表明了这一点。

宋代以后,由于土地和财富兼并日益严重,大量农民失去土地,或者耕地不足,加之人口增多,内地大部分地区已远非地广人

---

① 《商君书·徕民》。

稀,人口过剩问题日益引起人们的注意。北宋李觏就指出,当时社会中存在着大量"冗民",是造成社会贫困的重要因素之一。他认为,要富国必须解决冗民问题,因而主张一方面实行"平土",即解决土地兼并问题,另一方面采取各种措施"去冗",使"冗民"回到农业生产中去。他把这种做法称作"富民之大本,为国之上务"①。

李觏说的"冗民",意指民人中的多余、余剩者,也即过剩人口。不过,李觏并未像韩非那样,把过剩人口看成是绝对的。他关于"去冗"的提法就表明,他并不认为过剩人口是一种无可避免的趋势,"冗"既可去,就不会是永恒的、绝对的。"冗民"是中国传统人口思想中首先出现的专用以表现人口过剩现象的范畴。

李觏认为总人口中有一部分是"冗民",而冗民的存在对富国是不利的。这种观点就表明他不同意人多总是好事的求庶论。不过,李觏也没正面批判过求庶论。

宋代对求庶论明确地提出异议的是稍后于李觏的大文豪苏轼。苏轼就人口多寡和国家贫富的关系立论说:"古者以民之多寡为国之贫富……国家承平百年,户口之众,有过于隋。然以今之法观之,特便于徭役而已,国之贫富何与焉!非特无益于富,又且以多为患:生之者寡,食之者众,是以公私枵然而百弊并生。"②

苏轼说的"以民之多寡为国之贫富",指的就是传统人口思想中的求庶论。他认为,"以民之多寡为国之盛衰"的观点,在古代还是正确的,只是对宋代的现实已经不适合了。为什么如此呢?苏轼显然是认为:古代的人都是生产者("生之者"),所以人多国

---

① 《李觏集·周礼致太平论》。
② 《东坡全集·国学秋试策问》。

家就富；宋代则人不都是生产者了，人多只能意味着为国家服徭役的人多，而不意味着生产者增加，所以人口多少和国家的贫富就无关了。不特如此，他还进一步认为，从富国的角度看，还会是以多为患！因为人多了不会是"生之者众"，而是"生之者寡，食之者众"，即消费者（"食之者"）增多了，生产者反而减少了。

苏轼这段话，明确地指出了：人并不等于生产者，人口多并不等于生产者多，不等于财富多。这一论点击中了求庶论的要害。苏轼认为古代的人都是生产者，因而人多就国家富。这一说法却是既不合乎逻辑，也不合乎历史事实的，它实际上不过是儒家尊古贱今的历史观的表现。

苏轼的"以多为患"论，是和求庶论正好针锋相对的人口观点。"以多为患"论的依据是人多只是消费者多，而生产者并不增多。为什么生产者不增多？苏轼没有说明。

在求庶论的反对论中，清代乾、嘉时期的洪亮吉的人口学说，可算是一个典型的代表。

洪亮吉在1793年（也就是英国马尔萨斯提出其《人口论》的前五年）写了专论人口问题的《治平篇》《生计篇》等文。他以每户有男子一人作为起点估算人口的增长速度，指出：按1人生3子计算，第二代就为父子4人，加上4人的配偶就有8人，再加上家中雇长工2人，全家就共有人口10人。如果3子各生3子，孙辈一共9人，加上配偶为18人。这样，三代合计，全家人口共达28人；即使祖辈有死亡，也还有20人以上。洪亮吉从这种推算得出结论：每户人口每三十年约增5倍，六十年10倍，百余年20倍。

然后，他以田与屋代表财富，估算其增长率，认为它们在三代人生活的时间中，或者无所增长，或者增加1倍，至多也不过增加3

至5倍,这和同期人口增长5倍—10倍—20倍的速度相比,远不能及。这样,财富必然会越来越不敷社会生产和人民生活的需要,社会会越来越贫困,用洪亮吉的话语说就是:"是田与屋之数常处其不足,而户与口之数常处其有余也。"[①]"户与口之数"同"人与屋之数"相比"常处其有余",那就是:人口常处于过剩的状况。

洪亮吉认识到,这种人口过剩的趋势,可以因两方面因素的调剂而受到一定程度的抑制。他称这两方面的调剂因素为"天地调剂之法"和"君相调剂之法"。前者指水旱、疫疫等天灾造成的非正常死亡,后者指国家为解决人口过剩问题所推行的各种政策措施,如减免赋税、徭役、赈济、移民垦荒等。但他认为,这两者都只是"调剂之法",只能对缓和人口过剩的矛盾起一定的作用,而不能改变人口过剩的趋势。结果只能是:随着人口过剩问题的日益严重,社会矛盾和社会冲突必然加剧,社会秩序的稳定是不可能维持长久的。面对这一前景,洪亮吉不胜忧惧地说:"此吾所以为治平之民虑也。"[②]

洪亮吉的基本论调和韩非是一致的,他们都认为人口的增长速度快于财富的增长速度,由此断言人口过剩是人类社会的一种绝对的、必然的趋势,而这种趋势必然导致越来越严重的社会矛盾和社会冲突。

洪亮吉的分析、论述比韩非更具体、更细致,论点更为明确,在逻辑和理论形式方面,也都大大超过韩非。如果说,韩非只是提出了一个有绝对人口过剩色彩的观点,那么,洪亮吉对人口问题的

---

① 《洪北江遗集·意言·治平篇》。
② 同上。

论述，则已是中国近代以前最完整、最有代表性的绝对人口过剩论了。[①]

洪亮吉的人口思想，其声势和影响也比韩非大得多。两人之间的差别，在时间方面是两千年，在中国人口总数上是两千万对三亿多。但是，韩非提出"人多财寡"的人口过剩观点，是为了给自己对内强化君主专制、对外厉行兼并战争提供理论根据，而并不意味着他对自己所追求的社会政治目标悲观、失望（恰恰相反，他对此是非常坚信、非常狂热的）。洪亮吉处在清代乾、嘉之际，不仅清代的康、雍、乾盛世已经落下帷幕，中国两千年的封建王朝统治，也已到了末世。完全腐朽了的封建社会和封建国家，既无力开发其生产力，也无力控制其人口，而人口的增长在百余年中又上了一个空前未有的大台阶，一个中国过去任何时期都不能与之相比的大台阶。极其贫困的巨大人口，形成为一个巨大的爆炸性因素。白莲教的农民武装，已遍起湖北、四川等省。面对这样的历史形势，洪亮吉不胜"为治平之民虑"，他的绝对人口过剩论，正是他对一个腐朽了的封建社会制度和一个衰颓了的封建王朝的前途，深感悲观失望、走投无路的心理状态的表现。只是，由于他本人是一个典型的封建士大夫，他心目中唯一的社会制度是封建制度，因而对封建制度和封建王朝的悲观忧惧，就表现为对人类社会前途的悲观失望了。

正因洪亮吉处在这样的时代，他的这种心理状态和思想感情，就不会是个别的，而是在当时的士大夫群中具有代表性的。在清代乾、嘉之际，"人多为患"、"人多致贫"之类的观点，在士大夫人

---

① 参看张荫麟：《洪亮吉及其人口论》，载《东方杂志》第二十三卷，第二号。

物中已颇为流行,所以坚持求庶论的包世臣才专门著文进行反驳。

四、其他人口思想

在中国传统人口思想中,除了求庶和人多为患、人多致贫这两种相反的观点外,还有其他一些各具特色的人口思想、人口观点。这些人口思想、人口观点影响不如前两者之大,有的在漫长的历史上甚至只是昙花一现,但它们的重要性却并不与其数量、声势完全一致。它们中的许多观点,各有自己的特色和光彩,同上述两种占优势的人口思想,共同组成丰富多彩的中国传统人口思想的宝库。

在这些人口思想、人口观点中,比较突出的是以下几种:

第一,在总人口中强调生产者数量的思想。

求庶论和人多致贫论这两种针锋相对的人口观有一个共同点,即都是只从人口数量看问题。它们争论人多是好事还是坏事,只是就总人口的数量而言的。事实上,求庶论是把人都看作生产者,而人多致贫论则主要是从人是消费者的角度考虑问题。

但是,中国历史上有一些人口思想和人口观点不是如此。它们不是从总人口考察问题,而是着重从总人口中的生产者数量探讨人口与国家贫富的关系。它们不是一般地要求增加人口,而是要求在一国总人口中增加生产者尤其是农业生产者的比重。

首先提出这种主张的是商君学派的法家。他们从推行农战政策的需要出发,把全人口分作"农者"和"食者"(或称"居者")两部分,认为前者是农、战活动的承担者,而后者则不从事农、战,并且是有害于农战的消极力量,因而主张尽量限制非农人口,最大限度地增加农业人口的比重，强调"百人农一人居者王，十人农一人居者强，半农半居者危"①。他们甚至把非农人口比做农作物的害虫，极言："今夫螟螣蚼蠋春生秋死，一出而民数年不食。今一人耕而百人食之，此其为螟螣蚼蠋亦大矣。"②

商君学派这种尽量增加农业人口比重的主张，当然也包含着把农民看作是社会的主要生产者的认识，但因其主要出发点是推行农战政策的需要，他们就不可能明确地从农者是主要生产者的角度分析问题（否则"战"就没有"崇高的"地位了）。他们把总人口划分为农者与食者的做法，也是不科学的。社会上不可能人人都是农者，不论法家当权者怎样厉行农战政策也无济于事，但人人都必须是食者（即消费者），农者也必然同时是食者。

法家的这种理论虽然是不准确，不科学的，但由于在中国古代的社会中农业是主要的、决定的生产部门，农民是主要的生产者，所以，关心和重视生产者在总人口中的比重的思想家和政治家，总是首先强调要增加农民在总人口中的比重。战国末期，儒家学者荀况，把"省工价，众农夫"③列为富国的重要措施之一。荀况当然不赞成法家人物的农战政策和农战思想，也不会像商君学派那样把"工价"都看作单纯的"食者"。他的"众农夫"的主张，显然是认为农民是总人口中的主要生产者。他的"众农夫"论，实质上就是在总人口中增加生产者比重的思想。

儒家的著作《礼记·大学》提出了"生之者众，食之者寡，为之者疾，用之者舒"的理财之道。这里，要"众"的已不止是农者，

①　《商君书·农战》。
②　同上。
③　《荀子·富国篇》。

而是"生之者",即生产者。这就以更明确的形式把提高生产者在总人口中比重的问题提出来了,它所主张的求众或求庶,已不是在总人口方面求众、求庶。人不等于生产者的思想,已经包含在其中了。

第二,人口要和生产资料、生活资料数量相适合的思想。

"众农夫"论和"生众食寡"论提出了在总人口中提高生产者比重的要求,但生产者多不等于生产多、财富多,必须把生产者和生产资料、生活资料恰当地结合起来,这就有一个人口和生产资料、生活资料的适当比例的问题。在中国传统人口思想中,商君学派的"任地待役之律"(或"制土分民"之律)以及管子学派的"食民有率"论,可说是这方面思想的典型代表。

商君学派是由商鞅变法后秦国奉行商鞅政策的一些人物组成的。他们汇集商鞅治秦的某些律令、资料并不断加以阐发,在若干代中积累起一些作品,后来被编成为《商君书》。管子之学是由齐国的或长期活动于齐国的一些学者讲学或著述的资料逐渐积累起来的,后被编入《管子》一书。《商君书》和《管子》都不是一人、一时之作,但《商君书》却都是祖述商鞅之学的法家人物写成、编成的,因而从思想上说是一家之言。《管子》内容比较驳杂,并非一家之言,但其中很大一部分则是假托管仲之名议论富国强兵问题的作品,因而也是具有法家色彩的。在战国时期,这两部分法家势力,分据东西,各立旗号,成为法家学派中两支最有影响的势力。韩非在战国末期谈到法家学说风靡一时的情况时说:"藏商、管之法者家有之。"[1] 所谓"商、管之法",就是指分别以商君及管子为旗

① 《韩非子·五蠹》。

号的战国东西两大法家学派的作品。

商君学派认为,在一百平方里之内,除去道路及各种不能耕种的土地(山、泽、宅地、道路等),余下的土地供农业劳动力五万人耕种,就足以保证任地(耕作)、待役(徭役,首先是兵役)的需要。所以,他们把每百里"食作夫五万"[1]看作人和地之间的最恰当数量关系,称之为"任地待役之律"或"制土分民之律"[2]。

实际上国内各地区人口分布不可能如此均匀:有的地区人多地少,有的地区则地广人稀。商君学派把前者称作"人胜其地",把后者称作"地胜其民",主张"民胜其地务开,地胜其民者事徕"[3]。在人多地少的地区以开荒来增加耕地面积,以调整人地比例关系;在地广人稀的地区则从外部招徕移民,改善人地数量不相称的情况。

管子学派以亩产一石的土地作为标准地,把山林、沼泽等各种土地都按一定比例折合成标准地,以此作为计算人、地数量关系的标准,得出每人有三十亩标准地为最适当的人地数量比例的结论。其具体的算法是:三十亩地产粮三十石,再加上"果蓏素食(蔬菜)当十石"、"糠秕六畜当十石",这样,每人每年合计有相当于五十石粮食的农、副产品收入,就可保证"国有余藏,民有余食",即足以维持个人生活和向国家缴纳赋税。这就是管子学派的"食民有率"论所确定的"率"[4]。

商君学派所说的"任地待役之律"或"制土分民之律",实际上

---

[1] 《商君书·徕民》。
[2] 《商君书·算地》。
[3] 同上。
[4] 《管子·禁藏》。

并不是人口和土地之间的数量关系，而是劳动力（作夫）和耕地之间的数量关系；管子学派则不止是从劳动力与土地，而是按每一口人的生活需要计算，提出人均三十亩（标准亩）的数字，这就是十分明确的人、地数量关系了。商君学派即使是在劳动力和土地的数量关系方面，其估算也是很粗略的，并没能从人、地两种生产要素的结合及结合的效果来论证每方百里"食作夫五万"的数量关系的适当性；管子之学则从当时的农业劳动生产率出发，计算出每人要满足基本生活需要并缴纳赋税所必须有的耕地数量。这比商君学派的论述要更细致、准确，也更有理论深度。

考虑人口同富国的关系，事实上不是单纯研究人口自身，而是考虑人口同生产资料、生活资料之间的关系。在古代农业生产为主的社会中，人口和生产资料、生活资料的关系就主要归结为人和土地之间的关系。求庶论和人多致贫论，实际上也都隐含着一个人和土地之间的数量关系问题。不过，求庶论认为人和土地，人和生产资料相比，前者总是处于稀缺生产要素的地位，因而认为富国主要应靠增加人口；反之，人多致贫论则认为，同人相比，土地、生产资料总是处于稀缺要素的地位，因而认为人口越增加，则土地、生产资料越不足。生产的增长越困难，所以就会人多致贫。"任地待役之律"和"食民有率"论这些人口思想的特点在于：它们不仅明确地提出了人和土地两个因素（不是隐含着提出），而且力图探求这两个因素之间的数量关系，认为只有使人、地两个因素按适当的数量比例相结合，才能有利于生产的增长，才能有利于实现富国的要求。

第三，人口质量的思想。

中国传统人口思想较多谈论的是人口数量问题，求庶论、人多致贫论以及人地数量适当关系论都是从人口数量方面看问题；不过，传统人口思想中也有某些关于人口质量问题的论述。

前面谈到，孔子对人口问题不仅赞同庶，而且还重视富和教。庶是数量问题，富和教自然同人的健康、智力、道德等人口质量问题有关。不过，孔子没有明确地提出过人口质量的问题。

首先较为明确地提出人口质量问题的是商君学派。商君学派从农战的需要出发，认为最易受国家的驱使去从事农战的百姓是最好的百姓。由此出发，他们对人口质量提出了三项判断标准：朴、多力和少诈。他们认为：没有文化的农民是最符合这三项标准的人，因而是全国人口中质量最高的部分。他们主张尽量提高农民在全国人口中的比重，并对农民实行愚民政策，认为如果全国的人口绝大多数都是农民，而且是"愚农不知，不好学问"[①]的农民，那么，一国的人口质量就达到了理想的状态，统治者不论想驱使百姓去干什么，都会"纷纷则易使也"[②]。

这是一种专制主义和蒙昧主义的人口质量观！

在传统人口思想中，较值得注意的是元代马端临的论述。马端临批评了求庶论只考虑人口数量的态度，认为人口质量问题同等重要，如果人口多而质量不高，对国家富强是无益的。他指出："古者户口少而皆材智之人，后世生齿繁而多窳陋之辈。……于是，民之多寡不足为国之盛衰。官既无借于民之材，而徒欲多为之法以征其身，户调口赋，日增月益，上之人厌弃贱薄，不倚民为重，而民益穷苦憔悴，只以身为累矣。"[③]

①　《商君书·垦令》。
②　《商君书·农战》。
③　《文献通考·自序》。

商君学派虽然首先论及人口质量问题，但他们把人看作国家推行农战政策的工具，从而在人口质量问题上提出了同提高人口素质的方向正相背反的人口质量观。马端临以更明确的形式，同时提出了人口质量和数量问题，强调了人口质量问题的意义。在马端临以前，中国传统人口思想中没有专用以表示人口质量的范畴，而只有"民数"这样一个表示人口数量的范畴。马端临使用"民材"这一范畴来说明人口质量问题，就把这一缺憾弥补上了。马端临的"民材"论，在中国传统人口思想中，是一个别开生面的贡献。

马端临批评当时的封建政权只把百姓作为榨取赋税、徭役的工具，而不"倚民为重"，从而使"民材"日益窳陋，人口质量更恶化。这一批评是深刻的，切中了当时人口质量问题的肯綮。但是，他认为古代人口质量高而后世则低，却完全是一个错误的无根据的论断。它和苏轼的"以多为患"的人口观一样，也是受尊古贱今的错误的历史观影响的表现。

（原载《燕京学报》，1999年新七期）

10 中国历史上的货币拜物教思想

一

商品拜物教和货币拜物教是私有制商品生产下的商品、货币所显现出的一种神异性质：商品生产者之间的社会关系，在人们面前采取了"物与物的关系的虚幻形式"①，人手的产物（商品、货币）由此具有了超自然的、神异莫测的性质。它使马克思以前的一切研究者感到迷惑不解，因而形成了历史上许多反映商品拜物教的文字材料。

货币形式是商品世界的"完成的形式"②。"一切东西，不论是不是商品，都可以变成货币。"③因此，货币就比商品具有更大的神异性，货币拜物教就比商品拜物教表现得更明显，更耀眼，因而历史上反映货币拜物教的文字材料，也比反映商品拜物教的文字材料更完整，更集中。

商品拜物教是随商品这种形式本身而来的，"劳动产品一旦作为商品来生产，就带上拜物教性质，因此拜物教是同商品生产分不

---

① 《资本论》第1卷，人民出版社1975年版，第89页。
② 同上书，第92页。
③ 同上书，第151—152页。

开的。"①商品已经有了五千年至七千年的历史,商品拜物教的历史也同样长久;但是,历史上出现反映商品拜物教和货币拜物教的文字材料,尤其是比较完整、比较明显的文字材料,却显然不可能这么早。因为,这类文字材料的出现,必须以商品、货币经济的较高发展为前提,同时又在一定程度上受着文化发展状况的制约。

在中国的封建社会中,商品、货币经济和城市工商业的发展水平长期高于欧洲(只是到了封建社会晚期才逐渐落后于西方)。战国时期商业已相当发达;秦汉以后,全国统一的中央集权专制政权的建立更有利于国内商品流通的发展和扩大。所以反映货币拜物教的文字材料,在我国也出现得较早、较多。例如,在公元3世纪的西晋时代,已出现了专以反映货币拜物教为题材的作品。在以后的一千五六百年中,这类专题作品又陆续出现,成为中国经济思想史中的一个独特品种。

研究这类材料,对于深刻理解马克思关于商品拜物教和货币拜物教的分析很有帮助,也会有助于我们进一步了解中国封建时代货币经济的发展状况及其特点,是中国经济思想史领域中的一个值得专门研究的课题。

二

在西晋统治的短暂时期(公元265—306年)中,先后出现过两篇专以反映货币拜物教为题材的作品,名称均为《钱神论》,作

---

① 《资本论》第1卷,人民出版社1975年版,第89页。

者分别为成公绥和鲁褒。

成公绥作《钱神论》的确切时间，已无材料可考。但成公绥生于曹魏太和五年（公元231年），殁于西晋泰始九年（公元273年），他的《钱神论》当为晋初或魏晋之际的作品。鲁褒的《钱神论》，史称作于西晋元康时代（公元291—299年），上距成公绥的著作最多不过半个世纪。

成公绥作《钱神论》事不见《晋书》。原作早已亡佚，现在能够看到的只有两小段残文，而且内容甚至大部分文句都和鲁褒《钱神论》雷同。鲁褒的原作也早已不可见，但《全晋文》从各种类书中辑出的材料，仍能大体完整地反映出作者的基本观点。两作产生于同一时代，所反映的社会历史条件基本相同，因此，我们可以把鲁褒的《钱神论》作为典型材料来研究这一时期的货币拜物教思想。

鲁褒的《钱神论》是以讽刺文学作品的形式出现的经济思想文献。它名为《钱神论》，顾名思义，就是要对当时早已流行的"钱能通神"的说法进行评论。但是，它是以诙谐、嘲讽、嬉笑怒骂的笔法，抒发自己对这种说法的见解和感慨的。

《钱神论》详细观察和大量记述了当时社会中人们狂热崇拜和追求货币财富、货币支配人们命运的现象，把它们看作是政治腐败、道德堕落的集中表现，而予以尖刻、辛辣的讽刺。但是，鲁褒本人自然不可能理解货币拜物教的秘密，于是，《钱神论》在对当时崇拜、追逐货币的各种丑恶现象进行嘲讽挖苦的同时，又处处流露出作者自己对货币神异性的惊诧和迷惑不解，如说："大矣哉！钱之为体，有乾有坤，内则其方，外则其圆。其积如山，其流如川，动静有时，行藏有节，市井便易，不患耗折。难朽象寿，不匮象道，故能长久，为世神宝。亲之如兄，字曰孔方。失之则贫弱，得之则富强。无翼而飞，无足而走，解严毅之颜，开难发之口。钱多者处前，钱少者居后；处前者为君长，在后者为臣仆。"① 又说："无位而尊，无势而热，排朱门，入紫闼。钱之所在，危可使安，死可使活；钱之所去，贵可使贱，生可使杀。是故忿争辩讼，非钱不胜；孤弱幽滞，非钱不拔；怨仇嫌恨，非钱不解。"《钱神论》把讽刺、嘲骂的矛头主要指向上层统治集团，它把封建社会中的帝王、贵胄、圣贤、名士的神圣光轮都无情剥下，一律还原为爱财如命、唯钱是求的可憎丑象；把他们平日鼓吹的天命、权势、道德，文章一律指斥为掩盖他们的金钱贪欲的遮羞布，如说："洛中朱衣，当涂之士，爱我家兄，皆无已已。执我之手，抱我终始，不计优劣，不论年纪，宾客辐辏，门常如市。谚云：'钱无耳，可暗使'，岂虚也哉？又曰：'有钱可使鬼'，而况于人乎？""子夏云：'死生有命，富贵在天。'吾以死生无命，富贵在钱。何以明之？钱能使转祸为福，因败为成，危者得安，死者得生。性命长短，相禄贵贱，皆在乎钱，天何与焉！""昔吕公欣悦于空版，汉祖克之于嬴二，文君解布裳而被锦绣，相如乘高盖而解犊鼻，官尊名显，皆钱所致。"在鲁褒的笔下，帝王之位，圣贤之训，朱门紫闼之贵，律令刑罚之酷，连神威不测的天命，都被贬为金钱的附庸。在货币权力面前，这些素来为封建统治者奉为神圣，尊为崇高的事物，都显得那么渺小可怜，不过供货币这个万能之神驱策役使，为货币这个无敌魔王驰驱奔走而已。

《钱神论》的这些论点是中国封建社会中货币经济的特殊发展状况的反映。中国封建社会中的商品货币经济是发展得较早的，

---

① 《全晋文》卷一一三。以下引鲁褒《钱神论》均同此，不另注。

但同时又是发展得很不足,并且是十分畸形的。中国的封建社会和任何国家的封建社会一样,都是自给自足的自然经济占主要地位,商品、货币关系"在整个经济中不起决定的作用"①。在中央集权专制主义政权下,国家机器异常庞大,为了自身的需要,封建政权每年以赋税、徭役等形式从农村取走很大一部分剩余产品和剩余劳动。这使广大农村没有足够的剩余产品来发展商品交换,从而长期停滞于落后的自然经济,形成中国封建社会自然经济的特别牢固性。中国的封建城市是封建统治的强固堡垒,封建政权牢固控制着城市,城市工商业的大部分主要为封建贵族、官僚、居住城市的大地主以及他们的奴仆、爪牙的寄生生活服务。城市中尽管有比较发达的商业和较高水平的手工业,但生产和流通的多半是高级产品,并不与广大农村市场相联系,因而市场狭窄,城市工商业畸形,并在政治上受封建政权的严格控制。在中国的封建时代,像欧洲中世纪那种工商业者的自治城市是从未出现的。在这种情况下,中国封建社会中的货币财富也主要掌握在皇室、贵戚、官僚、大地主、大商人手中。因此,对货币的贪欲、崇拜以及为获得货币而不顾一切的种种丑态,也就集中表现在这些人身上。

东汉末期,封建统治者中的货币拜物教已经发展到十分骇人听闻的程度。东汉灵帝甚至亲自开鸿都门卖官爵,公开张榜标价,连最高的官爵二公(司徒、司空、太尉)都有卖价。君臣讨价还价,恬不知耻。当时在大臣中声望颇高的崔烈,也花了五百万钱才当上司徒。成交之后,灵帝还为未能索价一千万钱而深感遗憾。②

---

① 《毛泽东选集》前四卷合订本,人民出版社1966年版,第587页。
② 《后汉书》卷八十二。

魏、晋时期是中国封建社会中商品、货币经济发展较差的一个时期，货币流通的数量和范围都比两汉有所下降，曹魏黄初（魏文帝曹丕年号）年间还曾一度废钱而用谷帛作为一般等价物；但是，在统治阶级中，特别是在统治阶级的上层人物中，货币拜物教的发展还是有加靡已，金钱关系支配了上层人物交往、言谈、行事的各个方面，出现了许多货币拜物教的狂热信徒，为后人传为千古笑料。例如，晋武帝时期的大臣和峤，爱钱如命，同时的杜预就说他有"钱癖"；在他死后，又被人讥为"钱鬼"①。名列竹林七贤的大臣王戎，积聚了大量钱财，自己舍不得用，对别人更是一毛不拔，连他的女儿出嫁，他也只是借给一笔钱，而且在女儿婚后回娘家时还不断催她归还。②石崇、王恺斗富的事情，是中国封建时代上层统治人物腐朽豪奢的著名典型。③这事也发生在西晋时代。西晋时期统治集团中的腐败、贪婪、奢靡现象已经达到了极其公开无耻的程度。特别是晋朝的统治到了惠帝时期已发展到了全面崩溃的地步。《晋书》说："元康之后，纲纪大坏。褒伤时之贪鄙，乃隐姓名而著《钱神论》以刺之。"④这清楚地指出了鲁褒《钱神论》产生的时代背景。

---

① 《晋书》卷四十五。
② 《晋书》卷四十三。
③ 《晋书》卷三十三。
④ 《晋书》卷九十四。

三

《钱神论》在中国经济思想史上开创了以游戏文字反映货币拜物教的先例。后来专门反映货币拜物教的作品，不但都采游戏文章的形式，而且多半是有意识地摹仿鲁褒。这类作品中较为著名的有唐代张说的《钱本草》、姚崇的《扑满赋》、韦肇的《扑满赋》、张鼎的《小扑满赋》，元代高明的《乌宝传》，明清之际李世熊的《钱神志》，以及清代一个封疆大吏所散发的《劝民惜钱歌》①等。

唐代是中国封建社会的鼎盛时期，商品流通比过去各朝代更有扩大，货币经济的作用和地位都有所增长。上述张说等人著作的出现，正是这种情况的反映。不过，从思想内容说，唐人的这类作品都比较一般，没有什么值得称道的新观点。

《乌宝传》要算是继鲁褒《钱神论》之后的一个别开生面的作品，它的出现标志着中国古代反映货币拜物教的作品达到了一个新的发展阶段。

《乌宝传》的作者高明，字则诚，是元代著名的曲作家，脍炙人口的《琵琶记》就是他的代表作。他在元末曾为小官，但他对当时政治上的昏暗腐败、权贵们的专横贪鄙和无耻文人们的阿谀逢迎深感嫉恶。《琵琶记》就是一部讥讽这类丑恶现象的作品。《乌宝传》也同样是一篇愤世嫉俗的作品。它所讥刺的对象不是对金属

---

① 全名是《总督部堂蒋劝民惜钱歌》，未著年月"总督部堂蒋"大概是清代中叶的蒋攸铦。

货币而是对纸币的贪欲这从下面一段文字可以看出："乌宝者,其先出于会稽褚氏,世尚儒,务词藻,然皆不甚显。至宝,厌祖父业,变姓名,从墨氏游,尽得其通神之术,由是知名。"①《乌宝传》采用拟人的手法,把纸币写成一个名叫乌宝的人。所谓"其先出于会稽褚氏",意思是说纸币原本是普通的纸。"褚"和"楮"同音,"褚氏"隐指"楮"(古代称纸币为楮币)。"从墨氏游",是指墨色乌黑。乌黑而又为人们所至爱,所以就成了有通神之术的乌宝。

《乌宝传》所以把对纸币的贪欲作为讥刺的对象,是元代主要行使纸币的现实的反映中国从宋代开始出现纸币,南宋和金的统治者都曾极力用纸币作为掠夺人民的手段,造成了严重的通货膨胀。元代的货币流通更主要是依靠纸币,元代统治者还曾几度明令禁止用铜钱,禁止金银的流通和买卖。元代最初对纸币的发行是比较审慎的,但在军费增加和统治集团越来越奢靡腐化的情况下,纸币的增发、物价的上涨也越来越严重。到了元末,物价较元初上涨近千倍,②至正十九年(元亡前九年)杭州米价已涨到每斗二十五贯,③等于元初米价的两千五百倍。宋、金以来数百年,尤其是元代统治者延续百年滥发纸币,给广大人民造成的灾难至深且钜,在元末出现象《乌宝传》这种专以讥刺对纸币的贪欲为题材的著作,绝非偶然。《乌宝传》说："宝之先有钱氏者,亦以通神之术显,迨宝出而钱氏遂废。"这显然是指元代主要行使纸币并数度明令废钱和禁止金、银流通的事实。

《乌宝传》描绘纸币流通下的货币拜物教："宝之所在,人争迎

① 陶宗仪:《南村辍耕录》卷十三。以下引此文均不另注。
② 彭信威:《中国货币史》,上海人民出版社1958年版,第612页。
③ 陶宗仪:《南村辍耕录》卷十一。

取邀致，苟得至其家，则老稚婢隶，无不欣悦，且重扃邃宇，敬事宝爱，惟恐其他适也。""是时，昆仑抱璞公（指玉——本文作者）、南海玄珠子（指珍珠）、永昌从革生（指金），皆能济人，与世俯仰，曲随人意。而三人者，亦愿与宝交，苟得宝一往，则三人者亦无不可致，故术誉咸归于宝焉。"

　　和鲁褒的《钱神论》一样，《乌宝传》也主要是把贵族、官僚、大地主、大商人中的货币拜物教作为讥刺的对象，极言这些人对乌宝的爱慕："自公卿以下，莫不敬爱。""凡达官贵人，无不愿交。""然素趋势力，其富室势人，每屈辄往，虽终身服役弗厌；其窭人贫氓，有倾心愿见，终不肯一往。"《乌宝传》中还谈到乌宝同"弘农田氏"和"商氏"的交往。"弘农田氏"指大地主，"商氏"则指商人而言。

　　"乌宝"这种使公卿"敬爱"、达官势人"愿交"，同弘农田氏和商氏关系亲密，连黄金、珠玉也甘拜下风的魅力从何而来呢？《乌宝传》作者的回答是：第一，乌宝有通神之术，它和"钱氏"（金属货币）的通神术"颇相类"，甚至比钱氏更高明；第二，乌宝善于欺骗，他为人"多诈，反覆不常"。《乌宝传》的作者不理解纸币同货币的区别和联系，不懂得纸币是代替金属货币作为流通手段的价值符号，而把纸币的发行一概说成是欺骗，这在理论上当然是不正确的。但是，作者关于乌宝为人"多诈，反覆不常"的指责，矛头也是指向封建统治者的。元朝统治一百年间，先后发行过中统钞、至元钞、至大银钞和至正新钞等多种纸币，在旧钞破烂倒换新钞时，官方除收费外，还多方限制刁难，以致破损程度不同的纸币以不同作价同时流通，造成市面流通极度混乱，使官吏更便于上下其手，勒索克扣。所谓乌宝为人"多诈，反覆不常"，正是对这类情况的影射。

金属主义的货币理论把纸币只看作普通的纸，自然不承认它有神异性；名目主义的货币理论认为国家可以创造货币，也不承认货币（更不用说纸币）有神异性；像《乌宝传》这种专门反映纸币流通下的货币拜物教的作品，应当说是比较奇特的。

四

明、清时代是中国封建社会的晚期，资本主义生产的萌芽在明中叶以后已经明显存在。商品流通的扩大使货币经济的地位和作用也随之增长。这就导致货币拜物教的更加流行。明清之际的《钱神志》和清代中叶的《劝民惜钱歌》，是中国封建社会晚期反映货币拜物教的两个主要代表作。

《钱神志》是由明清之际的李世熊于1665年编成的，但到清道光乙酉年（1825年）始有刊本流传。《钱神志》是中国封建时代汇集历代货币拜物教思想的唯一的专书，它把二十一史、诸子百家、稗官野乘以及仙佛神怪等各种著作中反映货币拜物教的思想资料摘录汇编到一起。此书序言的作者刘培芬说："广鲁元道（鲁褒字）《钱神论》之旨而为《钱神志》"①，认为它旨在仿《钱神论》。实际上《钱神志》的基本思想和鲁褒《钱神论》有很大不同。《钱神论》对货币的神异性虽然也感到迷惑不解，但其主旨却不是赞颂这种神异性，不是号召人们对"钱神"顶礼膜拜，而是讥刺、刻画封建统

---

① 《钱神志》，同治十年聚珍版。

治阶级上层人物为追求货币而寡廉鲜耻的种种丑行。它对封建礼教、封建迷信均持嘲讽态度，认为封建统治者宣扬礼教和天命、鬼神，全是为了愚弄别人，而他们自己真正相信的却是"孔方"，真正崇拜的只是一个"钱神"。李世熊的《钱神志》的主旨则恰是宣扬封建礼教和天命鬼神，宣扬"死生有命，富贵在天"的宿命论，力图使人们相信这些封建的神物、圣物，比货币具有更大的神通，谁要是违反封建礼教而追求货币财富，就会遭到"王法"和鬼神的惩罚。因而《钱神志》的锋芒不是指向上层封建统治者，而恰是指向被统治者。

《劝民惜钱歌》是继《钱神论》和《乌宝传》之后中国封建社会中所出现的另一篇反映货币拜物教的重要作品，它比《钱神论》和《乌宝传》对货币的神异性和人们对货币的疯狂追求作了更为淋漓尽致的刻画。如说："钱，钱！……你内方似地，外园象天……有了你夫妻和好，没了你妻离夫散；有了你亲朋尊仰，没了你骨肉冷淡。"①"钱！你不似明镜，不似金丹，倒有些威力衡权。能使人喧天揭地，能使人平地登天，能使人顷刻为业，能使人陆地成仙，能使人到处逍遥，能使人不第为官，能使人颠倒是非，能使人痴汉作言。因此上人人爱，人人贪，人为你昧灭天理，人为你用尽机关，人为你败坏纲常，人为你冷灰起烟，人为你忘却廉耻，人为你无故生端，人为你舍死丧命，人为你平空作颠，人为你天涯遍走，人为你昼夜不眠。"马克思曾说："货币作为激进的平均主义者把一切差别都消灭了。"②有了货币，"一切东西都可以买卖。流通成了巨

———

① 《总督部堂蒋劝民惜钱歌》，手抄本（本书作者抄藏）。以下引此文均不另注。
② 《资本论》第1卷，人民出版社1975年版，第152页。

大的社会蒸馏器，一切东西抛到里面去，再出来时都成为货币的结晶。连圣徒的遗骨也不能抗拒这种炼金术，更不用说那些人间交易范围之外的不那么粗陋的圣物了"①。在《劝民惜钱歌》中，货币作为激进的平均主义者的这种不可抗拒的力量，有了最赤裸裸的表现："见几个抛妻别子，见几个背却椿萱，见几个游浪江湖，见几个千里为官，见几个为娼为盗，见几个昼夜赌钱，一切都为钱！说什么学富五车，七岁成篇；说什么文崇北斗，才高丘山；论什么圣贤名训，《朱子格言》；讲什么穷理尽性，学贯人天。有钱时令人尽兴，无钱时令人避嫌。"封建的孝义、文章、高官显爵以至圣贤名训、《朱子格言》等这些中国封建社会中的"圣徒遗骨"式的宝贝，一接触货币这个"巨大的社会蒸馏器"，竟然和男盗女娼、赌博耍钱一样，变成了同样的结晶体："一切都为钱！"

封建社会本是一个以人身依附和超经济强制为特征的社会，严格的封建等级制使人们尊卑异等，贵贱悬绝。《劝民惜钱歌》的作者能够看到货币这个"激进的平均主义者"具有无情地铲平这一切差别、悬隔的威力，这是封建社会晚期商品、货币因素对封建制度的日益增强的分解作用在人们头脑中的反映。

但是，由于建立在封建地主土地所有制基础上的自然经济特别牢固，不易为商品、货币因素所分解，由于中国封建社会中的商品经济和城市工商业本身畸形脆弱，缺乏能够冲破一切压制、阻碍的顽强生命力，由于中央集权的封建专制政权是一个维护封建主义经济基础、窒息经济发展中的进步因素的强大上层建筑，商品、货币因素对封建制度的分解过程，进行得极其艰难缓慢。中国封

---

① 《资本论》第1卷，人民出版社1975年版，第152页。

建社会中的资本主义生产的萌芽,要冲破封建主义的铁盖子,的确是很不容易的。到清代中叶,中国的经济发展已经远落在西欧国家的后头。这种现实自然也会在反映货币拜物教的作品中表现出来。《劝民惜钱歌》的作者在极力渲染了货币的神异性之后,突然笔锋一转写道:"钱!人人被你颠连:出言你为首,兴败你当先。成也是你,败也是你,何如止了思钱念!你去我不烦,你来我不欢,不被你颠神乱志,废寝忘餐,今后休说那有钱无钱。钱!你易我难,大限到来买不还,人人一般。倒不如学一个居易俟命,随分安然。岂不闻得失有定数,穷通都由天!"飞扬跋扈不可一世的"钱神"终于向封建统治势力及其神权根据——天命——投降了。鲁褒曾经高喊着"死生无命,富贵在钱"向封建统治者用来吓人的"天命"挑战,事过一千四五百年,《劝民惜钱歌》的作者却重新回到了"死生有命,富贵在天"的圣贤古训。《劝民惜钱歌》所说的"得失有定数,穷通都由天",正是"死生有命,富贵在天"的另一种说法。

　　鲁褒和高明都是在野的文人,他们写《钱神论》和《乌宝传》可以任意讥评当世而无所顾忌。《劝民惜钱歌》的作者却是代表封建官府对老百姓进行说教,因而不能不讲几句合乎封建统治阶级口味的话,以劝民惜钱为题最后却归结到劝民忘钱、劝民不思钱,这显然是自相矛盾。这种矛盾态度当然和作者的身份有关。但更主要的是,这反映了当时社会的一个严峻现实:商品、货币经济无力迅速分解虽已腐朽但仍然不易冲破的中国封建制度!

（原载《经济研究》,1983年第11期）

11　富国之学
——中国传统经济学的形成

一、在富国之学或富国之道的形式下探讨经济问题

中国很早就有"经济"和"经济学"的名称，但它们的本意和现代所理解的经济学（Economics）很不相同。

在公元4世纪，中国人已使用"经济"一词。东晋（建国于公元317年）初，元帝在诏书中称赞大臣纪瞻说："瞻忠亮雅正，识局经济。"[1]同时人葛洪也曾说："经世济俗之学，儒者之所务也。"[2]在唐代的文献中，已可见到"经济学"一词。唐人严维的诗，就有"还将经济学，乘问道安师"之句。[3]此后，"经济"和"经济学"的名称，更习用不鲜，出现了许多种以"经济"命名的书籍，如宋人滕珙的《经济文衡》，元人李士瞻的《经济文集》，明人冯琦的《经济类编》等。到了清代，经济之学尤其受到关心国计民生的士大夫人物所重视，成为一些有才能，有抱负的人士反对当时学术界空疏、烦琐学风的武器。清中叶以后，谈论经济之学更蔚成风气。手

---

① 《晋书·纪瞻传》。
② 《抱朴子·内篇·明本》。
③ 《秋日与诸公会天□寺》，见《全唐诗》卷二六三。

握重兵，坐镇东南并为当时士林所推重的曾国藩，就主张经济之学（亦称经世之学）和义理之学、考据之学、词章之学，四者不可偏废。

但是，这种经济之学的含义是：经世济物或经国济民之学，也就是治国平天下的学问。它包括的内容极为广泛，除了国家的财政、经济问题（所谓"户政"）外，举凡政治、军事、法律、舆地（地理）、工程建设以及域外之学，无不包括在内。

中国古代的"经济学"，虽然不是现代意义的经济学，但中国传统学术中并不是没有相当于经济学的东西。中国是一个历史悠久的大国，公元2年已有近六千万人口和五千五百多万公顷耕地，到1840年前人口已超过四亿。这么多人在这么长的历史时期中生活在同一国度内，不能不经常地面对着各种各样的经济问题，不能不对这些经济问题进行探讨和议论；不但会对经济问题提出各种政策、措施和解决方案，还会时常发生学理方面的讨论和争辩。这种同现代的经济学研究内容相一致或相接近的学术，在中国古代不称为经济学，而是以富国之学的形式存在的。

当然，中国古代也很少见"富国学"或"富国之学"这种提法；更为通用的名称则是"富国之道"或"富国之策"。富国之道自然要进行学理的探讨，富国之策也不是仅指政策，而更多的是指画策、献策。因而也主要属于思想、学术的范畴，和富国之道或富国之学基本同义。宋代人李觏写过一本探讨经济问题的专书，就取名《富国策》。李觏当时是个在野的知识分子，他写此书，当然不是代表国家制订政策，而只能是为富国画策、献策。

正因为中国古代一直把对经济问题的学术性、理论性探讨称作富国之道或富国之策，近代西学东渐、西方经济学传入中国之初，中国人并不把Economics或Political Economy译为经济学或政治经济学，而是译为"富国策"。中国翻译的第一部西方经济学著作英人法斯德的《政治经济学教程》（*A Manual of Political Economy*），译名就叫《富国策》（19世纪80年代由汪凤藻译出）。它的名称竟和九百多年前李觏的著作完全相同，未必是它的译者当时想到了李觏的著作，更可能是由于：中国人把研究经济问题的著作称为富国之道或富国之策，早已相沿成习了。同世纪90年代中期，积极宣扬改革的陈炽写了一本论述经济问题的专书，取名《续富国策》，意思是堪为亚当·斯密《国富论》之续。到90年代末，开始有"富国学"的名称出现。与此同时，还出现过"计学"、"生计学"等译名。

"经济学"、"政治经济学"等译名，是日本人首先采用的。20世纪初，中国人受日本影响，才逐渐接受了"经济学"的译名。经济学的译名通行后，传统的"富国策"、"富国学"等名称，就逐渐被人们遗忘了。

但是，旧名称的废罢，不等于对传统的完全离弃。事实表明，此后富国之道，仍然是中国人研究经济学的重要出发点。在近代、现代的中国，人们对怎样实现富国，或者说对富国之术的认识同前人根本不可同日语；但对富国问题的关心、对富国之道的追求，其强烈程度决不亚于前人，甚至可说是更有过之。正因如此，研究富国之学，不但有助于系统地了解中国人在历史上曾对经济学的研究所做出的贡献，而且对深刻理解现代中国人经济学研究的兴趣和感情，也不无裨益。

富国之学，即中国传统的经济学，在漫长的岁月中，代之相承，形成为一门内容丰富多彩、体系也相当完整的学术。中国传统经济学的遗产，是中国文化遗产的重要组成部分，其成就堪与中国的传统哲学、文学、史学遗产相媲美。

本文不拟,也不可能对富国之学作全面的论述,只是想从富国之学的一些基本要素来考察富国之学的形成过程。

二、富国、富民、富家

"富国"作为一个人们感到较大的兴趣和关心的课题,是在春秋时期开始提出来的。当时,各大诸侯国迭起争霸,出现了所谓春秋五霸。争霸必须有强大的军事力量,而强大的军事力量,又必须以雄厚的经济实力作为基础和后盾。于是,富国强兵就成了各霸主及其辅臣们竞相讲求的当世之务。

最先提出一套富强之术并开始谈论富强之道的,是春秋五霸之首齐桓公的谋主管仲。史称他"以区区之齐,通货积财,富国强兵"[1],辅佐齐桓公建立霸业。

富国有广、狭二义:狭义的富国指增加一国的财政收入,即富国库;广义的富国指增加一国的国民财富,即富国家。

管仲虽然首先著富强之效,从而揭开了中国富国之道的帷幕,却从没有对"富国"一词的含义作过解说。他把富国同强兵结合在一起,富国自然负有为强兵提供财源的使命,也就是说,具有富国库的含义。但是,管仲是个大政治家,他显然深知,要富国库,单纯靠财政手段征敛于民是不行的;不增加黎民百姓手中的财富,财政收入就无充足的来源,赋税过重,必会引起百姓的不满以至反

---

[1] 《史记·管晏列传》。

抗。因此，他在提倡富国的同时，又强调富民，并且提出了靠百姓自己生产以富民的主张："无夺民时，则百姓富。"①

管仲也认识到：对外争霸必须以内部的安定巩固为前提；如果民众处于贫困饥饿，无以为生的状况，国家是无法安定巩固的。他的两句名言："仓廪实而知礼节，衣食足而知荣辱"②，就明白无误地把富民看作治国安邦的前提。

这样，管仲就不仅提出了富国和富民的主张，还为富国、富民确定了强兵和安邦两个方面的出发点，开启了后代富国之学的两个不同方向——富强论和富安论。

儒家是富安论者。儒家的开山祖、后世尊为"至圣"的大思想家孔丘，从治国安邦的角度发挥了富民的思想。他把富民作为治国的基本纲领之一，强调对黎民百姓必先"富之"，然后才可"教之"。③这是比管仲的"仓廪实而知礼节，衣食足而知荣辱"更概括、更带纲领性的提法。

孔丘及其弟子，屡次使用"足民"、"百姓足"这类和"富民"意义相同的提法；也提出过"足君"这一实质上是狭义富国（富国库）的概念。孔丘的弟子有若在反对鲁哀公增加赋税的意图时说："百姓足，君孰与不足？百姓不足，君孰与足？"④这是中国历史上对富民和狭义富国的相互关系的最早的理论说明。

孔丘曾说："富与贵，是人之所欲也，不以其道得之，不处

---

① 《国语·齐语》。
② 《史记·管晏列传》
③ 《论语·子路》。
④ 《论语·颜渊》。

也。"①这是从个人角度，而不是从整个国家、整个社会的角度提出致富的问题，可以看作是"富家"这一概念的滥觞。他称赞他的学生端木赐（子贡）说："赐不受命而货殖焉，亿则屡中。"②这也可看作是他对富家行为的一种有条件的肯定。但是，一贯认为"义"高于"利"、重于"利"，从而"罕言利"③的孔夫子，没有对富家问题作过更多的论述，他显然也不愿意深究富家的问题。

战国时的法家，是富强论的最狂热提倡者。法家崇尚暴力，主张内用严刑峻法，扫除改革的障碍；外靠兼并战争，削平诸侯，建立混一宇内的"帝业"。为此，法家主张"一民于战"④，把一切力量动员起来，为战争服务。他们懂得，要频繁地进行大规模的兼并战争，没有强大的经济力量是支持不住的，经济实力不足，"与诸侯争权，不能自持也"⑤。因此，他们把富国看作强兵的基础，认为"富者必强"。⑥法家的强硬的国家主义者，强调从国家的利益考察一切经济问题。他们对经济问题的研究，自然集中于富国的目标上。法家所谓富国，也不止是富国库。他们为了使国库能常保充实，也懂得必须靠增加生产以增殖国民财富。为此，他们突出强调当时社会的主要生产部门农业，宣扬"富国以农"⑦。但是，在法家的思想体系中，富是为强服务的，强兵胜敌才是目的。为了把一国的经济实力，充分用于战争和战备，就必须把财富尽量集中于国家手

---

① 《论语·里仁》。
② 《论语·先进》。
③ 《论语·子罕》。
④ 《商君书·画策》。
⑤ 《商君书·农战》。
⑥ 《商君书·立本》。
⑦ 《韩非子·五蠹》。

中,所以,他们在财政问题上主张重征于民,宣扬"家不积粟,上藏也"①的论点。

法家说的富国,实际上包括广、狭二义,而且是以广义的富国,即发展生产以增殖国民财富作为依据的;但是,他们的以富国从属于强兵的立场,又使他们时常突出地强调富国库的要求,并且在实践上走向赋役繁苛、厚取于民的做法。

家不积粟,民户只能有维持生存所必需的衣食,当然就谈不上富民了。法家一般是不主张富民的,但也不是认为百姓越贫越好,而是主张使"贫者富,富者贫"。②所谓"贫者富",是指使没有土地、无法生存的贫苦百姓,得到土地,拥有维持自身生存并为国家提供赋税、徭役(首先是兵役)的经济条件。所谓"富者贫",则是主张把百姓拥有的剩余产品,尽量收归国库,以增强国家的战争储备。百姓失去了全部或部分剩余产品,自然就是"富者贫"了。

法家的这种以力征经营天下的主张,受到儒家的强烈反对。战国儒家主要代表人物之一的孟轲,就痛骂法家为强兵服务的富国主张为"富桀",③痛骂推行法家路线的国家"辟土地,实府库"的人物为"民贼"。④和孟轲同时的法家代表人物商鞅,强调富国,而不一般地谈论富民;孟轲则一反其道,绝口不谈富国而一味宣扬富民。他一再说:"民可使富也"⑤,并且提出了使百姓家家"有菽粟如水火"的所谓"至足"⑥的理想。

---

① 《商君书·说民》。
② 同上。
③ 《孟子·告子下》。
④ 同上。
⑤ 《孟子·尽心上》。
⑥ 同上。

怎样实现富民呢？孟轲的主张是："易其田畴,薄其税敛"①。"薄其税敛"和法家的"上藏"主张自然是针锋相对的;但是,"易其田畴"则是和法家"富国以农"的论点基本一致的。可见,在富国问题上势同水火的法家和孟轲学派的儒家,在增加生产以增殖国民财富的主张方面并无分歧。法家的富国主张和儒家的富民主张,其实都是建立在增殖国民财富的基础上的。

这一情况使得法家的富国论和儒家的富民论在一定条件下有可能被综合起来。在战国后期,受法家影响的儒家代表人物荀况,果然把二者综合起来了。

荀况写了名为《富国篇》的探讨经济问题的专篇,对财富的形成、分配、消费、积累、分工以及国家政权在富国中的作用等方面进行了全面的论述。可以说,中国古代的富国之学,到荀况已开始具备了自己的雏形。

荀况对"富国"下的定义是"上下俱富"②、"兼足天下"③。这里,"上"指以君主为代表的国家政权,"下"指黎民百姓;"上富"指国库充实,"下富"指百姓家给人足。他分析了"下富"同"上富"的关系,认为"下富"是"上富"的前提和保证:百姓财富增长了,按同样税率征税,税收数量也会增加,国库会更加充实。如果"下富"不增加,而用加税办法增加"上富","上富"虽可暂时增加,但"上富"的增加必然造成下贫,削弱以后的财政基础,从长远观点讲,这只会造成上贫,而不可能成为上富的办法。因此,荀况断言:

---

① 《孟子·尽心上》。
② 《荀子·富民篇》。
③ 同上。

"下贫则上贫,下富则上富"①。如果"上富"不是建立在"下富"的基础上,而是以损害百姓造成"下贫"的情况下取得的,如果"筐箧已富,府库已实,而百姓贫",那就是"上溢而下漏,入不可以守,出不可以战,则倾覆灭亡,可立而待也"。②富强和富安就都无从谈起。

可见,荀况关于富国的概念。已把狭义的富国和富民二者给统一起来了。

要同时做到富国和富民,必须以一国国民财富的增长为基础。因为,国库收入及百姓财富都是整个国民财富的构成部分,如果国民财富是恒量,那么,要想同时实现"上下俱富"是不可能的。这样,荀况说的富国,就是在增加国民财富的基础上,做到既富民,又能够富国库。在荀况的手中,"富国"成了一个把广义的富国,狭义的富国和富民三者都统一在一起的范畴。荀况的富国论,是对法家的富国论和儒家的富民论的综合。

富民自然意味着使百姓个人和家庭更富裕,即常言说的"家给人足"。但富民是从宏观的角度看问题,而不是从一家一户自身看问题。一家一户怎样增殖私家的财富,这不是富民论考察的范围,而是属于富家的问题。

最初,关心富国、富民问题的政治家和思想家,多半不愿意探讨富家的问题,有的甚至对讨论这一问题抱避忌态度。前面谈到,孔丘虽然首先触及了富家的问题,但儒家重义轻利的传统,使他们对富家问题讳莫如深,总是把谈论富家之道看作有损于"君子"的

---

① 《荀子·富民篇》。
② 《荀子·王制篇》。

身份和士人操守的事情。法家则认为,听任人们谈论富家问题会妨碍法家富强之政的推行。因为,富家可以有各种不同的途径,各种职业都能富家,但不同的职业在致富的难易、多少方面各自不同;农业的劳动最艰苦、繁重,而战争最危险。如果听任人们选择自己富家的职业,谁也不愿选择农和战。但是,法家认为农和战是实现国家富强的必由之路。既然听任人们选择富家的职业会不利于富强之政,那就是法家所绝对不能容忍的。因此,法家主张"利出一空"①,即只许人们经由农战取得富贵,其他可以富家、得官爵的途径统统禁绝,也不许讨论和宣传。这样,富家的问题,在法家的体系中简直就成了理论的禁区。

同时,由于法家主张把剩余产品"上藏",以便尽量集中使用于战争,他们虽允许从农战"一空"得富贵,实际上即使对农战有功的人,也不愿让他们太富,如果太富了,也要使其"富者贫"。这种态度,也会使法家不喜欢人们太关心富家的问题。

深受法家影响的轻重论者,主张极端强化以君主为代表的国家政权在经济生活中的支配作用,使"开阖皆在于上"②,在经济生活中实现绝对的君主专制主义。他们认为,如果社会上存在一些富人,这些富人就会利用自己的财富,役使一部分贫人为自己效劳,这必然会削弱国家政权对全国的支配作用,出现所谓"民下相役而不累(系)于上"的局面。③因此,轻重论者对富家问题的探讨持更为保留的态度。他们虽然也说"富之在君",实际上却总是企图对富家的活动施加限制和打击。

---

① 《商君书·靳令》。
② 《管子·乘马数》。
③ 《管子·国蓄》。

春秋、战国时期，只有代表商人利益的商家或货殖学者对富家问题进行过专门的探索。他们总结经商经验，对怎样观测市场行情，掌握价格和供求的变化规律，抓住机遇进行经营决策以及选拔和管理经商人员等，提出了一系列的原理，这就是古代的治生之学。[①]他们只是从微观的、个人的角度考虑问题，而不涉及当时同国计民生有关的大问题，他们的研究孤立于当时经济问题研究的主流之外；他们对富家问题的研究，处于同富国、富民问题互不相涉的状态。

同时研究富国、富民和富家三方面的问题，并企图把富国之学和治生之学冶于一炉的是西汉时代的伟大历史学家和思想家司马迁。

司马迁认为：追求富家是人的本性的表现。人生而有欲望，要求以各种物质手段来求得最好的满足。这就产生了人们对富家的要求，表现为各种富家的活动。富家不是什么邪恶的、见不得人的事情，"富者人之情性，所不学而俱欲者也"[②]。贤人、王侯、将士、隐逸、农牧工商、医卜星相以及盗匪、赌徒、娼妓，其实都在为追求私人财富而活动着，"天下熙熙，皆为利来；天下攘攘，皆为利往"[③]。

司马迁把抢劫、偷盗、掘墓、贪污以及从事国法禁止的经济活动（如铸币）以取得私人财富称为"奸富"，认为奸富是不正当的；而以奸富以外的其他行当来富家，尤其是从事农、虞、工、商致富，则是完全正当的。他还极力论证，富是有能力和有道德的表现，而

---

① 古代也无"治生之学"的名称，但当时已有人"言治生"，即讲论治生问题了。
② 《史记·货殖列传》。
③ 同上。

贫则是"拙"和"不肖"的结果，因而社会发生贫富分化，完全是正常的、合乎规律的现象："凡编户之民，富相什，则卑下之；伯，则畏惮之；千则役；万则仆；物之理也。"①

　　司马迁不仅论证了富家的正当性，还极力论证富家同富国的一致性。他把致富的途径分为两种：一种是夺予，即夺取一部分人的财富，给予另一部分人；另一种是增大"衣食之原"，即可供人们消费的物质财富。他认为靠前一种途径来富家，是夺取别人财富的结果。一些家庭虽可由此致富，被夺的家庭则遭受了相应的损失，国民财富总量并未由此发生变化，富家和富国是不相一致的。按后一种方式致富，国民财富本身增加了，家富和国富同时增加，富家同富国是一致的。司马迁还指出：所谓靠"夺予"富家，是指靠"爵邑俸禄，弄法犯奸而富"②；而所谓增大"衣食之原"，则是指从事农、虞、工、商等经济活动致富。

　　这样，司马迁就从经济理论上把富家和富国协调一致起来了，把富国之学和治生之学统一起来了。

　　在治生之学方面，司马迁也达到了更高水平。前人只是以狭隘的经商经验为依据，对怎样经商获利提了若干原理、原则；司马迁则是广泛地从农、虞、工、商各种经济活动，从它们的共性和特点，揭示了一系列更带一般性的学理。他指出富家可有各种各样的选择途径，"富无经业"③，但个人如何选择，却不是无所轩轾的。这一点要取决于个人的条件，首先是自己有无财力和财力大小："无财作力，少有斗智，既饶争时"④；二要看有关行业致富的难

---

　　① 《史记·货殖列传》。
　　② 同上。
　　③ 同上。
　　④ 同上。

易和风险的大小。他认为工商业尤其是商业致富较容易,但风险较大;农业风险小,但致富较难、较慢。由此,他认为在创业时是工商业优于农业:"用贫求富,农不如工,工不如商"[①],而在守业即保持和继续增殖财富时则农业优于工商业。因此,富家应该"以末致财,用本守之"[②]。在选定求富的行业后,能否致富,就要看经营之道。对此,司马迁提出了两个原理:一是"诚一"[③],即专心致志,而不见异思迁;二是"以奇胜"[④],在竞争中善用智略,着着占先。

如果司马迁的这种体系能为后世研究经济问题的人所广泛接受,那么,中国传统的经济学就会成为综合研究富国、富民、富家各种有关问题的"富学"。可惜的是,传统思想中对待"富家"问题的偏见,并未因此而有所转变。司马迁以后,两千年间,中国的传统经济学基本上仍是在"富国之学"的框架内发展的。治生之学受不到重视,在漫长时期中处于不绝如缕的状况。

三、富国的基本途径——强本节用

弄清了富国之学的涵义及其关于富国、富民、富家的相互关系的认识之后,进一步需要考察的问题是:富国之学关于富国的基本途径的学说。

要富国自然要增加生产,但是,如果消费也和生产同额增加,

---

① 《史记·货殖列传》。
② 同上。
③ 同上。
④ 同上。

那么,增产的财富都消费掉了,国家就不会变得更富。因此,只是增加生产还不行,必须对消费实行某种节制,使消费的增长额低于生产的增长额。由此形成的剩余,就是财富的净增额,一国财富的净增额越大,国家越富。《礼记》所谓"生之者众,食之者寡,为之者疾,用之者舒"①,《商君书》说的"所谓富者,入多而出寡"②,都已认识到了这一点。《墨子》的"生财密,用之节"③一语,更是表达这种思想的简明公式。

在耕织结合自给自足的农业社会里,财富主要是由农业生产的,增加农业生产往往被看作是增加生产的同义语。中国的传统经济学的术语称农业为"本业",因而人们通常用"固本"、"强本"来表达增加农业生产的要求。这样,生产和消费的关系,也就常被说成是"本"和"用"的关系。

最先用"本"和"用"的范畴来宣扬富国主张的是墨家。墨家的著作《墨子》就提到:"固本而用财,则财足。"④后来,荀况把这种思想表现为更明确、更强有力的形式:"强本节用,则天不能贫!"⑤

荀况总结了春秋、战国以来的有关思想,对怎样强本、怎样节用,以及强本和节用的关系,作了比较完整、比较系统的论述。

1.关于"强本",荀况提出了以下几方面的主张:

一是要重视生产技术的改进。他强调"强本"必须讲求土壤改良、耕耘、施肥、选种、农具修造等技术以及水利兴建、管理等

① 《礼记·大学》。
② 《商君书·画策》。
③ 《墨子·七患》。
④ 同上。
⑤ 《荀子·天论篇》。

工作："刺草殖谷,多粪肥田"①、"视肥硗,序五种"②、"辨功苦(工楛),尚完利"、"修堤梁,通沟浍,行水潦,安水藏,以时决塞",等等。

二是既要依靠生产者自身来发展农业生产,又要尽量发挥国家政权对生产和其他经济活动的指导、监督和调控的作用。他把农业生产首先看作是"农夫众庶之事"③,各种农事只能靠农夫自身去进行;但是,他又认为国家对"强本"的作用决不是消极的。为了有利于强本,他主张由国家设置各种管理农业生产的机构和官吏,如"治田"(农耕指导、监督)、"工师"(工具修造)、"虞师"(山泽自然资源的管理)、"司空"(水利设施的修造、管理)等,还主张制订一些有利于农业生产和经营的政策、措施,如"轻田野之税,……罕兴力役,无夺农时"④,"相地而衰征,理道里之远近而致贡"⑤,等等。

三是除粮食作物之外,还广泛发展农村多种经营。荀况虽受法家富国、重本思想的很大影响,但他拒绝法家在农或"本"中只看到粮食生产的狭隘观点,要求在增产粮食的同时,还充分发展"瓜桃枣李"、"荤菜百疏"、"六畜禽兽"、"鼋鼍鱼鳖鳅鳣"、"飞鸟凫雁"、"昆虫万物"、"麻葛茧丝"、"羽毛齿草"等各种衣食材料的生产。⑥

四是制定禁止乱伐林木、滥捕野生动物的政策措施,使动植物

---

① 《荀子·富国篇》。
② 《荀子·王制篇》。
③ 《荀子·富国篇》。
④ 同上。
⑤ 《荀子·王制篇》
⑥ 《荀子·富国篇》。

得以"不夭其生"、"不绝其长",①以合理利用自然资源,并保护对生产和经济发展有长期战略意义的生态环境。

2. 关于节用,荀况主要提出了以下几个主要原则:

一是节用要以遵守等级制的生活标准为原则。

荀况继承了儒家节用以礼的思想,认为节用不是使社会上各不同等级的人都按一样的或差不多的生活标准来生活,而应以礼制的规定为标准,各等级的人都把消费限制在本等级的消费标准之内。他批评墨家那种平均主义的节用观,认为让各等级的人都过同样标准的生活,各不同等级的人就不能正常发挥自己在社会中的职能和作用,特别是社会上层等级的人就会没有权威和威望来进行政治、经济方面的指挥、管理工作,社会秩序就会陷于紊乱,社会经济生活就会停顿、衰败。这样的"节用",不唯不能富国,反而适足以"使天下贫"②。

二是节用要坚持消费额低于收入额的原则。

荀况说:节用"自天子通于庶人",人人都要"使衣食百用相掩,必时藏余"。③ 这里,上述的等级制度原则仍然坚持着,但又加上了一个消费额低于收入额的原则。不同等级的人消费额同收入额都各不相同,但有一点必须是共同遵守的:使自己的消费额低于自己的收入额。这同商君学派的法家关于"入多出寡"的原则是一致的。

三是以节用促进生产发展的原则。

"藏余"不是荀况的创见。墨家已提出过"备者国之重"的储

① 《荀子·王制篇》。
② 《荀子·富国篇》。
③ 同上。

备思想；①《商君书》说的"入多出寡"，也主张把入多于出的剩余"上藏"。但是，墨家储藏剩余，主要备灾荒；商君学派的"藏余"，首要目的是储备战争物资，都不包含为改进和扩大生产而"藏余"的思想。荀况的藏余，则不止是为天灾、战争作储备，同时还有用作生产积累的目的。他说："节用裕民，善藏其余。……彼裕民故多余，裕民则民富，民富则田肥以易，田肥以易则出实百倍。"②正因把节用带来的剩余的一部分转化为生产性积累，才能造成生产条件的重大改善（"田肥以易"）和生产的大幅度增长（"出实百倍"）的结果。节用促进生产发展和扩大的作用，在这里阐述得十分清楚。

如果节用只是把剩余留作天灾人祸的储备，节用至多只能保证再生产不致因天灾人祸而缩小，而不会成为促进生产增长的因素；只有把剩余的一部分转化为再生产的基金，节用才能起到为社会增殖财富的作用。

可以说，在荀况以前，虽早已有人把节用宣扬为富国的手段，并把它和"生财"、"固本"并称；事实上这些人说的节用都不能真正起富国之效。用函数式表示，他们的函数式f（固本，节用）＝富国的等号前"节用"实际上只是一个常数，真正起富国作用的变数只是"固本"一个。在荀况的f（强本，节用）＝富国的函数式中，"强本"及"节用"都是变数。

荀况以节用为再生产提供积累的思想，不仅他的前人无人提出过，在此后两千年，也是绝无仅有的。农民的小生产，固然谈不

---

① 《墨子·七患》。
② 《荀子·富国篇》。

上有什么剩余可供积累；田连阡陌的大地主，也只是把剩余作为高利贷基金，作为土地兼并的手段，以及用作窖藏，而不从事什么生产的积累和投资。在这种情况下，荀况节用论的这一精髓，是得不到人们重视的。

四、富国和分工——本末问题的争论

富国必须"强本"，"本"是农业，尤其是当时最为生活所必需，并且构成自给自足经济生产核心的粟、帛的生产。但是，社会生产不止是农业生产，在以农为本的思想开始产生的时代，早已存在社会分工，社会经济早已划分成农、虞、工、商各部门。农业以外的其他经济活动，在富国中起什么作用？虞、工、商等部门，同"本"即农业的关系若何？在传统经济学的发展中，这成了一个长期争论的问题。

作为社会分工体系的不同环节，农、虞、工、商是互相需要、互相依赖的。即使是对一个高度自给自足的农户来说，也难以对所需的一切生产资料和生活资料做到完全自给。战国初期许行学派农家，是最赞美自给自足的，但他们也不得不承认："百工之事，固不可耕且为也。"[①]因而也肯定某些独立手工业的存在，肯定他们的产品同农产品之间的交换。

但是，社会分工的各环节，农、虞、工、商等部门，彼此又是有矛盾的。在以自给自足的生活为主的农业社会中，矛盾主要表

---

① 《孟子·滕文公上》。

现在：

第一，争夺劳动力的矛盾。

在技术极其落后、人口又较稀少的农业社会中，各种经济部门争夺劳动力的问题十分严重。农业这种需要繁重劳动的生产，更害怕劳动力流入其他部门，造成劳动力不足。

第二，收益不均的矛盾。

在农、虞、工、商各部门中，农业劳动最艰苦，而获利较少；工、商等部门，尤其商业，劳动强度较小，而获利较容易。这样，农业同其他部门就经常会因收益不均引起矛盾。

第三，"商人病农"引起的矛盾。

在商品交换中，农民因处境闭塞、信息不灵以及知识低下等不利条件，容易受到商人的欺诈和盘剥。商人还利用农业的季节性和农民无积蓄等特点，以高利贷盘剥农民。商人的这些欺诈、盘剥，加重了农民的困苦，使许多农民破产并被商人兼并。这就是中国古代许多人物所谴责的"商人病农"。

农业同虞、工、商各业在社会分工体系中既互相依存，又彼此之间存在着矛盾。于是，农业和非农业之间的关系问题，就成了中国传统经济思想中长期争论不休的问题。这种争论，采取了本末关系论的形式。

最初提出这个问题的是法家。法家极力推行富强之政，并认为"富国以农，拒敌恃卒"。①这样，富强之政的核心又被归结为农战政策。在法家心目中，农业不仅为全国提供最基本的生活资料，大部分军需物资（如军粮、马草、运输工具、军服的原料等），来自

---

① 《韩非子·五蠹》。

农业,战士也基本上是从农民中征调来的。法家还认为:农民人多,又固着于土地,易于征调;农民朴实愚昧,也最容易驱使。反之,工、商业者不仅人数少,体力不如农民,头脑也比农民复杂,不易驱使;而且,他们的流动性较大,容易逃避赋税徭役。因此,法家突出地强调农的"本业"地位。墨家已开始把农业说成是"本",但主要是从经济方面提出问题。墨家说的"本",只是指"生财"之"本"或富国之"本"。法家的以农为本,则除了经济方面的考虑外,还有很强的政治、军事含义,实际上是兼为富强之本。既然农业是法家富强之政的基础或者"本",法家自然就要更强烈无比地提倡重本,并且还要在重本的同时加上"抑末",以保证"本"的压倒一切的地位。

法家所说的"末",最初含义很广。商君学派的法家,几乎把农业以外的其他经济部门以及各种非经济职业如教育、文化等,都看作是不利于"本",妨碍农战的"末业"。他们主张"抑末",就是企图把农战以外的其他可以富家的行业统统堵塞住,至少是压缩到最低限度,以实现所谓"利出一空"。为此,他们主张"抑工商"、"壹山泽"(对采伐捕捞等的控制、禁限)、"禁言谈游说"、"禁诗书百家语"等等。

商君学派说的"末",虽含义相当广,但他们最强调要抑的还是工商业。在这方面,他们提出的"抑末"措施最多,也最具体,诸如"重关市之赋"①、"不农之征必多"②、使"农逸而商劳"③(徭役)、

---

① 《商君书·垦令》。
② 《商君书·外内》。
③ 《商君书·垦令》。

使"农无得粜,商无得籴"①,乃至"废逆旅,贵酒肉之价"②(为行商制造困难)等等,无所不用其极。他们还提出了"金生粟死"③的观点,作为抑制、打击工商业的主张的理论依据。"粟"指农业,而"金"则代表工商业财富(以货币形式表现的财富)。"金生粟死"意为工商业同农业是势不两立的,不严厉抑制打击工商业,则农业就必然陷入绝境。

法家在工商业的政策和理论方面的一些说法,看起来似乎是要完全否定分工、把社会变成完全自足的单一农业经济。事实上,他们也知道这是不可能的。因此,他们有时也会提出与此相矛盾的论点。例如,商君学派就曾说:"农、商、官三者,国之常官也。"④既是常官,当然就不可全废。由此看来,法家虽常使用"除末"、"禁末"等激烈言词,实际上他们对工商业也并不真是要"禁"和"除",只不过是想把它们抑限到最低限度而已。

随着战国时期兼并战争的日趋惨烈,法家推行农战政策的要求更激进,他们歧视工商业的态度也更趋强化,"抑末"论的锋芒越来越集中指向工商业。到了战国末期,韩非学派的法家终于把"末"当成了工商业的同义语。韩非把工商业列为国家的"五蠹"之一,主张要使国家富强必须"除五蠹"。他强调说:"夫明王治国之政,使其工商之民少而名卑,以寡趣本务而趋末作。"⑤

韩非学派不仅把工商业等同于"末",还把农等同于粟。他们

---

① 《商君书·垦令》。
② 同上。
③ 《商君书·去强》。
④ 同上。
⑤ 《韩非子·五蠹》。

把"粟"看成财富的唯一形式,把"生粟"即种植粮食作物看作是唯一能创造财富的生产事业。韩非说:"磐石千里,不可谓富",因为,"磐不生粟"。①既然不"生粟"就是不生产,就不能富国,那就不止是工商业,连粮食种植以外的其他农业(如种植纺织材料、染料、果蔬花木等的农业),都成了于富国无益的行业。

法家的重本抑末论,越来越发展为一种对分工持消极态度的理论,简直要把分工说成是同富国不相容的了。

在战国时期,这种重本抑末论不过是法家的一家之言,而且应该说主要是商君学派,韩非学派等法家学派的一家之言。东部诸侯国齐国的法家,虽然也有"重本抑末"的言论,但他们说的"末作",主要是指从事"雕文刻镂"、"锦绣纂组",即经营奢侈品的工商业。对社会分工和一般工商业,他们并不歧视,有时还抱相当积极的态度。他们强调"使民各为其所长则用备"②,认为农业和工商业的分工、体力劳动和脑力劳动的分工,对社会、对国家都是必要的,"士、农、工、商四民者,国之石民也"③。

以孟轲为代表的"孟民之儒",对分工和工商业抱更加积极的态度。他们认为分工对农、工、商各业都是必要的和有益的,否定分工和工商业,对农业自身也是不利的。他一再说:"不通功易事,以羡补不足,则农有余粟,女有余布。"④不要分工,让农民完全自给自足,会"害于耕"。⑤他把商品交换看作是平等的、互利的,不

---

① 《韩非子·显学》。
② 《管子·牧民》。
③ 《管子·小匡》。
④ 《孟子·滕文公下》。
⑤ 《孟子·滕文公上》。

存在交换一方剥削另一方,损害另一方的问题:"农夫以粟易陶、冶,不为厉陶、冶;陶、冶以其械器易粟者,岂为厉农夫哉?"①他已多少觉察到,分工和交换比起自给自足是个大进步;否定分工和交换,主张回到完全的自给自足的生活,则会导向历史的倒退:"且一人之身,而百工之所为备,如必自为而后用之,是率天下而路也。"②

从这种认识出发,孟轲对工商业主张采用优容、鼓励的政策,主张"关市几而不征"③,以招徕各国商人,使"天下之商皆悦而愿藏于其市"④。

商、韩等法家虽然对分工及工商持十分消极的态度,但实际上也不主张完全消灭工商业;齐法家及孟氏之儒对分工和工商业持积极态度,但也认为农业是国民经济的主要部门,财富主要来自农业。这就使人们有可能对这两种对立见解进行综合,创立一种既肯定分工对富国的积极作用,又肯定农业在当时国民经济中的首要的、起决定作用的地位的理论。这种理论,在荀况手中初步实现了。

荀况认为农业是财富的主要来源,他接受了法家"本"的观念,宣称:"田野县鄙者,财之本也。"⑤但是,荀况是重视分工的,对工商业也抱积极态度。在他看来,工商业也为社会创造财富,而且是对农业、农民不可少的。有了社会分工,就会使"泽人足乎木,山

① 《孟子·滕文公上》。
② 同上。
③ 同上。
④ 《孟子·梁惠王下》。
⑤ 《荀子·富国篇》。

人足乎鱼,农夫不斫削、不陶冶而足械用,工贾不耕田而足菽粟"①。因此,他主张对工商业实行保护、鼓励的政策,主张"平关市之征"②,"关市几而不征"③,反对"厚刀布之敛而夺之财"④的重征工商的政策。

荀况也使用"本"、"末"的概念,甚至也说过"知务本禁末之为多材也"⑤这样的话。但荀况从未明确地把"末"和工商联系起来。他在分析经济、财政问题时,通常是把财政说成"末",如说:"田野县鄙者,财之本也;垣窌仓廪者,财之末也。"⑥这同对分工问题的看法是不相涉的。

从他的"平关市之征",反对"厚刀布之敛"的主张,可以看出他同法家对工商业的态度,有多么大的距离!

可是,荀况在看到农业和工商业在社会分工体系中的相互依赖、相互促进的作用的同时,也看到了它们之间的相互矛盾、相互制约的一面。他主要是看到了工商业同农业争夺劳动力的矛盾。他从保证农业生产能有足够劳动力的要求出发,提出了"工商众则国贫"⑦的论点。为了解决这个矛盾,他主张由国家调控劳动力在各部门之间的分配,实行"省工贾,众农夫"⑧的政策。

在农业技术和生产装备还很落后,农业劳动生产率还很低的

① 《荀子·王制篇》。
② 《荀子·富国篇》。
③ 同上。
④ 同上。
⑤ 《荀子·君道篇》。
⑥ 《荀子·富国篇》。
⑦ 同上。
⑧ 《荀子·君道篇》。

时代,农业劳动力不能产生出更多的剩余以供工商业者的粮食和原料的需要,工商业的发展,势必受到较大的限制,而不可能过"众"。如果工商过众,就会使农业因无足够劳动力而不能较好地发展;工商业也会因原料及商品粮食缺乏得不到进一步发展。农业及工商业两俱不利,这就是所谓"工商众则国贫"。

对于农业和工商业因收益不均以及商业、高利贷盘剥农民而产生的矛盾,荀况未曾论及。这就留下了一个悬而未决的问题:国家即使能统一调配劳动力,做到"省工贾,众农夫",但农民如果因羡慕工商业赢利高而自发地弃农经商,就仍有可能出现"工商众则国贫"现象。

这在商品经济不发达、农民被束缚在土地上,并且大部分农民还受着人身束缚的时期,是不可能大量发生的,但却不是完全不可能发生。城市附近的一些自耕农,就有可能发生这种情况,而且当时现实中已有这种情况。当时一些人指责的农民"逐末"的问题,不可能都是凿空之谈。

为解决此问题,轻重论者主张通过国家政权对社会经济活动实行强力的干预和控制,尤其是通过国家政权垄断能获利较多的工商业,以"杀正商贾之利,而益农夫之事"[①],实现所谓"调通民利"[②];司马迁则主张通过市场的自发作用,靠竞争实现农、虞、工、商各不同行业收益率的均衡。他并且观察到,当时商业发达地区,商业中的各行业已出现了大约20%的平均利润率,因而断言:"它杂业不中仲二,则非吾财也"[③],指出了利润率低于20%的行业商

---

① 《管子·轻重乙》。
② 《管子·国蓄》。
③ 《史记·货殖列传》。

人不愿经营的情况。

司马迁也称农为"本",工商为"末",但他毫无轻视工商业的意思,也从未有过"重本抑末"的提法。相反,他认为农、虞、工、商都是社会所必不可少的行业:"农不出则乏其食,工不出则乏其事,商不出则三宝绝,虞不出则财匮少"①。它们都能有利于富国、富家。因此,司马迁认为:对农、虞、工、商各业都应听其自然发展,而不应人为地"抑"哪一部门。

重本抑末论,在战国时期还是一家之言:到秦、汉时期,已逐渐变成了一种广泛流行的观点。西汉后期起,又被罩上了"圣王之道"的光环,成了一个对思想界起严重禁锢作用的正统的经济思想教条。此后两千年,尽管有些人对它持有异议或保留态度,但始终未能动摇其在思想界的支配地位。在这一教条支配下,有关分工的作用、分工同富国的关系、工商各业同农业的关系、工商业自身的发展条件和规律性等等问题的理论探讨,日益失去了光彩。在清末西方学术传入中国前,基本上未超过战国至西汉中叶所达到的水平。

五、富和均——富国之学中两个互相联系的课题

国富增加了,还有一个在各种社会成员中分配的问题,这也就是均或不均的问题。

富国的主张开始是同强兵联系着提出来的,其主要着眼点是

---

① 《史记·货殖列传》。

增强国家的经济和军事实力。在这种情况下，突出考虑的问题是"富"，对于"均"的考虑，不占很重要的地位。但是，即使在这时"均"的问题也不得不予以适当的考虑。因为，战争要靠广大的贫苦百姓，如果他们过于贫穷，以至于没有起码的生存条件，就不可能让他们去打仗。最提倡强兵、战胜的法家也深深知道："民饥者不可以使战"①。况且，要对外进行兼并战争，首先要自己内部巩固，国内的贫富不均太严重，存在大量贫穷和饥饿的百姓，是社会动乱的根源。即使像商鞅、韩非等人那样突出强调强兵，也不能完全不考虑均的问题，使"贫者富，富者贫"，实际上就包含着实现一定程度的均。

反对武力兼并，主张靠施行仁政以"得人心"来"得天下"的儒家，更加重视的是富安的问题，因而更强调富和均的结合，更注意寻求把富和均结合起来的途径。

儒家讲的均，不是在一切社会成员之间平均财富，而是按照每个人所处的社会等级，在财富分配方面实行差别对待，并且坚持维护这种差别不使其遭到破坏。这种"均"，实际上不是什么平均，而是在财富分配中建立并保持一种等级性的均衡或均势。

儒家创始人孔丘首先提出了富和均的关系问题，他说："丘闻有国有家者，不患贫而患不均，不患寡而患不安。"②

孔丘这话，被后来主张平均分配的人奉为"圣训"。其实，这些人对孔丘的本意全然是误解了。这段话本是针对鲁国的季孙氏出兵伐灭颛臾而发的。颛臾是一个小国，周初确定它为鲁国的附

---

① 《管子·八观》。

② 《论语·季氏》。本文是"不患寡而患不均，不患贫而患不安"，但自汉代开始，即有人怀疑"寡"、"贫"二字位置颠倒。

庸。季孙氏是鲁国的当权贵族,伐并颛臾后季孙氏的土地和财富更增加了,这就进一步打破了周的礼制所规定的各级贵族之间财富分配的均势。孔丘说:"不患贫而患不均",是规劝季孙氏不可因贪求更多财富而破坏已有的财富分配均势,而毫无在社会成员之间平均分配财富的含义。

孟轲强烈谴责当时社会财富分配严重不均的现象,说贵族们"庖有肥肉,厩有肥马;民有饥色,野有饿莩"①,斥这是"率兽而食人"。他认为这样的严重不均对统治秩序是极大的威胁,"民无恒产,因无恒心;苟无恒心,则放辟邪侈,无不为已"②。广大百姓无恒产,无以为生,必会使国家法纪、社会秩序无法维持。但是,孟轲也同样是主张等级制的"均",而不主张在一切社会成员中平均财富。他对贫苦的黎民百姓主张使他们家有百亩之田、五亩之宅的恒产,而对贵族们则是"广土众民,君子欲之"③。肯定他们占有大片地产和众多的依附农民是合理的。

荀况把儒家的等级制分配思想阐发的更为明确和具体。荀况主张富国要"上下俱富"④,而且首先要富下。但是,上下俱富决不是同等富有,决不是实行平均主义。他明确说:"分均则不编(偏),势齐则不一,众齐则不使"⑤。认为在财富分配方面也不能"均"和"齐",而应"制礼明分"。"制礼明分"的具体内容是:"上贤禄天下,次贤禄一国,下贤禄田邑,愿悫之民完衣食"⑥。

---

① 《孟子·梁惠王上》。
② 同上。
③ 《孟子·尽心上》。
④ 《荀子·富国篇》。
⑤ 《荀子·王制篇》。
⑥ 《荀子·政论篇》。

荀况把"制礼明分"作为富国的一项重要纲领写入《富国篇》。他认为要富国自然首先要强本节用,但如果不注意制礼明分,使不同的社会等级在占有财富方面各有其"分"即界线,那就会发生群起争财的现象,"争则必乱,乱则穷矣"①,社会经济活动无法正常进行,社会秩序也无法维持,当然也就谈不上富国了。

荀况在财富分配问题上从不提倡"均",甚至是反对谈"均"的,"分均则不编(偏)"的说法,就表明了这一点。但是,他所主张的"制礼明分",却是儒家的等级主义均富思想的典型体现。他显然已把"均势"和"平均"两个概念给区分开来,只把后者称为"均",而把前者仅列入"分"的范畴了。

在春秋、战国纷争动乱之际,富强的问题比富安的问题更受重视,因而对富和均的关系的探讨也没得到充分开展。西汉时代开始,统一的中央集权君主专制主义政权已逐渐巩固下来,列国纷争已成为历史陈迹,因而,富强问题已不像过去那样受人关心,而富安的问题则日益突出起来了。汉初,贾谊提出了"富安天下"②的论点,是富国之学中这种历史转折已经到来的标志。既然富主要是为了安,那么,富和均的关系在富国之学中的地位也就更为重要了。

除了"均"的意义(富和安)、"均"的标准(等级制的"均",还是普遍的"均")外,还有一个"均"的内容,即均什么的问题。这个问题主要表现为以下三个方面:

一是均收益,即使各种经济职业的收益率能大体持平,特别是

---

① 《荀子·王制篇》。
② 《贾谊集·论积粟疏》。

使当时在国民经济中处于主要的、决定的地位的农业,收益率不低于其他行业。这在前面已经谈过了。

二是均财富,使贫、富之家不致太悬殊,特别是不要使广大黎民百姓贫到"父母冻饿,兄弟妻子离散"①和"民有饥色,野有饿莩"的活不下去的境地。

三是均土地。土地是农业社会最基本的生产资料,土地占有是否平均,在均的问题中具有基础的、决定的意义。土地分配不均,对农业社会的经济发展影响最大,受到影响的人也最多。因此,均土地的问题是中国传统经济学中讨论得最多和最为热烈的问题。

在先秦时期,均收入、均财富的问题都已提出来。先秦有的文献中也提到过"均地",如《管子》就主张"均地分力"②。不过,这里说的"均地"是指把各种不同的土地(耕地、山林地、沼泽地等),按一定比例折合计算,并非在土地所有权方面实行平均。真正的均土地,即平均土地所有权的主张,是在汉代开始提出的。春秋、战国时期,中国的土地私有制已逐渐发展起来。秦始皇统一后,"令黔首自实田"③,在全国范围中承认土地私有制。此后,土地私有制得到更迅速、更广泛的发展,在农业生产中处于主要地位。土地私有制意味着土地可自由转让。于是,土地兼并也就作为土地私有制的必然产物而随之发展起来。土地日益集中于少数大地主之手,而大批失去土地的农民则变成了依附于地主的佃农或农奴。西汉中叶,董仲舒开始觉察到土地兼并、土地分配不均现象的严重指出:当时的土地占有情况已是"富者田连阡陌,贫者无立锥之地",

---

① 《孟子·梁惠王上》。
② 《管子·乘马》。
③ 《史记·秦始皇本纪》。

土地兼并和土地集中使贫民"或耕豪民之田,见税什五,故贫民衣牛马之衣,而食犬彘之食",许多人"亡逃山林,转为盗贼",不仅使生产遭到破坏,也会危及社会秩序;不利于富,也不利于安。于是,董仲舒提出了中国历史上第一个均土地的方案,主张"限民名田,以澹不足,塞并兼之路"[①]。

此后,东汉末的何休,又附会西周曾经实行过的井田制,参照孟轲关于"井地"的设计,提出了由国家政权定期授田给农民,每户田百亩,宅二亩半并代耕公田十亩的井田方案。

至南北朝时期,少数民族鲜卑跖拔氏建立的北魏王朝,又创行均田制,利用国有土地对农民授田。受田农民对国家承担租、调(田税及户税),并且在年老失去能力时还田于国。

限田完全是在土地私有制基础上的均土地方案:土地仍由私人占有,但占有的最高数量予以限制;井田制是在土地国有制基础上实施的均土地方案,每人受田数相同,而且三年一分,力求减少质量上的不均;均田制则是在土地私有制和土地国有制并存下的均土地方案,原来的土地私有制不予触动,只利用国有土地进行授田。

限田、井田、均田是中国均土地、抑制土地兼并的三个基本方案,是中国传统的田制思想的三个基本模式。自西汉以来,均土地的方案无虑数十种,但绝大多数都是这三种基本模式的变种。

在中国历史上,也有把均看得更重于富,甚至只重均而不怎么谈论富的学派。墨家和道家都具有这种特点。墨家所主张的"均",特点之一是不承认等级差别或基本上不承认等级差别,是要求在

---

① 《前汉书·食货志》。

社会上层和下层之间实行财富平均;"去大人之好聚珠玉、鸟兽、犬马,以益衣裳、宫室、甲兵五盾、舟车之数"①。其另一特点是把"均"看作富国的首要问题,说:"国家患贫,则语之节用、节葬"②。墨家虽然并提"固本"和节用,实际上是认为节用对富国起的作用更大。他们认为生产增加造成的国富增长是微小的、缓慢的,只有使上层人物节用以增加下层群众所拥有的生活必需品(也就是所谓"均"),才能使国富大幅度增长,"因其国家去其无用之费,足以倍之"③。

道家主张人们普遍过原始、素朴、低下的物质生活,不要文化,更不要文化享受,认为只有这样才能保持人们的淳朴天性和社会的安定、宁静;而经济进步、物质文化生活改善,就会使人心险诈,争夺不休,使社会陷于堕落。从这种认识出发,道家也反对不均。他们主张"损有余而补不足",反对"损不足以奉有余"。④

道家从这种赞美原始的贫困、落后生活的思想出发,自然不会有富国、富民的要求。道家的杨朱、老聃、庄周、列御寇各派,都未提出过富国的要求。《老子》中有"吾无事而民自富"⑤的话,但这并不是主张富民,而主要是说:君主、贵族等统治者不去生事、求富,百姓就会上行下效,满足现状,虽过简陋生活而自我感觉"富裕"。《老子》强调"圣人不积"⑥,自然不会有富家的主张。至如《庄

---

① 《墨子·节用上》。
② 《墨子·鲁问》。
③ 《墨子·节用上》。
④ 《老子》,第七十七章。
⑤ 同上书,第五十七章。
⑥ 同上书,第八十一章。

子》那样宣扬"知作而不知藏"①,就更谈不上什么"富家"了。

总之,先秦道家虽然赞美"均",但他们说的"均"和"富"是不相联系的,并不是富国之学的一部分内容。只是到了战国末期,黄老之学的道家才主张富民;但黄老之学是吸收、融合了儒、法各家的新的道家学派。在这个问题上,已非道家原貌了。

中国历史上也有只提倡富而不提倡均,甚至反对均的思想。韩非就宣扬:富是勤俭的结果,而贫是奢侈、懒惰造成的,提倡均贫富会妨碍人们强本节用的积极性,从而不利于富国。他说:"侈而惰者贫,而力而俭者富。今上征敛于富人,以布施于贫家,是夺力俭而与侈惰也,而欲索民之疾作而节用,不可得也。"②司马迁则把均贫富看成是违反自然的。他认为人有巧拙、贤愚的不同,在竞争中自然会发生贫富分化,出现"巧者有余,拙者不足"、"贤者辐辏,不肖者瓦解"③的情况,企图以人为的办法来"整齐之",在贫富之间实行"均",是同"物之理"相悖逆的。

只重"均"而不重"富",或者只重"富"而不重"均"的思想,在中国传统的经济学中不是主流;企图把"富"和"均"结合起来,在"富"的同时防止或纠正不均,至少是防止或纠正过度的不均,则一直是富国之学寻求解决的课题。

---

① 《庄子·山木》。
② 《韩非子·显学》。
③ 《史记·货殖列传》。

六、国家政权在富国中的作用——干涉主义和放任主义

关于国家政权在富国中的作用问题，在中国历史上很早就提出来了。具体的主张多种多样，但就其基本类型来说，不过两种：干涉主义和放任主义。前者主张国家政权在经济活动中应扮演十分积极的角色，采取各种措施参预并干涉经济活动，以促进经济的发展和国民收入的增长、分配更加合理。后者主张经济活动是农、虞、工、商等生产者和经营者的事情，国家政权应听任他们按照自己的意愿自己进行，而不应加以人为地干涉。

干涉主义导源于法家。法家认为，人们的天性是好利的，如果听任经济活动自然进行，人们必然都选择容易致富的行业而"避农战"，从而使法家的富强之政难以推行。所以，法家主张要富国就必须对社会经济活动实行严厉的干涉：一方面采取措施鼓励人们从事农战，另一方面则千方百计限制、打击他们认为不利于农战的各种经济活动，以实现"利出一空"。

放任主义的思想渊源出于道家。道家认为事物发展有其自然之道，人的活动只能顺应自然才能充分实现自己的目的；如果违反自然的要求而企图有所作为，就只会遭到失败。道家把违反自然的行为称为"有为"，而把顺应自然的行为称为"无为"，提出"无为而治"的论点，认为只有"无为"才可以"无不为"[1]而违背自然要求的"有为"，则恰会"为者败之"[2]。

---

① 《老子》，第二十九章。
② 《老子》，第三十七章。

　　道家这种"无为而治"、"无为而无不为"的思想,应用于国家政权和经济活动的关系上,自然就会得出放任主义的观点:国家对经济活动越无为(少干涉),越使经济听其自然的发展,就越能取得较好的成果。不过,早期的道家并未从经济领域直接阐明这种观点。可以说,他们只是一般地阐述了无为主义,而未专门论述经济无为主义。首先在经济领域提倡无为的是道家黄老之学。黄老之学以天地的无为为喻说:"天有明而不忧民之晦焉,百姓辟其户牖而各取昭焉,天无事焉。地有财而不忧民之贫焉,百姓斩木刈薪而各取富焉,地已无事焉"①。从事经济活动以求富的事,百姓自己会干,国家政权只要像天、地那样听百姓自为而不加干涉就行了。

　　儒家对这一问题的态度处于道、法二家之间。孔丘把"因民之所利而利之"称作"惠而不费",②可说是一个倾向于放任主义的观点。但是,他对治国主张"道(导)之以德,齐之以礼",③这用司马迁的话来说,也就是"教诲之"和"整齐之"。从道家的观点看,仍是有为而不是无为,是干涉而不是放任。孟轲主张政府和官吏要"春省耕而补不足,秋省敛而助于给";④又引尧的话说:对百姓要"劳之来之,匡之直之,辅者翼之,使自得之,又从而振德之"。⑤其干涉主义的成分,要比孔丘更大。荀况的干涉主义倾向,又甚于孔、孟。他提出了"以政裕民"⑥的口号,还主张设立"治田"、"虞师"、"司空"、"工师"等一批政府机构和官吏,分管各种社会经济活动。

---

①　《黄帝四经·称》。
②　《论语·尧曰》。
③　《论语·为政》。
④　《孟子·梁惠王下》。
⑤　《孟子·滕文公上》。
⑥　《荀子·富国篇》。

这种"以政裕民"的干涉主义思想,在专讲政府机构和人事的儒家著作《周官》(《周礼》)一书中,得到了详尽的体现。它所设计的专管经济活动的机构和官吏,已形成了一个庞大和完备的体系;其干预、控制经济的措施,也广泛涉及土地制度、农业生产、水利、劳动管理、工商业和市场、赋税徭役以及救灾、备荒各个方面。

干涉主义的理论和实践,在轻重论中发展到登峰造极的地步,而放任主义则在司马迁的手中获得了系统的、完整的理论表现。

秦始皇兼并六国后,在全国范围中建立起了一个中央集权君主专制主义的国家政权。虽然秦王朝不久就被推翻,但继起的汉王朝承袭了这种政权形式,并且经过几十年的努力,使它臻于巩固和强大。在当时经济、技术还很落后的条件下,要保持这样一个政权在全国范围的统治,必须有庞大的行政机构、众多的官吏和军队,而这就需要大量的财政经费,需要大量人力、物力开支。同时,这种政权要保持自己在政治上的强大控制力量,也需要对经济实行相当的控制;而权力的集中,专制主义所拥有的强大暴力,也使它有可能在经济方面进行较多的干涉和控制。轻重论正是这种形势的产物。

轻重论的"轻重",是自金属铸币的轻重这一观念转化而来的。金属铸币越重,所含币材金属越多,价值就越大。轻重论借用"轻重"二字表示国家政权在市场上以至在整个国民经济中起的作用的轻重。如果国家政权能在经济活动中起支配作用,按轻重论者的术语就是掌握了"轻重之势"或"轻重之柄";否则,就是失去了轻重之势和轻重之柄。轻重论者所谋求的"轻重之势",用通常的语言表示,也就是举足轻重的地位。

轻重论的思想资料,主要存在于《管子》轻重各篇、《盐铁论》

中的许多篇,以及汉代的某些其他文献(如贾谊的《新书》)中。在汉武帝至宣帝时期,轻重论还在财政、经济工作中得到了大规模的实施。

轻重论是中国古代包括经济理论和经济政策在内的学说体系,轻重政策的实质和主要特点是"国家政权机构及其人员,以经济手段和行政手段对社会经济活动进行强力的干预和控制,并且直接对一些最能获利的或有战略意义的商品,实行垄断经营,以求在社会经济生活中取得支配地位,利用这种地位大大增加财政收入。轻重论为此设计了一系列政策、措施,并且进行了多方面的理论探讨而论证。①

轻重论者认为:以君主为代表的中央政权,对全国的统治能否强大巩固,首先看它能否在全国的经济生活中取得轻重之势,掌握"予之在君,夺之在君,富之在君,贫之在君"②的绝对支配权力。如果君主不能取得并确保这种轻重之势,那么,地方诸侯和富商大贾就会起而争夺这种轻重之势,君主的轻重之势就被瓜分成为"中一国而二君、二王"③。经济大权的旁落必然导致政治大权的旁落,于是,君主就有可能变成"名罗于为君"④的傀儡。

为了在经济上取得轻重之势,轻重论者主张实行一系列的轻重之术,以控制、操纵主要商品及物资的价格和供求,打击以至摧毁富商大贾、地方诸侯及其他有权势、财富的人的经济实力,夺取他们的财利,并且通过实行轻重之术来支配市场和整个国民经济。

---

① 参阅赵靖:《中国古代经济思想史讲话》,人民出版社1986年版,第228页。
② 《管子·国蓄》。
③ 同上。
④ 同上。

　　法家对经济生活的干涉，主要是靠行政手段；轻重论者也重视行政手段的作用，"籍于号令"①是他们提倡的轻重之术的重要内容之一。但是，轻重论者所依靠的主要是经济手段。他们所提倡的轻重之术，如"以重射轻，以贱泄平（贵）"②（即靠国营商业吞吐商品以影响价格和供求）、"执其通施，以御其司命"③（即以货币——通施——及粮食——司命——作为运用轻重之术的两个主要杠杆）、"却币于国"④（在全国农村中以高利贷预购农民的粮食，借以最大限度地控制全国的商品粮食）、"宫山海"⑤、"官天财"⑥（对盐、铁、木材等自然资源实行国家垄断）、"因天下以制天下"⑦（垄断对外贸易并以对外贸易作为对外国取得轻重之势的手段）等等，实际都是经济手段。行政手段只不过是经济手段的辅助，或者用以加强经济手段作用的手段而已。⑧

　　由于轻重论者重视经济手段，他们也重视对运用经济手段的条件、过程及其规律性的研究。他们强调轻重有"数"，即有规律性可循，并力图揭示和阐明这种轻重之数。因此，他们对商品的价格、供给、需求的变化，货币、粮食和其他商品比价的升降，商人活动的特点、赋税及其对经济活动的影响以及对外贸易和国与国之间的斗争等，都作了研究，提出了一系列的观点和原理。这些研究

①　《管子·国蓄》。
②　同上。
③　同上。
④　《管子·山至数》。
⑤　同上。
⑥　《管子·山国轨》。
⑦　《管子·轻重丁》。
⑧　轻重论者运用行政手段，总是企图借以在价格、供求方面引起变化，然后利用这种变化取事。

的总体,构成了轻重论的一个重要组成部分。同轻重之势、轻重之术相对称,可以称它为"轻重之学"。

在汉武帝时期,西汉政权以轻重论为指导,实行了"盐铁"(国家专卖)、"酒榷"(酒专卖)、"平准"(国营商业左右商品价格及供求)、"均输"(国家统一调运及出售各地贡物)等轻重之术,取得了"民不益赋,而天下用饶"①的效果,有力地支持了汉武帝时期鼎盛一时的文治武功。

西汉前期,又是在全国范围中实践放任主义的时期。当时,经过长期战乱和秦的严酷统治,国民经济已陷入崩溃状态。为了恢复经济、安定民生,汉政权实行了"与民休息"的宽松政策,商政省刑,轻徭薄赋,使百姓能有余力恢复及发展生产。这种政策的指导思想,就是产生于战国末期的黄老之学。由此至汉武帝前期,汉政权一直实行着这种以黄老之学为指导思想的放任主义政策。这种放任主义在几十年的实践中取得很大成效:国民经济从汉初极端凋敝、贫困的状态下恢复过来,并且日益呈现繁荣、富裕的局面;国库充实,国家的经济实力及军事实力强大。汉王朝成为屹立于东方,声威播于整个古代世界的强盛大帝国。但是,黄老之学在经济理论方面最初只有若干零散的观点,这同指导西汉前期经济活动的大规模实践的要求是很不相称的。长达几十年的实践经验,为丰富、发展黄老之学的经济理论提供了大量资料。到汉武帝时期,司马迁总结西汉前期推行放任主义的经验,创立了以黄老之学的无为主义思想为指导的崭新的经济学说体系。

司马迁从人生而好利、喜富的人性论出发,认为人们会在求富

①《史记·平准书》。

的动机驱使下自行进行农、虞、工、商等活动。通过这种活动,增大了"衣食之原",既富了家,也富了国,对人对己都是有利的。这种活动是受人的本性驱使的,因而不需要国家的任何干涉就能自然而然地进行。司马迁还认为,这种自然进行的经济活动,不但对个人、对社会国家能带来富家、富国的理想效果,而且能通过市场自身的调节作用,使价格、供给、需求,都不断地趋于均衡,使整个经济活动自然地、有秩序地进行着。司马迁的如下一段话,明白无误地道出了他对市场调节机制的充分信念:

"故待农而食之,虞而出之,工而成之,商人而通之。此宁有政教发征期会哉?人各任其能,竭其力,以得其所欲。故物贱之征贵,贵之征贱,各劝其业,乐其事,若水之趋下,日夜无休时,不召而自来,不求而民出之。岂非道之所符,而自然之验耶?"①

既然是"道之所符"和"自然之验",国家政权的干涉就不仅不必要,而且是有害的。由此,司马迁在国家对经济生活的作用问题上得出了同轻重论者正好相反的放任主义结论。他提出了一个评价国家经济政策的标准说:

善者因之,其次利导之,其次教诲之,其次整齐之,最下者与之争。②

"因之",即顺应、听任经济活动的当事人自由地进行自己所选择的经济活动。司马迁认为,这种放任主义的政策才是好的经济政策。

---

① 《史记·货殖列传》。
② 同上。

"利导之"，即因势利导。国家不强迫人们做什么；而是对国家所希望人们从事的经济活动给予某种优惠，引导人们去进行。

"教诲之"，即通过宣传教育，指导人们去做某些事，或劝阻人们做某些事。

"整齐之"，即国家以法令对某些经济活动进行扶助，对另一些活动实行禁限，所谓"过者裁抑之，不足者扶掖之"。

"与之争"，指国家自身从事有利可图的经济活动，与民争利。

可以看出，司马迁评价经济政策是以国家干涉的多少来划线：国家干涉的成分越大的政策越不好；"因之"即放任主义的政策才是"道之所符"和"自然之验"的好政策。

同轻重论相对称，我们可以把司马迁的这一套政策及其全部理论论证，称之为"善因论"。

当然，司马迁这一套评价经济政策的标准，是只施用于正常的经济活动，即农、虞、工、商等的生产、经营活动的。对于那些贪污、盗窃、抢劫等"弄法犯奸而富"的行为，他当然不主张"因之"，还认为"利导"、"教诲"、"整齐"等做法也无济于事，只能"严削"以"齐之"。

司马迁的"善因"论，是中国传统经济学中的放任主义已发展到成熟阶段的表现。它和在同时期盛极一时的轻重论，既针锋相对，又旗鼓相当，成为中国传统经济学宝库中的两颗灿烂夺目、交相辉映的明珠。

（原载《东亚经济社会思想与现代化》，

山西经济出版社1994年版）

12 论所谓"治生之学"

中国封建时代的经济思想的主要特色之一是封建主义的宏观经济思想占主要地位。各时期的思想家多半从整个国家、整个社会的角度探讨经济问题，经济思想主要是以"富国之学"、"富民之学"的形式发展的。这种情况同西方奴隶制时代和封建时代往往把经济学看作奴隶主、封建主的家庭经济管理学的情况，是有明显的不同的。①

不过，中国封建时代也有微观的经济思想，这就是以"治生之学"的名称出现的经济思想。"治生"一词，本意是治家人生业，即获得和积累私人财富。因此，"治生之学"也就是一种以个人或家庭为本位的经济思想。

诚然，这种个人或家庭本位的经济思想在中国封建时代是不很发展的，"治生之学"远不能和"富国之学"、"富民之学"相提并论。但是，治生之学毕竟也是中国传统经济思想的一个支脉，在中国经济思想史上也有其不容忽视的地位。弄清它的性质和来龙去脉，对了解中国传统经济思想的特点及其发展规律是有重要意义的。

---

① 现代英语中的economy一词，来自古希腊语οικονομία，原意即为"家庭管理"。

261

一

中国古代治生之学的鼻祖是战国时期的白圭。正如司马迁所说的："天下言治生祖白圭。"[①]

白圭的名字最早见于《孟子》。他在魏国做官，曾同孟轲辩论过治水和赋税两个问题。[②]这都属于"富国之学"或"富民之学"的范围，而不涉及治家人生业的问题。关于白圭的"治生"言论和活动，则最先见于《史记·货殖列传》。从《史记·货殖列传》的记述看来，白圭不但是古代的一个"多财善贾"的大商人，而且是一个能够把自己的治生经验总结为一套学问并用以办学授徒的学者。他的治生经验总的说就是"乐观时变"，即善于预测行情的变化，并以这种预测为依据进行决策。他的"乐观时变"包括下列原理[③]：

（1）不争抢热门货，而善于及时收购或抛售行情即将发生变化的商品。用他的话说就是"人弃我取，人取我予"。

（2）采取薄利多销的办法增加赢利："欲长钱，取下谷"。

（3）通过预测农产品收成的丰歉来预测市场行情的变化："大阴在卯，穰，明岁，衰恶，至午，旱，明岁美；……"

（4）看准行情立即下手，毫不犹豫，"趋时若鸷禽猛兽之发"。

由此可见，白圭实际上代表着先秦诸子百家中的一家，即和

---

① 《史记·货殖列传》。

② 见《孟子·告子下》。

③ 《史记·货殖列传》。

儒、墨、道、法、名、兵、阴阳等家并立的商家；白圭的治生之学，实际上是商人经营致富之学。

商人从来不是一个独立地代表新生产方式的新兴阶级。马克思曾说："商业对各种已有的、以不同形式主要生产使用价值的生产组织，都或多或少地起着解体的作用。但是它对旧生产方式究竟在多大程度上起着解体的作用，……这个解体过程会导向何处，换句话说，什么样的新生产方式会代替旧生产方式，这不取决于商业，而是取决于旧生产方式本身的性质。在古代世界，商业的影响和商人资本的发展，总是以奴隶经济为其结果；……但在现代世界，它会导致资本主义生产方式。"①在封建时代，商业的影响和商人资本的发展，则总是以封建经济为其结果。在中国封建时代，商业是从属于封建地主经济的，许多商人也以经商所获得的钱财购买土地，向地主转化。这种转化也必然在治生之学的发展中反映出来。首先在治生之学中反映这种转化要求的是汉代的司马迁。

司马迁在经济思想方面有着卓越的贡献。他企图把封建的宏观经济思想和封建的微观经济思想结合起来，把富国之学和治生之学结合起来，找出一种既能富国，也能富家之道。他认为：农、工、商、虞（渔猎采集）等生产和流通事业是"衣食之原"。②"原大则饶，原小则鲜"，只有积极发展这些生产、流通事业，才能增加财富的数量，"上则富国，下则富家"，都只有在这一基础上才能办到。在"富家之道"或治生之学方面，他提出了"诚壹"、"无财作力，少有斗智，既饶争时"以及"用贫求富，农不如工，工不如商，刺绣文

---

① 《马克思恩格斯全集》第25卷，人民出版社1974年版，第371页。
② 《史记·货殖列传》。

不如倚市门"等原则,①大大丰富了前人的治生之学。

司马迁把经营商业作为治生的一个最迅速最有效的手段;但他已不像白圭那样只从经商范围探讨治生问题,而是企图把"末"和"本"即商业和农业联系起来,说明这两种行业在治生活动中的地位和相互关系。他一方面认为:作为私人发财致富的手段,商业优于手工业和农业,"用贫求富,农不如工、工不如商";另一方面又从封建地主阶级的立场,肯定封建的农业是最体面、最稳定可靠的行业,"本富为上,末富次之,奸富为下"。②他力图把迅速有效和体面、可靠结合起来,提出了"以末致财,以本守之"③的主张。

"以末致财,以本守之",是中国封建社会中的一种早期的商人地主的意识形态,它典型地表现了商人向地主转化的要求。

司马迁的治生思想是商人治生之学到地主治生之学的过渡。司马迁并未对地主的治生之道即对地主经济如何经营的问题作具体的探讨和论述。

二

治生之学的追求私人财富和经济利益的动机,同儒家所宣扬的"罕言利"、"谋道不谋食"④的说教是相反的。在地主阶级的统治地位已经巩固、儒家的思想成了正统思想之后,治生之学受到鄙

---

① 《史记·货殖列传》。
② 同上。
③ 同上。
④ 《论语·卫灵公》。

视而不能得到充分的发展。但西汉中叶以后的一千多年,治生之学仍不绝如缕,北魏贾思勰的《齐民要术》,可算是这段期间硕果仅存的一部治生之学的代表作。

贾思勰的《齐民要术》大概作于6世纪三四十年代。这是一部关于农副业生产技术的专书,其中有不少地方也谈到地主家庭经济管理方面的问题。他强调"治生之道,不仕则农"①,把治生问题归结为封建地产的经营问题。它广泛探讨了选用、改进生产工具,照管好耕畜,使用、管理劳动力等问题。《齐民要术》还提到农业中要多使用短工及报酬形式的问题,如说种树时"岁岁科简剥治之功",可以雇短工进行,并采用"指柴雇人"②的办法;种红花、蓝花等染料作物,在收摘时可雇用"小儿童女",并采用"中半分取"③的报酬办法。从一定意义上说,《齐民要术》可算是现存的一部中国最早的"地主家庭经济学"④,是中国古代地主治生学的滥觞。

不过,《齐民要术》主要还是一部论生产技术的书,对经济问题谈得不多;在谈经济问题时,又多是谈一些经营管理技术方面的问题,而很少提出什么理论观点。事实上,《齐民要术》所谈的治生问题,基本上属于治生之术的范围,而较少涉及治生之学。

宋代以后,随着庶民地主势力的增长,私人求富、求利的活动越来越有人加以肯定,儒家贵义贱利的教条受到越来越多的批判。在这种情况下,中国封建社会中长期受到冷落的治生之学也逐渐

---

① 《齐民要术·杂说》,1912年湖北官书处重刊本。以下引《齐民要术》均用汉本。

② 《齐民要术》卷五。

③ 同上。

④ 胡寄窗:《中国经济思想史》中册,上海人民出版社1963年版,第299页。

重新抬头。在治生之学的历史发展中,元代的许衡是一个处在转折点上的重要人物。

许衡(公元1209—1281年)是元代最著名的理学家,他特别强调治生问题,他的治生之学,主要包括以下两方面的观点:

第一,治生问题不但是一般人所要讲求的,而且是士人所应首先重视的。"为学者治生最为先务,苟生理不足,则于为学之道所妨。"①

第二,治生的最好的手段是"务农",工商业也是治生的正当手段,但决不可以做官作为治生的手段。"治生者农、工、商、贾而已。士子多以务农为业;商贾虽为逐末,亦有可为者。……若以教学与作官规图生计,恐非古人之意也。"②

这两个观点都是对儒家正统经济思想的背离。

贵义贱利是儒家自始具有的传统思想。到了宋代,理学家更把这种传统的贵义贱利论推到极端,把私欲看作违背"天理"的恶事。许衡作为著名的理学家,本应是贵义贱利教条的坚决的维护者;可是,他却一反历史儒家的偏见,把治生看作"为学"的"先务",认为"生理不足",缺吃少穿,要想"为学"、"谋道"也是难以做到的。

这样一来,利对义、"谋食"对"谋道"就不再是异己的、敌对的东西,反而成了为学、行义、谋道的前提或物质条件了。

重本抑末或重农抑商原是先秦法家的经济思想,在许衡以前,进步思想家早就有人对重本抑末的教条有所非议,但他们多是从

---

① 《许文正公遗书》。
② 同上。

宏观经济思想的角度，即从富国、富民的角度反对抑末，认为工商业也能富国、富民。许衡则开始把对"末"的肯定搬进治生之学中来，认为工商业也是个人治生的正当手段，而且，还是"读圣贤书"的士人们依以治生的一种正当手段。这就进一步打击了重本抑末的传统教条。许衡对治生问题虽然谈得不是很多，但影响却十分巨大。在许衡之后，许多谈论治生问题的人都把许衡的言论作为自己的依据。

当然，在各种治生的手段之中，许衡所首先肯定的还是农业。他把经商看作一种"姑济一时"的变通办法。这说明：他的治生之学实际上是一种地主的治生之学，他所谓学者既要为学又应当重视治生的观点，已开始具有封建社会后期的地主治生之学所具有的那种"耕读传家"的特点。

三

封建地主的治生之学到清代有了较大的发展，在清初已开始形成为经济思想的一个较为重要的支脉。当时许多知名人物都重视治生问题，其中论述较多、较有代表性的当推张履祥和张英二人。

张履祥（明万历三十九年至清康熙十三年，公元1611—1674年）浙江桐乡人，明清之际的著名程朱派理学家。明亡，他拒不降清，不肯到清政权中求功名或做官，而是靠教读及收租维持生活。

他的治生思想，主要体现在他的《赁耕末议》《补农书》《备忘》等著作中；他的书信中，也有许多篇是专为同亲友讨论生之道而写的。

张履祥的治生之学，主要有下列特点：

第一，纯粹是封建地主的治生之学。

中国古代的治生之学本是作为商人的"货殖之术"而产生的，"治生"和"货殖"最初基本上是同义语。元代的许衡，也还把商贾作为治生的正当手段之一。张履祥则把历来治生之学中的商人因素排除净尽，把它变成了封建地主的治生之学。

他引用了许衡"学者以治生为急"（原话是"为学者治生最为先务"，见前）的言论，叹为至理名言；但他不同意许衡关于商贾也是治生正道的看法，强调"治生以稼穑为先，舍稼穑无可为治生者"。① 他把"治生"和"货殖"严格分开，认为只有"耕读"才是"正术"，而"商贾技术之智"，则是"儒者羞为"② 的。他一再劝告亲友要教育子弟善于"择术"，认为"知交子弟有去为商贾者，有流于医药卜筮者，较之耕桑，自是绝远"。③

第二，不是创业的而是守业的治生之学。

早期的治生之学是创业的治生之学，是关于怎样才能更多、更迅速地获得和增殖私人财富的学问。白圭那种"趋时若鸷禽猛兽之发"的劲头，就充分表现了早期治生之学的进取性。司马迁虽然提出了"以末至财，以本守之"的口号，但他着重讲的也是怎样"致财"，而未对如何"守财"的问题做进一步的具体发挥。

张履祥的治生之学，主要却不是通过讲求治生而"致财"、求富，而只是想借此使自己一家不忧衣食用度，为学和仕打下一个物

---

① 《张杨园先生年谱》。
② 《杨园先生全集》卷十一《答张佩葱》。
③ 《杨园先生全集》卷四《与严颖生》。

质基础,使自己进可以攻,退可以守,"得志则施王政于中国,不得志则亦存礼义于家"①,可以"无求于人"②。"治生无他道,只务本节用一语尽之。"③张履祥的这种"守业"的治生思想,就其实质来说是中、小地主在激烈的经济兼并和政治动乱局面下力求自保家业的要求。

第三,以"抚御"佃户、雇工作为治生之道的主要内容。

地主的社会职能就是剥削佃农榨取地租,因此,地主的治生之学必然把支配、剥削佃农的问题作为主要内容。

张履祥明确地把对待佃农和雇农的问题作为治生之学的首要问题,他说:"孟子曰:'诸侯之宝三:土地、人民、政事。'士庶之家亦如此。家法,政事也;田产,土地也;雇工人及佃户,人民也。"④"种田无良农,犹授职无良士也。"⑤他认识到佃户耕田交租是地主的生存基础,为了"厥业可永,子孙有赖"⑥,就必须讲求"抚御"佃户的方法。

对于"抚御佃户",他提出了以下几个原则:(1)选择佃户要审慎,"力勤而愿者为上,多艺而敏者次之,无能而朴者又次之,巧诈而好欺、多言而嗜懒者为下"⑦。就是要尽量选拔那些劳动力强而又愚昧、听话的农民作为佃户。(2)以小恩小惠、假仁假义笼络佃户。张履祥深知对待佃户过分苛虐会激起抵制和反抗,因而强调

---

① 《杨园先生全集》卷五《与何商隐》。
② 《张杨园先生年谱》。
③ 同上。
④ 《杨园先生全集》卷五十《补农书》。
⑤ 同上。
⑥ 《杨园先生全集》卷十九《赁耕末议》。
⑦ 《杨园先生全集》卷五十《补农书》。

对佃户要采用怀柔、笼络的手法。要"教其不知而恤其不及,须令情谊相关如一家人"①。在佃户面前竭力摆出一副"善人"的面孔。(3)不可轻易退佃、换佃。在租佃制下,地主经常采用退佃、换佃的办法加强对农民的剥削压榨。张履祥不赞成这类做法,认为退佃、换佃容易引起怨恨,"无大过恶,切不可轻于进退"②。

张履祥的治生之学反映了封建社会晚期农民和地主之间矛盾的尖锐和地主阶级对农民斗争的恐惧。

张英(1637—1708年)安徽桐城人。康熙三十八年封为文华殿大学士,正式拜相。他的儿子张廷玉,在雍正帝时也任宰相。

张英写过一本论治生之学的专书——《恒产琐言》。这本书比张履祥的著作更明显、更突出地表现了封建社会晚期治生之学的特点,是中国封建时代地主治生之学的主要代表作。张履祥对治生问题的论述比较分散,即使他的《赁耕末议》涉及范围也不很广;张英的《恒产琐言》则集中论述治生问题,并大体上形成一个比较完整的体系。张履祥对治生之道以具体主张为多,缺乏理论论证;张英则注意从理论上加以论证和发挥。

张英治生之学的理论基础和核心是他的"恒产论"。张英利用亚圣孟轲的权威,把恒产论作为自己提倡治生之学的依据。他首先强调恒产论是《孟子》一书主要的、决定一切的内容:

《孟子》"言病虽多端,用药只一味,曰:'有恒产者有恒心'而已。曰:'五亩之宅,百亩之田'而已"。③

孟轲的恒产论,原是一种宏观的封建经济学说,是讲封建国家

---

① 《杨园先生全集》卷五十《补农书》。
② 同上。
③ 《张氏家集·恒产琐言》,光绪六年重雕。以下引《恒产琐言》均用此本。

如何"制民之产"即解决土地问题以促进封建主义生产方式的发展；而张英则是要建立私人地主的居家治生之学，因而是一种微观的封建经济学说。这是两种不同的范畴。想把这二者弄到一起，在恒产论的名义下建立地主治生之学，不是没有困难的。

为了解决这个矛盾，张英提出了"田制变更论"作为中间环节。他说：三代（夏、商、周）田在官而不在民，所以要使民有恒产就必须"制民之产"；三代以后田不在官而在民，"有田者必思所以保之"①，因此，恒产问题的内容就由"制民之产"转变为"保己之产"。

这样，张英就把孟轲的宏观的恒产论改造为微观的恒产论，把恒产论从"富民之学"移植到"治生之学"的范围中来。

在封建主义生产方式下，耕地是主要的生产资料，地产是财产的主要部分。因此，恒产论必然归结为地产问题，必然归结为取得和保持地产及地租收入的问题。张英的恒产论也主要是归结为封建地产和地租问题。他极力论证：地产是最好的财产，而地租则是最可靠的收入。他的主要论据是：

第一，地产在所有财产中最持久，最不容易损坏。

"天下之物有新则必有故：屋久而颓，衣久而敝，藏获牛马服役久而老且死，当其始重价以购，阅十年而其物非故矣，再阅十年化为乌有矣。独田之为物，虽百千年而常新。即或农力不勤，土敝产薄，一经粪溉则新矣；即或荒芜草宅，一经垦辟则新矣。……亘古及今，未有朽蠹颓坏之虑，逃亡毁缺之忧。呜呼！是洵可宝也哉！"②

第二，地产不畏水火盗贼之患。

---

① 《张氏家集·恒产琐言》。
② 同上。

张英认为：其他财产皆畏水火盗贼之患，有焚濡劫毁之虑，只有地产不惧水火盗贼，"不劳守护"①，即使地主因天灾兵祸背井去乡，回来后仍可认产收回。

第三，地产最少风险，地租收入最稳妥可靠。

张英把占有土地同经商、开当铺相比，认为经商、开当铺"生息速而饶"，但风险大，"多覆蹶之事"，"虽乍获厚利，终必化为子虚"；"惟田产、房屋二者可以持久远。"②在田产、房屋二者中间，田产更优于房产。因屋产多在城市，而且房客不像佃农愚懦，房主逼索房租往往发生喧哗争讼之事；而佃农"皆愿民，与市廛商贾之狡健者不同"。③

第四，封建地租收入比商业、高利贷收入更"正当"。

张英故意把农业生产一般和封建的农业生产方式这两种不同的事物混淆一起，宣扬地租不是剥削的谬论，说什么靠典当、贸易取得的商业利润和利息是"取财于人"，而地主收地租是"取财于天地"（其实，只有劳动农民进行农业生产才是"取财于天地"，地主向农民收租则完全是"取财于人"）；取财于人会使人"怨于心"，取财于天地则"虽多方以取，而无网利之咎"④。

第五，占有地产，剥削地租是最"可乐"的事。

在《恒产琐言》中，张英引《诗经·七月》宣扬地主田园之乐，说什么"有祖父遗产，正可循陇观稼，策蹇课耕"⑤是人间最可乐之

---

① 《张氏家集·恒产琐言》。
② 同上。
③ 同上。
④ 同上。
⑤ 同上。

事,而不应视为"鄙事"。

张英把封建地产看作最好的财产,把地租看作最可靠的收入,他认为:地主丧失地产的最大危险来自因负债而卖田,于是,他在《恒产琐言》中特别强调"鬻产"之害,提出了许多"防鬻产"的措施,主要包括:

（1）在家庭生活方面要量入为出,以防因欠债多而鬻产。

（2）尽量乡居以节省开支。

（3）大灾之年,特别要防止鬻产。

张英还总结地主兼并的经验说:"有心计之人",趁灾年"收买贱产",最容易致富。①

（4）除了各啬用度外,还应从积极方面"尽地力",以增加收入。地主要常常亲往田间,"察田界"、"察农夫用力之勤惰"、"访稻谷时值之高下"等等。很明显,张英所谓"尽地力"其实是要"尽人力",即尽量榨取农民的劳动力。

（5）要以地主治生之道教育子弟。

张英主张:在地主进行收租枲、谷等剥削活动时,要让自己的子弟"持筹握算"亲自参加剥削活动,以养成其贪婪刻谿的习性,防止子弟因任意挥霍和不善经理家计而鬻产败家。

张履祥是清初一个抗节不仕的明末遗民,张英则是清代康熙盛世的太平宰相,两人身世迥别,势位悬殊,然而他们都是清初地主治生之学的主要代表,其基本主张很多相似之处,这说明:清初地主治生之学的流行,不是偶然的事情。

---

① 《张氏家集·恒产琐言》。

四

中国封建时代的治生之学，主要是地主的治生之学。从治生之学的历史发展中可以看出，这种治生之学具有以下特点：

第一，土地私有制发展的产物。

中国的封建土地所有制主要是地主土地所有制。唐朝中叶以后，随着均田制的废坏，地主土地所有制和租佃关系获得了日益充分的发展，土地私有越来越被人们看作天经地义的事情。伴随着土地私有制的发展，地主的治生之学也有了进一步的发展。从清代的治生之学尤其能够清楚地看出：它正是从保持，发展地主私人地产的需要而形成起来的。张履祥曾说："井田不复，世禄不行，治生之道，决所宜讲"①，这就是说：土地国有的井田制度废坏后，地主已不能像商周贵族那样靠井田、世禄生活，因而必须也只能靠自己的私有土地来讲求治生之道。张英以"田不在官而在民"为依据，把孟轲"制民之产"的宏观恒产论变为"保己之产"的微观恒产论，更突出地表明了这一点。

第二，土地兼并和土地集中越来越剧烈的反映。

随着土地私有制的发展，土地兼并和土地集中愈演愈烈。这种情况在地主治生之学中也很明显地反映出来。中、小地主的代表，固然因害怕被兼并而强调"守业"、"保产"；大地主思想的代表人物，一方面利用天灾人祸廉价买田，疯狂兼并别人的土地，另一

①《杨园先生全集》卷三《答吴仲木》。

方面是担心自己的子弟因过度奢靡、挥霍而负债鬻产。张英父子两代拜相,声势显赫,自然是大地主的代表,然而张英的《恒产琐言》也谆谆以鬻产为诫,反映了当时土地兼并和土地集中的剧烈。

第三,租佃制和地租剥削关系的表现。

土地私有制的发展使租佃关系随之发展,以租约形式建立的地租剥削关系,成了地主和农民关系的基本形式。地主要保持、扩大自己的地产和地租收入,自然要讲求对待佃户的问题。张履祥、张英都把选择佃户和"抚御"佃户作为治生之学的主要内容,张履祥对此更是反复申论,不厌其详。他的论治生问题的主要著作名为《赁耕末议》,就充分表现了他对租佃剥削关系的重视。

第四,地主阶级维护自然经济、敌视商品经济的表现。

封建主义是以自然经济占主要地位的制度,地主治生之学具有维护自然经济、敌视商品经济的特点,是不足怪的。在中国封建社会的晚期,治生之学的这个特点表现得更加突出。早期的治生之学,本是商人的理论成商人地主的理论;元代的许衡,也仍然承认商贾是治生正道之一;然而,到了封建社会晚期的清代,治生之学却宣扬治生唯稼穑,恒产即地产,对商品经济和工商业持更极端否定和敌视的态度。中国封建社会晚期,商品货币经济的增长受到了严重的压制和阻碍而进展缓慢,这是中国的社会经济陷于停滞、僵化的表现。清代的治生之学所以更加表现了维护自然经济、敌视商品经济的特点,正是社会经济停滞、化僵的趋向在思想领域中的反映。

早期的治生之学有着发展生产和流通的要求,对社会生产力和新兴封建生产方式的发展有积极的作用。司马迁关于富国、富家都必须以发展农、工、商、虞各业为基础的思想,就典型地表达了早期治生之学对发展生产和流通的要求。他的"以末致财,以本守之"的口号,在封建制度上升的时期,也体现着发展新兴封建生产方式的要求。

可是,在封建社会晚期,治生之学却表现了一种正好相反的情况。它一味美化、歌颂封建地产、土地兼并和地租剥削,把保持、扩大封建地产和地租收入看作治生的唯一正道,不但反对工商业,甚至连房产和房租收入也认为是不可靠的财产和收入。这就排斥了有利于增加社会生产和流通的任何途径,是封建制度和地主阶级的腐朽性、寄生性已达到极顶的表现。

(原载《江淮论坛》,1983年第12期)

13 先秦的富国策与治生术

中国历史上有丰富的经济管理思想。认真发掘和整理这些宝贵的历史遗产,对于深刻认识中国经济管理的现实情况和历史特点,对建立我国自己的社会主义经济管理科学,有重要的意义。

中国古代的经济管理思想遗产,包括直接的思想资料和间接的思想资料两部分。间接的思想资料是指古代的各种非经济文献所包括的某些可用的思想资料。例如,《孙子兵法》一类的兵书,直接论述的是军事问题、战争问题,而不是经济问题;但是,国内外的一些研究企业管理的人士,都已注意从中吸取智慧来研究现代的企业管理问题。直接的思想资料指各种论述经济问题的著作、文献中所包括的经济管理思想资料。这又可以分为两大类:一类是宏观的经济管理思想,在中国古代包括于"富国之学"中,它研究如何管理整个国民经济,以增加财政收入和整个国家的财富。另一类是微观的,关于生产经营单位的管理思想①,包括于"治生之术"中,它研究私人如何管理自己的生产、经营单位(如私人所有的手工作坊、商业铺号或地主的庄园等),以为自己"治家人生业",即取得和增殖私人财富。在中国古代,富国之学十分发达,遗留下来的思想遗产特别丰富;治生之学则不很发达,材料也不很集

---

① 中国古代没有企业,自然谈不上企业管理。微观的管理思想,主要体现为生产、经营单位的管理思想。

中，不很系统，但也有不少值得研究和借鉴的内容。

本文只拟对中国古代的直接的经济管理思想资料，进行一些初步的发掘和探讨。

中国古代经济管理思想的发展，大体可分为以下三个阶段：中国传统经济管理思想的滥觞时期（秦统一前）、中国传统经济管理思想的形成时期（秦汉至唐代前期）和中国传统经济管理思想逐渐发生变化的时期（唐代后期至清代鸦片战争以前）。本文先就中国传统经济管理思想的滥觞作些论述，着重介绍先秦时代的富国之策与治生之术。

如果说，1840年鸦片战争后的中国经济管理思想受到西方的影响而日益具有新的色彩和新的特点，那么，鸦片战争前数千年的中国经济管理思想则完全是由本民族的历史条件所形成的具有自己特有的历史传统的经济管理思想，或者说，完全是中国自身土生土长的传统的经济管理思想。

战国以前的经济管理思想

在商周至春秋时期，已经出现了某些值得重视的经济管理观点。公元7世纪管仲的一些观点和主张，尤其对后来的富国之学有着重要的影响。他辅佐齐桓公治理齐国，使齐国成为当时最富强的诸侯国，成为春秋五霸之首。他把发展国民经济、增加社会财富看作治国的基础，提出了"仓廪实而知礼节，衣食足而知荣辱"[①]这

---

① 《史记·管晏列传》。

句闪耀着唯物主义光辉的名言。在整个国民经济中,他首先重视的是农业。为了促进农业生产的发展,他提出了以下几个方面的政策措施:

一曰:"无夺民时,则百姓富。"①即主张国家减轻农民的徭役负担,特别要省减农忙时期的徭役,以保证他们有较多的时间进行农业生产。

二曰:"牺牲不略,则牛羊遂。"②即主张保护百姓畜养的牛羊,禁止贵族、官吏掳掠,以利于牲畜的繁殖。

三曰:"山泽各致其时,则民不苟。"③即由国家管制山泽,限定采伐捕猎的时间,一来免致妨碍农时,二来有利于保护自然资源,防止滥肆采伐捕猎。

四曰:"相地而衰征,则民不移。"④按照土地的质量分等征收农业税,不但可以使负担更合理,国家的税收更有保证,也可使纳税人更加关心土地的耕作,有利于农业生产的发展。

春秋时期是奴隶制向封建制过渡的时期,地主的私人经济已有了相当程度的发展,管仲的这些政策措施,有着较为明显的扶持地主私人经济的意味。

齐国近海,有"鱼盐之利",自太公望开国以来,就有重视"通工商之业"的历史传统。管仲很注意齐国的这个自然条件和历史传统,在首先重视农业的同时,对工商业的发展也采取积极态度。他肯定社会分工,肯定当时早已存在的士、农、工、商"四民"即四

---

① 《国语·齐语》。
② 同上。
③ 同上。
④ 同上。

种职业集团的划分。他主张为士、农、工、商划定各自的居住区，并规定各种职业集团的从业人员都实行世代相承的制度："士之子恒为士"、"农之子恒为农"、"工之子恒为工"、"商之子恒为商"。[①] 这两种措施都是为了便于各行业的从业人员传习业务，交流经验，熟悉技艺，以利于社会经济的发展。

有关管仲的经济管理思想资料，虽然留下来的不多，但对后来的经济管理思想的发展有深远影响，成为后代的富国之学的先驱。他的许多观点和言论，屡为后人所称引。

此后，楚国的令尹孙叔敖，郑国的执政大臣公孙侨（子产），也都在管理国民经济方面推行了一些有成效的政策、措施，并有若干观点遗留下来。

但是，在战国以前，中国的经济管理思想还处于萌芽时期，材料不多，而且比较零散。较为系统的富国之学和治生之学，都是到了战国时期才开始出现的。

战国时期富国之学的产生

春秋末期，封建主义生产方式在许多诸侯国的社会生产中已占了优势。地主阶级开始通过其政治代表人物向奴隶主贵族夺取政权。这一过程到战国前期基本完成，形成了七个强大的封建主义的诸侯国——战国七雄。他们互争雄长，都希望兼并其他诸侯国，实现全国统一。为此，就必须不断加强本国的军事力量，而加

---

① 《国语·齐语》。

强军事力量又必须以加强国家的经济力量为基础。于是，所谓富国之学就适应这种需要而产生了。

最先大力倡导富国的是战国法家的重要代表人物商鞅。商鞅辅佐秦孝公锐意变法，使秦国由战国七雄中最落后、实力最弱的国家一跃成为战国第一强国，奠定了后来秦始皇统一六国的基础。商鞅的富国之学，主要体现在他在变法中实行时一系列政策、措施以及他对这些政策、措施所作的解释和论证中。

商鞅变法的目的，是实现富国强兵，而他借以实现富国强兵的手段，则是全力推行农战政策。他反复强调："国之所以兴者，农战也"①，"国待农战而安，主待农战而尊"②。以此为依据，他主张把全国上下的一切力量动员起来，以从事于农战，"入会民以属农，出会民以计战"③。在农和战二者中，他明确地把农看作战的基础，认为战争所需要的军粮和其他许多重要军事物资（战马及运输用牲畜、车辆、马草等），都要靠农业来提供；农民占全国人口大多数，而且安土重迁，愚昧易驱使，是士兵的基本来源，如果一国农业凋敝，农民流散，它在当时各诸侯国相互进行的兼并战争中，就无法长期支持，必然越来越处于劣势，以至败亡。他极力宣扬农的重要性说："国不农，则与诸侯争权不能自持也，则众力不足也。"④他要求国家"事本搏（专）"，要求国家"立法化俗，而使民朝夕从事于农"。⑤

---

① 《商君书·农战》。
② 同上。
③ 同上。
④ 《商君书·算地》。
⑤ 《商君书·壹言》。

商鞅把重农作为国民经济管理的中心环节,采取一系列措施来加强农业,增加粮食产量。这些措施主要包括:

(一)鼓励私人开荒生产:他颁布垦会,奖励人们开垦荒地,许开垦者"名田宅"即获得土地所有权。其后继者并采用"不起十年征"(即十年内免征农业税)和"复之三世"①(三代免复徭役)等优待垦荒者的办法,招来农民开垦荒地。

(二)扶持男耕女织的个体农户:商鞅变法,规定每户只能有一个成年男子,如有两个成年男子而不分户的则"信其赋"②,以迫使大户分小,使农户都成为一夫一妇男耕女织的个体农户。

(三)鼓励个体农民的分化,鼓励地主经济的发展:一家一户为一个生产单位、不从事于商品生产而从事于耕织结合的自然经济的农民个体生产,是封建性的个体生产,它不是产生资本主义和资产阶级的温床,而是"封建统治的经济基础"③,它的分化不是产生资本主义和资产阶级,而是产生封建地主经济。作为新兴地主阶级政治代表的商鞅,对这种趋向是采取支持、鼓励态度的。他规定对于"耕织致粟帛多"的农户"复其身"④(免除徭役)的办法。又实行"粟爵粟任"⑤的制度,对生产并缴纳粟帛多的人奖给官爵,以促进个体农户的分化,促进地主经济的发展。

(四)限制、打击工商业,对农耕以外的其他生产、流通活动严加控制:商鞅除采取积极措施"重农"外,还采取消极的办法,限

---

① 《商君书·徕民》。
② 《史记·商君列传》。
③ 《毛泽东选集》前四卷合订本,人民出版社1966年版,第885页。
④ 《史记·商君列传》。
⑤ 《商君书·去强》。

制他认为会妨碍农业发展的一切行业。他宣扬"利出一空"①的思想,主张严厉限制和打击工商业。在赋税方面,他宣扬"不农之征必多,市利之租必重"②,"重关市之赋"③;在徭役方面,他强调"使农逸而商劳"④,以削弱工商业者的经济力量,甚至主张用禁限"逆旅"和"贵酒肉之价"⑤之类的手段,多方给工商业制造困难。

商鞅还提出了"壹山泽"的政策,对百姓入山泽采伐捕捞严加限制,使靠采伐捕捞为生的人"无所于食"⑥,以驱迫他们从事农耕。

（五）把增产的粮食尽量集中到国家手中:商鞅富国之学的一个重要特点是突出强调富国而不太重视富民。他提倡重农、富国的目的是为了强兵。他虽然把农看作战的基础,但他提倡重农毕竟是为兼并战争服务的。为了把全国财富更直接地、最大限制地用于战,他主张把农业增产的财富除留下每户所需的种籽和口粮外,尽量集中到国家政权的手中,提倡藏富于国而反对藏富于民。他所宣扬的"家不积粟,上藏也"⑦的论点,就典型地体现了他的富国思想的这个特点。

商鞅的这种国民经济管理思想,实际上是一种封建主义的国民经济军事化思想。这种思想实质上是反映着新兴地主阶级"利

---

① 《商君书·靳令》。
② 《商君书·外内》。
③ 《商君书·垦令》。
④ 同上。
⑤ 同上。
⑥ 同上。
⑦ 《商君书·说民》。

用国家权力，也就是利用集中的有组织的社会暴力"①，为确立封建主义的统治扫清道路的要求。在当时的历史条件下，它对促进封建主义经济基础的形成，对促进中央集权的统一的封建国家的出现起着重要的作用。但是，这种国民经济管理思想有很大的片面性：它不利于正常的社会分工的存在和发展；限制和妨碍了自然资源和人力资源的广泛开发和利用；在农业生产领域，它只强调粮食而忽视经济作物及林、牧、副、渔等生产；它力图把农业生产的剩余尽量集中在国家手中以保证战争的需要，这对农业生产本身的发展以及社会财富的增长也是不利的。

商鞅的国民经济管理思想，把富国看作强兵的基础，把农看作战的基础，这无疑是正确的；但它同时又把增强战力、支持和保证连续的、大规模的兼并战争作为国家控制、管理国民经济的目的。连续的、大规模的战争必然为国民经济造成越来越沉重的负担，甚至会达到国民经济难以承受的程度。秦国累代推行商鞅的农战政策，不断战胜并削弱了其他诸侯国，到战国后期，已取得了军事上的绝对优势、秦国想利用这种优势和有利时机，兼并六国，实现统一大业；但要筹措这种战争所需要的巨大人力、物力，秦国统治者已感到十分为难了。征发更多农民去作战，征收更多粮食和其他物资供应军需，势必严重影响国内的农业再生产，严重削弱和破坏支持战争的物质基础；要保证国内农业再生产所需要的人力、物力，就必须限制对外发动战争的规模和频率，这就有可能使其他诸侯国获得喘息，使他们有可能趁机恢复和加强自己的实力。秦国

---

① 《马克思恩格斯全集》第23卷，人民出版社1972年版，第819页。

的统治者陷入了"兴兵而伐则国家贫，安居而农则敌得休息"①的
农和战难以兼顾的矛盾之中，靠着用优厚条件从国外招徕农民从
事耕作，而让原来的秦国百姓去服兵役的做法，才得以暂时缓和了
矛盾，使农战政策得以继续推行下去。

荀况——先秦国民经济管理思想的集大成者

先秦的富国之学，到战国末期在荀况手中获得了很大的发展。
荀况吸收了法家的富国思想，并把它和儒家的富民思想、墨家的节
用思想以及道家顺应自然的思想结合起来，形成了自己的一套比
较完整的国民经济管理思想。他的国民经济管理思想，集中体现
在《荀子》论述经济问题的专篇《富国篇》中；此外，《王制》《王霸》
《性恶》《礼论》《荣辱》诸篇，也有不少这方面的内容。

荀况的国民经济管理思想，主要包括以下几个方面的内容：

（一）大力发展社会生产、增加社会财富，是管理国民经济的目的

荀况所以重视国民经济的管理问题，主要不是为了增加国家
政权的财政收入，更不是像商鞅那样为了加强兼并战争的物质基
础，而是要在大力发展社会经济的基础上保证社会财富的增长，以
达到全体人民衣食之需的充分满足。

荀况是一个早期的地主阶级思想家，他所设想的国家经济的

---

① 《商君书·徕民》。

发展和社会财富的增长,自然只能是建立在封建主义的经济基础
之上的。他坚决相信:只要实行他所主张的国民经济管理办法,就
可使社会生产得到极大的增长,使社会财富多到不可胜用。他以
浪漫主义的笔调极力描绘社会生产发展的"前景"说:

> 今是土之生五谷也,人善治之,则亩数盆,一岁再获之;然后
> 瓜桃枣李,一本数以盆鼓;然后荤菜百疏(蔬)以泽量;然后六畜禽
> 兽一而剸(专)车,鼋鼍鱼鳖鳅(鳅)鳣(鳝)而成群;然后飞鸟凫
> 雁若烟海;然后昆虫万物生其间。可以相食相养者不可胜数也。①
>
> 财货浑浑如泉源,汸(滂)汸如河海,暴暴如丘山,不时焚烧,
> 无所藏之。②

荀况认为在封建主义社会生产方式下可使社会生产达到这种
高度发展的地步,当然是十足的幻想。但这种浪漫主义设想的产
生却是有其历史原因的。在一种新的生产方式起而取代它以前的
腐朽落后的生产方式时,这种新生产方式的代表人物,总是对这种
新生产方式的前途抱有强烈的、充分的信念。资本主义制度是一
种剥削制度,但为资本主义生产方式报晓的启蒙主义思想家,却预
言资本主义将是一种为一切人带来幸福的最美好的制度。列宁曾
评论这种观点说:启蒙主义思想家"完全真诚地相信共同的繁荣昌
盛,而且真诚地期望共同的繁荣昌盛,他们确实没有看出(部分地
还不能看出)从农奴制度所产生出来的制度中的各种矛盾"。③荀

---

① 《荀子·富国篇》。
② 同上。
③ 《列宁全集》第2卷,人民出版社1959年版,第445页。

况作为新兴地主阶级的思想代表人物，显然没有也还不能看出从腐朽的奴隶制度"所产生出来的制度中的各种矛盾"。

（二）处理好几个有关方面的关系，是管理好国民经济的关键

荀况富国之学的主要内容，是他关于以下几种关系的认识：

第一，富国和富民的关系。在荀况以前，以商鞅为主要代表的法家强调富国，但对富民则持相当的保留态度。商鞅认为：如果广大人民过于贫困，就会"轻其居"①，即被迫脱离土地，流离四方，从而不便于封建国家驱使他们进行农战，甚至会造成社会动乱，不利于封建统治秩序的维持。但是，他同时又认为：百姓如果太富了，就会"轻赏"，即看不起封建国家的奖赏，不肯为国家的那点区区奖赏而听受驱使，甚至还可能利用自己手中的财富贿赂请托，破坏国家的法令。因此，他虽然重视发展生产，增加社会财富，却总是尽量想把增加的社会财富集中在国家手中，而不愿其留在百姓手中。反之，和商鞅同时的儒家代表人物孟轲，则强调富民，而很少谈富国。他把法家代表人物的富国主张攻击为"富桀"②，把法家推行的农战政策大骂为"率土地而食人肉，罪不容于死"③。

荀况是战国时期和孟轲齐名的儒家的著名宗师，但他不像孟轲那样不愿谈富国，而是很重视富国问题。他的著作中包含着以富国取名的专篇，就充分表明了他对富国问题的重视。同时，他又不像商鞅那样把富国和富民看成互相排斥的，而是把二者看成可

① 《商君书·农战》。
② 《孟子·告子下》。
③ 《孟子·离娄上》。

以一致和必需一致的。

荀况说的富国，不是仅指增加国库收入，而是既包括增加国库收入，也包括增加社会财富和百姓的私人财富，用他的话说，就是"上下俱富"①。而且，他还明确地把后者看作前者的基础和根源。他强调"下贫则上贫，下富则上富"、"使天下必有余，而上不忧不足"②。他认为：如果社会财富没有增长，百姓贫困，而统治集团却一味用搜括民财的办法增加国库收入，那就不但不能达到富国的目的，反而会激化社会矛盾，引起百姓的不满和反抗，以致为统治者自己造成"倾覆灭亡"的后果。这样的"富国"办法，其实不是富国，恰是"求富而丧其国"③。

荀况说的"上"，指以君主为首的统治集团；他所说的"下"，则是指民或百姓。荀况的富国论，实际上是以富民为基础的富国、富民统一论。

第二，财政和经济的关系。怎样增加国库收入，主要是一个财政方面的问题；而怎样增加社会财富，则是一个经济问题。荀况既然把富民看作富国的基础，他所探讨的富国问题，也就主要是一个经济问题，而不是一个财政问题。

在财政和经济的相互关系方面，荀况认为经济是财政的基础，认为财富是在农业和其他各种生产部门中创造出来的，而财政不过是对已经生产出来的财富的使用和再分配的问题。他把二者的关系比做"本"和"末"、"源"和"流"的关系，认为："田野县鄙者，财之本也；垣窌（窖）仓廪者，财之末也。百姓时和，事业得叙者，

---

① 《荀子·富国篇》。
② 同上。
③ 同上。

货之源也；等赋府库者，货之流也。"①以这种观点为依据，他强调富国必须从发展经济、增加生产着手；如果不是这样，而一味从财政上打主意，甚至用损害生产力的办法增加财政收入，那就等于是"伐其本，竭其源，而并之其末"②，就会根本破坏财政的基础。

但是，荀况并不是不重视财政问题。在先秦诸子中，他对财政问题的论述最多；先秦时期所提出的重要财政原则，在他的著作中几乎都能找到。他既认为经济是财政的基础和本源，同时又认为，财政对经济也不是纯然被动的和消极的：坏的财政政策、措施会对经济造成严重的损害、破坏，而好的财政政策则可对经济发展有重要积极作用，是促进经济发展的强有力的杠杆。他认为好的财政政策是"节用裕民"的政策，实行这样的政策，可使民富和"多余"，"民富则田肥以易，田肥以易则出实百倍"③。反之，如果实行那种"伐其本，竭其源，而并之其末"的竭泽而渔的财政政策，就会造成"民贫"，而民贫则会使"田瘠以秽，则出实不半"④。

"财政政策的好坏固然足以影响经济，但是决定财政的却是经济。"⑤荀况对经济和财政的相互关系的认识，首先强调了经济对财政的决定作用，同时又充分估计到财政对经济发展的影响，是一种比较全面的、辩证的看法。

第三，农业和商业之间的关系。"农业是整个古代世界的决定性的生产部门。"⑥在封建时代，农业尤其是国民经济的最主要的决

---

① 《荀子·富国篇》。
② 同上。
③ 同上。
④ 同上。
⑤ 《毛泽东选集》前四卷合订本，人民出版社1966年版，第846页。
⑥ 《马克思恩格斯全集》第21卷，人民出版社1965年版，第169页。

定性的生产部门。封建时代的思想家，无不重视农业，无不强调农业对社会、对国计民生的决定意义。早在战国初期，就产生了把农业看作国家、社会的"本业"的农本思想。这种思想一直贯穿于整个封建时代。

荀况也是一个特别重视农业的思想家。他认为一国农业的状况对国民经济的发展和社会财富的增长有决定性的意义，因而他的富国之学也把如何保证农业生产的发展放在最优先的地位。他除了主张由国家实行多方面的积极措施（如国家负责兴修和管理水利、指导农田耕作、施肥技术以及检查、督促农民的生产活动等）以扶助农民发展生产外，还主张从消极方面控制非生产部门和农业以外的国民经济部门的发展，限制这些部门的从业人数，以保证农业生产有足够数量的劳动力。从这种认识出发，他提出了"士大夫众则国贫"、"工商众则国贫"①等论点。

马克思曾经说过："超过劳动者个人需要的农业劳动生产率，是一切社会的基础。"②农业劳动生产率越高，农业劳动者所能提供的超出个人需要的剩余产品越多，社会上就越能有较多的人脱离农业劳动而从事工商业或政治、军事、教育、艺术等活动。因此，国民经济的其他部门和社会生活的其他领域的发展规模和从业人数，归根到底是要受农业劳动生产率的发展水平的制约的。封建社会的农业劳动生产率是相当低的，封建社会的早期就更不消说。它不能提供较多的剩余产品，使众多的劳动者脱离农业去从事其他的生产或非生产劳动，否则国家就会贫困，就会连基本的衣食之

---

① 《荀子·富国篇》。
② 《马克思恩格斯全集》第25卷，人民出版社1974年版，第885页。

需也维持不了。荀况所说的"士大夫众则国贫"、"工商众则国贫",比较正确地反映了当时社会的经济情况。

现代有的研究者把荀况的"工商众则国贫"的论点解释为重农抑工商或"重本抑末",其实不然。荀况当然是主张重农的,也经常把农业生产称为"本";但他从不忽视(更不否定)工商业在社会生活中的地位和重要性。在荀况的著作中,没有一处把工商业称作"末"。当他把农业生产称作"本"、"源"时,那只是相对于财政而言,并不是相对于工商业而言。

荀况认为:手工业可以使"农夫不斫削、不陶冶而足械用",商业能"通流财物粟米,无有滞留",① 即认为工商业不但对社会有益,而且首先是对农业、农民有利。他虽然主张对工商业的从业人数加以相当限制,以免影响农业生产所需要的劳动力;但他从来不主张"抑工商",而是主张用减免赋税、徭役等办法来保护工商业,主张"平关市之征"②,"关市讥(稽)而不征"③。

第四,生产和消费的关系。在这个问题上,荀况总的主张是增加生产和节约消费,他把前者叫做"强本",把后者称为"节用",认为"强本节用,则天不能贫"。④

前面讲到,荀况把生产看作财富的本和源,认为发展生产是解决经济问题,实现富国、富民的根本关键,他不赞成那种因担心生产不能满足消费而把节用看作解决经济问题的主要途径的观点。

① 《荀子·王制篇》。
② 《荀子·富国篇》。
③ 《荀子·王制篇》。
④ 《荀子·天论篇》。

他批评墨翟那种"昭昭然为天下忧不足"①的态度，认为只要实行他所主张的"足国之道"就决不会出现不足的问题。但是，他也很重视节用问题，把"节用"和"强本"并列为"足国之道"的组成部分。他所以重视节用，主要是两方面的原因：一是为了储备，二是为了积累。

荀况认为节用可以为国家和私人两方面提供储备，以防备天灾和战争。他强调要把节用和"善藏其余"②联系起来。以粮食储备为例，他要求公私双方都能做到有十年储备。他认为任何天灾都不会造成连续十年以上的农业歉收，"十年之后，年谷复熟，而陈积有余"③。有了十年储备，就可不惧怕任何灾荒了。

荀况还认识到节用可以为再生产提供积累。前面提到，他认为民富则"田肥以易"，民贫则"田瘠以秽"。何以民富、民贫会影响土地的肥沃程度和农产品的产量呢？荀况把发展农业生产看作是"农夫众庶之事"④，认为如果国家减轻赋税，使超过个人消费以上的剩余（节用）较多地保留在生产者自己手中，他们就会把这种剩余转化为再生产的积累，从而带来生产条件的改进和生产的增长。可见，荀况不仅把节用和储备相联系，还把节用同积累联系了起来；不仅要通过节用为消费形成储备基金，还要求通过节用为生产形成积累基金。

在中国的封建时代，主张把节用同储备联系起来的人是较多的；而像荀况这样把节用和积累联系起来，从增加生产的角度来论

---

① 《荀子·富国篇》。
② 同上。
③ 同上。
④ 《荀子·王制篇》。

证节用的意义和作用的思想,则极其少见。

（三）荀况对管理国民经济的方法的主张

在管理国民经济的方法方面,荀况主要提出了以下几点:明分、轻徭赋和不失时。

第一,明分:荀况所说的明分,是指确定并维护人们在社会分工和社会等级体系中的地位。他认为在社会分工已经有了一定程度的发展的情况下,任何人也不可能只靠自己的技能来生产自己所需要的全部消费品,而必须同别人组成为"群",即社会,而要组成群,就必须在群中为每个人"明分",即确定每个人在群中的地位以及他同别人之间的相互关系。如果不这样,人们就会为获得满足欲望的物质手段而互相争夺,使社会秩序无法维持。这就是他所说的"离居不相待则穷,群而无分则争"①。

怎样明分呢? 荀况认为要从以下两个方面来着手:

一是按社会分工的需要把人们划分为各种职业集团,确定每个人属于何种职业集团:" 农分田而耕,贾分货而贩,百工分事而劝。"②

除了从社会分工的质的一方面把人们划分为不同的职业集团外,荀况还主张从社会分工的量的一方面来确定各不同职业集团的人数比例,其原则是:"省工贾,众农夫。"③

二是确定人们之间的阶级和等级关系。荀况主张按照封建社会划分阶级和等级的办法,把人们划分为剥削者和被剥削者两大

---

① 《荀子·富国篇》。
② 《荀子·王霸篇》。
③ 《荀子·君道篇》。

集团，并为各种人确定严格的社会等级，不同阶级和等级的人，在财产占有、生活享用和政治地位、政治权利各方面都各不相同。他说："君子以德，小人以力，力者，德之役也。"[1]这是指的剥削者和被剥削者之间的关系。又说："使有贵贱之等，……然后使谷禄多少厚薄之称"[2]，"上贤禄天下，次贤禄一国，下贤禄田邑，愿悫之民完衣食"[3]。这是指不同等级的人们之间的经济关系。

第二，轻徭赋：荀况受儒家传统的影响，在财政政策方面强调轻徭薄赋，认为好的财政政策必须"轻田野之税，平关市之征，……罕兴力役，无夺农时"[4]，认为实行这样的财政政策，就能够富民。

荀况以前的儒家代表人物，也把轻徭薄赋看作是能够富民的财政政策。但他们主要是从财富再分配的角度看问题，认为实行轻徭薄赋政策，国家征收的财富少了，百姓手中所保留的财富就相对增多，因而就富了。孔丘的学生有若所提出的"百姓足，君孰与不足？百姓不足，君孰与足？"[5]的儒家典型的财政观点，以及"损上益下"、"损下益上"的传统说法，都是这样。孟轲说："易其田畴，薄其税敛，民可使富也。"[6]在"薄其税敛"之外，又提出"易其田畴"即改进生产作为富民的措施，这同有若只从税率高低看问题的情况相比，是一个明显的进步，但孟轲只是把"易其田畴"、"薄其税敛"作为两项并列的富民措施提出来，而没有谈到它们之间的联系，没有指出"薄其税敛"对于"易其田畴"可能有什么作用。荀

① 《荀子·富国篇》。
② 《荀子·荣辱篇》。
③ 《荀子·正论篇》。
④ 《荀子·富国篇》。
⑤ 《论语·颜渊》。
⑥ 《孟子·尽心上》。

况则十分明确地指出：统治者节用，薄税敛可使"民富"，而民富则可使"田肥以易"。这就把财政政策作为影响经济发展的一个重要手段提了出来，从而大大超越了他以前的儒家代表人物薄税敛思想的水平。

第三，不失时：荀况在国民经济管理问题上很强调一个"时"字，主张"斩伐养长不失其时"①。所谓"斩伐养长不失其时"，首先是指人们的生产活动要适合季节的要求："春耕夏耘，秋收冬藏，四者不失时。"②此外，它还包含有保护动植物自然生长条件的意义。他说："草木荣华滋硕之时，则斧斤不入山林，不夭其生、不绝其长也。"③为了鼓励人们广泛开发各种自然资源，荀况主张对这类生产活动实行"不税"的优待；但为了防止滥采滥伐，他又主张由国家对这类生产活动统一加以管理，"山林泽梁，以时禁发"④。他认为对自然资源实行这种采伐和养护相结合的政策，就可做到"鱼鳖优多而百姓有余用"、"山林不童而百姓有余材"。⑤

荀况的这一思想，是我国古代的一种可贵的保护生态环境的思想。在荀况以前，已有人提出过类似的思想，例如孟轲就一再宣扬："数罟不入洿池，鱼鳖不可胜食也；斧斤以时入山林，林木不可胜用也。"⑥但荀况的这种思想，要比前人更为明确，更为透彻。

---

① 《荀子·王制篇》。
② 同上。
③ 同上。
④ 同上。
⑤ 同上。
⑥ 《孟子·梁惠王上》。

《周礼》关于国民经济管理制度的设计

如果说，荀况开始从理论上对封建社会的经济管理问题作了较完整的论述和发挥；那么，《周礼》一书则从制度方面对封建国家如何管理经济进行了颇为详尽的设计。

《周礼》也名《周官》，是一部有关国家政权各职能部门的组织机构、人事和职权的专书。此书被后代儒家附会为西周初期周公旦所制订的一套统治国家的典章制度。实际上，全书中没有一处提到西周或周公。这说明，连《周礼》的作者自己也不曾想把此书假托为周公所作。从书中的内容看来，《周礼》一书当是战国时代的作品。

《周礼》把国家政权分为"天官冢宰"、"地官司徒"、"春官宗伯"、"夏官司马"、"秋官司寇"、"各空司空"六个方面的职能部门。对这些职能部门的论述，构成全书的六个组成部分。其中的"各官司寇"部分，在秦始皇焚书后亡失，汉代求之不得，以先秦的另一部著作《考工记》（记载官府手工业中的技术操作要求的专书）替补。

《周礼》一书，实际上不是对现成的典章制度的载录，而是战国时期的地主阶级思想家对自己理想中的国家政权结构的设计。

《周礼》中关于国民经济管理制度的设计，主要体现在《地官司徒》部分。这一部分设计了主管土地和人户的一整套政府机构、官职及其职权和活动方式等，其中也包括对人的教育，但主要是把地和人作为生产和经济活动的两个要素，来讲论管理制度和管理方法的。

《周礼》所设计的国民经济管理制度,主要包括以下几个方面:土地制度和农业生产的管理,人口和劳动力的管理,商业和市场管理以及关于备荒救灾活动的管理等几个方面。

（一）土地制度和农业生产的管理

"地官"的主要职能之一是对全国土地的管理。土地不限于耕地,而是把森林、水流、矿藏、道路、建筑用地都包括在内。"地官"中的最高官大司徒,负责制定并保管全国土地情况的图册,对各地区的面积、地形均画有详图。根据这些材料,以及各地气候、土壤的情况,划定全国城市、居宅以及生产用地,确定各地区的作物和其他生产活动的种类以及贡赋等第等等。

在土地制度方面,《周礼》的设计是:土地国有,由国家授田给劳动者。农业劳动者称为"氓"。授田数量根据土地的情况分为三等:上地即最肥沃的土地,每夫授田一百亩,宅地一块,另授给"莱"即草荒地五十亩;中地每夫一百亩,宅地一块,"莱"的数量为百亩;下地也是每夫百亩,宅一块,但"莱"的数量则为二百亩。由于中地及下地不能年年耕种,国家对耕种中、下地的农户,还多授给一百亩（中地户）或二百亩（下地户）土地,以备休耕,称为"再易"之田或"三易"之田。

对土地的征税,按产品及土地距王城的远近而采用不同的税率:城内宅地免税,园圃地按产量征收二十分之一,近郊农田征十分之一,远郊二十分之三,甸、稍、县、都等距王城更远的地区税率十分之二,收益最高的漆林征税二十分之五。[1] 近处的农产为国家

---

① 《周礼·地官·载师》。

服徭役较多,因而征税率越远越高。

对农田水利和肥料的施用,也都规定了相应的管理制度。农田中遍布各种水道:"夫间有遂"(夫间指各夫即各农户耕种的土地之间),"十夫有沟"、"百夫有洫"、"千夫有浍"、"万夫有川",[①]组成纵横交织的排水、灌溉渠道网。主管施肥的专官称为"草人",草人按照"物地而相其宜"的原则,即按照土地的性质及肥料的性质,确定何种土地适宜何种肥料,指导并管理施肥的活动。农田被分为九类,规定每类土地宜用的肥料:"骍刚(红色坚硬的土壤)用牛(粪),赤缇(黄赤色土壤)用羊,坟壤(润解的土壤)用麋,渴泽(水干涸形成的土地)用鹿,咸潟用貆,勃壤(粉解的土壤)用狐,埴垆(粘疏的土壤)用豕,强㯼(坚硬土壤)用蕡(麻),轻爂(轻脆土壤)用犬"[②]。可见,当时人们对土壤的类别和肥料的性能,都已有了一定程度的认识。

为了督促农户发展生产,《周礼》还规定对不努力生产的人用重税加以惩罚,如对宅地不种桑树的迫令缴纳"里布",即按二十五户的应缴纳的数量缴纳人头税;有田不耕的人出"屋粟"(两户应纳的土地税);无职业的游民罚出"夫家之征"[③],即按一夫应纳的税计征,等等。

(二)人口和劳动力的管理

《周礼》主管户籍的官是"小司徒"。小司徒把全国的人口按住地、职业、贵贱等级以及年龄、体质等进行分类,建立户籍材料,

---

① 《周礼·地官·载师》。
② 同上。
③ 同上。

作为征收赋税、分派徭役的根据。

从事经济活动的人们被按职业分成九类：一为"三农"，即各种农民，三农从事粮食生产，向国家缴纳"九谷"；二为"园圃"，种植菜蔬果树，向国家缴纳各自的产品；三为"虞"、"衡"，从事采伐渔猎，缴纳山泽产品；四为"薮牧"，从事畜牧劳功，缴纳禽畜产品；五为"百工"，即各种手工业者，缴纳各自生产的"器物"；六为"商贾"，缴纳"货贿"，即货币或商品；七为"嫔妇"，从事纺织，缴纳布帛；八为"臣妾"（奴隶），"聚敛疏材"，即从事拣拾田中收割未净的产品；九为"闲民"，即无固定职业的劳动者，他们"转移执事"①，即根据各行业临时需要从事帮工。

在徭役的征调制度方面，《周礼》规定全国男子由青年直到六十岁，除贵族、官吏及残疾人外，都属于派充徭役的对象。但为了不致造成农业生产的停顿、破坏，对每户担任徭役的人数和日数都加以一定限制：国家的一般兴造、徒役（如兴修水利、宫殿、城堡、陵墓等），向每户征调的徭役不得过一人，担负徭役的时间在丰收之年"旬（十日）用三日"；"中年（一般收成之年）二日"，"无年（无剩余产品的年岁）一日"，"凶扎"（大灾年）则免征徭役。②

（三）商业和市场的管理

主管商业的最高官吏是"司市"。司市以下，举凡市场、物价、契约、赊贷、征税、禁罚，都设有专官，并订有相应的管理制度和管理办法，形成一套颇为详尽的体系。

---

① 《周礼·天官·冢宰》及《周礼·地官·闾师》。
② 《周礼·地官·均人》。

司市管理商业和市场的基本原则是："亡（无）者使有,利者使阜,害者使亡,靡者使微。"①即是调剂余缺、维护交易双方的利益、除伪去害和减少损失浪费等等。

《周礼》把市场划分为"大市"、"朝市"、"夕市"三种。大市是以"百族为主"的市场,也即是奴隶主大商人进行交易的市场。在这种市场中买卖的多是价值昂贵的珍异商品,所以把交易时间定在"日昃"即正午过后。朝市是以"商贾为主",即主要是一般商人进行交易的市场,开市时间定在早晨。夕市是以"贩夫贩妇为主"的市场,这些小商小贩大都在市场附近居住,所交易的又多是一般人民生活日用的低廉商品,所以"夕时而市"。②

《周礼》主张由国家政权对物价实行严格的管理。主管物价的官吏称为"贾师",每一贾师分管三十户商人。贾师对各种商品"辨其物而均平之,展其成而奠其价,然后令市"③,也即是按照商品种类、质量规定不同的价格,在确定价格后方允许在市场出售。对于没能售出的商品,则由专门主管收购滞货和进行赊贷活动的官府机构"泉府"按价购买,待机转售给买者。

显然,《周礼》对物价的管理,是要使一切商品按固定价格出售,而不允许市场价格发生波动。国家按规定价格收购滞货,也是为了防止商品因滞销而跌价。

为了防止出售假货、劣货,《周礼》规定有"伪饰之禁"。这种伪饰之禁"在民者十有二,在高者十有二,在贾者十有二,在工者

---

① 《周礼·地官·均人》。
② 同上。
③ 《周礼·地官·贾师》。

十有二"。①共达四十八条之多。这在当时可算是相当详密了。

除了固定的、经常性的市场交易外,遇有"会同"(诸侯国之间的外交会盟)、"师役"(战争),司市还率领一批贾师,到军队驻地或会盟地点,开设临时性的市场,以便于诸侯国之间的商品交换和战争掳获品(奴隶、牲畜、兵器等)的交换。

(四)关于救灾备荒活动的管理

我国黄河流域自古灾害频仍,世界历史上四大文明摇篮之一的中国古代文明,正是我们的祖先在同自然灾害的长期斗争中创造出来的。远在史前时期,就流传着许多同自然灾害作斗争的传说,而大禹治水的传说,尤其对后代有深远的影响。到了春秋、战国时期,先秦诸子更纷纷提出了各种各样的预测自然灾害及备荒的思想。《周礼》关于"荒政"的设计,可说是先秦时期备荒、救灾思想的总结。

《周礼》继承了先秦时期的储粮备荒思想,提出了在国家政权中设立主管全国公共储备的机构的主张。主管全国储备的专官称为"遗人"。在遗人的统一管理下,设立多层次的"委积",即储备制度:"乡里之委积,以恤民之艰危;门关之委积,以养孤老;郊里之委积,以待宾客;野鄙之委积,以待羁旅;县都(王畿内的诸侯、封君所在地)之委积,以待凶荒。"②各种"委积",都是专储专用,而且不止是为了防备天灾(凶荒),还用以作为,社会救济和各项意外用途的储备基金,形成了一套相当完密的储备管理制度。

①《周礼·地官·司市》。
②《周礼·地官·遗人》。

除了灾荒发生前的备荒措施外,《周礼》还对天灾发生后的救灾措施作了多方面的规定。救灾的措施共包括十二个方面:

一曰"散利",指国家通过官办赊贷及平价粜粮等活动来"散利"于民。

二曰"薄征",指减免赋税。

三曰"缓刑",减者刑罚以缓和天灾时期加剧了的社会矛盾和社会动乱。

四曰"弛力",在徭役的征调方面实行各种减、免、缓的措施。

五曰"舍禁",即放宽或暂时取消对某些山泽的禁限,准民入山泽采伐渔猎谋生度荒。

六曰"去讥",即取消对关梁的稽查留难,以鼓励各地区乃至各诸侯国之间的贸易往来和物资交流。

七曰"眚礼",即在贵族生活的礼制方面作一些损减,以减轻灾荒时期的供应困难。并缓和矛盾。

八曰"杀哀",指在丧礼方面的省减。

九曰"蕃乐",这里"蕃"是闭藏的意思,"蕃乐"指对贵族生活中的乐舞作一些停减。

十曰"多昏","昏"同婚。在灾荒严重时,人口死亡逃散很多,因而提倡多婚以增加人口。同时,由于婚礼从俭,也能造成多婚。

十一曰"索鬼神",古人迷信,认为天灾是鬼神降祸,所以在灾荒时期更多地求索鬼神,祈祷鬼神福佑。

十二曰"除盗贼",灾荒时期社会秩序更不安定,所以更加要用国家的暴力来维护统治秩序。

除了上述几个方面的管理制度外,《周礼》还对山泽自然资源的采伐利用规定了一定的管理制度:"万民"入山斩伐木材的时间和地区都有严格限制,但国家斩伐木材不受此限。泽地财物由附近居民负责守护,采伐捕捞的人按时向"玉府"(贮存珍物的国家机构)缴纳产品,余下的才能归私人所有。实行这些管理办法,一是为了保护自然资源,防止滥采滥伐,二是为了优先保证王室,贵族等统治者的需要。

对金、玉、锡、石等矿藏及其采掘活动的管理,则由称为"卝人"的专官负责,对其采掘规定了特别严格的禁限。由于这类产品都属于上层统治者所需要的"珍异",其采掘基本上是由官府垄断的。

《周礼》所设计的国民经济管理制度,实质上是封建主义国家政权管理国民经济的制度。《周礼》中所谈到的主要的生产劳动者"氓",有自己的家庭和家庭经济,在完成向国家缴纳赋税,承担徭役的任务后,能自己支配自己的劳动和劳动产品。可见"氓"已经不是奴隶而是一种耕种国有土地的封建性依附农民。同时,氓、萌等也正是春秋,战国时期才出现的表现封建关系下的劳动者的新范畴。在《周礼》所设计的管理体系中,也还有奴隶存在,如臣、妾、奄等,但这些奴隶已不是主要的生产劳动者,至多只能在某些生产领域起辅助作用了。只有在大的商业和手工业中,因需要大量劳动力进行简单协作和部分复杂协作,而这在当时还只有靠奴隶劳动才有可能,因而奴隶制还占着优势。《周礼》说的"大市"以"百族为主",就表明了这一点。在奴隶制时代和封建制早期,"百族"显然是指奴隶主家族。

《周礼》强调对整个国民经济实行国家的集中管理,对土地的分配、人口和劳动力的调查登记、农田水利及施肥、市场种类、商品价格和质量、市场禁罚、全国粮食储备、救灾活动、山泽自然资源的采伐等,都设置专职机构和官吏进行管理,形成了一套相当庞杂的政府管理经济的机构和官僚体制。这是当时正在形成的封建主义的中央集权专制政权力图加强对经济生活的控制和干预的要求的表现。

战国时期"治生之学"中的经济管理思想

战国时期的治生之学，最初是由著名的商人白圭提出来的。正像汉代大历史学家司马迁所说的："治生祖白圭。"①

白圭名丹，周（今河南洛阳一带）人，在魏国做官，他和孟轲同时，曾同孟轲辩论赋税问题和治水问题。他不但是一个多财善贾的大商人，而且总结出了一套经商致富的经验，并用以讲学授徒。这就是他的"治生之学"。白圭实际上代表着先秦诸子百家中的一家，即和儒、墨、道、法、名、农、阴阳各家并立的商家。他的治生之学就是商人经营致富之学。

先秦时期另一个著名的大商人陶朱公，也有许多经商致富的传说材料留下来。陶朱公相传就是春秋末期越国大夫范蠡，他在佐助越王勾践灭吴后弃官从商，化名陶朱公。如果这种传说属实，陶朱公要比白圭更早。司马迁的《史记·货殖列传》在载录白圭的治生之学的同时，也载录了范蠡的"计然之策"②；不过，"计然之策"已不是单纯的治生之学，而主要是把私人治生之学的一些原理应用于国家对粮食市场的管理，它已不止是私商的理论，而是已在

---

① 《史记·货殖列传》。

② 关于计然有不同的说法，有人说是范蠡的老师，有人说是和范蠡同时的越国大夫文种，还有人说是范蠡所著书名。

很大程度上成为官商的理论了。因此，即使"计然之策"的产生早于白圭的治生之学，它显然已经过后人改写，不能作为先秦治生之学的代表了。我们研究先秦治生之学中的微观的经济管理思想，只能以《史记·货殖列传》中关于白圭治生之学的记述作为依据，而把"计然之策"中的某些原理作为比较和印证。

白圭的治生之学的基本原理，就是"乐观时变"①四个字。所谓"乐观时变"，即善于预测市场行情，并根据这种预测进行决策。

他预测行情，首先是通过预测气候变化而估计农业收获的丰歉，从而预测未来商品供求和价格变化。他对气候和农业生产的关系的认识是："太阴在卯，穰，明岁衰恶；至午，旱，明岁美，至酉，穰，明岁衰恶；至子，大旱，明岁美，有水；至卯，积着率岁倍。"②这是根据古代的天文知识以及历史上丰歉交替的经验而得出的一套看法。

农业是封建社会的主要生产部门，农业收获的丰歉，对整个国家的经济状况包括市场状况有决定性的影响。白圭预测行情变化首先从预测农业丰歉出发，并以对气候变化的估计作为预测农业丰歉的依据。这是符合于当时的历史条件的。

"计然之策"也提到："岁在金，穰；水，毁；木，饥；火，旱，……六岁穰，六岁旱，十二岁一大饥。"③这和白圭用的同样是依据气候变化的估计来预测农业丰歉的办法。

白圭预测行情的另一个方法是依据当前商品供求的实际状况来预测未来的供求和价格变化。他认识到，当市场上某种商品需

---

① 《史记·货殖列传》。
② 同上。
③ 同上。

求大,成为人们争购的对象时,接着就会出现供过于求和价格下跌的反方向变化。对市场价格和供求状况的这种经验性认识,实际上是白圭"乐观时变"的主要内容和他进行商业决策的主要依据。"计然之策"把这种认识表达得更清楚,要明确,提出了"贵上极则反贱,贱下极则反贵"①的公式。

根据他对"时变"的预测,白圭在决策方面遵循下列原则:

第一,"人弃我取,人取我予"②。在购进商品时,不争购那些供不应求,价格看涨的热门货,而着重购进别人不太注意、不相争购的商品。这就叫做"人弃我取"。等热门货因市场供过于求而价格暴跌,而白圭自己购贮的商品则变成了人们争购的新热门货时,则趁机抛出,这就叫"人取我予"。

由于白圭在商品的需求不强烈时大批购进,进货价格低廉;在别人争购、商品供不应求时抛出,卖价较高。这样,既贱买又贵卖,可得到很高的利润。

第二,"岁熟,取谷,与之丝漆;茧出,取帛絮,予之食"③。秋收时谷贱,而丝、漆的价格相对较高,收买谷物而抛出丝、漆,可以从买价和卖价双方面得利。蚕茧上市之时,正是青黄不接,粮价高,而帛絮价格相对低,因而"取帛絮,予之食"。

第三,"趋时若猛兽鸷鸟之发"④。意思是:对行情变化趋向作出判断之后,决策必须及时,行动必须迅猛,犹如雄鹰搏兔,饿虎扑食一样。

① 《史记·货殖列传》。
② 同上。
③ 同上。
④ 同上。

白圭还为从事治生即商业管理制订了智、勇、仁、强四项标准，说："其智不足于权变，勇不足于决断，仁不能以取予，强不能有所守，虽欲学吾术，终不告之矣。"[1]可见，智、勇、仁、强也是他传授治生之学时考核学生的标准。

白圭在经营管理思想方面还提出了"欲长钱，取下谷"[2]，也即是薄利多销的原则。在业主同劳动者的关系方面提出了要"与用事僮仆同苦乐"[3]的主张。

白圭的"治生之学"，是从古代商人的实际经商经验中总结出来的。在总结这些实际经验中，他广泛吸收了先秦法家、兵家、道家的学说，以使自己对这些经验的总结理论化，条理化。他曾自称："吾治生产，犹伊尹、吕尚之谋，孙、吴用兵，商鞅行法。"[4]白圭所以能成为中国古代治生之学的鼻祖，除了拥有丰富的实际经验外，他的这些学术素养无疑也起了重要的作用。

1985年1月28日于北京大学

（原载《平准学刊》第5辑下，光明日报出版社1989年版）

---

[1] 《史记·货殖列传》。
[2] 同上。
[3] 同上。
[4] 同上。

14 大同思想的历史发展

　　"大同"是中国古代关于理想社会的一种称谓,相当于西方的"乌托邦"。所谓大同思想,也就是中国的乌托邦思想。

　　在阶级社会中,广大人民深受残酷的剥削、压迫以及饥馑、战争等苦难,而在当时又还无法找到解脱这些苦难的物质手段,于是,求解放的迫切愿望和找不到出路的冷酷现实之间的矛盾,就会在人们的精神世界中产生出对未来美好生活的憧憬,开放出种种五彩缤纷的空想之花。这种对美好生活的憧憬和空想,无非是现实社会的灾难痛苦在人们思想中所产生出的对立物。"'靠牺牲别人来经营'这一事实的存在,剥削的存在,永远会在被剥削者本身和个别知识分子中间产生与这一制度相反的理想。"①

　　中国历史上产生过各种各样的同剥削、压迫制度相反的理想,这些理想并不都叫做"大同",但"大同"是中国古代所出现的一种空想主义社会理想的较为完整的典型,它对后代空想主义思想的发展有着最重要的影响。因此,"大同"在中国几乎成了空想主义社会理想的共名,正像"乌托邦"在西方一样。本文研究大同思想的历史发展,也正是在这种意义上使用大同一词的。

---

　　① 《民粹主义的经济内容》,《列宁全集》第1卷,人民出版社1955年版,第393—394页。

一、大同思想的产生

中国是世界上历史最悠久的国家之一,中国的阶级社会有几千年的历史。早在奴隶社会中,就已产生了关于人间乐土的空想。《诗经》中的《硕鼠》篇,就是迄今保留下来的大同空想的最早的材料之一。

《硕鼠》是春秋前期魏国(鲁闵公元年即公元前661年为晋国所灭)的一首民歌。它的作者把腐朽昏暴的魏国奴隶主贵族比做一只"硕鼠",沉痛地控诉了他们对广大奴隶的残酷剥削压迫,高喊出:"誓将去汝,适彼乐土"、"誓将去汝,适彼乐国"、"誓将去汝,适彼乐郊"①,表示了逃离魏国的决心。诗人心目中的"乐土"、"乐国"和"乐郊",究竟是一种什么样的社会,由于没有更多材料,无法做更具体的分析。但是,这里至少有两点是可以看得清楚的:第一,它们不是死后的天堂或极乐世界,而是人间的千载太平之国。第二,它们是没有"硕鼠"即奴隶主贵族的地方,奴隶们所生产出来的"我黍"、"我麦"、"我苗",再不受别人剥削和霸占,而可以归奴隶们自食了。

可见,《硕鼠》中所描绘的,实际上是一个逃亡奴隶的理想国。

如果说,在春秋以前,至多只能出现像《硕鼠》这样比较简单的和不十分明确的大同空想;那么,到了春秋战国以至秦汉之际,就有各种各样较为详尽、较为明确的大同理想涌现了。

---

① 《诗经·魏风·硕鼠》。

这个时期是中国古代社会制度发生剧烈变动的时期，封建主义的生产方式取代了奴隶制生产方式，奴隶主贵族已从统治宝座上被拉下来，地主阶级变成了新的统治势力，但新的封建制度还不十分巩固。各诸侯国之间的地主阶级统治者之间，进行着惨烈的兼并战争，各国内部的地主阶级不同集团之间，也为争夺权力和财富不停地进行着斗争。奴隶制度的崩溃使大批奴隶获得了解放，而大多数解放了的奴隶，又逐渐被套上了新的封建枷锁。原来的小自由民纷纷破产，部分地转化为封建的依附农民，部分地成为流民无产者。也有少数自由民乃至过去的奴隶，挤入新兴的地主阶级之列。"高岸为谷，深谷为陵"，一切社会阶级都处于迅速猛烈的震荡和变化之中。秦始皇统一六国，结束了诸侯纷争的局面；但秦帝国未久即崩溃，接着来的是楚汉战争以及汉初诸侯王的分裂叛乱，直到汉武帝时期，中央集权的封建专制国家，才最终巩固了下来。

这些剧烈的社会变化，在客观上有着为新的生产方式扫清道路的作用，是属于新的社会制度出生时期的分娩阵痛；然而，它们为广大人民造成的灾难痛苦是至深且钜的。于是，同这些灾难痛苦相反的各种社会理想，自然就会在劳动群众和部分知识分子中产生出来。

这一时期中所产生的大同理想是很多的，总的说来可分为下列三种类型。

第一种类型是以战国中期的学者许行为代表的农家学派所提出的大同理想。这种理想大致是：社会上的一切有劳动能力的成员必须参加生产劳动，自食其力。生产劳动以农业劳动为主，劳动者主要从事耕作，也进行"捆屦织席"之类的副业，大部分消费品和一部分生产资料都能自给,自然经济占着主要地位。不过,农家也认为完全的自给自足是不可能的,认为"百工之事,固不可耕且为"①,而且还会妨碍农业生产。在农家的理想社会中,一定程度上也存在着农业和手工业之间的社会分工,并且实行着"以械器易粟"②的农业和手工业之间的商品交换。市场上对同种商品规定同样的价格,没有抬价和欺骗现象。在另一方面,农家的理想社会却不允许存在脑力劳动和体力劳动之间的分工,不允许存在专业的脑力劳动者。即使是一国的君主,也必须和黎民百姓"并耕而食,饔飧而治",不能占有别人的剩余劳动,不能靠征收租税来建立自己的"仓廪府库",否则就是"厉民自养"③,就是剥削行为。许行对自己的这种主张也坚持身体力行。他一面讲学授徒,一面和几十个门徒一起从事农副业生产,一起过着十分简单的、俭朴的生活,组成了一个公社式的共同体。

农家的这种大同理想,实质上是对农民小生产者落后经济地位的理想化。农民小生产者身受地主阶级及其国家的剥削压迫,受商人资本的掠夺和欺诈,农家学派反对"厉民自养"和鼓吹"市价不贰,国中无伪"④,正是对地主、商人剥削、掠夺的抗议和否定。但是,小生产者不是体现生产力发展要求的先进阶级,他们不可能提出推动社会前进的方案。他们想要在落后的小农经济基础上,消灭剥削和欺诈,使一切社会成员都处于完全平等的地位,过着完全平均的生活,这却全然是一种幻想。他们否定脑力劳动和体力

---

① 《孟子·滕文公上》。
② 同上。
③ 同上。
④ 同上。

劳动之间的分工,这种主张更是落后的、倒退的。

第二种类型是道家学派的大同理想,其典型表现是《老子》中关于"小国寡民"的理想。按照《老子》的描绘,这种理想社会是由人数不多的居民组成的生产和生活的共同体,每个共同体都进行着极其简单的和原始的生产和生活,并且有意识地永远保持着这种原始、落后的状态,不要经济发展,不要技术进步,也不要任何文化,"虽有什佰之器而不用"、"虽有舟舆,无所乘之"、"虽有甲兵,无所陈之"、"使人复结绳而用之"。各共同体彼此完全隔绝,"民至老死不相往来"。① 由于技术、经济和文化都十分原始而且永远停滞,人们的智慧和欲望,也都永远得不到发展。虽然生活极其低下和贫困,人们却永远感到满足和自我欣赏,"甘其食,美其服,安其居,乐其俗"②,社会永远处于宁静和和谐的状态。

这实际上是一种没落阶级的理想国,它反映了被打倒的奴隶主贵族和在争权夺利斗争中失败了的某些地主阶级集团的逃避现实幻想。这些没落阶级分子害怕社会矛盾和社会斗争,幻想把社会矛盾永远控制在不发展的状态下。他们从自己的经历,认识到社会矛盾和社会斗争是伴随着技术、经济和文化的进步而发展的,于是就把对社会矛盾和社会斗争的恐惧变成了对物质进步和智慧发展的恐惧,把对社会进步势力的仇恨变成了对生产力、技术和文化本身的仇恨。他们认为,如果人民群众永远保持着原始愚昧状态,永远是无知无识、浑浑噩噩的野人,社会矛盾和社会斗争就不会发展和尖锐化,他们自己也就不会从统治宝座上滚下来。

---

① 《老子》,第八十章。
② 同上。

只有文明出现以前的人类原始时代,才可能有道家所希望的那种愚昧落后。因此,没落阶级的情绪和对已逝去的岁月的怀念,就使道家把文明出现以前的原始时代看作是宁静和谐的人类黄金时代。道家的"小国寡民",正是对原始的农村公社的理想化,是一种使人类社会倒退回野蛮时代去的反动幻想。

把生产的发展和技术、文化的进步本身看作罪恶的根源,这是先秦道家所共同的。但怎样消除人类已取得的技术文化进步成果,使社会倒退回原始野蛮状态,《老子》一派的道家没有论及,《庄子》一派道家则主张"掊斗折衡"、"擿玉毁珠"、"绝圣弃知"、"胶离朱之目"、"捆工倕之指"①……总之,要采用激烈手段毁灭一切人类进步成果,使人类倒退回荆榛未辟的原始社会早期阶段,甚至倒退回"与麋鹿共游"的人和动物还未分离的时代去。庄派道家的理想境界,实际上是没落阶级由于自身被历史所淘汰而极度仇视人类一切进步成果的反动情绪的表现。

第三种类型是儒家学派的大同理想,其最完整、最典型的表现就是《礼记·礼运》中关于"大同"的说法。按照《礼记·礼运》的描绘,"大同"是一个没有私有制、没有剥削的社会,人人努力为社会劳动,"货恶其弃于地也,不必藏于己;力恶其不出于身也,不必为己"。②"大同"又是一个生产发达的社会,一切社会成员均能各得其所,凡是有劳动能力的人,都有机会发挥自己的才能;失去了劳动能力的老弱病残,都受到周到的赡养照顾;儿童都有社会公养公教,有良好的成长条件,做到了"老有所终,壮有所用,幼有

---

① 《庄子·胠箧》。
② 《礼记·礼运》。

所长,矜寡孤独废疾者皆有所养,男有分,女有归"。①

"大同"还是一个没有特权和世袭制的社会,担任公职的人员都是按照品德和材能选拔的,"天下为公,选贤与能……人不独亲其亲,不独子其子"。②

最后,"大同"也是一个和平和安定的社会,人们道德高尚,没有犯罪和暴力行为,也没有战争,"讲信修睦","谋闭而不兴,盗窃乱贼而不作,故外户而不闭"。③

和农家的"并耕而食"、道家的"小国寡民"比起来,儒家的"大同"理想,对社会生活的各方面设想得更完整,更详尽,而且更美好,更具有诱人的力量。它以公有制为基础,而不像农家和道家的理想社会都是建立在小私有制基础上的;它有较发达的物质文化条件,有多方面的社会生活,而不像农家和道家的理想社会都是那样简陋、愚昧、闭塞和原始。正因如此,"大同"才成了中国古代乌托邦理想的无可争议的典型。

《礼运》篇被假托为孔子后学记载孔子言论之作,实际上它大概是出于秦汉之际或汉初儒者之手。从篇中有"以天下为一家,中国为一人"④这样的提法,可以推断它不会出现于秦始皇统一之前。《礼运》篇虽把"大同"作为最高理想,但全篇的论述中心却不是"大同",而是私有制"货力为己"的"小康"社会。通篇以绝大部分篇幅论述怎样通过制礼以实现小康,这和汉初儒者极力鼓吹制礼作乐以奠定汉帝国统治秩序的意图也是正相吻合的。

---

① 《礼记·礼运》。
② 同上。
③ 同上。
④ 同上。

汉初的儒家是新兴地主阶级的代表。他们对新的封建制度还充满着信心，因而只会志在"小康"而不会对"大同"理想真正感到兴趣。《礼运》的作者所以首言大同，只不过是要为自己的改革主张（制礼）和实际目标（小康）虚悬一个更高的理想境界，以使其具有更加诱人的色彩而已。在他们看来，"大同"不过是连孔子也"未之逮"的高不可攀的理想，而"小康"却是巩固地主阶级统治的现实要求。如果不积极制礼作乐以建立地主阶级的"小康"之世，那就会重蹈秦王朝的覆辙，陷入"在势者去，众以为殃"①的危亡局面。

农家、道家和儒家的这三种类型的大同理想，奠定了中国大同思想的基础，成为后代大同思想发展的三种基本模式。一般说来，后代所出现的农民小生产者的大同理想，基本上都是属于农家类型的；而一切在民族战争、王朝更替中受到损害，企图用"避世"来寻求解脱的人，则多半憧憬着道家类型的理想境界；儒家的"大同"理想，则往往为新兴的社会势力的代表人物所吸取，构成为种种具有乌托邦色彩的新模式。

二、汉代以后、清代鸦片战争以前的大同思想

中国的封建主义制度发展到西汉中叶，克服了它在早期的动荡不稳的局面，地主阶级的统治地位获得了巩固。此后近两千年，中国的社会发展一直停留在封建主义的历史阶段中。

① 《礼记·礼运》。

在这一漫长的历史时期中,地主阶级已不再是新兴的阶级,而新的生产力和新的社会阶级,又始终没能形成。因此,儒家类型的大同理想,就一直未再出现新的模式。尽管儒家的思想被尊为正统思想,《礼记》成了知识分子人人诵习的经典,但儒家的大同理想却很少有人谈论。①这两千年中出现的大同理想,基本属于两种类型:一种是历代农民起义中所出现的农民小生产者的大同理想,另一种是不满现实的知识分子所提出的避世、愤世的大同理想。

农民起义中的大同理想,一般是由起义农民所规定的一些建立在平均主义和军事共产主义原则之上的生活制度体现出来。例如,东汉末黄巾起义时期,张陵、张衡、张鲁祖孙三代在四川、汉中等地以五斗米教聚众。张鲁据有汉中后,废除官吏,设祭酒分别统领部众。各祭酒的辖区都设义舍,放置义米、义肉,任行人"量腹取足"②,但不得多取;对部众的管理强调说服教育,"教以诚信不欺诈",即使对犯法的人,也首先进行教育,宽恕三次,仍然继续犯法的才加以惩治,对轻罪犯罚修道路。又如,宋代方腊起义,借摩尼教组织群众,要求参加者"断荤酒,不事神佛祖先,不会宾客,死则裸葬"。对信徒中的贫苦者,"众率财以助";信徒往来各地,不论是否相识,同门中的人都供应食宿,生活上不分彼此,"人物用之无间,谓为一家"③。这些材料都反映了农民群众反对封建压迫和封建等级制,要求平等的思想,反映了农民小生产者在经济生活方面

---

① 有些研究者把封建社会中的井田思想也列入大同思想的范畴;实际上各种井田方案都是要在封建的土地所有制和封建君主专制制度下对土地分配状况作一些改革调整,以限制土地兼并因而它们都属于"小康"的范畴,而不属于"大同"的范畴。

② 《三国志·张鲁传》。

③ 《鸡肋篇》,见《说郛》册二十八。

的"普遍的禁欲主义思想和粗鄙的平均主义"①。

先秦农家学派的思想，只在《孟子》中保留了一段孤零的材料；后世农民又没什么文化，不可能从先秦农家直接吸收什么思想、材料。但是，后代农民起义中的大同理想，和先秦农家的大同理想同样是由农民小生产者提出来的，同样是农民小生产者反对封建剥削和封建压迫、要求平等和平均的思想的表现，因而是属于同一类型的大同理想。

知识分子避世、愤世的大同理想，多半出现于封建社会阶级矛盾、民族矛盾特别尖锐，战乱频仍、饥馑荐臻的社会严重动荡的时期。中国的封建社会是发展缓慢的和长期停滞的，但却绝不是平静和稳定的。封建剥削压迫的异常残酷和野蛮，迫使农民不断进行起义，大规模的农民起义推翻了许多封建王朝，使一顶顶的皇冠落地。统治阶级各集团之间的权力斗争，也一再引起大规模战乱、分裂以至改朝换代。国内各民族之间的矛盾，又时常导致民族战争和民族政权之间的对峙，导致分裂、割据以至王朝的更替。这一切天灾人祸给广大人民带来的灾难，反映在一部分不满于现实而又无力改变现实的知识分子头脑中，就形成了种种愤世、避世的大同空想，这在剧烈的阶级矛盾和民族矛盾交织一起、统一的国家陷于长期的分裂战乱的时期，表现得尤为显著。

在秦始皇统一以后的中国封建社会中，有两个长期分裂战乱的时期：一个是从西晋灭亡中经"五胡乱华"、南北朝对峙直到隋重新统一，另一个是从五代十国中经宋、辽、夏、金、元民族政权对

---

① 《共产党宣言》，《马克思恩格斯全集》第4卷，人民出版社1958年版，第499页。这句话原来是马克思、恩格斯用以评论早期无产者的代表人物。早期无产者由小生产者破产而形成的，因而仍带有小生产者的意识和习性。

峙直到元朝重新统一。在这两个时期中,知识分子愤世、避世的大同理想也出现较多。

这种愤世、避世的大同理想,多半是直接受老庄道家思想的影响,并和先秦道家的大同理想属于同一类型,又可区分为下列三种不同情况:

第一种是单纯避世型的。这种大同理想的特点是:幻想有一处同现实世界完全隔绝的人间乐土,人们在其中自由地进行生产和生活,没有剥削、压迫和战争,永远处于和平、宁静和温饱的环境中。东晋大诗人陶渊明的《桃花源记》,是这种大同理想的最著名的典型。在《桃花源记》中,陶渊明假托秦末战乱时期,有一批难民逃进了桃花源,从此就同外界完全隔绝。他们子孙世代靠自己劳动进行着农副业生产,"阡陌交通,鸡犬相闻"、"往来种作"。桃花源中的人永远过着无忧无虑的田园生活,"黄发垂髫,并怡然自乐",对外边几百年来各个封建王朝的兴衰更替,都一无所知,"乃不知有汉,无论魏晋"。[1]

《桃花源记》在大同思想发展史上有重要地位。在此后的一千多年中,幻想逃避现实社会的苦难的人普遍地憧憬着世外桃源,桃花源几乎成了人间乐土的同义语。

在北宋被金人灭亡后,饱尝乱离之苦的康与之,设想了一个和桃花源很相类似的理想国。那里居民进行着耕作、纺织、畜牧、陶冶等农业、手工业劳动,"计口授地",一切劳动产品"皆不私藏,与众均之"。[2]人们和睦相处,没有剥削和争夺,人人靠自己劳动生活,

---

① 《桃花源记》。
② 《昨梦录》,见《说郛》册十二。

"不可取衣食于他人"。人人都衣食饱暖,但不奢华浮靡,只消费米、薪、鱼、肉、蔬菜等生活必需品,而不要"金珠锦绣珍异"等奢侈品。如果有人带进这类产品,则"众共楚之"。①这一理想国只有一穴口和外界相通,但只有和穴中人有着共同理想的"贤者",才能被接纳进来。而且,在外部世界发生战乱时,只用"一丸泥封穴口"②,就可完全切断同外界的联系,外界的一切灾难都不可能进入穴内。

第二种是厌恶一切进步成果,鼓吹倒退的空想。魏晋时期的人所伪作的《列子》一书,曾经讲到过一个"终北之国",其中"无风雨霜露,不生鸟兽、虫鱼、草木之类",人们"不耕不稼"、"不织不衣",饥饿疲倦时只要到一个名叫"神瀵"的水中去取饮,就可"力志和平"、"不夭不病"。在这个"终北之国","不君不臣",没有统治者和压迫者,而且"男女杂游,不媒不聘",实行着群婚杂交的办法。③照这种描绘,终北国的人不但倒退回了人还未脱离动物界的时代,而且简直是存在于没有动植物的死世界中,这是比庄周的"与麋鹿共游"还更为反动的浪漫主义空想。

第三种情况的特点是:虽然也把阶级产生以前的原始时代看作人类的黄金时代,但却同时包含着对现实封建社会的激烈批判。东西晋之间鲍敬言的《无君论》和宋元之际邓牧的《伯牙琴》,都具有这种特点。

鲍敬言认为:在人类的原始时代,"无君无臣",人们"穿井而饮,耕田而食,日出而作,日入而息"、"不相兼并,不相攻伐",④是

---

① 《昨梦录》,见《说郛》册十二。
② 同上。
③ 《列子·汤问》。
④ 《抱朴子·诘鲍》。

人类最幸福的时代。后来，人类社会中有了剥削和奴役关系，尤其是有了以君主为首的统治势力，广大人民就堕入了无边苦海之中。以君主为首的统治势力，穷奢极侈，"壅崇宝货，饰完台榭，食则方丈，衣则龙章"，采难得之宝，贵奇怪之物，造无尽之器，恣不已之欲"，又"严刑以为阬阱"、"肆酷恣欲，屠割天下"，结果使"民乏衣食"、"且冻且饥"，"况加赋敛，重以苦役，民不堪命"。①

人类社会何以会出现专制君主，以致使人们由原始社会的"天堂"，堕入阶级社会的地狱呢？鲍敬言驳斥了封建专制主义的维护者所宣扬的君权神授论，而把这种变化解释为暴力的产物，认为"隶属役御，由乎争强弱而校愚智"，"强者凌弱"，"智者诈愚"，则"君臣之道起"，而"力寡之民制焉"。②

依据这种分析，鲍敬言提出了"无君论"作为消除这一切社会灾难的手段。他说：虽然人类有强弱、智愚之别，但如果没有君主专制这种强大的、集中的暴力，是不可能造成这样严重的社会不平和社会灾难的。即使像桀纣那样的暴君，如果不居君位而是和别人"并为匹夫"，他们"性虽凶奢，安得施之？"③

鲍敬言的这种暴力论，也是一种历史唯心主义的观点。他当然不可能懂得，由原始的无阶级社会发展到阶级社会，是生产发展的一定历史阶段所必然出现的现象。但是，他对封建君主专制制度的揭露和批判是相当的尖锐和激烈的。他不止于谴责暴君，而是根本否定了封建君主专制本身，把"无君"作为实现人类理想社会的决定的前提，这是比孟轲的"民贵君轻"论更为激进、更具有

---

① 《抱朴子·诘鲍》。
② 同上。
③ 同上。

民主精神的思想。

邓牧也把阶级还未出现的原始社会称为理想的"至德之母"，认为那时的君主（实际是原始部落或部落联盟的酋长）也和普通人民一样，"饭粝粮，啜藜藿"，"夏葛衣，冬鹿裘"，"土阶三尺，茆茨不翦"①……人们的生活简陋而平均；各人的职业分工虽有不同，但都是自食其力，没有剥削，没有特权和世袭制。后来有了专制君主，把天下看作自己的私产，把亿兆人民看作自己的奴隶，任意剥削奴役人民以满足自己荒淫奢靡的享用，"以四海之广，足一夫之用"②。为了维持和加强对人民的统治，专制君主任用了大批官吏，组成了统治压迫人民的密网，"大小之吏布于天下，取民愈广，害民愈深"。君主及其官吏爪牙，"白昼肆行"，"窃人货殖，搂而取之"，比盗贼还无所顾忌，比虎豹虬蛇还凶残狠毒。这种残酷的剥削压迫，逼得广大人民走投无路，不得不起而反抗，"夺其食不得不怒；竭其力，不得不怨。"各封建王朝下的频繁的农民起义，都是由于封建帝王及其官吏"竭之而使危，夺之而使乱"③，都是君逼民反，官逼民反！

在邓牧看来，只有使君主和官吏都成为原始部落中的公职人员那样的"才且贤者"，才能使社会重新回到"至德之世"。如果不能做到这一点，那就不如索性废除国家机器，"废有司，去县令，听天下自为治乱安危"④。这可说是中国历史上最早出现的一种较为明显的无政府主义思想。

---

① 《伯牙琴·君道》。
② 同上。
③ 同上。
④ 《伯牙琴·吏道》。

鲍敬言和邓牧都是"治老庄之学"的人,他们的大同理想,都带着明显的道家形式;他们的著作,都充塞着道家的术语。不过,他们都是借用这种空想的形式,来对封建专制制度进行攻击,他们的作品所具有的激进的、批判的战斗精神,同先秦道家的那种消极没落的情绪,是不可同日而语的。尤其是邓牧的《伯牙琴》,出现时间已在13世纪,这时,中国的封建主义已处于逐渐衰落的时期。这种激烈批判封建专制主义的文献,尤其具有积极的进步的意义,它可以被看作明代中叶以后中国的启蒙主义思想的先声。

三、中国近代的大同思想

1840年第一次鸦片战争后,中国社会由封建社会逐渐转变为半殖民地半封建社会。中国的半殖民地半封建社会持续了一百多年,这是中国历史上又一次社会制度剧烈变动的时期。

在半殖民地半封建社会的前一阶段——旧民主主义革命阶段,中国社会中已经逐渐产生了新的经济成分——资本主义生产和新的社会阶级——资产阶级和无产阶级,出现了资产阶级领导的改革运动和革命运动。但是,由于帝国主义、封建主义统治势力的强大和中国资产阶级的软弱,中国社会中还未具备解决矛盾、根本改变社会制度性质的现实手段。中国人民的反帝国主义、反封建主义斗争,其中包括资产阶级领导的正规的民主革命——辛亥革命,一次次陷于失败。半殖民地半封建社会的深渊中广大人民所遭受的深重灾难和缺乏消除这种灾难的现实手段,为各种新形式的大同理想的出现造成了条件。这一时期是中国历史上大同思想较为发达的又一时期。大同思想内容之丰富,是其他历史时期所难以比拟的。

中国近代的第一个大同理想方案,是在伟大的太平天国农民起义中产生的,它集中体现在太平天国1853年颁布的《天朝田亩制度》中。这个方案的主要内容为:

第一,实行土地国有,并且把全国土地分为九等,订出互相折合的标准,按每户人口平均分配土地:"凡天下田,天下人同耕";"凡分田照人口,不论男妇,算其家口多寡,人多则分多,人寡则分寡,杂以九等。"①

第二,粮食和其他一切财物,也都归国家所有,并实行平均分配:"凡当收成时,两司马督伍长,除足二十五家每人所食可接新谷外,余则归国库;凡麦、豆、苎麻、布帛、鸡犬各物及银钱亦然。""凡二十五家中,设国库一……两司马居之。凡二十五家中所有婚娶弥月喜事,俱用国库;但有限式,不得多用一钱。如一家有婚娶弥月事,给钱一千,谷一百斤,通天下皆一式。"②

第三,耕织结合,农民所需其他手工业产品也均由农民自行生产:"凡天下,树墙下以桑,凡妇蚕织缝衣裳。凡天下,每家五母鸡,二母彘,无失其时。""凡二十五家中,陶、冶、木、石等匠,俱用伍长及伍卒为之,农隙治事。"③

第四,"两"是基层行政单位,也是组织社会生产和生活的基层单位,农副业生产以及一切经济的、政治的、文化的、宗教的基层社会活动,都在"两"的范围中进行。"两"的领导人"两司马",

① 《太平天国》,中国近代史资料丛刊之二,第一册,第321—322页。
② 同上。
③ 同上。

是这一切活动的组织者,"有警则……统之为兵,杀敌捕贼;无事则……督之为农,耕田奉尚(上)"①。太平天国的教育文化生活都是通过拜上帝会的宗教活动进行的,每"两"设一礼拜堂,作为进行这种活动的场所。

第五,太平天国起义农民认为,在实行上述办法的基础上,就可做到"使天下共享上主皇上帝大福,有田同耕,有饭同食,有衣同穿,有钱同使,无处不均匀,无人不饱暖",②建立起共同幸福的人间天堂。

《天朝田亩制度》,从思想来源看,是受到古代儒家思想的明显影响的。太平天国的最高领导者和思想指导者洪秀全,原是出身于农民家庭的儒生。他在发动起义的过程中写的《原道醒世训》,就曾全文引录了《礼记·礼运》中关于"大同"的那一段著名文字。《天朝田亩制度》还更广泛地利用着儒家的思想材料。但是,从其思想实质看来,《天朝田亩制度》却不属于儒家大同的类型,而是属于农民小生产者大同理想的类型。它和古代农家以及历史上许多次农民起义中所出现的社会理想一样,体现着小生产者的"普遍的禁欲主义和粗鄙的"平均主义"。它所理想的生产方式和生活方式,实质上是对农民小生产者的落后经济地位和农村自然经济的理想化。它要求通过农民起义实行土地国有和平分土地,这体现了贫苦农民对地主阶级垄断土地的强烈仇恨;它要求平均财富和在物质生活方面做到完全平均,这自然也是对封建社会中的贫富悬殊现象和封建等级制的激烈否定。它对农民起义有着巨大的鼓

---

① 《太平天国》,中国近代史资料丛刊之二,第一册,第321—322页。
② 同上。

舞和动员的作用。但是,一家一户、男耕女织的农民个体生产方式"是封建统治的经济基础,而使农民自己陷于永远的穷苦"①。《天朝田亩制度》把落后的农民个体生产方式当作理想,企图使其永恒化,并在这一基础上建立"无人不均匀,无人不饱暖"的千年太平之国,却是一种反动的幻想。

继《天朝田亩制度》之后,19世纪末20世纪初,又出现了中国资产阶级的大同理想。

由于中国经济发展的落后和资产阶级本身的性质,中国近代资产阶级的主要思想代表人物都具有"向西方寻找真理"的特点,都主张学习西方,按西方资本主义国家的面貌来改造中国。可是,在19世纪末20世纪初,当这些先进的中国人纷起"向西方寻找真理"时,西方资本主义国家已走向自己的下坡路。垄断资本的统治,使资本主义固有的各种矛盾大大激化,社会主义运动获得广泛迅速的发展,日益成为西方资本主义国家广大人民的人心所向。中国资产阶级的思想代表人物,已经看到了这些现象,并已直接、间接地受到了西方社会主义思潮的影响。于是,就在许多资产阶级代表人物的思想中,产生了这样一种奇特的结合:向西方寻找真理和批判西方资本主义制度相结合,提出发展资本主义的纲领和提出某些关于社会主义的理想相结合。中国近代资产阶级的主要思想代表人物康有为、严复、谭嗣同和孙中山,不同程度上都具有这种特点。

严复在1895年就指出:"西方的科学技术和大工业,虽有益于

---

① 《组织起来》,《毛泽东选集》前四卷合订本,人民出版社1966年版,第885页。

民生之交通，而亦大利于奸雄之垄断。垄断既兴，则民贫富贵贱之相悬滋益远矣。……是以国财虽雄而民风不竞，作奸犯科、流离颠沛之民，乃与贫国相若。而于是均贫富之党兴，毁君臣之议起矣。"①他这里说的"均贫富之党"，指的就是社会主义政党。

严复主张积极效法西方以求富强，同时又认为西方的社会还并不合乎理想，只有使整个社会"无甚富，亦无甚贫；无甚贵，亦无甚贱"，才算是"至治极盛"的理想社会。

对于怎样实现"至治极盛"，严复认为唯一途径是发展教育事业以"开民智，新民德"，从彻底改变人心风俗方面下功夫，而这是需要极长的历史时期（他认为要使中国前进到西方的民主共和就需要亿万年）才能做到的。

谭嗣同在1896年也指出：西方的资本主义制度，能够使"其民日富，其国势亦勃兴焉"，但结果却造成了垄断资本的统治，促使社会矛盾激化，"于事理最为失平。于是工与商积为深仇，而均贫富之党起矣"②。

谭嗣同在为争取变法、发展资本主义而进行奋不顾身的斗争时，也向往着中国在遥远的未来会出现一个理想的大同社会，这一社会在政治上"改民主"，在经济上"行井田"③。他认为，实现了这两个前提就能达到社会的普遍幸福，达到"共同的繁荣昌盛"。

不过，谭嗣同认为实现这两项改革以进于大同只能是很远的将来的事情。在他当时的中国，这种改革"不惟做不到"，而且还

---

① 《原强》，《严几道诗文钞》卷之一。
② 《报唐佛尘书》，《谭嗣同全集》，生活·读书·新知三联书店1954年版，第444页。
③ 《仁学》，《谭嗣同全集》，生活·读书·新知三联书店1954年版，第69页。

会不利于中国的富强和独立自主，"恐贫富均，无复有大力者出面与外国争商务，亦无复贫者肯效死力，国势顿弱矣"①。

康有为在1885—1887年间写了《人类公理》一书，开始提出了他的大同理想。戊戌政变后亡命外国，进一步接触到西方的空想社会主义及其他某些材料，于1901—1902年写成了《大同书》，形成了中国近代的一个最详尽、最具体的大同空想方案。

康有为的大同理想，主要包括下列内容：

第一，大同社会是一个生产资料公有的社会："今欲致大同，必去人之私产而后可，凡农工商之业，必归之公。"②在生产资料公有制的基础上，建立农场、工厂、商店等各种公营的生产、流通企业。

第二，一切农工商企业，均由全地球的公政府及地方政府（他叫"度界小政府"）经营。公政府等通过一系列生产和管理机构，按全社会的生产和需要实行有计划的生产和分配，以求做到"地无遗利，农无误作，物无腐败，品无重复余赢"，做到"工人之作器适与生人之用器相等"。③

第三，大同社会中仍保留商品和货币，保留商业和货币信用机构。货币有金、银两种，也发行纸币，有公金行（国营银行）负责货币的出纳和全社会的核算工作，公金行也吸收私人存款，并支付利息。

第四，在个人收入的分配方面，实行按劳分配的原则，并且采

---

① 《报唐佛尘书》，《谭嗣同全集》，生活·读书·新知三联书店1954年版，第444页。
② 《大同书》，古籍出版社1957年版，第240页。
③ 同上书，第246、249页。

用货币工资的形式进行分配,工资分十个等级。社会还广泛应用货币奖金作为鼓励劳动积极性,鼓励创造发明的手段,奖金还可以达到很大的数目。个人收入以至个人财富方面都还存在着差别。社会上没有穷人,却有商业大富人和各业富人。这些大富人和富人在担任公职方面还处于某种优势地位(如规定只有商业大富人和各业富人才能担任公金行的董事和其他重要职务等)。

第五,农场、工厂及商店,是生产经营的基本单位,也是组织社会生活的基层单位,各农场、工厂、商店都拥有设备完善的公共宿舍、食堂和各种休息、娱乐场所,供劳动者享用。每一个农场、工厂或商店,事实上就是一个生产和生活的共同体或公社。

第六,工农商业以至人们的日常生活,都广泛使用着高效能的、自动化的机器设备,生产力高度发达,劳动时间大大缩短,"一人作工之日力,仅三、四时或一、二时而已足,自此外皆游乐读书之时"[①],人们的物质文化生活水平都很高,人人可受到高等教育。

第七,国家已消灭,战争和刑罚也均已消灭。全地球成立一"公政府",又按地区分设若干度界小政府。公政府和度政府都实行西方式的民主共和政体。不过,这种"民主共和"并不是资产阶级共和国,因为它们只是组织经济、文化以及其他社会生活的机构,而不再拥有专政和暴力压迫的职能了。

第八,康有为的大同理想的最独特之点是消灭家庭。办法是废除婚姻制度,男女同居实行合同制,双方自愿订立为期一年的合同,期满可续订。所生儿童一律由社会负责教养。

此外,康有为还提出了"去级界"即消除贵贱等级的区别,"去

---

① 《大同书》,古籍出版社1957年版,第248页。

种界"即通过消灭有色人种来消除种族差别,以及"去类界"以实现人和动物之间的"众生平等"等主张。后两者是他从佛学以及帝国主义种族论中搬来的糟粕。

谭嗣同、严复都批判了资本主义,但都没有提出过和资本主义生产方式相反的理想,他们所谓"均贫富"或"无甚富亦无甚贫",不过是幻想在资本主义生产方式的基础上做到分配较为平均。因此,他们的大同理想,实质上都不过是对资本主义制度的理想化。康有为的大同理想,则基本上是空想社会主义的,但也包含着一部分资产阶级民主主义性质的内容。例如,他的"去家界"不过是一种较为激进的否定封建家庭制度、反对封建的夫权和父权的思想;他的"去级界",也只是要消灭封建等级制,而并不是要消灭阶级。《大同书》中有不少对资本主义的批判;但是,其中更尖锐、更有战斗锋芒的批判,却还是指向封建君主专制、封建等级制和封建伦理纲常的。

康有为也和严复、谭嗣同一样,把大同看作遥远未来的事情。他不但认为大同理想在当前不能实行,还认为不能宣传,不能向一般人透露。他写的《人类公理》,除了私下给他的得意弟子陈千秋、梁启超少数人看过以外,长期"秘不示人"。①康有为的大同理想,是为他所从事的变法维新运动服务的。他的本意,只是想描绘一个美妙的大同境界,作为他的现实改革主张的远景衬托,使他的现实改革主张显得像是仿佛有光的桃源洞口一样,更能引人入胜。在这一点上,他同《礼运》为实现小康而首言大同的做法是十分一致的。康有为深知自己的大同理想中否定私有制和剥削、奴役制

① 《大同书》,古籍出版社1957年版,第252页。

度的那些内容,尤其是那些激烈地批判封建专制和封建伦理纲常、赞扬民主和主张废除家庭等内容,同当时清朝腐朽黑暗统治下的现实的对比,实在太强烈了。他担心宣传这些思想会激起人们对清朝反动统治的强烈憎恨,从而会脱离变法维新运动的缓慢改良的轨道,而倾向于革命。用他的话说,当时正处于乱世,"只可言小康,不可言大同,言则陷天下于洪水猛兽"①。这种自己提出大同理想而自己又害怕加以宣传,既竭力封锁又私下透露的矛盾态度,在全世界的空想主义者中,也是堪称少有的。

在遥远的未来,大同理想又如何实现呢?康有为把"去家界"即消灭家庭,看作是实现大同的关键。他的逻辑是:生产资料私有制所以存在,是因为人们都有家庭和子女,不能不积累私有财产"以长子孙";而家庭所以存在,是因为人权平等的思想还没有普遍树立起来,统治家庭的夫权和父权还没能消除。因此,他主张将来要实现大同,首先就要"大明天赋人权之义",②使人权平等思想深入人心,夫权和父权就会自然消失,家庭和婚姻关系就会随之消灭;人们不再为子孙积累私产,生产资料私有制就会不再存在,大同社会的经济基础就建立起来了。

这是一种典型的历史唯心主义观点,它根本颠倒了经济基础和上层建筑之间的关系,"康有为写了《大同书》,他没有也不可能找到一条到达大同的路。"③

孙中山的大同理想是在19世纪、20世纪之交开始形成的。他

---

① 《清代学术概论》,《饮冰室合集》,专集之三十四,第60页。
② 同上。
③ 《论人民民主专政》,《毛泽东选集》前四卷合订本,人民出版社1966年版,第1360页。

比资产阶级改良派的康有为、严复、谭嗣同等，更多、更直接地受到西方资本主义影响，而较少受到封建主义传统的羁绊。从学生时代起，他就热望学习西方的科学、工业和资产阶级文化，把中国改造为一个富强的和有高度现代文明的国家。在中国近代，他最先觉悟到不能依靠腐败的清王朝来实现自上而下的改革，而只能通过革命推翻清王朝，为改造中国创造条件。他也比康有为等更多、更具体地了解西方国家进入垄断资本主义阶段后的社会矛盾和社会冲突，认识到"欧美强矣，其民实困"①，因而希望中国在革命后能建立一个只有"文明善果"而能避免"文明恶果"的大同社会。在这个大同社会中：

第一，实行土地国有，但可租给私人耕种，或作为工、矿、商各业用地，消除私人垄断土地的现象。

第二，凡属规模过大，私人不易经营，或者具有垄断性质的企业，一律由国家经营；一般的工、矿、商业、交通企业，则允许私人经营，并由国家加以保护。

第三，国家兴办各级免费教育，保证一切学龄的人都有可能受到高等教育；个人资质不宜受高等教育的，也可受到适当的职业教育。

第四，国家举办各种福利设施，如设立养老院、残废院，收养老人及残废，给予优良的照顾；广泛设立医院，免费供给医药，等等。

孙中山对西方的社会主义运动有较多的了解，也阅读过西方的社会主义文献，他把自己所理想的"大同"，看作是"社会主义"

---

① 《"民报"发刊词》，《孙中山选集》上册，人民出版社1956年版，第72页。

的同义语。实质上，他的大同并不是一个社会主义社会，而是一个理想化的资本主义社会。在这个社会中仍存在生产资料私有制，存在着资本家和工人两个阶级。孙中山也明白地说过，在他的大同或社会主义社会中，是不触动资本主义所有制的：

> 至经济极高之时代，我国资本家其至富者，亦不过中人产耳，又奚必其退让哉？①

在孙中山看来，实行了土地国有和大企业国有，最主要的生产资料的所有制就是社会主义的了，再有国家实行免费教育、免费医疗、养老恤贫等社会政策，虽然还存在着一般的资本主义企业，存在着中、小资本家，社会上也不致出现垄断压迫，不会出现严重的贫富不均。其实，在生产资料私有制还普遍存在的情况下，土地国有并不是社会主义性质的，而是资本主义的土地国有化。孙中山在旧民主主义革命时期所企图建立的"民国"，是资产阶级共和国，这种国家所有的企业，不是社会主义企业而是国家资本主义企业。想在资本主义所有制的基础上，依靠资产阶级国家来防止垄断压迫和贫富分化，实现全体人民"幼有所教，老有所养，分业操作，各得其所"，②这自然只能是幻想。

康有为只是把大同作为一个无限遥远的目标虚悬在那里，孙中山却是把大同看作近期争取的目标，以极大热情加以宣传，并力图促其实现。至于实现的途径，他则主张在中国的民主革命中就

---

① 《社会主义之派别与方法》，见胡汉民编《总理全集》第二集，上海民智书局1930年版，第118页。
② 同上书，第121页。

采取措施防止资本主义,从而一举解决民主革命和社会主义革命两个革命的任务,在革命后立即实现社会主义,这就他所说的"举政治革命、社会革命,毕其功于一役"①。

西方的空想社会主义者认为人类所以会经历阶级社会的长期苦难岁月,是因为在人类历史的早期阶段,没有天才的伟大人物出而发明社会主义。孙中山也认为:西方国家所以经历资本主义的历史阶段,是因为在欧洲资产阶级民主革命时期,没有人预见到资本主义的弊害而加以防止。在他看来,欧美的情况已经是大错铸成,积重难返,只有通过一次社会主义革命来解决了;中国还正处在民主革命时期,有了西方的教训,又有了他的理论,就可以在民主革命中既推翻封建统治,又设法防止资本主义弊害,一举实现大同。

至于防止资本主义弊害的手段,他认为他为民主革命所提出的两项经济纲领——平均地权和节制资本,都是社会主义性质的纲领,实现这两项纲领就能防止资本主义,实现社会主义。事实上,平均地权是要解决封建土地制度问题,为资本主义发展扫清障碍,节制资本则是要解决发展资本主义大工业所需的资本问题,二者都不是什么社会主义的,而是"纯粹资本主义"②的纲领。

把资本主义制度理想化,并幻想在民主革命中采用"平均地权"和"节制资本"这样的发展资本主义的纲领,以防止资本主义的弊害,建立一个普遍幸福的大同社会——这就是孙中山大同理想的主要特点。

---

① 《"民报"发刊词》,《孙中山选集》上册,人民出版社1956年版,第72页。

② 《中国的民主主义和民粹主义》,《列宁全集》第18卷,人民出版社1959年版,第155页。

孙中山的大同理想，是他的时代的产物，同时是和他的个人特点分不开的。列宁曾说：

先进的中国人……竭力从欧美吸收解放思想，但在欧美，摆在日程上的问题已经是从资产阶级下面解放出来，即实行社会主义的问题。因此必然产生中国民主派对社会主义的同情，产生他们的主观社会主义。

他们在主观上是社会主义者，因为他们反对压迫群众和剥削群众。但是中国这个落后的、半封建的农业国家的客观条件，在将近五亿人民的生活日程上，只提出了这种压迫和剥削的一定的历史独特形式——封建制度。①

认为中国落后反而会有利于实现社会主义，认为在比资本主义更落后的基础上可以通过防止资本主义这种较先进的生产方式来实现社会主义，这种社会主义理论按性质来说是一种小资产阶级主观社会主义的反动理论。但是，孙中山的思想中虽然有空想的成分，他毕竟是一个重视实践的伟大民主主义革命家，他并没有从这种主观社会主义理论出发，提出妨碍资本主义发展的实际纲领和主张；他用以"防止"资本主义的手段，恰恰是有利于资本主义充分发展的"平均地权"和"节制资本"等纲领。

康有为和孙中山的大同理想，和古代儒家的大同理想在阶级性质上是根本不同的。但是，一方面，他们都受到古代儒家大同理

---

① 《中国的民主主义和民粹主义》，《列宁全集》第18卷，人民出版社1959年版，第154页。

想的影响,并且都把自己的理想社会称作大同;另一方面,他们又都是代表新兴的阶级的(只不过不是像古代儒家大同理想那样代表当时的新兴地主阶级,而是代表近代的新兴资产阶级)。从思想来源上看,他们的大同理想是和儒家大同理想有密切关系的。

在中国近代也有属于(或接近)道家类型的大同思想,其中较为典型的可推章太炎的"五无论"。

章太炎是中国近代的无畏的民族革命家,他同清朝反动统治势力进行过坚决的斗争,大长了革命人民的志气;他的反对帝国主义的爱国立场也是较为鲜明的。但是,他实际上却不是一个资产阶级的代表人物。他站在地主阶级的立场,不赞成资本主义的经济制度和政治制度,他的真正的政治要求和经济要求,只是推翻清朝的满族贵族统治,恢复汉族地主阶级的江山。在封建制度早已彻底腐朽了的时代,想建立一个新的封建王朝,当然是没有可能的,章太炎本人也难于再对封建统治秩序的重新巩固和稳定抱有充分的信念。他看不到革命的出路,对前途感到十分渺茫。还在资产阶级革命运动高潮时期,他就写了一系列文章,把经济的发展,社会的进步,都看作得不偿失,赞扬"樵苏耕获,鼓腹而游"[1]的落后自然经济,宣扬自己的最高理想是一种"无政府"、"无聚落"、"无人类"、"无众生"、"无世界"的一切归于寂灭的"五无"境界[2]。这是一种典型的没落阶级情绪的表现。

大同思想是中国历史上的一份重要思想遗产,它反映了封建

---

① 章炳麟:《四惑论》,《民报》第二十二号。
② 章炳麟:《五无论》,《民报》第十六号。

社会、半殖民地半封建社会中灾难深重的人们要求摆脱剥削压迫，寻求普遍幸福和共同的繁荣昌盛的未来的愿望；它对剥削压迫制度的谴责和批判，它的许多美好的设想，对于为社会主义事业而斗争的现代无产阶级，也仍然具有某种启发和借鉴的意义。列宁曾说：乌托邦理想"对马克思主义者说来是非常宝贵的"。①这一论断自然也适用于中国的乌托邦主义——大同理想（没落阶级的反动空想除外）。

但是，乌托邦思想毕竟是在人类还不具有消灭私有制和剥削关系的物质条件时所产生的一种空想。在无产阶级已作为独立的政治力量登上历史舞台、科学社会主义已经产生时，空想主义时代就结束了。不过，在科学社会主义已在社会主义运动中占据统治地位后，空想主义已并不消失，只是它不再具有在过去历史上所曾有过的进步作用了。这时，再继续宣扬空想主义的东西，并企图加以实施，就只会对无产阶级的社会主义事业造成损害和破坏。所以马克思和恩格斯说："虽然这些体系的创始人在许多方面也曾经是革命的，但是他们的信徒却就总是组成一些反动的宗派。"②

中国的大同思想，主要是在封建社会和半殖民地半封建社会中产生的。落后的经济条件，使大同思想的许多形式，不同程度地夹杂着平均主义、禁欲主义，把自然经济和小生产者落后地位理想化以及不重视乃至反对技术进步等内容。不用说，这些消极的、反动的内容，对无产阶级的社会主义事业会有更严重的危害。

---

① 《民粹主义的经济内容》，《列宁全集》第1卷，人民出版社1955年版，第394页。

② 《共产党宣言》，《马克思恩格斯全集》第4卷，人民出版社1958年版，第501页。

　　空想社会主义者从来就不承认自己的主张是空想。在无产阶级专政下，空想的以至其他形形色色的"社会主义"思潮就更是要挂着马克思主义、科学社会主义的牌号出现。过去许多年，这种情况为我国的社会主义事业所造成的损害，实在够严重了。研究中国大同思想的历史发展，对于划清科学社会主义同空想社会主义的界限，对于识别真假社会主义，有着重要的作用。这一点，在今后也应十分注意。

（原载《经济思想史论文集》，北京大学出版社1982年版）

15　儒家大同学说新探

　　大同学说是儒家学说中最精彩的内容之一。多年以来,中、外学者对此已有不少的研究。笔者也曾写过《大同思想的历史发展》的专文(载于《经济思想史论文集》,北京大学出版社1982年版),对此问题作过较为全面、较为系统的考察。本文拟就以下几个问题,再作进一步的探索。

一、大同——中国古代乌托邦思想的总结

　　儒家的"大同",也和西方的乌托邦一样,不是对任何现实社会的描写或赞颂,而是它的作者对自己所理想的社会制度进行的空想设计。这类设计是空想的,但它的产生却不是同现实社会状况完全脱节的。人们在进行这类设计时,不是出于对现实事物的肯定和维护,而恰是出于对现实社会的强烈不满。乌托邦的设计者,不满于现实,但又无力或不愿用实际手段来改变自己所认为不合理的状况,于是就在头脑中创造出同社会现实相反的理想。各种乌托邦式的设计,从一定的意义上,也可以说是以现实中的某些材料为依据;不过,它们不是以现实中的美好、积极事物为蓝本,而恰是以现实中的消极的、令人不满的乃至痛恨的事物为依据。

正因如此，乌托邦思想大多不是产生于社会繁荣、安定之时，而是产生于社会变革、动乱之际；而且，社会的变化越剧烈，变化为人们带来的痛苦越深，乌托邦理想也越纷繁，越层出不穷。

西周末至西汉前期（约公元前857—前141年）是中国历史上社会变革最为剧烈的时期之一（另一个变革剧烈的时期是1840年鸦片战争以后）。夏、商以来逐渐形成、至西周而臻于鼎盛的中国早期文明的制度日益陷入严重危机。各种社会力量斗争激烈，人们的社会地位不断发生猛烈的升降、变化，各个诸侯国之间战乱相寻……当时人们就有"高岸为谷，深谷为陵"的感叹。这从人类历史的长河来看，不过是一种新社会制度取代旧社会制度所引起的分娩阵痛，但却是长达六七百年的"阵痛"。它为人们造成的灾难痛苦，是极难承受的。这样的历史条件自然容易产生出各式各样的乌托邦理想。

在儒家的大同理想出现以前，数百年中，已有多种类型的乌托邦出现。《硕鼠》一诗是现存材料中最早的一个：

硕鼠，硕鼠，无食我黍！三岁贯汝，莫我肯顾。逝将去汝，适彼乐土乐土，乐土，爰得我所。

硕鼠，硕鼠，无食我麦！三岁贯汝，莫我肯德。逝将去汝，适彼乐国。乐国，乐国，爰得我直。

硕鼠，硕鼠，无食我苗！三岁贯汝，莫我肯劳。逝将去汝，适彼乐郊。乐郊，乐郊，谁之永号。①

---

① 《诗经·魏风》。

这里，"乐土"、"乐国"、"乐郊"，正是诗人心目中的理想国。它们不同于佛教的极乐世界或基督教的天国，并没有任何宗教色彩。它的"乐"不是佛祖或上帝的恩赐，而是由于没有"食我黍"、"食我麦"、"食我苗"的"硕鼠"，人们可以自食其力，自得其乐。可见，这里说的"硕鼠"，是指当时社会中的贵族、富豪之类的剥削者、压迫者，而"我"则是对沉沦社会底层的劳苦大众的总称。

《硕鼠》是春秋时魏国诗人所作。魏国在今山西省南部，是一个小诸侯国，国政昏乱，公元前650年为晋所灭。《硕鼠》一诗反映了魏国灭亡前深重社会危机，反映了陷入水深火热中的黎民百姓渴望摆脱苦难、寻求幸福的心理。

进入战国时期后，社会的变革、战乱更剧烈，因而乌托邦理想也更多。农家的"君民并耕"、道家的"小国寡民"和"至德之世"，是战国时期乌托邦理想的几种主要类型。

农家学派的乌托邦是由农家学派的大宗师许行所设计的。许行的门徒陈相，在同孟轲的辩论中，对它作了大致的描绘。

农家把自己的理想国设想为一个人人从事生产劳动、自食其力的国度；社会上大多数人从事农业劳动，并且基本上过自给自足的生活，但已存在农业和手工业的分工，有一定数量的专业手工业者存在，手工业者和农民间进行着"以机器易粟"①的商品交换。交换中的商品都有"价"（价格），这表明交换已不是物物交易，而是使用了货币，并且已经有了固定的市场和商业。交换双方按照同样商品同一价格的原则进行着公平交易，"虽使五尺之童适市，

---

① 《孟子·滕文公上》。

莫之或欺"。①在农家的理想国中,有担任公职、治理国政的"君",也有像许行这样研究学术、设学授徒的学者,但不论君主还是学者,都要自始至终地参加生产劳动的全过程,自食其力。显然,这些人还不是专业的脑力劳动者;在农家的理想国中,并不存在脑力劳动和体力劳动之间的固定分工。

许行心目中的"贤君",不是凌驾在全国人民之上的统治者。因为,他"与民并耕而食,饔飧而治",没有"仓廪府库"来储存多余的财物。这也就是说,他同普通百姓一样参加生产劳动,过一样的生活,担任公职只是尽义务,没有任何的报酬或优待。这样的"贤君",实际上不过是人类史前时代的部落酋长。许行的理想国,实质上也不过是对史前时代或史前时代向文明时代过渡时期的落后社会经济状况的理想化。

许行不仅提出了一个理想国,还力图以自己和自己的门徒们的积极活动来使其实现。他们为实现自己的理想国而进行的活动有两个方面:宣传和实验。宣传首先是向君主,向国家的掌权者宣传,争取他们的同意和支持,以求在全国范围推行;其次是向士人宣传,以征求信徒,结成一支为实现理想国而奋斗的群体力量。在实验方面,许行和自己的几十个门徒共同耕作,共同从事"捆屦织席"之类的自给性手工劳动,共同过着和当时的普通农民一样的朴素、低下的物质生活,共同学习、研究和推行农家的学说,并且为寻找实现自己理想的良好环境而集体迁徙(如《孟子》所记载的许行学派的"自楚之滕")。他们的这种群体活动,实际上形成了一个农家理想的实验区。

---

① 《孟子·滕文公上》。

道家的"小国寡民"和"至德之世"的乌托邦,是由道家的《老子》和《庄子》两部著作分别提出来的。《老子》和《庄子》均成书于战国时期,大约与《孟子》同时,或者较《孟子》稍晚。

《老子》的"小国寡民"的理想国是:

小国寡民:使有什伯之器而不用,使民重死而不远徙;虽有舟舆,无所乘之,虽有甲兵,无所陈之;使人复结绳而用之。甘其食,美其服,安其居,乐其俗邻国相望,鸡犬之声相闻,民至老死不相往来。①

这个小国,不但地域小,人口稀少,而且社会经济的发展水平极为低下:人们只使用着少量极简陋、原始的工具进行农业生产,过着自给自足、安土重迁的生活。它本身小,又同外界隔绝,"老死而不相往来",交通工具自然成了无用之物而被废弃。生活简单,人们彼此交往又极少,也就用不着文字。

这个"小国"不是一般地小,而是小到了"邻国相望,鸡犬之声相闻"的程度,实际上不过是一个人户不多的村庄。

《老子》的这个理想国,无非是对原始氏族公社解体后所出现的那种农村公社的理想化。在这种经济发展低下的社会中,人们只能是普遍贫困、普遍愚昧的,当然说不上是什么人类普遍幸福的理想社会。《老子》说其中的民人"甘其食,美其服,安其居,乐其俗",这自然不是由于生活水平高而安乐,而只是自甘落后的人们在主观上的自我满足。

① 《老子》,第八十章。

在战国时期,社会的剧烈变革,使原来上层社会中的许多人日益陷于衰落,处境不断恶化。他们眼看着社会经济越发展,技术文化越进步,而自己的遭际却每况愈下,因而把自己的厄运归咎于社会进步本身,幻想以倒退回到,并且永远停滞于原始、落后、闭塞和愚昧的农村公社时代,以逃避社会经济文化的发展为自己带来的不利局面。《老子》的作者显然是以这类人的感情对待现实,所以才设想出了这样一个小国寡民的理想国。

《庄子》中有多处提到"至德之世",如在《胠箧》篇中说:

子独不知至德之世乎?昔者容成氏、大庭氏、伯皇氏、中央氏、栗陆氏、骊畜氏、轩辕氏、赫胥氏、尊卢氏、祝融氏、伏羲氏、神农氏,当是时也,民结绳而用之,甘其食,美其服,乐其俗,安其居;邻国相望,鸡狗之声相闻,民至老死而不相往来,若此之时,则至治已!

祝融氏传为火神,他和伏羲氏、神农氏,是传说中的"三皇"①。伏羲氏开始驯养牲畜,神农氏开始种植作物,这些显然都是关于原始社会旧石器时代人类进化的传说。《庄子》把三皇排在至德之世整个序列的最后,则容成氏、大庭氏、……赫胥氏、尊卢氏等,显然是代表着比三皇更早、更落后的时代。《老子》的小国寡民虽然描绘了一个农村公社的社会经济生活,却并没有明说它是什么时代的事;《庄子》则十分明确地说:至德之世存在于三皇乃至比三皇更早的狌狌獉獉的人类原始时代。

---

① 关于三皇有多种说法,《白虎通义》以伏羲(牺)氏、神农氏、祝融氏为三皇。

不过,《胠箧》这一段所讲的"至德之世"的社会生活内容,却同《老子》的"小国寡民"大同小异,许多地方连文字也基本一致。三皇乃至比三皇更早的时代,能有《老子》的小国寡民所讲的那种社会生活吗?如果人类还不会用火?那就连结绳纪事也是用不着的;如果还不知驯养牲畜,何来"鸡狗之声相闻"?不知稼穑,就过不上定居生活,自然谈不上"安其居"和"重死而不远徙"。显然,《胠箧》篇所讲的"至德之世"的时间和它所描绘的"至德之世"的社会经济生活,是存在着矛盾和不一致的。

《庄子》中的其他一些地方所讲的"至德之世",则要比这更原始得多,落后得多。例如《马蹄》篇说:

> 故至德之世,其行填填,其视颠颠。当是时也,山无蹊隧,泽无舟梁,万物群生,连属其乡,禽兽成群,草木遂长。是故禽兽可系羁而游,乌鹊之巢可攀援而窥。夫至德之世,同与禽兽居,族与万物并……赫胥氏之时,民居不知所为,行不知所之;含哺而熙,鼓腹而游。

看来,这时人们还不知渔猎,自然更不知畜牧和农耕;穴居树栖,居无房舍,行无舟梁;与麋鹿同游,与乌鹊为伴,浑浑噩噩,无识无知。这显然是人类进化史上尚未完全从动物界分离出来的那种原人时代!

《庄子》把这种人兽未分的时代看作"至德之世",实际上是对人类历史本身的否定;但是,即使这样的"至德之世"也还不是《庄子》的最高理想境界。在《庄子》中,许多地方甚至宣扬"生之累",认为人有生命就是最大的灾难,只有死才是真正的、永久的解脱,才能达到"以天地为春秋"①的"至乐"的境界。

春秋、战国时期社会变革剧烈,许多累代簪缨、炙手可热的贵族、封君,往往一下子土崩瓦解,落入社会底层,"乐、却、胥、原、狐、续、庆、伯,降在皂隶"②。今昔的巨大反差,使他们对现实极端忿怨,对未来完全绝望,于是就将满腹怨毒,发而为对社会历史、对人类甚至对生命的完全否定和激烈诅咒。《庄子》一书集中反映了这种社会没落势力的情绪。

儒家的大同是与以上这些乌托邦思想很为不同的一种类型。儒家把大同的社会生活描绘为:

> 大道之行也,天下为公,选贤与能,讲信修睦。故人不独亲其亲,不独子其子;使老有所终,壮有所用,幼有所长,矜、寡、孤、独、废、疾者皆有所养。男有分,女有归。货,恶其弃于地也,不必藏于己;力,恶其不出于身也,不必为己是故谋闭而不兴,盗窃乱贼而不作,故外户而不闭。是谓大同。③

从上述可以看出:大同在经济方面的主要特点是公有制。人们对"货"(财富)不"藏于己"即不作为私人财富来占有。公有制产生了相应的观念,人们爱惜公共财物,"恶其弃于地",即憎恶弃置、浪费既有财富的行为,也视不努力开发利用自然资源为不当。同公有制相适应,人们对工作的态度也同在私有制的情况下根本不同:人人努力工作,以"力不出于身"为可恶,但出力是为

---

① 《庄子·至乐》。
② 《左传》鲁昭公十三年。
③ 《礼记·礼运》。

公而不是为己；劳动不是个人谋生的手段，更不是为私人谋利的手段。勤劳奉公成为社会的普遍风尚。个人为社会工作，社会则保证"壮有所用"，即保证一切有劳动能力的人充分就业，在工作中发挥自己的才能。

由于在货和力方面都没有为己的性质，家庭也不再是占有财产的单位，因私有财产而形成的家庭之间的矛盾和隔阂泯灭了："不独亲其亲，不独子其子"；社会对所有丧失了工作能力的老人和矜、寡、孤、独、废、疾的人负责赡养、照顾，对幼小未成年人负责抚养、教育，使一切社会成员各得其所。

这样的经济制度和社会关系反映在政治生活领域，总的特点就是"天下为公"：没有"家天下"，即没有君主、贵族的世袭制，担任公职的人由公众推选，选出的人是忠诚服务并具有能力的公仆，而不是以权谋私的暴君污吏。没有攘窃政治权力和颠覆别国的阴谋诡计，国与国之间"讲信修睦"，保持着持久和平的和友好的关系，而不是进行战争。社会秩序安谧，没有盗窃乱贼，没有破坏社会秩序的犯罪行为；人们普遍有安全感，因而家家夜不闭户。

和前述各种类型的乌托邦相比，大同理想更完整，更美好，更有积极意义。《硕鼠》的"乐土"，农家的"君民并耕"，道家的"小国寡民"和"至德之世"，或者主要强调无剥削，无压迫；或者宣扬人人自食其力，无贫富悬殊现象；或者着重民风淳朴，社会秩序安谧……儒家的大同，则从经济到政治，从所有制到人的财产观念、劳动观念，从个人对社会的义务到社会对个人的普遍保障，从国内社会秩序到国际关系，勾画了一个以公有制为基础的大同社会生活的完整图景。

《硕鼠》等乌托邦方案也各自提出了一些美好的设想，如无剥削，人人自食其力，无诈伪欺骗以及无战争等，但同时又不同程度地包含着一些消极的甚至比现实社会更落后得多的东西，诸如，农家否定脑力劳动和体力劳动的分工，要求全社会的人都过一样贫穷、低下的生活。《老子》的"小国寡民"颂扬技术落后、经济停滞和群众愚昧、闭塞，明确地鼓吹即使有较为先进的技术也弃而不用，废文字而复结绳，企图取消人类文明的一切成就，倒退到史前时期去。这种消极的、复古主义的倾向，当然不会是什么美好的，有鼓舞意义的东西。《庄子》要求倒退回人单未分的时代，甚至认为生不如死的极端虚无主义和蒙昧主义主张，就更不消说了。

儒家的大同却没有这许多消极内容。它在经济方面是相当发达的：物质资源充分开发，不致货弃于地；人力资源也得到合理利用，做到了"壮有所用"。人们生活是共同富裕的：有劳动能力的人不用说，一切老、弱、病、残、生活都有充分保障。社会是高度文明的：人们道德高尚，勤劳奉公，爱护公共财物，一心为社会做贡献；社会重视教育，使"幼有所长"；重视人才，"选贤与能"。人与人之间、国与国之间是充分和谐的，没有阴谋欺诈，没有盗窃乱贼；国与国之间讲信修睦，友好往来而不以兵戎相见。

儒家的大同，几乎包括着它以前各种类型的乌托邦思想中的一切积极内容，但比它们中的任何一个都更完整、更丰富和更美好。它可以说是中国古代乌托邦思想的总结自大同理想出现后，它就成了中国空想主义社会理想的主要典型。"大同"一词在中国思想史上的地位，约略和"乌托邦"在西方的情况相当。

农家和道家的乌托邦都有比较明显的复古主义色彩，都把史前时期的原始落后状况看作人类的黄金时代。儒家的大同多少也受这种情况影响。它借孔子之口，把"大同"称为夏、商、周三代之前"大道之行",而把夏、商、周的早期文明时代称为"大道既隐"。这自然也有着文明时代不如史前时代、人类黄金时代在于远古的意味。不过,农家和道家的乌托邦确实包括史前时期原始落后生活的许多内容,而大同所称颂的内容如经济发达、社会文明、生活共同富裕等,却绝对不是史前时期所有过的情况。可见,大同并不是宣扬复古,而是使用了一种托古的手法,是假托远古来宣扬自己的社会理想。

至于儒家所以要假托远古,这很可能是受了道家的影响。下节对此将作具体考察。

二、大同——秦末汉初儒者的乌托邦

大同出于《礼记》的《礼运》篇。《礼运》把大同说成是孔子在同他的门徒子游(言偃)的对话中提出来的。事实上,大同不可能是由孔子设想出来的,其产生时间也不可能是在春秋末期。据笔者研究:大同多半是秦末汉初儒者的社会理想。

论据之一:记载孔子言行的可靠典籍《论语》《国语》《左传》等书,都未见"大同"一词,也没有和大同相同或相近的思想。不仅孔子及其门徒,就连战国儒者孟轲、荀况也都从未讲过"大同"。[1]在儒家经典中,除《礼运》外,只《尚书·洪范》曾使用过"大同"一词,但含义却和《礼运》中的"大同"全然不同:

---

[1] 有的研究者把孟轲的井田论也列为大同思想其实,井田论是孟轲"仁政"思想的组成部分,是本着"君子"治"小人"和"小人"养"君子"的需要设计出来的。这并不是大同思想,而恰是典型的小康思想。参阅下面对小康思想的分析。

汝则有大疑，谋及乃心，谋及卿士，谋及庶人，谋及卜筮。汝则从，龟从，筮从，卿士从，庶民从，是谓大同。

这里讲的实际上是古代的决策过程：君主在决策前，除自己思考、判断之外，还征求贵族、朝臣及百姓的意见，并进行占卜。如果各方面都一致，这就叫做"大同"，就可据以进行决策了。可见，《洪范》所谓"大同"，只不过是指决策前各方面的意见和从各种材料得出的结论都一致，同《礼运》说的大同理想完全是风马牛不相及。

"大同"出于孔子的说法，只有《礼运》这一孤证，它显然是难以成立的。

论据之二：《礼记》一书编成于西汉时期。从内容看，当是从战国到秦、汉儒者学礼的言行汇集。礼是儒家传习的基本内容之一。孔子教他的儿子孔鲤，就以学诗、学礼作为必学的两个方面。儒家学者代代相传，积累下有关学礼、论礼的资料很多。这些材料经汉代儒者汇集整理，就成了《礼记》一书。其中有些篇可信为战国时人所作，有些则是秦汉时人依据先秦材料编成，有些则显然是秦、汉时人所作。虽然《礼记》各篇都以孔子、孔子弟子或再传弟子言行的形式出现，实际上并不见得都是他们的言行，更不能说都是他们的作品。例如，在儒家学说中居于重要地位、被后代儒者说成是孔子之孙子思（孔伋）所作的《中庸》一篇，就有多处可看到秦、汉时人所作的痕迹。"载华岳而不重"、"今天下车同轨，行同伦，书同文"等，就都是秦、汉时期身在关中的人才能说得出的语言。因此，历史上早就有人怀疑《中庸》是"西京儒者"所作。《王制》一篇更是早在三国时期就有人指为汉文帝时代的作品。

论据之三:《礼运》篇有"今耐(能)以天下为一家,中国为一人"一句话,也是秦、汉人作伪的一个有力证据。

在春秋、战国时期,列国并立,战乱相寻,志士仁人,无不为之痛心疾首,希望以统一来结束这种局面。孔子作《春秋》,宣扬大一统,向往着"礼乐征伐自天子出"①的全国一统的局面。孟轲也认为天下必须"定于一"②,只有统一才能安定。但是,统一在春秋、战国时期只能是人们的愿望和争取目标,而不是既存事实。在诸侯争雄、天下扰攘的时代,不论任何人也不可能"以天下为一家,中国为一人"。只有在秦始皇兼并六国、混一宇内后,才可能以这样的语调说话。秦末农民战争时,著名儒家学者叔孙通曾对秦二世说过"合天下为一家"③的话。清代曾有人认为《礼记》一书是叔孙通所作。此说未必可信,更不能据此断言《礼运》中的"今耐以天下为一家"一语就是叔孙通所说的。但是,《礼运》中的这句话和叔孙通的话如此相似,却足以表明:"天下为一家,中国为一人"这种话,只有在秦统一后才可能成为流行的语言。

论据之四:春秋、战国时代的儒者,实际上都只有小康思想而没有大同思想;大同思想是此后儒者接受道家影响的结果。

为说明这一点,就要把儒家小康思想的特点作一番剖析。

《礼运》在谈到"大同"之后,紧接着就讲到继大同之后并和大同有别的小康时代的状况:

今大道既隐,天下为家,各亲其亲,各子其子,货力为己,大人

---

① 《论语·季氏》。
② 《孟子·梁惠王上》。
③ 《史记·刘敬叔孙通列传》。

世及以为礼,城郭沟池以为固,礼义以为纪:以正君臣,以笃父子,以睦兄弟,以和夫妇,以设制度,以立田里,以贤勇智,以功为己。故谋用是作,而兵由此起。禹、汤、文、武、成王、周公,由此其选也此六君子者,未有不谨于礼者也。以著其义,以考其信,著有过,刑仁讲让,示民有常。如有不由此者,在执者去,众以为殃。是谓小康。

　　把这一段文字同春秋、战国时代的儒家学说相对照,可以清楚地看出:孔子、孟轲、荀况等儒家大宗师,以及秦、汉以前的其他儒家著作所积极宣扬的,实际上都是小康性质的学说。儒家学说的核心是"仁"。有关仁的界说很多,其实,"仁"不外是儒家处理人伦关系各个方面的"道",其中最主要、最根本的就是"事父与君"之道,也就是"忠"和"孝"。儒家宣扬"孝弟也者,其为人之本与!"①这是就一切人说的,不论在朝在野,为官为民,概莫能外。对出而从政、为官的人,还有一个事君的问题。"事君忠",在儒家看来,忠和孝的本质是相同的,即都是"仁"的表现,不过一表现于国,一表现于家。孔子引"孝乎惟孝,友于兄弟,施于有政"的古话,并说:"是以为政,奚其为为政?"②意思是说,以孝道用于国,移所以事父者事君,就是唯一的为政、治国的正道,此外,再无为政、治国之道了。

　　仁的外化,仁在制度方面的表现就是礼。因此,儒家总是讲以礼律己,以礼齐家,以礼治国,认为处处依礼而行就是仁;当自

---

① 《论语·学而》。
② 《论语·为政》。

己的言行思虑同礼有所违异时，则应"克己复礼"，而克己复礼就是仁的表现①。孔子宣扬"复礼"，荀况强调"制礼"，都把礼作为治国、治世的根本。孟轲处在周礼已崩坏无余，而创制新礼的条件还十分渺茫时，对礼的强调不如孔、荀；但他仍然高度重视礼对为政、治国的重要意义，把"上无礼，下无学"②认为是亡国之因。小康把禹、汤、文、武、成王、周公之世，也就是三代盛世的治国之道都归结为一个礼字，并把是否"谨于礼"看作小康之世和衰乱之世的主要分水岭，这正是儒者居仁依礼的一贯思想的体现。《礼运》说：小康之世"礼义以为纪：以正君臣，以笃父子，以睦兄弟，以和夫妇……"，这同孔子把为政、治国之道归结为"君君、臣臣、父父、子子"③的思想，是完全一致的。

《礼运》把夏、商、周三代说成是小康之世，而把禹、汤、文、武、成王、周公三代盛世说成是小康的典型。春秋、战国时代儒者所极力推崇的，恰恰是三代之治，尤其是周初的文、武、成王、周公之治。孔、孟、荀都从不谈尧、舜以前的情况，更不言"三皇"。孔、孟都盛称尧、舜，但他们从不把尧、舜同三代区别看待，不是把尧、舜列入同三王有别的"五帝"之中，而是把尧、舜同禹、汤、文、武、成王、周公看作同样是制礼作乐的"圣王"。孔子自称"述而不作"④，并且说："作者七人矣"⑤。"作"指制礼作乐，"七人"指尧、舜、禹、汤、文、武、周公。如果按《礼运》的说法，礼是小康之世的治道，那就

① 《论语·颜渊》。
② 《孟子·离娄上》。
③ 《论语·颜渊》。
④ 《论语·述而》。
⑤ 《论语·宪问》。

可以断言：孔子事实上只有小康思想而无大同思想。

孟轲虽然"言必称尧、舜"①，但他所宣扬的"仁政"，总是以周文王治岐作为楷模，从未谈过尧、舜怎样施仁政。他还以三代的家天下来解释尧、舜禅让的传说，断言尧、舜时代本来也是以君位世袭为常规，只是因为舜、禹功德特别高，而尧、舜之子丹朱、商均又太不肖，所以才发生了"禅让"这种特殊的情况。他还以孔子的语气断言："唐、虞禅，夏后、殷、周继，其义一也。"②既然小康之世政治上的特点之一是"大人世及"，在孟轲心目中，尧、舜也不过是和禹、汤、文、武一样的小康之世的"圣王"而已。

荀况宣扬"王制"，更干脆提出了"法后王"的主张，并且批评孟轲"法先王"、"称尧舜"的做法是"呼先王以欺愚者"③。荀况强调"隆礼"，主张治国必先"制礼明分"，认为只有这样才能弭乱息争，使社会谐和，国运昌盛，生产迅速发达，达到"兼足上下"的繁荣富裕的局面。这和《礼运》关于小康之世必"谨于礼"、"礼义以为纪"的思想，更是若合符契。可见，荀况所设想的圣王之治，更完全属于小康的范畴。

首先把"五帝"同"三王"、"三代"区别开来，盛称五帝之德，认为五帝高于三王、远古胜于三代的不是儒家而是道家。道家蔑弃礼义，鄙薄三王，认为"大道废，有仁义"④，"礼者，忠信之薄而乱之首"⑤。道家把五帝之世，尤其是尧、舜以前的黄帝以及比黄帝

---

① 《孟子·滕文公上》。
② 《孟子·万章上》。
③ 《荀子·儒效》。
④ 《老子》，第十八章。
⑤ 《老子》，第三十八章。

更早的三皇之世，甚至比三皇还更早的时代，称作"至德之世"。

孔、孟、荀等儒家宗师所宣扬的"道"是仁义之道，或者说是小康之道。像道家所宣扬的这种"道"，在早期儒家学者看来，不过是所谓"蛮貊之道"，是"去人伦，无君子"的"貉道"①，绝对不会承认它有什么可值得效法之处，更不会承认它比三代"圣王之道"更高。

《礼运》把三代和三代以前的时代区分开，认为二代之前曾有"大道之行"，而到了三代则是"大道既隐"。这种认为三皇、五帝高于夏、商、周三代的观点，显然不是孔、孟、荀等春秋、战国时代的儒家学者的观点，而是在一定程度上受了道家的影响，采纳了道家的观点。不难看出，《礼运》把"礼义以为纪"的小康之世称为"大道既隐"，这种说法正是从《老子》"大道废，有仁义"的观点脱化出来的。当然，这里儒家说的"大道"，同道家的"大道"仍然不同，它是指"大同之道"，即一种比小康更高的社会理想，而不是向往人类的原始时代。这种大同之道，决非人类原始时代所能够有的，这点在前面已充分论述过了。

战国时代百家争鸣，各家既互相批评乃至互相攻击，也互相学习，互相吸收。到战国后期，各家大多采纳、融会了其他学派的一些内容，形成了我中有你，你中有我的情况。号称杂家的《吕氏春秋》不用说，大学者荀况、韩非也分别以儒家、法家为基础，广泛地吸收了各家的思想，形成了自己的独特的学说体系。秦、汉儒者的这种情况更显著：陆贾兼有儒家、道家和纵横家的特点，贾谊以儒为主而又有明显的法家色彩，董仲舒融会了儒家和阴阳家等。道

① 《孟子·告子下》。

家在汉初是最流行的学派，它受到官方尊崇，成为西汉前期治国的主要指导思想，其地位远高于儒家在这种情况下，儒家的著作从道家学说中吸收某些内容，就更不足为奇了。

论据之五：秦、汉之际的深重社会灾难，是大同空想的诱发剂。

前面已指出，乌托邦式的理想，是现实社会中的灾难痛苦在人们头脑中诱发出来的；现实中的灾难越深，越容易在人们头脑中诱发出种种和现实相反的理想。

秦末、汉初广大黎民百姓蒙受的灾难是特别深重的。在经过春秋、战国长达数百年的社会变革、冲突和战乱之后，秦始皇兼并六国，实现了全国统一。秦的统一给全国人民带来过希望，人们以为从此可以实现社会的和平、安定和经济的恢复、改善。然而，秦帝国的激烈措施却给全国人民带来更惨重、更无法忍受的苦难。"力役三十倍于古，田租、口赋、盐铁之利二十倍于古；赭衣半道，断狱岁以千万数。"[1]秦末及秦、汉之际遍及全国的农民战争和楚、汉争夺政权的战争，使社会经济遭到进一步的破坏。汉帝国建立后，虽然战乱渐息，但社会经济已陷入崩溃的境地，疮痍满目："汉兴、接秦之敝，丈夫从军旅，老弱转粮饷，作业剧而财匮。自天子不能具钧驷，而将相或乘牛车，齐民无盖藏……物踊腾粜，米石至万钱，马一匹则百金。"[2]田园荒芜，户口减半。长期积累起来的困难，使广大黎民百姓处于水深火热的困境。

《礼运》对大同的设想，正是这样一种苦难现实所诱发出来的：广大人民极端贫困的现实，从反面表现为大同之世的普遍繁荣、共

---

[1] 《前汉书·食货志》。
[2] 《史记·平准书》。

同幸福的理想。社会秩序混乱、犯罪活动猖獗、人们普遍缺乏安全感的现实，表现为"盗窃乱贼而不作"、"外户而不闭"的社会普遍和谐、安谧的理想；长期以来分裂、战乱的苦难，表现为"谋闭而不兴"、"讲信修睦"的持久和平的理想；"老弱转于沟壑，壮者散而之四方"的悲惨现实，则表现为"壮有所用"、"老有所终"、"幼有所长"、"矜寡孤独废疾者皆有所养"的人人各得其所、各安其所的美好理想。

大同理想是深陷在苦海中的人们遥望着云遮雾障的彼岸而在头脑中闪现出来的一点希望之光。越是苦海无边，越是容易把遥远的彼岸设想为极乐世界！

三、大同——儒家为动员人们争取
小康的目标而提出的理想

《礼运》在小康之外，又提出了"大同"这样一种更高的理想，并把大同称为"大道之行"。同春秋、战国儒者只讲小康，只把小康看作"道之行"的情况相比，似乎意味着儒家的学说有了本质的改变。其实不然。在此以后，儒家政治学说的基本内容仍然是小康而不是大同。儒家学者从来不把大同作为改造现实社会的直接蓝图和近期争取的目标；他们所力图争取实现的仍然是小康之世。不仅就整个儒家学说来看是如此，即是就《礼运》这一著作本身来看也是如此。"礼运"二字的文义为礼的运转、运行，而礼的运转、运行正是小康之治的基本内容。《礼运》通篇除一小段文字对大同作了轮廓式的描绘外，绝大部分篇幅是论述礼的起源以及礼对治国、治世的意义，这实际上都是在论述小康的问题。在《礼运》的作者看来，处在当时天下汹汹、黎民重困的局面下，要想拨乱反正，可以争取实现的治世只能是小康而不是大同。至于大同，那只不过是存在于无限遥远处的一个人间天堂的影像而已。

《礼运》重视小康，强调礼义，这仍然是儒家的一贯传统。它吸收并改造了道家的学说，设想出一个比小康更高、更理想的大同之世，这决不是要贬低小康，而恰是为了给自己设计的小康的礼乐殿堂勾画一个五彩缤纷的远景衬托，以使自己所要争取的小康目标具有更加引人入胜的力量。

《礼运》这种把"大同"同"小康"配套的做法，既是对儒家传统的发展，又是对儒家传统的继承。儒家对为政、治国着眼于获得长治久安，反对急功近利。孔子论为政就强调要"无欲速，无见小利"，认为"欲速则不达，见小利则大事不成"①。在实际治理手段方面，儒家重视教育，主张治国要"道之以德，齐之以礼"②。重视教育，就需要以某种理想来劝诱、鼓舞百姓。可以说，儒家一向是重视美好理想的宣传的。"仁政"、"王制"等，实际上都是儒家的理想。《礼运》在这些小康的理想之外，又提出了"大同"这一更高的理想，自然是对儒家重理想传统的发展。但是，儒家又是一个比较务实的学派，孔子"耻其言而过其行"③，强调"言之必可行"④，对过于高远的、经过较长时期的努力也无可能实现的设想或方案，从不愿具体讨论。《礼运》虽提出了"大同"这种超越现在、也超越未来的

---

① 《论语·子路》。
② 《论语·为政》。
③ 《论语·宪问》。
④ 《论语·子路》。

高远理想,但它只是以之作为鼓舞人们为争取小康而斗争的激励物,这仍然是儒家务实的思想传统的表现。

《礼运》把大同和小康配套的做法,同汉初特殊的历史条件也是分不开的。战国时代的秦国,自秦孝公以来,即累代崇尚法家。秦始皇、李斯,更是法家学说的狂热信奉者和推行者。他们以法家学说取天下,又以法家学说治天下,用最强硬的手段把法家政策施行于全国。法家是最反对礼的,商鞅就把"礼乐"列为"六虱"之首①。秦统一后,坚持以法术治国,儒家的以礼治国的思想遭到了沉重打击。秦的迅速失败,自然会使礼治与法治孰是孰非、孰优孰劣重新成为争论的问题。《礼运》在论述了小康之世的特点是"礼义以为纪",治小康之世必须"谨于礼"之后,接着就说:"其不由此者,在执者去,众以为殃",这很像是针对弃礼任法的秦制而言的;而"在执者去,众以为殃",则很像是在秦亡之后或秦亡已成定局时儒家学者对秦政的批评。

汉政权建立之初,百业凋敝,百废待举,制度未立,秩序混乱;连朝廷聚会,都是歌呼号叫,拔剑击柱,毫无一点纪律、秩序可言。为了稳定自己的统治,西汉统治集团迫切需要建立自己的一套统治体制。秦的覆灭已使纯任法术的统治体制声名扫地。在这种情况下,礼的作用才在一定程度上受到重视。初为秦博士、后佐汉高祖刘邦定天下的名儒叔孙通,看到时机已至,提出了"因时世人情而制礼"②的建议。他的建议受到了一向轻视儒生的刘邦的热烈欢迎,对初创的汉政权的统治秩序的建立起了重要的作用。

---

① 《商君书·靳令》。
② 《史记·刘敬叔孙通列传》。

汉初为新朝廷制礼的活动,需要与论的配合。《礼运》极力宣扬礼对小康之世的意义,把是否"谨于礼"作为小康之世和衰乱之世的分水岭,正好适合于这种需要。

西汉的制礼工作不是一蹴而就的,而是经历了一个较长的过程。叔孙通制礼,仅仅是在朝廷仪注方面作了一些规定。当时,社会百孔千疮、财政经济极端困难的西汉王朝,诸事多因陋就简,无力推行较多的创制更张,甚至连作为一个特定的封建王朝的标志的"正朔"、"服色"等,都连续数代仍秦之旧。直到汉文帝时,贾谊要求"改正朔"、"易服色",使汉王朝有自己的新气派,汉文帝还认为无力顾及而未予采纳。

汉初需要制礼,而制礼工作的完成又不能不是一个较长的过程,这就使得为制礼造舆论的工作需要有较长的时期和较大的声势——这正是《礼记》一书在汉代成书的历史背景,正是《礼运》篇宣扬小康之世必"谨于礼"的历史背景。

儒家的大同理想,在中国思想史上有深远的影响。在中国近代,外国资本主义侵略和中国封建主义的彻底腐朽,使中国陷入半殖民地半封建社会的深渊。中国的许多志士仁人,在为中国的独立富强而进行可歌可泣的斗争时,也不断地从儒家的大同学说汲取鼓舞的力量。康有为写了《大同书》;孙中山不断地以大同理想鼓舞中国的革命者,把"世界大同"宣扬为自己的终极理想,就是最著名的典型。

在两千年前生产力水平极为低下的时期,设想出一个建立在公有制基础上的人类普遍幸福的大同之世,这和西方的各种乌托邦式的思想同样是"超出现在,甚至是超出未来"的空想。但《礼运》不仅设计了一个人类普遍繁荣昌盛的大同理想,还同它相配合提出了一个在现实条件下有可能经过努力而实现的小康目标，并且以大同的美好远景，激励人们为争取实现小康的目标而努力，这正是儒家的大同学说和西方的那些只是驰骋于空幻境界的乌托邦著作的一个重要不同之处。

（原载《纪念孔子诞辰2540周年学术讨论论文集》，

生活·读书·新知三联书店1992年版）

16 《周礼》中的经济思想试析

一、《周礼》在古代经济思想史研究方面的价值

在儒家的基本经典中,《周礼》是对经济问题论述得最多的书籍之一。

《周礼》原名《周官》,是一部谈论国家政权的组织、机构、人员设置和职能的专书。它把一国的政权按职能划分为"天官冢宰"、"地官司徒"、"春官宗伯"、"夏官司马"、"秋官司寇"、"冬官司空"六大组成部分,所以名为"周官"。

《周礼》在秦始皇焚书后长期没有下落,到汉武帝时才被河间献王刘德找到,并被收入秘府(皇室的藏书机构),但在相当长时期中仍未得到流传。汉成帝时刘歆校书秘府,很重视此书,将它列入所编的书目《七略》中;后又在王莽政权下倚靠政治权势列于学官,使其取得官方承认的经典地位。王莽政权灭亡后,刘歆的弟子杜子春将《周礼》传授给东汉的经学家,又经东汉著名的经学大师郑众、贾逵、郑玄等先后讲解、注释,才得作为儒家的基本经典之一而得到确认。

《周礼》是古文经的主要典籍之一,在西汉今文经学占统治地位的时代,它一直受到排斥,后来虽然确立了儒学经典的地位,也仍然是争论较多的古籍之一。有的人把《周礼》说成是周公致太

平之作，即西周初周公姬旦所创制的典章制度；有的人认为，《周礼》根本不是什么周公之礼，而是刘歆为了给王莽实现自己的政治野心提供经典依据而一手杜撰的伪书；也有人认为它虽不是周公所作，但也并不是刘歆伪作，而是秦以前写成的一部古书。

第一种说法显然是没有根据的。事实上《周礼》中没有一处曾谈到周公，没有一处谈到此书和周公或西周的关系，可见书的作者本来就没打算把它假托为周公的作品。

第二种说法也难成立。司马迁的《史记》中曾谈到过《周官》，并从中引用了"冬日至，祀天于南郊……夏日至，祭地祇……"①，这同《周礼》中"以冬日至，致天神人鬼；以夏日至，致地示（祇）物鬼"②的说法，是基本一致的。司马迁已读过《周官》，说明此书在汉武帝时期确已被找到，可见河间献王找到《周礼》的说法是可靠的。

第三种说法，古代早已有人提出。例如，东汉何休就认为，《周礼》是"六国阴谋之书"。所谓"六国阴谋之书"，一是说它产生于秦始皇兼并六国之前，而不是刘歆伪造，二是说它不出于周公，不是儒家经典，而是儒家所反对的霸道或富强之学。

近代、现代的作者，多半认为《周礼》是战国时代的作品。

何休把《周礼》称作"阴谋之书"，未免过分。《周礼》基本上还是一部儒家著作，但它已广泛吸收了儒家以外的许多学派的思想，所受法家思想的影响，尤为显著。全书的六大部分（六官），每一部分开宗明义都强调"设官分职，以为民极"。这种把创设政治、

---

① 《史记·封禅书》。
② 《周礼》卷二十七，引自《十三经注疏》中华书局影印本。

法律制度和机构作为治国、治民的极则的主张,正是孔子所批评的
"道(导)之以政,齐之以刑"①的治国思想的体现。现代学者杨向
奎论断说:

> 《周礼》虽然和《淮南子》《吕氏春秋》的性质相近,是一部糅
> 合诸子百家的杂家的作品,然而它仍有所偏重,它是一部重视刑法
> 而有儒家气息的作品。②

这是一种比较中肯的看法。战国是百家争鸣的时代。各种学
术流派之间,既互相批评,也互相影响,互相吸收;在战国后期,这
种不同学派互相影响、互相吸收的现象更趋显著。像《吕氏春秋》
这种号称杂家的著作自不用说,就连《荀子》《韩非子》这种学派
色彩明显、对不同学派的批评斗争十分激烈的著作,也都表现了广
泛吸收、融会各家思想的倾向。只不过它们都是以一家为主、兼采
各家而已。《周礼》和《荀子》相类似,也是一部以儒为主、兼采各
家的著作,只是它更加驳杂不纯。而且,由于它是专讲国家的典章
制度的书,对儒家的学术观点少有发挥,更容易使人对它产生儒
家气味较少的感觉。先秦儒家的著作,都不见有征引《周礼》的情
况,这至少说明此书在先秦儒家著作中的地位不高,没有像《诗》、
《书》、《春秋》以及《易》那样取得经书的地位。

《周礼》虽然是一部关于国家典章制度的专书,但它并不是对

---

① 《论语·为政》。
② 杨向奎:《周礼批判》。

当时或以前的实际典章制度的载录，①而是作者对自己理想中的国家政权的组织、机构、人事和职能所进行的系统的设计。这正是战国时期特定历史条件的反映，是当时正在迅速发展着的地主封建经济对国家政权的要求的集中表现。

中国地主封建经济的上层建筑是中央集权封建专制主义的国家政权。为了处理地主同农民（包括佃农和自耕农）以及地主同地主之间（包括个人地主之间、不同地主集团之间和地主与封建国家之间）、地主同商人之间的关系，以保证地主封建经济的存在和发展，就需要有一个表面上凌驾于整个社会之上、实际上是代表地主阶级整体的中央集权专制主义封建政权。这种政权是在秦始皇兼并六国后开始在全国范围中建立起来，而在西汉一代得到巩固和确立的。在战国时期，各大诸侯国（战国七雄）的政权都已逐渐向着这一方向发展。随着封建主义生产方式在社会经济生活中日益占有优势，各大诸侯国都不同程度地通过改革来加强以王为代表的中央政权的权力，削弱封君的势力。这些国家都设置并逐渐增设郡、县。它们的疆域内虽然都还有一些大、小封君存在着，但这些封君已不是春秋时期或春秋以前的那种拥有独立权势的诸侯，而是处于王的强力统辖和控制之下。中央集权专制主义封建政权的各种要素和特色，在迅速地增长着。

这种趋向日益引起思想家们的注意。一些思想家力图从理论上为这种趋向进行论证和宣扬；另一些思想家则力图为正在形成

---

① 《孟子》中谈到"周室颁爵禄"的制度时曾说："诸侯恶其害己也，而皆去其籍。"可见当时已看不到西周实际典章制度的材料。如果还有像《周礼》那样完整的材料存在，孟轲那样的儒家宗师不会不知。见《孟子·万章下》。

中的中央集权封建专制政权设计一套较为完备的组织、机构和管理体制,以促进这种政治上层建筑的形成和完善,使它能对地主封建经济的发展和壮大发挥更强有力的推动作用。《周礼》一书正是这后一种企图的典型表现。

在《周礼》中,最高统治者为"王"。这个王,究竟是自西周时期起一直称王的周的君主,还是战国时期秦、齐、楚、赵、魏、燕、韩等七雄的君主,书中并未明言。从书名《周官》以及王之下还有诸侯封邑存在的事实,似乎是指周王。但实际上,《周礼》中所说的王,却不像周王那样是各诸侯国的名义上的"共主",而是在"六官"的佐助下,把全国的财政、经济、民政以及礼、兵、刑、工等大权都集中在自己手中的专制君主;《周礼》中的诸侯,也已不是春秋或春秋以前各自为政的诸侯,而是类似于战国时期在王的强力控制下没有什么独立权势的封君。可见,《周礼》的作者不是在编集周公遗制,而是以战国时期已经存在着的中央集权制的一些要素和特色为依据,力图设计出一套较为完备的中央集权专制主义封建国家的统治机构和体制。

由于当时还处于向中央集权专制主义国家逐步发展的过程中,在实际的政治机构以及管理体制、管理方法中,自不免仍有春秋时期的乃至更早的某些遗制残存着。《周礼》的作者要进行如此宏幅巨制的设计,也不可能一切凭空撰造。利用某些前代的遗制甚至传闻作为参考、借鉴,是完全可能的。但是,利用前代的某些资料作为设计一个新体系的参考、借鉴,同由后代人汇集、整理、保存前代的典章制度,是两种完全不同的情况。清代学者毛奇龄鉴于先秦儒家文献中"无只字征引《周礼》",因而怀疑此书"为战国人书",但接着又断言:"然此书为战国人书,而其礼则多为周礼。"①这就等于把《周礼》说成是由战国人编集的西周的典章制度了。毛氏的这一判断，根据何在，且置不论，只就他自己分析问题的逻辑来说，也是有矛盾的。如果到战国时期西周的典章制度还如此众多、如此完整地保存着，先秦儒家竟会无人征引，那就完全不可理解了。

区别上述两种情况，对于中国经济思想史的研究是十分重要的。如果《周礼》是战国时人编集的西周典章制度，那就当然可以把它作为研究周公或西周统治集团经济思想的重要资料；如果它是战国时人为正在形成中的中央集权专制主义国家的统治体制所进行的设计，那它本身就只能说是一部反映战国时代经济思想的文献。当然，如果书中所提到的某些材料，确有根据断定为西周遗制，也未始不可利用这些材料作为研究西周经济思想的参考，但决不应把《周礼》一书笼统地作为反映西周经济思想的文献。

在《周礼》六官中，对经济问题的论述主要集中于《地官司徒》部分。地官司徒的职守，按《周礼》的规定是，"帅其属而掌邦教"②。掌邦教即掌管教育、教化，也就是主管教育的最高国家机构。实际上，从《周礼》的这一部分论述的全部内容来考察，地官司徒不止是管教育，而是总管全国的人和地两方面事务的政府部门。"徒"是众的意思，"司徒"意为管理众民百姓；"地"是一切生活资料、生产资料产生的场所，所谓"地官"，即管理土地之官。唐贾公彦为《周礼》作疏，认为："司徒主众徒，地者，载养万物。天子立司徒，掌邦教，亦所以安扰万民。"这个解释把"地官司徒"说成是既管地

---

① 《经问》。
② 《周礼》卷九。

又管民,它比《周礼》自身"掌邦教"的规定要更全面,更符合于《周礼》的这一部分的实际内容。

在封建社会中,农业是国民经济的最重要的、有决定意义的部门。由于当时生产工具简陋而且进步极其缓慢,农业生产主要靠人和地两个要素。封建时代的思想家对经济问题,主要是从人和地两个生产要素及其结合的状况来分析和说明的。《周礼》的地官司徒,正是一个管人、管地以及管理人和地两个要素的相互结合问题的政府部门。

人和地是作为生产的两个要素而相互结合的,结合的意义在于进行生产,这正是《周礼》对地官司徒这一政府部门进行设计的出发点。用现代术语说,地官司徒实际上是主管国民经济的政府部门。《周礼》虽然规定地官司徒的职守是"掌邦教",也具体讲了一些在"教民"方面的任务,但全篇的主要内容却是在经济方面。

传说在虞舜时代,任命契(商的祖先)为司徒,"敬敷五教";弃(周的祖先)为后稷,"播时百谷"。①按二者的分工来看,司徒是只管教化的官,后稷才是主管人和地以及人地结合的"地官"。《周礼》设计的地官司徒,实际上是把司徒和后稷的职权合一的一个政府部门。

除了地官司徒外,《天官冢宰》中也有相当部分涉及经济方面的问题,尤其是国家财政管理体制的问题。《冬官司空》部分应当是有关全国的营造、修建工作主管部门的设计,一应水利、道路、城池、宫殿、陵墓的修建,都属冬官司空的职权范围。这当然会涉及很多方面的经济问题。但在汉代重新发现《周礼》时,其中《冬

---

① 《尚书·舜典》。

官司空》一篇已经亡佚。汉朝廷重金求之，终无下落，于是用先秦的另一部著作《考工记》替补。然而，《考工记》的主要内容是官府手工业的技术操作要求，和《周礼》这部关于政府机构、职能和人事设计的专书，其实是风马牛不相及的。《考工记》也涉及若干经济问题，但同《周礼》那种专从国家的经济职能方面考虑问题的经济思想，也是不相干的。

二、关于土地制度、农业生产和农业税

地官司徒作为"地"官，其主要职能之一是管地。管地的工作包括这样几个方面：对全国土地的统一掌握和支配、对耕地的分配、对农业生产的管理和对农业税的征收。

地官司徒中的最高官大司徒，总揽管地、管人的大权："大司徒之职，掌建邦之土地之图，与其人民之数，以佐王安扰邦国。"①

大司徒所掌握的土地之图，对全国各地区的土地面积、地形、各类土地上所适宜生长的动植物以及各类土地上的居民分布，均有详细记载。大司徒根据这些土地资料，对全国城市、居宅以及各种生产用地，统一加以划分，确定各地的农作物和其他生产活动的种类，规定各自向国家缴纳贡赋的等级。

管地的重点在农业用地。"国中"（城内）的土地作为"廛里"（官府用房、城市居民住宅以及城市工商业用房均在内），不作为耕地；城外郭内的土地作为种植果蔬的"园地"；近郊的土地作为"宅

---

① 《周礼》卷十。

田"（退职官吏的耕地）、"贾田"（商贾家属的耕地）和"士田"（士人的耕地）；远郊土地则作为"官田"（庶人担任官职者的禄田）、"赏田"（赏功田，如奖励军功给予的土地）和"牛田"、"牧田"。远郊以外的"野"，则是一般的农田，是一国农业生产的主要基地。这些农业生产用地都属国家所有，由称为"遂人"的官署负责管理，并且分配给劳动者耕种，称为"颁田"，接受国家颁田的农业劳动者则称为"甿"。颁田的标准是：

辨其野之土，上地、中地、下地，以颁田里。上地，夫一廛，田百晦（亩），莱五十晦，余夫亦如之；中地，夫一廛，田百晦，莱百晦，余夫亦如之；下地，夫一廛，田百晦，莱二百晦，余夫亦如之。①

上地土质肥沃，一般不须休耕，所以也称为"不易之地"。中地则须休耕，下地休耕时间还要长一些，所以也称作"一易（休耕一年）之地"和"再易（连续休耕两年）之地"。"莱"是草荒地，供休耕时耕作。廛是宅地，供居宅及蚕桑、副业之用。颁田是按每一农户有一个成年男劳动力（夫）的标准给予的；如果劳动力多于一人，就称为"余夫"，余夫按同样办法颁给田宅。这种颁田标准，一是要使劳动力和耕地相适应，二是为了使各农户收入可以大致均平。

国家不仅占有、掌管和分配农田，还要对农田的利用即农业生产进行管理。管理的措施是多方面的：

第一，农田水利的修造和使用。《周礼》规定：

---

① 《周礼》卷十五。

凡治野,夫间有遂,遂上有径;十夫有沟,沟上有畛;百夫有洫,洫上有涂;千夫有浍,浍上有道;万夫有川,川上有路,以达于畿。①

一夫颁田百亩,所以这里就把百亩称为夫。遂、沟、洫、浍、川是灌溉、排水的大、小渠道的名称,而径、畛、涂、道、路则是同这些水渠相配合的田埂、地界和道路。大、小水渠深广各有定制,同相应的田界、道路一起,组成了排水、灌溉和为耕作服务的水渠道路网。它们的建造、维修和使用,统由"遂人"管理。

第二,对施肥工作的指导。《周礼》把指导施肥看作国家管理农业生产工作的一个重要方面,作出了相当具体的规定:

草人掌土化之法,以物地相其宜而为之种。凡粪种:骍刚用牛,赤缇用羊,坟壤用麋,渴泽用鹿,咸泻用貆,勃壤用狐,埴垆用豕,强㯻用蕡,轻㿮用犬。②

所谓"物地而相其宜",即根据土壤的燥湿、酸性或碱性以及坚硬和松软等情况,选择适宜的肥料。这是指导施肥的基本原则。骍刚是红色坚硬的土地,赤缇是黄赤色土地,坟壤是湿而疏松的土地,渴泽指水泽干涸而形成的土地,咸泻是盐碱地,勃壤为粉解的土壤,埴垆是黏性土壤,强㯻是坚硬的土壤,轻㿮则是轻脆的土壤。肥料则是用牛、羊、麋、鹿、貆、狐、豕、犬等动物粪以及沤烂的麻(蕡)等自然肥料。"草人"是主管施肥指导工作的专官。他对各

① 《周礼》卷十五。
② 《周礼》卷十六。

种土壤和肥料的性能都已有相当的认识和经验,可以说是当时通晓土壤、肥料知识的土专家。

第三,对农业生产的督促和奖罚。由"遂大夫"等地方官各自负责自己地区内耕织等生产活动的督促、检查工作。"以教稼穑,以稽功事"、"简稼器,修稼政"①。对不努力于农业生产的人,则进行处罚。处罚的办法有两个方面:一是经济制裁,二是政治、道德方面的歧视。在经济制裁方面,有如下规定:

> 凡宅不毛者有里布,凡田不耕者出屋粟,凡民无职事者出夫家之征。②

里布是每"里"(二十五户)所缴纳的人头税的总额,屋粟是两个农户所缴纳的农业税,夫家之征是一夫应纳的赋税。

政治和道德方面的歧视则包括:

> 凡庶民不畜者祭无牲,不耕者祭无盛,不树者无椁,不蚕者不帛,不绩者不衰。③

在等级森严的古代社会,各等级的人在衣服、丧葬、祭祀方面都有相应的标准,禁止某人按其等级标准穿戴和参加丧、祭活动,是贬低其政治、社会等级的一种处罚,在当时的社会中被看作是特别严重的事情。因此,《周礼》主张以此作为对不尽力于耕织的劳

---

① 《周礼》卷十五。
② 《周礼》卷十三。
③ 同上。

动者的一种惩治手段。

第四，农业税的征收。在《周礼》中，这叫做"均地政（征）。"农业税按收入计征，征收比例为：

> 凡任地：国宅无征，园、廛二十而一，近郊十一，远郊二十而三，甸、稍、县、都皆无过十二，唯其漆林之征，二十而五。[①]

国宅是由国家建造的公用房，如官衙和在官人员的住房等。廛是私人居住的房屋和商人经营用房。漆林征税率最高，是因为漆林收益高。除漆林外，税率的差别体现着这样一个原则：按距离王城的远近而采用不同税率，距王城越近，税率越低，越远则越高。

从近代、现代的观点看，这种差别税率似乎是悖理的。距城越近的土地，由于位置优越而带来的级差地租越高，经营收益越多，理应比较远的土地按更高的税率计征。《周礼》的规定却正好相反，岂不是悖理吗？

这要由封建主义经济和资本主义经济、自然经济和商品经济的差别来说明。在商品经济和资本主义经济下，农产品是商品，耕地距市场远近不同，农产品运抵市场的运费也不同，同样的农产品在同一市场上按相同价格出售，较近的土地就会因运费少而获得额外收益。土地距市场的位置的差别，形成为级差地租。按照纳税能力的原则，较近的土地应按较高的税率计征。

《周礼》的全部设计是以封建主义经济为基础的。封建主义经济是以自然经济占主要地位的经济。在这种情况下，农产品不是

---

① 《周礼》卷十三。

商品,距离王城近的土地,并不能因位置而获得级差地租;恰恰相反,反会有更多的负担。因为,在中国的中央集权专制主义封建政权下,国家强制农民负担各种各样的无偿徭役。距王城越近,徭役负担越重。土地位置距王城近的人,没有级差地租的收益,却有更重的徭役负担。《周礼》的设计,所以采取农业税率按土地与王城的距离由近及远而递增的原则,正是这种情况所决定的。

三、关于人口、劳动力和徭役

在封建主义生产方式下,人和土地是两个主要的生产要素。由于当时地广人稀,人和土地相比是一个更稀少的资源,因而封建国家对人口问题比对土地问题更加重视。所谓"有人此有土,有土此有财"[1],就反映了当时人们的这种认识。

《周礼》所设计的负责主管人口的专官,是地官司徒部门中的小司徒。小司徒制定调查、登记户口,建立户籍的法式,颁给各"乡大夫",由乡大夫对各乡的户数、人数、劳动力以及年龄、体质、职业、贵贱等级,连同各户的六畜、车辆等财物,进行周密的调查登记,建立户籍材料,作为控制、管理全国人口和劳动力的基础和依据。

户籍每三年全面复查一次,称为"大比"。通过复查对户籍材料进行修订。

《周礼》所以要进行人口的调查统计,建立周密的户籍制度,

---

① 《礼记·大学》。

一是出于管理生产、管理经济的需要,二是出于征调徭役的需要。

从前一种需要出发,《周礼》首先按各自从事的经济活动,把全国百姓划分为九种职业:

> 以九职任万民:一曰三农,生九谷;二曰园圃,毓草木;三曰虞衡,作山泽之材;四曰薮牧,养蕃鸟兽;五曰百工,饬化八材;六曰商贾,阜通货贿;七曰嫔妇,化治丝枲;八曰臣妾,聚敛疏材;九曰闲民,无常职,转移执事。①

这九职只是对从事经济活动的人划分的,而不是全社会的人所从事的一切职业。一些专门从事政治、文化活动的职业(当时主要是由"士"的阶层担任的),都未包括在内。先秦对职业的划分,一般都是分为士、农、工、商四种,即所谓"四民分业"。《周礼》却只从经济活动来划分职业,而且,九职的划分比封建时代对划分经济活动所通用的"三分法"(农、工、商)或"四分法"(农、虞、工、商)都更具体得多,细致得多。

"臣妾"是奴隶,"聚敛疏材"指收集生产中零散、遗落的东西(例如捡拾稻穗之类)。"闲民"是没有生产资料但有一定人身自由,可以靠受人雇用维持生活的劳动者。臣妾不是自由人,雇佣劳动者在封建时代是很少量的、特殊的情况。他们实际上都不能算是一种特定的职业,但他们都有劳动力,都或多或少地从事经济活动。《周礼》也把它们列入九职,可见《周礼》在人口管理问题上对生产和经济方面所需要的人力是多么注意,凡属能在生产和经济

---

① 《周礼》卷二。

活动中作为劳动力使用的人,都放在人口和户籍管理的视野之内。

封建时代管理人口和劳动力的目的是为了榨取剩余劳动和剩余劳动产品。在封建的土地国有制下,剩余劳动产品通过向国家缴纳贡赋的形式表现出来。在九职中,臣妾不是自由人,他们聚敛疏材也不归自己所有,国家自然无从对他们征收贡赋。于是,九职在剩余产品的榨取方面就表现为七种贡赋:

> 凡任民、任农以耕事,贡九谷;任圃以树事,贡草木;任工以饬材事,贡器物;任商以市事,贡货贿;任牧以畜事,贡鸟兽;任嫔以女事,贡布帛;任衡以山事,贡其物;任虞以泽事,贡其物。①

商人所贡的"货贿",可能是货币,也可能是所经营的商品,或者兼而有之。其他各种职业的人所缴纳的贡赋,则都是实物。闲民的职业和收入不固定,他们的劳动也不是固定地同某种实物相联系,因而对他们也不可能按职业征收某种特定的实物。他们也要向国家缴纳人头税,即所谓"夫里之布",但人头税是其他职业的人也要同样缴纳的,因而不作为一种特定的职业贡赋对待。

封建国家除通过贡赋征收剩余劳动产品外,还直接榨取劳动者的剩余劳动,榨取的形式就是各种名目繁多的徭役。

《周礼》中规定的徭役是很重的,不但战争和各种兴造(水利、城池、宫殿、陵墓等)要大批征调徭役,连国家举行的狩猎和丧葬、祭祀也要征调百姓无偿服役,而且,除征调人力外,也征调百姓的车辆、牛马服役。苛重的徭役,对农民是极沉重的负担,对农业生

---

① 《周礼》卷十三。

产和农民生活的影响,往往更甚于贡赋。从事生产和经济活动以提供贡赋,这是封建国家使用劳动力的一重目的,是对劳动力生产的使用;为国家服各种徭役,这是封建国家使用劳动力的又一重目的,它基本上是对劳动力的非生产使用。在人口和劳动力数量一定的情况下,这两种使用是有矛盾的。《周礼》的作者要兼顾二者而不使其互相妨碍,于是就在对人口和劳动力的管理上采用了一条指导原则:在首先保证农业生产的前提下统一安排生产和徭役所需的劳动力。

《周礼》按每户人口的多少把民户分为三等:七口之家为一等户,六口之家为二等户,五口之家为三等户。每户的劳动力,一等户估算为3人,二等户估算为2.5人,三等户估算为2人。以这种估算为依据,对征调徭役规定了以下三条限制:

第一,对每户服役人数的限制:

> 凡起徒役,毋过家一人,以其余为羡,唯田与追胥竭作。[①]

按上述对各户等劳动力数量的估算,每家征调一人服役,占三等户劳动力数量的二分之一,二等户的五分之二,一等户的三分之一。这样,每户至少还可有半数以上的劳动力从事农业生产。

"田"是猎狩,"追胥"是追捕逃寇。狩猎在古代是重要的军事训练及演习,而且多在农闲举行。全部丁壮参加,可普遍得到训练,也不致影响农业生产。追捕逃寇是应付突发事件,来不及先计算征调人数,所以在事发地区动员全部人手一齐追捕堵截。

---

① 《周礼》卷十一。

第二，对每一被征调者的服役时间的限制：

如果只限制每户服徭役的人数，而不规定每一被征调者的服役时间，全国劳动力总数中势将有三分之一以上、半数以下成为完全脱离农业生产的徭役承担者。在古代劳动生产率很低的情况下，这是社会无法承受的。于是，《周礼》又对每人的服役时间作了限制：

> 凡均力政，以岁上下：丰年则公旬用三日焉，中年则公旬用二日焉，无年则公旬用一日焉，凶札则无力政，无财赋。①

"力政"即力征、力役之征，也就是徭役。对服役时间的限制，是"以岁上下"即根据各年的农业收获状况而有多寡不同：丰收之年服徭役时间平均十日内不超过三日，中年（中等收成）及中年以下递减。"无年"是"无赢储"之年，即无剩余产品之年，"凶札"则是大灾减产，连最低口粮都不能保证之年。灾年需要把更多的劳动力投入农业以抗灾保产，所以要相应地减少服徭役的时间。

第三，一部分家庭准予免服徭役：

> 国中贵者，贤者，能者，服公事者，老者，疾者，皆舍。②

贵者，贤者，能者，指贵族、官僚、绅士之类；服公事者是在官府中任职的庶民；老者指六十岁以上的城市居民和六十五岁以上

---

① 《周礼》卷十四。
② 《周礼》卷十二。

的乡村居民。贵者、贤者、能者免役，是给予统治阶级的特权；老者、疾者已丧失了劳动能力，自然无法让他们再服徭役。

在上述三条限制徭役的规定中，第三条是同农业生产的需要无关的，其余两条则都体现着统筹安排农业生产和国家徭役需要的要求，都着眼于解决农业生产和国家徭役争劳动力的矛盾。

农业是封建时代最主要的国民经济部门，而大量的、繁重的徭役又是维持中央集权专制主义封建政权统治的必要条件。封建政权不能无徭役，但徭役过重又会破坏自己的生存基础。因此，在中国的封建社会中，不仅广大人民强烈反对苛重徭役，统治阶级中的有识之士也极论重徭之害。在先秦学者中，除法家外，无不主张轻徭，而一切轻徭的主张，又都是从保证农业生产出发的。孔丘的"使民以时"①，墨翟的"劳者得息"②，孟轲的"不违农时"③，荀况的"罕兴力役，无夺农时"④，都是如此。《周礼》继承了前人的思想并且从这种思想出发，设计了一整套制度，把人口的管理、劳动力的管理和徭役的管理统一起来。在这一套制度中，自始至终贯穿着一个指导思想：在首先保证农业生产的前提下统筹安排农业生产和国家的徭役对劳动力的需要。《周礼》在这方面的成就，可说是对先秦徭役思想的一个重要的发展和总结。

① 《论语·学而》。
② 《墨子·非命下》。
③ 《孟子·梁惠王》。
④ 《荀子·富国篇》。

四、关于商业、市场和借贷

先秦儒家学者都是重农而不抑商,《周礼》也基本上是这样。

《周礼》是从国家对国民经济宏观管理的角度谈论各种经济问题,因而它所关心的是国家对商业、市场和借贷活动采取什么样的政策和管理措施,而不是对分工、交换、市场竞争和价格形成的理论分析。

《周礼》的作者是把封建的自然经济作为设计经济管理体制的基础,这点在前面已分析过了。但它并不否定分工和交换。《周礼》关于九职的划分,对社会分工问题比先秦的任何其他文献谈得都更具体,而且,它完全从经济活动方面谈分工问题,这更是先秦著作中所仅见的。

《周礼》肯定商贾是九职之一,并认为商贾有"阜通货贿"的职能。《地官司徒》篇对管理商业的机构、制度、措施和原则,都作了相当详密的规定。

《周礼》中主管商业和市场的官府机构称为"司市"。司市"掌市之治教、政刑、量度、禁令"①。在司市之下,对市场、物价、契约、征税、赊贷、稽查、禁罚等项工作,均设官分理,并分别制订了相应的管理措施和法令规章。

市场分为三种:大市、朝市和夕市。"大市日昃而市,百族为主;

---

① 《周礼》卷十四。

朝市朝时而市,商贾为主;夕市夕时而市,贩夫贩妇为主。"①

在周代的奴隶制社会中,"工商食官",商业完全是由奴隶主国家经营的。在奴隶制解体、奴隶主国家衰微的情况下,官府垄断经营商业的体制也随之崩溃,商业日益成了私人商贾的天下。较大规模的商业特别是远途贸易和国际贸易,因需要众多的劳动力,而且风险较大,主要是由奴隶主大商人经营的。但这些大商人已不再是奴隶主国家的官吏,而是私人奴隶主。其他的商业,则由一般的商贾以及小商贩经营。《周礼》对三种市场的划分,就反映了当时商业经营的这种构成。

百族为主的大市就是专为奴隶主大商人开设的市场。"百族"、"百姓",这原来是中国奴隶制社会中对奴隶主家族的称谓。由于这些奴隶主大商人所经营的多是价值昂贵的"珍异货贿",所以交易时间定在"日昃"即正午刚过的时间,以便保卫。商贾为主的朝市和贩夫贩妇为主的夕市,都是一般商业交易的市场。贩夫贩妇等男女小商贩,多居住在市场附近,所经营的又多是日常生活用品,其中很多人还是兼营商业而不是专业商人,因此夕市在一天劳动之后的"夕时"开放,对买卖双方均较方便。

上述三种市场,都按商品种类划定交易地区:"以次叙分地而经市"②,同类商品在同一地区交易,以便在商品质量、价格和度量衡等方面实施管理。

大市、朝市、夕市都是经常性的、固定性的市场。当发生"师役"(战争)和"会同"(诸侯会盟)时,司市还率领一批市场管理

---

① 《周礼》卷十四。
② 同上。

人员到军队营地或会盟地点，以便对这些地区出现的临时性市场进行管理。

市场管理的重要内容之一是对物价的控制和管理。管理物价的官员是"贾师"。贾师的人数视市场上商户的多少而定，每一贾师管二十个商户，"辨其物而均平之，展其成而奠其价，然后令市"①。展视成交的商品，审查、辨别商品的质量，按质定价，然后方许出售。国家管理物价的目的，是要使商品按合理的、稳定的价格出售，防止有人操纵市场，哄抬物价。在有异常的原因造成某些商品奇缺时，更要严格限制居奇操纵，以保持物价稳定。例如，在"天患"（天灾）发生时，就要"禁贵價（买）者，使有恒价"②。这种"贵價者"，就是在市场上高价抢购紧缺商品，然后囤积拒售以牟暴利的投机商人。

国家既要防止有人哄抬物价，也要防止有人趁机压价。防止压价的工作是由称为"泉府"的机构负责的，其主要办法是：

> 泉府掌以市之征布，敛市之不售。货之滞于民用者，以其价买之物楬而书之，以待不时而买者。③

泉府通过收购滞货的办法调剂市场供求，防止投机商人趁民用商品滞销而压价。这是比单纯靠法令限价更为有效的稳定物价的办法。

《周礼》在市场管理方面的另一项重要内容是对商品质量的管

---

① 《周礼》卷十五。
② 同上。
③ 同上。

理。国家颁布许多禁止出售伪劣商品的法规——"伪饰之禁",这些法规包括:"在民者十有二,在商者十有二,在贾者十有二,在工者十有二。"①

这里以"民"和"商"、"贾"、"工"并称,民可能是指农民。封建时代的农民是自然经济下的农民,但某些农民也销售少量农副产品。《孟子》中已一再提到农民"以粟易械器"②,并认为农民也可从"通功易事"得到好处。《礼记·王制》有"五谷不实,果实不熟,不粥(鬻)于市;木不中伐,不粥于市;禽兽鱼鳖不中杀,不粥于市"的规定,可说就是对农民出售商品的"伪饰之禁"。

市场管理的第三项内容是征收商税。负责征收商税的是"廛人",所征商税的种类有"絘布"(对有店肆的坐商所征的税)、"总布"(对摊商所征的税)、"廛布"(商人租用国家所建的邸舍缴纳的租金)。对违反契约及其他商业管理法规所收的"质布"、"罚布"等罚款,也由廛人负责收取。

此外,国家还对出入境货物征收关税;对不由关口出入的商货一律没收,并进行处罚。关税由"司关"征收,而不归廛人执掌。

商税及罚款一律用"布"即货币缴纳。廛人收进商税及罚款后,转交给泉府收储和使用。

市场管理的第四项重要内容是由国家买卖商品和贷放款项。这项工作由泉府负责。泉府利用从廛人转来的商税和罚款作为资本,收购市场上的滞销货物,待机售出。泉府的贷款分为两种:一称为"赊",是对贫民生活困难的贷款,由于贫民要求借款不是为

---

① 《周礼》卷十四。
② 《孟子·滕文公上》。

了经营求利,所以赊是一种无息贷款,"凡赊者,祭祀无过旬日,丧纪无过三月"①。只规定还本期限而不取利息。另一种称为"贷",是对生产者或经营者的贷款:"凡民之贷者,与其有司辨而授之,以国服为之息。"②由于这种贷款是给生产者或经营者作为资本,使用结果可得到赢利,所以要按"国服"即按借款者的行业应纳税率取息。例如漆林之征"二十而五",向泉府借款经营漆林的人,利息率就是25%。

《周礼》不仅对管理商业和市场的机构、职能和措施作了详细的规定,而且为商业和市场管理制定了一条基本原则,就是:"亡(无)者使有,利者使阜,害者使亡,靡者使微"③。

国家管理商业和市场是为了使商品更丰富多样,使交易双方都能得利而不受害,以及减少损失、浪费等。

这条原则表明,《周礼》认为国家管理商业和市场的出发点,不是为了取得收入,也不是为了抑商,而是为了使商业经营和市场活动能够正常进行。依据这一原则,国家只是对商业和市场实行宏观的管理,自身并不经商牟利。泉府收购滞货并发放贷款,而且每年年终还要向国库"纳其余"④。这好像也有经营牟利的意义,其实,收购滞货是为了防止投机商趁机压价,为了使遵守国家定价的人不致遭受损失。国家在收购滞货时是"以其价买之"⑤,并不压价求利。贷款取息当然使国家能取得一定收入,但利息率是固定

---

① 《周礼》卷十五。
② 同上。
③ 《周礼》卷十四。
④ 《周礼》卷十五。
⑤ 同上。

的并且事先宣布,这同利用借款者的困难索取重息的高利贷是不同的,事实上国家的这种贷款对私人的高利贷活动还有一定的限制作用。

《周礼》对囤积居奇、哄抬物价,对生产、售卖伪劣商品,对商货走私入境等行为是禁限很严的,但这只是打击不法商人,而并不是抑商。这些措施,不会限制或妨碍商品经济和商业的发展,而恰是有利于商品经济和商业发展的措施。《周礼》关于收购滞货和对商人发放贷款的主张,更表明它对商业的态度是积极扶助,而不是抑制和打击。

战国的儒家学者多主张免征商税,孟轲、荀况等人都把"关市讥而不征"说成是"仁政"或"王政"的一项重要内容。《周礼》则主张征收商税,而且是既征关税,又征市税。这自然是不同的,但这种不同并不表示《周礼》对商业的根本态度和孟、荀不一致,而只是由于经济和商业发展的状况和水平有了变化。孟、荀的主张反映了一种商品经济和商业的较低的发展状况:商人少,商品少,市场范围狭小,因而不需国家设专门商业机构和官吏来进行管理;而且,征收商税也所入无几,对国家财政没有多大作用,甚至会得不偿失。《周礼》所面对的则是另一种商品经济和商业的发展状况:商人人数、商品种类都比较多了,而且市场上的投机、作伪的活动已相当多。在这种情况下,如不设置专门机构和人员,不为宏观管理规定必要的制度和措施,市场必然会陷入严重的纷扰和混乱,而且会影响整个国民经济和社会秩序。要设置机构并进行管理,就需要有相当的财政开支,不征收商税是不可能的。而且,在商品经济和商业已有一定程度的发展的情况下,征收商税对调节各种不同的商业以及调节商业和国民经济其他各部门之间的关系也是必要的,有益的。因此,《周礼》在对待商业的政策上,就不再像孟轲、荀况等人那样主张"关市讥而不征"了。

《周礼》的商业和市场管理主张比《孟子》《荀子》的有关论述反映着商品经济的更高发展水平,这可能是因为《周礼》的出现更晚,也可能是由于《周礼》产生于商业更为发达的地区。杨向奎认为《周礼》产生于战国时的齐国。[1]齐国自姜太公始封以来,就重视"通鱼盐之利",商业发达冠于各诸侯国;在春秋、战国时代始终是工商业最繁盛的国家。齐国的政权对工商业也一向采取比较积极的政策。从《周礼》对商业所持的态度来看,杨氏关于《周礼》产生于齐国的推测是不无道理的。

五、关于备荒、抗灾和救灾

在《周礼》关于国家的经济工作中,还有一个重要的组成部分,就是"荒政"。所谓"荒政",即国家为备荒、抗灾、救灾所施行的政策和措施。

中国,尤其是中华文明主要发祥地的黄河流域,是一个天灾多发的地区。我们的祖先在漫长的历史时期中不断战天斗地,在同自然灾害作斗争中创造了自己的光辉历史和灿烂文化。在文明时代以前,就已有若干同自然灾害作斗争的传说。尧有九年之水,汤有七年之旱。夏、商两代都是在同长期的天灾抗争中创业开基。

《诗经》中关于天灾的材料,春秋时代关于灾变的记载,都反

---

[1] 杨向奎:《周礼批判》。

映了这种情况。先秦诸子多重视抗灾问题,提出了各种各样的备荒、抗灾思想。《墨子》论述了储备对抗灾的重要意义,《孟子》强调实行"仁政"必须使百姓能够"凶年免于死亡",《荀子》更提出了国家必须有十年储备,以便有能力抗御任何严重天灾的思想。春秋、战国时期的各诸侯国也推行过许多抗灾、救灾的措施,如兴修水利,向丰收的邻国"告籴"、"请籴",以及开仓赈济、移民度荒等等。①

《周礼》把荒政列为国家大政之一,主张为备荒设置专门的国家机构,还提出了一整套抗灾、救灾,帮助百姓度荒的措施。

《周礼》中关于备荒、抗灾、救灾的思想,主要有两个方面:一是灾情未发生前的备荒,二是灾情已出现后的抗灾、救灾。

对前一方面,《周礼》设计了一套颇为完整的粮食储备制度。负责管理全国储备工作的名为"遗人"。在遗人的主持下,设立各种层次的"委积"即粮食储备:

> 乡里之委积,以恤民之艰阨;门关之委积,以养老孤;郊里之委积,以待宾客;野鄙之委积,以待羁旅;县都之委积,以待凶荒。②

"遗人"是管理储备的总机构,它所主管的粮食储备,有多方面的用途:贫穷、孤老的救恤,宾客的接待以及对"羁旅"(陷入困境的外来人或过路人)的周济等,都由遗人供给,备荒用的委积,

---

① 梁惠王告诉孟轲说:魏国"河东凶,则移其民于河内;河内凶,则移其民于河东。"(《孟子·梁惠王上》)又孟轲在齐,曾于天灾发生时劝齐王"发棠",即开棠地的仓库放赈。

② 《周礼》卷十三。

只是其中的一部分,即"县都之委积"。

对灾情发生后的抗灾、救灾。《周礼》规定了十二项措施:

> 以荒政十有二聚万民,一曰散利,二曰薄征,三曰缓刑,四曰
> 弛力,五曰舍禁,六曰去几,七曰眚礼,八曰杀哀,九曰蕃乐,十曰
> 多昏,十有一曰索鬼神,十有二曰除盗贼。①

"散利"指国家对灾民散利,如对受灾户发放救济粮或贷给粮食等。《周礼》中提到:"以质剂致民……凡用粟,春颁而秋敛之。"② 就是关于贷粮于民的规定。

"薄征"是灾荒时减征赋税,"缓刑"是减省刑罚,"弛力"是减轻徭役。这些措施都是为了减轻灾民的负担或放宽对灾民的压迫,使他们有较多的力量和时间抗灾自救,并缓和灾荒时期的尖锐社会矛盾。

"舍禁"是放宽或取消山泽之禁,使灾民能进入山泽采伐渔猎,增加度荒谋生的门路。

"去几(稽)"指在各关隘渡口对入境客商免去盘检稽查,以鼓励对外贸易往来和物资交流。

"眚礼"是对国家和贵族生活、交往的礼仪进行某些省减,以节省开支并借以缓和广大人民对贵族、官僚奢侈荒淫生活的不满。

"杀哀"指缩短丧礼的期限,"蕃乐"是暂时停用一部分乐舞。蕃通藩,有闭藏的意思。杀哀、蕃乐和眚礼一样,主要都是指对贵

---

① 《周礼》卷十。
② 《周礼》卷十六。

族生活礼制的某种省减。

"多昏"是鼓励人们结婚,大灾凶荒时期众多百姓饿死或逃亡,因而国家鼓励多昏(早婚、再婚)以求增加人口。同时,荒年礼仪的省减使婚礼的费用减少,也有利于多婚。

"索鬼神"是求索并祭祀更多的鬼神。古人迷信鬼神,相信天灾是鬼神降祸,所以《周礼》把索鬼神列为"荒政"之一。

"除盗贼"即加强剿灭盗贼的活动。天灾严重时社会秩序动乱。除盗贼不是一项救灾、抗灾活动,而是一项在灾荒时期巩固封建政权统治的活动。它实质上并不是一项"荒政",而是在荒年加强施行的一项政务。

《周礼》对荒政的重视,从下列情况可以充分看出来:荒政不像其他经济工作那样由地官司徒执掌,而是在天官冢宰的亲自主持下由六官配合进行。

事实上,荒政十二还不足以包括《周礼》关于备荒、抗灾、救灾的全部措施。例如,水利的兴修,对备荒、抗灾有特别重要的意义。这一部分按《周礼》设官分职的统一安排,应属于冬官司空的职权范围。由于《冬官司空》一篇亡佚,《周礼》在这方面的设计,就无从了解了。

再如,《周礼》还提到:

大荒,大札,则令邦国移民通财,舍禁,弛力,薄征,缓刑。①

舍禁、弛力、薄征、缓刑,都是包括在荒政十二中的内容,但荒

---

① 《周礼》卷十。

政十二中并无"移民通财"一项。"移民"就是前面提到的迁移灾区居民到国内其他地区度荒,"通财"则可包括十分广泛的内容,如向别国或国内其他地区"告籴"、"请籴",允许和鼓励私人借贷,以及向富人募捐救灾等都是。移民通财是比眚礼、杀哀、蕃乐等更有效得多的抗灾、救灾措施,而且在春秋、战国时期早已实行。如果把兴修水利、移民通财等都列入荒政之内,那么,《周礼》所设计的荒政,就不止是十二,而可能是十四、十五以至更多了。

从《周礼》关于荒政的设计可以看出,它的许多内容是先秦学者所探讨、论述过的,许多措施是春秋、战国时期以至更早时期的国家政权所曾实行过的。《周礼》的设计确实不是凭空臆造,而是在总结前人的荒政思想和历史上的备荒、救灾经验的基础上,对中央集权封建专制政权的"荒政"所作的一个气魄很大的设计。如果没有正在形成中的中央集权封建专制政权的迫切需要的推动,气魄如此之大的政治设计是不可能出现的;如果没有历史上长期积累起来的思想资料,这样详密、具体的设计也是无从产生的。

六、关于财政收支、国库制度和会计

《周礼》对财政工作的全部设计,并不是都由一官专管。像农业税、商业税的征收,徭役的调派,都是由地官司徒中的有关机构和官吏负责的。但是,财政制度、法规的制定,国库的管理以及财政收支的会计、审核等工作,则是由天官冢宰统辖、由冢宰下的一些职能机构和官员执掌的。

天官冢宰首先制定财政收支的制度,这就是包括九赋、九贡、九式三者的三"九"制。

九赋、九贡是关于财政收入方面的：

以九赋敛财贿：一曰邦中之赋，二曰四郊之赋，三曰邦甸之赋，四曰家削之赋，五曰邦县之赋，六曰邦都之赋，七曰关市之赋，八曰山泽之赋，九曰弊余之赋。① 以九贡致邦国之用：一曰祀贡，二曰嫔贡，三曰器贡，四曰币贡，五曰材贡，六曰货贡，七曰服贡，八曰斿贡，九曰物贡。②

赋是对百姓征收的赋税，贡是诸侯、地方政权及百姓对王室献纳的珍物、名产。四郊之赋、邦甸之赋、家削之赋、邦县之赋、邦都之赋都是农业税。邦中指王城以内，四郊是王城外百里之内，邦甸是百里外200里内，家削在200里至300里之间，邦县在300里至400里之间，邦都则是400里外、500里内。距王城越远，农业税率越高，这在前面关于农业税的部分已经解释过了。

关市之赋是商税；山泽之赋指入山泽采伐渔猎的人所缴纳的税；弊余之赋据注疏说是"占卖国中斥币"所纳的赋。斥币是不收入国库的剩余物资，招人售卖，以卖价的一定成数缴公。邦中即国中，邦中之赋当指园、廛之征。

九式是天官冢宰为财政支出所规定的法式，包括：

一曰祭祀之式，二曰宾客之式，三曰丧荒之式，四曰羞服之式，

① 《周礼》卷二。
② 同上。

五日工事之式,六日币帛之式,七日刍秣之式,八日匪颁之式,九日好用之式。①

工事之式指国家举办各种工程、营造时的财政拨款法式。币帛之式指赠送礼物用财法式,特别是外交往来和对国内诸侯赠送礼物的开支。刍秣之式指饲养牛马等的饲料费用,匪颁之式指赏赐用财,好用之式指"燕好"(包括宴会、游乐等)用费。

九赋和九式,收支相互对应,专款专用:

关市之赋,以待王之膳服;邦中之赋,以待宾客;四郊之赋,以待稍秣;家削之赋,以待匪颁;邦甸之赋,以待工事;邦县之赋,以待币帛;邦都之赋,以待祭祀;山泽之赋,以待丧纪;弊余之赋,以待赐予。②

王之膳必珍馐,膳服也即是羞服。九赋中的每一种收入,专用为九式中的一种开支,这表明经常性的财政支出要以经常性收入来弥补。至于九贡的收入,则供某些特殊用途,或收储待用:

凡邦国之贡,以待吊用;凡万民之贡,以充府库;凡式贡之余财,以共玩好之用。③

邦国之贡,指诸侯及地方政权的贡纳;万民之贡,则指民间(例

---

① 《周礼》卷二。
② 《周礼》卷六。
③ 同上。

如商人）的贡物。式贡之余财则是指按照九式进行支出后的余额。

《周礼》对国库也设计了一套完整的体制。国库的最高管理机构为"大府"：

> 大府掌九贡、九赋、九功之贰，以受其货贿之入。颁其货于受藏之府，颁其贿于受用之府。凡官府都鄙之吏及执事者受财用焉。①

货和贿都指财物，货是珍贵财物，贿是一般财物。珍贵财物一般情况下珍藏不用，所以大府把它们颁给"受藏之府"；贿则供各项财政支出，所以颁于"受用之府"。

大府下辖"玉府"、"内府"及"外府"。玉府"掌王之金玉、玩好、兵器凡良货贿之藏"②。可见，玉府是珍贵财物库，也就是上面说的"受藏之府"。内府和外府则都是所谓"受用之府"，其中，内府储存的财物只有国家的重大用项方许动用，动用时必须经王或者冢宰批准；外府是供政府日常开支的财库，各用财机构可按规定法式支用。

在会计、出纳和审核工作方面的最高主管是"司会"。司会根据冢宰制定和颁布的财政制度和法规，"掌国之官府、郊、野县都之百物财用，凡在书契、版图者之贰，以逆群吏之治，而听其会计。以参互考日成，以月要考月成，以岁会考岁成，以周知四国之治，以诏王及冢宰废置"③。

---

① 《周礼》卷六。
② 同上。
③ 同上。

司会下辖四个机构：司书、职内（纳）、职岁和职币。司书是管文书、账目的官府；职内"掌邦之赋入"，即管财政收入；职岁"掌邦之赋出"，是专管财政支出的机构；职币则是主管余财的出纳和会计的官署，它的职责为：

> 职币掌式法以敛官府都鄙与凡用邦财者之币，振掌事者之余财，皆辨其物而奠其录，以书楬之，以诏上之小用赐予。岁终则会其出。[①]

它依据财政支出的法式，查核（振）、收纳并登录各官府机构节余的财政支出，专供"小用赐予"。

司会及其下辖机构，每年、每月乃至每天都要进行结账（考成），对财物及账目参互考核（对照比较），以审核"四国之治"是否符合财政制度。这一套会计制度在两千年前可算是相当完备了。

七、《周礼》所体现的主要经济思想

从《周礼》在经济、财政方面的设计来看，它所体现的经济思想是值得认真发掘的。的确，这样大气磅礴的设计，没有当时第一流的经济思想作指导，是难以想象的。

上面已结合《周礼》有关设计的具体内容，对其所体现的经济思想作了一些分析；以下再综合上述各方面的内容，对《周礼》的

---

① 《周礼》卷七。

设计所体现的主要经济思想作进一步的考察。

《周礼》是对国家政权的机构、人事和职能所进行的设计。国家政权是经济的上层建筑，它总是为自己的经济基础服务的；国家政权的性质及其活动的方向、动力，都由其经济基础决定。分析其经济基础的性质，就能对《周礼》全部设计的指导思想，尤其是它在经济、财政方面的设计的指导思想，获得透彻的认识。

《周礼》的设计明显地体现着这样一点：它把农业看作国民经济的主要的、决定的部门。《周礼》把经济方面的社会分工划分为九职，第一至第四职——三农、园圃、虞衡、薮牧——实际上都是农，第七职"嫔妇化治丝枲"，在封建时代不过是同农业结合在一起的家庭纺织，是农民自然经济的组成部分。九职之中五为农，而"臣妾聚敛疏材"和"闲民转移执事"也多是和农业生产相联系的。可见，《周礼》的设计背景是一个以农业为主要生产部门的社会。

在《周礼》的设计中，农用土地是国有的。但是，仅从土地或某种其他生产资料是否国有并不足以判断社会生产的性质。几乎在历史上存在过的一切社会形态中，都存在过某些国有的或公有的生产资料。必须考察劳动和生产资料相结合的方式，才能准确地判断社会生产的性质。"不论生产的社会形式如何，劳动者和生产资料始终是生产的因素。……凡要进行生产，就必须使它们结合起来。实行这种结合的特殊方式和方法，使社会结构区分为各个不同的经济时期。"[1]在农业为主的社会生产中，决定社会生产性质的就是劳动者和土地结合的方式。

---

[1] 《马克思恩格斯全集》第24卷，人民出版社1972年版，第44页。

在《周礼》设计的经济体制中,劳动者和土地是怎样结合的呢?它采用了国家把国有土地颁给"甿"的特殊方式。

"甿"与"氓"通。这是春秋、战国时期出现的一种农业劳动者。当时的一些诸侯国家都有"氓"从国家受田的记载,如《孟子》中说的"愿受一廛而为氓"、"愿为圣人氓"① 即为一例。这种甿有自己的个体经济,他们耕种国家颁给的土地,向国家缴纳赋税并承担徭役,在此之外,有权自行支配自己和自己家庭成员的产品和劳动。他们被束缚在土地上,只有在严重灾荒时期才有可能被允许迁移度荒。国家还通过户籍以及军事编组等办法,对他们的人身实行严格控制。可以看出,这种甿已经不是奴隶,而是一种耕种国有土地的封建性依附农民。由于是刚刚从奴隶的地位解放出来,他们的人身依附性质要比后代封建社会中的农民更为严重。甿对国家负担的赋税和徭役,实质上是封建性的实物地租和劳役地租。

《周礼》虽然承袭了儒家传统的轻徭薄赋思想,但在它设计的农业经济模式中,赋税和徭役都是相当重的。旬用三日的徭役是很重的剩余劳动率,农业税的税率也大大超过了先秦儒家学者所津津乐道的什一税率。按《周礼》的设计,只有近郊的税率是什一,远郊已是二十分之三,而远郊以外的"野"则为十分之二。近郊、远郊的农田,都是作为"士田"、"官田"、"贾田"之类的特殊农田,在农业生产中无足轻重,远郊之外的"野"才是农业生产的主要基地,而野的农业税率却比儒家所宣扬的什一税率高出了整整一倍!

春秋末到战国时期,农业税率已大大超过十分之一。在当时

---

① 《孟子·滕文公上》。

的条件下,要国家把实际的农业税率减到十分之一是不容易做到的。当时许多诸侯国的统治者,都对儒家学者的什一税主张表示拒绝。①孔、孟、荀等都是学者,考虑问题容易从愿望或理想出发,所以都反复强调什一税;《周礼》的作者更具有实际政治家的品格,所以他不像孔、孟、荀等人那样一味强调恢复什一税,而是更多地考虑和参照了当时的实际情况。

在《周礼》的设计中,仍有奴隶存在。除了九职中的臣妾外,天官司徒管辖的兽人、鳖人、腊人、醢人、醯人等机构,都有一定数量的奄(阉)、胥、徒、奚、臣、妾。这些人都是奴隶,但他们或者只作为辅助劳动力使用(如聚敛疏材),或只是为宫廷或其他高层统治者的生活需要提供直接的服务,在社会生产中已没有什么重要意义,因而已不影响社会生产的性质了。

既然《周礼》作者心目中的社会生产形式已是一种封建主义的形式,它对国家有关机构、人事和职能的设计就是力求通过国家的活动来保证这种社会生产形式更好地发展和运行。这可说是贯穿在全部有关设计中的基本指导思想之一。

国家对甿颁地时,以“夫”即农户中的成年男劳动力为依据,有一夫即颁给百亩之地,“余夫”(长子以外的男劳动力)也按同样标准颁地,这正是为了保证劳动者和土地能够在封建的个体生产的基础上互相结合。对上、中、下地搭配不同数量的“莱”,也是为了使耕种各种土地的农户都能够较充分地利用自己的劳动力。国家的各种“劝农”活动如兴修水利、指导施肥以及对生产者的督

---

① 春秋末鲁哀公曾对孔丘弟子有若表示:“二,吾犹不足,如之何其彻也?”战国时期宋国大臣戴不胜也对孟轲表示:“什一,去关市之征,今兹未能。”见《论语·颜渊》及《孟子·滕文公下》。

促奖罚,不用说都有着促进这种社会生产形式的发展的意义,都是力图在这种生产形式下尽量提高生产能力,增加农业生产。

《周礼》的作者毫无疑问是重农的,但这种重农,并不包含对工商业的消极的、否定的思想。《周礼》既不像法家商鞅、韩非等人那样把工商业看成是妨碍农战的,也不像道家老、庄那样认为工商业的进步会导致人们的道德堕落和沉沦。《周礼》的设计充分体现了重农而不抑商的思想。它对商业和市场管理的一切设计,都不是要为商业和商人的活动制造困难,设置障碍(不像《商君书》所主张的"废逆旅"、"贵酒肉之价"、"重关市之赋"那样),而是为了有利于商业和市场活动的正常运行。

国家对社会经济活动采取什么态度和政策?是力求加强管理,积极进行干预,还是把社会经济活动看成私人的事情,主张国家尽量不管,少管,听任私人按自己的意愿进行?这两种主张,在先秦已有表现。在秦、汉时期,更明显地发展为国家干涉主义的"轻重"论和放任主义的"善因"论两种对立的学说。先秦的道家提倡无为,主张尽量减少国家政权的活动,包括它的经济管理活动,可说是放任思想的先驱。法家主张加强国家对经济活动的调控和干预,以便"利出一空",使百姓除从事农战外别无出路,这可说是国家干涉思想的滥觞。《周礼》在这个问题上也属于干涉一派。它所设计的国家管理经济的机构是相当完备的,国家干预经济活动的政策、措施是相当广泛周详的。不过,《周礼》的干涉主张,同法家有一个明显的区别:法家主要指靠行政手段,拿法令、禁罚来控制、干预经济活动;《周礼》则除了行政、法律手段外,也很重视经济手段,重视货币、价格、赋税、借贷等杠杆在管理经济中的作用。

《周礼》在国家管理经济活动方面的一个重要指导思想是只管不营。国家只是作为一种凌驾于社会之上的力量对民间的各种经济活动实行宏观的调控和管理，而不是作为经济活动的主体，为了取得赢利而直接经营生产、流通事业。

从《周礼》的设计看，国家对农业只是管颁田、修水利等为生产提供条件的活动以及技术指导、奖勤罚懒等指导、督促工作，并不直接组织农业生产。在工商业方面，也只是进行颁布法规、设置市场、限定物价、检查质量、征收赋税之类的宏观管理活动，并不直接经商牟利。大市、朝市、夕市都是私商的市场，并无"坐市列肆，贩物求利"①的官吏活动于其中。泉府收购滞货和发放贷款的活动，都不是以赢利为目的的活动，这点在前面已分析过了。

《周礼》对后代各封建王朝的建制以及后代经济思想的发展都有很重要的影响。

由于《周礼》被后代儒者附会为周公之礼，更主要是由于此书是根据中央集权专制主义封建政权的统治需要而设计的，它成了后代的许多政治家为自己当时的封建王朝建制、改制的经典依据。南北朝时期的苏绰依据《周礼》为北周设计了一套统治体制，对北周的强大并为隋在北周的基础上重新统一全国起了重要作用。宋代王安石变法，也特别重视《周礼》，亲自主编了《周官新义》一书，作为变法的依据和为新法培养官员的教材。太平天国的《天朝田亩制度》也深受《周礼》的影响。《天朝田亩制度》关于社会组织和军事组织的一套体制，就从《周礼》中吸取了不少东西。甚至连王莽改制，也多方从《周礼》中找依据，妄想以周公和周公之礼的

----

① 《史记·平准书》。

神圣光轮遮饰自己的不得人心的统治。

后代的许多著名的思想家也深受《周礼》影响。隋代的王通用《周礼》教育学生，为唐太宗的贞观之治培养了房玄龄、杜如晦、李勣、魏征等一批名臣。宋代的李觏专写了《周礼致太平论》，其中的《国用》部分，就是结合《周礼》中所谈到的经济、财政问题，发挥自己的经济观点。

《周礼》主张国家的政策要"安富"①，"以富得民"②，这反映了新兴地主阶级要求国家政权扶助自己扩大财富的要求。这些主张尤其为后代主张发展经济、富国富民的思想家们所称引。由于儒家贵义贱利的思想在后代封建社会中变成了封建正统经济思想的一个主要教条，直接反对它容易遭到"非圣无法"罪名的压制，借《周礼》的经典地位来对它进行斗争，却是名正言顺的。

（原载《中国经济思想通史》修订本第1卷，

北京大学出版社2002年版）

---

① 《周礼》卷十。
② 《周礼》卷二。

17　经济术语　成语溯源

　　我们现在仍然通用的许多经济术语和成语,大多是来源很古,并且是在历史上经过长期的发展、演变而形成的。我们的许多同志,经常用这些术语和成语,却不知道它们的来历,不知道它们是我们伟大祖国历史遗产中所固有的东西,有的甚至认为它们是从外国来的。这种现象实在不应继续容忍下去了。下面试就一部分最常用的经济术语和成语,考察一下它们的起源。

经　营

　　我国最古老的典籍之一《诗经》中有《灵台》一诗,其中有这样两句:"经始灵台,经之营之"。"经"是经理、度量的意思,"营"是表志、表明的意思,"经之营之"就是指在筑台时进行测量、设计、画线等活动。这就是"经营"一词的起源。

　　"灵台"是周文王时所建造的台。周文王建灵台的事至迟也要早于公元前1077年;《灵台》一诗大约是西周初期的作品,距今当在三千年以上。可见,"经营"这个术语在我国出现得有多么早了。

会 计

"会计"是使用得更多的一个经济术语。几乎一切机关、企业和学校都有负责会计的人员甚至机构,许多大专院校和中专都开设会计学课程,有的还设有会计学系或会计学专业等。

"会计"也是一个起源很早的术语。在中国古代,"会计"也称"计会"。至少在战国时期,"会计"或"计会"已经是一个相当流行的经济术语。《孟子》中提到:孔丘年轻时曾作过"委吏"(仓库管理人),并且说过:担任委吏的职务只要"会计当"(账目准确)就行了。(见《孟子·万章下》)

如果孔丘确实说过"会计当"的话,那么,"会计"这一术语的出现就可以上溯到两千四五百年之前。只就《孟子》一书的编成而言(《孟子》作于公元前312年),也有两千三百年了。

另据《战国策》记载:齐国的孟尝君田文当政时,有一次对门客发布告示说:"门下诸客谁习计会,能为文收责于薛乎?"(《战国策·齐策》)这里,"责"同债,"收责"即收回所放高利贷本息。

孟尝君相齐在公元286年以前,同《孟子》编成的时间也相距不远。

《周礼》一书也提到:"司会"之官"听其会计"。(《周礼·天官冢宰》)此外,书中还有多处有"岁会"、"官会"、"会之"等提法,"会"字都是指的会计。

对《周礼》一书的成书时间,早就有不同的看法:有人说是西周时期周公所作,有人说是新朝(西汉、东汉之间的一个短命王朝)

王莽、刘歆伪托，也有人认为是战国时代的作品，而以最后这种说法较为可靠。

垄　断

"垄断"这一经济术语，出于《孟子》。

孟轲在决心辞官不做时，曾用比喻的方式说明贪恋禄位的可鄙时说：

> 古之为市也，以其所有易其所无者，有司者治之耳。有贱丈夫焉，必求龙断而登之，以左右望而网市利。人皆以为贱，故从而征之。征商，自此贱丈夫始矣。①

这段话的大意是说：最初设立市场，本来是为了便于人们用自己所生产的商品换取自己所没有的商品，而不是为了赚钱。市场官吏（有司）的任务只是管理市场而不进行征税。后来有个别不好的人，总要在市场中找一个同别处不相连接的土冈或土堆，站在上面左右张望，尽量找机会买贱卖贵，牟取暴利。这种人受到所有交易者的贱视，因而市场官吏对他实行征税以作为惩罚，这就是商税的起源。

这段话包含了孟轲的许多重要经济观点，如认为商品交换只应是两种使用价值之间的交换；在价值方面必须是等价交换，任

---

① 《孟子·公孙丑下》。

何一方都不应从交换得到利润；对商品交换不应征税；征税只是对违反等价交换原则的人的一种惩罚；商税只应对商业利润征收，等等。

在这段话中，"龙"同"垄"，指高出地面的土冈。"断"是断绝，即同别处不相联接的意思。登上"龙断"是为了找一个能够居高临下、观察四方行情而又为别人所不容易登上去的有利地位。

"垄断"是一个比较生动而又比较贴切的经济术语，因为：

第一，它一开始就是从论述经济问题而产生的。

第二，它表明垄断者企图把自己置于一种特殊有利而又不易受到别人竞争的地位上。

第三，垄断是为了"网市利"。

英语的Monopoly一词传入中国后，有人译为"垄断"，也曾有人译为"独占"。但由于"垄断"一词在我国源远流长，而且具有上述优点，目前，它已成了Monopoly一词的汉语标准译名了。

人 满

在中国古代，一直把大量人口由于没有土地或职业而陷入生活困难的情况称为"人满"。近代从西方传入"人口过剩"的概念后，"人满"这个术语就逐渐为"人口过剩"所取代了；但"人满"或"人满之患"的说法有时仍被人们使用。

"人满"的提法最初见于《管子·霸言》："地大而不为，命曰土满；人众而不理，命曰人满。"

这里"人众而不理"，是指国家政治不好，人口虽多却得不到有效的治理、管理，并不是人口过剩的意思。《管子》中的"人满"，原来本是一个关于政治状况的概念而不是经济概念。后来，在长期使用中，"人满"逐渐变成了一个表现封建社会中的人口过剩现象的术语。在中国的封建时代，人们一般把地多人少因而土地大量荒芜的现象叫做"土满"，而把大量人口由于没有土地而难以为生的情况叫做"人满"。

《管子》托名春秋时代管仲所作，实际上它并不是一人一时的作品，而是从战国时期开始由许多作者所写的作品逐渐积累而成的。到西汉末年，刘向才最后整理编定。《霸言》篇可能是战国时代的作品。

开源节流

"开源节流"是一个财政学中和财政工作中常用的术语。"开源"指开辟、增加财政收入，"节流"则指节省财政开支。

战国后期的大思想家荀况曾说："故明主必谨养其和，节其流，开其源而时斟酌焉。"（《荀子·富国》）

荀况把"百姓时和，事业得叙"也即是把各种经济活动的正常进行看作"货之源"，而把"垣窌仓廪，等赋府库"即国家的财政看作"货之流"。他所说的"开源节流"，用现在的话说就是"发展经济，办好财政"，而不仅限于财政本身的范围。但在后来，"开源节流"则主要变成了财政方面的术语。

居 奇

投机商人把预料将会供不应求的商品控制在自己手中,等待价格大涨后出售以获取暴利,这种行为叫做"囤积居奇"。

战国时,秦国的公子异人(秦始皇的父亲,后改名楚)被派往赵国作人质,他在秦国本来就没有权势,在赵国也不受尊重。大商人吕不韦到赵国都城邯郸做生意,见到公子异人却说:"此奇货可居。"(《史记·吕不韦列传》)于是,他拿出大量钱财,资助公子异人在秦国进行争夺王位继承权的活动。后来,公子异人作了秦王,任命吕不韦为相国,执掌朝政,并封他为文信侯。

"奇货"是奇异难得的商品,"居"是积储。公子异人是秦昭王的孙子,在兄弟中排行第二十九,本来没有继承王位的资格。但是,吕不韦以其投机商人的本能,却看出这个表面好像是"冷背货"的秦国人质,实际上却是一个可以获利"无数"倍(见《战国策·秦策》)的"奇货"。

"居奇"就是从"奇货可居"来的。

量入为出

"量入为出"是财政学及财政工作中所用的术语,意为以国家每年的财政收入为依据来制定财政支出预算,使财政支出不致超过当年的财政收入,不致出现财政赤字。

"量入为出"这个术语出于《礼记·王制》："以三十年之通制国用，量入以为出"。"通"是通融的意思。《王制》主张：国家财政不但要保证收支平衡，不发生亏欠；还要做到每九年能有相当于三年支出总数的结余，每三十年有相当于九年的结余，以保证灾荒、战争等非常支出的需要。"以三十年之通"，就是按三十年通融计算。

《王制》是汉初的著作，还有人具体地说是汉文帝组织人编写的。这样，"量入为出"的提法见于正式记载，就已有两千二百年或将近两千二百年的历史。

量出为入

"量出为入"是和"量入为出"相反的一条财政收支原则，它的特点是：先计算好每年的财政支出，然后以此为依据来安排当年的财政收入预算，以取得必要的财政收入来保证财政支出。

"量出为入"原则的出现远较"量入为出"为晚。唐德宗建中元年（公元780年），宰相杨炎建议改行"两税法"时说："凡百役之费，一钱之敛，先度其数而赋于人，量出以制入"。（《旧唐书·杨炎传》）所谓"先度其数而赋于人"，就是先估算好当年支出的数量再向人民征收。

民以食为天

"国以民为本，民以食为天"，这是我国的一个历史悠久的富有人民性的思想。"民以食为天",用现代汉语来说,就是:人民群众的吃饭问题是头等大事。

最先提出这个论点的是秦汉之际的郦食其。他是汉高祖刘邦的重要谋臣之一。刘邦在统一全国前,曾经在现在的河南荥阳、汜水一带同楚霸王项羽连年苦战。郦食其劝刘邦先抢占附近的敖仓(秦时囤聚粮食的重要仓库),以保证军粮,并且提出了"王者以民为天,而民以食为天"(《前汉书·郦食其传》)这个论点,作为自己上述主张的依据。

郦食其向刘邦献计占据敖仓,当是公元前204年的事。

通 货

"通货膨胀"是当前资本主义世界普遍感到头痛的问题,它和严重的失业现象并存,成为所谓"滞胀"。

"膨胀"是一种状态;"通货"一词,则是有来历的。《管子·轻重乙》:"黄金刀布者,民之通货也"。"刀布"是古代铸成刀、铲形状的货币,"黄金刀布"均指货币而言。这就是"通货"一词的来源。

《管子·轻重》各篇的成书年代,是一个争论较多的问题:有人认为是战国时代的作品,有人认为是西汉文帝、景帝时代的作品,有人认为是西汉武帝、昭帝时代的作品,还有人认为是王莽时代的作品。但无论如何,这个术语起源还是比较早的,就说是王莽时代,也处于公元开头了。

经济、经济学

中国古代早就有"经济"、"经济学"的名称，但同现代汉语中的"经济"、"经济学"，具有完全不同的含义。

过去，有些人认为"经济"一词最早见于隋王通的著作《中说》（公元7世纪）。其实，早在公元4世纪的东晋初年，"经济"一词已一再被人使用了。东晋元帝在表扬大臣纪瞻的诏书中说他"识局经济"（《晋书·纪瞻传》）。同时人葛洪的《抱朴子》也说："经世济俗之略，儒者之所务也。"（《抱朴子内篇·明本》）"经"是"经世"，即治国、治世，"济"是"济民"、"济物"、"济俗"，即救助、便利黎民百姓的意思。

到了唐代，又开始出现了"经济学"的名称。公元8世纪的诗人严维有"还将经济学，来问道安师"（《秋日与诸公文会天□寺》，见《全唐诗》卷二六三）的诗句。道安是个和尚。向和尚请教经济学，这当然不会是我们现代所理解的经济学，甚至也不是中国古代的"经国济民"之学，而只能是宗教家济世度人的教义。由此可见，中国古代经济、经济学等词的含义是多么广泛了。

我们现代所讲的"经济学"，已不是上面这类含义，而是英语中 Economy 或 Economics 的译名。这一外来语传入中国后，中国人最初并不把它译为"经济学"，而是译为"富国学"、"理财学"、"生计学"等等，但日本则多译为"经济学"（也曾有人译为"理财学"）。后来，中国受日本影响，逐渐接受了"经济学"的译名，而中国古代"经济"、"经济学"等词的原来含义,则变成了历史的陈迹,不再为人们使用了。

（原载《电大学刊》经济版,1984年1—2期）

18　中国古代经济管理思想的奠基阶段

一

中国古代经济管理思想的发展，大体可分为三个阶段。秦统一以前为第一阶段。这一阶段是中国古代"富国之学"、"治生之学"开始产生的时期。商、周到春秋时期，已出现某些经济管理的观点，但还比较零散。到战国时期，富国之学和治生之学都应时产生，才开始有了较为系统的经济管理思想。

富国之学从商鞅开始，到了荀况，大体上形成了一套比较完整的国民经济管理思想体系，而《周礼》一书则从制度方面为封建国家管理经济设计了一套方案。治生之学的主要奠基者是白圭。他从私人经商的角度出发，总结了一套经商致富的经验，形成了较为系统的生产、经营单位的管理思想，可以说是战国时期治生之学的完整典型。此外，据《史记·货殖列传》记载，春秋末期的范蠡也提出过一些私人经商的思想观点。但《史记·货殖列传》中那一段有关范蠡经商思想的材料，显然经过汉代人的改写，加进去许多关于官商的内容，已不纯然是治生之学了。

第二阶段从秦、汉至唐朝前期（安史之乱以前）。这是中国古代传统的经济管理思想形成的时期。在富国之学方面，秦王朝的国民经济管理，基本上沿袭了战国法家的"农战"思想和政策，由于这一套已不能适应全国统一后的新的历史条件，很快即陷于失败。继之而起的西汉王朝，在经济管理思想方面的分成两大派：一派强调实行中央集权，主张封建国家加强干预、控制国民经济。这一派的理论代表作是《管子·轻重》诸篇①，汉武帝和桑弘羊则把轻重理论大规模付诸实践，并有所发展。另一派则主张封建国家对经济活动尽量少加干预，而放手让私人去进行。西汉初期以黄老无为思想为理论基础的"与民休息"政策，是这种主张在实际经济政策方面的表现；而司马迁的"善因论"②则是这种主张在理论方面的颇为系统和完整的论述和发挥。可以说，西汉时期国民经济管理思想的主要内容就是"轻重"论和"善因"论之间的对立。

汉代的富国之学着重于城市的工商业管理。在对农业的管理方面，汉初的"与民休息"政策还有所涉及，而轻重论在这方面只探讨了粮食管理问题，而没有研究和论述过对农业生产的管理。汉代以后，地主土地所有制占主要地位，不过封建国家的国有土地还比较多，战乱之后（如魏、晋、南北朝时期）尤其如此。因此，如何在荒芜的土地上进行农业生产的管理以尽快地恢复和发展生产，就日益成为封建国家管理经济方面的一项重要课题。从曹操的屯田制到北魏的均田制，逐步形成了一套利用国有土地进行农业管理的理论和措施。一直到隋唐时期，这些理论和措施都为各王朝的封建统治者所承袭。在唐中叶均田制废坏以后，这种情况才宣告结束。

---

① 目前学术界对《管子·轻重》诸篇的成书年代看法很不一致。笔者个人认为它们是西汉时代的作品。

② 司马迁宣扬"善者因之"（"因"就是顺应，听其自然的意思），认为国家最好的经济政策是听任人们自己进行生产、经营活动而不要加以干预。

在治生之学方面，这一阶段的主要特点是由商人的治生之学逐渐转变为地主的治生之学。战国白圭的治生之学完全是商人的治生之学。从西汉的司马迁开始，发生了商人治生之学向地主治生之学的过渡。司马迁不仅在"富国之学"方面提出了"善因论"，而且同时研究和论述了富家的问题，对治生之学的发展和变化做出了重要贡献。他一方面大大丰富了商人治生之学，另一方面又使其由商人治生之学开始向地主治生之学转变。他提出了"以末致财，以本守之"的理论观点。"末"指工商业，特别是商业，而"本"则指封建关系下的农业。"以末致财"就是靠经商来发财致富；"以本守之"就是把经商得来的财富购买土地，使商人自己转化为地主。"以本守之"应怎样守，也就是说，商人买地转变成地主后如何经营地主经济，对这个问题，司马迁没做过具体的论述。这表明，司马迁的治生之学还不是地主的治生之学，而仅仅标志着商人治生之学开始向地主治生之学的转变。这个转变，到北魏贾思勰的《齐民要术》问世时才完成。《齐民要术》是中国古代最早的地主治生之学；不过，它主要还是谈经营管理的技术方面的问题，而较少提出理论观点，它的内容基本上属于治生之术的范围。

第三阶段从唐中叶开始直到明、清时期。这是传统的经济管理思想逐渐发生变化的时期。在富国之学方面，由于唐朝安史之乱（公元755—763年）后，封建社会内部的商品经济有了一定程度的增长，豪强地主的势力明显下降，而庶族地主的势力逐渐上升，封建的人身依附关系较过去有所减弱，国民经济管理思想顺应这些经济发展的新趋向而有所发展变化。变化的主要特点是：在保持封建政权对国民经济的集中管理的同时，又在一定程度上注意发挥商品、货币因素的作用，借助商人的经营活动来改善封建国家的理财工作。富国之学的这些新变化，首先在唐朝刘晏的理财活动中反映出来。但刘晏不曾著书立说，缺乏理论申述。白居易开始从理论上对这一点做了若干说明和论证。北宋的王安石新法，在国民经济管理工作中对此进行了大规模的实施，并加以扩大和发展。从南宋时期开始，由于商品货币经济更加发展，较多的思想家在富国之学方面要求封建国家放弃对国民经济的直接干预和控制，采取比较放任的政策，给予私人经济活动以充分的自由。从南宋叶适的"天下之财与天下共理之"（《水心别集·财计上》），明代中叶丘濬的理财当"先理民之财"（《大学衍义补·总论理财之道上》），直到明清之际王夫之（王船山）的听民"自谋"（《读通鉴论》卷十九）论，都不同程度地表达了这种要求。

在治生之学方面，地主治生之学已经占了主要地位。元代的许衡开始从理论上为地主治生之学奠定了基础。在此以后，许多谈论治生问题的人都把许衡的言论作为自己的理论依据。到了清代，封建地主的治生之学有了较大发展，出现了像张履祥的《赁耕末议》、张英的《恒产琐言》之类的讨论如何管理地主家庭经济的专书。

下面，只就中国古代经济管理思想发展的第一阶段，进行较为具体的探讨。

二

较为系统的富国之学到了战国时期才开始出现，这是当时历史条件的产物。

春秋末期，封建主义的生产方式在许多诸侯国的社会生产中都已占了优势，地主阶级开始通过其政治代表人物向奴隶主贵族夺取政权。这一过程到战国前期基本完成，形成了秦、齐、楚、燕、韩、赵、魏七个实力强大的诸侯国。它们互争雄长，都企图兼并其他诸侯国，实现一统天下。为此，就必须不断加强本国的军事力量，而这又必须以加强国家的经济力量为基础。于是，所谓富国之学就应运而生了。

最先重视富国之学的是战国法家学派的著名代表人物商鞅。他提倡富国强兵，强调"与诸侯争权"必须靠强兵，而富国则是强兵的基础。他认为，富国的唯一途径，是全力加强当时国民经济最主要的部门——农业。为此，他极力推行农战政策，宣扬"国之所以兴者，农战也"、"国待农战而安，主待农战而尊"。（《商君书·农战》）商鞅把重农作为管理国民经济的中心环节，采取多方面的措施，促进农业中封建主义生产方式的发展。他鼓励私人开荒生产，除了允许开荒的人占有田、宅即获得土地所有权外，还在一定期限内给予免除徭役的优待。他采用对大家庭重税的办法，迫使大家庭分解为每户只有一个男劳动力的个体农户，还对生产粟帛多并向国家缴纳粟帛多的农户给予免除徭役、提高爵位（社会、政治等级）等优待，以促进个体农民的分化，扶持地主经济的发展。除了这些积极措施外，商鞅还从消极的方面采取一系列措施，排除他认为不利于重农政策推行的各种障碍。他宣扬"利出一空"（《商君书·靳令》）的论点，主张把农业以外能够获得财富和物质利益的一切途径尽量堵塞住，以迫使绝大多数劳动力都投入农业生产。这包括严厉限制和打击工商业，封禁山泽以限制人们入山泽采伐渔猎，以及排斥和取缔主要从事脑力劳动的一些职业等。为了加强战争的物质基础,商鞅还主张除留下每一农户的籽种和口粮外,把农业中的剩余产品尽量集中到国家政权的手中,强调"家不积粟,上藏也"(《商君书·说民》)。

商鞅的这种国民经济管理思想,实质上是一种封建主义的国民经济军事化思想。这种思想在当时的历史条件下,对加强新兴的封建国家的权力,促进封建主义经济基础的形成,起了重要的历史作用。他的这套理论和政策在秦国推行的结果,使秦国由战国七雄中最落后、实力最弱的国家,一跃成为战国时代的头等强国,奠定了统一事业的基础。但这种国民经济管理思想有很大的片面性:它不利于正常的社会分工的存在和发展,限制和妨碍了自然资源的广泛开发和利用;在农业生产领域,它只强调粮食,把农业狭隘地理解为"粟"或"粟帛",而忽视甚至歧视经济作物以及林、牧、副、渔等生产;它力图把农业生产的剩余产品尽量集中到国家手中,以保证战争的需要,这对农业本身的发展以及社会财富的增长,也是不利的。

战国后期,著名学者荀况吸收了法家的富国思想,并把它和儒家的富民思想、墨家的节用思想以及道家的顺应自然的思想结合起来,形成了自己的一套比较完整的国民经济管理思想。其内容大体上是由以下几方面组成的:管理国民经济的目的,管理国民经济所必须处理的几种关系和管理国民经济的方法。

荀况管理国民经济的目的,是在大力发展社会生产的基础上,使社会财富迅速增长,借以保证全体人民的衣食充分丰足。荀况认为:在封建主义生产方式下,实行正确的国民经济管理的政策和方法,就能使社会生产获得高度的发展和增长。他以浪漫主义的笔触,把这种生产发展的可能性描绘为:"财货浑浑如泉源,汸

（潢）洿如河海，暴暴如丘山，不时焚烧，无所藏之"（《荀子·富国篇》）。在落后的封建主义生产方式下，居然能使生产的财货多到消费不了，贮藏不了，以致需要时常加以人为销毁的地步，这当然是地主阶级思想家的幻想。这充分反映了荀况作为新兴地主阶级的代表人物对封建主义生产方式所抱有的强烈信念。

荀况强调：要管理好国民经济，必须妥善地处理以下四个方面的关系：

第一，富国和富民的关系。

荀况写了论述富国问题的专文——《富国篇》。但他所说的富国，不是仅指如何增加国库收入，而是主张同时增加国库收入和社会财富。用他的话说，就是主张"上（统治者）下（百姓）俱富"（《荀子·富国篇》）。而且，他还明确地认为增加社会财富是富国的基础和主要内容，强调："下贫则上贫，下富则上富"，"使天下必有余，而上不忧不足"（《荀子·富国篇》）。他批评那种片面着眼于增加国库收入的富国观点，认为如果社会财富没有增长，百姓穷困，而统治者一味用搜括民财的办法增加国库收入，就不但达不到富国的目的，反而会激化社会矛盾，引起百姓的不满和反抗，以致造成"倾覆灭亡"的后果。这样的"富国"，实际上不过是"求富而丧其国"（《荀子·富国篇》）！

第二，财政和经济的关系。

荀况认为：富国主要不是一个财政问题，而是一个经济问题。他把经济看作是财政的基础和本源，认为财富是在农业和其他各种生产部门中创造出来的，而财政不过是已经创造出来的财富的使用和再分配问题。他一再宣扬："田野县鄙者，财之本也；垣窌（窖）仓廪者，财之末也。百姓时和，事业得叙者，货之源也；等赋府库者,货之流也。"(《荀子·富国篇》)他强调富国必须从发展经济,增加生产着手;如果不这样,而一味从财政方面打主意,想办法,甚至以破坏生产力的办法来增加财政收入,那就等于"伐其本,塞其源,而并之其末"(《荀子·富国篇》),就会根本破坏财政的基础,使财政陷于枯竭。

但是,荀况并不是把财政对经济的关系看作纯然是消极的、被动的,而是认为好的财政政策能对经济发展起重要作用,是促进经济发展的强有力的杠杆。他把好的财政政策称为"节用裕民"的政策,认为实行这样的政策就可使"民富"和"多余";"民富则田肥以易,田肥以易则出实百倍";反之,如果实行搜括民财的财政政策,就会造成"民贫",而民贫则会使"田瘠以秽,则出实不半"(《荀子·富国篇》)。

第三,农业和工商业的关系。

荀况把农业看作国民经济的最主要部门,认为它对整个国民经济的发展和国家财富的增长有着决定的意义,因此,在管理国民经济时必须把着重点放在农业方面,优先保证农业的发展。为了保证农业的发展,他主张适当控制一个国家的非生产劳动者人数和国民经济其他部门所使用的劳动者的人数,以使农业部门有足够的劳动力。正是从这种认识出发,他提出了"士大夫众则国贫,工商众则国贫"(《荀子·富国篇》)的论点。

马克思曾说:"超过劳动者个人需要的农业劳动生产率,是一切社会的基础"(《马克思恩格斯全集》第25卷,第885页),"从事加工工业等等而完全脱离农业的工人的数目,取决于农业劳动者所生产的超过自己消费的农产品的数量"(《马克思恩格斯全集》第26卷,第22页)。封建社会的农业劳动生产率是相当低的,在封建社会的早期更是如此，它不能提供更多的剩余产品，使更多的劳动者脱离农业去从事其他的活动，否则，社会就会更贫困。荀况的"士大夫众则国贫，工商众则国贫"的论点，比较正确地反映了当时的经济情况。

但是，荀况强调农业并不是忽视（更不是否定）工商业在社会分工中的地位和作用。他认为手工业可使"农夫不斫削，不陶冶而足械用"（《荀子·王制篇》），商业能"通流财物粟米，无有滞留"（《荀子·王制篇》），都是整个社会生产以至农业本身的发展所必不可少的。他虽然主张对工商业的从业人数加以相当限制，以免影响农业对劳动力的需要；但他决不主张"抑商"，而是主张采用减免赋税徭役等办法保护工商业，主张"平关市之征"（《荀子·富国篇》）和"关市畿（稽）而不征"（《荀子·王制篇》）。

第四，生产和消费的关系。

在这个问题上，荀况总的主张是增加生产和节约消费。中国封建时代的思想家都把农业称作"本业"，荀况也是这样。他把发展和加强农业生产称做"强本"，而把"强本节用"看作处理经济问题的总方针，强调"强本而节用则天不能贫"（《荀子·天论篇》）。

在生产和消费两个方面，在强本和节用两种措施中，荀况强调的是强本，即发展生产方面，认为这是实现富国、富民的关键。他不赞成那种因担心生产不足而把"节用"看作是解决经济问题的主要途径的墨家观点，认为这种"为天下忧不足"（《荀子·富国篇》）的思想完全是杞人忧天，只要努力发展生产就不会出现不足。但是，他并不因此忽视节用问题，仍然把"节用"和"强本"并提。他所以重视节用，主要是从以下两点出发：

一是为了建立和保证足够的储备。他认为节用可以为私人和国家两方面提供储备，以防天灾和战争。他强调要把节用和"善藏其余"（《荀子·富国篇》）联系起来。以粮食储备为例，他要求公私双方都能有十年的储备。因为，不论任何天灾也不会造成连续十年以上的农业歉收。"十年之后，年谷复熟，而陈积有余"（《荀子·富国篇》），有了十年储备，就可无所惧怕了。

二是为了给再生产提供积累。他认为"民富则田肥以易"，"民贫则田瘠以秽"。何以"民富"、"民贫"会影响土地的肥沃程度和农产品产量呢？显然是由于他认识到民富就有可能把一部分从节用而来的剩余转化为再生产的积累，以改进和扩大生产。可见，荀况不仅主张把节用和储备联系起来，还主张把节用和积累联系起来，不仅要通过节用为消费形成储备基金，还要求通过节用为生产形成积累基金。

在中国的封建时代，主张以节用和储备相联系的人是较多的；而像荀况这样的把节用同积累联系起来，以增加生产的角度来论证节用的意义和作用的思想，则是极其少见的。

在管理国民经济的方法问题上，荀况主要提出了三个方面：一是明分，二是轻徭赋，三是不失时。

荀况说的"明分"，是指确定并保持人们在社会分工和社会等级体系中的各自不同的地位。他认为在社会分工已有一定程度的发展的情况下，任何人都不可能只靠自己的劳动和技能来满足自己的全部需要，而必须同别人结合成"群"，即组成社会。要使人们组织成群，就必须在群中为每个成员"明分"，必须确定每个人在群中的地位以及他同别人之间的相互关系。

明分包括：

（1）按社会分工需要把人们划分为各种职业集团，确定每个人属于何种集团。"农分田而耕,贾分货而贩,百工分事而劝。"(《荀子·王霸篇》)荀况不仅从社会分工的质的方面划分职业集团,还从量的方面确定各种职业从业人员的人数,提出"省工、贾,众农夫"的原则(《荀子·君道篇》),作为确定劳动力在农、工、商各职业集团中的分配比例的依据。

(2)确定人们之间的阶级和等级关系。荀况主张按照封建社会划分阶级和等级的办法,把人们划分为剥削和被剥削两大集团,并为各种人确定严格的社会等级,不同阶级和等级的人,在财产占有、生活享用和政治权利方面都各不相同。他说:"君子以德,小人以力,力者,德之役也。"(《荀子·富国篇》)这是指剥削者和被剥削者之间的关系。又说:对社会上的各种人都"使有贵贱之等,……然后使谷禄多少厚薄之称"(《荀子·富国篇》)。这是指不同等级的人们之间的关系。

荀况把赋役(赋税、徭役)看作管理国民经济的一个重要手段。他受儒家传统的影响,在财政政策方面强调轻徭赋,认为好的财政政策必须"轻田野之税,平关市之征,……罕兴力役,无夺农时"(《荀子·荣辱篇》)。荀况以前的儒家代表人物,也把轻徭赋看作能够富民的财政政策,但他们主要是从财富再分配的角度看问题,认为国家征收的财富少了,百姓手中保留的财富就相对增加,因而就能使"民富"。荀况却不是单纯地从财富再分配的角度看问题,而是同时从积累的角度看问题。他认为生产是由农民和其他生产者进行的,而国家则只是用财,国家实行轻徭赋的政策,就会增加生产者自身所保留的财富和劳动,而生产者就会把自己消费所剩余的劳动的一部分用作再生产的积累,从而取得"田肥以易"和"出实百倍"的效果。

荀况在管理经济方面很强调一个"时"字："斩伐养长不失其时"（《荀子·王制篇》）。这就是说首先要求人们的生产活动要适合季节要求，即所谓"春耕夏耘，秋收冬藏，四者不失时"（《荀子·王制篇》）。此外，它还包含有保护动植物自然生长条件的意义。他反复强调："草木荣华滋硕之时，则斧斤不入山林，不夭其生，不绝其长也。鼋鼍鱼鳖鳅（鳅）鳝（鳝）孕别之时，网罟毒药不入泽，不夭其生，不绝其长也。"（《荀子·王制篇》）为了鼓励人们广泛开发各种自然资源，荀况主张对这类生产活动实行免税；但为了防止滥采滥伐，他又主张由国家对这类生产活动加以管理，"山林泽梁，以时禁发"（《荀子·王制篇》），他认为这样做就可使"山林不童而百姓有余财"（《荀子·王制篇》）。

荀况的这一思想，是我国古代的一种十分可贵的保护生态环境的思想。在荀况以前，已有人提出过这类思想（如孟轲主张"数罟不入污池"、"斧斤以时入山林"），但远不如荀况讲得这么明确和透彻。

如果说，荀况开始从理论上对封建社会中的国民经济管理问题作了比较完整的论述和发挥，那么，《周礼》一书则从制度方面对封建国家如何管理经济进行了颇为详尽的设计。《周礼》一书被后代的儒家附会为西周初期的周公所制订的一套统治国家的典章制度。实际上，全书中没有一处提到西周或周公，说明书的作者自己也没有企图把此书假托为周公所作。从书中的内容看，当是战国时代的作品。

《周礼》中关于国民经济管理制度的设计，主要体现在《地官司徒》部分。《地官司徒》设计了主管地和人的一整套政府机构、官职及其职权，其中也包括对人的教育，但主要是把地和人作为生产和经济活动的两个要素来讲论其管理制度、管理方法的。

《周礼》一书所设计的国民经济管理制度，主要包括土地制度和农业生产的管理、人口和劳动力的管理、商业和市场的管理以及备荒救灾活动的管理（所谓"荒政"）等几个方面。

第一，土地制度和农业生产的管理。

"地官"中的最高官大司徒，负责制订并掌管全国土地管理的制度和有关资料，各地区的土地面积、地形，均画有详细的地图。根据这些图册以及气候、土壤情况，划定全国城市、居宅和生产用地，确定各地区的作物和其他生产活动的种类（如林、牧、渔、猎等），确定贡赋的种类和数量。

在土地制度方面，实行土地国有，由国家授田给劳动者。农业劳动者被称为"甿"（氓）。授田数量根据土地的情况分为三等：最肥沃的上等土地，每夫即每一成年劳动力授田百亩，宅地一块，另授给"莱"即草荒地五十亩；中等土地每夫也是授田百亩，宅地一块，另给草荒地一百亩；下等土地同样是每夫百亩，宅地一块，但草荒地则增为二百亩。由于中等及下等土地不能年年耕种，国家对耕种中、下等土地的农户，还多授给一百亩（中地）或二百亩（下地），以备休耕。

对土地的征税，按产品及距王城的远近而采用不同的税率：城内宅地免税，园圃地按产量征收二十分之一，近郊农田征十分之一，远郊征二十分之三，甸、稍、县、都（距王城更远的地区）农田征税十分之二，收益最高的漆林征税二十分之五。（《周礼·地官·载师》）近郊的农户为国家服徭役较多，因而税率越远越高。

《周礼》中的"甿"，每户分给一小块土地，在缴纳赋税后能占有和支配自己的劳动产品，这种"甿"显然不是奴隶而是农奴。《周礼》所讲的农业，显然是一种封建主义生产方式下的农业。

《周礼》对于农田水利和肥料的施用，也都规定了相应的管理制度："夫间（各农户土地之间）有遂"、"十夫有沟"、"百夫有洫"、"千夫有浍"、"万夫有川"。（《周礼·地官·遂人》）这些大大小小的渠道，组成为纵横交织的排水、灌溉网。主管施肥的专官名为"草人"。何种土地适宜于何种肥料，均由"草人"按照"物地相其宜"（《周礼·地官·草人》）（即按土壤种类选择肥料）的原则来确定。

为了督促农户发展生产，《周礼》还规定了用重税惩罚懒惰的办法，如对宅地不种桑树的迫令缴纳"里布"（每里二十五户，里布即二十五户应缴纳的人头税），对有田不耕者罚出"屋粟"（三夫的地税），对无职业并且游手好闲的人罚出"夫家之征"（一夫应负担的税）等。

第二，对人口和劳动力的管理。

主管户籍的官是"小司徒"。小司徒把全国的人口按住地、职业、贵贱等级以及年龄、体质进行分类，建立户籍材料，作为征收赋税、派充徭役的根据。

从事经济活动的人被按职业分成九类：一为"三农"（各种农民），从事各种粮食生产，向国家缴纳"九谷"；二为"园圃"，种植蔬菜果木，向国家缴纳自己的产品；三为"虞、衡"，从事采集渔猎，缴纳山泽产品；四为"薮牧"，从事畜牧劳动，缴纳禽畜产品；五为"百工"，即各种手工业者，缴纳各自生产的"器物"；六为"商贾"，缴纳"货贿"即货币或商品；七为"嫔妇"，从事纺织，缴纳布帛；八为"臣妾"（奴隶），从事拣拾零星产品和财物的活动；九为"闲民"，无固定职业，"转移执事"（《周礼·天官·太宰》）即根据各行业的需要从事临时性的帮工。

由青壮年到六十岁的男子，除贵族、官吏及残疾人外，均列为派充徭役的对象。但为了不妨碍生产，对每户派充徭役的人数和日数有一定限制：国家的一般兴造徒役（如修水利、宫室、城堡、陵墓等），每户只出劳动力一人，担负徭役的时间随收成情况而增减：丰年"旬（十日）用三日"，"中年（收成一般的年岁）二日"，"无年"（无剩余产品的年岁）每旬服徭役一日，"凶扎"（重灾年）不派徭役。

第三，关于商业和市场的管理。

主管商业的最高官吏是"司市"。司市以下，举凡市场、物价、契约、赊贷、商税、禁罚，都设有专官。

司市管理商业和市场的基本原则是："亡（无）者使有，利者使阜，害者使亡，靡者使微"（《周礼·地官·司市》），也即是调剂余缺，维护交易双方的利益，除伪去害以及减少损失浪费等。

《周礼》把市场划分为"大市"、"朝市"、"夕市"三种。"大市"主要是以"百族为主"的市场，也即是奴隶主大商人（当时的大商业还多半掌握在奴隶主商人手中）进行交易的市场。在这种市场中买卖的多是价值昂贵的珍异商品，所以定在"日昃"即正午过后进行。"朝市"是以"商贾为主"即由一般商人进行交易的市场，开市时间定在上午。"夕市"是以"贩夫贩妇"（小商贩）为主的市场，这些小商贩多在市场近处居住，所买卖的又多是一般人民生活日用的低廉商品，所以"夕时而市"（《周礼·地官·司市》）。

《周礼》主张国家对物价要实行严格的管理。主管物价的官吏名为"贾师"。每一贾师分管三十个商户。贾师对所辖商户要"辨其物而均平之，展其成而奠其价"（《周礼·地官·贾师》），也就是按商品质量规定价格,然后才许其出售。没能售出的商品,由"泉府"(主管收购滞货和赊贷的官府机构)按价收买,待机转售给需要这类商品的买者。

《周礼》对市场出售的商品规定有各种"伪饰之禁",以防出售假货、劣货。这种伪饰之禁"在民者十有二,在商者十有二,在贾者十有二,在工者十有二"(《周礼·地官·司市》),共达四十八条之多。这在当时可算是相当细密了。

除了固定的、经常性的市场交易外,遇有"会同"(诸侯之间的盟会)、"师役"(战争),司市还率领一批贾师,到军队驻地或会盟地点开设临时性的市场,以便于各诸侯国之间的商品交换和掳获物(奴隶、牲畜、兵器等)的交换。

第四,对备荒、救灾工作的管理。

《周礼》规定设立多层次的"委积"即储备制度,这些储备物资统由称作"遗人"的专官掌管。

对于救灾的措施,规定了十二个方面:"散利"(如赊贷及平价粜粮之类)、"薄征"(减税)、"缓刑"、"弛力"(免征或缓征徭役)、"舍禁"(放宽对山泽的禁限,使民采伐、渔猎度荒)、"去几"(免除对经过关梁的物资的稽查,以鼓励商人贩运)、"眚礼"、"杀哀"、"蕃乐"(均指省减婚丧祭祀等活动中所用的礼乐)、"多昏(婚)"、"索鬼神(祈求鬼神)"和"除盗贼"。

除了上述各方面的管理制度外,《周礼》还对山泽自然资源的采伐规定了一些管理办法,如对"万民"入山斩伐木材的时间和地区都有严格的规定,对泽地居民守护资源的职责和同国家分享产品的办法订有明确的规章等。对金、玉、锡、石等矿藏的采掘则专设"卝(gǒng,音巩)人"管理,对采掘规定了特别严格的禁限。

由于这些产品都属于"珍异",管理的目的主要是为了保证上层统治者们的需要。

三

战国时代的治生之学,最初是由大商人白圭提出来的。正像汉代大历史家司马迁所说的:"治生祖白圭。"(《史记·货殖列传》)

白圭名丹,和孟轲是同时的人。他不但是个有名的富商,而且总结出了一套经商致富的经验,并用以讲学授徒,这也就是他的治生之学。白圭实际上代表着先秦诸子中的一家,即和儒、墨、道、法、名、农、阴阳等家并立的商家,他的治生之学是商人的经商致富之学。

白圭治生之学的基本原则,就是"乐观时变"(《史记·货殖列传》)四个字。就是善于预测行情并根据这种预测进行决策。

他预测行情,首先是通过预测气候变化而估计农业收获的丰歉,从而预测未来商品供求的变化。他对气候同农业收获的关系的认识是:"太阴在卯,穰(丰年),明岁衰恶;至午,旱,明岁美;至酉,穰,明岁衰恶;至子,大旱,明岁美,有水;至卯,积着率岁倍。"(《史记·货殖列传》)这大约是根据古代天文知识以及丰歉变化的历史经验得出的一套看法。

农业是封建社会的主要生产部门,农业收获的丰歉,对整个国家的经济状况包括市场状况有决定性的影响。白圭这一套预测丰歉的办法,虽限于古代的技术条件不可能有充分的科学依据,但他预测行情变化首先从预测农业丰歉出发,这却是符合当时的历史条件的。

白圭预测行情的另一个办法是：依据当前的商品供求和价格的实际状况来预测未来的行情变化。他认识到，当市场某种商品需求大，成为人们的争购对象从而价格看涨时，接着就会出现供过于求和价格下跌的相反方向的变化。对这种市场价格和供求变化的经验性认识，实际上是白圭"乐观时变"的主要内容和他进行商业决策的主要依据。范蠡的"计然之策"提到："贵上极则反贱，贱下极则反贵。"（《史记·货殖列传》）这和白圭的认识基本上是一致的。

根据他对"时变"的预测，白圭在决策方面遵循以下几个原则：

第一，"人弃我取，人取我予"。（《史记·货殖列传》）

在购进商品时，不争购供不应求、价格看涨的热门货，而着重购进别人不太注意、不相争购的商品。这就叫"人弃我取"。等热门货因供过于求价格猛降，而白圭大量购进的商品变成了人们争购的新热门货时，则趁机大量抛出，这就叫"人取我予"。在商品的需求不强烈时购进商品，买价较低，在别人争购这种商品时则以有利的价格大量抛出，这样一反一正，可获得较大的利润。

第二，"岁熟，取谷，与之丝、漆、茧；凶，取帛絮，予之食。"（《史记·货殖列传》）

丰收时谷贱，而丝、漆、茧等商品的价格相对较高，收买谷物而抛出丝、漆、茧，可以从买价和卖价两方面得利。荒歉之年则正好相反。

第三，"趋时若猛兽鸷鸟之发。"（《史记·货殖列传》）

在进行行情预测看准了时机之后，决策必须及时，行动必须果决、迅猛，就像饿鹰和饿虎扑食那样。

　　白圭还为从事"治生"即商业管理工作的人员制订了智、勇、仁、强（坚忍）四项标准，说："其智不足于权变，勇不足于决断，仁不能以取予，强不能有所守，虽欲学吾术，终不告之矣。"（《史记·货殖列传》）可见，这四项标准是他选拔经营管理人员的标准，也是他设学传授治生之道时考核学生的标准。

　　白圭在经营管理思想方面还提出了"欲长钱，取下谷"（《史记·货殖列传》；下谷是广大消费者需要的大路货，也即是薄利多销）的原则；在业主同劳动者的关系方面提出了"与用事僮仆同苦乐"（《史记·货殖列传》）的主张。

　　白圭的治生之学，是从古代商人经商的实际经验中总结出来的。白圭所以能成为古代治生之学的鼻祖，除了他拥有丰富的经商经验外，还在于他掌握了较为渊博的学识。他吸收了先秦道家、法家、兵家等学说，使自己对实际经商经验的总结理论化，条理化，把实际经验上升为治生之学。他曾经自称："吾治生产，犹伊尹、吕尚之谋，孙吴用兵，商鞅行法。"（《史记·货殖列传》）近年国外（尤其日本）一些研究企业管理的学者吸收《孙子兵法》中的某些思想来建立自己的管理理论。白圭在两千多年以前，已开始注意到这一点了。

　　《史记·货殖列传》中所记载的白圭治生的材料，文字不多，但对中国早期的治生之学概括得相当精到，对此后中国的经济管理思想的发展有很大影响。白圭的治生之学不但为古代商人奉为经典，而且被近代的一些民族实业家所吸收、利用。著名的爱国华侨实业家陈嘉庚，早年在新加坡办黄梨（菠萝）厂，制造菠萝罐头，当时，设在新加坡采买菠萝罐头的欧美洋行十余家，收买量的百分之八九十是把菠萝切割成条、块、方等形状（称为条庄、块庄、方庄）

的罐头,而切割成其他各种形状的(称为"杂庄")罐头,仅占收买量的10%至20%。其他厂家都争做条庄、块庄、方庄,而陈嘉庚却专做杂庄。由于杂庄罐头收购价格较高,而且整个市场收购量的一、二成主要由他一家来做,销路就不是少了而是多了。结果,他取得了当地任何同行厂家不能取得的效果。他借款七千元经营黄梨厂,一年之内,就获利六万七千元,翻了近十番! 当别人问他当时专做杂庄的想法时,他回答了八个大字:"人争我避,人弃我取。"不难看出,陈嘉庚管理企业的指导思想,是深受了白圭的治生之学的影响的。

(原载《中国古代思想与管理现代化》,

云南人民出版社1985年版)

19 从中华文化宝库中发掘富国治生之学

——兼评何炼成主编的《中国经济管理思想史》

中国经济管理思想史是一门新兴学科。国内开始有人进行这方面的研究,迄今不过四五年。但它一经破土而出,就以异常迅猛的势头发展着,这门学科的开拓所以有这样强劲的势头,首先是由于现实需要的推动。

当前,全国人民正在中国共产党的领导下,为建设有中国特色的社会主义国家而奋斗。四个现代化,都包含着技术设备的现代化、人才现代化和管理现代化三个方面。在这三个方面中,管理现代化又居于特别重要的地位。但管理现代化从何而来呢?社会主义的现代化管理不能从资本主义国家找,社会主义国家也还在摸索,只有靠我们自己来创造。这就必须以马克思主义理论为指导,总结我国社会主义经济管理工作的经验;同时,多方面寻求参考和借鉴,尤其是要从西方的现代科学管理和中国管理思想的丰富历史遗产中去寻求借鉴。

有人认为,在目前的世界上,还只有西方国家实现了管理现代化,产生了现代化管理科学,我国要实现管理现代化,就只有采取西方的现成办法,一切照搬西方。学习和移植西方的科学管理,研究和借鉴西方的管理科学,对我国的管理现代化当然是重要的,不可少的;但是,学习和移植决不等于机械地摹仿和一切照搬。经济管理是非常复杂的事物,它既包括生产力方面、技术方面的内容,也包括生产关系和上层建筑方面的内容。如果外来的管理和管理科学不同本国的历史条件和文化传统结合起来,逐步改变成本国人民习见乐闻的东西,那么,它们就不可能在新的土壤里扎下根来。不管它们在原来的国度是怎样的先进和行之有效,照搬到异国也会成为毫无生命力的东西。其实,学习和移植西方的先进事物,正确的做法与其说是"全盘西化",倒毋宁说是要使外来事物"中国化"。移植的外来事物一旦同中国的历史条件和文化传统相结合,它也就变成了中国的一种新事物,或者说,就"中国化"了。

我国的伟大革命先行者孙中山,是中国近代"向西方寻找真理"的主要代表人物之一。他积极提倡对外开放,在中国率先提出"开放主义"的口号,把学习西方的经验、取得外国技术、资本和人才方面的援助作为中国迅速赶上世界先进水平的必要的和最为便利的条件。但他在最初提出"开放主义"口号的同时就告诫人们:对西方文明实行"开放主义"决不能"全盘照搬"。旧中国的许多著名的民族实业家都是热心于学习和移植西方的科学管理的,但他们也从来没有搞全盘西化。他们一方面学习西方的科学管理,不断改革自己企业中的落后的管理办法,另一方面也努力消化、改造西方的管理制度和管理方法,使其适合于本国的、本企业的具体条件。既然在半殖民地半封建的中国还不能对西方的管理一切照搬,我国当前的社会主义经济管理就更不能搞所谓全盘西化了。近几年,大批经理、厂长和其他企业管理人员以很大的热情学习西方的管理科学,并积极加以推行。在实践中,他们越来越体会到,要使所学到的西方管理科学知识能够用得上,就必须使它同中国的条件结合起来,并且不能丢掉自己的好经验和好传统,有些人并开始注意研究中国经济管理思想的历史遗产。

中国经济管理思想史的开拓工作势头迅猛,同中国管理思想历史遗产本身的特点也是分不开的。中国经济管理思想史是一门诞生未久的学科,但这方面的历史遗产却极其丰富而珍贵。这好比一个储量丰、品位高的富矿,过去长期深埋地下,无人注意,一旦有人开始采掘,自然会迅速激起人们采掘的积极性和热情。这种积极性和热情,不仅在我国学术界和企业界开始看到了,而且在一些外国也开始出现了。受中国古代文化哺育过的日本,比我们更早注意研究和运用中国古代管理思想的历史遗产。《孙子兵法》被许多大企业用作培训高级管理人员的教材,《三国演义》被称作"商业学的宝库",日本学者发表了许多这方面的研究论文和著作。有的日本学者还提出了"两个轮子"的说法,认为日本战后经济腾飞时期,企业家使企业生存和发展,一靠美国的现代管理,二靠中国的古代管理思想。并且认为:在经济衰退或经济困难的时期,后一个"轮子"尤其有用。

日本的成功也影响了美国以及欧洲的某些国家,他们都已有人在研究《孙子兵法》对经济管理的价值了。不过,目前外国学者的研究,还只限于某些中国古代的著作和文献(如《论语》《孙子兵法》《三国演义》等),而少有对中国经济管理思想史的系统研究。

面对中国经济管理思想史这门新学科迅速发展的形势,我们每一个想从事这方面开拓的人,都应以非同一般的劲头和效率进行工作,力争捷足先登,为这门学科的开拓做出更多的贡献。在这一学术逐鹿中,何炼成教授主编的《中国经济管理思想史》问世了。

本书是国内外头一部以"中国经济管理思想史"命名的著作。过去已出版的这方面著作,不论从内容说或从范围说,都不是系统的、完整的中国经济管理思想史。本书在范围方面从古代一直写到近代，而且在全书的十大问题中，每一问题都纵贯数千年的历史，它已经是一部名副其实的中国经济管理思想史了。本书是这门学科已出版著作中部头最大的一部著作，它汇集了较多的材料，开始形成了一个庞大的体系，因而也为这门学科的进一步发展打下了较广的基础。本书尽量研究、参考了这门学科中已出现的成果和某些有关学科的研究成果，因而在一定意义上可以说是对现阶段中国经济管理思想史研究工作的一个总结。

开拓伊始，不能要求精耕细耨，学术开拓也是如此。本书既是头一部《中国经济管理思想史》，它不能不带有些难以避免的缺点和局限。

本书的体系是以经济问题为纲，在一个问题之下则按历史顺序排列。这样写起来比较容易；从这门学科的现状来说，暂时恐怕也只能如此。但是，这种体系使同一历史时期的不同思想分散在各章节，对于管理思想和它产生的历史条件的关系，不容易看得清楚；对于经济管理思想和其他学术思想之间的关系的分析，也比较难以处理得好。在资本主义以前的时代，经济管理思想往往是和哲学、政治、军事、教育等思想共生的，而且很多是在议论这些问题的著作中涉及的。以经济问题为纲的写法，在处理这方面问题时也会受到很大的限制。

本书所写的内容主要是宏观的经济管理思想，以中国传统的范畴来表示就是"富国之学"。富国之学特别发达而"治生之学"（传统的微观经济管理思想）则比较薄弱，这的确是中国经济管理思想历史遗产的一个重要特色。写中国经济管理思想史必须以富国之学为主要内容，这是毫无疑义的；但是，对治生之学也应尽量注意。中国古代的治生之学,尤其是中国近代民族实业家的经营管理思想,包含不少精彩的、有参考借鉴价值的东西。认真研究这些遗产,对我国当前搞活企业的改革,具有重要意义。本书对我国微观经济管理思想的历史遗产重视不够,没有给予应有的地位。作为一部《中国经济管理思想史》,应该说是还不够完备的。

本书的出版,为中国经济管理思想史这门课程提供了一种教材,也大大加强了现有的研究阵地;更重要的是,何炼成等同志在学术开拓中奋勇争先的精神,对这门学科的进一步发展是一个重要的鼓舞力量。

1987年8月

(原载《经济研究》,1990年第3期)

20 《老子》管理哲学的启示

《老子》管理哲学中积极而有价值的内容主要是"无为"论和"弱用"论。前者包含着人们的管理活动要符合"道法自然"（实际是事物的本性和规律），不可任意妄为、强为；后者包含着强和弱的互相转化，弱在一定条件下可以胜强。

这些给现代经济管理提供了重要启示，只要我们在经济管理工作中注意从实际条件出发，尊重客观规律，发挥社会主义制度的潜力；就可以改变同目前的发达资本主义国家比的弱势地位，取得赶超世界先进水平的胜利。

一、《老子》的宇宙观和老派道家的"无为"论

道家的管理哲学是中国管理思想遗产中最珍贵的一部分。

先秦道家有许多支派，其中出现较早、在先秦时期影响较大的当推杨朱、老子①、庄周三派。杨派和庄派都是出世主义者。杨派以贵生、重己为宗旨，认为财富、禄位、权势等都是身外之物，不值

---

① 《庄子·天下篇》称关尹、老子之学，郭沫若认为关尹即环渊，即《老子》一书的作者。

得耗费心思、精力去追求他们宣扬："道之真，以持身；其绪余，以为国家；其土苴，以治天下。"①以这种态度看待天下、国家之事，他们自然不会有兴趣考虑任何管理问题了。庄派道家更是视爵禄为羁绊，等权势于腐鼠，把人群、社会的任何组织和管理，都看作是极大的灾难。如果说，庄派道家也有什么管理思想的话，那就是立即、彻底消灭任何管理！

老派道家却不是如此。从这一派的代表作《老子》来看，谈论管理的地方是很多的，而且是谈得相当全面的：它既谈到了政治管理、军事管理、社会文化管理，也在一定程度上涉及到经济管理；既提出了自己的管理目标，也论述了管理理论和管理方法。而且，它对管理问题的全部论述，是建立在自己的哲学体系的基础上的，是从管理哲学的高度来考察有关管理的各种问题的。

老派道家哲学的最高范畴是"道"。"道"是宇宙的本体，是宇宙间一切事物由以形成的最终根源。"有物混成，先天地生。寂兮寥兮，独立而不改，周行而不殆，可以为天下母。吾不知其名。字之曰道。"②道本身是一个无形、无声、不可感知的"惟恍惟惚"的东西，而不是一个有意志的神。③它按自身的规律运动，并在运动中化生万物："一生二、二生三、三生万物。"④这种化生完全是道自然运行的结果。所谓"道法自然"，就是指道之存在和运行（道之

---

① 《吕氏春秋·仲春纪·贵生》。

② 《老子》，第二十五章。

③ 对于《老子》的"道"究竟是物质的还是精神的，学术界一直有争论。本章研究《老子》管理哲学，可不涉及这种争论，只了解道生万物和道法自然两点就够了。

④ 《老子》，第四十二章。

法）都是自然的,①是不受任何意志或意识所左右的。

　　既然宇宙间一切事物都是由道所生,那么,一切事物都必须像道那样,自然而然地运行、变化。人的活动（包括国家的政治活动）也是如此,只能顺应自然,而不违反自然,在自然运行的轨道之外另有作为。人不违反自然而另求作为,这就是老派道家所提倡的"无为"。但是,既然道的自然运行能够化生万物,人只要按照道的要求行事。一切工作就能够通过道的运行自然而然地"功成事遂"②。这就叫做"尤为而无不为"③。反之,如果人们行事不顺应自然,而是凭自己的主观意愿违背自然而强为,那就只会干扰、妨碍道的自然运行而招致失败。

　　"无为"是老派道家管理哲学的最高原则,它具有以下几个明显的特点:

　　第一,"无为"是一个普遍适用于任何管理过程的原则,不论是政治管理、经济管理、军事管理或社会文化管理,概莫能外。但是,老派道家首先却是把"无为"作为一个政治管理原则提出来的。老派道家所主张的"无为",首先是在政治活动方面的"无为"。

　　老派道家认为:国家政权为管理人民而制颁的法令规章越多,人们为规避、利用这些法令、规章而采取的手段越多;国家为禁制人民而使用的刑罚越繁苛,人们的反抗越强烈,社会也就越乱,越不安宁:"其政察察,其民缺缺"④,"法令滋彰,盗贼多有"⑤,"民不

---

　　① 《老子》说的"道法自然",不是"道"效法自然,自然更高于道;而是说道之法为自然。

　　② 《老子》,第十七章。

　　③ 同上书,第三十七章。

　　④ 同上书,第五十八章。

　　⑤ 同上书,第五十七章。

畏威"①,"民不畏死,奈何以死惧之"②。从这种认识出发,老派道家在治国问题上一贯强调"政简刑清",反对以繁复苛重的政治、法律手段治国。

儒家也反对以政、刑作为治国的主要手段。孔子所说的"道之以政,齐之以刑,民免而无耻"③就表明了这一点。但是,儒家所以这样主张,是由于他们强调以德、礼治国。在老派道家看来,以德、礼治国,和以政、刑治国,同样是有为。他们激烈地攻击:"礼者,忠信之薄而乱之首"④,"大道废,有仁义"⑤。他们认为,要想使国家安定,民风淳厚,最好是"绝圣弃知"、"绝仁弃义"。⑥

第二,"无为"的原则是适用于一切人的。但首先却是对上层统治者尤其是对君主的要求。

老派道家认为:实现"无为"的管理原则,是要使社会上的一切人,包括统治者和被统治者,都"无为"和"不敢为"。他们把人们为改进生产、改善生活而进行的活动,把人们对文化、技术的学习和应用,都视为"有为",主张通过国家的管理加以消除或最大限度地削弱。但是,国家的这种管理却不能采用法令、规章、刑罚、奖赏之类的手段。因为,这样做是违反无为原则的。而且必然会引起规避、反抗、钻营等行为。结果是越管越乱。

为了使社会上一切人都无为和不敢为,老派道家认为唯一的办法是由统治集团尤其是最高统治者率先实行"无为",不但在政

---

① 《老子》,第七十二章。
② 同上书,第七十四章。
③ 《论语·为政》。
④ 《老子》,第三十八章。
⑤ 同上书,第十八章。
⑥ 同上书,第十九章。

治上尽量省减活动，而且带头过一种质朴、简陋、低下的生活，不享受文化、技术进步带来的成果。在最高统治者的倡率下，整个社会就会形成一种"无为"的风气，无形地但却是有力地约束着一切人，从而达到自上至下人人无为的境界。

老派道家非常强调统治者、领导者自身的倡率作用，这和儒家的风行草偃论是一致的。很可能是受儒家这种观点影响的结果。①但是，儒家所讲的倡率作用，是以德率民，即以领导者自身修养良好的道德影响被领导者，以化民从善。这在老派道家看来，是导民有为。老派道家也同样重视领导者的倡率作用，但却是要导民无为。

第三，"无为"作为一个宏观的管理原则，意味着国家对私人的活动（尤其是经济活动）采取不干预、少干预的态度，也即是采取放任的态度。②但老派道家提倡"无为"，不是为了更加发挥私人的活力和积极性，而是为了把私人的活力和积极性尽量减弱、减小。

老派道家提倡"无为"首先是要求国家政权和统治者对待百姓实行无为而治，这表明无为主要是一个宏观的管理原则。无为必然意味着对私人活动的束缚，干预的减少或放松，使私人有更多的自由从事自己所愿从事的活动。这将有利于私人的活力和积极性的增长，从而使社会经济和文化的发展出现更加活跃的局面。国家政权和统治者、领导者的"无为"，事实上将导致百姓更能有为。

---

① 儒家是先秦百家争鸣的第一个学派，其他各家多受儒家影响。或从儒吸取了某些思想内容。老派道家反对以政刑治国，重视领导的倡率作用，都显然是受儒家影响。"无为而治"的提法也是孔子先提出来的。

② 道家未从经济方面宣扬放任主义，但它的无为论是放任主义的理论基础。

可是，这种结果不是老派道家所希望的，而恰是他们所力图防止和扭转的。老派道家提倡无为是要"法自然"，但是，老派道家所讲的自然，实际上有双重含义：一是事物的本性和规律，一是事物最初的或原始的状态。从后一种认识出发，老派道家强调无为应以保持事物的原始、朴素状态为依归。把对原始、朴素状态的任何变革和改造，都斥为有为。都看作是对自然的破坏，要求消除这种"破坏"，使事物回到最初的原始朴素状态。老派道家把这种向原始状态复归的运动看作是道之常，强调："万物并作，吾以观复。夫物芸芸，各复归其根，归根曰静，是谓复命。复命曰常，知常曰明；不知常，妄作凶。"①

在社会历史领域，老派道家把人类文明以前的原始时代看作人类的黄金时代，憧憬着这一时代的复归，并以这种复归作为"无为而治"的最终鹄的。《老子》的"小国寡民"章把这一点表达得很清楚：

小国寡民：使有什伯之器而不用；使民重死而不远徙；虽有舟舆，无所乘之；虽有甲兵，无所陈之；使人复结绳而用之。甘其食，美其服，安其居，乐其俗。邻国相望，鸡犬之声相闻，民至老死不相往来。②

在老派道家的这个"理想国"中，生产、交通工具很少，很简陋，而且尽量不用；文字已废弃不用，而重新采用了发明文字以前的结

---

① 《老子》，第十六章。
② 同上书，第八十章。

绳记事的办法：人们满足于极端贫困、低下的生活，不求改进。社会对外是封闭的，隔绝的：既无同外部的战争，也无和平往来，甚至连近在眼前，可以直接看得见、听得见的"邻国"，也"老死不相往来"。

《老子》的作者自然知道，他所处的时代距这种"小国寡民"的太古之世已经十分遥远了；生产、交通工具已复杂得多，进步得多，脑力劳动和体力劳动的分工已发展到相当高的程度，人们的生活水平也大非穴居野处的原始人可比了。因此，《老子》的作者只能借助于一个"废"字和一个"复"字：什伯之器"废"而不用，舟车、甲兵"废"而不用，废文字而"复"结绳；邻国相望，大非原始时代人烟稀少的情况可比，但可以"废"弃已有的交往，"老死不相往来"！

儒家的创始人孔子已提出过"无为而治"①的论点，但孔子讲的"无为而治"，只是一个领导方法方面的主张：君主或最高领导人要善用人，而不要自己插手做具体工作。老派道家则把"无为"看作管理的最高原则，并把它建立在"道法自然"的哲学思想的基础上，从而使"无为而治"成了老派道家管理哲学的核心内容。

从"无为"这个最高原则，又派生出以下几个管理原则：

其一是"清静"。

要使管理活动能顺应道之自然，必须首先以清静、持重的态度处事。克服轻率、躁扰的弊病，不看准趋向和时机，不采取行动；而一旦看准了，就坚定不移地采取行动，不轻易变迁、更改。《老子》认为：领导人尤其是君主这样的最高统治者，如不遵守清静的

---

① 《论语·卫灵公》。

原则,轻举妄动,朝令夕改,就必然会在全国社会引起纷扰、混乱,造成严重后果。因此,它一再强调:君主要"清静为天下正"①,"我好静而民自正"②,"重为轻根,静为躁君……轻则失本,躁则失君"③。对于大国的领导者、管理者来说,轻举妄动、朝令夕改造成的后果是尤为可怕的,由此引起的纷扰、混乱将更为广泛、复杂和难于收拾。因此,《老子》特别告诫大国的领导人说:"治大国若烹小鲜"④。

这句话以极其精练、生动的语言揭示了一个具有普遍性的管理原则:所管理的单位范围越大,人数越多,情况越复杂,管理工作就越加需要镇定、持重和有条不紊。下面有乱是局部的,而上面一乱则会使及全局。

其二是"寡欲"。

《老子》认为:多欲和纵欲势必要采取各种手段以求得欲望的满足,这将意味着在经济、技术、文化以及政治、军事等方面更加有为,而君主或统治者的多欲、纵欲必然要导致赋税徭役的增加。这本身就是国家政权的有为;同时,又将激起百姓的抵制、反抗。而使整个社会陷于纷乱和不宁。《老子》把"寡欲"⑤看作实现无为之治的一个先决条件,提倡"见素抱朴,少私寡欲"⑥,"不欲以静,

---

① 《老子》,第四十五章。
② 同上书,第五十七章。
③ 同上书,第二十六章。
④ 同上书,第六十章。
⑤ 《老子》有时讲"寡欲",有时又用"无欲"事实上所谓"无欲",并不是指完全无欲,而是指寡欲。
⑥ 《老子》,第十九章。

天下将自定"①。

《老子》讲的寡欲,是对一切人的要求;不仅要求君主寡欲,"知足"和"知止",而且主张"常使民无知无欲"。②但是,怎样才能使民无欲呢? 强制禁民之欲是行不通的,而且有违"无为"的原则。在这里,《老子》又乞灵于君主的倡率作用。它认为只要君主自身寡欲和崇俭,就会上行下效,在整个社会中形成一种人人安于朴素、简陋生活的社会风气:"我无欲而民自朴。"③

其三是"下民"。

《老子》从古代的历史特别是从春秋、战国时期的剧烈社会变革认识:"贵以贱为本,高以下为基"④。如果统治者肆意剥削、压迫和凌虐百姓,百姓的反抗也将愈演愈烈,这等于是统治者自己挖掘自己的根基,最终必将导致自己统治的覆亡。因此,《老子》提出了统治者、领导者必先"下民"的管理原则,强调:"欲上民必以言下之,欲先民必以身后之",并且以百川归海作比喻说:"江海所以能为百泽王者,以其善下之。"⑤

《老子》所谓"下民"、"后民",当然不是主张根本改变统治者和被统治者的关系,不是要否定贵族、庶民之间的等级秩序,因为它明说"下民"是为了"上民"和使"天下乐推而不厌",⑥也就是以"下民"作为巩固自己统治地位的手段。这样的"下民",从具体内容来看,充其量不过是实行某些减赋、省刑以及"礼贤下士"之

---

① 《老子》,第十九章。
② 同上书,第三十七章。
③ 同上。
④ 《老子》,第三章。
⑤ 同上书,第五十七章。
⑥ 同上书,第六十六章。

类的改良措施,以缓和统治者之间的矛盾。而实行这些措施也正是"无为之治"的内容。

其四是"愚民"。

《老子》认为:人们智慧的发展必然使人类社会同原始自然状态相去日远,而且必然使人们更趋向于有为,使无为之治越来越难于实现。因此,它主张要实行无为之治必须"愚民",宣称"古之善为道者,非以明民,将以愚之"①。

《老子》说的"愚民",同韩非、秦始皇、李斯等人所主张的焚书、禁学之类的愚民政策不同,它不是靠暴力强制,而是要通过统治者、领导者的倡率作用在整个社会中形成一种停滞、闭塞、愚昧的环境和风气,使得生活于其中的人一代代浑浑噩噩、无识无知,只知按千百年来的习惯过原始、素朴的生活,人人不想为,不敢为,也不能为。《老子》"小国寡民"的理想国,正是依此设计出来的。

二、《老子》中的辩证法和老派道家的"弱用"论

《老子》不但认为"道"是运动的,而且认为运动的动力来自内部,是内部两种相反的力量互相斗争的结果。相反的或对立的两方,在相互斗争中会各依一定的条件向自己的对立面转化:强和弱、大和小、先和后、刚和柔……无不如此。《老子》把这种认识概括为一个公式:"反者道之动"②。

---

① 《老子》,第六十五章。
② 同上书,第四十章。

《老子》不但意识到了事物运动、发展的这种辩证法,还认识到人们可以利用这种辩证法来为自己谋利益,使实力较弱,在斗争中处劣势的一方,有效地抗御,乃至战胜强大的对手。对强和弱的斗争,一般人总认为强者必然是胜者,《老子》却提出相反的见解,认为:"弱之胜强,柔之胜刚,天下莫不知,莫能行。"①《老子》更关心的,是把弱胜强的辩证法付之于"行",即加以运用。它把这种运用概括为"弱用"论,说:"弱者道之用。"②

《老子》的"弱用"论,包括以下几方面的主要内容:

第一,"哀者胜"——以弱胜强的主要条件。

强和弱、优势和劣势之间的相互转化,是有条件的。竞争中处于弱势的一方,绝不是在任何情况下都能战胜强大的对手。必须审慎地研究这些条件并以自己的积极努力促进这些条件的形成,还要善于抓紧时机巧妙地利用这些条件,才能做到以弱胜强。

在以弱胜强的条件方面,《老子》首先指出:"抗兵相加哀者胜矣。"③

《老子》说的"哀者"有双重含义:哀痛和哀怜,或者说是悲愤和同情。前者指战争的弱势一方,全军、全国对强敌侵凌一致悲愤,同仇敌忾;后者指它得到与国及中立国国家和人民(包括敌国中反对战争的人民)的广泛同情,也就是《孟子》所说的"得道者多助"④。

实力较弱的一方处于"哀者"地位是以弱敌强、以弱胜强的首

---

① 《老子》,第六十九章。
② 同上书,第四十章。
③ 同上书,第六十九章。
④ 《孟子·公孙丑下》。

要条件。如果不是这样,而是内部分崩离析,外部孤立无援,那么,即使是本身有较强的军事力量,也可能被击败;如果实力本弱于敌,又处于众叛亲离的状况,那就只能坐以待毙了。

"哀者胜"是以弱胜强的首要条件,但还只是一个可能的条件。有了这个条件,还需要进行艰苦的工作:对内要教育群众,使本国军民都充分了解自己所进行战争的意义,了解并憎恨敌人的凶残和不义,从而树立起坚强的决心和信心,昂扬斗志,团结对敌,同时,要进行繁巨的组织工作,把前方、后方一切物质、精神力量都动员起来。对外要做广泛的宣传工作和外交联络工作,多方争取支持和援助,联络与国,分化瓦解敌人。只有这样,才能把"哀者胜"由可能的条件变为现实的条件。

第二,"以正治国"①——以弱胜强的基础。

要想在战争中取胜,首先要做好内治工作来加强自己的实力。诸如将帅及各级军事干部的选拔、培养、考察,战士的征集、编组、训练、武器及其他军事物资的准备,以及整个国家的政治、经济情况的改善等。这些治国、治军的工作,事先做得越充分,战斗的实力就越强大。这就是《孙子》所说的:未战先"立于不败之地"②或《老子》说的"无死地"③。只有使自己先立于不败之地,才能求胜;只有先使自己"无死地",才能得生。这些治国、治军的工作,必须做得非常周密,切实,一丝不苟,《老子》说的"以正治国",正是指此。

对于实力较弱的一方,内治尤为重要。弱势而不对治国、治军

---

① 《老子》,第五十七章。
② 《孙子兵法·形篇》。
③ 《老子》,第五十章。

作艰苦认真的努力,那就只会使原来的强弱差距更加扩大,战争的失败就是不可避免的。

《老子》对"以正治国"的要求很严,不但要求对大事、难事必须十分认真、谨慎地干,对小事,细事和似乎简单、容易的事,也不得疏忽大意。它反复强调:"图难于其易,为大于其细。天下难事,必作于易;天下大事,必作于细。"① "合抱之木,生于毫米,九层之台,起于累土,千里之行,始于足下。"② 同时,在做一件事的整个过程中,也要求自始至终采取严格认真的态度,不得忽略任何一个环节,任何一个阶段。《老子》特别告诫人们:在工作的最后阶段容易产生麻痹大意的情绪,因而特别要慎之又慎,要"慎终如始"③,才可避免全部工作"于几成而败之"④。

这样"以正治国",岂不是"有为"吗? 这同"无为而治"的最高管理原则能够相容吗?

必须指出:《老子》讲的"无为",决非无所事事、一事不干的意思;"无为"只是要求不可违背自然之道而强为,或者说,只是要求顺自然之道来"为"。在所为不背自然之道时,《老子》不仅主张为,而且主张按照自然的要求,认真地、及时地为。它常以水比喻"无为",认为水并非死寂一团,而是流动的,并且"善利万物"⑤;但它的流动、停住,滋润万物,都是顺应自然之势。治国也应效法水,"正善治,事善能,动善时"⑥,因势利导,不假勉强地达到治国

① 《老子》,第六十三章。
② 同上书,第六十四章。
③ 同上。
④ 同上。
⑤ 《老子》,第八章。
⑥ 同上书,第六十三章。

的要求。"以正治国",从它的各方面实际工作看都是"为",而且都必须"为",但由于顺其自然而没有一点强为、妄为的成分,所以在本质上却是无为。

第三,后动制敌①——以弱胜强的战略、策略。

"以正治国",使自己在战争发生前有充分准备,这对以弱胜强、以弱敌强是绝对必要的。但是,这至多只能使自己立于不败之地,却未必能够胜敌,而且,如果在做好了治国、治军的各项工作之后,自己的实力仍弱于敌方,那就仍然不能有不败的保证。

要想胜敌,还需要在实际战争中运用机动灵活的战略、策略和战术,善于抓住敌人的弱点和有利时机,充分发挥自己的优势以致命打击敌人。这就是兵法所说的"出奇制胜"。正因如此,《老子》的"弱用"思想,除了要求"以正治国"外,还要求"以奇用兵"②。

《老子》"以奇用兵"思想的最大特点,是它提倡后敌而动,伺机制敌的原则。

《老子》明确地说:"用兵有言:吾不敢为主而为客,不敢进寸而退尺。"③这里,"主"指先发进攻,"客"指后发应战或防御。防御也不是固守阵地,同占优势之敌死打硬拼,而是在强敌进攻下首先撤退,以避免在不利形势下同强敌决战。《老子》以"退尺"为喻,说明退却是可以大踏步后退,以便远远甩开敌军。

不过,"退尺"不是畏敌远遁,也不是消极地保存实力,而是用以战胜敌人的一种积极的战略、策略。因为,《老子》一再说:"后

———

① 《老子》并未把它以弱胜强的战略、策略明确地概括为"后动制敌"的简单公式,但它的这方面思想是比较清楚的。

② 《老子》,第五十七章。

③ 同上书,第七章。

其身而身先"①,"不敢为天下先,故能成器长"②。暂时"后其身",是为了能够"身先";"不敢为天下先",是为求得"成器长"而采用一种积极的手段。后敌而动,在强敌进攻下首先实行退却,是一种争取主动、争取胜利的手段。

至于后敌而动何以能成为胜敌的手段,《老子》的论述不很具体,但有两点是清楚的:

(1)等待敌军实力减弱,然后转入反攻。

《老子》认为:在我军主力后退,避开敌军打击的情况下,敌军求战不得,锐气将逐渐衰竭,这就为我军转入反攻创造了有利的条件和时机。

《老子》看到:不论多么强大的军事力量,在大举进攻却一再找不到战机时,其实力和锐气是不能长久维持下去的。它以自然界的情况作比说:"飘风不终朝,骤雨不终日。孰为此者?天,地。天、地尚不能久,而况人乎?"③来势越猛,动作越大,衰竭也越快。我保存和蕴蓄实力,而敌人疲弊、衰竭,这就逐渐改变了双方力量的对比,使反攻胜敌有了可能。中国古兵法书上说的"避其锐气,击其惰归"④正是指的这种情况。

(2)等待敌军暴露出弱点,然后转入反攻。

强大的敌人也会有某些弱点。只要看准它的弱点,集中力量给予打击,就可使其遭受严重损失,甚至陷于溃败。《老子》说:"其

---

① 《老子》,第六十七章。

② 同上。

③ 《老子》,第二十三章。

④ 《孙子兵法·军争篇》。

脆易泮,其微易散"①。所谓"脆"、"微"就是指的这种弱点。当敌军最初集中强大力量进攻时,它的弱点不容易发现,也不容易打击;但在敌进我退、敌久不得手而躁急求战的情况下,弱点就容易暴露出来。

《老子》不仅主张以后发和退却等待敌军暴露弱点,还主张使用各种谋略,制造种种假象以诱骗敌人,迷误敌人,以促使敌人暴露弱点。它把这种谋略称为"微明"术:

> 将欲歙之,必固张之;将欲弱之,必固强之;将欲废之,必固兴之;将欲夺之,必固予之。②

这种"微明"术的特点是:要削弱、空耗或打倒敌人,夺取敌人的阵地,就先对它示弱,或者故意让它得点便宜,引诱它作出错误判断,轻举妄动,加速暴露其弱点,然后出其不意给予致命打击。

"先发制人",这是兵法所揭示的一个一般的原则。在己方实力大过敌方或大略相当时,或者敌方实力虽强大但缺乏准备时,对其发动先发制人的进攻,可以使敌措手不及,遭受意想不到的损失,从而获得胜利或获得战争主动权。但是,在敌强我弱而敌又有所准备时,弱势一方采用先发制人的做法就行不通了。在这种情况下,先发不能制人,而只会为人所制,而且是自招人制。

在《老子》出现以前,中国战争史上早就有许多后动制敌的战例。《老子》最先从理论上总结了这方面的军事经验,提出了后动

---

① 《老子》,第二十三章。
② 同上书,第六十四章。

制敌的新的军事思想,并把这种新军事思想建立在老派道家哲学思想的基础上,从而使它成了"弱用"论的主要内容的一部分。

《老子》不仅在以弱胜强的军事斗争中提倡后动制敌,而且在处理人和人、国和国的关系中,一贯提倡"居后"和"处下"。《老子》把这看作是立身、待人、处事、治国的一个普遍原则,看作自己的"三宝"之一,说:"吾有三宝,持而保之:一曰慈,二曰俭,三曰不敢为天下先。"① 既然是"三宝"之一,那就是有普遍适用性的:不仅势弱的一方不应争上、抢先;即使是力量较强的、占优势的一方,也能从居后、处下得到更大好处。在君和民的关系中,《老子》主张君先下民;在国和国的关系中,则主张"大国以下小国"②。不过,这就不属于"弱用"论的范围了。

三、老派道家管理哲学的二重性

"无为"论和"弱用"论是老派道家管理哲学的两个主要组成部分。前者是以《老子》的道为一切事物本源的宇宙观为基础的,后者则是《老子》"反者道之动"的辩证法在管理思想方面的表现。

"无为"论包含着人们的管理活动要符合道之自然(实际上是事物的本性和规律),不可任凭主观意愿妄为、强为;领导者或管理者要以身率下,不可一味靠强制手段进行管理;管理者进行管理活动要谨慎、冷静和坚定,不轻举妄动、频繁更张和朝令夕改,等等。

---

① 《老子》,第六十七章。
② 同上书,第六十一章。

这些都是一些带普遍性的管理原则，是管理活动一般必须遵循的。

"弱用"论包含着强和弱不是一成不变、弱在一定条件下可以胜强：内而敌忾同仇、外而得道多助是以弱胜强的基本条件；"以正治国"，尽量加强自己的实力，是以弱敌强、以弱胜强的基础；"以奇用兵"，采用灵活机变的战略、策略和战术是以弱胜强、转弱为强的有效手段，以弱敌强要以后动制敌来取胜等原理。像这样完整的、自成体系的以弱胜强术，尤其是我国管理思想遗产中的稀世之珍。

《老子》的管理哲学中虽然包含着这么多积极的、有价值的内容，但《老子》的管理哲学作为一种体系，却是消极的、保守的和倒退的，这正是《老子》的管理哲学所具有的二重性。

《老子》把人类社会的原始、低下的发展阶段看作唯一符合于自然的状态，并把回复到和恒久停滞于这种状态作为管理的目标。在《老子》的管理哲学体系中，"无为"论和"弱用"论实际上都是为实现这种消极的管理、倒退目标服务的："无为"不是为了有利于社会经济、文化的发展，而恰是为了削弱、窒塞其发展活力；领导者的"无为"不是为了便于发挥被领导者的主动性和积极性，而是为了带动整个社会使人人无为和不敢为；"无为而治"不是要把国家治得更富裕，更文明，更先进，而是要把它治成一个原始、简陋、贫困、闭塞的"小国寡民"式的村社；"无为无不为"，不是意味着把工作做得更多，更完善，而恰是要极大地压缩人类活动的广度和深度：什伯之器不是扩大、增多为千万之器，而是连已有的什伯之器也废而不用；文化、学术不是日益求其昌明，而是"复结绳而用之"，使百姓越来越愚昧，越"无知无欲"！《老子》的"弱用"论不是使弱者变强，而是企图使人人因害怕弱胜强而不敢成为强者。

提倡"居后"、"处下"不是想变更旧的等级秩序,而是为了缓和矛盾,以避免或延缓在上位的统治者因矛盾激化而被推翻。后动制敌固然有利于实力尚不够强大的先进势力发展壮大自己,但老派道家却不希望这种先进者壮大和胜利,因为这和他们回复到"小国寡民"的理想是不相容的。

《老子》管理哲学的二重性是老派道家所处的时代以及其所代表的社会势力的状况在思想领域中的反映。老派道家活动于战国时期,这正是中国历史上封建制度取代奴隶制度的时代。社会处于不断的剧变之中,"高岸为谷,深谷为陵",原来居于统治地位,貌似强大的衰朽统治势力,在斗争中相继失败、没落和崩溃,而原来处于被统治、被压迫地位的新生势力,虽然开始时比较弱小,但却在斗争中不断胜利、壮大,终于推翻和消灭了比自己强大的旧势力。无数的历史和现实事例使老派道家认识到:柔能制刚,弱能胜强,下能变上,后可反先。他们力图从理论上解释这种现象,从而得出了一些合乎辩证法的原理,形成了老派道家管理哲学中最积极的内容。

但是,由于老派道家所代表的是当时的社会没落势力或日益衰落中的势力,他们不甘心被淘汰、被推翻的命运,幻想为自己所代表的社会势力寻求一种"天长地久"①、"子孙以祭祀不辍"②的治道。于是,就以《老子》弱能胜强的原理为依据,告诫当时还处于"上"和"大"的衰朽统治势力,不要肆意剥削、压迫百姓欺凌小国,以免激化矛盾,促使双方地位向相反方向转化,加速自己的败亡;

---

① 《老子》,第七章。
② 同上书,第五十四章。

又恫吓已经在斗争中转化为强大者的先进势力，不要以强并弱，进一步打击和消灭已转化为弱小者的旧统治势力。因为，"坚强者死之徒"①，力量强大并不足恃。老派道家看到新旧势力的斗争随着社会的进步而日益发展和激化。于是就幻想使社会发展永远停滞于原始状况，以阻止新旧势力矛盾的发展，并且想以"无为之治"来减弱社会的活力，实现人类原始状态的复归。

《老子》管理哲学的积极内容，是对当时的社会剧变、社会斗争的一些正确认识；它的消极、倒退的体系，则反映了没落社会势力的态度和幻想。在这两个方面中，消极、倒退的体系是处于决定地位的。这种体系力图把社会引向一个停滞、沉寂和倒退的状态，反对其走向发展、进步和活跃的局面。这样，老派道家管理哲学中那些具有活力和进取精神的积极内容，就都被它的消极体系所束缚和扭曲了。

但是，生产力的增长和发展，社会历史的前进，是不可阻挡的趋势，老派道家想使社会停滞于低下的水平，甚至倒退回"小国寡民"的状态，是绝对不可能的。在《老子》学说问世之后，社会不是倒退了，而是继续前进了；生产力不是停滞了，而是增长、提高了；技术文化不是更粗陋、低下了，而是更发达，更先进了。历史的事实同道家所幻想实现的境界相距越来越远。

老派道家管理哲学中的积极内容，作为人类优秀历史遗产的一部分，是不会被人忽视和遗忘的。但是，要吸收和利用这些积极因素，必须首先把它们从老派道家的消极、倒退的体系中剥离出来，解放出来；而这不能靠老派道家及其所代表的没落社会势力来

---

① 《老子》，第七十六章。

实现,只有新的、先进的社会势力,才能在这方面有所作为。战国后期的法家代表人物,已从推进地主阶级政治、经济改革,建立和强化中央集权封建专制政权的需要出发,从《老子》学说中吸收和改造了不少的东西,《韩非子》中的《解老》《喻老》等篇,就是这种做法的典型。发端于战国后期而盛于西汉前期的黄老之学,更把老派道家消极的无为论转变为一种积极的无为论,要求以国家政权的"无为"来减轻百姓的负担,放松对百姓经济活动的限制和束缚,以便使百姓在恢复、发展经济方面更能有为。这种理论成为西汉前期六七十年间"与民休息"政策的理论基础,对巩固统一的中央集权的封建国家,对形成一个繁荣,强盛的西汉帝国,起了重要的作用。

四、对现代经济管理的几点重要启示

《老子》一书,谈论管理之处主要着眼于政治管理和军事管理,对经济管理只有一些较为零散的观点;但由于它是从一般原理,尤其是从管理哲学的高度探讨政治、军事管理问题,它的许多内容对现代经济管理也是能提供教益或借鉴的。

无为论关于顺应道之自然,不可强为的思想,对于在经济管理工作中要坚持从实际条件出发,尊重客观规律,反对主观随意性,可有启发和帮助;以静制躁、遇事持重的思想,对应付复杂多变的经济形势、坚持有条不紊的经济工作秩序是十分重要的;"治大国若烹小鲜",反对轻举妄动和朝令夕改的思想,对于经济管理工作中要保持政策和规章制度的稳定性无疑会有教益;国家政权对民间活动采取无为的政策，不过多地加以干预，这用于经济管理方面，会有利于发挥生产、经营单位的积极性和主动精神。这一点对当前我国的经济体制改革具有借鉴意义，更不待言。

《老子》的"弱用"论，对我国当前和今后较长时期的经济管理，尤其有重要的意义。从整个国家的经济发展状况来说，我们比发达的资本主义国家还落后不少。在20世纪末我国经济发展达到小康的水平后，下一个世纪中还要斗半个世纪左右才能达到中等的发达资本主义国家的水平。这一后进赶先进的过程，就是一个以弱胜强、转弱为强的过程。从我国的企业来说，不论是在技术、设备或管理水平方面，一般都落后于发达资本主义国家的企业。今后要在开放的环境中经受住外来的竞争，并且走向世界市场，在世界市场的角逐中取得胜利，也必须经过一个长期艰苦的以弱对强的过程。至于国内的后进企业，则除了对外国企业的竞争外，还在同国内先进企业的竞争中处于弱势的转弱为强的斗争尤为艰巨，以弱胜强的形势尤其严峻。

要以弱胜强和转弱为强，就需要有这方面的理论作指导。就现代经济管理的直接需要而言，还没有这种现成的理论，需要我们结合现代管理实践来创造。创造必须有所借鉴，而《老子》的"弱用"论正是这方面极好的借鉴。

既然我们的祖先在两千多年前就揭示了以弱胜强的可能性和途径，我们现代的中国人，有先进的社会主义制度作为基础，有现代的科学技术可以利用，对于赶超世界先进水平，实现中华腾飞于全世界的豪迈事业，怎能不更加意气风发，信心百倍呢？

《老子》"哀者胜"的原理，指出了以弱胜强的首要条件：处于弱势者，必须是"哀者"，才有可能胜强。这个原理无疑是正确的。

可是，《老子》对"弱"没作具体的分析，它事实上是混淆了两种不同的"弱"：一种是暂时处于弱势地位的先进势力，另一种是处于弱势但还没有灭亡的衰朽势力。只有前一种弱势者才能同时是"哀者"，因为，只有它才有不甘当弱者、不惧怕强者的气概，才有力图通过斗争改变自己弱势地位的顽强意志，只有它才能较好地团结内部并获得外部的广泛同情和支持。至于后一种弱势者，弱则弱矣，却不可能是"哀者"，不可能有转弱为强的幸运。它在同强大敌手斗争的全过程中，在某一时期取得某些局部的胜利还是有可能的，但这种胜利不可能影响斗争的全局，不可能改变它最终被消灭的命运。

《老子》的作者未作这样的分析，也不可能作这种分析，因为，他的思想感情是偏向这后一种弱势者的。他一心希望这种衰朽的弱势者能够"天长地久"，不被消灭或淘汰。然而，"弱用"论是不可能挽救这种弱势者的。

弄清这一点，对我们当前的斗争特别重要。我们同目前的发达资本主义国家相比，不论是国民经济还是大多数企业，显然都处于弱势。但我们正是先进的弱势者，我们有先进的社会主义制度。只要我们善于发挥社会主义制度的潜力，团结十一亿人民同心同德为振兴中华、赶超世界先进水平而努力，我们的胜利是不可阻挡的。

当然，说我们有先进的社会主义制度，不等于说在我们的社会、我们的国家中不存在落后的东西。像我们这样一个在几千年封建社会的废墟上和在百余年殖民地、半殖民地社会的废墟上建立起来的社会主义国家，存在许多落后的东西，是完全不足为奇的。是落后的东西就会对我们的事业有消极的作用，就会对实现以弱胜强的斗争拖后腿。因此，要进行以弱胜强、转弱为强的斗争，就必须坚决进行改革，改变旧的不适合现代化要求的体制，消除一切落后的关系和观念的残余。这种改革进行得越深入、越彻底，我们的以弱胜强、转弱为强的斗争，也就越能取得顺利的进展。

《老子》"以正治国"的思想，把"治国"看作以弱胜强的基础。这对经济管理也是十分重要的。不论是国家的经济发展或是企业的竞争，都必须以认真、扎实、始终如一的内治工作为基础。内治做好了，基础坚实了，才有同外部力量进行竞争或经济斗争的强大实力，才能经受住外部的种种挑战、压力以及形势变化所带来的冲击，才有能力和条件利用各种机遇为自己谋取尽可能多的利益。不肯老老实实地做内治工作，本来是强大者也会趋于停滞、落后；本来是弱势者就只会更加相形见绌。

《老子》后动制敌的思想，对我国当前的后进企业在竞争中改变自己的地位和状况的斗争，也有很积极的意义。这种思想是作为战争的指导原则总结出来的，自然会带有战争双方势不两立和阴谋倾陷的特点。这使它更适合于资本主义企业之间的那种你死我活的竞争；同社会主义企业之间的竞争，本质是不同的。但是，它的某些内容如面对强大对手不可主动出击，企图先发制人；要善于发现和抓住对手的弱点，发挥自己的优势来冲击对手的弱点；要坚持"以奇用兵"，使用灵活机动的战略、策略、战术等，在一定条件下对社会主义企业之间的竞争也是有参考或借鉴意义的。

（原载《经济纵横》，1991年3月号）

21 孔丘与中国传统经济思想的滥觞[*]

一、中国古代影响最大的思想家

在春秋后期的经济思想代表人物中，最有代表性、影响也最为深远的当推儒家学派的创始人孔丘。

孔丘（公元前551年—前479年），字仲尼，鲁国陬邑（今山东省曲阜市东南）人。按春秋时的习惯，人们对所尊重的人称之为"夫子"或"子"，因此，从孔丘在世时开始，历代相沿，人们尊称他为"孔子"或"孔夫子"。

孔丘的祖先原是宋国公室贵族。六世祖孔父嘉，为宋国大司马，在贵族内部倾轧中被害。后代迁往鲁国，失去贵族地位，以孔为氏。孔丘之父名叔梁纥，为鲁国陬邑宰，"丘生而叔梁纥死"①。孔丘自幼随母亲过着孤苦贫贱的生活，以"儒"（为奴隶主贵族赞礼的专门职业）作为谋生的手段，做过鲁国当权贵族季孙氏的家臣，担任过"委吏"（管仓库的小吏）、"乘田"（管牲畜的小吏）等职务。春秋后期，奴隶主贵族对文化事业的官方垄断局面已崩坏无余，学术流入民间，这使孔丘有可能从众多的人士那里学到广博

---

* 本文为赵靖、张守军合写。

① 《史记·孔子世家》。

的知识。他少年时期的贫困,微贱的个人处境,也使他奋志求学。他自称"吾十有五而志于学"①,"学而不厌"②,"发愤忘食"③,可见他在学习方面的刻苦和勤奋。因此,他在青年时代已学到了当时第一流的博大精深的学识。当时人称赞他"博学而无所成名"④,他的学生则说他"焉不学? 而亦何常师之有"⑤,这都说明他知识领域广阔而且博采众长,学无常师。孔丘三十岁左右开始收徒讲学。公元前517年,鲁国内乱,孔丘离开鲁国到齐国,为齐国贵族高昭子家臣,不满两年,又回鲁国继续办学,并整理诗、书、礼、乐等古文献、典籍,声名更著,被誉为"圣人",门徒大增,鲁国以外的许多诸侯国,也都有人前来拜师受业。公元前502年,鲁定公任命孔丘为中都宰,即鲁国首都的行政长官,一年后,又任命他为司空,再升为大司寇,"与闻国政",进入了鲁国上层贵族的行列。但为时不久,即因不能实现自己的政治抱负而辞职离鲁,率领门徒们去周游列国,寻求推行自己政治主张的机会,十四年间,他先后到过卫、曹、宋、郑、陈、蔡、楚等国,但均无所遇,公元前484年返回鲁国。回国之后,被尊为"国老"。国家遇有重要政事,也常征求他的意见,但未再让他担任官职。他晚年主要从事教育及古文献整理工作,公元前479年病逝。

孔丘生前已成为闻名列国的大学者,门徒多至3000余人。他以"六艺"即礼、乐、射、御、书、数等知识和技术教学生,并按"德行"、"言语"、"政事"、"文学"等学科对学生因材施教,培养出一

---

① 《论语·为政》。
② 《论语·述而》。
③ 同上。
④ 《论语·子罕》。
⑤ 《论语·子张》。

大批高水平的学术继承人。他不但学识广博，而且他的各方面的学术有统一的指导思想，形成为一个"一以贯之"①的思想体系。他删《诗》《书》，订《礼》《乐》，以鲁国的国史为基础编成《春秋》一书，全面整理和总结了他以前的典籍、文献。他通过学术活动直接创立起先秦第一个也是最大的一个学术流派——儒家，揭开了中国古代百家争鸣的帷幕。在先秦的各学派中，儒家各支派固然是同宗孔子，墨、道、法、阴阳等学派的创立，也多受过儒学的很大影响，或者是从儒学中分化出去的。② 汉代以后，儒学更逐渐被尊为思想界的正统，而孔丘则被尊为"至圣"。孔丘是中国古代影响最大的思想家，也是声名卓著的世界文化名人之一。

孔丘生活在春秋后期这样一个奴隶制土崩瓦解，新的地主封建经济迅速兴起的社会大变革时代，他的整个思想，其中也包括他的经济思想，是这种大变革时代的历史条件的反映。

前章讲到的公孙侨、晏婴、羊舌肸、姬扎等人，也都是春秋后期的人。他们的思想反映的是同一时代，但却各自不同。这主要是由于：他们对当时的社会大变革所持的态度不同。要了解孔丘思想的性质和特点，也首先要弄清他对当时正在发生着的社会大变革究竟抱什么态度。

孔丘虽做过官，甚至做过大官，但为时不长，从他一生的活动和事业成就来看，他主要是一个学者而不是一个政治上当权的贵族或官僚。他年轻时生活贫苦，社会地位低贱，这使他对社会能有较广泛的接触和了解，知道一些民间疾苦。他的学生来自各方，他

---

① 《论语·里仁》及《论语·卫灵公》。
② 墨家的创始人墨翟最初学儒，法家学派的完成者韩非是战国大儒荀况的学生。有的研究者（例如郭沫若）认为道家庄周学派出自颜氏之儒。

461

本人又长时期周游列国，对各国的政治、经济、文化变迁和社会矛盾、社会冲突，都掌握了较丰富的材料和信息。在旧制度"礼崩乐坏"的解体过程中，他实际上并未失去什么，在一定意义上反而可说是这种时代变迁的受益者。如果奴隶主国家直接垄断文化的王官世守局面不打破，他就不可能学到那么多的知识和学问，也不可能从事办私学和整理古文献的活动，从而也就不可能取得他那种震烁千古的成就和历史地位。

上述这一切条件，使孔丘的思想与当时的腐朽奴隶主贵族不同，能够多少感受到并且反映出某些新的时代气息和时代动向，从而对奴隶制解体过程中出现的某些新事物能抱肯定、同情或者宽容的态度。

孔丘学术思想的最高范畴是"仁"。他对"仁"下过各种各样的定义，其中最有概括性的一个是"爱人"①。孔丘所谓的"爱人"，当然不同于我们所说的爱人民群众，也有别于西方启蒙学者所宣扬的博爱，而是一种按照亲疏、贵贱而有所差别的等级性道德原则。在亲疏方面要按血统远近而差别对待，首先是要爱自己的父兄，这就是所谓"孝弟（悌）"或"孝友"，其次是爱自己的近亲，又次为远亲，最后才是与自己无血统关系的人。在贵贱方面，首先要爱政治、社会地位高贵的"君子"，尤其是其中最高的"君主"，这就是所谓"忠君"、"贵贵"，然后才是爱平民百姓。等级差别原则是儒家"仁"、"爱"思想的特点；那种不问亲疏贵贱而无差别地爱一切人的"爱无差等"②主张，是儒家所坚决反对的。

---

① 《论语·颜渊》。
② 《孟子·滕文公上》。

　　孔丘的这种按亲疏贵贱而予以不同对待的思想基本上是对奴隶主贵族传统道德原则的沿袭。中国古代的奴隶制是一种宗法贵族奴隶主统治的制度。在这种制度下，调节各级奴隶主贵族之间的关系的原则就是按亲疏贵贱而有所差别的等级制原则。孔丘的"仁"，总的说正是这种原则的理论表现。

　　但是，奴隶制社会的这种按亲疏、贵贱来差别对待的原则，向来是只适用于"君子"即奴隶主贵族内部的；孔丘把"仁"解释为"爱人"，这就在一定程度上把这一传统道德原则推广到贵族以外了。这意味着他开始从理论上承认了劳动者和一切平民百姓的人的地位。尽管他还认为这些人是地位低贱的"小人"而不能同"君子"们并列，但毕竟是主张把他们作为人来对待了。

　　在奴隶制时代，劳动者处于奴隶的地位，他们不是被当作人来对待，而是被看作和牲畜、工具差不多的一种物。现在，孔丘把他们也看作是人，列入了"爱人"原则的适用范围之内，这不能不说是对传统的奴隶主贵族道德原则的一个理论上的重大突破。这个突破，正是奴隶制解体过程中劳动者地位的变化（由奴隶变为农奴或封建依附农民）在意识形态领域中的反映。

　　有一次，孔丘上朝回来，得知他家的马厩被焚毁，他立即询问道："伤人乎？"①而不问厩中的马是否有死伤。在当时，饲养马匹的人称为"圉"，是一种地位特别低贱的奴隶。孔丘却首先关心他们的安危。这同奴隶社会把奴隶等同于牲畜甚至贱人贵马的传统，已是多么显著的不同！

　　孔丘不仅承认了劳动者和平民百姓的人的地位，而且把他们

―――――――――――――

　　①　《论语·乡党》。

看作是有理智、有感情、有自尊心的人。因此，他强调为政要"教民"，即以教育手段对平民百姓进行劝化、诱导，反对一味用暴力威逼，压迫。认为"道（导）之以政，齐之以刑，民免而无耻；道之以德，齐之以礼，有耻且格"①。他办学收徒，主张"有教无类"②，他的学生中也有一些生活贫困、社会地位低贱之士，颜回、原宪等都是其例。他曾告诉他的学生言偃（子游）说："君子学道则爱人，小人学道则易使也。"③这就是说，"小人"不仅可作为教育对象，而且可以让他们学道。"道"即儒家所倡导的孝、悌、忠、信、礼、义、廉、耻之道，学道本是奴隶主贵族的特权，现在孔丘甚至主张让小人学道，可见他的"教民"思想已放宽到相当广大的范围了。

如果孔丘思想中的这种倾向能够充分弘扬开来，他必然会成为春秋时期的一个伟大的改革思想家。可惜的是，这一倾向并不是他的思想中的唯一倾向，而且不是占主导地位的倾向。在孔丘思想中真正占主导地位的，恰恰是一种与此相反的保守的、复旧的倾向。

孔丘把唐、虞、夏、商、周的"盛世"看作人类的黄金时代，把唐、虞、夏、商、周的创业者和奠基者看作古"圣人"、"圣王"。但他又认为，西周以前的各代，时世久远，"文献不足"④。只有西周的典章制度，继承了前代文物而加以发扬，达到了最为完备的程度。而且，在春秋末期，有关资料还较为完整地保留着。所以，要恢复古代的"圣制"，就应以西周时期的典制为依据，把尚存在的加强起来，已

---

① 《论语·为政》。
② 《论语·卫灵公》。
③ 《论语·阳货》。
④ 《论语·八佾》。

衰落的振兴起来，改变了的纠正过来，绝灭了的复活起来。他说："周监于二代，郁郁乎文哉！吾从周。"①又说："如有用我者，吾其为东周乎！"②西周的制度统称礼制，于是，孔丘就把"复礼"作为自己的基本政治纲领。

春秋时代是礼崩乐坏的时代，孔丘以复礼作为自己的政治纲领，正是针对这一时代形势而发的。当时，新兴地主阶级为了发展自己的经济、政治势力，不断地破坏礼制，孔丘要复礼，自然就要把地主阶级破坏礼制的行为作为自己攻击的目标。他对自己的得意高足颜回说："克己复礼为仁。一日克己复礼，天下归仁焉。"③所谓克己复礼，就是要求新兴地主阶级的代表人物，尤其是其中具有"君子"身份的人物，把自己的行动处处限制于礼的范围之内。孔丘把"克己复礼"看作"仁"这种最高道德的集中表现。④这清楚地表现了"仁"的保守主义的政治倾向。

在春秋时期，新兴地主阶级中最有力量的是由奴隶主营垒中分化出来的或有着向地主阶级转化倾向的那一部分贵族。这部分人身居卿、大夫职位，是"君子"即贵族中的部分成员，但他们不是运用自己的地位、权力来维护奴隶主贵族的礼制，而是千方百计地实行各种破坏礼制的政治、经济改革，在春秋时期"礼崩乐坏"的潮流中，起着重要的推波助澜作用。这样，当时的"君子"就日益明显地分化为两部分：一部分是守礼、复礼的"君子"，即守旧贵族；

---

① 《论语·八佾》。

② 《论语·阳货》。

③ 《论语·颜渊》。

④ "克己复礼为仁"的论点，并不是孔丘最先提出来的（参看《左传》鲁昭公十二年）。孔丘把前人的这一论点用来反对当时新兴地主阶级的违礼行为。

另一部分是违礼、毁礼的"君子",即发动或支持封建性改革的贵族。在孔丘的心目中,这两部分君子是泾渭分明的。他说:"君子而不仁者有矣夫!未有小人而仁者也。"①小人不可能具备"仁"这种最高道德,但当时的"君子"也并不全是符合于"仁"的要求的。只有守礼、复礼的"君子"才称得上"仁",而身居卿、大夫之位,却处处为违礼、毁礼之行的,则是"不仁"的"君子"。问题再清楚不过了,他所说的不仁的君子,不正是指齐国的陈氏,鲁国的季孙氏,晋国的韩、赵、魏以及楚国的白公胜之流吗?

正由于这些不仁的君子在当时的新兴地主阶级中最有实力,领导着各国政治、经济改革的潮流,对奴隶主贵族的统治的威胁也最大,因此,孔丘要"复礼"、"从周",自然就会把斗争的矛头主要指向他们。孔丘的政治活动和学术活动,总的说都是以此为依归。当他在政治上掌握一部分权力时,他力图运用手中的权力维护礼制,制止一些不仁君子破坏礼制的行为(如在鲁国"堕三都")。他的学术活动,也以宣扬礼制、赞扬守礼的君子和谴责违礼的君子为主要的内容。

二、对春秋时期政治、经济改革的态度

春秋时期,有贵族身份的新兴地主阶级代表人物破坏礼制的行为大体可分三个步骤:第一步是在贵族生活的许多方面不遵守礼制的规定,擅自采用上级奴隶主贵族所用的礼;进一步是运用自

---

① 《论语·宪问》。

己所掌握的权力进行政治、经济改革，废弃礼制的某些规定而以新的制度代替它们；更进一步则是杀掉或驱逐奴隶主贵族统治者，夺取政权或牢牢控制住政权。

在生活方面超越礼制的规定，这似乎是小事，但孔丘对此却看得极为严重。因为，在中国的奴隶制时代，各级贵族在生活方面所用的礼，被看作是他们不同的身份、地位和权力的象征，如果身为下级而用上级的礼，那就意味着奴隶主国家统治体制的颠倒、紊乱。因此，孔丘对春秋时期发生的任何违礼行为，都不能容忍，而随时随地地加以谴责和攻击。

季氏（季孙氏）"八佾舞于庭"是以其大夫身份而享用天子才能用的乐舞，孔丘怒不可遏地说："是可忍也，孰不可忍也。"①

鲁国的"三桓"即季孙、叔孙、孟孙三家都在彻祭时奏《雍》乐，孔丘认为这是天子祭祖时所专用，同三家身份不合，就说："相维辟公，天子穆穆，奚取于三家之堂？"②

鲁国大夫臧孙辰（臧文仲）是有名的智者，孔丘却指责说："臧文仲居蔡，山节藻棁，何如其知（智）也？"

孔丘对管仲评价很高，但对管仲家有"塞门"、"反坫"这一类象征诸侯身份的设施也不肯放过，一再指责他"不知礼"。

但是，把这类生活上的违礼越礼行为同地主阶级代表人物的政治、经济改革相比，孔丘更加反对的自然是后者。因为，这些改革是对礼制的大规模的、集中的破坏，它们更严重地威胁、动摇着奴隶主贵族的统治。

---

① 《论语·八佾》。
② 同上。

孔丘作《春秋》，对鲁国以及其他诸侯国所进行的经济、政治改革，一一加以贬责。由于贬责用的言辞极其简括而又极其隐晦（所谓"微言大义"），真实含义不容易看得出来，孔丘的后学们就根据各自的理解写了一些专门解释《春秋》的"传"。后代流行的《春秋三传》即解释经义的《公羊传》《谷梁传》和记载春秋时代史实的《左传》，就是这样的著作。把《春秋》有关的"微言"同三传配合来看，孔丘对春秋时代的政治、经济改革所抱的态度，就可大体上看出来。

鲁宣公十五年（公元前594年），鲁国实行了一次税制改革，不分公田、私田，一律按亩计征，称为"税亩"。按周代原来的税制，国家只对公田征税，称为"藉"；税率是按产量征收实物税十分之一，称为"彻"。鲁国改行新税制后，对公田、私田一视同仁地按亩征税，周代的"藉"法在鲁国从此就废止了，而私田（西周后期已开始有）的合法性则由此得到承认。

孔丘在作《春秋》时，对这一改革仅用"初税亩"三个字加以记载。对这一"微言"所包含的"大义"，《公羊传》解释说：

初税亩何以书？讥。何讥尔？讥始履亩而税也。何讥乎始履亩而税？古者什一而藉。古者曷为什一而藉？什一者，天下之中正也；多乎什一，大桀、小桀，寡乎什一，大貉、小貉……①

《谷梁传》及《左传》的解释则分别是：

---

① 《公羊传》鲁宣公十五年。

初税亩，非正也。……初税亩者，非公之去公田而履亩十取一也。①

初税亩，非礼也。谷出不过藉，以丰财也。②

三传说法稍有不同，《谷梁传》说的"去公田"，《左传》说的"过藉"，都指对公田、私田同标准征税破坏了"藉"法；《谷梁传》还明确地说实行税亩后税率仍为十分取一，即仍用"彻"法。《公羊传》却说这一改革不但废弃了"藉"法，而且在税率方面同时破坏了"彻"法。三传的解释虽有这种出入，但有一点是共同的：即都指出对私田征税是废弃了藉法。

"税亩"是一次税制的改革，孔丘认为这一改革是对周代传统税制的破坏，也是对一种非法的田制（私田）的公开承认，首先进行这种改革的人，是应该受到谴责的。他在"税亩"前面加一个"初"字，就是表示归罪于祸首的用意。三传所说的"讥"、"非正"、"非礼"，都把孔丘反对这次改革的态度给明确表达出来了。

在征税时对公田、私田一视同仁的做法，提高了私田占有者的社会、政治地位；对私田的征税从此有了确定的制度，这对私田占有者的经济力量的发展也是有利的。地主阶级是大量占有私田的阶级，而孔丘所说的不仁君子，如齐国的陈氏，鲁国的三家之流，尤其是私田的最大拥有者。税亩显然是一项符合地主阶级利益和要求的财政、经济改革。孔丘对税亩进行谴责，表明他对这种有利于新兴地主阶级势力迅速发展的改革是深感抵触的。

---

① 《谷梁传》鲁宣公十五年。
② 《左传》鲁宣公十五年。

晋顷公十三年（鲁昭公二十九年，公元前513年），晋国大臣赵鞅、荀寅把晋国前执政士匄（范宣子）制定的《刑书》铸在一只铁鼎上公之于众。孔丘对此激烈抨击说：

晋其亡乎！失其度矣。夫晋国将守唐叔之所受法度，以经纬其民，卿大夫以序守之，民是以能尊其贵，贵是以能守其业，贵贱不愆，所谓度也。……今弃是度也，而为刑鼎，民在鼎矣，何以尊贵？贵何业之守？贵贱无序，何以为国？

这里，"唐叔所受之法度"，就是晋始建国时从西周所接受的法度。晋士匄作《刑书》，变更了西周的法度，在孔丘看来，已是违礼。但是，更使他愤怒的是，晋不但改订了刑律，还把这种新的刑律铸在铁鼎上，以公之于众。在这样公布之后，奴隶主贵族要对被统治者用刑，就会多少受到刑律条文的约束，想再像未公布刑律以前那样有法不依，任凭自己的意志使用刑罚，就不那么方便了。被统治者以及统治者中间的反对派，就可依据公布的刑律进行斗争，奴隶主贵族的淫威和权势就削弱了，他们再想像自己的祖先那样专横，那样肆无忌惮，就会越来越困难了。孔丘说："民在鼎矣，何以尊贵？"意思就是说：铸刑鼎后对民众施用刑罚将依据刑鼎上的条文而不能由奴隶主贵族想怎么办就怎么办，贵族就不够尊贵，不够威严了。他说："贵何业之守？"就是说，奴隶主贵族将不能守住自己的"祖业"，即不能保住他们祖先的那种特权和淫威了。

晋铸刑鼎，和23年前公孙侨在郑国铸刑书是同样性质的改革，而且连公布成文法的方式也是一样的。但孔丘对公孙侨铸刑书没作过直接批评，而对晋铸刑鼎却攻击得如此激烈，这似乎是不一致的。孔丘同公孙侨私交甚厚，甚至有孔丘"兄事子产"①的传说。按照孔丘"为尊者讳"、"为亲者讳"的惯例，他不肯直接批评公孙侨，也是可能的。《左传》上详细著录了羊舌肸（叔向）为郑铸刑鼎而写给公孙侨的信，其中批评公孙侨的话，同孔丘对晋铸刑鼎的抨击大同小异。羊舌肸说的"民知有辟，则不忌于上"②，和孔丘说的"民在鼎矣，何以尊贵"，更是如出一辙。既然羊舌肸在23年前已基本上说出了孔丘的看法，孔丘也的确无必要再直接批评公孙侨了。

在当时，郑是小国，而晋是"世主夏盟"的霸主；郑虽改革在先，而晋的同样改革所产生的影响却会大得多。"擒贼先擒王"，孔丘选择晋铸刑鼎作为抨击对象，应该说是颇具"战略眼光"的。

最能说明孔丘对春秋时期的政治经济改革的态度的，莫过于他对鲁国"用田赋"的反应。

鲁哀公十二年（公元前483年），鲁国当政者季孙肥对军赋制度再次进行了改革。早在公元前590年，鲁国即曾"作丘甲"，即把原来由一甸担负的军赋改为由一丘负担，这比公孙侨同样性质的改革（公孙侨公元前538年"作丘赋"，参阅前章）还早52年。新的改革又把由一丘负担的军赋改为按实际亩数计征，这就是孔丘作《春秋》时所写的"用田赋"③。

把"丘甲"改为"田赋"，就使一些分散的、不规整的土地也要负担军赋，而私田中的这种分散的、不规整的情况却是大量的。这一改革更容易体现对公田、私田一视同仁的原则，因而是在承认私

① 《孔丛子·杂训》。
② 《左传》鲁昭公六年。
③ 《春秋》鲁哀公十二年。

田的合法性方面又一个重要的进步。

这时，孔丘周游列国回鲁不久，他的学生冉求成了季孙肥进行改革的重要助手。在改革方案出台之前，季孙肥就派冉求去征询孔丘的意见。《左传》及《国语》都较为详细地记载了孔丘和冉求之间就此事进行的对话：

> 季孙欲以田赋，使冉有访诸仲尼。仲尼曰："丘不识也。"三发，卒曰："子为国老，待子而行，若之何子之不言也？"仲尼不对，而私于冉有曰："君子之行也，度于礼，施取其厚，事举其中，敛从其薄，如是，则以丘亦足矣。若不度于礼而贪冒无厌，则虽以田赋，将又不足。且子季孙若欲行而法，则周公之典在；若欲苟而行，又何访焉？"①
>
> 季康子欲以田赋，使冉有访诸仲尼，仲尼不对，私于冉有曰："求来，女（汝）不闻乎？先王制土，藉田以力而砥其远迩，赋里以入而量其有无，任力以夫而议其老幼……若子季孙欲其法也，则有周公之藉矣；若欲犯法，则苟而赋，又何访焉？"②

这些记载把孔丘对此项改革的满腹牢骚描绘得淋漓尽致。本来，事先征询孔丘的意见，是对他这位国老的尊重，可是，孔丘却认为拿这种违礼的改革来问他是对他的侮辱，所以，采取了拒绝回答的做法。按说，对于季孙肥这样官高位显的大人物，这种做法已是非同寻常的不礼貌了。但孔丘仍然按捺不住自己的愤懑，所以

---

① 《左传》鲁哀公十一年。
② 《国语·鲁语下》。

私下又对冉求倾盆大雨似地发泄起来。

冉求在孔门弟子中以擅长治赋、理财而闻名。在这次改革中，冉求显然起了重要作用。于是，孔丘除了当面对冉求发火外，又对其他门徒大骂冉求：

> 季氏富于周公，而求也为之聚敛而附益之。子曰："非吾徒也，小子鸣鼓而攻之可也。"①

对于地主阶级代表人物举行革命或政变，废、杀国君夺取政权，孔丘自然更是极度敌视和反对。《春秋》一书，充满了对"乱臣贼子"的口诛笔伐。所谓"乱臣贼子"，自然有些也是奴隶主贵族内部为争夺权力、财富而采取暴力行动，发动宫廷政变的人，但主要的却是进行夺权的地主阶级代表人物。对这些敢于向奴隶主贵族夺权的"乱臣贼子"，孔丘力图用暴力进行镇压。例如，在他的晚年，齐国最有权势和实力的地主阶级代表人物陈恒杀掉齐国君主齐简公，完全控制了齐国政权。孔丘听到消息，就面见鲁国君主鲁哀公说："陈恒弑其君，请讨之。"②其实，孔丘完全明白，这时齐国力量远大于鲁，而且鲁国政权已基本上控制在新兴地主阶级的代表人物季孙氏等三家大臣手中，要求鲁国去武装干涉齐国，是根本办不到的。他所以向鲁君提出这种要求，不过是表示自己敌视"乱臣贼子"的态度而已。用实力来讨伐"乱臣贼子"既不可能，于是，孔丘就只好寄情于所谓口诛笔伐。孟轲说："孔子成春秋而乱

①　《论语·先进》。
②　《论语·宪问》。

473

臣贼子惧。"①可见,孔丘作《春秋》的主要目的之一,就是要借以对"乱臣贼子"进行口诛笔伐。

孔丘是一个具有两重性的历史人物。他的思想在一定程度上反映了春秋时代历史前进的动向,但其主要方面则是保守的。这种情况同他的家世以及他的生长环境和经历是有密切关系的。他虽然"少也贱",但却是宋国公室贵族之后,一直念念不忘自己先辈的尊显,至死还想着自己是"奠于两楹之间"的"殷人"。他生长在鲁国。鲁国本是周公的长子伯禽的封国,西周的礼制在这里保存得最多。和孔丘同时的晋国执政大臣韩起,在访问鲁国时曾说:"周礼尽在鲁矣。"②春秋时期鲁国的改革势力固然强大,保守势力也很强大。孔丘在年轻时就以儒为业,对奴隶主贵族的传统礼制特别熟悉,也特别依恋。因此,他对春秋时期礼崩乐坏的形势深感痛心疾首,一生为"复礼"而奔走呼号。

由于保守的倾向在他的思想中占着主导地位,孔丘在一些局部的问题上可能提出或支持某种符合历史前进趋势的主张,但在涉及全局问题时,他却坚持维护礼制,反对一切破坏礼制的改革。他对下面这一历史事件的评论,典型地反映了他的这种态度。

公元前591年,在齐、卫两国的一次战争中,卫国的一个平民仲叔于奚救了卫军主帅孙良夫的命,立下了大功。卫国的国君赐给他土地,他不受土地而要求赐予他"曲县"(悬)、"繁缨"。他的要求被接受了。孔丘不胜遗憾地评道:

---

① 《孟子·滕文公下》。
② 《左传》鲁昭公二年。

惜也,不如多与之邑。唯器与名不可以假人,君之所司也。名
以出信,信以守器,器以藏礼,礼以行义,义以生利,利以平民,政
之大节也。若以假人,与人政也。政亡则国家从之,弗可止也已。[①]

"曲县"、"繁缨"是诸侯使用的乐器和马饰,并不见得有多大
经济价值。可是,孔丘却认为宁可多给土地而不应把这些东西给
予仲叔于奚。因为,多给土地虽然使卫国统治者蒙受较多的经济
损失,但这种损失毕竟是局部的;而把象征诸侯身份和权力的"曲
县"、"繁缨"给予一个平民,那就紊乱了奴隶主贵族的统治秩序,
使统治者和被统治者界线不清,从而会对奴隶主贵族统治的全局
带来严重后果。

政治是经济的集中表现。具体的经济利益同政权相比只是局
部性的事物,而政权却是关系到统治阶级全局的东西。因此,孔丘
在具体的经济利益问题上往往能表现出比较开明的态度,但对于
他认为是破坏礼制的任何政治、经济改革,却决不宽容。认识这个
特点对研究孔丘的经济思想至关重要,甚至可以说是理解孔丘经
济思想的秘钥。他的义主利从论就集中、突出地表现了这样一个
特点。

三、春秋时期的义利观和孔丘的义主利从论

"义"在儒家思想中是仅次于"仁"的范畴。《论语》中谈到义

---

① 《左传》鲁成公二年。

的地方很多，但对其含义却未作过明确的解释。孔丘的后学依据
他的思想，把"义"解释为正当的、合宜的行动准则，所谓"义者，
宜也"①。儒家把"仁"看作立身处世的根本，而把"义"看作"仁"
在表现为行动时所必由的准则，并把二者的相互关系比作"宅"和
"路"的关系，认为："仁，人之安宅也；义，人之正路也"②，主张"居
仁由义"③。礼是仁和义在制度方面的体现，因而仁、义和礼三者是
一致的：遵守礼制就符合于仁、义，而相信并实行仁、义的人就必
须遵守礼制。

"义"本是奴隶主阶级的道德范畴，在中国奴隶制社会早已存
在。但在春秋以前，人们很少把"义"和"利"相对称。把"义"和
"利"相联系，谈论所谓义利关系，是春秋时代奴隶制解体过程中
出现的情况。

"一切已往的道德论归根到底都是当时的社会经济状况的产
物。"④孔丘所宣扬的"义"，也和"仁"一样是中国古代奴隶制的社
会经济的产物。在西周奴隶制全盛时期，奴隶制经济和奴隶主阶
级的道德在社会上都占统治地位，奴隶主按奴隶制生产方式取得
财富，得到了"利"，同时，他们的这种取得财富的方式完全符合于
奴隶社会的道德标准，完全符合于"义"的原则。在这种情况下，
"义"和"利"被看成是天然一致的，因而不会引起义利关系的议论，
不会出现"利"是否合乎"义"以及利和义孰轻孰重的所谓"义利
之辩"。

---

① 《礼记·中庸》。
② 《孟子·离娄上》。
③ 同上。
④ 《马克思恩格斯全集》第20卷，人民出版社1971年版，第103页。

到了春秋时期,随着奴隶制的日益腐朽和衰落,情况发生了变化。广大奴隶反对剥削压迫的斗争,平民反对奴隶主国家和贵族的斗争越来越激烈。在奴隶社会内部产生的封建制生产方式的萌芽逐渐滋长起来。于是,社会上日益明显地出现了取得"利"或财富的两种不同的途径:一种是旧的奴隶制生产方式,另一种是新的封建制生产方式。封建制生产方式比奴隶制生产方式进步,它在促进生产力发展方面越来越显现出了自己的优势,按这种生产方式取得财富,比传统的奴隶制生产方式更便利、更有效。奴隶制生产方式,既面对着新的封建制生产方式的强有力挑战,又受到社会上广大人士日益强烈的谴责。奴隶主贵族要对付这些挑战和谴责,需要相应的思想武器,于是,义利之辩或义利关系论就随之产生了。

封建制生产方式比奴隶制生产方式更能增殖财富,对于这种明摆着的事实,奴隶主贵族的思想代表人物终于也不得不承认了。但是,封建制生产方式同传统的奴隶制道德是敌对的,不相容的;奴隶主思想家从这种传统的道德标准看问题,自然会把按封建制生产方式取得财富看作是不正当的或"不义"的。他们承认封建制生产方式比奴隶制生产方式更能得"利",但却认为后者合乎"义"而前者不合乎"义"。这样,关于义和利的关系在春秋时期,特别是春秋后期,就成了一个议论颇多的话题。

早在孔丘诞生前一个世纪,晋国大臣里克就说:"夫义者,利之足也。……废义则利不立。"[①]

---

① 《国语·晋语二》。

其后，晋文公时的胥臣提出了"义以道（导）利"①的论点；周襄王的大夫富辰也说："夫义所以生利也……不义则利不阜。"②

晋卿赵衰说："德、义，利之本也。"③

孔丘同时代的人，对义利关系谈论得更广泛，而且倾向性更为明确。

鲁昭公十年（公元前532年），齐国的晏婴说："义，利之本也。"④鲁昭公二十八年，晋国的成鱄提出了"居利思义"⑤的论点。鲁昭公三十一年，鲁国有人说："君子动则思礼，行则思义，不为利回。"⑥

所有这些议论，都已明确地把"义"和"利"联系到一起，并在这一联系中，把"义"放在主导地位，认为"利"应受"义"的制约。

孔丘的义主利从论是对春秋时期的义利关系论的总结和进一步发展。

义主利从论主要包括下面这样一系列论点：

第一，"君子喻于义，小人喻于利"⑦。

这是孔丘义主利从论的最基本最主要论点。意思是君子才能懂得义，而小人只懂得追求利。既然君子和小人有贵贱之分，君子之德自然贵于小人之行，义自然就贵于利；既然君子和小人之间有支配和从属的关系，义和利之间也就有着主和从的关系。

---

① 《国语·晋语四》。
② 《国语·周语中》。
③ 《左传》鲁僖公二十七年。
④ 《左传》鲁昭公十年。
⑤ 《左传》鲁昭公二十八年。
⑥ 《左传》鲁昭公三十一年。
⑦ 《论语·里仁》。

　　在当时社会上，除了"君子"和"小人"外，还有处在中间地位的"士"。在孔丘看来，士的身份虽贱而不贵，但却应该以学道、谋道为职志，因而也应该"喻于义"而不是"喻于利"。他说："士志于道而耻恶衣恶食者，未足与议也。"[①]

　　春秋时期的义利关系论，只是认为义比利更重要，利应该受义制约，并无社会地位贵贱的含义在内，孔丘则以"喻于义"和"喻于利"来区分君子和小人、贵族与贱民，从而赋予义利关系论以明确的阶级属性，使义对利更加处于优势地位。

　　第二，"见利思义"[②]。

　　"君子喻于义"，并不是说一切"君子"的思想、行动都能自然而然地合于义。孔丘看到：在春秋时期，一部分奴隶主贵族日益违背和破坏礼制，采用封建主义的剥削方式以求利，他们的财富和实力越来越超过坚持礼制的守旧贵族。对这种趋向，在孔丘掌握一定的政治权力时，也力图用实力制止，但作为思想家的孔丘，主要还是想靠"德教"来改变现实。他的义主利从论，正是进行这种德教的一个重要工具。他既然认为君子能够"喻于义"，于是就竭力以礼、义来晓喻君子，向君子们进行说教，劝他们要保持"君子义以为质"[③]的本色，在面临着利的问题时，一定要"见利思义"、"见得思义"[④]，即首先想一想，这种利本身以及求利的方式是否合乎礼义。如果合乎礼义，那就"当仁不让"，心安理得地获取，占有

---

　　① 《论语·里仁》。
　　② 《论语·宪问》。
　　③ 《论语·卫灵公》。
　　④ 《论语·季氏》。

它,这就叫做"义然后取"①。如果不合于礼义,那就宁可"君子固穷"②,安贫乐道。

如果不是"见利思义"而是"放于利而行",即一味追求利而不问其是否合乎义,那就是以君子之身而为小人之行,就是"君子而不仁者",对这些人就要以义来晓喻他们,使他们"克己复礼",改邪归正。

前面谈到,孔丘的同时人成鱄,已经提出"居利思义"的论点。孔丘吸取了这一论点,加以充分发挥,并且经常把利同富贵贫贱问题联系起来,这就把"利"主要用以指财利或经济利益。

在孔丘的前人及其同时人的义利关系论中,"利"字的含义都是泛指实际利益,而不限于财利;孔丘的义主利从论的"利"字,则主要指财利或经济利益。因此,义主利从论同义利关系论相比,具有更为鲜明的经济思想的色彩。

第三,"因民之所利而利之"③。

从"小人喻于利"的认识出发,孔丘认为,在使用、管理小人时,不可一味用暴力强制,而要"利之"即允许他们获得一定的经济利益,使他们对劳动或工作较感兴趣,从而使劳动或工作能取得更好的效果。这就是他所说的"小人怀惠"④,"惠则足以使人"⑤。

孔丘还提出了"惠而不费"的论点,认为惠虽然能提高劳动效果,从而为"君子"带来好处,但如果为了"惠民"而付出一定费用,

---

① 《论语·宪问》。
② 《论语·卫灵公》。
③ 《论语·尧曰》。
④ 《论语·里仁》。
⑤ 《论语·阳货》。

那么，由此得到的好处就相应减少；费用越高，好处也就越少。最好是能做到"惠而不费"，这样，惠为"君子"带来的好处就是不折不扣的了。

怎样才能做到"惠而不费"呢？孔丘认为，如果惠要靠"君子"给予什么，那就只能是惠而费；要做到惠而不费，只有使这种"惠"由受惠者自己为自己生产出来。这就必须允许受惠者有为自己创造一部分财富的权利。在孔丘看来，"小人"原来是没有为自己求利的权利的，现在"君子"给予了他们这种权利，就是对他们施惠了；但"君子"并未因此付出什么财利，因而是"惠而不费"。这种"惠"只是从允许、听任"小人"自己为自己生产而得来的，所以他说："因民之所利而利之，斯不亦惠而不费乎？"①孔丘把这称作"五美"之一，看作是一项高超的管理艺术。

孔丘的"惠则足以使人"、"惠而不费"，特别是"因民之所利而利之"之类的论点的提出，是中国古代经济管理思想发展中的一个重大进步，是当时历史前进的动向在思想领域中的一个较为明确的反映。在奴隶社会中，奴隶处于牛、马、工具的地位，奴隶主驱使奴隶，靠的是野蛮的赤裸裸的暴力，而不太讲什么利和惠。由于产品全归奴隶主所有，奴隶们没有为自己生产任何产品的权利，奴隶主即使想用利和惠来诱使奴隶多劳动，也不可能惠而不费。民既然不可能在经济活动中对自己有所利，"君子"也就谈不上"因民之所利而利之"。

在封建主义生产方式下，农奴或农民有了自己的生产工具和家庭经济，可以在完成对封建主的义务后获得自己劳动产品的一

———————————

① 《论语·尧曰》。

部分,这样的民或"小人",就开始有了"喻于利"和"怀惠"的资格,"君子"们也才有可能"因民之所利而利之"。孔丘的"惠则足以使人"、"因民之所利而利之"等论点,显然不是针对陈旧的奴隶制关系而言,而是就这种已带封建生产的色彩的"小人"提出来的。这就意味着在经济管理工作中对当时社会经济变化和劳动者地位变化的一定程度上的承认。

对地主阶级的经济改革持反对态度的孔丘,为什么在经济管理方面又主张采用"惠而不费"之类的适应封建经济关系的原则呢?

这是不难理解的。封建制取代奴隶制的历史过程,也像历史上任何一种私有制社会取代另一种私有制社会一样,最初是新的私有制经济自发地产生于旧社会的内部,并在其中缓慢地成长着。经济方面的这种变化过程,在相当长的时期中往往不容易为人们所觉察,或者引不起人们很大注意。等到封建的经济在奴隶社会内部已经滋长壮大时,它的发展同奴隶制社会的政治、道德等上层建筑发生日益激烈的冲突:代表新的封建生产方式的社会势力力图改革,破坏旧的上层建筑,而奴隶主贵族则极力维护旧的上层建筑,在上层建筑领域中,新旧势力的斗争特别尖锐。与此相比,在经济领域中,由于在很长时期中变化是自发地、逐渐地进行的,新旧势力的斗争却显得并不那么明显和激烈。在这种情况下,就可能有某些在政治上、思想上比较保守的人物,在经济方面却能对新的封建生产方式的某些因素表现出某种开明的态度,甚至主张采取新的剥削方式的某些做法,以捞取实惠。前章讲到,晏婴对陈氏势力的发展一方面感到忧心忡忡,幻想以"礼"来"已之";同时又劝齐景公减轻剥削和刑罚,采用给予一些小恩小惠的做法来同陈氏争夺群众。这和孔丘既主张"复礼"反对改革，又主张以"惠"使民的情况，本质上是一致的。

还应指出，孔丘说"小人喻于利"，也并不意味着他完全主张以经济手段，以"惠"和"利"来刺激"小人"的劳动兴趣。他同时也主张以仁义之道教育小人，认为教育手段在管理中有很大作用。所谓"小人学道则易使也"，就表明他对"小人"的管理也是要采用教育手段的。

既然"小人"只能"喻于利"而不能"喻于义"，对他们使用教育手段进行管理，能取得什么效果呢？让他们学仁义之道，能学得进去吗？

孔丘说"君子喻于义，小人喻于利"，这是就"本质"说的。他认为"君子"和"小人"有不同的"本质"，仁和义是"君子"的本质，"小人"无论如何也不能具备这种"本质"，对"小人"无论怎样进行教育，也不能使他们变成"君子"，所以他说："未有小人而仁者也。"但是，孔丘又认为，"小人"也是人，因而也可以仁义之道来"教民"，教育的结果，虽不能使他们成为"义以为质"的"君子"，却可以使他们成为更顺从、更"易使"的"小人"。

第四，"义以生利"[①]。

孔丘特别注意身教，认为教育者自身的行为要比言论对被教育者有更大影响："其身正，不令而行；其身不正，虽令不从。"[②]在义利关系问题上也是如此。他要让别人相信并接受义主利从论，首先就注意用自己的实际行动影响别人。据他的后学记述："子罕

---

① 《左传》鲁成公二年。
② 《论语·子路》。

言利，与命，与仁。"①他罕言"命"和"仁"，是因为命和仁这类涉及宇宙观和人生观的大问题，不是轻易说得清楚的；他罕言利，则是怕对财利问题谈多了，会使人过多地考虑利而忽视了义，因而以"罕言利"来为其他"君子"树立榜样。

但是，"君子"们不是不食烟火的神仙，他们不但要生活，还要维持与"君子"的身份、地位相称的享用，要他们不重视利的问题是不可能的。孔丘罕言利，并不是要求"君子"们不要财利，而只是要他们不可在礼制的范围之外去言利。那么，在礼制范围之内的利，是否可以言呢？孔丘认为，这种利也不需要言。因为，礼制本身已对各级奴隶主贵族的财富占有和生活享用作了明确的规定，只要坚持礼义，奴隶主贵族所需要的财利，自然就有了保证，而不需要再"言"。这就是孔丘所说的"义以生利"。

"义"以外的"利"是"君子"所不当言，"义"以内的"利"是"君子"所不需言——这就是孔丘"罕言利"的秘密所在。

在孔丘看来，"义"不但是体现着君子之德和君子之质，而且义对利既有约束、规范的作用，又有保证的作用，所以在义和利的关系中，必须把义放在主导的地位，而利只能处于从属的地位。

孔丘的义主利从论继承了春秋时代义利关系论的基本思想倾向（认为义占主导地位），在许多具体论点（例如"见利思义"、"义以生利"）上甚至直接沿袭了后者。但是，义主利从论不仅赋予义利关系以阶级内容，还从多方面论述了义和利的相互联系，其完整性和思想深度都大大超过了春秋时代的义利关系论。如果说，义利关系论还主要表现为一些零散的、含义不十分明确的观念、原理

---

① 《论语·子罕》。

和范畴,那么,义主利从论则已是一个包含着一系列观念、原理和范畴,并对它们之间的联系作了一定说明和论证的经济学说了。

义主利从论强调义对利的优先地位和主导作用,这在局部问题上可能是正确的,但作为一个说明、解释全局问题的理论,则只能是唯心的和本末倒置的。"义"作为上层建筑,对经济基础可有巨大的反作用,对具体的人、具体的经济事物而言,则有可能起主要的决定的作用。从前面讲到的仲叔于奚的例子看,卫国统治者准许他使用"曲县"、"繁缨",这对卫国奴隶主贵族统治的影响确实比多给他一些土地要严重得多。在这件事上,孔丘对卫国统治者所作所为的评论无疑是正确的。但是,当人们从全局的范围考虑上层建筑和经济基础的关系问题时,那就是另一回事了。如果某种经济基础已经完全是腐朽的、过时的,那么,任凭统治阶级怎样拼命抓住上层建筑来维护旧的经济基础,任凭保守势力怎样以"义"来压制、阻碍人们发展新的生产方式的活动,也终归是无济于事的。腐朽过时的经济基础,连同它的上层建筑,迟早会陷于崩溃。在孔丘的时代,奴隶制的经济基础固然是"无可奈何花落去",奴隶制的上层建筑也已礼崩乐坏。在这种情况下,"义"非但不能"生利",它自身也只会日益受到人们的否定和蔑弃。

义主利从论在孔丘的整个经济思想体系中处于核心的地位,他对各种经济问题的议论,他的经济思想的各个组成部分都是同这个核心联系着,并环绕这个核心展开的。这种情况使孔丘对一切经济问题的论述,都浸透着伦理的色彩。因此,义主利从论就成了理解孔丘经济思想的枢纽。必须牢牢抓住这个核心和枢纽,才能够科学地把握孔丘的整个经济思想体系,才能如实地理解孔丘对待经济问题的一切基本观点。

四、义主利从论和孔丘的求富论

孔丘在分析"利"与"义"时,主张利必须从属于义,但他对财利、财富本身却并不是抱消极、鄙弃态度的。

他曾说:"富与贵,是人之所欲也"、"贫与贱,是人之所恶也"[1]。这里把喜富恶贫说成是一切人的共同心理,而不分"君子"和"小人"了。和"君子喻于义,小人喻于利"的论点相比,这种说法毕竟要老实一些。

既然人总是喜富恶贫,那么,个人求富就是合理的,可以允许的了。孔丘肯定了这一点,并且承认自己也是愿意求富的:

> 富而可求也,虽执鞭之士,吾亦为之。[2]

既然一切人都喜富恶贫,那么,一个政权实行富民的政策,就是正确的和得民心的了。孔丘正是这样看的。

他的学生端木赐问他怎样为政、治国,他回答说:"足食,足兵,民信之矣。"[3]

农业是当时社会生产的主要的、决定的部门,粮食是社会财富的最重要的部分。他重视民食,而且主张"足食"。这表明他是主张富民的。

---

[1] 《论语·里仁》。
[2] 《论语·述而》。
[3] 《论语·颜渊》。

他在游历卫国时，赞叹说："庶矣哉！"①意思是称道卫国复国（卫国在公元前660年一度被灭亡，在齐桓公援助下复国）后恢复得好，人口已相当众多了。他的学生冉求问他："既庶矣，又何加焉？"他回答说："富之。"冉求又问："既富矣，又何加焉？"他回答说："教之。"这里，他不但主张富国、富民，还把"富之"看作"教之"的前提，这同管仲"仓廪实而知礼节，衣食足而知荣辱"的名言，是较为接近的。

冉求还曾说过：如果让他治理一个国家，"比及三年，可使足民"②。孔丘对此也表示首肯。

《论语》载有尧告诫舜、舜又告诫禹的一句话："四海困穷，天禄永终。"③这大概是孔丘教育学生时常称引的话，所以编《论语》的人将其收了进去。把民众困穷看作一个政权覆亡的原因，可见其对富国、富民的重视。

在新旧社会制度交替的时期，发展生产力以迅速增长社会财富，是新生产方式和代表新生产方式的社会势力的要求。如果新的生产方式是一种私有制生产方式，生产力的发展也意味着并且首先意味着新的剥削阶级的私人财富的巨大增长。因此，代表新生产方式的社会势力总是重视财富的增长问题，不但主张富国、富民，而且也不讳言对私人财富的追求。春秋战国时期的富国、富民思想，就其实质来说，正是当时正在兴起的封建生产方式和地主阶级发展生产力要求的表现。

孔丘提出了求富思想，认为喜富恶贫是人所同然的心理，富

---

① 《论语·子路》。
② 《论语·先进》。
③ 《论语·尧曰》。

民、足民是为政、治国的基本要求。这些思想应当说是符合于当时生产力进步的要求的。如果这种思想在孔丘的整个经济思想体系中能居于主要地位，他就必然会赞同和支持当时有利于生产力发展的各种重大的政治经济改革，他的求富思想也会更丰富、更有水平和深度。可惜情况不是这样。

孔丘谈论财富问题，不是只从经济意义上着眼，更主要的是从财富和道德的关系立论。他提出了"求富"的论点，但对财富的含义以及在当时条件下社会财富的构成，都未作分析；对于采用什么途径、什么方式或什么职业求富，才能使财富更迅速、更大规模地增长，他也只字未提。他当然懂得，增加财富要靠发展生产，当然也懂得改进生产技术对增加生产、增加财富的作用，但他从未论述过这类问题。他主张"足食"，这无疑包括发展农业生产的内容，但对怎样发展农业生产，对于在当时条件下妨碍农业生产发展的主要症结是什么，要改进农业生产必须采取一些什么措施，解决一些什么问题，凡此种种，他似乎都不感兴趣。他说"小人怀土"①，似乎也觉察到了农民对土地问题的关心，但是，当时的土地问题是什么状况，"小人怀土"的实际内容是什么，如何解决，解决土地问题会对农业生产的发展和财富的增长起什么作用……对这类关系到当时富国、富民的要害问题，他不但一向"罕言"，而且简直是无言！

在财富问题上，他所关心的主要问题是：采取什么方式获取财富才是正当的、正义的。他反复申论的是：不论国家或个人，都只应按正当方式"求富"。

---

① 《论语·里仁》。

　　他说"富与贵,是人之所欲也",这只是说了半句话,因为他接着就说:"不以其道得之,不处也。"他说:"贫与贱,是人之所恶也",同样是半句话,下半句话则是:"不以其道得之,不去也"。

　　富贵比贫贱好,人们总是喜富贵而恶贫贱,但求富必须有一个前提,即必须是合乎"道",否则就宁可舍富处贫!

　　孔丘认为喜富恶贫是人的共同心理,但却反对让人们在这种心理支配下去自由地追求财富,反对"放于利而行",而是主张把人们追求财富的行动纳入"道"所允许的范围之内。

　　这里所谓的"道",就是脱贫求富所必须遵循的正当原则或正当途径。

　　什么是求富的正当途径呢?怎样才算求富"以其道"呢?孔丘认为,这就是符合于义和礼的途径,凡是不符合这种要求的都被他指责为"不义"、"非礼",而加以否定。"初税亩"是"非礼"、"非正","用田赋"是违背"周公之藉"、"周公之典",由此而取得的财富,都是"不以其道得之"。国家如此,个人也如此。他说:

　　邦有道,贫且贱焉,耻也;邦无道,富且贵焉,耻也。①

　　他认为当时封建生产方式日益壮大和地主阶级力量不断增长的形势是"邦无道",在这种形势下,致富是非义的,可耻的。于是,他把"求富"一转而为"安贫",极力宣扬"贫而乐"②的思想,说自己是:

---

　　① 《论语·泰伯》。
　　② 《论语·学而》。

饭疏食，饮水，曲肱而枕之，乐亦在其中矣；不义而富且贵，于我如浮云。①

他称赞颜回：

一箪食，一瓢饮，在陋巷，人不堪其忧，回也不改其乐。贤哉，回也！②

颜回所以受到这样的称赞，就是因为他在"邦无道"时不求富而安贫，乐贫。

在《论语》中，宣扬安贫、乐贫的言论，远比谈求富的地方多。而且可以明显地看出，孔丘在谈到安贫、乐贫时，往往是怀着感情的。

孔丘把人口众多，百姓富裕看作国家治理得好的标志，在游历卫国时提出了"庶"而"富之"的主张，可是，在另外的场合，他又提出了"有国有家者，不患寡而患不均，不患贫而患不安"③的论点。

寡是庶的反义词，贫是富的反义词。患寡所以才求庶，患贫所以才求富。孔丘既然主张治国应求庶、求富，何以又宣扬"不患贫而患不均，不患寡而患不安"呢？

问题仍出在是否"以其道"上。孔丘的这段话，是针对季孙氏伐颛臾这一具体事件说的。颛臾是鲁国的一个附庸小国，靠近季

---

① 《论语·述而》。
② 《论语·雍也》。
③ 《论语·季氏》。原文中"寡"、"贫"二字当易位。

孙氏所统治的费邑，季孙氏想用兵伐灭颛臾，以扩大自己的辖区，而冉求是这一谋划的参与者。孔丘坚决反对，认为按照周礼，不足五十里的小国，作为附近大国的附庸，颛臾作为鲁国的一个附庸而存在是符合周礼的，现在季孙氏想伐灭它，并入自己的辖区，是违背礼和义的。季孙氏吞并了颛臾，可以增加自己辖区的人口和财富，使自己更庶，更富，但这种庶和富不合礼制，是"不以其道得之"，这样得来的庶还不如寡，这样得来的富还不如贫，所以，在这种情况下，孔丘就不赞成求富、求庶，而是宣扬"不患贫"、"不患寡"了。

季孙氏是鲁国新兴地主阶级的主要代表，他在自己的辖区采用封建主义的剥削方式，在"三分公室"后也在分到的土地上把奴隶制的剥削方式改变为封建制的剥削方式。[①]孔丘显然预料到季孙氏在吞并颛臾这个奴隶主小国后也会进行这种改变，这正是他所说的求富"不以其道得之"的具体的社会经济内容。

有人依据孔丘"不患贫而患不均"一语，认为孔丘是主张平均财富的。其实，孔丘从未提出过平均财富的主张，他说："耕也馁在其中矣，学也禄在其中矣。"[②]把耕农受饥饿，做官得厚禄，把不同社会等级的人贫富不同看作是理所当然。这清楚地表明了他对财富分配问题的态度。他针对季孙氏伐颛臾而说的"不患贫而患不均"，绝不是主张平均财富，而是反对破坏礼制所规定的占有财富的等级标准，反对改变奴隶主贵族之间在财富占有方面的均势。颛臾的君主作为一附庸小国的统治者应占有不足五十里的土地和

---

① 《左传》鲁昭公五年。
② 《论语·卫灵公》。

相应的人口,季孙氏如将颛臾并为己有,大小"君子"之间由礼所规定的均势就被打破了。

孔丘提出了"求富",但是,他所说的求富是完全从属于礼、义的:在他认为求富不合于礼义时,他就否定求富而转向一种针锋相对的主张——安贫。由此可见,孔丘的求富思想是建立在他的义主利从论的基础上的,他的求富思想的性质、特点和范围都必须放在这样一种特定的联系中来把握。

五、义主利从论和孔丘的分工论

春秋时期,随着奴隶制的解体所带来的生产力的解放,分工有了进一步的发展。前面讲到,在孔丘以前一个多世纪,已出现了管仲的"四民分业论"那样的分工思想。

孔丘的言论在许多地方也接触到分工问题,他的这方面论述,有下列特点:

第一,不是直接探讨分工问题本身,而是在论述其他问题时接触到分工中的某些现象。他曾说:"工欲善其事,必先利其器。"[1]他的学生卜商(子夏)则说:"百工居肆以成其事,君子学以致其道。"[2]

这些论述都反映出,孔丘及其学生看到了社会上已有同农业分离的专业手工业存在,但并未去探讨这种分工现象怎样产生,当

---

[1] 《论语·卫灵公》。
[2] 《论语·子张》。

时已发展到什么水平,分工的意义以及对分工应抱什么态度等问题。而且,在提到这些现象时,也只是用作说明其他问题的比喻,而对分工现象的本身并不关心。

孔丘和他的学生端木赐(子贡)之间,有过下列一段对话:"子贡问曰:'有美玉于斯,韫椟而藏诸?求善价而沽诸?'子曰:'沽之哉,沽之哉,吾待贾者也。'"①

这段对话提到美玉这种商品以及买卖美玉这种交换行为的存在,并且提出了收藏商品等待价格上涨再出售以牟大利的问题,它接触到了社会分工的另一领域即商业中的一些现象。但是,它仍不过是以商业中的情况作为比喻,表明有才学的士人要等待时机一显身手,而不是对商业本身的论述和评价。

较能表现孔丘对商业的态度的只有下列一条材料:

子曰:"回也其庶乎!屡空。赐不受命而货殖焉,亿则屡中。"②

这里孔丘盛赞颜回安贫乐道,时常一贫如洗,而不肯效法那些"不仁君子",违背礼义以谋生、求富,但端木赐却不肯这样,而是从事经商以求富,并且很善于经商。

这段话只能表明,孔丘没有把"君子"或士人经商看作"不仁",没有把经商致富看作"不义而富",认为经商要比那些采用新的封建生产方式的代表人物的所作所为要好一些,但毕竟不如安贫乐道高尚,不如后者同"君子"的身份更相称。

---

① 《论语·子罕》。
② 《论语·先进》。

端木赐不是一般商人，而是一个结驷连骑、往来于各诸侯国之间经商的大商人。当时的大商业虽然已不是"工商食官"的奴隶主国营商业，却仍是使用大量奴隶劳动经营的；它已不完全合乎礼制，但总还是个人的行为和个人的事件，在孔丘看来，这毕竟不像"初税亩"、"以田赋"之类的从全国范围破坏礼制的改革那样不能容忍。

如果仅靠这项材料来研究孔丘对商业的观点和态度，那能说明的问题也是极其有限的和很不足据的。

第二，主要关心的是脑力劳动和体力劳动分工问题而对其他分工问题涉及很少。

在中国古代的奴隶制社会中，农业、手工业和商业之间的分工、脑力劳动和体力劳动之间的分工以及城乡之间的分离都是早已存在，并早已形成士、农、工、商等职业的划分，孔丘对这些当然不能说不知道，但他很少从较广泛的范围提到分工问题。从后代能看到的他的思想材料中，从未见过他有"士、农、工、商"的提法。在他的心目中，实际上只有"谋道"和"谋食"两种职业。"谋道"的是脑力劳动者，他们的劳动方式有"学道"和"行道"两种。在"仕"即做官以前，主要是"学道"，目的是养成做官的条件；在做官后，主要的工作是"行道"，但做了官仍要继续学道，以提高自己做官的素养，使做官的条件更完备。这就叫"仕而优则学，学而优则仕"①。

至于"谋食"，自然主要是农、工、商各种体力劳动者的事，但谋食者也包括那些从事经营管理工作的人，即农、工、商各业中的

---

① 《论语·子张》。此条是孔丘门徒卜商（子夏）语。

脑力劳动者。不过,孔丘只是比较笼统地指出了在"谋道"以外,还有"谋食"者,而对"谋食"的情况则语焉不详。对于"谋食"有些什么行业,从事"谋食"的有些什么人,他们的相互联系和关系如何等类问题,他都从不加以考察和论述。

就是对脑力劳动,他注意的范围也极其狭窄。他所重视的脑力劳动实际上只有一种即"仕"这种国家管理或政治管理活动,"学"不过是学"为政"。学"干禄"。他自己一生大部分时间主要从事教育及学术这类脑力劳动,但他把这些活动都看作是"行道"的准备。对与此无关或无大关系的脑力劳动,他都不放在眼里,认为那都不过是些"小道",不值得学。他以轻蔑的口气提到巫、医等职业说:"人而无恒不可以作巫、医。"[①]为什么他看不起巫、医这类脑力劳动呢? 问题很清楚,就在于他认为这类脑力劳动算不上是"谋道"。

第三,从身份、等级角度看分工,而不是从经济意义上看分工。

分工是生产力发展的产物,又是促进生产力发展的强有力的杠杆。分工的产生和发展,也是同阶级的产生和发展密切联系着的,农业、手工业和商业之间的分工,脑力劳动和体力劳动之间的分工以及城市和乡村之间的分离,都是在进入文明时代后才完成的。正因这样,历史上对分工问题的考察也往往有两种角度:一种是从分工的经济意义上来考察,探讨分工对生产力的发展、财富的增长以及经济的发展所起的作用;另一种是从阶级的角度考察分工,把分工关系同阶级关系联系和结合起来,并由此来论断不同劳动形式和不同职业的优劣贵贱等。这两种角度的研究,又往往是

---

① 《论语·子路》。

结合、重合在一起的。

管仲的四民分业论，主张四民分乡而居和职业世袭制，认为这样可保证生产、经营技术的传习和熟练。这是从经济意义上来论述分工。孙叔敖治楚国，即使在发生大规模战争时，也能使"商、农、工、贾不败其业"，这也是从经济角度重视分工问题。孔丘却极少从经济意义上谈分工问题，而主要是从阶级和等级角度考察分工。他在把社会劳动分工分成"谋道"和"谋食"两大类之后，立即把"谋道"同"君子"联系起来，而把"谋食"说成是"小人"的天职，强调"君子谋道不谋食"①。他认为，"君子"和士都应把"谋道"作为自己终生的职业，未仕则学道，既仕则行道；当不得仕或得仕而无法行道时，则"隐居以求其志"②，安贫乐道，而不能去干那些为"谋食"所必须做的体力劳动和脑力劳动，否则，就是以"君子"、士而干"小人"之事。这对君子来说是有失身份，对士来说则是妄自菲薄、不求上进的表现。孔丘和他的学生樊须（樊迟）的一段对话，充分表现了他的这种认识和态度：

樊迟请学稼。子曰："吾不如老农。"请学为圃。子曰"吾不如老圃。"樊迟出，子曰："小人哉，樊须也。上好礼，则民莫敢不敬；上好义，则民莫敢不服；上好信，则民莫敢不用情。夫如是，则四方之民襁负其子而至矣，焉用稼？"③

樊须要学农、学为圃，未必是自己想当农业劳动者，而很可能

---

① 《论语·卫灵公》。
② 《论语·季氏》。
③ 《论语·子路》。

是想懂得一些农业生产和技术知识，以便于管理自己的家产或担任国家的农官。可是，孔丘却认为不论从事农业劳动或农业管理，都属"谋食"的工作，因而都应由"小人"去干，"君子"或士则只应学习礼、义、信这些为政、治民之道。樊须这么热心于学农、学为圃，所以孔丘说他"小人哉！"

孔丘年轻时当过"委吏"、"乘田"，做过贵族们的家臣或"宰"。对这些工作，他都是很称职的。他担任管仓库的委吏，能做到"会计当"，担任管牲畜的"乘田"，则能使"牛羊茁壮长"①。他在同颜回开玩笑时也曾说："使尔多财，吾为尔宰。"②可见他对许多财政、经济工作是颇为内行的。当时的人们称赞他"多能"，也包括通晓这些财政、经济工作在内。可是，他却对此解释说："吾少也贱，故多能鄙事。"③在他看来，财政、经济工作是"君子"们不应该干，也不需要会的"鄙事"，他所以"多能鄙事"，只是因为他"少也贱"，而不是什么值得称赞的事情。

剥削阶级的思想家鄙视生产劳动，这是一个普遍的情况。但孔丘不仅鄙视生产劳动，也深刻地鄙夷各种经济工作、理财工作。他自己博学多能，学生中也多高能异才之士。他办学设有德行、言语、政事、文学四种，并用"六艺"即礼、乐、射、御、书、数六种专门知识、技艺教学生。可是，他从不把自己所会的生产技术和经济管理知识教给学生。樊须要求学农、学为圃，遭到他拒绝；端木赐擅长货殖（也应列入"谋食"一类），他谈起来也是抱着惋惜的态度。

---

① 《孟子·万章下》。
② 《史记·孔子世家》。
③ 《论语·子罕》。

古希腊著名的思想家柏拉图，在他的《理想国》中主张理想国由哲学家治理，由军人保卫，这两种最尊贵的人都不得占有私人财产，不得从事谋取财利的活动，他们的生活由"其他人民所供给"。柏拉图相信：这样做就可使哲学家和军人"保全其真正守国者之人格"①。柏拉图《理想国》中的哲学家和军人，颇有点像孔丘所说的"谋道不谋食"的"君子"，而供给他们生活的人则近乎孔丘所说的"谋食"小人了。在奴隶主、封建主看来，不但生产劳动应专由奴隶、农奴或依附农民承担，就连生产的监督、指挥以及钱财、物资和管理等经济工作，也只是管家、管事之类的人的职责，而这些人在身份、地位上也是远比奴隶主、封建主低下的。孔丘既鄙视生产劳动，也鄙视经济工作，正是古代奴隶主贵族的这种偏见在意识形态领域中的反映。

孔丘把"谋道"专同"君子"联系起来，"君子"是贵人，因此，"谋道"也就成了高贵的劳动和职业；他专把"谋食"的工作归之"小人"，"小人"是贱民，因而各种"谋食"的职业也就成了"鄙事"、贱业。

"谋道"的"道"是指以礼、义、信治民之道；"谋食"则是要取得"富"和"利"的。孔丘贵谋道而鄙谋食，这正是他的义主利从论在分工论方面的表现。因此，孔丘分工思想的这个独特之点，也只能把它和义主利从论联系起来才能够正确地把握。

---

① 柏拉图：《理想国》第3册，商务印书馆1957年版，第33页。

六、义主利从论和孔丘的消费观

中国古代在消费问题上的传统思想是黜奢崇俭。黜奢崇俭的思想形成很早。公元前670年,鲁国大夫御孙就说:"俭,德之共也,侈,恶之大也。"①先秦诸子对消费的主张多是提倡节俭而反对奢侈,但他们的消费思想又各有特色,对奢俭的标准也有很不相同的见解。

孔丘是黜奢崇俭论者。他强调治国要"节用而爱人",认为个人生活也俭胜于奢,因为"奢则不孙(逊),俭则固;与其不孙也,宁固"②。

但是,究竟何为奢,何为俭呢?区别奢俭的界限或标准又在何处呢?

孔丘认为,区别奢俭的唯一标准就是周代的礼制所规定的等级消费标准,人们在衣、食、住、行、交际、陈设、婚娶、丧葬、祭祀各种活动中,都必须严格遵照礼制的规定,而不应有所偏离。如果某人在消费行为中超过了礼制为自己的等级所规定的标准,就称为"奢";如果低于等级标准,则叫做"俭"。奢和俭都是偏离了礼的,但相比之下,俭要比奢好一些。他说:"礼,与其奢也,宁俭;丧,与其易也,宁戚。"③因为,"俭则固",即显得固陋,小气,有损体面;但"奢则不逊",即意味着对上层等级的傲慢和冒犯。下级的消费

---

① 《左传》鲁庄公二十四年。
② 《论语·述而》。
③ 《论语·八佾》。

超越自己的等级标准就意味着按上级贵族的标准消费，甚至可能
会超越某些上级贵族的标准。礼制规定的标准是各等级不同的身
份、地位、权力和尊严的标志，如果下级按上级贵族的标准消费，
那就意味着要同上级贵族平起平坐以致凌驾于他们之上。所以，
孔丘认为奢是"不逊"的表现，是不能容忍的。

按照礼所规定的等级标准进行消费是中国古代奴隶制社会的
传统，它在西周时期达到了极完备、极繁琐的程度；黜奢崇俭的思
想也不始自孔丘，早在孔丘出世前一百多年，这种思想已具有非
常明确的形式。孔丘以前也曾有人试图把二者联系起来。公元前
710年，鲁大夫臧孙达提出了"俭而有度"①的论点，实际上就是想
以礼作为俭的"度"或标准，但语焉不详，没有把问题说清楚。孔
丘对奢俭问题作了较多的论述，明确地把奢俭问题和礼联系起来，
并从维护礼制的角度对奢俭加以比较权衡，形成了儒家所特有的
黜奢崇俭的消费观。

不过，孔丘还没有能用一个简括的语句来表达这种联系。百
余年后，孟轲提出了"用之以礼"②的论点，把儒家的消费思想概括
为更明确、更一目了然的形式。

孔丘黜奢崇俭论的主要锋芒是指向那些"不仁君子"的。春
秋时期，随着新兴地主阶级经济、政治、军事实力的增长，他们在
政治生活及日常生活的各方面，越来越不肯遵守礼制的约束，不断
地从各个方面进行违礼、越礼的活动，大夫、陪臣在生活享用方面
用诸侯礼甚至天子礼的情况频繁出现：晋文公请求死后按天子葬

---

① 《左传》鲁桓公二年。
② 《孟子·尽心上》。

礼"隧葬";管仲有诸侯专用的"塞门"、"反坫",季孙氏"旅于泰山"和"八佾舞于庭",臧文仲"居蔡、山节藻棁",都是用天子礼或诸侯礼;甚至像仲叔于奚这样一个平民,也要求使用诸侯才能用的"曲县"、"繁缨"。

下级在生活上用上级的礼,这在消费方面意味着花费更大的财力,因为上级贵族消费的东西总是更高级、更昂贵的。从经济意义上说,这的确是奢侈;但这种消费方面的越礼行为不仅有经济内容,还有明显的政治含义。新兴地主阶级把奴隶主国家的礼制看作是限制、阻碍自己势力增长和地位改变的严重桎梏。他们生活上的越礼行为,不仅是对自己的上级不尊重,而且简直就是一种对上级的公开的示威。孔丘对这一点是十分敏感的,因此,他不厌其烦地对消费方面超越礼制标准的行为进行指责和攻击。

儒家不仅称消费方面的越礼行为为奢,而且还称之为"僭"。奢的本意是消费过度。尽管儒家把奢同礼联系起来,使其有了政治的含义,但奢毕竟仍然是一个经济范畴,而"僭"则完全是一个谴责下级犯上的政治范畴了。

前面讲到,孔丘办教育特别重视身教。他既以礼为标准来判断消费行为是否适当,就率先以此要求自己。在生活享用方面,他一丝不苟地严守礼制所规定的标准。《论语》中有《乡党》一篇主要记述孔丘在衣、食、住、行、宴飨、朝会、丧祭方面的情况。从这些记述看,孔丘不但在政治生活方面,在日常生活方面也确实都是一切按礼行事的,真可谓做到了"非礼勿视、非礼勿听,非礼勿言,非礼勿动"[①]。他在饮食方面,"食不厌精,脍不厌细"、"割不正不

---

① 《论语·颜渊》。

食";在衣饰方面,"缁衣羔裘,素衣麑裘,黄衣狐裘","必有寝衣,长一身有半";在日常起居方面,"席不正不坐"、"食不语,寝不言"①;出门必坐车,"不可以徒行"②。看来,孔丘是把严格按照礼来生活作为平时对学生进行身教的一项内容,他的学生们耳濡目染,印象很深,所以不厌其详地记载下来。

既然以礼作为区别奢和俭的标准,那么,任何等级的人消费超过了礼的规定都应被指责为奢。而且,那些腐朽的上层贵族,尤其是春秋时代的天子、诸侯之类,也最为奢靡荒淫。但是,孔丘宣扬黜奢崇俭论,却主要是用来反对新兴地主阶级代表人物下用上礼的,对奴隶主贵族统治者的穷奢极侈,反而极少揭露。不仅如此,孔丘严格遵循着"为尊者讳恶"这一原则,对奴隶主贵族统治者的违礼行为,一向是讳莫如深的。当时的鲁国君主娶了一个姬姓的女子作夫人。按照礼制,同姓男女是不许结婚的。当有人问孔丘鲁君是否知礼时,孔丘明知此事,却答以"知礼"③。在这种思想支配下,他对奴隶主贵族统治者的奢侈,也一直噤若寒蝉。

鲁国的君主鲁庄公(公元前693年—前662年)是春秋时代以奢侈闻名的诸侯之一。汉初的陆贾说他"一年之中,以三时行筑作之役……刻桷丹楹,眩曜靡丽,收十二之税,不足以供回邪之欲。鳝(缮)不用之好,以(娱)妇人之目。财尽于骄淫,人力罢于不急。上困于用,下饥于食"④。鲁庄公的奢侈,对相隔将近五个世纪的后人陆贾,印象尚如此深刻,距鲁庄公仅仅百余年的孔丘,当然

---

① 《论语·乡党》。
② 《论语·先进》。
③ 《论语·述而》。
④ 《新语·至德第八》。

不会反而无所闻知。

孔丘的同时人说"鲁君世从其失",可见鲁庄公以后的几个鲁国君主,比他也好不了多少。可是,只见孔丘义愤填膺地谴责"季氏八佾舞于庭",臧文仲"山节藻棁",又何尝见他有一语谴责任何一位鲁君的奢侈行为呢?

礼是仁、义在制度方面的体现,正如孔丘所说:"礼以行义。"①在消费方面遵守礼的规定,也就是体现了义的原则。可见,孔丘的"用之以礼"的消费思想也是以他的义主利从论为依据的,是义主利从论在消费问题上的表现。

七、义主利从论和孔丘的赋役论

孔丘的赋役论,也就是他的财政思想,是他在财政问题上的观点和主张的总和。

在中国的奴隶制和封建制社会中,自然经济占主要地位,国家的财政收入主要是以两种形式取得:赋税和徭役。前者是以实物形式征收的一部分剩余劳动产品,后者则强制百姓为国家提供无偿劳动,是一种直接形式的剩余劳动。

孔丘的赋役论主要由两个论点构成:在征收赋税问题上,他主张"度于礼"②,在征调徭役问题上,他宣扬"使民也义"③。

"度于礼"就是征收赋税的行为要遵守礼制的规定,具体说,

---

① 《左传》鲁成公二年。
② 《左传》鲁哀公十一年。
③ 《论语·公冶长》。

就是在课税对象方面恪守"藉"法,只对公田征税,在税率方面坚持"彻"法,十分取一。

前面提到,春秋时代地主阶级代表人物在赋税方面的改革主要就是破坏"藉"法和"彻"法。孔丘在赋税方面"度于礼"的论点,明显的是针对地主阶级的赋税改革而发的。

孔丘除了谴责地主阶级的赋税改革是违礼、不度于礼外,还指责这些改革是加重了纳税者的负担,是"聚敛"和"贪冒无厌"。为此,他提出了"敛从其薄"①的主张。

有些研究者据此认为,孔丘赋税思想的主要特点是反对重税,主张轻税。

孔丘主张轻税、薄敛,这确是事实。但先秦诸子大都主张轻税(仅法家稍有不同),而主张轻税的出发点各自不同,对轻税的标准也看法不一,从而轻税论的性质也是各异的。因此,研究当时某一思想家的赋税思想,必须作具体的分析,笼统地说某人主张轻税是不能说明什么问题的。

孔丘轻税论的出发点是反对春秋时代地主阶级的赋税改革,他区别轻税、重税的标准是彻法规定的什一税率,他的轻税论的性质是维护征税方面的"周公之藉","周公之典"。

由于当时各国的税率多已超过了十分取一,鲁国已达到十分取二,所以孔丘恢复彻法的主张,自然意味着轻税。是否可以更轻一些?孔丘及他的学生都没有说过。因此,只说孔丘主张轻税,笼统地说他认为轻税比重税好,是未必符合实际的。确切地说应该是:孔丘认为彻法即什一税率是最合适的税率,超过此标准即是重

---

① 《左传》鲁哀公十一年。

税,就应该回复到什一税。

在赋税问题上,孔丘的学生有若同鲁哀公的一段对话是饶有趣味的:

> 哀公问于有若曰:"年饥,用不足,如之何?"有若对曰:"盍彻乎?"曰:"二,吾犹不足,如之何其彻也?"对曰:"百姓足,君孰与不足?百姓不足,君孰与足?"[①]

这是中国古代的一段脍炙人口的对话。在这段对话中,有若较为正确地指出富国同富民、国民经济同国家财政的关系,体现了藏富于民的思想,是中国经济思想史上对这种思想的最早的明确表述,自然应予以充分重视和足够评价。有若明确地要求减税,并指出重税会削弱课税的基础,缩减税收的来源,讲得也是颇为精彩的。但是,有若提出的轻税标准还是十分取一,他的轻税主张的具体内容还是恢复彻法,因而主要还是体现了维护礼制、反对地主阶级赋税改革的特点。

《论语》中还有"义然后取"的提法。如果"取"是指国家取于百姓,那也就是一个赋税论点。不过,它也可能是指个人在取财于人时要合于义,那就与财政无关了。

"使民也义"就是主张在征调民伏为国家服徭役时,要遵守义的原则和礼的规定,不可任意苛派,使百姓的徭役负担过于沉重。

在孔丘以前,反对过重徭役的思想早已存在,平民百姓中抱怨徭役过重的抗议更非罕见。像《诗经》中的《民劳》《东山》等篇,

---

① 《论语·颜渊》。

都是谴责、抗议苛重徭役的专篇。管仲已把"无夺民时"作为国家政策的指导思想提了出来。相比之下，孔丘的"使民也义"，不过是把礼义和限制徭役的问题联系起来，为限制徭役提出了一个他认为是万能的手段而已。由于孔丘反对公布成文法，反对以法律限制奴隶主贵族的行动，而以义和礼的手段来限制徭役，又是很不确定的和没有多大约束力的。他的这种思想实际上并无超越前人之处。

孔丘在限制徭役方面还提出了"使民以时"[①]的论点。这里，"时"指一年中适合于征调民伕从事徭役的时间。什么时间适合于征调徭役呢？孔丘没有明说，但春秋时代早已有反对在农时征调徭役的主张。孔丘所谓"使民以时"，其含义应是使民于农闲之时，和管仲的"无夺民时"是基本一致的。

在农忙时征调民伕从事徭役，必然会同农业生产争夺劳动力，对农业生产产生不良影响。这不仅对农民的生产和生活造成很大困难和损害，也会破坏国家财政的基础，情况特别严重时还可能激成民变，危及统治秩序。孔丘的"使民以时"的论点，明确地从保护农业生产的角度提出限制徭役的问题，这就多少超越了孔丘惯于从礼义标准来考察经济问题的局限。

"度于礼"、"使民也义"，这些提法本身就清楚地表明了以礼、义来规范国家赋役活动的主张，表明他的赋役思想是建立在他的义主利从论的基础上的。

根据上述第三至第七节的分析，孔丘的经济思想的各个组成部分的关系，可以图示如下。

---

① 《论语·学而》。

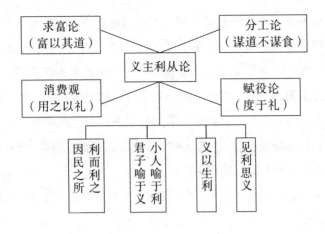

八、孔丘在中国经济思想史上的地位

孟轲称孔丘为古圣贤中的"集大成"①者。孔丘对他以前的全部古文化而言,的确无愧于这种"集大成"的地位。从孔丘的经济思想而言,情况也是这样。他以自己的思想体系为基础,对商、周以来的经济思想资料,尤其是春秋时代的经济思想成就,加以广泛的吸收和改造,对当时的重要经济问题发表了多方面的见解和评论。从形式上看,孔丘的经济思想主要表现为一些零散的议论,许多甚至是片言只语。他自称"述而不作"②,在经济思想方面就更无专门的论著留下来。由于他"罕言利",他在经济思想方面留下来的遗产,一般说来要比他在哲学思想、伦理思想、政治思想、教育思想方面留下的遗产都显得单薄。但是,尽管如此,他在经济思

---

① 《孟子·万章下》。
② 《论语·述而》。

想方面的成就也大大超过一切前人和同时代的人。他关于各方面经济问题的论述实际上并不是孤立的,互不相干的,而是具有某种联系。并且是环绕着义主利从论这样一个中心互相联系着的。在中国经济思想史上,他是第一个具有自己思想体系的人物。中国古代的经济思想史,正规地说,应该说是从孔丘发端的。

孔丘的经济思想,不论从积极方面说或消极方面说,都对后代发生着极为重大深远的影响。

在孔丘的经济思想中,下面这样一些内容,对后代的积极影响尤为显著:

第一,富民思想。

富民思想是中国经济思想史上的优良传统之一。这种思想从社会整体出发,要求在发展生产力,发展国民经济的基础上,增加社会财富,改善广大民众的生活状况,并把富民看作富国和富家的基础,认为富国和富家都必须建立在富民的基础上才有积极意义。否则,就只会带来社会的动乱和国家的倾危。

富民的思想,在中国起源甚早。管仲治齐,以富国强兵为宗旨,但管仲在主张富国的同时,也一再宣扬富民,并为实现富国、富民提出了增加社会生产,发展国民经济的各项政策措施。可以说,管仲已经初步认识到富国和富民应该是一致的。

管仲的富国、富民思想,在中国古代有很大影响。孔丘很推崇管仲,他的经济思想无疑受到管仲的相当影响。但管仲是个大政治家,他的富国、富民思想,主要是通过他治齐的政策和政绩留传下来。他也提出了少数论点,包括像"仓廪实而知礼节,衣食足而知荣辱"这样的精彩的论点,但他对这些论点极少说明和论证,更未把它们相互联系起来。有些论点本身也不很明确。比如,富国和富民之间的关系如何？在研究管仲的有关材料之后，人们会感到，管仲看来已同时注意到了富国和富民并把二者看作是一致的，但二者之间究竟有些什么联系，它们何以是一致的，就不很了然了。

孔丘及其弟子，不仅明确提出了富民、足民的主张，把这看作是治国、为政的基本纲领之一，并且开始把富民和富国、富家联系了起来。"百姓足，君孰与不足"的论点，已较为明确地指出了富民是富国的基础；而"因民之所利而利之"，则已在一定的程度上把富民和富家联系了起来。这样，在孔丘的经济思想体系中，富民已成为一个含义比较明确、内容比较丰富，并有了一定的说明和论证的思想。中国古代富民思想的一些基本要素，已初步具备了。

富民思想自经孔丘提出、宣扬和论证，就开始成为先秦时期流行的经济思想之一。他以后的儒家学者，固然都是师承他的富民思想而继续加以阐发、丰富和深化。儒家以外的各学派，虽然在许多问题上反对甚至攻击儒家，但在不同程度上也多主张富民。这样，中国古代经济思想中主张富民的传统，在先秦时期就基本上确立起来。对这一优良传统的确立，先秦的许多学派都起了作用，孔丘作为首倡者，更应予肯定。

第二，轻徭薄赋思想。

主张轻徭薄赋是中国古代经济思想史中的另一个带有普遍性的论点，是在财政思想中占支配地位的主张。

在孔丘以前和同时的人中，都有些主张减轻赋税或徭役的，但多是在具体情况下提出的具体主张，而且多是政治家作为政策主张提出来的。孔丘则是先秦思想家中首先提倡轻徭薄赋的人，他把轻徭薄赋作为一项基本的财政原则而言之谆谆，并对轻徭薄赋的内容、方式和意义都作了一定论述。这使他在轻徭薄赋思想的形成和发展中所起的作用,都远非前人或同时人所能及。

孔丘的轻徭薄赋思想包含两个方面,一是反对贪冒,反对聚敛,二是借主张轻徭薄赋来反对当时地主阶级代表人物的经济改革,要求恢复周代的旧制。前者具有减轻财政剥削、有利于生产发展的积极意义,而后者则体现着一种消极的、复古倒退的倾向。但是,周代的典制在春秋时代已经礼崩乐坏,到战国时代则已几乎荡然无存,①秦汉以后就更不用说。因此,孔丘轻徭薄赋思想的消极内容,在后代已失去实际意义。后代人只是也只可能是从减轻百姓负担,有利于生产发展的意义上来理解孔丘的轻徭薄赋思想,而不再关心什么藉法、彻法之类的问题了。这也就是说,孔丘的轻徭薄赋思想本身虽具有两种不同的倾向,但它对后代的影响却主要是积极的。

轻徭薄赋思想自经孔丘宣扬,在此后两千余年的封建社会中就形成为一个不容争辩的原则,成为理财方面的千古"圣训",成为"仁政"的一项不可或缺的内容。历代谈财政、谈赋税徭役问题的人,都异口同声地标榜轻徭薄赋。任何暴君贪吏,也不敢公开反对轻徭薄赋原则,而进步的学者和政治家则由此得到了打击腐朽贪暴势力的一个得力的武器。

第三,重视"民食"的思想。

从保证"民食"的角度重视农业,强调农业在国民经济中的地位和在国家治乱安危中的作用,是中国古代经济思想中另一重要传统。秦汉之际的郦食其把这一思想概括为"民人以食为天"②,

---

① 孟轲说:战国时代诸侯对周代遗制"恶其害己也,而皆去其籍"。见《孟子·万章下》。
② 《史记·郦生陆贾列传》。

从此就被人们奉为至理名言。在两千余年的历史上,谈经济问题的无不首先强调民食。

《论语》记载:孔子"所重:民食、丧、祭"①。在周代宗法制奴隶主贵族统治下,丧、祭是和"孝亲"、"敬祖"、"事天"相联系的大事,丧礼、祭礼在礼制中居于特别重要的地位。孔丘素来强调"为国以礼"②,他对丧、祭的重视是可以想见的。他把"民食"和丧、祭并列为最重视的几项事物,而且把"民食"放在首位,足见民食问题在他思想中的地位。

他把"足食"列为治国的三个基本纲领之一,在徭役方面首先考虑对农业生产的影响,也都是他重视民食思想的表现。

孔丘把"小人怀土"和"小人怀惠"同时提出来。把"土"和利、惠相联系,这表明"怀土"不是指"怀乡"或安土重迁,而是指对耕地的怀恋。

虽然孔丘的这些论点都提得过分简略,有的(例如"小人怀土")还不很明确,但他重视民食的思想,对以后的思想家们还是颇有影响的。

从孔丘经济思想对后代的消极影响来说,最严重、最深远的是他的分工思想。他把社会分工划分为"谋道"和"谋食"两大类,并把二者分属于"君子"和"小人",这不仅是从政治、社会地位上轻视生产劳动和经济工作,还从道德层次上贬低了它们,为儒家轻视生产劳动和经济工作奠定了理论基础。后代知识分子只把读书做官看作"正途",得志就争权夺位、弄权固势,不得志就以"安贫

---

① 《论语·尧曰》。
② 《论语·先进》。

乐道"相标榜,视科技为"小道",诋工商为贱业。这种风气正是在孔丘的分工思想的长期支配下形成起来的。知识、科学技术本来是生产力中最有威力的因素,而知识和科学技术又只有广泛应用于农、工、商业,只有同经济活动密切结合起来,才能对社会生产力的发展起巨大的推进作用。而儒家轻视经济工作的顽固偏见,则在它们之间挖掘了一条深广万里、绵延千秋的鸿沟。寻根究底,孔丘的分工思想是不能辞其咎的。

恩格斯曾指出:奴隶制灭亡后,"留下了它那有毒的刺,即鄙视自由人的生产劳动"[①]。在中国古代,则除了鄙视生产劳动外,还有着鄙视经济事务这样一根毒刺。这是一根毒性特别大,而且毒效很持久的刺。它在中国历史上的遗害是极为深远的。

孔丘的义主利从论,在汉代中叶以后逐渐被保守势力发展为贵义贱利论,成了在封建社会中长期居于支配地位的封建正统经济思想的主要教条之一。历代的保守势力都以贵义贱利论作为武器来反对有利于经济发展和进步的改革,来压制平民百姓改善自己劳动状况和生活状况的要求。

孔丘的义主利从论同后代封建正统经济思想的贵义贱利教条还有所不同。[②]孔丘虽然把义看得高于利,但还未贱利;他虽然对新兴地主阶级代表人物大规模破坏礼制的经济改革持否定态度,但对某些带封建剥削色彩的做法(如"因民之所利而利之"、"惠则

---

① 《马克思恩格斯全集》第21卷,人民出版社1965年版,第170页。

② 作者过去曾把孔丘对义利关系问题的观点概括为贵义贱利论。现在看来,孔丘的义利观还是一个具有两重性(虽然消极一面占主要地位)的观点,同完全保守、僵化了的贵义贱利教条还有所区别。因此,本书把孔丘关于义和利相互关系的理论改称为"义主利从"论。参阅赵靖著:《中国古代经济思想史讲话》第二讲,人民出版社1986年版。

足以使人"等），又抱宽容甚至肯定态度。不能认为，封建正统思想的贵义贱利论，完全是承袭了孔丘的衣钵。但是，由于义主利从论把同旧制度相适应的政治、道德原则（"义"）置于经济之上，强调人们谋求经济利益的行为必须服从于义，它本质上适合于腐朽没落势力维护自身既得利益的需要。

孔丘在消费问题上的黜奢崇俭论，应该说也是一种具有两重性的理论：它谴责下用上礼的消费行为为奢，也不赞成上层统治者过分奢侈的行为。在某些场合，他也指名批评过个别统治者，如说："齐景公有马千驷，死之日，民无德而称焉。"[1]他称赞禹"卑宫室，而尽力乎沟洫"[2]。这也有向上层统治者宣扬俭德，甚至有对他们的穷极淫侈的行为婉转进行批评的意味。但是，他的黜奢崇俭论总的说来是以反对下用上礼为特点的，尤其是把新兴地主阶级代表人物的违礼行为作为主要的抨击对象的。而这正适合于腐朽统治者维护自己既得利益、压制被统治者改善自己生活状况要求的需要。后代封建正统经济思想的另一主要教条黜奢崇俭论，也正是从这里找到它的一个重要思想渊源。

当然，孔丘的黜奢崇俭论也还不同于封建正统经济思想的黜奢崇俭论，这要在以后再作具体考察。

（原载《中国经济思想通史》修订本第1卷，

北京大学出版社2002年版）

---

① 《论语·季氏》。
② 《论语·泰伯》。

22　谈孔子的管理艺术

孔子重视管理艺术。他所提出的管理艺术的最高原则是"无为而治"。这一原则要求领导人只做好领导工作,而把应由管理助手及管理对象担负的工作放手交给他们去做:领导人"无为"才能使管理助手和管理对象人人有为,达到天下大治的理想管理目标。对管理助手的管理及管理对象的管理均要讲求管理艺术,这就是孔子的用人艺术和用众艺术所论述的内容。孔子的管理艺术思想是一份珍贵的历史遗产,它对建立和发展中国自己的现代管理艺术有重要的借鉴作用。

一、孔子十分重视管理艺术

孔子的管理艺术思想,是中国管理艺术遗产中的珍品,它奠定了中国传统的管理艺术的思想基础。

孔子的管理思想(包括管理艺术思想),在孔子的学说中是包括在"安人"的范畴之中的。孔子之学,千头万绪,千言万语,落在行事上,其实无过"修己"和"安人"两个方面。《礼记·大学》所讲的格物、致知、诚意、正心、修身、齐家、治国、平天下,与此只是详略之异。因为,从格物、致知、……直到修身,所谈的都是修己的问题；而齐家、治国、平天下，则是从不同范围、不同层次谈论安人的问题。修己是从各个方面（道德、学识、能力，重在道德）进行自我修养，安人则是关于家庭和国家的管理、治理问题。单从国家的管理来说，"安人"也就是"安百姓"。

孔子主要是从"为政"、"从政"，即国家管理的角度探讨管理问题。古代的国家管理涉及三种人：君、臣、民，从管理一般即不同时代管理的共性考虑问题，可称这三种人为领导者、管理助手及管理对象。

孔子认为，修己和安人是相通的，其基本道理是一以贯之的。通过修己，不断完善自己，以影响和带动别人，实现"安人"、"安百姓"的管理目标，这就叫做"修己以安人"、"修己以安百姓"。修己是个人品德的修养，修己的极至就是"圣"的境界；"安百姓"是治国的终极目标，也就是儒家所追求的"王道"。"修己以安百姓"，也就是儒家的"内圣外王之学"。内圣外王的境界当然是极高的，所以孔子说："修己以安百姓，尧、舜其犹病诸！"（《论语·宪问》）意思是说：即使像尧、舜那样的"圣王"，也难于完美无缺地做到这种要求。

在修己和安人两个方面，孔子都很重视艺术的作用。他把艺术看作陶冶个人性情、不断完善自我的重要手段，提倡"志于道，据于德，依于仁，游于艺"（《论语·述而》）。在艺术中，他尤其重视音乐。他曾"学琴于师襄"（《孔子家语·辨乐》），受过严格的训练。他在齐国时，听到演奏中国古代著名的"韶"乐，以至"三月不知肉味"（《论语·颜渊》）。可见他对音乐的爱好之深和欣赏品味之高。在他的日常生活中，音乐是他不可一日离的东西。在安人方面，他把音乐作为教育、教化的一部分重要内容，不但对学生的教育管理如是,对治理国家、教化百姓亦复如是。他的学生言偃(子游),做鲁国的武城宰,孔子去武城访问,一入境就听见"弦歌之声"。言偃告诉他,这样做是遵循老师的一贯教导:"偃也闻诸夫子:君子学道则爱人,小人学道易使也。"(《论语·阳货》)可见,孔子一向是把"弦歌"作为教民、为政之道的一部分来教育自己的学生的。因此,人们往往把"弦歌"作为孔门施教、施政的标志。

对孔子而言,艺术不止是他进行管理的重要手段,也是他对管理工作提出的要求。他认为,对管理工作必须讲求管理艺术;合乎管理艺术要求的管理,才是好的管理。

他的学生颛孙师(子张)问他:"何如,斯可以从政矣。"他回答说:"尊五美,屏(摒)四恶,斯可以从政矣。"(《论语·尧曰》)"五美"是:"惠而不费"、"劳而不怨"、"欲而不贪"、"泰而不骄"、"威而不猛"。"四恶"是:"不教而杀"、"不戒视成"(不预告而要求拿出成果)、"慢令致期"(不及早出令而临时限期)和"出纳之吝"(对财物吝付)。可以看出,"五美"都是为了在管理过程中保持和谐、圆融,而"四恶"则会导致磨擦和怨恨。

这里,美和恶正是从管理艺术的角度来讲的。孔子认为,在"从政"即从事国家管理工作时,应该提倡美的即具有艺术价值的管理,避免恶(丑)的即违反艺术要求的管理。从五美、四恶的具体内容看,孔子所要求的是在国家管理工作中,不仅要充分实现管理目标,完成规定的任务,取得预期的成果,还要使整个管理过程进行得尽量平稳、顺畅、圆融,人际关系尽量和谐,少有磨擦和冲突,给人以美的感受。孔子认为,国家的管理工作做到了这种境界就是美的,反乎此就是恶的。这样,孔子就以"美"、"恶"的概念和尊美、摒恶的主张,比较明确地提出了管理艺术的问题。

中国的管理艺术遗产并非始自孔子。在孔子以前,有些历史人物在国家管理工作中也表现出相当高的管理艺术才能。例如,辅佐齐桓公成霸业的管仲,和辅佐楚庄王问鼎中原的孙叔敖就是这样。流传下来的管仲治齐的某些论点如"下令于流水之原"、"积于不涸之仓"、"藏于不竭之府"(《管子·牧民》)等,也闪现出一定的管理艺术的光芒。不过,他们都还只是在实际管理工作中显示出某些合乎管理艺术要求的做法或主张,而不曾有过比较明确的管理艺术的意识;他们的实际管理工作的某些内容,在一定程度上可以说是美的,但他们却从来没有对国家的管理工作提出过比较明确的管理艺术的要求;他们至多是在实际行事中有些"美"的倾向,却绝没有"尊美"、"摒恶"的明确认识。

总之,在孔子以前,人们在管理艺术的问题上,都还没能超出直接经验的范围。这种局面,是由孔子"尊五美"、"屏四恶"的论点的提出而突破的。

二、孔子管理艺术的总原则

除了从国家管理的许多重要方面提出管理艺术的美、恶问题外,孔子还为解决好管理艺术问题提出了一个总的原则——"无为而治"。这里,"无为"是指国家的领导者不自为或尽量少自为;"治"是把国家的管理工作充分做好,达到所谓的"大治"。用管理科学的术语说,即实现最佳的管理目标。孔子把舜看作这种高超管理艺术的典型,极口称赞说:"无为而治者,其舜也与!夫何为哉?恭己正南面而已矣。"(《论语·卫灵公》)意思是说舜谦恭敬慎地处在最高位上,从容不迫,不躁不乱,而国家的一切工作都自然而然地进行着,而且都做到了恰到好处。这自然是管理艺术的很高境界。

无为而治的思想不是孔子所独有,道家在国家管理方面也提倡无为。《老子》就强调说:"为无为,则无不治。"(《老子》第三章)而且,道家对无为的提倡和论证,还远过于儒家;它比儒家更强调,谈得更详备、更有系统,并且有更深的理论基础。儒家自孔子而后,几乎未再有人对无为而治有进一步的发挥;道家则几乎凡言治者无不崇尚无为。在西汉最初几十年,这种思想还成为政治上的指导思想,并在这一思想的影响下出现了一个无为之治的实际典型。

不过,道家所说的"无为",不止是一种治术或管理艺术,而是"道"的体现。道家认为:道是"先天地生"(《老子》第二十五章)的宇宙本原,它充塞、体现于宇宙万事万物之中。在道家看来,道自身是无为的,而道在宇宙之间运行的结果,宇宙万事万物都能够自然而然地各有其序、各遂其性、各得其所,达到"无不为"的地步。《老子》所说的"道常无为而无不为"(《老子》第三十七章),就是这个意思。既然道本身是无为的,宇宙间的一切事物,都必须"法道",即遵循道的要求,管理国家也不能例外。只有像道那样"无为而无不为",才能做到"无不治",达到"功成事遂"(《老子》第十七章)的管理目标。

孔子说的"无为而治",要点放在"治"字上,无为是为治服务的,无为而治是一种治术。《老子》的"为无为则无不治",要点放在"无为"二字上。无为是道本身的属性,"为无为则无不治",不过是道的无为之性在"治"即管理方面的体现。换言之,孔子说的无为,基本上属于管理艺术的范畴;道家说的无为,虽然也适用于管理，但它本身却是一个哲学的范畴。如果专就管理的领域而言则可以说：道家说的无为主要属于管理哲学的范畴，而不限于管理艺术的范畴。

无论是孔子说的无为或《老子》说的无为，都绝对没有要人无所事事、什么事也不干的含义。道家说的无为，只是要人们顺应自然而不强为的意思。在自然之势允许为时，还是可以为并且应该为的。不过，道家既然把无为看作道自身的属性，就必然会把无为作为对一切人的普遍要求，而不是对领导者的独特要求。诚然，道家首先是把无为之治看作一种"君道"、"君纲"，即作为对领导者的要求提出来的，但却不是把无为的范围仅限于此。道家要求君主、领导者无为，实际上是要求他们率民无为，即以他们自身的无为，为下属和百姓起表率作用，影响、带动整个社会、整个国家人人无为。《老子》在谈到君主"为无为"时说："常使民无知无欲，使夫智者不敢为也。"（《老子》第三章）这把道家率民无为的用意表达得十分清楚。道家认为：只有使整个社会人人无为，才能使社会生活长期保持安谧、宁静、浑朴、自然，接近于人类原始时代的状况，实现道家"小国寡民"的社会理想。

孔子说的无为，既然基本上是一种治术，它就只能是对领导者的要求，而不会超出此范围之外。无为的含义，只是要求领导者不自为或尽量少自为，而所谓不自为或尽量少自为，其具体内容是不做应由管理助手和管理对象做的事。孔子认为：领导者和管理助手以及管理对象之间，应有明确的分工，凡属管理助手或管理对象职守范围之内的事，应放手让他们自己去做，领导者不应自为。这就是孔子所说的"君子不器"（《论语·为政》）。

孔子是最强调领导的表率作用的。所谓"君子之德风，小人之德草,草上之风,必偃"(《论语·颜渊》)。"政者,正也。子帅以正,谁敢不正?"(《论语·颜渊》)重视表率作用,认为这种表率作用起得怎样,是国家管理成败的关键,这成了儒家政治思想的一个最有特征性的内容。但是,孔子所提倡的表率作用,是就品德、作风来说的,绝无老子那种率民无为的含义。在孔子看来,领导者的无为,是以管理助手和管理对象的有为为目的,同时又是以后二者的有为为前提的。领导者对管理助手、管理对象职守范围中的事不插手自为,才可使他们不致处处受到干预和掣肘而不敢为或不能为;另一方面,管理助手、管理对象人人忠于职守,在自己的岗位上奋发有为,才可使领导者实现无为而治。按照孔子的思想,"君子不器",则"君子"的部属和百姓,就必须各司其职,各尽其器。如果后二者也都人人无为和不敢为,那是根本谈不上什么治的,是不可能实现管理目标的。

三、孔子的用人艺术

要使管理助手有为,首先要选择好一批在品德和能力两方面都优秀,事业心强的人士作为管理助手。孔子称道舜为无为而治的典型,就在于他认为舜的手下人才济济,"唐、虞之际,于斯为盛"(《论语·泰伯》);尤其是有着禹、益、契、弃(后稷)、皋陶五大贤人作为舜的高级助手。禹是中国历史上传诵数千年的治水圣手,后被推为舜的继承人。相传他为治水,九年奔走各地,以致三过自己的家而顾不上回家一次。益善管理山泽,曾被推为禹的继承人。契长于教育,弃是当时的农业专家。皋陶是刚正严明的法官,执法不受任何权势的阻挠、干预。孟轲曾说，皋陶执法，即使舜的父亲瞽瞍杀了人，皋陶也会依法拘捕治罪（《孟子·尽心》）。这五人都是以天下为己任的，又各有专长，同心辅舜，在舜手下形成了一个各称其职、搭配适宜的人才内阁。孔子认为，正是由于他们的奋发有为，才使舜实现了无为而治，所以说："舜有臣五人而天下治。"（《论语·泰伯》）但是，人才难得，孔子也常有"才难"（《论语·泰伯》）之叹，怎样才能找到一批人数足用的优秀管理助手或骨干呢？这就需要讲求用人的艺术。

孔子对用人艺术的主张，概括起来，有下列要点：

第一，举贤、举直：即首先选拔若干才、德兼备的人，放在有关键意义的岗位上。这样，一来可以做好这些岗位的工作，二来可以影响、带动处于同一岗位中的工作者，或者邻近岗位上的工作者，使他们有所取法，受到激励而努力工作，从而使广大管理助手和管理干部的作风有所转变。在这种情况下，一些品质不好、不称职而又不肯改弦更张、弃恶从善的管理助手就会被暴露出来或被揭露出来而遭到清除，或者因感到孤立，感到无地自容而自行避去。这就是孔子所说的举直错枉和举直远佞。他说："举直错诸枉，能使枉者直"（《论语·为政》），又说："舜有天下，选于众，举皋陶，不仁者远矣；汤有天下，选于众，举伊尹，不仁者远矣。"（《论语·颜渊》）

第二，举所知：领导人耳目有限，信息难周，不可能一下子找到很多贤人，而人数太少了又不足用，怎么办呢？孔子解决这个难题的办法是：举所知。他的弟子问他："焉知贤才而举之？"他回答道："举尔所知。尔所不知，人其舍诸？"（《论语·子路》）这话的意思是：领导者可先就自己所知道的贤人选拔上来，委以重任，予以特殊的尊礼，别的贤人知道了，自然会受到鼓舞，主动找上门来；已被重用的贤人，也会同气相求，推荐其他的贤人。这样，人才的来路就广了。这种选拔人才的"滚雪球"式艺术，历史上许多君主、当权者都曾使用过，而孔子则是首先把这种用人艺术由经验上升到理论的。

第三，因材任使：选择了优秀人才，如果不善于使用，就和没找到人才一样，甚至情况会比没找到人才更糟。因为，这会使所找到的人才感到失望、沮丧；还会使本来有意投效而尚未到来的人才闻风气馁，裹足不前。

孔子对使用人才，提出了"器之"（《论语·子路》）的原则。"器之"，即因材任使，像对器具一样，什么样的器具派什么样的用场。

在领导者自身的作用问题上，孔子强调"君子不器"；在对管理助手的使用问题上，孔子则主张"器之"。这是基于分工的需要而得出的两个不同方面、不同性质的管理艺术：领导艺术和用人艺术。领导人的职责是领导全局，必须把自己的主要精力放在决策和用人上，而不能把自己放在"器"即局部、具体工作执行者的地位；否则就会妨碍自己对全局的观察和指导，也会妨碍管理助手的作为，削弱他们的主动性和责任心。管理助手则是受领导者委托负责局部、具体工作的，他们是因为有各自的专长而被遴选担任某种或某方面工作的。如果他们不具备这种条件，遴选他们担任有关工作就是领导者无知人之明；他们具备这种条件而不把他们摆在合适的岗位上，那就是领导者不善任人。既善于识别管理助手的才具，又善于为他们安排适宜的工作岗位，既知人，又善任，就叫做"器之"。

用人能否做到"器之"，这是检验用人艺术的重要标准。历史上能说明这一点的事例,简直俯拾即是。汉高祖刘邦,就是用人善于"器之"的一个极好的典型。他在灭了项羽,一统全国之后,曾和群臣一起总结经验。他自己认为,所以能战胜项羽,就在于自己重用了当世的三个第一流人才,而且各用其所长。他说:"夫运筹策于帷帐之中,决胜于千里之外,吾不如子房;镇国家,抚百姓,给馈饷不绝粮道,吾不如萧何;连百万之兵,战必胜,攻必取,吾不如韩信。此三人,皆人杰也,吾能用之,此吾所以取天下也。项羽有一范增而不能用,此其所以为吾擒也。"(《史记·高祖本纪》)

第四,不求全责备:选拔人才自然是要选拔最好的。但是,人无完人,金无足赤,如果对所要选拔的人,发现他也有某些缺点,还选拔不选拔呢?或者,已经选拔并任用了,却发现他有某些缺点,怎么办?是继续使用,还是予以罢黜呢?

孔子对这一问题的处理原则:"无求备于一人"(《论语·微子》),即对任何人都不能要求他完美无缺。只要他在品德方面大节无亏,在工作能力方面胜任所担负的职务,并且忠于职守,勤于任事,即使发现其有某些缺点,该选拔的仍应选拔,该重用的仍应重用;在使用过程中,如果发现缺点,也要具体分析,只要缺点不致妨害他任职的基本条件,就应继续使用,并给予信任,而不宜遽加罢黜。

刘邦对陈平的任用,是体现了用人不求全责备原则的一个用人艺术典型。刘邦初用陈平时,有人在刘邦前说陈平坏话,指责陈平品德不好,有生活作风方面的问题。刘邦责问陈平的举荐人魏无知,魏无知回答说:"臣所言者能也,陛下所问者行也。今有尾生、孝己之行而无益于胜负之数,陛下何暇用之乎?"(《史记·陈丞相世家》)一句话点醒了刘邦:在楚汉相争、胜负未决之际,要重用的是能影响战争胜负的能人,而不是循规蹈矩的老好人。为了生活方面的某些可疑的问题,而不用和不敢重用像陈平这样的大能人,是不智的。刘邦原是一个无文化的农民,他显然不曾读过《论语》之类的书。他的用人艺术和孔子所提出的论点如此吻合,说明孔子所揭示的用人艺术的原理,确实包含着一些有规律性的东西。既然是有规律性的东西,就会在历史上有重复出现的可能,而不管人们是否曾从文献上读到过它们。

四、孔子的用众艺术

用人艺术是对管理助手而言的,用众艺术是对管理对象而言的。按孔子习用的说法,用众艺术也可称之为使民艺术。

孔子用众艺术的核心思想是:尽量不要使管理对象感到是强制或被迫,而是使其乐为我用。这也就是说:使管理对象对实现管理目标具有主动性。主动性越大,完成管理目标越容易,过程中的磨擦、阻力越小,越能符合管理艺术的要求。

怎样能使管理对象具有主动性呢?孔子首先强调的是教育。他认为,在要求管理对象为实现管理目标而努力时,如果一味靠命令、规章来强制,甚至通过刑罚之类的手段来威逼,管理对象即使服从,也不会有什么主动性可言。这样,管理过程中就必然出现关系紧张,(监督、管理的)劳费大,而完成任务的质量不高。这样的管理,自然是谈不上什么管理艺术的,自然是没有什么美之可言的。

孔子赞赏首先对管理对象进行教育,使他们认识到实现管理目标的意义,能够(或至少在一定程度上能够)把实现管理目标看作自己的事,从而能够主动地为此而努力。这样,管理工作就会关系和谐,少劳费和损失,而工作效果好,质量高,符合于美的要求。

孔子比较这两种管理手段,认为:"道之以政,齐之以刑,民免而无耻;道之以德,齐之以礼,有耻且格。"(《论语·为政》)意思是:只强调政刑来使民,民勉强服从而中心怨恨;主要靠德、礼来教民,民"有耻且格",乐于从命。两相比较,美、恶是判然有别的。孟轲把以教育作为管理手段能够调动管理对象主动性的道理概括为一句话:"善教得民心。"(《孟子·尽心上》)这把儒家对教育在提高管理艺术方面的作用的认识,提到了一个新的高度。

孔子虽然强调教育的作用,但并不把它作为调动管理对象主动性的唯一手段。他同时也非常重视经济手段的作用。

孔子按照商、周以来的传统,把人分作两种:"君子",即贵族、统治者和"小人",即民、百姓,并提出了"君子喻于义,小人喻于利"(《论语·里仁》)的论点。既然"君子喻于义",要使"君子"为实现某种管理目标而努力,就要靠教育,以德、义来激发其主动性。既然"小人喻于利",要使其有主动性,就必须以实际利益来打动他。孔子显然已经不认为"小人"只是"喻于利"。因为,他一再强调"教民",而且主张使"小人"也"学道",即以仁、义、礼、智来教民。这也就是说:孔子认为"小人"在某种程度上,也能"喻于义"。但是,孔子毕竟明确地认识到:对待平民百姓,对待生产劳动者的管理,离开了物质利益是不行的;而且,利还是这方面管理的特征性的东西。如果不让他们得到一定的利,他们就不可能"喻"(理解),从而也就谈不上什么主动性了。从这种认识出发,孔子对待"小人"或民的管理提出了"惠"的主张,即在要他们完成国家的任务时，使他们自己能得到一定的"惠"即物质利益。

在孔子的时代，君和民、"君子"和"小人"之间的关系，是统治阶级和被统治阶级的对立关系，在这种情况下，教育作为管理手段的作用是有限的；如果认为纯靠教育作为管理手段就可"得民心"，那不是幻想，就是欺骗。孔子强调教育而又不把教育绝对化，能够同时看到利、惠在使民、用众中的作用。这正是孔子的识见高人之处。

经济的手段进行管理比纯用政治、法律手段是较为优胜的，因为，它至少不会引起管理对象的强烈反抗和消极抵制（如怠工之类）。不过，孔子并不认为这样的管理方法就是美的。有了"惠"，还要看惠是怎样实现的。如果惠是从上面给予的，给予者须为此而有所费，百姓却不会因此而产生主动性，对实现管理目标是没有什么积极意义的。所以，孔子对这种单纯的"惠政"并不认为就是美，而认为只有"惠而不费"才算是美。

对于怎样做到"惠而不费"，孔子的主张是："因民之所利而利之"（《论语·尧曰》），即听任百姓去做他们自认为能够获利的事情，从而为自己谋得利益。他认为这样可使百姓靠自己的力量得到利益，统治者无所烦费，又不致引起抵制、反抗，还可从百姓产生的财利中分取（通过财政手段）一部分，一举得到几个方面的效果，所以孔子把"惠而不费"列为五美之首。"惠而不费"、"国民之所利而利之"，可说是孔子在经济管理艺术方面的主要论点。

百姓是生产者，是惠和利的创造者。国家的财政以此为来源，统治者靠此来养活。如果把惠和利说成是从上面给予的，是统治者施惠养民，那只能是纯粹的欺骗和伪善。孔子虽然仍然使用着历来的统治者所习用的"惠民"、"利民"之类的词语，但他认识到这种惠和利主要应靠百姓自己来取得,这毕竟表明他对生产者的主动性在实现管理目标中的作用有了一定的正确认识。

当然,在某些特殊情况下,从上面给予一定的惠和利,也不是不可能的。例如,在发生灾荒的时期,国家对灾民发放赈济粮、赈济款的情况就是。但即使在这种情况下,单纯从上赈济也不是救灾的好办法。因为,这种"惠"不仅会带来费,而且难于激发灾民抗灾的主动性。唐代的著名理财家刘晏,就清楚地认识到这个问题。他对救灾工作提出了一个新的思路:变单纯赈灾为扶助灾民生产自救。他说:"王者爱人,不在赐予,当使之耕耘织。"(《新唐书·刘晏传》)因此,在灾荒来临时,他就采用贷款、贷粮、减税以及收购农村副业产品等办法,鼓励和扶助农民生产抗灾,而尽量避免单纯赈灾办法。

五、必要的历史借鉴

孔子在中国历史上率先提出讲求管理艺术的问题,并为怎样"尊美"、"摒恶",实现管理艺术的要求提出了"无为而治"的总的原则。他对用人艺术和用众艺术作了比较详尽的论述。孔子关于管理艺术的多方面论点,是在不同时间、不同情况下提出来的,但从思想内容看,它们已不是各自孤立的、互不相涉的,而是存在着一定的内在联系。这就使我们有可能把看似零散、片断有关材料,加以整理、综合,从而把孔子的管理艺术思想作为一个单独的课题来考察、探究。

孔子考虑管理艺术问题,其直接范围限于国家管理。但是,不同范围、不同领域的管理具有共性，孔子对国家管理艺术的论述，对其他方面（如企业、社团）的管理，也是可以有借鉴意义的。

孔子的管理艺术思想中最值得珍视的是他对管理助手、管理对象的主动性的重视。他把这种主动性看作实现"天下大治"的最佳管理目标的关键，看作是在国家管理工作中做到尊美、摒恶的首要的前提：能够调动和激发这种主动性，管理工作才有美之可言；否则，管理过程中必然充斥着野蛮、暴力、专横种种丑恶事物，并相应地激起怠工、抵制以致暴力冲突。

从历史上看，这种主动性的提高是和社会制度的进步相一致的。封建农奴或农民的劳动要比奴隶劳动有主动性，资本主义雇佣劳动者的主动性又高于封建农奴或农民。没有更高的主动性，先进的社会制度就难以有战胜并取代落后的社会制度所必要的更高的劳动生产率。

社会主义条件下，人和人的关系发生了根本的变化，领导者和管理助手、管理对象之间的根本利益是一致的。这为充分激发干部和群众的积极性、主动性提供了可靠的基础。但是，这决不意味着调动群众主动性的问题就可不必重视，不必强调了；也决不意味着，妨碍甚至窒塞群众主动性的情况就不可能发生了。在社会主义制度下，更应把充分尊重群众的主动精神和尽量激发群众的主动精神作为管理工作的头等使命。只有这样，才能充分发挥出社会制度的优越性。

孔子管理艺术思想中另一项有重要借鉴意义的内容是他关于领导者、管理助手和管理对象之间的分工的思想。管理过程中的人和人关系就是这三种人之间的关系，管理工作的美恶，主要就取于这三种人之间分工、合作的状况。

　　在孔子的时代,生产力还十分低下,小生产尤其是农业小生产是生产的基本形式。对小生产的管理来说,领导者、管理助手及管理对象的区别是不明显的,也可以说是基本上不存在的,因此,三者的分工问题是没有什么实际意义的。孔子关于三者的分工的思想,只是就国家管理来说的,在当时并无在经济管理方面广泛适用的基础。但是,对现代的社会化大生产来说,处理好三者的分工,就成了绝对的必要。如果三者没有明确的分工,或者在实践中背离了正确的分工原则,就必然会出现权责不明、互相干扰以致磨擦、纠纷等混乱、无秩序局面这样的管理,自然谈不上什么管理艺术了。

　　懂得这种分工的意义并力求在实际管理工作中处理好它,对于社会主义制度下的管理来说是至关重要的。社会主义生产是社会化的大生产,而且,由于消除了生产社会化同生产资料私有制的对抗性,领导者、管理助手及生产劳动者之间的分工,能够进行得更协调,更顺畅。在社会主义条件下,干部即领导者应是普通劳动者,必须以平等待人,不允许凌驾于别人之上;企业的干部,必须了解企业的生产、经营,做生产的内行。但是,干部的职责是管理,领导干部的职责主要是抓好决策及用人等领导工作,要他们保持普通劳动者的身份和态度是对的,而要他们既作好领导、管理工作,又像一般工人那样参加生产劳动,是不必要的,也是不可能的。

　　孔子的管理艺术思想,一定程度上反映了当时社会前进的历史趋向。他把发挥管理助手、管理对象的主动性作为提高管理艺术和“尊美”、“摒恶”的前提,而把教育和经济利益作为调动、激发这种主动性的两个主要手段,这正是当时的农奴或依附农民,比奴隶的人身依附程度低,对生产资料和生产成果拥有部分权利,从而对生产较有主动性这种状况在人们思想认识中的反映。在孔子的"五美"、"四恶"的说法中贯串着一种思路：以暴力压迫来进行的管理是恶的，而以教育及经济利益为手段来调动主动性的管理，则是美的。

但是，孔子时代的社会，仍然是一个生产力低下的，阶级对立的社会，而且，等级森严，人身依附关系仍极严重。孔子的管理艺术思想，自然也不免会打上这种时代落后性的烙印。譬如，他在用众、使民的问题上，曾经提出过"民可使由之，不可使知之"（《论语·泰伯》）的论点。这同他重视教育手段的思想就是正好相反的。既然民"不可使知之"，还要"教民"做什么呢？如果不教民而要使民"由之"，那就只能靠强迫，强迫仍不行，岂不就要"齐之以刑"了吗？对于伟大历史人物的缺点和局限，"这是要从历史条件加以说明，使人理解，不可以苛求于前人的"①。

（原载《孔子研究》，1998年第4期）

---

① 《毛泽东选集》第五卷，人民出版社1971年版，第312页。

23 《孙子兵法》在经营管理方面的
   价值的发现

《孙子兵法》在兵学或军事学中的地位,早已是无可争议的了。近年以来,它又越来越受到了国内外企业界和管理学界的重视,渐有成为管理学界研究的热门之势。

一

第二次世界大战中,日本因侵略战争的失败而使本国经济遭到惨重打击。后来,随着战后经济的恢复和发展,对管理的需要日益迫切。为了建立起和日本的迅速发展的经济相适应的现代经营管理,日本一方面积极学习美国的管理科学,另一方面努力从自己的民族文化传统中吸取有用的东西。由于中国的许多古籍早已流传于日本,为日本人士长期诵习,对哺育日本的民族文化有深远的影响,许多日本企业家和管理学者就自然而然地把这些古籍作为依据,从中寻求适合于日本民族文化特点的经营管理智慧。正像曾在《人民中国》杂志担任过专家的日本学者村山孚所形容的那样,美国的管理科学和中国的古代思想成了日本企业家使企业生存和发展所使用的"两个轮子"。

在中国古代的典籍中,《论语》《孙子兵法》《三国演义》等书,尤其受到日本的企业家和管理学者所重视。日本的许多企业,把《孙子兵法》作为培训企业管理人员的教材,日本的企业家和管理学者,写出了许多种从经营管理角度研究《孙子兵法》的论文和著作。大桥武夫所写的《用兵法经营》、山本七平的《参谋学——〈孙子兵法〉的读法》等,就是其中的代表。

日本在企业经营管理方面取得的成功,日益引起世界其他国家的注意。受其影响,西方有些国家的人士也开始注意《孙子兵法》在经营管理方面的研究和应用。《孙子兵法》被译为更多国家的文字。某些西方学者所写的管理思想史著作,也把《孙子兵法》作为研究古代管理思想的重要文献加以介绍,认为其中的一些基本原理对"现代管理学者……仍能提供有价值的指导作用"①。

《孙子兵法》在日本企业家和管理学者中受到的高度重视,又使《孙子兵法》"出口转内销",在我国的管理学界和企业界引起了日益强烈的兴趣。党的十一届三中全会后,这方面的研究开始提上了日程。十二届三中全会提出搞活企业的任务后,这方面的研究更有了比较快的发展,出现了许多篇研究论文,并有了像《孙子兵法与企业管理》这样的专著问世。企业界也开始注意《孙子兵法》在企业经营管理中的应用;部分高等学校开设了有这方面内容的课程,并着手开展研究工作;国家经济委员会两次召开中国古代管理思想座谈会,多次组织由企业界和学术界人士参加的讲习班,也都包含有这方面的内容。1986年底,三百多名企业家会聚首都,

---

① 克劳德·小乔治:《管理思想史》,商务印书馆1985年版,第18页。

专门讨论《孙子兵法》在现代企业经营管理方面的价值和意义。

我国对这一课题的研究所取得的进展，又在国外引起了进一步的兴趣和关心。许多国外人士已在注视着我国这方面的研究动向，希望了解并翻译我国这方面的研究成果，有的外国学者已在同我国学者合作进行研究。

《孙子兵法》在经营管理方面的价值和意义，是怎样被发现的呢？有的研究者认为：《孙子兵法》虽是中国的古书，它能够应用于企业的经营管理，却是日本人的发现，认为"把《孙子兵法》思想应用到企业管理中去，始于日本的企业家和管理学者"①。其实，日本人重视《孙子兵法》在管理方面的价值，不过是近些年的事情，而我国古代的商人，则早在两千多年前已经开始把《孙子兵法》应用于商业的经营管理；先秦的商家学者，甚至已经把《孙子兵法》中的许多思想，移植到"治生之学"（中国古代的微观的经济管理思想）中，提出了一系列颇为精彩的经营管理思想。

二

《孙子兵法》是中国古代的大军事学家孙武所作。孙武是春秋末期的人，和孔丘同时。他原是齐国人，后来到了吴国。公元前512年，孙武将所著十三篇呈献给吴王阖闾，受到吴王的赞赏，任命他为将军。这十三篇，就是流传至今的《孙子兵法》。按照我国先秦时期的习惯，某人的著作（不论是自著或由别人整理汇编而成）

---

① 李世俊等：《孙子兵法与企业管理》，广西人民出版社1984年版，第17页。

均按作者姓氏称为《×子》。孙武的著作，原称《孙子》，因其内容全是关于军事方面的，后代习称为《孙子兵法》。班固的《汉书·艺文志》提到"吴《孙子》八十二篇"。吴《孙子》即孙武的著作，以别于齐《孙子》（孙武的后裔孙膑的著作）。吴《孙子》中除十三篇外，还有许多篇是吴王阖闾同孙武之间关于兵法问题的问答。从残存下来的一些材料看，这些问答多是吴王就十三篇中论述的一些问题，提出来同孙武互相讨论的记录。孙武的回答，实际上不外是对十三篇中某些思想的说明和进一步发挥。很可能是孙武的著作原来就只有十三篇，呈进吴王后，吴王在阅读中有所疑难，提出向孙武请教，互相问答的记录保留下来，经过整理（孙武本人或后人）又辑为十三篇的若干续编。八十二篇中还有某些内容，如《杂占》之类，则可能有后人的假托或附会的成分，未必尽是孙武所作。总之，十三篇是《孙子》中的精华或基本内容，这是毫无疑义的。《孙子兵法》对古代商人的影响，也主要限于十三篇的内容。

由于《孙子兵法》深刻地总结了中国春秋末期以前的战争经验，对战争理论和战略、战术等问题作了系统的阐述，提出了一系列反映战争规律的原理；又加上孙武在为吴将时所取得的西破楚、北挫齐、南败越的震烁列国的一系列赫赫战功，《孙子兵法》出世后很快就不胫而走，不仅为究心兵学的人们所传诵，也受到了其他许多学术领域的重视。先秦的商家学派就是深受《孙子兵法》影响的一个学派。这种影响可以从陶朱公和白圭的经营管理思想中明显地看出来。

相传，陶朱公就是越王勾践的佐命功臣范蠡。越王勾践在公元前494年被吴王夫差战败，几乎亡国，靠着范蠡、文种二人的悉心辅佐，卧薪尝胆，发愤图强，经过十年的努力，终于战败并灭亡了吴国，成为威震列国的霸主。但范蠡在灭吴之后，却功成不居，弃官经商，后来到了陶山（今山东肥城县西北），化名陶朱公。他经商获得了很大成功，成了当时名闻列国的大富商。先秦的许多著作，都载有陶朱公的事迹。陶朱公在经商方面不仅有丰富的实际经验，而且善于从理论上进行概括和总结，提出并发挥了关于商业经营的一系列论点和原理。陶朱公的事迹和思想，对后代商人有很深远的影响。直到全国解放以前，"陶朱事业，端木生涯"、"经营不让陶朱富，货殖何妨子贡贤"，一直是商店最为流行的春联。陶朱公把自己经营管理的指导思想称为"计然之策"。

从司马迁的《史记》所介绍的"计然之策"的某些内容可以看到，它们不仅在思想上同《孙子兵法》中的许多原理十分接近，而且，在文字、语气上都明显地有着从后者脱化而来的痕迹。例如《孙子兵法》提到："善战者，求之于势，不责于人，故能择人而任势。"①计然之策则说："与时逐而不责于人，故善治生者能择人而任时。"②在计然之策的这段文字中，只要把"时"字换成"势"字，把"善治生者"换成"善战者"，它同上述《孙子兵法》中的那段文字，简直就没有什么区别了。这样惊人的一致，能够看作是巧合吗？

范蠡是孙武同时的人，他弃官离越在公元前473年，上距孙武献书吴王不过三十几年。如果陶朱公就是范蠡的传说属实，那就说明在《孙子兵法》出世后仅仅三四十年中，它的一些原理已开始为商人所运用，并被移植进治生之学中去了。

---

① 《史记·货殖列传》。
② 同上。

到战国时期,著名大商人白圭不但在经商方面表现了卓越的才能,而且更广泛,更系统地论述了治生之学的各种原理,还办学授徒,成为先秦商家学派的一代宗师,正如司马迁所说的那样:"天下言治生祖白圭。"①

以白圭关于治生之学的论述同《孙子兵法》相比较,更可看出治生之学所受的《孙子兵法》的重大影响。

《孙子兵法》主张战争要"因敌制胜",即根据敌情和形势的变化采取灵活机动的策略和战术,避实击虚,出其不意地打击敌人,认为:"能因敌变化而取胜者谓之神"。②

白圭在商业经营方面最拿手的本领,就是善于在预测市场行情变化的基础上,采取竞争对手们意想不到的做法,出奇制胜,取得厚利。司马迁把白圭治生之学的特点概括为"乐观时变"③四个字。"乐观时变"就是善于预测和巧于利用市场形势的变化。这正是《孙子兵法》的"因敌变化而取胜"的思想在市场竞争中的运用。

《孙子兵法》宣扬:"兵之情主速"④,又说,"兵闻拙速,未睹巧之久也"⑤。这些话的意思是:在了解了敌情并作出正确的决策之后,就要用最快速度,以迅雷不及掩耳之势打击敌人,才能予敌人以最大的杀伤,同时,也能使自己的战争耗费和战争损失减到最少。如果在决策之后,行动迟缓,就会消磨、挫伤自己的士气,使敌人能够有所准备。在这种情况下,纵使决策充分正确,也会贻误

---

① 《史记·货殖列传》。
② 《孙子兵法·虚实篇》。
③ 《史记·货殖列传》。
④ 《孙子兵法·九地篇》。
⑤ 《孙子兵法·作战篇》。

战机,得不到应有的战果,甚至招致失败。

白圭经商,不但"乐观时变",而且善于"趋时",即善于掌握和利用时机。他一旦看准了机会,就"趋时若猛兽鸷鸟之发"①,像猛虎扑食、雄鹰搏兔一样地投入行动,抓住最有利的时机和条件来销出或买进商品。"趋时若猛兽鸷鸟之发",正是"兵之情主速"的原则在市场竞争中的表现。

《孙子兵法》把选择和任用将帅是否得当看作是对战争胜负有决定意义的几个战略因素之一,并为优秀的将帅规定了五项必备的标准:"将者,智、信、仁、勇、严也。"②

中国古代的商家也很重视选择和培养经营管理人员的问题,企业的经营管理人员也就是企业的将帅。陶朱公就强调择人问题,把"择人而任时"作为自己在经营管理方面的一条基本经验。现存有关白圭的材料,虽没有"择人"二字的明文,但却对选择经营管理人员的标准作了十分具体的规定。白圭以"治生之学"设学授徒,培养商业经营管理人员,为招收及考核学生规定了"智"、"勇"、"仁"、"强"四项标准,说:"其智不足与权变,勇不足以决断,仁不能以取予,强不能有所守,虽欲学吾术,终不告之矣。"③智、勇、仁、强,是白圭考核学生的四项标准,也是他对经营管理人员的素质所提出的几项基本要求。

这里,智、勇、仁三项,也正是《孙子》选将的标准中所同样具有的;"强"则是白圭根据商业经营管理的特殊要求提出来的。白圭把"强"的含义解释为"有所守",即能够有所坚持。坚持包括许

---

① 《史记·货殖列传》。
② 《孙子兵法·计篇》。
③ 同上。

多方面：对顾客要坚持守信用；在内部管理方面要坚持规章制度，信赏必罚；在决策之后要坚持贯彻，遇挫折不动摇，不见异思迁等。显然，白圭说的"强"，也包括"信"和"严"的要求在内。

不难看出，白圭的智、勇、仁、强，正是从《孙子》的智、信、仁、勇、严脱化而来的。

白圭的治生之学中有一个最有名的原理："人弃我取，人取我予。"①它的意思是：在经营商业时不与人争抢热门货，而是专门选择那些别人尚未注意、但根据行情预测认定不久将来必会畅销的商品作为经营对象，趁价格低廉时大量购进；而对别人争抢的热门货，如果自己手中有存储，也应趁价高易销时毫不吝惜地抛售出去。

白圭的这一原理，成为此后两千余年多财善贾的商人们所遵奉的金科玉律，成为中国传统经营管理思想中一个影响久远的生意经。可是，这一原理却是直接来自孙武的一句话。

这句话是孙武在回答吴王阖闾的问话时说的。吴王问孙武：如果敌兵先占领了险要的阵地，坚守不出，待机攻击我军。在这种情况下，我要发动进攻，势难取胜，或者损失太大；不攻而守，地形又不利。我军处于进退两难的局面，应当怎么办？孙武回答说：这时我军切不可贸然进攻，而应该制造一种"趣其所爱"（转移兵力去攻击敌人别处的要地）的假象，以诱使敌军出来救援。我军预先埋伏精兵，待敌军出离有利阵地去救援我所佯攻的目标时，就在我所选择的阵地出动伏兵歼灭敌军。孙武把这种战略、战术概括为

---

① 《史记·货殖列传》。

八个字："人欲我与，人弃吾取。"①

　　原来，白圭的"人弃我取，人取我予"，竟然是直接使用孙武的原话来表达自己的商业经营思想！

　　现存的有关白圭治生之学的材料，不过二百余字，其中竟有这么多的地方可以明显看出从《孙子兵法》移植、脱化的痕迹。由此足可推断：白圭对《孙子兵法》是多么熟悉，他在经营管理中又是多么重视对《孙子兵法》的研究和运用了。

　　白圭自己也明确地提到过：他是通晓《孙子兵法》并善于在经商中运用的。他说：

　　吾治生产，犹伊尹、吕尚之谋，孙、吴用兵，商鞅行法是也。②

　　这里"孙"指孙武，"吴"指吴起。"孙、吴"用兵，在当时已经是兵家公认的权威。白圭以"孙、吴用兵"来比喻自己在经商方面的本领变化莫测，精妙如神。这更说明他对《孙子兵法》深有研究，而他对于把《孙子兵法》中的思想运用于商业的经营管理，已经是充分自觉的和十分得心应手的了。

　　白圭和孟轲是同时的人。公元前319年孟轲游魏（梁）时，白圭正在魏国做官，曾同孟轲见过面，并辩论过赋税、治水等问题。这时，上距孙武献书吴王还不满二百年。在这么短的时间中，《孙子兵法》已被白圭如此纯熟、如此自如地运用于商业的经营管理中，这显然不能只归因于白圭个人的本领，而是表明在当时列国的

① 毕以珣：《孙子叙录》，孙星衍等校《孙子十家注》附载。参阅《通典》卷一五九。
② 《史记·货殖列传》。

商人中，运用兵法来指导经商已经不是个别的，罕见的事情了。

关于白圭的时代，还有另一种说法，认为他是魏文侯时人，和李悝同时。①李悝为魏文侯相，在公元前406年作《法经》和《尽地力之教》。这比孟轲游魏早了八十余年。在孟轲游魏时，白圭纵使还活着，年龄已在一百岁以上，不可能还同孟轲辩论赋税、治水之类的问题。因此，有的人认为善经商的白圭和孟轲见过的白圭或许不是一人。如果白圭真的在魏文侯时已经以经商知名，那么，白圭治生之学的产生应是公元前5世纪末的事情，同《孙子兵法》的产生时间相距仅有百年左右了。

三

中国古代的商人在《孙子兵法》出世后不很久就用以指导经商，这似乎是一件令人很难想象的事情，其实并无足怪。战争和市场竞争，在许多方面有共同点或相似之处。私人工商业者之间的竞争，那种势不两立、你死我活的性质，同战争尤其相似。从一定意义上说，市场竞争也是一种战争。我国近代著名的思想家郑观应，把战争称为"兵战"，而把市场竞争称为"商战"。这种说法正确地指出了二者的共同点。正因如此，研究"兵战"问题的兵法和研究"商战"问题的经营管理科学，也就必然有很多相通之处。兵法中的许多原理、原则，也就因此而有运用于经营管理领域的可

---

① 《史记·货殖列传》说："当魏文侯时，李悝务尽地力。而白圭乐观时变。"有人把这段话解释为李悝务尽地力和白圭乐观时变均发生在魏文侯时。

能。现代经营管理科学中常用的一些概念,如战略决策、经营谋略、生产指挥系统等,都是从军事术语脱化而来;管理中的一些重要因素,如纪律、授权、区分直线人员和参谋人员等,也都是从军事中移植过来的。马克思也常借用战争或军事方面的范畴、原则来说明生产管理问题,如说:"正如军队需要军官和军士一样,在同一资本指挥下共同工作的大量工人也需要工业上的军官(经理)和军士(监工)。"①又说:"他(指资本家)所以成为工业的司令官,因为他是资本家。"②

中国古代的商家学派能在两千多年前发现《孙子兵法》在经营管理方面的价值,正是由于战争和市场竞争、军事管理和商业管理之间有多方面的类似和相通之处。

然而,在这种早期的发现之后,继之而来的却是秦、汉以后两千年再不闻有运用《孙子兵法》于经营管理之事,以致现代中国人会把这种发现归功于日本人,这又是怎么回事呢?

战争与市场竞争有许多共同点,军事学的许多原理、原则同企业的经营管理有相通之处,这只能说明兵法即军事学有可供企业经营管理应用、移植的内容,但这种应用、移植能否发生以及应用、移植的水平如何,却只能取决于企业经营管理本身的需要。

从春秋、战国到西汉前期,是中国古代社会制度大变动的时期。旧的社会制度已日益解体,新的社会制度还未能充分巩固下来。"真正的商业民族只存在于古代世界的空隙中,就像伊壁鸠鲁的神只存在于世界的空隙中。"③在新旧社会交替的过程中,"世界

① 《马克思恩格斯全集》,第23卷,人民出版社1972年版,第369页。
② 同上。
③ 同上书,第96页。

的空隙"是较大的，因而商业一般也较为活跃。在春秋、战国至西汉前期，社会的大变动使大批生产者从生产中游离出来，许多人转而靠商业糊口，一些没落的贵族也涌入商人的行列，商业一时处于空前活跃的局面。一批著名的政治家和学者如管仲、范蠡、端木赐（子贡）、白圭、吕不韦、桑弘羊等，都曾在商业中崭露头角。他们把自己的学识（包括兵法方面的知识）运用于商业的经营管理，并利用自己的学识对实际的经营管理经验进行理论上的总结和概括。这正是春秋、战国至西汉这段时间古代治生之学所以出现一个黄金时代的秘密所在。

汉代以后，随着中央集权封建专制主义政权统治的巩固和强化，封建主义生产方式已在全国范围中处于支配地位。封建制度是以自然经济为主的制度，它同商品经济和商业本质上是相排斥的。商品经济和商业在全国范围中受到强力抑制而得不到顺利发展；在社会经济生活中本来不占重要地位的工商业，也因受中国封建社会中一些特有的经济、政治、因素的制约而处于十分畸形的状况；再加上儒家"贵义贱利"、"谋道不谋食"等思想在漫长的历史时期中形成为正统思想，在社会上造成了根深蒂固的轻商偏见，尤其是在知识分子中造成了牢不可破的贱商思想。在长期的封建社会中，知识分子醉心仕进，或者高谈义理，或者娱情诗文，而不再把知识运用于工商业经营。在这种情况下，像先秦时期的端木赐、吕不韦那种有学问的商人就难再见到了。像陶朱公、白圭那样把《孙子兵法》应用于经商的事迹，自然就长期寂寂无闻了。

中国人在《孙子兵法》出世后不过几十年至百余年的时间中，就发现了此书在经营管理方面的价值，并且已经能运用到那样高的水平。这有力地表明：中国人在工商业经营管理方面的才能和潜力是颇为可观的。这种才能如果能充分开发出来,中国人是能够为管理科学的发展做出无愧于任何民族的伟大贡献的。这种才能和潜力在漫长的历史时期中被窒塞而得不到开发,完全是社会制度和历史条件造成的。

春秋、战国时代商家学派的陶朱公、白圭等人最先发现了《孙子兵法》在经营管理方面的价值和意义;现代的日本企业家和管理学者在这方面的贡献应该说不是发现,而是在新的历史条件下的重新发现(当然,这种重新发现的影响的巨大和深远,是远非陶朱公、白圭等人的始发现所能比拟的)。从始发现到重发现,相距达两千四五百年,时间确实是长了点,但这段历史毕竟是过去了。当前我国的经济体制改革,提出了发展社会主义的有计划的商品经济的任务。这一任务的实现,既可以彻底扫荡几千年封建制度对我国经济发展的残余影响,又可以根本消除僵化的模式对生产力进步的束缚,我国社会主义经济的腾飞是可以计日而待的。社会主义现代化日益迫切地要求经营管理的现代化,《孙子兵法》定会在我国经营管理的现代化中重放异彩!

(原载《经济科学》,1987年第4期)

24 早期小生产者利益和愿望的表现
——墨翟、许行

第一节 战国前期小生产者的特点

从墨翟、许行代表什么阶级的问题说起

对于许行及其农家代表什么阶级，学术界的看法是比较一致的，即认为他们是代表小生产者。对墨翟和墨家代表什么阶级，看法则稍有分歧。大多数研究者认为墨翟也是代表小生产者，但也有的研究者持不同的意见。[①]

判断一个思想家代表什么阶级或社会势力，不是简单地从他的著作或有关历史材料中找若干点加以推断、说明就能解决得了的；必须联系当时的历史环境对其思想作全面综合的研究，并同其他有关思想进行对比研究，才能作出有根据的判断。

本书作者认为墨翟、许行的经济思想都是战国前期小生产者

[①] 参阅陈绍闻、叶世昌等：《中国经济思想简史》上册，上海人民出版社1978年版，第三章第四节。

利益和愿望的表现。以下打算从三个方面对此问题进行分析说明：

第一，从小生产者的经济特点，尤其是战国前期小生产者的特点来看墨家、农家出现的历史条件。

第二，从墨家、农家各自的思想内容，尤其是经济思想内容来说明它们何以是小生产者利益和愿望的表现。

第三，从墨家、农家经济思想的比较，从它们的共性和各自特点来看它们的经济思想的性质。

在《墨子》的《经》和《经说》中有几处谈到商品及商品价格问题。《经》及《经说》不是墨翟本人的作品而是后期墨家的著作。由于内容不多而且比较零散，附在本讲概略加以评介。

战国前期的小生产者及其思想代表人物

"小生产者"是一个非常一般性的概念。它几乎存在于从原始社会晚期到社会主义社会一定阶段的各种社会形态中。在原始社会晚期的农村公社中，家庭成了生产和生活单位，每个家庭拥有自己的生产工具和家庭经济，使用公社定期分配的土地，依靠自己家庭成员的劳动进行生产，并享有自己的劳动成果，这就是历史上最早的小生产者。

在这以后，奴隶社会中的小自由民，封建社会中的农奴或农民、行会手工业者，封建社会解体时的城乡小商品生产者，资本主义社会中的小农和小手工业者，社会主义社会中的城乡个体经济者，都属于小生产者。

既然这些人都是小生产者，他们之间必然有某些共性。这些共性主要是：

第一，在生产力方面，规模狭小，技术落后，一家一户是一个生产单位,基本上进行简单再生产。

第二,在本身的生产关系方面,小生产者拥有简陋的生产资料,主要依靠本人和家庭成员的劳动,不剥削别人或仅有少量的剥削。

第三,在外部关系方面,小生产者从未构成一个独立的社会形态,而是受当时占主要地位的生产方式的支配。在各种阶级社会中,小生产者受统治阶级及其国家的压迫和掠夺,有时还直接对统治阶级处于人身依附状态并受其剥削(例如封建社会中的农奴或依附农民)。

判断某一历史时期某种经济思想是否代表小生产者的利益和要求,上述小生产者的基本共性无疑是分析问题的重要依据。但是,既然小生产者存在于如此长的历史时期,各时期的小生产者又必然有自己的具体特点,有自己的具体的利益和要求。不具体地研究特定时期的小生产者的特点和要求,而笼统地说某一思想家是否代表小生产者,只能是毫无意义的空洞说法。

墨翟、许行都是战国前期的思想家,要说明他们为什么是小生产者的代表,就必须具体弄清楚当时小生产者的历史特点。

战国前期是小生产者大量涌现的时期,来自不同阶级和阶层的人,纷纷涌入小生产者的行列。他们之中,有的是原来奴隶社会中的小自由民,有的是随着奴隶社会的解体而获得了解放的奴隶(被释放,逃亡到其他地区或因原来奴隶主统治者倒台而获得解放),有的是没落了的奴隶主,还有的是在争夺权力的斗争中遭遇失败的某些地主阶级集团。

这个时期的小生产者,除了具备上述的小生产者共性外,还具有下面这样一些具体的特点:

（1）由于来源复杂，不同的小生产者集团在思想、习惯上有较大的差别或歧异。

（2）多数是由原来的奴隶获得解放而形成的，处于和农奴相类似的地位，人身依附性较强。

（3）生产关系的改变对生产力所产生的解放作用还不够明显；技术落后；商品经济发展水平低，自然经济的支配性强。

（4）小生产者的地位特别不稳定。当时的社会处于不断的变革动荡之中，统治阶级之间的兼并战争和经济阶级内部的争权夺利的斗争频繁激烈。小生产者的地位本来就具有不稳定的特点，经常处于分化之中；社会的动荡更增加其不稳定，战争的频仍对小生产者的破坏、毁灭作用更大。

由于旧的奴隶制度的瓦解和新的封建制度产生过程中的激烈冲突震荡，一部分没落的奴隶主贵族和争夺权力斗争中失败的地主阶级人物进入小生产者行列，使小生产者中出现了一部分有文化的"士"。墨翟及墨家学派中的多数人物，许行及其弟子以及《论语》中提到的长沮、桀溺、[1]《墨子》中提到的吴虑[2]等，都是这样的士。战国时期的小生产者的思想代表人物，就是从这一类的士中形成起来的。

墨家和农家在秦统一后成为绝学的原因

在先秦的各学派中，墨家和农家在秦以后都成了绝学。汉代已无墨家；秦以后所谓的"农家"则是农业技术之学，同许行的农

---

① 参看《论语·微子》。
② 参看《墨子·鲁问》及孙诒让：《墨子闲诂》，人民出版社1954年版。以下凡参看《墨子》诸篇的内容，一并参看《墨子闲诂》。后者为《墨子》的解释性著作。

家学派是社会思想流派的情况全然不同。为什么儒、道、法、阴阳以至纵横各家，在汉代都尚有传人，而墨家、农家却成了绝学呢？尤其是墨家那样一个曾经"盈天下"的大学派，在秦以后也销声匿迹了呢？对这种现象，有些研究者觉得奇怪。过去，对墨家在秦以后寂寂无闻的原因，有过各种各样的解释，如说墨者贵显后地位改变，不再能坚持那种"以自苦为极"[①]的学派传统；或者说因墨家的某些代表人物如腹䵍（tūn，音吞）在秦国曾受到过尊崇，有了"拥秦之嫌"，所以在秦以后名声扫地了，[②]等等。这类说法都是难以令人信服的。墨家是一个信徒众多的学派，而且本身后来又分为若干派别，纵有某些人物曾经贵显，何至使整个学派都丢掉了自己的传统而全部瓦解呢？在秦国受重视的学派无过法家，法家在汉代还很有势力；墨家的学说在秦并未被采纳，何以反而因"拥秦之嫌"而成了绝学呢？再说，许行的农家学派不曾听说有人贵显，同秦国更毫无关系，根本谈不上什么"拥秦之嫌"，为什么秦以后也不存在了？

其实，弄清了战国时期小生产者的历史特点，这个问题是不难理解的，因为：

第一，春秋、战国时期是小生产者从奴隶地位解放出来的时期，旧的奴隶制枷锁破裂了，新的封建制枷锁还未十分牢固，这使小生产者一时处于在经济上、政治上、思想上都比较活跃的时代。秦以后，封建统治巩固了，小生产者既被封建枷锁所牢固控制，又受过度劳动和极端贫困折磨，就不可能再有战国时小生产者所具有的那种活跃的条件。

---

① 《庄子·天下》。
② 参看郭沫若：《青铜时代·墨子的思想》，人民出版社1954年版。

第二，春秋、战国时期，随着奴隶制度的解体，过去被奴隶主国家所垄断的学术文化流入民间（所谓"王官之学，散而之四方"），而没落的奴隶主贵族和争夺权力斗争中失败的一些地主阶级人物又大批进入小生产者行列，使小生产者中出现一批有文化的人物，成为他们的思想代表。在封建统治已经巩固后，这种情况是不可能存在的。即使个别时期有少数统治阶级人物降入劳动者行列，由于小生产者已不是处于解放的时代，也不可能再出现像先秦墨家、农家那样代表小生产者的利益和要求的学派。

分析战国前期的小生产者的特点可以说明，战国时期必然会出现代表小生产者的学派；但还不能说明，墨家和农家何以是代表小生产者利益和要求的学派。要回答后一问题，必须具体分析墨家和农家的思想内容。

第二节　墨翟是代表小生产者利益的思想家

墨家学派的创始人墨翟

墨翟，鲁国人（还有宋国人、楚国鲁阳人等说法），生卒年月无确实材料可考。清孙诒让的《墨子闲诂》所附墨子年表据《墨子》书中所记历史事实，估计墨翟生于周定王初，死于周安王末（约在公元前468年—前376年）。墨翟最初曾学儒家学说，后来批判了儒学，创立墨家学派。墨家学派在战国时期发展成一个大学派。孟轲称"杨朱、墨翟之言盈天下"[1]，韩非把孔、墨并称为战国时期

---

① 《孟子·滕文公下》。

的"显学"①，可见当时墨家势力之大。

墨翟死后，墨家学派分成了相里氏、相夫氏和邓陵氏三派。三派各自称"真墨"，而攻击其他的派为"别墨"。墨家不但有自己的学说、宗旨，而且结成为有组织、有严格纪律的团体，主持的人称为"钜子"。学派的成员在钜子的指挥下，为实现学派的宗旨而"赴火蹈刀，死不旋踵"，颇有些像后来封建社会中的秘密帮会一流。

墨家的著作汇集为《墨子》一书。全书共七十一篇，今存五十三篇。其中一部分是对墨翟讲学的记述，一部分是后期墨家所作，还有少数几篇可能是后人伪作。

从"墨学"十纲看墨翟思想的性质和特点

关于墨家学说的基本内容，《墨子·鲁问》载有墨翟自己的一段概括："凡入国，必择务而从事焉。国家昏乱，则语之尚贤、尚同；国家贫，则语之节用、节葬；国家熹音湛酒，则语之非乐、非命；国家淫僻无礼，则语之尊天、事鬼；国家务夺侵凌，则语之兼爱、非攻。"

所以，尚贤、尚同、节用、节葬、非乐、非命、天志、明鬼、兼爱、非攻，是墨翟思想的基本内容，是墨学的十大纲领。

在《墨子》一书中，上述十个方面每一方面都有三篇。这很可能是：对墨翟讲学内容，弟子各自记述，后来又各自根据自己的记述传授，因而形成每一问题均有三篇的情况。

近代、现代的有些研究者认为只有这十纲三十篇代表墨翟本人思想，研究墨翟思想应主要以这些篇作为依据。其实，墨学的基

---

① 《韩非子·显学》。

本纲领和墨翟本人讲述的内容并不完全是一回事。墨翟本人是个大思想家，也是一个手工技术很精湛的技术家，他的手工技术把当时最著名的巧匠公输般（鲁班）都比输了。《墨子》中有《备城门》等二十篇（亡失九篇），是谈防御战争的技术的，显然也是墨翟本人传授的；此外，《非儒》两篇反映墨翟学儒而又批判儒学并从儒家学派中分化出来的过程，应该说也是墨翟本人的思想。

不过，《备城门》等篇不属于墨翟的社会思想，《非儒》是墨翟批评儒家的言论而不是墨家的积极主张，都不能算是墨学的基本纲领。墨学的基本纲领或墨翟在社会思想方面的基本主张就是墨翟概括的那十项。判断墨翟思想的性质主要应以这十项纲领为依据。

墨翟的"尚贤"思想的实质

墨翟的"尚贤"主张是要求国家在用人方面重用有才德的贤人，而不要重用亲戚宠幸，用现在的话说就是主张任人唯贤而反对任人唯亲。

在中国古代的奴隶制社会中，用人方面实行奴隶主贵族世袭制，即所谓"世卿世禄"制。这种制度在春秋时代已开始解体，到战国时代更陷于严重解体；但是，旧贵族的残余势力仍力图维护世卿世禄制，在这方面的斗争还是十分残酷和激烈的。儒家基本上要维护这种制度，但也主张稍作一点改良，提出了"亲亲"、"尊贤"的主张，但仍把"亲亲"放在首位，宣扬"仁者，人也，亲亲为大；义者，宜也，尊贤为大"。①这里，"亲亲"仍是根本原则，"尊贤"只

---

① 《礼记·中庸》。

是权宜变通。墨家的"尚贤"和儒家的"尊贤"却是大不相同。"尚贤"包括三项基本主张：

第一，国家在用人方面应该"不党父兄，不偏贵富，不嬖颜色"。①

这和儒家的"亲亲"是恰恰相反的主张，它把"亲亲"这一构成贵族世袭制的主要理论基础给否定了。

第二，用人以"义"为唯一的取舍标准："不义不富，不义不贵，不义不亲，不义不近。"②

墨翟所说的"义"同儒家所说的"义"不同，它没有儒家的"义"那种严格等级性，因而按照墨家"义"的标准来用人，选择的范围就可不受贵贱等级的限制。墨翟明确主张："虽在农与工肆之人，有能则举之：高予之爵，重予之禄，任之以事，断予之令。"③

儒家的"尊贤"，也允许从下层提拔个别贤人，孟轲所宣扬的"舜发于畎亩之中，傅说（殷商武丁朝的宰相）举于版筑之间，胶鬲（周文王贤臣）举于鱼盐之中……百里奚（春秋秦穆公贤臣）举于市"④的故事就说明了这一点。但儒家只是把这类情况作为个别的、破格的事件提出来；墨家则把任人唯贤提到普遍原则高度，并明确地把"农与工肆之人"即农民和手工劳动者也包括在内。

第三，"官无常贵，而民无终贱"⑤。

这是对世卿世禄制的完全否定。在商鞅提出"宗室非有军功，论不得为属籍"⑥的主张以前，墨家已用"官无常贵，民无终贱"的

① 《墨子·尚贤中》。
② 《墨子·尚贤上》。
③ 同上。
④ 《孟子·告子下》。
⑤ 《墨子·尚贤上》。
⑥ 《史记·商君列传》。

论点否定了世卿世禄制。

法家反对世卿世禄制，是要以新的封建等级制代替旧的奴隶制等级制，所以它主张"以粟出爵"和"以军功出爵"，为新兴地主阶级争取政治地位。墨家反对进攻性战争，其中包括新兴地主阶级的兼并战争，当然不赞成以军功出爵；墨家主张用人不考虑财富多少，"不偏贵富"，也就不会赞成"以粟出爵"。可见，墨家的尚贤，既是同奴隶制的世卿世禄制传统对立的，也不反映新兴地主阶级的要求，而是反映了下层等级劳动人民对等级制的反对。当时，奴隶制的解体使大量劳动者从奴隶地位解放出来，使小生产者的人数大量增加。他们要求有代表自己的利益和要求的贤人登上政治舞台，墨家的"尚贤"主张正是这种要求的表现。

"尚同"和小生产者的皇权专制主义

墨翟的"尚同"学说，是要求在下位的人对在上位的人绝对服从，不但在行动上服从命令和指挥，而且要"上之所是，必皆是之；所非，必皆非之"①，在思想上也不许有任何怀疑。这种尚同，要一级级地同上来，万民"尚同乎乡长"，乡长"尚同乎国君"，国君则"尚同乎天子"②。

这的确是一种绝对的专制主义。有的研究者认为：墨家的尚同思想只会有利于加强统治者的权力，因而认为墨家的思想代表地主阶级甚至奴隶主贵族的利益。其实，一种思想本质上反映什么阶级的要求，同它客观上符合什么阶级的利益，并不完全是一回

---

① 《墨子·尚同上》。
② 《墨子·尚同中》。

事。资产阶级的反封建主张,在一定时期、一定程度上也曾符合农民、手工业者等小生产者的利益,但它本质上并不是小生产者要求的反映。墨家的尚同和法家的加强君主专制的主张在本质上是不同的,它所反映的不是地主阶级的政治要求,而是小生产者自身的弱点和局限性。小生产者不能创立新的生产方式,不能自己解放自己;他们的经济力量薄弱,地位不稳定;再加上小生产者本身的家长制,因而小生产者在政治上总是皇权主义者,总是把保护自己利益的希望寄托于好皇帝、清官的身上。小生产者一家一户为一个单位的个体经济,在封建时代是地主阶级剥削、奴役、兼并的对象,小生产者在政治上也往往是君主专制主义的支柱。

然而,小生产者对君主专制的幻想和奴隶主、封建主的君主专制主义有一个很重要的区别,即小生产者总是幻想有代表小生产者利益的明君、贤相和清官。拿墨家的尚同来说,它并不是主张老百姓无条件地尚同于天子、诸侯、乡长等统治阶级人物,而是以天子为首的统治者"总天下之义以尚同于天"①为条件。但是,怎样"尚同于天"呢?墨翟认为:天是不分等级、不分国别而对一切人都"兼相爱,交相利"的,"尚同于天"就要遵从这种"天志",对广大人民以及其他诸侯国的人实行"兼相爱,交相利"。显然,墨翟是把"天"作为反映小生产者愿望和要求的化身看待的,他要求一切统治者最终尚同于天,也就是要求他们都成为小生产者利益的维护者。所以,墨家的"尚同"是一种反映小生产者幻想的专制主义,而不是直接体现奴隶主或地主暴力统治需要的专制主义。

至于说"尚同"的主张客观上符合统治阶级的需要,那当然是

---

① 《墨子·尚同下》。

事实。墨家所以在秦国受尊重，恐怕和这一点很有关系。但秦国实行的毕竟是法家的专制主义主张，而不是墨家的尚同。秦国的统治者对于墨家至于万民尚同于国君的主张当然是欢迎的，但却绝对不肯按墨家的要求"尚同于天"。秦惠王尊墨家代表人物腹䵍为师，但秦国从来不实行墨家的兼爱、非攻那一套主张，而恰是最热衷于兼并战争的。

墨家在战国时代提出尚同的思想，适应了当时新兴地主阶级建立中央集权专制主义政权的需要，从当时的历史条件来说，它所起的作用还不能说是反动的。但小生产者为寻求自己的保护者而拥护"好皇帝"的思想，只能对统治者有利，并且往往会被野心家利用了去达到其反动的目的。法国1848年革命后，就是由于农民对"农民皇帝拿破仑"的迷信被野心家路易·波拿巴所利用，成了他篡权窃国的工具，破坏了革命成果，使大批工人遭到了血洗。

马克思在谈到路易·波拿巴篡权的历史教训时说：

小农人数众多，他们的生活条件相同，但是彼此间并没有发生多式多样的关系。他们的生产方式不是使他们互相交往，而是使他们互相隔离。……由于各个小农彼此间只存在有地域的联系，由于他们利益的同一性并不使他们彼此间形成任何的共同关系，形成任何的全国性的联系，形成任何一种政治组织……因此，他们不能以自己的名义来保护自己的阶级利益……他们不能代表自己，一定要别人来代表他们。他们的代表一定要同时是他们的主宰，是高高站在他们上面的权威，是不受限制的政府权力，这种权力保护他们不受其他阶级侵犯，并从上面赐给他们雨水和阳光。[①]

---

① 《马克思恩格斯全集》第8卷，人民出版社1961年版，第217—218页。

墨家的"尚同",除了根源于小生产者的这一本质特点外,还和战国时期小生产者的具体历史特点有关。如前面所指出的,当时的小生产者大多数是刚从奴隶地位解放出来的,奴隶制的最野蛮的暴力统治和最严格的人身依附关系,在广大小生产者身上还有很深的烙印,严重地束缚着许多小生产者的思想。墨翟所宣扬的"上之所是,必皆是之;所非,必皆非之"的尚同思想,就充分体现了刚从奴隶地位中解放出的小生产者的愚昧状况。

"天志"、"明鬼"——小生产者迷信、愚昧的表现

墨翟认为天有意志,是"义之所从出";①又认为天地、山水皆有鬼神,人死亦为鬼,而天及鬼神皆能"赏贤而罚暴"。②《墨子》中有《天志》《明鬼》的专篇,"尊天"、"事鬼"是墨学十大纲领的组成部分。

墨翟为什么宣扬"尊天"、"事鬼"?这一方面是反映了小生产者的落后性,表现了他们的迷信、愚昧;另一方面是墨翟想借神道设教,以上帝、鬼神的权威作为推行自己的政治主张的依据。

认为墨家代表奴隶主或地主阶级的人,也把这一点作为重要的根据,认为鬼神迷信是剥削阶级统治人民的手段,宣扬鬼神迷信的必然是剥削阶级的思想家。

宣扬鬼神迷信,当然是落后的。在社会制度处于大变革的时期,宣扬鬼神迷信绝不利于人民的解放,其反动性是明显的。但相信鬼神并宣扬鬼神迷信的,并不一定是剥削阶级的代表。小生产

---

① 《墨子·天志中》。
② 《墨子·明鬼下》。

者由于经济地位落后，既受社会力量支配，又受自然力量奴役，对天灾人祸均无力抗拒，因而迷信、愚昧是小生产者地位所必然带来的弱点。先进的剥削阶级代表人物，有的人会不信鬼神；而小生产者的代表人物，却很少有人不迷信。在先秦诸子中，代表新兴地主阶级的荀派儒家和法家都不迷信鬼神；道家虽代表没落势力，也不谈鬼神；甚至连孔丘也"不语怪力乱神"①。

小生产者的经济地位落后，本来就容易产生迷信；墨家代表的是两千多年前刚从奴隶地位解放出来的小生产者，在技术、文化方面的落后，更是可以想见的。墨翟所以宣扬"尊天"、"事鬼"，就不足为奇了。

剥削阶级搞神道设教是为了吓唬劳动人民和其他被统治阶级的人民；墨翟搞神道设教却是用来吓唬一切人。他认为：君不惠，臣不忠，父不慈，子不孝，正（政）长"不强于听治"（不理政事），"贱人之不强于从事"（不努力劳动）以及"以兵刃毒药水火"来反抗统治阶级的压迫的所谓"寇乱盗贼"，都是由于"疑惑鬼神之有与无"，由于"不明乎鬼神之能赏贤而罚暴"。②

墨翟用天、鬼来吓唬从天子到政长的统治阶级分子，希望他们成为保护小生产者利益的明君、清官，这表明了小生产者对统治阶级人物的幻想。问题是：墨翟认为"贱人"相信鬼神，就会"强从事"，即卖命地为剥削阶级干活，这岂不是用神道设教来吓唬小生产者自己吗？

小生产者既是愚昧的、迷信的，他们当然不会只用鬼神吓唬别

---

① 《论语·述而》。
② 《墨子·明鬼下》。

人而自己不相信。另外，小生产者既然把希望寄托于从上面来的"雨水和阳光"，他们当然要以忠顺对待自己的保护者。因此，用鬼神赏贤罚暴来吓唬自己队伍中不肯为统治者"强从事"，乃至"以兵刃毒药水火"来造反的人，就成为小生产者中某些尤为愚昧落后的人物的思想表现。

"兼爱"、"非攻"是小生产者的幻想

墨翟在人与人之间的关系方面提倡"兼爱"，在各诸侯之间的关系方面宣扬"非攻"，即反对进攻别国的战争。

"兼爱"是墨家思想的主要内容，它在墨翟学说中的地位相当于"仁"在孔丘学说中的地位。但是，墨翟的兼爱不像孔丘的仁那样主要适用于统治阶级内部，而是主张不分阶级和等级、不分亲族和国别，一切人互相爱，"视人之国，若视其国；视人之家，若视其家；视人之身，若视其身"①。

人和人互相爱，就要互相有利于对方，"兼相爱"，就必须"交相利"。儒家强调所谓"义利之辨"，反对从"利"出发考虑问题；墨家则公开宣扬"利"字，主张"兴天下之利，除天下之害"。②墨家也讲仁义，但把仁义看成和利是一致的，认为"义可以利人"③，交相利就是仁义。不过，墨家所讲的"利"，比儒家所用的"利"字含义更广泛，更少经济方面的内容。墨翟所谓"兴天下之利，除天下之害"，同后代专从经济方面讲"兴利"、"除弊"的情况是不同的。

"所谓'人类之爱'，自从人类分化成阶级以后，就没有过这种

---

① 《墨子·兼爱中》。
② 同上。
③ 《墨子·耕柱》。

统一的爱。过去的一切统治阶级喜欢提倡这个东西,许多所谓圣人贤人也喜欢提倡这个东西,但是无论谁都没有真正实行过,因为它在阶级社会里是不可能实行的。"①墨翟提倡的兼爱,正是这样一种在阶级社会中不可能存在的人类"统一的爱"。他所以提倡"兼爱",是企图借此做到"强不执弱,众不劫寡,富不侮贫,贵不傲贱,诈不欺愚"②。这是饱受剥削、掠夺、压迫、欺凌以及战乱之苦的小生产者的一种幻想。

墨翟强调非攻,反对一切进攻战争;但他对防御战争是不反对的,而且精于防御战争的武器和器械的制造。墨家的非攻,也是小生产者的愿望和要求的表现。春秋战国之际,战乱频仍。战争造成的灾难,主要就落在小生产者特别是农民小生产者的头上:小生产者是士兵来源;战争的费用以及为战争服务的各种徭役,主要由他们负担;战争使小生产者大批阵亡伤残,人亡家破;长年出征使他们田园荒芜,妻子离散。墨翟指责"攻伐邻国"的战争:"春则废民耕稼树艺,秋则废民获敛",以致"百姓饥寒冻馁而死者不可胜数";战争"丧师多不可胜数";为战争运送物资以及从事其他后勤支援的百姓劳累、饥饿及"疾病而死者,不可胜数";"牛马肥而往,瘠而反,往死亡而不反者,不可胜数"。③攻伐战争给被攻的国家造成巨大灾难,进攻者本身也遭受人力、物力的严重损失,"计其所得,反不如所丧者之多"④。因此,墨翟称进攻战争为最大的不义。

---

① 《毛泽东选集》前四卷合订本,人民出版社1966年版,第827页。
② 《墨子·兼爱中》。
③ 《墨子·非攻中》。
④ 同上。

有的研究者认为，墨翟的这种非攻思想反映了在当时的战争中处于劣势的国家的地主阶级，以及一部分没落奴隶主贵族的利益，这是值得商榷的。处于劣势的受攻国家的统治阶级当然也反对进攻战争，但他们反对进攻战争是害怕它会损害自己的地位和财富，而不可能像墨家那样，饱含着辛酸和血泪来指责战争给平民百姓带来的灾难痛苦。

"非命"表现了小生产者为生存而挣扎的意图

"非命"在墨家思想中是一个特殊部分。它反对儒家"死生有命，富贵在天"①的说教，认为"命"是一种无"声"无"体"的虚无缥缈的东西，人们如相信有命运，就会陷于消极，无所作为，结果是："上不听治则刑政乱，下不从事则财用不足"。②因此，墨翟把"有命"的说法称为"天下之大害"。③

墨翟的非命论强调发挥人的主观能动性，反对迷信命运，是墨家思想中最积极的部分。

墨翟的非命论，同他的天志、明鬼思想看起来是正好相反的。他宣扬天志、明鬼是很迷信的；而宣扬非命，认为成功不决定于命运，而决定于"强劲"④，即人的顽强努力，这又是不迷信的。同一个思想家既宣扬迷信又不信命运，岂不是自相矛盾吗？

其实，这似乎是相反的两个方面，同样都是小生产者地位的表现。小生产者技术落后，缺乏文化，地位又极不稳定，这使他们必

---

① 《论语·颜渊》。
② 《墨子·非命上》。
③ 同上。
④ 同上。

然迷信鬼神；但是，小生产者又有十分顽强的个体积极性。他们在不利的情况下，为生存并保住自己的可怜的"家业"而进行的挣扎，是十分顽强的；在较有利的情况下，为争取发家、争取上升到小财东的地位而进行的努力，也是极其顽强的。小生产者处于不断的分化之中，他们大多数人必然下降，没落，这是他们不可逃避的命运（当然，这种命运是小生产者的落后经济地位决定的，而不是鬼神决定的）。但是，小生产者总是幻想发家致富，他们礼拜赵公元帅最勤，希望赵公元帅保佑他们发财，而不能认识和相信自己必然没落的命运。墨翟既宣扬天志、明鬼，又宣扬非命，正是小生产者既迷信鬼神又要同命运顽强抗争的特点的表现。

尚贤、尚同、天志、明鬼、兼爱、非攻、非命等思想中都或多或少地包含着墨翟的一些经济观点，但它们本身都不是直接的经济思想；下面要讲的节用、节葬和非乐则属于或基本上属于墨翟的经济思想，而节用尤其是墨翟经济思想的主要内容。

第三节　节用论是墨翟经济思想的主要内容

墨翟节用思想的特点

节用是先秦各学派最普遍的主张之一，先秦诸子几乎都是节用论者。但是，墨翟是先秦诸子中对节用问题论述得最多的人，节用论在墨家经济思想体系中的地位也最为突出。

墨翟的节用思想有下列主要特点：

第一，以满足基本生理需要为标准的节用论。

　　墨翟主张：在食、衣、住、行各方面的消费都应以满足基本生理需要、足以保持生存和健康为标准。符合此标准为节用，超过此标准则为奢侈、淫僻。

　　在饮食方面，他主张能够"充虚继气，强股肱，耳目聪明则止"，而不要追求"五味之调，芬香之和"，更不可追求"远国珍怪异物"。①在衣服方面，他主张能够"冬以圉（御）寒，夏以圉暑"、"冬加温，夏加清（qìng，音庆，凉爽）"，②而不要追求"锦绣文采"、金钩、玉珮。

　　在居住方面，他主张房屋要"冬以圉风寒，夏以圉暑雨"，③坚固足以防盗贼，而不应追求外观的富丽堂皇。在交通工具方面，他主张"车以行陵陆，舟以行川谷"，能够"全固轻利"，可以"任重致远"，④而不可追求刻镂装饰。

　　墨翟把各方面的生活消费概括为一个原则："凡足以奉给民用则止，诸加费不加于民利者，圣王弗为。"⑤所谓"民用"、"民利"，都是指人的基本生理需要；超出这个界限的消费，他都认为是"无用"、"不加利"的。

　　墨翟没有明确地把上述标准宣布为适用于一切阶级和等级的共同标准，因而不能断定他在消费方面的主张是绝对平均主义的。但是，他也从未说过对不同等级的人适用不同的消费标准。他把上述食、衣、住、行各方面的消费标准，有时说成是"奉给民用"的

---

① 《墨子·节用中》。
② 《墨子·节用上》。
③ 同上。
④ 《墨子·辞过》。
⑤ 《墨子·节用中》。

标准，有时又说成是君主"自养"的标准。不管怎样，有一点是可以肯定的，那就是：墨家的节用标准是一个按生理需要规定的标准，而不是像儒家所主张的那种贵贱等级标准。

第二，以限制统治阶级上层人物的特权为目标的节用论。

墨翟提倡节用论，不是为了压缩劳动者的必要劳动以增加剥削阶级所占有的剩余劳动；恰恰相反，他是要限制上层统治者的奢侈浪费以增加普通人民所消费的生活必需品，是要"去大人之好聚珠玉、鸟兽、犬马，以益衣裳、宫室、甲盾五兵、舟车之数"。[①]他所规定的节用标准，是要使一般平民百姓都能够吃饱穿暖，都有能防风寒雨湿的住房，出门还有"全固轻利"的舟车乘坐。这对当时的一般平民百姓来说，实际上不是什么节用，而是不小的改善。墨翟的节用论，实质上是小生产者改善自己生活条件的愿望的反映。

第三，单纯消费方面的节用论。

墨翟提倡节用，不是要使生产者把从消费节约下来的财富用作再生产的积累基金，以改进和扩大生产，而是要把王公、贵族等"大人"的寄生性消费的一部分转化为平民百姓的生活必需品消费。因此，这种节用论本身仍是一种单纯消费方面的节用论，而不是和积累相联系、有利于生产的发展和扩大的节用思想。

但是，满足生理上的基本需要，才能保证劳动力的再生产，而劳动力的再生产是小生产者的简单再生产得以正常进行的基本条件。墨翟的节用思想，虽然只是要求在消费方面节用，而没有提到把节余的财富用作生产的积累；但他这种把"大人"的部分寄生性消费转化为平民生活必需品消费的思想，实际上正是为了保持小

---

① 《墨子·节用上》。

生产者简单再生产正常进行的条件。

墨翟认为,当时王公大人奢靡无度的消费是破坏小生产者个体经济的最重要因素。他指责王公大人在丧葬方面的奢靡耗用大量财富和占有众多的劳动力,致使农夫"不能早出夜入,耕稼树艺",使百工"不能修舟车为器皿",使妇人"不能夙兴夜寐,纺绩织纴"。①这就是说:贵族在丧葬方面的靡费,破坏了小生产者简单再生产正常进行的条件。

他指责贵族们在声色方面的纵欲无度,不但搜刮民财"以为大钟鸣鼓琴瑟竽笙",还要选择大批"耳目聪明"、"股肱毕强"的青年男女,从事乐舞,把大批本来可从事生产的青壮年劳动力用来为贵族享乐服务,还要从其他劳动者那里征收财物,以保证这些从事乐舞的人"甘食美服",这就必然会"废丈夫耕稼树艺之时"、"废妇人纺绩织纴之事",②破坏了小生产者简单再生产正常进行的条件。

节用论在墨翟的经济思想体系中的地位

节用论最典型地体现了墨翟经济思想的特点,同时又是墨翟经济思想的主要内容,是他的整个经济思想体系的枢纽。这主要可以从以下几方面看出来。

第一,墨翟认为节用是增加社会财富的主要途径。

先秦诸子的经济思想大多是集中在富国、富民的途径问题上,墨家也是如此。因此,要弄清墨翟经济思想的主要内容,首先得看看他在富国、富民的途径问题上的见解。

---

① 《墨子·节葬下》。
② 《墨子·非乐上》。

墨翟认为：国家和人民的贫富，决定于"生财"（生产）和"用财"（消费）两个方面的情况和相互关系。用墨家的话说就是："固本而用财，则财足。"①

这里，"本"指的是农业生产。墨翟是中国经济思想史上第一个把农业生产称作"本"的人。所谓"固本而用财"，意思是说：农业生产搞得好，而财富的使用或消费又适当，财富就能充足。

怎样才能"固本"呢？"用财"又要怎样才算适当呢？这又被归结为一条原则："其生财密，其用之节。"②

"生财密，用之节"，这就是墨翟解决经济问题的基本公式。

这看来并没有什么奇特的地方。增加生产和节约消费，这差不多可以说是经济管理的一条常识。先秦诸子这样讲的人多了，荀况说的"强本节用"，《大学》说的"生之者众，食之者寡，为之者疾，用之者舒"，和墨家的"生财密，用之节"都是一样的说法。

但进一步加以具体的分析，就不难发现墨家在富国、富民途径问题上的看法的特点。

墨翟是很重视生产的，问题是他主张怎样增加生产。

他没有提出过依靠生产关系的改革或调整来发展生产力的见解；也未提出过通过改进生产技术来提高劳动生产率的问题（尽管墨翟本人在手工劳动的技术方面是当时第一流的）。墨家对发展生产，主要是强调劳动力的作用，强调"赖其力者生"③，认为要增加生产，就要增加劳动力。

强调劳动力的作用而又不谈劳动生产率问题，其结果就只能

---

① 《墨子·七患》。
② 同上。
③ 《墨子·非乐上》。

通过增加劳动者人数和提高劳动强度、增加劳动时间来增加产量。

在增加劳动者数量方面，墨翟首先想到的是增加人口。在先秦诸子中，墨翟是最主张增加人口的，他比孔丘赞美"庶矣哉"即只是赞美人多的思想要强烈得多。他不但要求迅速增加一国的人口，而且希望人口能按成倍的速度增长。但是，在当时生产力还很低下，人口基数又不大的情况下，要使人口很快地增长是不容易的，墨翟也不免慨叹："唯人为难倍。"[1]而且，人口增加还不等于劳动力立即增加，要使新增加的人口成长为劳动力必须经过十几年、二十年的时间，墨翟也不会不懂得这一点。这样，他指望用增加人口的办法来增加生产，就不容易很快收效。

于是，他提出了"强从事"[2]，即增加劳动时间、提高劳动强度的主张。然而，他对用这种办法增加生产，显然也并无太大的信心。

墨翟对增加生产的要求的胃口很大，不但希望社会财富增长，而且要求"倍之"即成倍增加；而他所提出的各种增加生产的办法都无法使社会财富很快地增长。因而，他的增加社会财富的主要办法最后只能归结为节用：既不能"生财密"，就只好靠"用之节"。

在提出"生财密，用之节"的原则时，他就认为："为者疾，食者众，则岁无丰。"[3]这就是说：尽管生产得很努力，如果消费得多，仍无法使财富丰裕。墨翟认为：要使社会财富丰裕，决定的因素不是生产而是节用，只有节用才可使社会财富成倍地增长。他说："圣人为政一国，一国可倍也；大之为政天下，天下可倍也。其倍之，

---

① 《墨子·节用上》。
② 《墨子·非乐上》。
③ 《墨子·七患》。

非外取地也;因其国家去其无用之费,足以倍之。"①

节约能否使社会财富迅速增长?如果把节余的财富用作生产积累,以发展和扩大生产,是能使社会财富有较快的增长的。在节约引起的积累增长和生产技术方面的巨大进步相结合时,生产的大幅度增长也是可能的。但是,墨翟未认识到节用同积累的联系,也没有认识到提高劳动生产率的作用,墨翟所谓"去其无用之费可以倍之",显然不会是指这种情况。

墨翟所以认为节用可使社会财富倍增,是由于他认为贵族的奢侈生活耗费财富极多,如果把这部分耗费节省下来,把生产这些奢侈品的劳动转用于"奉给民用"的生活必需品,就可使社会财富倍增。

把生产贵族消费的部分奢侈品的劳动转用于生产必需品,这意味着产品分配状况发生了改变,而不意味着社会财富本身的增长。墨翟把节用论的矛头指向贵族的寄生性消费,这无疑是有很大进步意义的;但他把这种仅仅能改变产品分配状况的单纯消费方面的节用看作解决社会经济问题、使社会财富成倍增长的主要途径,在理论上却是不正确的。他的节用论实质上是一种分配决定论。

把生产奢侈品的劳动转用于生产必需品,这会引起社会消费结构的变化:生活必需品比重增长,奢侈品的比重下降,而不会带来社会财富的增长。墨翟把生活必需品的增长说成是社会财富的增长,显然是由于他只把生活必需品看作财富,而把奢侈品排除在财富之外,这说明他关于财富的概念也是不正确的。

---

① 《墨子·节用上》。

第二，在墨翟的有关经济问题的论述中，对节用问题的论述占最大部分。

墨翟对经济问题的论述，比孔丘要广泛得多。《论语》中没有一篇是专论经济问题的，而《墨子》中却有《节用》上、中、下（佚下篇），《节葬》上、中、下（佚上、中篇），《非乐》上、中、下（佚中、下篇）以及《七患》《辞过》等共十一篇专记或主要记述墨翟关于经济问题的议论。

在各种经济问题中，墨翟对节用问题最重视，论述得也最多、最详细。在墨学的十大纲领中，只有"节用"、"节葬"和"非乐"是专论经济问题或主要论述经济问题。"节葬"实际上是节用论在丧葬方面的表现，是节用论的一个特殊部分。"非乐"主要是把贵族听赏的乐舞看成是对社会财富的一种无益的浪费，因而基本上也是节用论的一个方面。在上述有关经济问题的十一篇著作中，论述的主要内容都是节用问题。

第三，墨翟对其他方面的经济问题的分析论述，都以他的节用论为基础。

墨翟对财富、生产、人口、赋役、储备等经济问题的论述，都是同他的节用论联系着，并以节用论为基础的。离开了节用，他的其他方面的经济观点就都失去了特色。

他对财富问题的论述是以节用论为基础的。首先，他关于财富的概念是以节用来规定界限：不符合节用原则的财富（奢侈品），就不包括在他的财富概念之中。其次，在利用财富的问题上又是以节用为判断利用得合理与否的唯一标准，任何违背节用原则的财富利用方式，都被他宣布为不合理。

墨翟对生产问题的论述是以他的节用论为基础的。因为，他认为节用是富国、富民的主要手段，而生产只是次要手段或补充手段。离开了节用，生产解决不了什么问题，不论怎样努力生产仍会"岁无丰"；而节用本身却能使社会财富成倍地增长。在墨家的经济思想体系中，生产论实际上成了节用论的从属部分。在墨学十大纲领中，经济方面的纲领只有一个："国家贫，则语之节用、节葬"。墨翟几乎把一切经济问题都纳入节用的范畴，把节用看作是解决一国经济问题的不二法门。

墨翟的人口论也是同他的节用论相联系的。他主张用早婚、多育之类的办法加速人口的增殖；但又认为只靠人口自然增殖的办法还难以实现成倍增长的要求，而必须消除"寡人之道"，即造成人口大量死亡、减少的因素。在"寡人之道"中，他除了提倡"非攻"（以消除战争对人口的减耗）和反对王公大人大量"蓄私"（霸占大量妇女为妃妾，妨碍平民百姓的婚配）外，还特别强调节用的作用。他指责当时的统治者活着纵欲，死了厚葬，为此而"使民劳"、"籍敛厚"致使"民财不足，冻饿死者不可胜数"，[1]是造成"国家必贫，人民必寡"[2]的原因。

墨翟的赋税论也是建立在节用论基础上的。墨翟在赋税徭役问题上主张轻徭薄赋。但是，墨家所主张的轻徭薄赋，不像儒家那样以恢复周代的彻法为薄赋敛的具体内容，而是以限制贵族、王公等统治者的寄生生活作为实施轻徭薄赋的前提。墨翟认为：统治者不节用是他们"厚作敛于百姓，暴夺民衣食之财"[3]的原因，只有使他们按墨家规定的生活标准来节用，才能保证轻徭薄赋，才能

---

① 《墨子·节用上》。
② 《墨子·节葬下》。
③ 《墨子·辞过》。

消除"饥者不得食,寒者不得衣,劳者不得息(指徭役过重)"①的情况。

墨翟很重视储备问题。他把储备的有无多少看作是关系国家安危存亡的大问题,认为国家和家庭都必须经常保持一定的储备,以便遇天灾可以"待凶饥",遭到别国进攻时有以"自守";否则,"国离(罹)寇敌则伤,民见凶饥则亡"②。他把国家和私家都保持三年的粮食储备看作是保证国家、人民抗御天灾、战祸的最低限度的储备,称之为"国备"③。

中国封建时代的思想家都很强调粮食储备问题。墨翟对储备问题的论述,也没有什么独特之处。但是,应当指出,墨翟是中国经济思想史上第一个对粮食储备问题进行如此详细的论述,并把问题的重要性强调到如此高度的人。

怎样使国家和私家都能保持足够的储备呢?墨翟又回到了他的"生财密,用之节"的基本公式,而尤其把节用作为保证储备的首要前提。墨翟的储备思想,实际上是他的节用论的一个组成部分。

后期墨家对商品问题的认识

墨翟的经济思想体系中基本上不包括关于商品、货币、价值问题的论述。在后期墨家的著作中,也只有《经上》《经下》《经说上》《经说下》等篇中有几处谈到这类问题,其中有句话引起了许多研究者的注意。这句话是:"为屦以买衣为屦"④。

---

① 《墨子·非乐上》。
② 《墨子·七患》。
③ 同上。
④ 《墨子·经说下》。

据有的校勘家按前后文义判断,"衣"字当为"不"字之误。这样,"为屦以买不为屦"的含义就是:用来交换其他商品的鞋,(对生产者本人来说)就不是当作鞋来使用了。这实际上是看到了:在商品生产的条件下,鞋可以穿,又可以用来交换其他商品;但对商品生产者而言,鞋则只是交换其他商品的手段,而不能作为鞋来穿。

这已经接触到商品的使用价值和交换价值的区别的问题。差不多在同时期,古希腊学者亚里士多德指出:每种货物都有两种用途,并且也以鞋为例,指出它既可用来穿,又可以用来交换。这同后期墨家学者所说的"为屦以买不为屦",基本上是同样的认识。

第四节　农家许行、陈相等的主要经济观点

先秦农家及其主要代表人物

农家是先秦的一个学派,它的创始人和大宗师是许行。许行是战国时代的楚国人,生卒年月无考。他和孟轲同时。他的学生陈相曾和孟轲有来往并互相辩论,由此推断他的年龄可能稍长于孟轲。

许行有门徒数十人,是个小学派,比孔丘弟子三千,墨翟门徒数百,要差得多了。当孟轲在滕国时,许行及其学派都从楚国迁移到滕国,边耕种边宣传自己的学说。

农家其他的代表人物中,现在知道名字的只有陈相、陈辛兄弟,这两人都是宋国人,原本是楚国儒家学派的学者陈良的学生,后来迁移到滕国,见到许行,对许行的主张深为钦服,因而抛弃儒

学改学农家的学说。

农家没有留下自己的文献，现在唯一能用来研究农家经济思想的材料是《孟子》有关陈相和孟轲辩论的记载。材料虽不多，但很集中、很明确地反映了农家的思想特点。

许行的农家学派的基本经济观点

从《孟子》的记述看，许行农家学派的经济思想的主要内容大致有以下几个方面：

第一，主张人人自食其力，反对剥削，也否定脑力劳动和体力劳动之间的分工。

许行学派主张人人从事生产方面的体力劳动，自食其力，谁都不允许靠剥削别人劳动维持生活，不许"厉民自养"。

对于君主和国家机构中的人员，许行要求他们"与民并耕而食，饔飧而治"①，不允许占有人民的剩余产品，不得有储存剩余产品的"仓廪府库"，否则就是"厉民自养"。

在阶级社会中，国家是阶级压迫的工具。在中国的奴隶制社会和封建社会中，君主又是最大的奴隶主或地主。许行把君主看作"厉民自养"，是具有否定剥削的意义的。但是，由于许行不是把剥削理解为靠占有生产资料来榨取别人的剩余劳动，而是把凡是不直接从事体力劳动而能得到一份生活资料的人都看作是"厉民自养"，他的"并耕而食"的主张势必导致否定一切专业的脑力劳动，导致完全否定脑力劳动和体力劳动的分工。

对这个问题，许行没有留下明确的言论，但农家学派的实践却

---

① 《孟子·滕文公上》。以下引许行农家学派的言论均同此，不另注。

反映出了这一点。许行一个人教几十个学生,这种教育方面的脑力劳动应该说是不轻的,但他和自己的门徒一样进行农业生产,并且"捆屦织席",从事副业劳动,自食其力。由此可以看出,他是不允许有任何形式的专业脑力劳动的。

第二,肯定农业和手工业之间的一定程度的分工,允许有专业的手工业者,并且认为农业和手工业之间的某些商品交换是必要的。

许行肯定"以粟易"农具、釜甑、帽子等手工业产品是正当行为,而不是"厉民"。他认为完全的自给自足是不可能的,认为"百工之事固不可耕且为",如果没有农业和手工业之间的一定程度的分工和交换,就会"害于耕",即不利于农业生产力的发展。

第三,对商品的交换价值或价格,主张同等商品卖同等价格,并且要"市价不二",不允许价格自发波动,不允许有商业欺诈。

许行学派主张"布帛长短同则价相若;麻缕、丝絮轻重同则价相若;屦大、小同则价相若",即主张种类、尺码、重量相同的商品售价必须相同。

同等商品售同样价格,这是社会必要劳动时间决定价值的客观规律的要求。但在私有制商品生产下,这一客观规律要通过价格的自发波动来实现,价格的背离价值是经常的、不断发生的情况。许行站在小生产者立场上,感到这种价格的波动会引起小生产者的分化,于是想消除这种波动,使商品永远以同样的价格销售。但这是做不到的;而且,如果做到了这一点,那就取消了竞争,取消了价格波动,社会必要劳动决定价值的客观规律反而无从实现了。

封建时代常有"公平价格"的思想,主张由官府规定和维持一种反映等价交换原则的"公平价格"。孟轲说的"有司者治之"①（即派一官吏负责），就是这个意思。许行想怎样规定和维持这种价格呢？如果也使"有司者治之"，那么，这个"有司者"就要忙于规定和检查物价，并处分违章抬价者，他势必就难以"与民并耕而食"，而不免要"厉民自养"了。看来许行是不愿意有这种专职人员的。那又怎么办呢？他的学生陈相说了一句："从许子之道"，意思是说，只要每一个参加商品交换的人接受了许行的思想，就会自觉地实现同等商品售同样价格的要求。把客观的经济规律归结为许行思想的表现，这是十足的唯心主义！而且，即使人人都乐意"从许子之道"，自觉地按社会必要劳动决定的价值出售自己的商品，谁又能知道符合社会必要劳动的价格到底是多少呢？

农家乌托邦的性质

把许行学派的主张综合起来看，是一个小生产者的乌托邦。在这个乌托邦中，人人劳动，自食其力。生产以农业为主，农副业结合，基本上是自然经济；但又存在着农业和手工业之间的某些分工，有若干专业的手工业者，并有农产品和手工业产品之间的商品交换。商品交换按等价原则进行，没有商业欺诈。不存在脑力劳动和体力劳动之间的分工，不存在专业的脑力劳动者。没有作为阶级压迫工具的国家，"君主"要"与民并耕而食，饔飧而治"，没有任何特权，实际上是原始时代担任部落中公职的酋长。

许行不但宣传这种理想，而且身体力行地进行组织这种理想社会生活的实验。他和他的几十个门徒一起，实际上组成了一个

---

① 《孟子·公孙丑下》。

进行这种实验的公社。

　　许行的乌托邦，是对小生产者落后的经济地位的理想化。后代封建社会中的农民小生产者，虽然不见得有多少人接触过有关许行的文献材料，但在以农民小生产者占成员大多数的一些秘密帮会中，以及在某些农民起义的纲领和措施中，类似古代农家乌托邦的某些特点，仍然时常会出现。

　　（原载《中国古代经济思想史讲话》，人民出版社1986年版）

25 《管子》和企业经营谋略

　　《管子》是我国古代包含经济管理思想资料最为丰富的书籍之一,而《管子》的轻重诸篇(汉代刘向编定为十九篇,今存十六篇),是这方面的思想资料最为集中的部分。

　　轻重各篇所论述的主要内容是国民经济的宏观管理问题,是关于封建国家管理、控制国民经济的目的("轻重之势")、手段("轻重之术")及其理论依据("轻重之学")的问题。经营谋略问题属于微观管理方面的问题,在轻重诸篇中涉及较少。但是,从企业经营的角度看,轻重诸篇也还是包含着许多值得研究的谋略。

　　本文不拟论述宏观经济管理思想方面的问题,仅打算就《管子》轻重诸篇中的经营谋略思想作一些考察。

一、《管子》经营谋略的特点

　　轻重诸篇中的经营谋略思想具有下面这样几个独特之点:同时谋取支配地位和经济利益,国家权力和经济手段兼用,实力和阴谋并行。

第一，同时谋取支配地位和经济利益

轻重论作为一种宏观的国民经济管理思想，主张同时为封建国家谋取对国民经济的绝对支配地位和特别巨大的财政收入。用轻重论者常用的话说，前者就叫做"为笼以守民"、"民无不累（繫）于上"①，后者则叫做"国利归于君"②。从微观管理的角度说，国家直接经营工商业，是要为所经营的工商业既谋取在市场上的垄断支配地位，又要使其取得封建性的高额垄断利润。正如《管子》轻重各篇一再强调的那样，国家经营商业，要善于"操事于其不平之间"（利用各种商品的价格偏高或偏低进行操纵）以取得"十倍之利"③。

第二，国家权力和经济手段兼用

在国民经济的宏观管理方面，轻重论者主张兼用国家权力和经济手段。他们一方面认为：要想取得对国民经济的支配、控制权必须"藉于号令"（依靠国家政令取得收入），另一方面又强调要首先通于"轻重之数"（市场活动规律），并根据对轻重之数的认识，运用货币、财政、借贷以及国家的商业活动等手段来调节商品的价格和供给、需求，以达到支配、控制经济的目的。在微观的管理方面，轻重论者一方面主张国营的工商业要作为商品生产和商品流通活动的直接担当者进入市场，按商品交换原则同私人工商业者往来，在竞争中控制、排挤私人工商业，特别是那些力能同国营工

---

① 《管子·国蓄》。
② 同上。
③ 同上。

商业竞争的"富商蓄贾"即大商人，以"杀正商贾之利"①，即压缩并夺取他们的一部分利润。但是，与此同时，轻重论者又不主张使国营工商业完全作为商品关系的一方平等地在市场上同私人工商业往来，而是要利用各种机会、采取各种方式直接以国家权力来支持国营工商业，压制、困扰私人工商业，帮助国营工商业来取得和保持垄断地位。例如，当国营商业向民间手工业者收购他们所生产的"器械"（生产资料和生活用品）时，轻重论者主张先将国家垄断控制的商品粮食提价二十倍，然后借口"国无币"，强制实行"以谷准币"②，即用高价粮食同手工业者交换"器械"，一下子可以得利十九倍（手工业者能换回的粮食，只相当于以前能换到数量的二十分之一）。这种极端苛暴的不等价交换，不但利用了国营商业垄断着商品粮食这一经济手段，还以国家铸造货币的权力作为后盾，迫使民间手工业者除了接受高价粮食之外别无选择。

第三，实力和阴谋并行

轻重论者不论对国家政权控制国民经济（宏观控制）或对国营工商业在市场竞争中的作为（微观的经营管理）都首先强调拥有经济实力。例如，轻重论者提出了"四务"的主张，要求国营商业调查春、夏、秋、冬四季"民之且（日）所用者"③，即各季节民间生活用品和"耒耜械器"等生产资料，预先"廪之"④即库存起来，届时出售或出租给百姓。对于在当时国民经济中占头等重要地位

① 《管子·轻重乙》。
② 《管子·臣乘马》。
③ 《管子·山国轨》。
④ 同上。

的物资——粮食——更主张采用各种办法（例如高利贷）把全国商品粮食的一半甚至十分之七掌握在国家手中。

在掌握了巨大的经济实力之后，国营工商业已经在经济上处于垄断地位，完全可以凭借这种强大的经济实力操纵市场。但是，轻重论者为了加强国家政权对国民经济的控制、支配，为了加强国营工商业在市场上的垄断地位和影响，还力图在这种经济实力之外，同时使用各种阴谋手段来打击、破坏对手。在使用阴谋手段时，又多是靠封建国家的权力来推行。从轻重论者所假设的下面这样一个案例，可以明显地看出轻重论者的经济实力和阴谋并行的谋略特点：国家有一批存粮，想大大提高粮价以交换缯帛（丝绸）。由于民间存粮也较多，国家无法单独提高粮价。于是，就由国家下一道命令，征调大量壮丁去戍守边疆，并规定凡家有"百鼓之粟"①的人可以免征。人们为逃避兵役，纷纷抢买粮食，使粮食价格一下子上涨了二十倍。国家储存的粮食也水涨船高地增价二十倍。国家用涨价二十倍的粮食交换缯帛，换到的缯帛可供全国军队做五年的军衣。

在这个案例中，国家征调壮丁的诏令，实际上不是出于军事的、国防的需要，而是为了造成粮价暴涨而采用的手段。国家手中有大量存粮，这是一种经济实力，但单凭这一经济实力还达不到国家操纵粮价、多换缯帛的目的；于是，堂而皇之的国家诏令，竟成了抬高粮价的阴谋手段。

在国与国之间的贸易和经济斗争中，轻重论者更加突出阴谋手段的作用。《管子》书中假托商汤在颠覆夏国的斗争中，兼用经

---

① 《管子·地数》。"鼓"，量名，一鼓等于十二斛。

济实力和政治阴谋。据说：夏国的末代君主夏桀奢侈荒淫，仅"女乐"就有三万人，都要穿华贵的"文绣衣裳"。商汤就组织本国女工织造大批文绣同夏国交换粮食。丝绣一纯（束）就能换夏国的"粟百钟"。夏国的粮食大量流入了商国，使夏国陷于饥荒。此外，汤还以重金收买了夏桀的宠姬女华和宠臣曲逆，刺探夏桀的经济情报，并依据所得情报实行和夏桀相反的经济政策："饥者食之，寒者衣之，不资者（即无资者，缺乏资本者）振之（贷给资本）。"①把夏国的百姓大批争取到自己方面来，使他们都"归汤若流水"②。这种做法严重削弱了夏国，为最后武力灭夏创造了条件。

这简直有点使用"经济间谍"的味道了。

二、因乘之术

《管子》轻重各篇所谈到的经营谋略，主要有下列几种：因乘之术、予夺（取）之术和守泄之术。

轻重论者很强调因乘之术，把它作为竞争和经济斗争中的一种重要的致胜谋略，一再宣扬："可因者因之，（可）乘者乘之"③。

这里，"因"是凭借、利用某种条件的意思；"乘"是乘机、趁时的意思。

要"因"或凭借、利用的条件，可分为两个方面：自己一方的条

---

① 《管子·轻重甲》。
② 同上。
③ 《管子·轻重丁》。

件和对手方面的条件。前者可称为"因己",后者可称为"因人"或"因敌"。

"因己"主要是利用自己一方的优势。例如,古代齐国(今山东)盛产盐。轻重论者就假托管仲为齐桓公出谋画策,在冬季大力组织盐的生产,积存下大量的盐,在春耕时运往梁(今河南省东部)、赵(今河北省中部、南部和山西省中部、北部)、宋(今河南省东部和安徽省北部)、卫(今河南省北部)、濮阳(今河南省北部及河南省与河北省、山东省交界地带)等不产盐的地区。在这些地区高价出售,可获得特别优厚的利益。轻重论者把这种做法称为"海王"或"阴王之业"①。

"因己"即利用自己的优势的必要性是明显的,利用起来也是比较容易的。看不见自己的优势,从而不懂得利用自己的优势的人,也不可能真正懂得对手的优势和劣势。这种人在战争和经济竞争中,就是既不知己、也不知彼的人。如果让这种人指挥作战或负责经营管理企业,就必然会像孙武说的那样:"每战必殆"②。

"因人"或"因敌"的谋略则远较复杂,《管子》中对这方面谋略的论述和发挥也更多。

"因人"首先是利用别人的弱点。其实,前面讲的利用自己的优势,从另一方面说往往也就是利用对手的弱点。例如,上面所谈到的齐国高价售盐于梁、赵、宋、卫、濮阳的谋略。产盐是齐国的优势,但齐国所以能向这些国家高价售盐,本身就表明这些国家有不产盐的弱点或劣势。如果这些国家也盛产盐,齐国产盐也就不

---

① 《管子·轻重甲》。
② 《孙子兵法·谋攻篇》。

成为对这些国家的优势了。

除了利用敌人本来有的弱点外，还可使用谋略、权术，给敌人制造弱点，甚至调动敌人，使敌人自己为自己制造弱点。《管子》假托了这样一个案例：齐国要制服楚国，但楚国兵力强大，又有方城、汉水的天险，硬攻是不行的。于是，齐国就一方面大力储存粮食，另一方面利用本国的铜矿山大量铸钱，派许多人持重金去楚国买鹿。楚国有云梦泽，野兽众多。由于齐国高价收鹿，楚国百姓纷纷放弃了农业生产而入泽捕鹿。结果楚国耕地大批荒芜，全国陷于饥馑。齐国就用存粮作武器，迫使强大的楚国对齐国屈服。

在这个案例中，楚国本来没有缺粮的弱点，齐国采用高价收鹿的办法，诱使楚国人自己给自己制造了这样一个弱点。

这个案例完全是轻重论者编造出来的，毫无历史的真实性。在自然经济占绝对优势的古代，楚国农民根本不可能靠吃商品粮维持生活，因而想放弃农业生产去捕鹿是办不到的。齐国要想使楚国广大农民弃农捕鹿，就需要在楚国建立起遍布全国的收购网，当时的齐国也决不可能有这样发达的商品经济和商业组织。齐、楚相距数千里，在当时的交通和贸易状况下，楚国即使陷于大饥馑，也不可能指望从齐国运粮救荒，因而也谈不上因缺粮而向齐国屈服的问题。……这些情节都表明，齐国以捕鹿计制服楚国的故事纯系虚构。不过，作为一种经济斗争的谋略，这一案例却十分清楚地表达了这样一种思想：在经济斗争中可以调动对手，使其自行制造出我所企图利用的弱点。

不仅对手的弱点可以而且应当加以利用，他的优点也有可能被我用作战胜、制服他的手段。这比利用弱点自然更困难，运用起来需要更高超的智谋和艺术，但是，如果运用得好，也可有加倍的效果。《孙子兵法》就提出了在战争中要"因粮于敌"的论点，认为利用敌人的粮食供应我军，"食敌一钟，当吾二十钟"①，即比靠本国粮食效果要大二十倍。因为，这样不但可节省本国的一部分粮食，破坏敌人一部分供应，还可大大节省远途运粮的费用，减少损耗，也可减少因运粮、护粮而牵制的自己的一部分兵力；对双方的士气的影响尚不在内。敌人的粮食本来是敌人的优点，因粮于敌能减杀敌人的优势，并在一定程度上把敌人的优势转化为我的优势。

　　《管子》轻重各篇很多地方都论述和发挥了这种利用别人优点、长处的谋略。轻重论者很重视利用本国滨海产盐的优势，把这称为"阴王"或"海王"，但同时又宣扬无海也可以王，办法是"因人之山海假之名"②：从产盐国进口盐，加价内销或转销其他国家，进口价格"釜（量名，等于一百升）五十"而"出之以百"③。轻重论者认为：靠这种做法，无海的国家可以利用产盐国的优势为自己牟利，还省去了自己生产盐的劳费，这样，无海也可为海王，是最合算的。他们把这种"因人之山海"的做法称为"人用之数"④。

　　轻重论者还宣扬了许多把敌人的优势转化为劣势而加以利用的谋略。例如，轻重论者曾假托了齐和鲁、梁之间进行经济斗争的一个案例：鲁、梁的百姓都擅长织绨。齐国为制服鲁、梁，就由齐桓公带头穿绨制的衣服，并号召全国的人都穿绨衣，派人到鲁、梁

---

①　《孙子兵法·作战篇》。
②　《管子·海王》。
③　同上。
④　同上。

高价买绨。鲁、梁百姓见织绨利大，便争相织绨，结果两国都变成了只生产绨的单一经济的国家，并且使齐国处于买方垄断的地位。于是，齐国就利用这种形势，突然"去绨闭关"①，断绝同鲁、梁之间的贸易，使鲁、梁在经济上陷于破产，鲁、梁百姓陷于大批失业，不得不向齐国求助，变成了齐国的附庸国家。

轻重论者特别重视这种利用别人优点、长处的谋略，认为"圣人善用非其有，使非其人"②，对别人的人力、物力方面的长处，都应尽量加以利用，并且把这种做法看作是"因天下以制天下"③的主要手段。

《管子》中"乘"的谋略包括乘时和乘势（形势、机会）。

"时"指时令、季节。在中国古代的封建社会中，农业是主要的、决定性的经济部门。由于科学技术落后，农业生产受自然条件的影响特别严重。在这种情况下，怎样掌握和利用农时，就成为经济管理的一个头等重要的课题。在当时条件下，农业不仅生产出全社会最基本、最主要的生活资料粮食，人们所需的大部分生活资料以及生产资料，也从农业、从土地而来；由于农业人口占总人口的绝大多数，大多数商品的需求和供给的变化也往往受农时影响而带有明显的季节性。

《管子》对宏观的国民经济管理以及对国营工商业的微观的经营管理，都很强调时令，认为"王者乘时"④，并把"乘时"明确地解

---

① 《管子·轻重戊》。
② 《管子·轻重甲》。
③ 《管子·轻重丁》。
④ 《管子·山至数》。

释为"乘四时之朝夕"①，即按四季节令的变化行事。轻重论者认为：不同的季节对商品供求的种类和数量不同，因而商品的价格涨落不同，商人总是利用这种季节的变化兼并农民，牟取暴利。国营商业要在同私商竞争中获胜，就必须善于"乘时"。在《管子》中，有许多地方对"乘时"讲的是颇为细微的，要求国营商业对春、夏、秋、冬各季节所需的生产资料和生活用品的种类，各地区"用功"多少，"用人"多少（借以计算对生产资料和生活用品的需要量），农民中没有资金来购买必要生活用品和生产资料的有多少人，等等，事先都进行周密、准确的调查，以便根据情况储备物资。

前面提到的"阴王之业"，即产盐国利用自己在资源方面的优势向不产盐国家高价销盐的谋略，本身属于"因之"的问题，但也体现着"乘时"的特点。齐国把组织大批劳动力煮盐的时间选在每年十月至次年正月，正是因为达时北方地区正处于农闲时期，大规模进行盐的生产不致同农业争夺劳动力。盐的出口时间选在春耕季节，正是因为这时农业劳动繁重，劳动者"无盐则肿"②，因而对盐的需求特别大，价格容易抬高。

所谓"乘势"主要是指乘"轻重之势"，即市场竞争所形成的价格高低涨落之势。

"乘势"也名"乘易"。《管子》中有时说："王者乘势"③，有时又说："圣人乘易"④。乘势而行，用力少而容易获得成功，所以"乘势"也就是"乘易"。

---

① 《管子·国蓄》。
② 《管子·轻重甲》。
③ 同上。
④ 《管子·山至数》。

关于怎样才能乘势，《管子》的不同篇章中有不同的以至表面上正好相反的提法。例如，有的地方说："天下高则（我）高，天下下则（我）下"①，而另外的地方则说："善为国者：天下下，我高；天下轻，我重"②。

这里，"高"是指价格高，用轻重论者的术语说，也就是重；"下"指价格低，也就是轻重论者所说的轻。上面两条材料，从字面上看，正好相反；其实，并不是这样。因为，前者指的是一个总的趋势，而后者则是指在这个总趋势下的具体运用。例如，在春耕季节农民缺粮，粮价高涨；秋收后农民卖粮较多，粮价低下。这样，高或重是春季粮食市场行情的总趋势；下或轻是秋季粮食市场行情的总趋势。在"天下高"或"天下重"的春季，任何粮商都会比较秋季卖更高的价格，国家售粮也不例外；反之，在"天下下"或"天下轻"的秋季，任何粮商都可以较低的价格买进粮食。这就叫"天下高则高，天下下则下"。如果有的粮商在春季以比一般粮价较低的价格售粮，在秋季以比一般粮价较高的价格买进，这就可以说是"天下下我高，天下轻我重"、"天下高我下，天下重我轻"。但是，这并没有改变市场行情的总趋势，而且这样做的粮商自身也并未脱离这个总趋势。因为，他只是在春季卖得比一般粮商的价格低一些，但仍是以较高的价格卖出的；在秋季虽比一般粮价稍高，但毕竟仍然是以较低的价格买进的。

---

① 《管子·地数》。
② 《管子·轻重乙》。

三、予夺（取）之术

在中国传统的管理思想中，关于"予"和"夺"（取）的相互关系问题是议论得很多的一个问题，所积累的思想资料也很为丰富。

古代的奴隶主和奴隶、封建主和农民（农奴）的关系是"夺"的关系。奴隶主和封建主无偿占有劳动者的剩余劳动或剩余劳动产品，这自然是夺。由于奴隶制和封建制剥削都是建立在赤裸裸的超经济强制之上的，奴隶主和封建主的夺，可以完全不伴以任何"予"的形式：奴隶主不购买奴隶的劳动力，不付给奴隶工资；封建主向农民收取地租时，也不需付给任何代价。但是，比较精明的古代剥削者已逐渐认识到：在对被剥削者进行夺时，如果多少采用某种"予"的形式，或者通过一定方式在被夺者的心目中诱发某种被"予"的错觉，那就可能更有利于"夺"，能够夺得更多或更顺利。古罗马的老卡图就曾提出：对待奴隶要按照他们劳动的情况给予不同的衣食，中国古代也有对"百工"（各种手工业奴隶）要"日省月试，饩廪称是"①的说法。这种认识，逐渐被用予夺（取）关系的形式从理论上表现出来，在先秦时期，就出现了"知予之为取者，政之宝也"②的论点。"予之为取"，就是说"予"可以被用作取的一种手段。予和取本是相反的；但在取或夺时对被夺者给一点好处，这有助于调动被夺者的劳动兴趣，或者减少被夺者的反感，因

---

① 《礼记·中庸》。
② 《管子·牧民》。

而予不会妨碍取，反而会取得更多。这里所谓"政之宝"，是指治理国家或政治管理。从政治管理角度看，"予"和"夺"不一定是物质方面的：为百姓做点好事，或者使百姓感到统治者为自己做了好事，可说就是"予"；使百姓更服从政令，愿意为统治者效力，可以说就是"夺"。

奴隶主和奴隶、封建主和农民以及奴隶主、封建主国家同臣民之间的关系，都以超经济强制为特点。这类关系不但本质上是只夺不予，在形式上也不需要把"予"和"夺"直接联系起来。因此，在这种情况下，关于予和夺的相互关系的认识，不可能有多大的发展。

中国古代关于予夺之术的研究，是在商人中首先发展起来的。在商品交换过程中，"每一方只有通过双方共同一致的意志行为，才能让渡自己的商品，占有别人的商品"①。这种"双方共同一致的意志行为"，又必须通过双方互相交换商品并且是按等价原则进行交换来实现。因此，只有在商品交换中，予和取才是必然直接联系在一起的：占有别人的商品是"取"或"夺"，让渡自己的商品则是"予"。只取不予或只予不取，就谈不上商品交换。正是这样的经济条件，使商人的思想家能够从予夺关系上来考虑自己的经营方法，从而提出了予夺之术的论议。

中国古代的治生之学首先是作为商人的意识形态产生的。担负商品流通职能的商人，最能懂得他的任何一次取（夺）都必须有相应的予，而且取是目的，予是手段。所以，中国治生之学的创造人白圭，就首先明确地把怎样处理予和取的关系作为经营管理的

---

① 《马克思恩格斯全集》第23卷，人民出版社1972年版，第102页。

一条重要原则，并且把"能取予"①作为选拔经营干部的主要标准之一规定下来。白圭把"能取予"称为"仁"，意思是：作为商人，就必须舍得为取而予，如果只想取而不肯予，那就等于是抢劫或诈骗，因而从商人的道德观看来，就是不仁了。

《管子》轻重各篇把如何处理予和夺的关系看作一条重要的经营谋略，而作了多方面的阐述和发挥。

轻重论者首先从分析人的心理开始，认为："民予则喜，夺则怒，民情皆然。"②

既然"民情"即人的心理总是喜欢别人给予自己什么，而不愿别人从自己夺走什么，夺（取）而不予就必然引起这种或那种形式的抵制和反抗。因此，轻重论者否定只夺不予的任何做法，认为即使是国家财政，也不宜采用凭借国家权力强制征收的办法，否则，必然造成"下怨上而令不行"③。

但是，轻重论者又认为国家要取得和增加收入，就必须取民或夺民；不论采取什么形式取得收入，对百姓来说终归是夺。只夺不予，必遭百姓反抗；只予不夺，国家政权就无法生存。问题的关键是处理好予和夺的关系。因此，轻重论者特别重视予夺之术，不论是对宏观的国民经济管理或对国营工商业的经营管理都强调这一点。

怎样处理好予和夺的关系呢？轻重论者主要提出了以下两条：

第一，有予有夺。轻重论者认为，百姓是分为贫民和富民的，富民往往用自己的财力支配贫民；那些财力雄厚的"富商蓄贾"，

① 《史记·货殖列传》。
② 《管子·国蓄》。
③ 《管子·轻重乙》。

兼并和役使众多的贫民,更是国家对国民经济取得控制、支配权的障碍。国家既不容易控制他们;国家对一般百姓的控制、支配之权也会因他们对贫民的兼并、奴役而受到限制和削弱。因此,轻重论者提出了"富能夺,穷能予"①的论点,主张在采取某些措施(如贷款、平价售粮等)扶助贫民的生产和生活的同时,还要多方限制富商蓄贾的赢利,把他们的一部分赢利夺归国家。轻重论者把这种做法称作"夺然后予",并说:"夺然后予,……天下可举"②。这里,夺是夺富,予是予贫。

如果对富商蓄贾的夺是通过国家权力直接进行的,那就只能是强制的,而强制的夺或取是轻重论者所极力反对的;而且,国家政权如直接地、强制地夺,那也就谈不上什么经营谋略的问题了。事实上,轻重论者所主张的不是直接的夺,而是要通过国营工商业的活动来同私人工商业争夺赢利。轻重论者对贫民的"予",虽然有时也采用赈济这种只予不夺的形式,但主要也还是通过商品关系进行的;不论国家贷款或平价购销粮食,都是予、夺结合的,而且总是少予多夺的。贷款要取息,平价购销粮食也只是比私人粮商的价格稍低或稍高,封建国家进行这种交易仍是大有赚头的。

第二,形予实夺和少予多夺。封建国家一方面必须取民,另一方面又要避免被夺者的反感,为了在这种矛盾中寻找出路,轻重论者提出了他们处理予夺关系的一个重要原理:"见予之形,不见夺之理"③。意思是:在夺时,令人看不出是夺,所看见的反而象是予,这就是形予实夺。

---

① 《管子·揆度》。
② 《管子·轻重乙》。
③ 《管子·国蓄》。

但是,形予实夺不是假予真夺。假予真夺事实上是予而不夺。形予实夺包含双重意义:在量的方面少予多夺,予夺相抵,实际上是净夺了一部分。在形式方面,予表现得较明显,而夺则表现得较为隐蔽,因而虽然实际夺了,并且夺大于予,但看起来却好像只是予,或者主要是予。

轻重论者认为,只有通过商品交换的形式来进行予和夺,才能做到"见予之形,不见夺之理"。因为商品交换总是要为所取得的商品付代价的,在这种形式下进行夺总是会"见予之形"。但是,商品交换不可能只予不夺,而且,商品交换的任何一方总是希望夺大于予;商人更是必须从交换取得利润,夺大于予可以说是商人的生存前提。既然是夺,又怎样才能做到"不见夺之理"呢?轻重论者认为:要善于利用某种商品价格的变化或几种商品的比价变化来从中取利。例如,在秋季粮食供给多,商人压价收购时,国营商业以比市价稍高的价格买进粮食;在春季粮食市场供不应求,商人高抬粮价时,国家以稍低于市价的价格粜粮。虽然国营粮食业可以通过这种交易获得很大的赢利;在农民看来,却认为这是对自己有利,是"予"了自己。在利用不同商品的比价变化方面,轻重论者提出了"谷贱则以币予食,布帛贱则以币予衣"[①]的主张。意思是:粮价低贱时,国营粮食业用货币收购粮食;布帛贱时则用货币收买布帛。这样,国家既可利用有关商品市价低廉的情况大量购进以赢利,又可使生产者按一定价格售出商品,防止私商进一步压价,使得生产者认为是国家予了自己。

---

① 《管子·国蓄》。

四、守泄之术

"泄"指在市场上大批抛售商品;"守"有保持、控制而不放出的含义。同"泄"相对的"守",指囤积大批商品拒不出售。

运用"守"和"泄"的手段达到自己的目的,是《管子》轻重各篇中时常谈到的一种经营谋略。"守"是自守。当自己手中有一批物资时,坚持囤积不出售以等待更有利的时机,或者借此造成一种更有利的时机,这就是轻重论者讲求"守"的谋略的出发点。"泄"指泄人。当竞争者手中有一批物资时,设法迫使他或诱使他在不利的条件下出售,以削弱竞争者,加强我自己在市场上的地位和实力,这就是轻重论者运用"泄"的谋略的动机。

轻重论者运用守和泄的谋略或守泄之术,总是通过国营商业按某种价格在市场上进行购销活动实施的。轻重论者从市场上供求变化的情况看出:当某种商品的价格猛降并有着继续下降的趋势时,过去积存这种商品的人害怕继续保持这种商品会蒙受更大损失,往往争相抛售;反之,在某种商品价格猛涨并继续看涨时,不但持有这种商品的人不愿抛出,一些想利用物价的继续上涨而取利的人,也力图更多地购存这种商品。按照轻重论者的术语,价格高涨为"重",低落为"轻";商品被争购为"射",商品被抛售为"泄"。这样,他们就把价格涨落时商人活动的规律性概括为:"物(指商品)重则见射,轻则见泄"[1]。

---

[1] 《管子·山权数》。

商品和货币的比价是相反的。当商品价格高时，货币的购买力就相对较低；当商品价格低时，货币的购买力就相对较高。用轻重论者的术语说，这就叫做："币重而万物（一切商品）轻，币轻而万物重。"①

"重则见射，轻则见泄"和"币重而万物轻，币轻而万物重"，这两条原理是轻重论者运用守和泄谋略的理论基础。守泄之术，实际上就是由国营商业依据这两条原理在市场上进行购销活动的谋略。当国营商业认为需要大量储备某种物资时，就选择这种商品的市场行情比较疲软的时期，用货币大量购进。这时商品价格低而货币购买力相对较高，国营商业用货币大量购进，所付代价比较低。当国营商业购存的商品在该商品存货总量中占有相当大的比重，从而能对市场供给发生重大影响时，国营商业则可根据自己的目的决定守或不守。如果守而不售，就可大大抬高这种商品的价格；如果不守，国营商业出售的价格和数量也将对市场的价格和供给有举足轻重的影响。

有时，商人大量囤积了某种商品不肯出售，以致造成这种商品供应短缺，价格暴涨。轻重论者是不容许私商有操价格和市场供应的权势的。于是，国营商业就将运用守泄之术，设法迫使商人把所"守"的商品"泄"出来，办法就是把国家过去所购存的这类商品，以较低于市价或比较稳定的价格（对继续上涨中的价格而言）大量抛出，迫使商人因周转不灵或害怕进一步受损失而把囤积的商品泄出来。

守和泄还常被轻重论者作为同别的国家进行贸易和经济斗争

---

① 《管子·山至数》。

的一种重要谋略。轻重论者重视对外贸易,当然也希图取得高利润,前面提到的对不产盐国高价售盐就是一例。但他们更多地是把对外贸易作为一种在政治上支配别国的手段。在封建时代,粮食是关系到百姓和军队生死胜败的最主要的战略物资。因此,轻重论者在对外贸易中总是强调对粮食要"守"而不"泄",并且力图泄别国而使别国"不吾泄"①。依据"轻则见泄"的原理,轻重论者主张一国要力求把本国的粮食价格提高到远超越于邻国的水平,以防止本国的粮食外泄,并诱使别国的粮食泄到本国来。轻重论者把这种用高价自守和防泄的谋略称为"谨守重流"②。

当然,守和泄都只是手段而不是目的。轻重论者使用这种守己泄人的谋略是为了同别国争夺粮食这种当时最为重要的战略物资,而争夺的根本目的又是为了在政治上控制别国。一旦粮食被吸引到本国来,造成邻国严重缺粮时,就以本国所"守"的大量粮食作武器,以更高价格出售,使别国在经济上破产,并且还用粮食对别国施加政治压力,迫使它们在饥饿的威胁下屈服。

五、《管子》经营谋略的性质和意义

《管子》轻重诸篇中的经营谋略不是一般的工商业经营谋略,而是封建国家的官工官商经营谋略。在中国的封建时代,很早就形成了能够控驭全国的中央集权专制主义封建国家。这种国家拥

---

① 《管子·山至数》。
② 同上。

有庞大的官僚机构和人数众多的军队，需要有很大的财政收入才能维持。仅靠农业税（田赋）不能足用，而且受农业生产季节的严格限制，不能灵活地适应国家的紧急需要（例如发生战争）。因此，封建国家就力图控制以至直接经营当时最为重要也最为有利可图的工商业（尤其是盐、铁等）。同时，中国封建社会中的商品经济和工商业，也比欧洲中世纪发展得较早，并且在很长时期中更为发达（虽然这种发达是畸形的、缺乏可靠基础的）。这些特殊的历史条件，就产生了封建国家利用政治权力和官府工商业来控制经济、垄断市场的情况。中国古代封建国家对经济的控制和垄断，不同于资本主义时代的国家垄断资本主义，而是一种封建性的官府经济垄断主义。这种官府经济垄断主义，产生了自己相应的宏观的管理思想和微观的经营谋略。《管子》的轻重诸篇就是这类思想的早期的集中体现。

轻重诸篇的经营谋略是以封建时代的国与民、公与私以及国与国之间的根本利害对立为前提的，并且是以使用阴谋诡计和损人利己的手段为特点的。这同社会主义企业之间的相互关系以及社会主义条件下的竞争有根本的原则区别。但是，《管子》中的经营谋略，也包含着某些可以适用于一般企业经营的谋略因素。例如，在竞争中要善于利用和发挥自己的优点（"因己"）；要善于识别竞争对手的优缺点并据以制订自己的战略、战术（"因敌"）；要善于处理"予"和"取"的关系，以符合需要的产品、合理价格和恰当的服务（"予"）来赢得顾客，增加销路（"取"）；要讲求守泄之术，在购进和售出时力求选择或创造有利的时机和条件，等等。历史遗产中总是既存在精华，又存在糟粕的，而怎样正确利用历史遗产，怎样做到取其精华，弃其糟粕，主动权却全在我们。当然，做得好坏,责任也全在我们。

　　还应指出:《管子》轻重诸篇中的经营谋略所包含的阴谋和损人利己的手段,同现代资本主义国家之间的经济、政治斗争以及企业之间的你死我活的竞争相比,只能算是小巫见大巫。我们今后在国际经济关系和对外竞争中所会遇到的阴谋诈力、明欺暗算,决不是《管子》轻重诸篇所能望其项背的。我们社会主义企业,害人之心虽不可有,而防人之心则决不可无。这些年,我们有些企业领导人以过分的天真对待国际竞争从而一再吃亏上当的情况,已经很值得我们注意了。历史是一面镜子,研究一下轻重诸篇中的经营谋略思想,懂得自有私有制以来,市场竞争中就存在着尔虞我诈的关系,也许会使我们更加聪明起来。

1987年5月14日稿

（原载《北京大学学报》哲学社会科学版,1987年第6期）

26 战国时期地主阶级的两个阶层和两种对立的经济思想

——商鞅和孟轲经济思想的比较研究

商鞅和孟轲都是战国时代思想界的巨星。商鞅实现了先秦时代规模最大、影响最深远的政治、经济改革,奠定了秦在封建主义生产方式下统一全国的基础,对历史起了重要的推动作用。孟轲继承和发扬了孔丘开创的儒家学派,对儒家成为中国古代势力最大、影响最久远的学派做出了突出的贡献,被后代的封建统治者尊为"亚圣",孔孟儒学支配中国思想界达两千余年,孟轲所起的作用是巨大的。从经济思想方面看,商鞅和孟轲也都是先秦经济思想的重要代表人物。

孟轲基本上和商鞅同时,他的成名稍后于商鞅。孟轲活动在百家争鸣已热烈展开的战国中期,又以"好辩"著称。在《孟子》书中,对墨家、道家(杨朱派)、法家(管仲、"齐桓晋文之事")纵横家、农家、商家(白圭),均有批评和争论。《孟子》没有指名批评过商鞅,实际上它同商鞅的观点和主张最为针锋相对。《孟子》中攻击得最激烈的一些政策和行动,正是商鞅变法的主要内容。

把商鞅和孟轲的经济思想作一番比较研究,不但对弄清他们二人的经济思想的性质和特点是十分必要的;对研究战国时期经济思想发展的规律性,也会有重大的作用。

一、战国时期地主阶级的两个阶层和两条对立的政治路线

在春秋末期,封建经济在当时的主要诸侯国已占了优势。到战国时期,以三家分晋、田氏有齐等变革为标志,地主阶级掌握了各主要诸侯国的政权,上升为统治阶级;此后一个长时期,地主阶级的历史任务就是巩固、发展封建主义的经济基础,建立和完善与此相适应的上层建筑的问题。

战国时期,地主阶级已明显地形成为两个不同的阶层:一个是由新的封君、贵族等组成的地主阶级上层,另一个则是还处于庶民身份的地主阶级下层。

地主阶级上层是由过去的奴隶主贵族转化而来的。西周末期,已有一部分奴隶主贵族在井田之外开辟私田,逐渐成为有地主阶级倾向的奴隶主贵族到春秋时期,在奴隶制加速解体的过程中,这样一些奴隶主贵族,就日益转化为新兴地主阶级的代表。这些人由于比一般地主阶级拥有更强大的经济力量和政治力量,就成为新兴地主阶级在向奴隶主贵族夺取政权时的主要代表人物。晋国的赵、魏、韩、智、范,齐国的田、鲍,鲁国的三桓,楚国的昭、屈、景等,都是这类人物。

在这部分人夺得政权,成了新国家中的封君、贵族,成了既得利益集团,上升为统治阶级后,他们的财富随权力的获得和增长而不断扩大。由于他们原来是奴隶主贵族,在转化为新兴地主阶级上层之后,仍保留着许多奴隶主贵族的残余势力和特权。为了保

持和扩大自己的既得利益，他们不但依靠自己新获得的地位和权力，也尽量利用旧的奴隶主残余势力和特权，如奴隶制时代的世卿世禄制和刑不上大夫的特权等，来压制地主阶级下层，并把地主阶级及其国家迅速增长的财富和权力尽量攫取到自己的手中。

地主阶级下层是由原来的小自由民以及部分解放了的奴隶上升而成的。这部分人的经济力量和政治权势都远不如地主阶级上层，但他们人数众多，有较强的劳动能力和生产经验；他们在新兴封建国家的军事力量中有较为重要的地位。因此，他们积极要求有更好的条件来发展自己的经济利益，并希望适应自己财富的增长和军功的建树来提高自己的社会政治地位。他们是新兴地主阶级中最有生气的部分。

这两个阶层的矛盾和斗争，对新兴地主阶级巩固自己的经济基础和政权有着突出的意义。封君、新贵等地主阶级上层人物，为了保持和扩大自己的利益，不但残酷地榨取广大农民，压制地主阶级下层，还多方向封建国家伸手，力图把迅速膨胀中的新兴地主阶级的经济、政治权力，攫为己有。赵国的大贵族平原君赵胜的管家，仗势不向国家纳税，田部吏赵奢，就依法诛杀了平原君的管家九人，①硬捋了虎须。《韩非子》中提到：战国末期，封君、新贵等大地主，隐占农民不对国家承担赋役，有的甚至多达万家！②秦国是新兴地主阶级势力膨胀最快的国家，尽管秦国对地主阶级上层的横暴行为一向采取较为严厉的抑制措施，封君、新贵们肆意攫取权力和财富的活动也十分严重。所谓“战胜则大臣尊，益地则私封

① 《史记·廉颇蔺相如列传》。

② 《韩非子·诡使》。

立"①，就充分表明了这种情况。

地主阶级上层的这种拼命保持和扩大自己的利益的活动，不但威胁到地主阶级下层的既得利益，也对新兴封建国家的巩固和强大起着严重的妨碍作用。这样，在新兴的封建政权内部就出现了两种政治势力：一部分当权派代表封君、新贵等地主阶级上层人物的既得利益，另一部分当权派则支持地主阶级下层的要求，力图限制和打击封君、新贵们的既得利益，减少他们对封建经济和封建国家迅速发展的阻碍；形成了两条对立的地主阶级政治路线——王道和霸道的对立。

最先从理论上表现出这两条对立的政治路线的，就是孟轲和商鞅二人。孟轲主张"王道"，强调实行王道或仁政必须"亲亲、尊贤"，为政要"不得罪于巨室"②；商鞅主张"霸道"，强调求国家富强必须"开公利，塞私门"③。孟轲讲的"巨室"和商鞅讲的"私门"正是一回事，即都是指以封君、新贵为代表的地主阶级上层人物。"不得罪于巨室"，就是主张在国家政策、措施的各个方面都要照顾和维护"巨室"的利益。"开公利，塞私门"，就是主张封建国家通过刑赏来鼓励农战，帮助在农业生产和军功方面有所建树的地主阶级下层人物发展和上升；限制地主阶级上层人物利用宗法势力、亲戚关系以及种种特权来保持既得利益，攫取更多的权势和利益。

战国时期，变法和反变法斗争的实质，就是地主阶级的这两条对立的政治路线之间的斗争。当时各诸侯国的强弱成败，在很大程度上就取决于压制、打击巨室或私门的斗争情况如何。吴起在

---

① 《韩非子·定法》。
② 《孟子·离娄上》。
③ 《商君书·壹言》。

楚国的改革，打击了昭、屈、景等巨室，使楚国势力迅速崛起，成为"南方之强"。但为时不久，楚悼王去世，吴起的改革事业失去了支持者，巨室趁机反扑，杀了吴起，毁掉了吴起的改革成果。结果，楚国从此失去了生机，由七国中地最大，人最众，兵最多，武器最好的国家，一步步削弱，终于为秦灭亡。商鞅在秦国变法，给了私门以沉重打击，使秦国从七国中最落后的国家，变成当时的第一强国。后来，私门反扑，虽然惨杀了商鞅，但因商鞅的新法已经在秦国得到巩固，不易废弃，加上后来秦国的统治者秦昭王、范雎、秦始皇、李斯等继续推行"强公室，杜私门"①的政策，使秦国封建经济和封建政权不断获得巩固和发展，终于担负起了统一诸侯国，在全国范围中建立中央集权专制主义封建国家的历史任务。

在"不得罪于巨室"和"开公利，塞私门"的两条政治路线的斗争中，后一条路线能取得胜利，这正是当时封建制度有生命力的表现，是地主阶级作为新兴阶级有能力克服自己内部的弱点和缺陷的表现。

商鞅和孟轲的经济思想，是各自为其政治路线服务的，是他们的各自政治路线的理论基础。

二、商鞅和孟轲的经济思想都是封建主义性质的

商鞅和孟轲的经济思想，对立十分明显，但又有共性。对他们的经济思想进行比较研究，必须同时估计到这两个方面，忽视任何

①　《史记·李斯列传》。

一方面,都不能对他们的经济思想的性质和作用得出正确的认识。

商鞅和孟轲的经济思想的共性在于:它们都是新兴地主阶级的经济思想,他们对封建主义的生产关系和生产方式都抱肯定和支持的态度,对于在封建生产方式下发展生产力都抱有较强的信念。

第一,在生产资料所有制方面。

一定的生产资料所有制是一定的社会生产关系的基础,对某种生产关系和生产方式的肯定或否定,首先就会从对生产资料所有制的见解和态度反映出来。封建制度下的生产资料所有制是两方面的,一方面是封建主(地主或领主)占有土地和不完全地占有生产劳动者(农奴或依附农民);另一方面是农奴或农民对住宅、家庭经济以及简单的生产工具的个体所有制。在封建领主制下,农奴还对小块份地有固定使用权;在地主制的初期,农民实际上也固定使用着土地。在中国的封建社会中,自耕农对土地和其他生产资料的所有制,也是封建所有制的附庸。

汉代人说商鞅"除井田,民得买卖"[①]。井田制是否到商鞅才废除,这是另外的一个问题,但是,商鞅的确是肯定和积极扶植封建的土地私有制的。史称商鞅"明尊卑爵秩等级,各以差次,名田宅、臣妾、衣服,以家次"[②]。准许各等级的人按等级高低占有不同数量土地,这就是承认地主的土地私有制。

战国后期,秦国为了招徕三晋之民,对移民实行了给予土地和在一定时期内免服徭役的鼓励办法。《商君书·徕民》就有"利其

---

① 《汉书·食货志》。
② 《史记·商君列传》。

田宅，复之三世"的主张这种规定适用于所有移民，包括自耕农和地主。《徕民》篇虽然是商鞅后学的著作，它的这种主张同商鞅肯定和支持土地私有制的精神是完全一致的。

中国封建社会中的自耕农，地位也是很不稳定并不断分化的，但分化的结果不是像资本主义社会中的小生产那样"经常地、每日每时地、自发地和大批地产生着资本主义和资产阶级"[1]，而是不断地分化为地主和被剥削的依附农民。对这种趋向，商鞅不但是顺应的，而且采取一系列政策、措施加以鼓励和促进。商鞅变法，规定"大小缪力本业，耕织致粟帛多者复其身"[2]。向国家缴纳粟帛多的人户可以免除秦国的极其繁重的徭役，这种规定对地主经济的发展自然是最有利的。商鞅推行农战政策，以"粟爵粟任"、"武爵武任"[3]等规定，授予缴纳粟帛多的人和建立军功的人以官爵，以提高富有的和有军功的地主的社会地位，并帮助一部分自耕农上升为地主。除了授予官爵外，还实行按军功授田的办法，如规定："能得爵首一者，赏爵一级，益田一顷，益宅九亩一，除庶子一人"。[4]这对地主所有制的发展有很大的促进作用。军功地主是秦国上升最快，在封建国家的政治、社会生活中有重要地位和作用的一部分社会力量。

孟轲没有具体谈到过对地主土地所有制的政策问题，但从他的"不得罪于巨室"的主张可以断定，他对地主土地所有制，尤其

---

① 《列宁全集》第31卷，人民出版社1958年版，第6页。
② 《史记·商君列传》。
③ 《商君书·去强》。
④ 《商君书·境内》。

是对地主阶级上层的土地利益,是绝不容许触动的。①

孟轲宣扬"恒产"论,主张使民各有自己的恒产。他关于井地的设想,规定"八家皆私百亩"②。所谓"私百亩",究竟是归农民私有,还是由每户固定使用,孟轲没讲清楚,但总之是归农奴或依附农民私家支配的,农民的私有经济。

由此看来,在商鞅和孟轲的主张中,都包含着封建主义生产资料所有制的两个方面。这清楚地表明:他们的经济思想都是封建主义性质的。

第二,在剥削方式方面。

封建剥削方式的特点是地主私人或地主阶级国家利用土地来剥削农奴或依附农民的剩余劳动产品,这种剩余劳动产品体现为封建地租。

商鞅的规定是:私人地主可用劳役地租剥削"庶子",庶子每月要为地主无偿劳动六日。③这种"庶子",显然已不是奴隶,而是封建性的农奴或依附农民。又规定自耕农以实物形式向国家缴纳赋税,"訾粟而税"④,"先实公仓"⑤,同时还为国家服徭役。这种自耕农是"有爵"的,即法律承认其有独立地位的人,但他们要对国家负担很重的赋税和徭役,国家并以户籍严格控制,"无得擅徙"⑥。

---

① 孟轲主张,即使对离开本国投奔他国的大臣,也要等待他三年,三年不归,才"收其田里",见《孟子·离娄下》。
② 《孟子·滕文公上》。
③ 《商君书·境内》。
④ 《商君书·垦令》。
⑤ 《商君书·农战》。
⑥ 《商君书·垦令》。

"这种农民,实际上还是农奴"①;他们不从属于私人地主,而是封建国家直接支配的农奴。

孟轲没有讲过私人地主采取什么剥削形式的问题;对于国家分田的井地农民来说,则采取"八家同耕公田"②的方式。这种无偿耕种公田的办法,是一种典型的劳役地租;这种井地农民,是比商鞅的自耕农更为典型的国家农奴。

孟轲还主张:井地农民要实行"守望相助",并且要"死徙无出乡"③。这就是说:井地农民受着封建国家的严格人身束缚,并且永远被束缚在土地上。

所以,从剥削方式和劳动者的地位看,商鞅和孟轲所主张的都是封建主义的生产方式,这又说明他们的经济思想都是封建主义性质的。

第三,在生产单位方面。

封建主义的生产单位,是一家一户为一个生产单位的农民个体经济,并且是男耕女织、农业和家庭副业直接结合的自给自足自然经济。"这种分散的个体生产,就是封建统治的经济基础"④。

商鞅规定:家有两个男劳动力而"不分异者,倍其赋"⑤,"耕织致粟帛多者复其身";对"食口众"的家庭,"以其食口之数贱而重使之"⑥。很明显,这是企图用赏罚兼施的办法来扶植一家一户为一个单位,男耕女织自给自足的个体经济。

---

① 《毛泽东选集》前四卷合订本,人民出版社1966年版,第587页。
② 《孟子·滕文公上》。
③ 同上。
④ 《毛泽东选集》前四卷合订本,人民出版社1966年版,第885页。
⑤ 《史记·商君列传》。
⑥ 《商君书·垦令》。

　　孟轲的"恒产"论，则用理想化的方式描绘了一幅封建农户男耕女织的自然经济生活画面：八口之家，耕种百亩（约合今三十亩）土地；另有"五亩之宅，树之以桑"①，由妇女养蚕织帛；同时，家家户户都畜养着"五母鸡，二母彘"，每户成为一个自给自足的生产和生活单位。

　　事实很清楚：商鞅和孟轲所要建立和发展的生产单位，都是一家一户耕织结合自给自足的封建个体经济。这也足以表明：他们的经济思想都是封建主义性质的。

　　第四，在对封建生产方式发展的信念方面。

　　商鞅对于在封建生产方式下发展生产、增殖财富抱有很强的信念，认为"有土者不可以言贫，有民者不可以言弱"②，只要采取正确的政策，充分利用一国的土地和劳动力，就能使国家富强。为此，他提倡"作壹"，即实行各种政策措施以鼓励农业中封建生产方式的发展，限制和堵塞个人的其他能够获致富贵的门路，认为只要能实现"作壹"则"国富而治"，而且"国作壹一岁者十岁强，作壹十岁者百岁强，作壹百岁者千岁强"③。

　　孟轲认为：只要实现他的百亩之田、五亩之宅、耕织结合、农副业结合的"恒产"主张，就可做到"谷不可胜食"、"鱼鳖不可胜食"、"材木不可胜用"、"黎民不饥不寒"④。他还提出了"圣人治天下，使有菽粟如水火"⑤的理想，表现了他对在封建生产方式下发

---

① 《孟子·梁惠王上》。
② 《商君书·错法》。
③ 《商君书·去强》。
④ 《孟子·梁惠王上》。
⑤ 《孟子·尽心上》。

展社会生产的强烈信念。

上述这几个方面,是封建主义生产方式的几个有特征性的方面,商鞅和孟轲对这几个方面的看法和态度如此相似,这有力地表明:他们的经济思想在基本方面是一致的,即都是封建主义的经济思想,都反映了新兴地主阶级的要求。

三、商鞅和孟轲在经济思想方面的主要分歧

作为新兴地主阶级的政治的、思想的代表,商鞅和孟轲的思想有多方面的一致性;同时,作为地主阶级不同阶层的代表,他们二人的思想又存在着重要的分歧和明显的对立。

商鞅和孟轲的哲学思想、政治思想在一系列重要问题上都是针锋相对的,如法古和尊今的对立、民主和专制的对立、仁政和法治的对立、王道和霸道的对立等。在经济思想方面,也存在着以下几个方面的重大分歧。

第一,"任土地"和"正经界"的对立。

历史上有一种说法:商鞅废井田,而孟轲则主张复井田。其实,这种"对立"是莫须有的。商鞅废井田,这是汉代人说的。孟轲确实积极宣扬井田,但他自己也承认,他并未见过西周典籍,承认由于"诸侯恶其害己也,而皆去其籍",他未得闻"其详"[①]。既然如此,如果要把废井田和复井田作为他们经济思想的一个重要分歧,就难免会凿空论断。

---

① 《孟子·万章下》。

　　史称商鞅变法,"为田开阡陌封疆而赋税平"①。过去有人把"开阡陌封疆"解释为平毁井田的疆界,从而彻底废除了井田。但是,商鞅废井田之说既系汉代人说的,把开阡陌解释为平毁井田疆界,也是靠不住的。

　　事实上,井田在战国中期早已废坏。既然和商鞅同时的孟轲,在东方各国已见不到任何典籍,而不得不凭自己的想象设计出一套"井地"方案,西方的秦国,又何至还存在现实的井田,等待商鞅去平毁?既然有关商鞅变法的历史材料把"开阡陌封疆"同"赋税平"联系起来,可见"开阡陌封疆"并不是一项土地制度的改革,而是财政方面的改革。显然,在实行此项改革前,田赋的负担必定是不均平的,"开阡陌封疆"的结果,为实现均平赋税负担创造了条件。

　　战国时代,封君、新贵等地主阶级上层分子,占有大量地产和依附农民,却极力隐匿田亩和劳动力实数,以逃避赋税徭役。随着战争的频繁,赋税不断增加,在封君、贵族隐匿土地和劳动力的情况下,赋役负担更多地落在地主阶级下层和自耕农民身上,使他们越来越抱怨赋役负担不均平,强烈要求改变这种负担不均的情况。为了缓和这种矛盾,更主要地是为了增加封建国家的财政收入,以提高农战能力,商鞅改革了征收赋税的办法,不受原来田亩疆界的限制,尤其是不受封君、贵族们匿报的蒙蔽,打开地界(阡陌封疆),对阡陌封疆之内的土地重新丈量,按亩征税,实行赋税均平的原则。这是对封君、贵族等地主阶级上层分子既得利益和特权的一个打击,所以遭到了封君、贵族们的切齿痛恨。

---

　　① 《史记·商君列传》。

　　孟轲大骂"暴君污吏,必慢其经界"①。所谓"慢其经界",显然是指商鞅的开阡陌封疆之类的改革,而"暴君污吏",则理所当然地是指秦孝公、商鞅等改革家了。孟轲站在"巨室"的立场,对商鞅打击"巨室"(秦国的公子虔、公孙贾等人就是这样的巨室)的改革抱有如此强烈的愤恨,是不难理解的。

　　那么,孟轲又是怎样对待田赋问题呢?第一,他对井地农民或农奴主张"九一而助"②,即实行劳役地租,租税合一,反对实物地租和实物税。第二,对原来已属地主和自耕农私有的土地,则主张"国中什一使自赋"③。"国中"即城市之中,这些人都住在城中,他们的土地,也多在近郊或城内。"什一使自赋"就是产量自行缴纳十分之一的实物税。第三,对"巨室"即封君、贵族等地主阶级上层分子,自然也施行这种什一实物税制。

　　问题在于,这些"巨室"们田连阡陌,但在什一使自赋时,却隐匿大量田产,逃避纳税。对这种情况,孟轲既然坚持"不得罪于巨室",当然反对实行商鞅那种"开阡陌封疆",重新丈量,统一按亩征税的办法。

　　这样,在孟轲的办法下,"巨室"们隐匿田产逃避纳税的行为,既不受打击,又可享受什一减税的好处(春秋末许多国家的材料表明税率已高于什一,战国更甚④)。按照这条原则做官,自然会成

①　《孟子·滕文公上》。

②　同上。

③　同上。

④　春秋末,鲁国田赋已增为十分之二。《孟子》记宋国戴盈之的话说:"什一,去关市之征,今兹未能,请损之,以待来年",可见税率已远高于十分之一。见《孟子·滕文公下》。

为"巨室之所慕"而官运亨通,"沛然德教溢乎四海"① 了。

对于孟轲的"正经界",一般解释为划分井田的地界,似乎他主张在全国划定经界,普遍推行井田。其实这是不可能的。已经属于私有的土地,不可能再划为井田;尤其是巨室们所占有的大量地产,孟轲更不会去触动(连商鞅也只是加以清理征税,而没有触动其产权),否则还说得上什么"不得罪于巨室"呢?事实上,孟轲对"正经界"的含义自己是有明确解释的,这就是:"请野九一而助,国中什一使自赋",其具体内容是:对已属于私有的土地,"什一使自赋",对距离城市远的国有的荒地,则丈量划井,九一而助,由井地农民以自己的必要劳动耕种私田,养活本人和家属,以剩余劳动耕公田,"以养君子",即作为国家的开支和贵族、官僚们的俸禄。孟轲说:"经界既正,则分田制禄可坐而致也。"②"分田",是为了"制禄",给予井地农民以"恒产",使他们能得到自己必要劳动的产品,主要是为了使他们以剩余劳动助耕公田"以养君子"。野地或远离城市的土地,在孟轲的方案中是"制禄"的保证,因而是不许私人占垦的。

战国时期,由于铁制工具的广泛应用,开垦土地的能力大大增强。在近郊土地多被巨室们占有的情况下,地主阶级下层就力求向远郊发展,占垦新的耕地。商鞅主张"任地",制订种种措施鼓励"垦草",正是反映了地主阶级下层以及部分自耕农的这种要求。

这种改革同孟轲打算把这部分土地划为井地以保证"制禄"、"养君子"的想法是正相对立的,因而遭到了孟轲的激烈攻击:"善

---

① 《孟子·离娄上》。
② 《孟子·滕文公上》。

战者服上刑,连诸侯者次之,辟草莱,任土地者次之。"①

对已经私有的土地,重新丈量,按亩征税,以打击"私门"瞒田逃税的行为;对还未被私人占领的草莱荒地,则鼓励私人开垦,给予免徭役以至赐爵的优待。——这就是商鞅的"任土地"政策。

对已经私有的土地,均按什一税率征收实物税,听所有者自报自纳,不加丈量;对未被私人占有的草莱荒地则划为井地,由国家直接控制,以保证"制禄"、"养君子"的需要,防止私人占垦。——这就是孟轲的"正经界"主张。

可见,"任土地"和"正经界"两种主张的对立,正是"开公利,塞私门"和"不得罪于巨室"这两条对立的地主阶级政治路线在土地政策和田赋政策方面的表现。

第二,"利出一孔"和"仕者世禄"的对立。

在世卿世禄问题上,地主阶级的两条政治路线斗争得特别激烈。

商鞅要实现国家富强,主要就是要依靠较有生气,在封建国家的经济军事活动中都有重要作用的地主阶级下层,鼓励这一阶层中的人在经济上、政治上迅速上升,以实现内而重农积粟,外而开疆拓土的目标。

但是,地主阶级上层的世卿世禄,是地主阶级下层发展和上升的巨大阻碍。因此,商鞅以及比他稍前的吴起,都把废除世卿世禄制作为改革的重要内容。吴起在楚国已废除了一部分世禄,商鞅更全面地推行这方面的改革,并且提出了"利出一孔"的理论,作为这种改革的理论基础。

---

① 《孟子·离娄上》。

所谓"利出一孔",就是把获得富贵的途径,只限于农战,其他途径皆予堵塞。任何人要想求富,只有务农,要想求贵,只有建立军功。

"利出一孔",还有打击工商业、堵塞由工商业致富的目的,这在下面再谈,这里只谈"利出一孔"同世卿世禄制的矛盾。

商鞅认为:务农是艰苦的,作战是危险的;而靠世卿世禄的特权来保持并扩展财富和政治势力,却是毫不费力的,如果不加禁限,就无法鼓励人们努力农战。因此,他从积极、消极两方面来打击世卿世禄制。积极方面就是实行"粟爵粟任"、"武爵武任"以及按军功赐田等规定,提高在农战两方面较有作为的地主阶级下层的经济、政治地位;消极方面则实行"宗室非有军功,论不得为属籍"①之类的办法,连国君的宗族,无军功都不被承认为贵族,其他封君、贵族自不必说。这是对世卿世禄制的最激烈破坏。

孟轲则恰恰相反,企图从各方面维护世卿世禄制。他宣扬王道或仁政,每当讲到仁政的具体内容时,总是首先说:"耕者九一,仕者世禄"②,可见世禄制是王道或仁政的一项基本内容。"耕者九一",似乎是对"黎民"、"野人"的仁政,但正像前面已经指出的,孟轲所以提倡井田恒产,不仅是为了使民有"恒心",即巩固统治秩序,同时也是为了"制禄",为了使井地农民能够耕种"公田"为"君子"提供禄米!

"世卿"的地位和特权是"世禄"的保障,因此,孟轲极力主张加强和扩大世卿的权力。他主张"异姓之卿"对君主有监督、批评

---

① 《史记·商君列传》。
② 《孟子·梁惠王上》。

权,可以"君有过则谏";"贵戚之卿"(世卿中最有势力的集团)
对君主有废立之权,对有"大过"而不改的君主可以"易位"①。孟
轲是有民主思想的,他宣扬民贵君轻,在中国思想史上有很大影
响,这点必须予以肯定。不过,孟轲从未对普通人民怎样行使民主
权利提过任何具体主张,但对贵戚之卿、异姓之卿的民主权利却规
定得如此具体,这充分表明了孟轲民主思想的阶级本质。

战国时期地主阶级统治集团内部的权力斗争进行得十分激
烈,贵族、官僚之间财富和权力的再分配也不断地发生着变化。在
这种情况下,即使世卿世禄制度保持不变,具体的贵族和贵族集团
却会不断有人丧失自己的世卿世禄。孟轲对这种情况感到忧心忡
忡。他对齐宣王说:"所谓故国者,非有乔木之谓也,有世臣之谓
也。王无亲臣矣,昔者所进,今日不知其亡也。"②

孟轲不仅希望整个世卿世禄制度能够永久保持,而且希望各
个具体的世卿集团能够尽量稳定。为此,他向国君建议:对进退大
臣要特别慎重,既不可轻易给予人以世卿的地位,也不可轻易废黜
世卿、世臣。

儒家在"亲亲"、"贵贵"之外,还主张"尊贤",这是对西周时
代严格的世卿世禄制的一个修正。不过,"尊贤"在儒家的用人标
准中,是居于次要地位的。儒家对"尊贤"加以严格限制,使它只
能成为"亲亲"、"贵贵"的一个小小的补充。孟轲就明确主张,对
"尊贤"必须格外审慎,否则就会造成"卑逾尊,疏逾亲"③。很明显,
这样尊贤的结果,至多不过吸收极少数"贤人"成为"异姓之卿",

———————————

①　《孟子·告子上》。

②　《孟子·梁惠王下》。

③　同上。

以补充世卿的行列而已。

世卿世禄制是"巨室"、"私门"的特权和既得利益的命脉所系，因此，"利出一孔"和"仕者世禄"的对立，尤其是"开公利，塞私门"和"不得罪于巨室"这两条地主阶级政治路线斗争的激烈表现。

第三，"计利"和"贵义"的对立。

关于义和利的相互关系问题，孟轲基本上是接受了孔丘所提倡的"贵义贱利"的观点，并作了进一步的论证和发挥。在《孟子》一书中，一开始孟轲就提出了"何必曰利？亦有仁义而已矣"[1]的论调。

孔丘认为义重于利而且义能生利，所以他平日"罕言利"[2]。这还是比较消极的。孟轲则明确说：只应讲仁义，而不要"曰利"，这就把孔丘的贵义贱利论向更绝对、更极端的形式发展了。后来的封建正统经济思想反对"言利"，把"言利"看作是违背"圣训"的罪恶，就是以孟轲的这种论调为依据而进一步僵化成的。

孔丘"罕言利"，并不是对利不感兴趣；孟轲宣扬"何必曰利"，更不是不重视利。其实，孟轲本人是很重视经济问题的。孔丘"罕言利"，读过《论语》的人确实都能感到这个"罕"字；孟轲说"何必曰利"，然而《孟子》中讲到利，尤其是讲到经济利益的言论，确实是很多的。孟轲主张行王道、仁政，怎样行仁政？他说："仁政必自经界始"[3]，仁政的基础和出发点就是土地问题。仁政的具体内容涉及经济、政治、法律各方面，但主要内容也在经济方面。孟轲把周文王"治歧"的施政作为仁政的典范，而文王治歧的"仁政"

---

① 《孟子·梁惠王上》。

② 《论语·子罕》。

③ 《孟子·滕文公上》。

则被概括为："耕者九一,仕者世禄,关市讥而不征,泽梁无禁,罪人不孥"①。大部分"仁政"都是属于经济方面的。孟轲强调富民,认为"易其田畴,薄其税敛,民可使富也"②。他也重视富国,他把"足财用"即保证国家有足够财政收入作为治理国家的一项重要内容,说:"无政事则财用不足。"③

后代的封建保守势力,动不动援引孟轲的"何必曰利",反对人们重视财政经济问题,把谈论财政经济改革的人斥为"言利"的小人。其实,孟轲并不是不言利,应该说,他对言利还是很有兴趣的,他显然比孔丘更重视经济问题。

但是,孟轲在义利关系问题上的确是坚持了孔丘所确立的儒家义利论的基本方向,即:义重于利,义决定利,利必须绝对地服从义。

他坚持求利、求富必须符合于仁义,如果庶人只知道求利,"孳孳为利",那就是"跖之徒"④;君主、大臣求富强而不重视仁义,那就是"暴君污吏"。孔丘的贵义贱利主张,是针对春秋末期新兴地主阶级的改革而发的;孟轲的贵义贱利论,则明显地指向战国法家的富强主张和农战政策。他把法家人物的富国主张骂为"富桀",把"辟土地,充府库"⑤的人骂为"民贼",他针对法家人物的富国强兵主张说:"城郭不完,兵甲不多,非国之灾也;田野不辟,货财不聚,非国之害也。"⑥

---

① 《孟子·梁惠王上》。
② 《孟子·尽心上》。
③ 《孟子·尽心下》。
④ 《孟子·尽心上》。
⑤ 《孟子·告子下》。
⑥ 《孟子·离娄上》。

孟轲还提出了"性善"论作为主张贵义贱利的理论基础。他把好仁、好义说成是人的天性，而把好利、好货财看作是"陷溺其心"，即被坏事诱惑迷失了本性的结果。

商鞅在义利问题上的观点，和孟轲正好针锋相对。他还没能像后来的荀况那样提出"性恶"论，但他已把好利看作是人的天性，一再说民之好利"若水之于下"①，是十分自然的；人都是"生则计利，死则虑名"②，"民之欲富贵也，共阖棺而后止"③。因此，他主张国家政策要顺应人们好名利、欲富贵的本性，并利用人们的这种本性来推行农战政策，把农战以外的一切可能的求利、求富贵途径都堵塞起来，使人们要求富就只有力农，要求贵就只有力战，这样就可把人的好利"本性"，变成为国家进行农战的动力，这就叫做"主操名利之柄"④。可见，商鞅的"利出一孔"论，正是建立在他的这种人人自私自利的剥削阶级人性论基础上的。

商鞅攻击儒家所宣扬的"义"是"暴之道"，他一反儒家义决定利的观点，宣称："吾所谓利者，义之本也。"⑤

孟轲所谓"义"，其实际内容就是"行仁政"，凡是同他所主张的"仁政"相违背的经济改革就都被他宣布为不义。商鞅所谓"义"，其具体含义就是推行"霸道"，以收富强之实效。"霸道"的出发点是封建国家的利益，而霸道的实现又是建立在承认并利用人们的"好利"的本性上的。这种"公利"和"私利"的特殊结合，

---

① 《商君书·君臣》。
② 《商君书·算地》。
③ 《商君书·赏刑》。
④ 《商君书·算地》。
⑤ 《商君书·开塞》。

是他推行"霸道"的依据，所以他说："利者，义之本也。"

由此看来，商鞅的"计利"和孟轲的"贵义"的对立，也是当时地主阶级的两条政治路线的对立的表现。

第四，抑商和保商的对立。

商鞅是极端的抑商论者，孟轲则是明显的保商论者。

孔丘对商谈得不多。他的学生端木赐（子贡）是春秋末期的大富商，孔丘说："赐不受命而货殖焉，亿则屡中。"[①]他虽然认为端木赐不如颜回，但对端木赐也是赞扬的。孔丘把耕稼、学农、学圃都说成"小人"之事，把自己从事过的"委吏"、"乘田"等经济管理工作都说成是"鄙事"[②]，而对商业却并不认为是"鄙事"和"小人"之事（当然他认为经商没有做官高贵），这都反映了他对商业和商人的态度。

在春秋末期，封建主义生产方式在农业中已占了明显的优势，但较大的商业和手工业还掌握在工商奴隶主手中。较大的商业以及采矿、冶铸等手工业，需要较多的劳动者进行简单协作和部分复杂协作，不是一家一户的个体经营所能胜任的，因此，封建主义的生产方式一时还不能支配这个领域。直到汉初，著名的大商人和大手工业主，如卓王孙、程郑、刁间等，都还是奴隶主。在春秋末期，像端木赐那样能和国君"抗礼"的大商人，自不必说。孔丘虽然提倡贵义贱利而却不贱视商业和商人，道理正在于此。

孟轲对商业和商人的态度，比孔丘更积极。他把"关市讥而不征"、"泽梁无禁"、"天下之商皆悦而愿藏于其市"[③]等列为王道或

---

① 《论语·先进》。
② 《论语·子罕》。
③ 《孟子·公孙丑》。

仁政的一方面内容,可见他对商业的重视如果说,孔丘只是不鄙视商业和商人,孟轲则可算得是保商论者了。

在先秦诸子中,孟轲对商品经济的议论是比较多的,他的见解在许多方面是值得重视的。他谈到过分工和交换,谈到过商品的价格和价值,也谈到过商税和商业政策等问题。他肯定农业和手工业之间的分工和交换,认为它们对双方都是必要的和有益的,认为"通工易事"可以"以羡补不足",如果"不通工易事",则会造成"农有余粟,女有余布"[①],对双方都不利。他把分工和交换的存在看作是社会进步的结果,而把否定分工和交换的自然经济观点斥为一种"率天下而路"[②]的历史倒退主张。他认为商品交换是一种平等关系,农民"以粟易械器"和手工业者"以械器易粟",彼此都不是剥削对方。孟轲还看到:各种商品在交换中所以会表现为"或相倍蓰,或相什佰,或相千万"的交换比率,是因为"物之不齐,物之情也"[③],即有一个在量的方面有差别("不齐")的内在的东西("情")。

孟轲当然不可能懂得这个"情"或内在东西是什么,但他在两千三百多年前能看到商品的交换比率是一个在量的方面有差别的内在东西的表现,这已触及到商品价值的问题。

马克思称赞亚里士多德"在商品的价值表现中发现了等同关系,正是在这里闪耀出他的天才的光辉"[④]。孟轲能在交换比率背后看到一个在量的方面有差别的"情",这同样地"闪耀出他的天才

---

① 《孟子·滕文公下》。
② 《孟子·滕文公上》。
③ 同上。
④ 《马克思恩格斯全集》第23卷,人民出版社1972年版,第75页。

的光辉"。

　　孟轲所以肯定商品交换,主要是因为商品交换可以"以其所有,易其所无",即能够把对自己无使用价值的产品换成有使用价值的产品;而且,他实际上还是把商品交换限制在"余粟"、"余布"上,认为人们基本上应该过男耕女织、五母鸡二母彘那样的自给自足的生活方式,只是在有剩余时才进行交换。他不赞成"网市利"的垄断商人,责骂这种人是"贱丈夫"[1]。他主张对一般的商品交换和商业行为不要征税,而只对"网市利"的垄断商人征税。孟轲的这种主张表明:他所要保的商,实际上是封建社会中作为自然经济的补充的小商业和小商人,他的保商思想,基本上还是属于封建主义经济思想的范畴。

　　商鞅是中国最早的抑商论者,是重本抑末、重农抑商思想的创始人。他的变法,在规定"僇力本业,耕织致粟帛多者复其身"的同时,又宣布"事末利及怠而贫者,举以为收孥"[2]。商鞅的"末"的概念,还不是很确定的,他实际上把农以外的一切能获得财利的行业和活动都归入"末利"之内,但主要却是指商业和商人。《商君书》把这种思想大加发挥,从各方面提出了严厉的抑商措施,包括:

　　(1)重征商税:"重关市之赋,则农恶商。"[3]

　　(2)禁止商人经营粮食:"使商无得籴,农无得粜。"[4]

　　(3)"壹山泽",即由国家垄断山泽之利,以缩小商人活动的范围,减少商人牟利的可能。"壹山泽则恶农慢惰倍欲之民无所食,

---

　　[1]　《孟子·公孙丑下》。
　　[2]　《史记·商君列传》。
　　[3]　《商君书·垦令》。
　　[4]　同上。

无所食则必农。"①

（4）加重商人的徭役，特别是要把商人的奴隶列入国家户籍，派充徭役："以商之口数使商，令之厮舆徒重者必当名，则农逸而商劳。"②

（5）此外，还要采用"废逆旅"、"贵酒肉之价"③等做法，多方加重商人活动的困难。

商鞅所以主张抑商，主要是从他的"利出一孔"的思想出发的。他认为农劳而商逸，而商利远高于农，如果不抑商，就无法"壹民于农"。

"农业劳动……对于一切劳动部门之变为独立劳动部门……是自然基础"，"从事加工工业等等而完全脱离农业的工人的数目，取决于农业劳动者所生产的超过自己消费的农产品的数量。"④在封建社会初期，农业劳动生产率还很低，农业中所生产的剩余产品还很少，对工商业实行一定限制以保证有更多劳动力投于农业是必要的。农业是封建社会的主要的有决定意义的部门，在农业中的封建主义生产方式还不够强大、巩固时，对商业加以一定限制，减少其对农业中封建生产方式的分解破坏作用，这也是有其合理性的。当奴隶制在工商业中还占重要地位时，抑商思想更有打击奴隶制残余的进步作用。但是，农业同手工业的分工、商业和商人的出现，是生产力发展的结果。这种分工在封建社会以前就早已存在，在封建社会中也必然存在并逐渐向前发展（虽然是缓慢的），

---

① 《商君书·垦令》。
② 同上。
③ 同上。
④ 《马克思恩格斯全集》第26卷Ⅰ，人民出版社1972年版，第22页。

这是历史趋势。把农业和工商业看成势不两立，采取过分偏激的抑商措施，违反生产力和分工发展的趋向，对生产力有破坏作用，对农业本身也是不利的。

看来，商鞅的抑商措施也不见得是对所有商人同等对待。在《商君书》中也有"农、商、官三者，国之常官"①的说法，这表明商鞅对一般商业和商人的作用还是有所肯定的；他的抑商主张大概也主要是针对大商人，尤其是针对工商业中的奴隶主残余势力。关于把商人的奴隶列入国家户籍并派充徭役的规定，就明显地是针对奴隶主商人的。

还应看到，《商君书》中的一些比较极端的抑商主张以及像"金生而粟死"②之类的极端的重农抑商观点，未必是商鞅本人提出的，很可能是商鞅以后的秦国的法家，把重农抑商思想更推向了极端。这种情况也许和秦国原来经济发展较落后、工商业比东方各国更不发达有关。

（原载《中国经济思想史论》，人民出版社1985年版）

---

① 《商君书·去强》。
② 同上。

27 中国古代经济思想发展的重要转折点

——盐铁会议和《盐铁论》

第一节 西汉时期关于经济政策和经济思想的第二次大辩论

关于经济政策和经济思想的两次大辩论

西汉一代，先后发生过两次关于经济政策和经济思想的大辩论。第一次大辩论发生于汉文帝至汉武帝时期。这次辩论的结果形成轻重论的思想体系，确立了封建国家垄断工商业、控制社会经济活动的理论基础，把中国古代经济思想向上发展的过程推进到最后的一个阶段。第二次大辩论从汉昭帝始元六年（公元前81年）的盐铁会议开始到桓宽《盐铁论》的成书（在汉元帝时期，即公元前48年—前33年）为止。这次辩论虽然以否定轻重政策和保卫轻重政策的斗争为中心，但实际上并未对经济政策产生多大影响，而在经济思想方面的意义，则比第一次大辩论重要得多，它促成了封建主义经济思想由进取到保守的转化，成了中国古代经济思想发展中的一个重要转折点。

从盐铁会议到《盐铁论》

盐铁会议是在汉昭帝时期由汉朝中央政权召开的一次关于经济政策问题的讨论会。参加会议的有各郡、国"文学"（读书人）和"贤良"（已有功名但还未授官职的读书人）六十余人和政府负责人丞相田千秋、御史大夫桑弘羊以及他们的属官（"丞相史"和"御史"）。双方就盐铁（国营）、酒榷（酒类专卖）、均输、平准等政策展开了辩论。

盐铁会议的召开，自然是有政治背景的。郭沫若认为，这种政治背景就是企图改变汉武帝政策的霍光同坚持这种政策的桑弘羊之间的斗争：

> 霍光和桑弘羊是对立的。霍光很显然就是代表地主商人阶级的利益而反对国营和专卖政策的人。他为了扩大自己的势力，所以要利用民间的力量来反对，贤良和文学那一批人就是霍光所利用的人。盐铁会议假使没有霍光的主动支持，毫无疑问，是不可能召开的。[①]

说盐铁会议的政治背景是霍光和桑弘羊之间的斗争，这是符合事实的；但说他们之间的斗争是反对和维护轻重政策之争，则是缺乏事实根据的。

从霍光执政期间的情况来看，他基本上还是执行汉武帝的政策的。他同桑弘羊之间的斗争，未必是基本政策方面的分歧，而可

[①]　郭沫若：《盐铁论读本序》，科学出版社1957年版。

能只是派系权力之争。

汉武帝临终,遗命立小儿子刘弗陵(汉昭帝,即位时年仅七岁)为皇帝,并把权力委托给大将军霍光、车骑将军金日磾(dī,音低)、左将军上官桀、丞相田(车)千秋①和御史大夫桑弘羊等人执掌。按照封建王朝的传统说法,这几个人就是所谓"顾命之臣"或"托孤之臣"。

在这几个人中,金日磾早死。田千秋是个老滑头。他官已至极品,只想保持禄位,因而遇事不作主张。桑弘羊则同上官桀比较接近。这样,当时在当权派中就逐渐形成了以霍光为一方、上官桀和桑弘羊为另一方的两个派系集团。两个集团的斗争激化到公开冲突,是在盐铁会议后的一年。那时,上官桀、桑弘羊等看到小皇帝掌握在霍光手中,于是发动政变,想拥立汉昭帝的哥哥燕王旦为皇帝,夺取霍光的权力。政变以上官桀、桑弘羊失败被杀告终。

在政变前一年,即盐铁会议召开时,两派的矛盾显然已经相当尖锐了。上官桀是领头反对霍光的人物,而桑弘羊掌握财政经济大权,又是著名的智囊。霍光想首先除掉桑弘羊,以斩断上官桀的臂膀。桑弘羊是靠主管盐铁、均输、平准起家的,要打击桑弘羊,就必然要在这个问题上下手。所以,霍光就从各地选了一部分贤良、文学,作为民间代表来参加盐铁会议,为反对桑弘羊制造"民意"。

这些被挑选来的贤良、文学,自然都是反对轻重政策的;不过,反对的出发点也不尽相同。从《盐铁论》中的贤良、文学言论看,实际上有两种情况:一种是利用轻重政策实行过程中暴露出来的

---

① 田千秋年老位尊,特许乘车入朝,因而当时人们就往往称他为"车丞相"。

一些缺点、弊病，攻击盐铁、酒榷、均输"病民"，要求加以废止，听任私人经营。这种主张实际上是代表大商人的利益。另一种情况则是反映着日益强大的大地主保守势力的意见，他们对汉武帝所推行的新兴地主阶级的进取的政策（包括经济的、政治的和军事的，对内的和对外的）感到不满，要求加以改变。这两种人都未能驳倒桑弘羊。桓宽在写《盐铁论》时，极力夸大贤良、文学的声势，处处抑低桑弘羊，企图把贤良、文学说成是辩论的胜利者，但最后还是透露了会议辩论的真实情况，承认桑弘羊在辩论中占了上风，使"巨儒宿学，恧（niǔ，音忸）然不能自解"。[①]

盐铁会议的结果，只是宣布废止酒榷，而酒榷在轻重政策中的地位并不重要。一年后，上官桀、桑弘羊败死，但盐铁、平准、均输等政策仍继续实行着。后来，汉昭帝死，汉宣帝（刘询）立，霍光继续执政。汉宣帝是继续执行汉武帝政策的，而霍光和汉宣帝之间并未在政策方面发生过什么重大的分歧。这也说明了：霍光支持召开盐铁会议，主要只是想打击桑弘羊，而未企图借此改变汉武帝的政策。

盐铁会议后几十年，桓宽把盐铁会议上的辩论情况写成《盐铁论》一书。

桓宽，字次公，汝南（今河南省汝南县东南）人。在汉宣帝时为郎官，官至庐江太守丞。《前汉书》说他"博通，善属文"，著《盐铁论》数万言，未具体说到成书时间。《盐铁论》中有一处提到："宣帝建学官。"[②]称"宣帝"，这必然是汉宣帝死后的事，可见《盐铁论》

---

① 《盐铁论·杂论》，中华书局诸子集成本1992年版，下同。
② 《盐铁论·散不足》。

成书已在汉元帝（刘奭）时期了。

桓宽著《盐铁论》，是以盐铁会议留下的书面材料①为依据的。但《盐铁论》绝不是简单地整理会议记录，而是由桓宽本着"穷治乱，成一家之法"②的目的，加以"推衍"和"增广"而写成的。这也可以说，是由桓宽利用原来的材料改写出来的。因此，《盐铁论》一书，不仅处处渗透着桓宽本人的观点，而且充分反映了汉元帝时期思想界的保守气氛。

拿《盐铁论》和《管子》轻重诸篇相比较，就会明显地感觉到：这两者虽然同是关于轻重问题的论议，但《管子》轻重诸篇主要是由轻重论者占据讲坛，挥洒自如地宣扬自己的主张，任意品评和轻重论不同的意见；《盐铁论》却是由一批"圣人之道"的卫道士盛气凌人地呵斥轻重论，而轻重论者则仿佛处于一种在宗教法庭上受审判的地位。

盐铁会议上的辩论，以盐铁、酒榷、均输、平准等问题为中心，广泛涉及政治、军事、学术各方面。只就经济方面看，辩论主要集中在两个问题上：一个是关于轻重政策的功过、利弊的辩论，另一个是关于轻重政策的是非善恶问题的辩论。

《盐铁论》保存了汉代的以至汉代以前的许多重要思想材料，是一部对研究中国古代经济思想史极为重要的文献。

---

① 《前汉书·车千秋传赞》中提到：盐铁会议"当时相诘难，颇有其议文"。
② 《前汉书·车千秋传赞》。

第二节　关于轻重政策的功过利弊问题的辩论

轻重政策对巩固中央集权封建国家的作用

关于轻重政策功过、利弊问题的辩论，大致又可分为两个方面，一是它对巩固中央集权封建国家所起的作用问题，二是它对社会生产和人民生活所起的作用问题。

关于前一方面，桑弘羊针对贤良、文学要求废罢盐铁、酒榷、均输、平准的言论，指出轻重政策有三大作用，不可废。这三大作用是：

第一，筹措边防经费。

桑弘羊指出：由于匈奴"侵盗不止"，汉帝国不得不修筑边防工事并派遣大批军队驻守边塞，财政开支大量增加，所以才"兴盐铁，设酒榷，置均输，蕃货长财，以佐助边费"①。

第二，抑兼并，制诸侯，加强中央集权。

桑弘羊又指出：汉帝国实行轻重政策，不但是为了"利入"即增加国家财政收入，还是为了防止"私门"靠垄断山海富源以成"并兼之事"和"奸伪之业"。②他说的"私门"，包括地方诸侯、大商人和其他企图垄断山海富源的豪民。他看到，盐铁等资源多在"深山穷泽之中"，只有"豪民"力能经营。而他们一旦垄断了自然富源，就会成为"日以不制"的势力。在盐铁会议上，桑弘羊比较西汉实

① 《盐铁论·本议》。
② 《盐铁论·复古》。

行轻重政策前后的情况说：以前"布衣有胸邴，……君有吴王，专山泽之饶，……以成私威，私威积而逆节之心作"，实行轻重政策是为了"绝其源"，①即消除他们"逆节"（叛乱）的财政经济基础，以加强中央集权。

轻重论者向来把大商人和地方诸侯看作是同中央政权争夺轻重之势的两个重要对手，是轻重政策所着重打击的对象。《管子》轻重诸篇就不厌其详地发挥这种论点。由于《管子》轻重诸篇假托为管仲的言论，不能把话完全说明白，许多说法令人费解。读了盐铁会议上桑弘羊的这些言论，人们对《管子》轻重诸篇中"毋予人以壤，毋授人以财"之类的说法的现实背景，就不难了解了。

第三，同匈奴进行斗争。

桑弘羊认为：实行轻重政策，不但可为对匈奴的军事斗争筹措费用，还是同匈奴进行经济斗争的重要手段，用他的话说就是："所以诱外国而钓羌胡之宝"，使"外国之物内流而利不外泄"。②

桑弘羊讲的这些，都是以当时的事实为依据，是驳不倒的。贤良、文学面对这些理由，或者无言答对，或者强词夺理。

例如，就筹措边防经费的作用来说，当时对匈奴的大规模作战所需的浩繁费用，没有盐铁、酒榷、均输是应付不了的。贤良、文学要取消它们，却提不出代替的办法，于是就提出了"贵以德而贱用兵"③的迂腐论调。但是，"贵德"、和亲，能使匈奴不入侵吗？贤良、文学们自己对这一点显然也并无信心，因而又提出了内地重于边疆的论调来为自己辩解，说什么内地富庶而边疆贫穷落后，用内

---

① 《盐铁论·禁耕》。
② 《盐铁论·力耕》。
③ 《盐铁论·本议》。

地的人力、财力去防卫边疆,只能使"中国(指内地)困于徭赋,边民苦于戍御",造成"中外空虚"。① 以这种论调为依据,他们提出了"罢关梁,除障塞"②,撤除边疆防务的主张。

内地当然比边疆富裕、发达,但这种状况是由于内地经过长期开发而形成的。边疆不守卫,就不能得到开发;而且,边疆是内地的屏障,撤除了边疆防务,内地就门户洞开,内地人民的生产和生活也难以正常进行。桑弘羊在回击这种论调时,把边疆和内地比做肢体和腹心的关系,指出:无肢体则腹心伤,"无边境则内国害"。③ 这本是常识,贤良、文学也不会不知,为什么他们硬要把内地和边疆分割、对立起来,倡为"弃边"论呢?原来,他们是害怕封建政权大军驻防边境,会削弱内地镇压的力量。他们一再宣扬秦筑长城、御匈奴是"释迩忧远",结果却"困于陈涉",④ 劝告汉朝统治者为加强对内统治而对外妥协。这正是历来反动统治势力安内重于攘外论的表现。

对桑弘羊所谈到的轻重政策在救灾备荒方面的作用,贤良、文学争辩说:救灾备荒要靠重农积粟,结果"草莱不辟,田畴不治,虽擅山海之财,通百味之利,犹不能赡"。⑤ 这当然是对的。但是,重农积粟和盐铁、酒榷、均输,并不是相排斥的。如果在重农积粟之处,再有盐铁、酒榷、均输以增加财政收入和国家储备,使国家不仅有粮食,还有更多的货币和其他物资,对救灾岂不更好?硬把这

---

① 《盐铁论·轻重》。
② 《盐铁论·世务》。
③ 《盐铁论·诛秦》。
④ 《盐铁论·险固》。
⑤ 《盐铁论·力耕》。

两者说成互相排斥，显然是强词夺理。

对于轻重政策在抑兼并，制诸侯，巩固中央集权方面所起的作用，《盐铁论》把贤良、文学的辩驳写成为："三桓专鲁，六卿分晋，不以盐铁，故权利深者，不在山海在朝廷，一家害百家，在萧墙而不在胡邸也。"[1]

贤良、文学用春秋时期鲁三桓、晋六卿的故事，比喻当时对汉政权的主要威胁不在于地方诸侯及商人"专山海之利"，而在于朝廷中有高官、权臣发动政变，篡夺权力。这显然是在影射上官桀、桑弘羊合谋立燕王旦一事。[2]但此事发生在盐铁会议后一年，贤良、文学何以能未卜先知呢？可见，这不会是盐铁会议上的言论，而是桓宽根据盐铁会议后的史实添加进去的。

关于轻重政策对社会生产和人民生活的影响

在这个问题上，轻重政策的实施结果是有利有弊的。桑弘羊着重宣扬利的一方面，而贤良、文学则极力指责弊的一方面。

第一，对盐铁国营的利弊的辩论。

桑弘羊指出：在盐铁国营以前，私人生产铁器，生产规模小，劳动力和资金不足，熔炉小，技术水平低，以致"铁力不销炼，坚柔不合"。国家经营后，"卒徒工匠，以县官日作公事，财用饶，器用备"，因而做出的产品"刚柔合，器用便"。[3]

---

① 《盐铁论·禁耕》。
② 《盐铁论》中公然以"篡权"来攻击桑弘羊的地方甚多，《刺权》篇把桑弘羊、孔仅、东郭咸阳等实行盐铁、酒榷、均输攻击为"执国家之柄以行海内，非特田常之势……威重于六卿"，比此处说得更明显。
③ 《盐铁论·水旱》。

　　这种论点基本上是正确的。国家经营铁器制造,劳动力多,能进行简单协作和部分复杂协作,工具也较完备,产品质量均一,价格也易于划一,有利于铁制农具的推广。战国时期虽然已经"以铁耕",但铸铁还刚出现,而且一般只用于兵器,铁制农具质量是很低劣的。汉武帝时期国家经营铁器,对于铸造铁器在农业中的广泛使用是有重要促进作用的,特别是一些较大的农具如铁犁,情况就更是如此。

　　贤良、文学则指出,铁的国营有许多弊病:

　　(1)国营铁器生产多半使用奴隶及罪犯进行劳动,他们对劳动不感兴趣,"卒徒烦(繁)而力作不尽",因而铁器"多苦恶,用费不省"。①

　　(2)为长官命令而生产,不为社会需要生产,品种规格少而且不合农民需要;"多为大器,务应员程,不给民用"②。

　　(3)经营者本身为官吏,官架子大,衙门作风严重;在销售点的设置和经营方式方面不考虑使用者需要,给农民造成很多不便:"善恶无所择;吏数不在,器难得……远市田器,则后良时。"③

　　(4)价格贵,农民买不起,以致"贫民木耕手耨"④。

　　(5)在劳动力不足,完不成生产任务时,常常迫使百姓出徭役来帮助完成;在铁器积压不售时,又强制摊派给农民:"铁官卖器不售,或颇赋于民。卒徒作不中呈,时命助之,发征无限,更繇(徭)

---

　　① 《盐铁论·水旱》。
　　② 同上。
　　③ 同上。
　　④ 同上。

以均剧。"①

贤良、文学所揭露的上述弊端，肯定也是实情。劳动效率低、经营作风坏，产品不对路，价格贵，强买强卖等等，是封建主义的官工、官商的通病。汉武帝时期的政权，虽然还是新兴地主阶级的政权，也不能免于这些弊病。

对于盐的国营，贤良文学只是指责"贾（价）贵"，因而迫使许多百姓"啖（淡）食"。②

虽然官盐的弊病也很严重，但食盐的品质比较均一，每人的消费量不大，盐的国营的困难比铁要少，因而贤良、文学的指责不多。在中国封建时代，实行盐专卖的时间比其他商品都更长久，和盐本身的这种特点不无关系。

对于均输和平准，桑弘羊说：均输除了对国家的好处外，还可以"足民财"和"齐劳逸"；③平准则可以"平万物"（价格），因而也都是"便百姓"④的。

均输是西汉时期对贡制实行的一次重要改革。改革以前汉的贡制是：各地方自己负责把对朝廷的贡物运送到京城。运送的活动由应征服徭役的农民承担。这给农民的生产和生活造成极大的负担和破坏。贡物远途运送，损耗大，霉坏多，对于一些价值低的贡品，更是得不偿失。桑弘羊说："往者，郡国诸侯各以其物贡输，往来烦杂，物多苦恶，或不偿其费"⑤，指的正是这种状况。

---

① 《盐铁论·水旱》。
② 同上。
③ 《盐铁论·本议》。
④ 同上。
⑤ 同上。

　　均输制度的主要内容是：在各郡、国设"输官"，郡、国各将过去商人"所转贩"的商品作为贡物，交给输官转运，输官只把一部分重要的、质量高的贡物运往京城。其余则可调运到价格高的地区售卖，"互相灌输"。这样，可以避免往京城运送无用的东西，既节省运输劳费，又减少了物资损耗。这些东西转运到需要的地区，容易售出并可获得较好的价格。

　　均输有减省运送贡物的徭役的作用，对离京城远的地区，更是如此。这就是桑弘羊说的"均输则民齐劳逸"。

　　均输增加了财政收入，这是"足国财"。桑弘羊说"开均输以足民财"，是指靠均输积存的财物，也可作为救灾的储备，这就是他所说的："均输之物，府库之财"，并非"专奉兵师之用，亦所以振困乏而备水旱之灾也"。①

　　"平准"是西汉政权在京城经营商业的制度，办法是由"大司农"（主管财政经济的机构）在京城设立"委府"，受"天下委输"，②即储存全国各地运来的商品，由办理平准的机构根据行情变化进行吞吐：在某些商品价格下跌时，国家以稳定的价格买进，防止物价继续下跌；在价格上涨时则以平价售出，以阻止价格续涨。这是为了使"县官不失实，商贾无所贸利"③，即国家获得商业利润，并防止商人利用物价变动取得暴利，所以叫做"平准"。

　　任何改革都不能完善无弊。均输平准都是封建性的官府经营，更免不了出现各种弊端。贤良、文学指责说：均输制往往"释其所

---

①　《盐铁论·力耕》。

②　《前汉书·食货志》。

③　《盐铁论·本议》。

有，责其所无，百姓贱卖货物以便上求"①，就是说，输官为了获得容易出售获利的贡品，往往强迫当地进贡一些并非当地产品的东西，当地又强派给百姓，百姓只好贱卖自己的产品来买进这类贡品，从而遭受双重的损失。

贤良、文学讲的这些情况，显然也有事实根据。不过，这只能说明均输制度在实行过程中存在的弊病，并不足以否定均输制度本身；再说，这类弊病在实行均输以前也一样会有。

贤良、文学又指责平准制度说：管平准的官吏往往突然关闭城门强行收买各种货物，结果反而造成物价"腾踊"；一些"奸吏"还常常同商人勾结起来"收贱以取贵"②，给百姓造成更多的损失和不便。

这类现象也会是存在的。但实施平准制度的目的是为稳定物价，保持京城市场的正常秩序，同《管子》轻重诸篇的一些地方所宣扬的那种故意用人为手段造成物价暴涨暴落以获取大利的主张是不同的。贤良、文学以平准制度实行过程中发生的一些弊病来否定这种制度本身，可说是攻其一点，不及其余。

第三节　关于轻重政策的是非善恶问题的辩论

贤良、文学反对轻重政策的主要理论武器

在盐铁会议上，贤良、文学中的一部分人，不仅就轻重政策的

---

① 《盐铁论·本议》。
② 同上。

功过利弊问题发言攻击轻重政策，还开始用他们认为是体现"圣人之道"的一些经济观点作为标准，来审查、评论轻重政策，揭开了一场关于轻重政策的是非善恶问题的论战。他们所利用的这些经济观点，主要就是：贵义贱利论，重本抑末论和黜奢崇俭论。

贵义贱利论、重本抑末论和黜奢崇俭论这三个观点，在先秦时期都已出现，到汉代继续为许多人所宣扬；但它们并不属于一家，过去也从未被作为一套思想武器同时使用过。前些讲已陆续讲到：贵义贱利论一向是儒家的理论，重本抑末论过去本是法家的理论，黜奢崇俭论则儒、墨、道三家都有，而性质、特点又各不相同。既然不属于一家，原来本是不可能作为一套思想武器配合使用的。法家把重本抑末看作富国的手段，从儒家看来，谈富国就是"言利"。墨家把俭的标准统一为生理的标准而反对等级标准，这于儒家、法家都是不能接受的。儒家的荀况就着重对墨家的节用论进行了反驳。但是，在盐铁会议上，贤良、文学中的一部分人却为了同一目的，同时把这几个观点作为一整套武器来使用了。

《盐铁论》中关于这方面的言论极多，为了便于全面地看出贤良、文学这种做法的特点，下面较为完整地摘引了一段原文：

窃闻治人之道，防淫佚之原，广道德之端，抑末利而开仁义，毋示以利，然后教化可兴，而风俗可移也。今郡国有盐铁、酒榷、均输，与民争利，散敦厚之朴，成贪鄙之化，是以百姓就本者寡，趋末者众。夫文繁则质衰，末盛则本亏，末修则民淫，本修则民悫。……愿罢盐铁、酒榷、均输，所以进本退末，广利农业，便也。[①]

––––––––––––

① 《盐铁论·本议》。

这是《盐铁论》开宗明义的第一段，是贤良、文学在盐铁会议上的第一次发言。他们要求罢盐铁、酒榷、均输，一上来没讲盐铁、均输、酒榷究竟实行得如何，有什么弊病，这些弊病是怎样造成的，却先放了这么一顿空炮。

在这一段话中，不但贵义贱利、重本抑末和黜奢崇俭三个观点都齐备了，而且还表现出以下几个特点：

第一，过去出自不同学派、不同来源的三个理论观点，在贤良、文学的口中合流了。它们的合流，不但表现在同时被用以为同一目的（反对轻重政策）服务，而且表现为在形式上也破除了界限，合二为一甚至合三为一了。"抑末利而开仁义"的提法，就不但包含"贵义贱利"，还把"抑末"也拉了进来。"防淫侈之原"是"崇俭"，"广道德之端"是"贵义"，而"进本退末"也就是"重本抑末"。同一段话中，三样货色齐备。

第二，贵义贱利论、重本抑末论和黜奢崇俭论，都失去了各自曾经有过的积极方面的内容，而转化成为保守的理论观点了。

最初，孔丘宣扬"君子喻于义，小人喻于利"，固然有着贱视经济活动和维护奴隶主既得利益的消极一面；但他说"小人喻于利"，总算承认了被剥削劳动者获得一定的物质利益的要求，是劳动者从奴隶向农奴（或农民）转化的过程在人们思想中的反映。重本抑末论固然有歧视工商业的片面性，但它在早期对发展农业生产的要求却是十分积极的、认真的，商鞅的垦草、徕民、奖励耕织等，对发展农业生产采取了多少措施！墨家的节用，虽然缺乏发展生产的积极办法，但它反对消费方面的等级制，希望通过节用来限制剥削，以改善劳动者的生活，要求是多么强烈！西汉初期宣扬崇俭，总是为了与民休息和增加"公私之积"，态度是多么积极！可是，贤良、文学在宣扬这些观点时，却阉割了它们的积极内容，而把消极内容集中起来加以发挥。他们宣扬这些观点，自始至终强调的是防民、愚民。宣扬贵义贱利，是"以礼义防民"；①提倡崇本退末，是为了"防塞利门"，以免百姓趋向"为非"和"庶人盗"；②鼓吹黜奢崇俭，是为了防民淫佚。他们也承认"宫室"、"舆马"、"衣服"、"食饮"等食、衣、住、行的需要是"人情之所不能已"③（这是西汉时期的贤良、文学比后代把"人欲"看作违背"天理"的邪恶事物的那些更为迂腐的儒生还略胜一筹的地方），因而强调"黜奢崇俭"，并且主张"为之制度以防之"。④他们所说的"防之"，是要"防民"、防下，是害怕"百姓……颇逾制度"。⑤

　　这样，贵义贱利、重本抑末、黜奢崇俭这些曾经为新兴地主阶级进行社会经济改革服务或表达它的经济、政治要求的理论观点，就转化成为一些反对改革，反对进取，为维护僵化了的统治秩序服务的保守观点了。

　　第三，贵义贱利论、重本抑末论、黜奢崇俭论都被当作儒家的观点来宣扬，都被儒学化了。

　　在盐铁会议上，贵义贱利、重本抑末、黜奢崇俭，这些来源不同的观点，不但同时被用来反对轻重政策，而且都被一些峨冠博带、颂孔孟之书的贤良、文学当作儒家学说来鼓吹了。他们口口声声说这些观点是"先王之法"、"圣人之道"，⑥全不想想，他们的"先

---

① 《盐铁论·本议》。
② 同上。
③ 《盐铁论·散不足》。
④ 同上。
⑤ 同上。
⑥ 《盐铁论·遵道》。

王"、"圣人",曾有哪一个有过农本工商末的观点;全不想想,最先提倡重本抑末论的先秦法家,不但不信奉"先王之法"、"圣人之道",而且恰是激烈反对儒家的。

由此开始,先秦儒、道、法等经济思想中的消极内容,就在儒学的旗号下殊途同归,集中到一起形成为一种保守的、正统的经济思想。

第四,贤良、文学已开始把贵义贱利、重本抑末、黜奢崇俭等观点奉为神圣的教条,把它们作为判断是非善恶的不容争议的标准。

在盐铁会议上,贤良、文学要求废除盐铁国营和酒榷、均输,但他们一开始就不讲什么道理,而是抬出"圣人之道"来压人,说盐铁国营等制度违背了圣人之道,必须废罢,而他们说的圣人之道,具体说就是贵义贱利、重本抑末和黜奢崇俭等几个观点。这表明:他们在判断任何经济思想、经济政策和经济活动的好坏时,不是看它们在实践中所起的作用,而是看它们是否符合于体现"圣人之道"的某些抽象的观点或原理。这样,他们就把这些观点或原理变成了判断是非善恶的绝对标准,变成了永恒不变的神圣教条。

桑弘羊的对立观点

贤良、文学宣扬的这些观点,遭到了桑弘羊针锋相对的反驳。

对重本抑末论,桑弘羊反驳得最多,最具体。

第一,针对重本抑末论,桑弘羊提出了"本末并利"①的观点。

---

① 《盐铁论·轻重》。"本末并利"是盐铁会议上桑弘羊的属官说的话,但是在称颂桑弘羊的成就时说的,医而是体现了桑弘羊的思想的。

他认为：工商业也和农业一样，是人们生活所必要的，多种多样的"养生送终之具"，都要"待商而通，待工而成"；①如果只有农业，许多财富就无法生产出来，或者无法为人们所利用，结果货弃于地，而社会只能永远过一种贫困、简陋的生活。他批评那种"各居其处，各食其食"的自给自足的自然经济，认为它必然使"桔柚不鬻，胸卤之盐不出，旃（毡）罽（毯）不市，而吴、唐之材不用"，②使无数自然资源得不到开发和利用。

因此，他认为国家的经济政策，不应是重本抑末，而应是"开本末之途"，广泛发展生产、流通各业，使"农、商、工师各得所欲"。③

第二，桑弘羊论证了工商业不仅是人们生活所必要，还对农业的发展有促进作用；没有工商业，会不利于农业的发展，不利于农业生产力的提高。他说："工不出则农用乏……农用乏则谷不殖"④，又引《管子》的话说："国有沃野之饶而不足于食者，器械不备也。"⑤

第三，他提出了"富国非一道"⑥的观点，说工商业也能致富，一个国家不一定非搞农业不可。他也称农业为"本业"，但却认为一个国家可以不要"本农"，不靠"办耕"，甚至不必劳动而致富：

① 《盐铁论·本议》。
② 《盐铁论·通有》。
③ 《盐铁论·本议》。
④ 同上。
⑤ 同上。
⑥ 《盐铁论·力耕》。

"富在术数，不在劳身；力在势居，不在力耕。"①所谓"术数"，指经营商业的本领；所谓"势居"，指利用市场行情进行囤积居奇。

桑弘羊从肯定社会分工的观点出发，指出农、工、商业都是人们生活所不可少的，指出工商业对农业有促进作用，抑末对农业本身不利。这些论点都是正确的，中肯的。他批判了自然经济的落后性，指出了商品经济比自然经济更有利于生产的发展，这在当时更是难得的深刻见解。但是，他的商人家庭出身和轻重论者片面重视流通的眼光，又使他把商人能在流通中致富和财富来源问题混同起来，竟然否定农业甚至否定农业在创造财富中的作用，这就完全是错误的、浅薄的了。

以这种浅薄的眼光看问题，桑弘羊时常为了夸张轻重政策而贬低农业这个在当时最为重要的生产部门。这种夸张和贬低，有时达到十分荒唐的地步。例如在称颂商鞅治秦的成就时，他竟至说商鞅"外设百倍之利，收山泽之税，国富民强"②。照这种说法，商鞅使秦富强，不是靠农战政策，而是靠轻重政策，这可完全是歪曲历史了。这个错误当即被贤良、文学抓住，反驳说："利不从天来，不从地出，一取之民间，谓之百倍，此计之失者也。"③

这抓住了桑弘羊的也是一切轻重论者的一个致命弱点。财富不会自己从天上掉下来，不会从地里冒出来，要靠人生产出来。轻重论者忽视生产的决定作用，只强调靠轻重之术致富。其实，这至

---

① 《盐铁论·通有》。桑弘羊的这种思想，被有的研究者解释为"重商"。不过，桑弘羊的"重商"，只是重商业，而不是重商人。对商业，他是要重的；对大商人，他是强调抑的。因此，他的"重商"思想，只能成为封建国家垄断商业的思想基础，同司马迁的尊商思想完全不同。

② 《盐铁论·非鞅》。

③ 同上。

多只能在富国中起一时的辅助作用。想只靠轻重政策来解决经济问题是不行的，即使解决财政问题也是不够的。

对黜奢崇俭论，桑弘羊的反驳比较简单，只是指出了两点。一点是：消费水平应按照等级制度的规定，所谓"宫室有度，舆服以庸"，不应过分强调俭，不可"大俭极下"。①另一点是：生产是为了消费，如果一味强调俭，过分地限制消费，生产品得不到利用，会不利于生产的发展。他引用《管子》的话说："不饰宫室，则材木不可胜用"、"无黼黻（fǔ fú，音斧、芙）则女工不施"②。针对贤良、文学所宣扬的黜奢崇俭论，桑弘羊提出了"节奢刺俭"③的口号，意思是既要对奢加以适当限制，不使超越封建制度的规定，也要反对过俭，对过俭要加以讥刺。

桑弘羊主张消费要以封建等级制的规定为标准，反对低于等级标准的俭，这是一种维护封建统治阶级尤其是维护贵族官僚等级特权的观点，它同贤良、文学的主张并无什么分歧。他关于过俭不利于生产的观点，则多少看到了生产和消费之间的相互联系。不过，他也只是从流通领域看到这种联系的，既未分析不同阶级的消费（像墨家着重反对贵族的寄生消费而维护劳动者的劳动力再生产所必要的消费那样）对生产的影响，更未接触到俭同再生产积累的关系（像荀况那样）。

对贵义贱利论，桑弘羊也主要是从两方面进行反驳：

第一，他引用司马迁"天下攘攘，皆为利往"的话，宣扬好利是人的天性，揭露那些标榜"贵义贱利"的人，本身也是好利的，甚至

① 《盐铁论·通有》。
② 同上。
③ 同上。

比一般人更贪婪，他们所以唱这种高调，不过是用以"文鄙行"①，即掩盖自己比常人更贪婪的真实面目而已。

第二，他说：实行盐铁、酒榷、均输、平准，都不仅对增加国库收入有好处，还可以"便百姓"，只对少数兼并者不利，因而不仅有"利"，也合于"义"。他所说的"便百姓"，即前面提到的盐铁"给民用"、平准"平万物"、均输"齐劳逸"和"赈困乏而备水旱之灾"等等。他指责贤良、文学要求废止盐铁国营是替兼并者说话，是要使"豪民擅其用而专其利"②，是"养强抑弱"③。

桑弘羊的这两点反驳，都是比较有力的。前者揭露了"贵义贱利"论的虚伪性，揭露了贤良、文学这些道貌岸然的人物"内贪外矜"④的丑态；后者则戳破了贤良、文学打着反对言利的旗号来维护贵族、豪强等大地主既得利益的卑鄙伎俩。

第四节　封建正统经济思想的形成

中国封建时代的正统经济思想

中国封建时代的正统经济思想，是一种在经济思想领域中占支配地位的经济思想。它受到保守的、腐朽的封建统治势力的维护，不允许人们对它反对、非议甚至有所违逆。和它不同的思想观点，不但会受到统治阶级舆论的谴责，有时甚至会受到政治上的歧

---

① 《盐铁论·毁学》。
② 《盐铁论·禁耕》。
③ 同上。
④ 《盐铁论·毁学》。

视或迫害。

正统经济思想是为腐朽的社会势力服务的经济思想，它为腐朽社会势力的既得利益或特权进行论证和辩护，为这些势力剥削、压迫农民和其他人民群众的罪恶辩护，压制一切揭露、批评腐朽社会势力的言论和同它作斗争的行为。

正统经济思想是一种保守的、停滞的思想，是一套僵化了的教条的集合体。它不研究现实的经济问题，不为解决现实的经济问题提出新的观点和新的主张，而是专以压制人们进行这种研究为职责，专以否定新的经济观点和新的经济改革主张的出生权利为使命。它被腐朽社会势力奉为判断一切经济思想、经济政策和经济行为的永恒不变的标准，奉为对一切有关经济问题的言行进行宗教裁判的神圣的法典。

封建正统经济思想又是一套儒学化了的教条。前面已讲到，封建正统经济思想的主要内容并不尽来自儒家。封建正统经济思想形成的时期，正是儒家思想被确立为中国封建时代的统治思想的时期。封建正统经济思想是整个统治思想的组成部分，因而，它的来自不同学派的七拼八凑的内容，也就一律戴上儒冠，穿起儒服，迈着孔孟之道的方步登场了。

《盐铁论》和封建正统经济思想的形成

战国后期思想领域中逐渐出现的各学派互相融合的趋势，在秦、汉统一后更加明显。中央集权的封建专制政权，为了巩固、加强自己的统治，也力图支持一种符合自己需要的思想作为官方思想。法家思想在秦，黄老之学在汉初，都已取得了官方思想的地位。但是，官方支持、维护的思想还不等于正统思想。在地主阶级还是一个新兴的、有朝气和进取精神的阶级力量时,官方支持、维护的思想也仍然是先进的、革命的思想,而不会成为保守的、停滞的、教条化的封建正统思想。

汉武帝接受董仲舒的建议,明令独尊儒术,罢黜百家。从此以后,儒学的地位逐渐被抬高到其他各家之上。但在此后相当时期,儒家也还未能成为正统思想。在盐铁会议上,贤良、文学中确有一部分人,例如桓宽所称道的茂陵唐生、鲁万生、九江祝生、中山刘子雍等,企图以儒家思想作为正统思想,把贵义贱利、重本抑末、黜奢崇俭等教条作为判断经济思想和经济政策的是非善恶的标准。不过,这在当时还只是儒家代表人物的一厢情愿,而不是思想界已经形成的形势。从桑弘羊的言论可以看出,他公开站在反儒的立场,对贤良、文学所宣扬的贵义贱利、重本抑末、黜奢崇俭等论调,一一反驳,根本不理会它们是不是"圣人之道"。他公开讥刺孔、孟,称颂商鞅、秦始皇。

把桑弘羊对贵义贱利等观点的驳斥同以后两千年中对这些观点的批评相比较,可以看到一个极为明显的区别:桑弘羊是公开地站在反对者的立场旗帜鲜明地抨击这些观点;而后来的进步思想家则一般是在承认这些观点的正统地位的前提下,采用提出不同解释的办法,曲折地表达自己的反对意见。盐铁会议上公开激辩的方式,就充分表明了封建正统经济思想还未形成。

这种情况在汉宣帝时期(公元前73年—前49年)仍无明显改变。汉宣帝公开宣扬治天下要"霸王道杂之"①,不予儒家思想以正统地位。他继续执行汉武帝的轻重政策,并有所发展。他所重

---

① 《前汉书·元帝纪》。

用的耿寿昌，以"善为算，能商功利"①著称。耿寿昌改革漕运和海租（水产税），取得了节省劳费和增加财政收入的明显效果。耿寿昌还创办常平仓制度，在边郡筑仓，"谷贱时增其价而籴"，贮以备荒，并防止谷贱伤农；"谷贵时减价而粜"②，以便赈灾。常平仓制度为以后各封建王朝所沿袭、仿效，影响久远。

但是，随着汉代中央集权封建帝国的趋于稳定和巩固，地主经济获得更充分的发展，土地和财富兼并的进程加速进行，地主和农民的矛盾和斗争，越来越尖锐激烈。在汉武帝后期，东方一些地区已发生了农民起义。盐铁会议上，贤良、文学中的一些人正是看到了"山东豪杰，颇有异心"③，才提出了撤边防、对匈奴妥协，以便集中力量"安内"的主张。此后几十年，这种矛盾越发展，越加深，到汉元帝时期，连汉元帝自己也直率地承认当时天下是"不治"了。

地主经济越发展，大地主的势力在经济、政治、社会生活中的地位和影响也就越来越加强。大地主阶级力图维护和扩大自己的既得利益，这就必然使得政治领域和思想领域中保守、停滞和腐化的倾向不断滋长。到汉元帝时期，大地主保守势力在政治、经济、社会生活中以及在思想领域中都占了优势。于是，中国古代经济思想发展中的一个决定性的转变就发生了。

汉元帝本人思想保守。在为太子时，就和他父亲汉宣帝政见不合。他即位后，支持保守势力，使保守势力在朝廷中占了上风。汉武帝独尊儒术、罢黜百家的诏令，到这里真正生效了。儒家思想从此成了正统思想。大地主保守势力不喜欢汉武帝的进取政策，

---

① 《前汉书·食货志》。
② 同上。
③ 《盐铁论·西域》。

企图加以改变。大臣贡禹，指名批评汉武帝，把当时由于封建政权日益腐化而出现的各种"弊政"都归罪于汉武帝，甚至把官吏中的贪污盛行也说成是由汉武帝的过失造成的。在提倡忠孝的封建时代，这种指名攻击皇帝祖先的事情是很不寻常的；但贡禹却受到了汉元帝的特别优礼，一再禄位高升。朝廷中的保守势力已经支配了舆论，他们利用天灾攻击轻重政策，一度使盐铁会议时未能废罢的盐铁国营遭到废罢。在汉元帝时期，贵义贱利、重本抑末、黜奢崇俭等观点，终于变成了支配经济思想领域的神圣教条。贡禹鼓吹重本抑末，甚至提出了废除金属货币，"租税禄赐皆以布帛及谷"，以使"百姓壹归于农"①这样极端落后、倒退的经济复古主义主张。

桓宽正是在这种时代气氛下，利用盐铁会议的资料著成《盐铁论》的。

马克思在谈到资产阶级经济学庸俗化的过程时说：

1830年，最终决定一切的危机发生了。法国和英国的资产阶级夺得了政权。从那时起，阶级斗争在实践方面和理论方面采取了日益鲜明的和带有威胁性的形式。它敲响了科学的资产阶级经济学的丧钟。现在问题不再是这个或那个原理是否正确，而是它对资本有利还是有害，方便还是不方便，违背警章还是不违背警章。不偏不倚的研究让位于豢养的文丐的争斗，公正无私的科学探讨让位于辩护士的坏心恶意。②

---

① 《前汉书·贡禹传》。
② 《马克思恩格斯全集》第23卷，人民出版社1972年版，第17页。

在中国的封建时代,随着地主阶级建立并巩固了中央集权专制主义的封建政权,地主阶级的经济思想也逐渐发生了一个由先进到保守的转化,封建正统经济思想的形成,正是这种转化的结果,而桓宽的《盐铁论》的成书,则是封建正统经济思想形成的标志。

在此后两千年的封建社会中,封建正统经济思想一直是在经济思想领域中起支配作用的思想。在封建正统经济思想支配的时期,中国经济思想的发展远不如春秋、战国至西汉中叶那一段时期那样迅速和活跃;但在中国封建社会中也并未出现过像中世纪欧洲那样的黑暗时代。早期封建主义经济思想所具有的那种勤于探索、敢于批判和勇于改革的优良传统,被一些非正统的、反正统的经济思想接过去了。

(原载《中国古代经济思想史讲话》,人民出版社1986年版)

28　中国经济思想史上的一个怪胎

——王莽经济思想试剖

　　王莽建立的新朝,是中国封建社会史上的一个怪胎;王莽的经济思想,也是中国经济思想史上的一个怪胎。怪胎自然是没有生命力的,但对怪胎的研究,却不一定没有科学价值;而且,对某些怪胎加以解剖并进行科学的研究和说明,还往往不是容易的事情。本文正是从这种见地出发,试图对王莽的经济思想进行剖析。

一、从对王莽经济思想的评价问题说起

　　王莽在他的生前,已经成了国人皆曰可杀的绝对孤立人物;他死后一千九百年,各时期的评论者也对他一致谴责,没有人说他一句好话,可是,到了20世纪,王莽似乎有些时来运转,有人出面为他翻案了。

　　首先为王莽翻案的是资产阶级革命派。资产阶级革命派是主观社会主义者,他们把一切生产资料国有制都看作社会主义的,尤其把土地国有看作社会主义的主要内容。他们看到近两千年前的古人王莽的国有化措施那么广泛,诧为世界上最早的社会主义者,

因而把王莽看作自己的思想前驱而予以高度评价。资产阶级革命派特别推崇王莽的王田制，认为它符合于"民生主义之精理"，深得"平均地权之要旨"。他们要求重新评价王莽，强调不可"以成败论英雄"①。

二十年后，胡适又出来大叫大嚷地为王莽翻案。他摆了王莽的王田、禁奴、五均、六筦等措施，然后给王莽带上"大政治家"、"社会主义者"等桂冠②，并且以《王莽——一千九百年前的社会主义者》作为自己文章的标题。

资产阶级革命派推崇王莽，是由于他们的幼稚和误解。胡适为王莽翻案，则显然是别有用心。向来敌视社会主义的胡适，忽然对一千九百年前的"社会主义者"王莽顶礼膜拜起来，不是咄咄怪事吗？正因如此，资产阶级革命派和胡适为王莽翻案的行动，都没有在学术界引起多少反响，并没有使评价王莽成为学术界有争议的问题。

40年代，翦伯赞又对王莽作了肯定的评价。他称誉王莽"不失为中国历史上最有胆识的一位政治家"，认为他"对经济制度的改革，最主要地是打击商人地主之土地兼并、物价垄断和高利贷盘剥，以期由此缓和农民的叛乱"。他还认为："王莽的改革，正是对症下药"，其所以失败，只是由于"用非其人"，以致"弊端百出"③，引起了各方面的激烈反对。

翦伯赞是著名的马克思主义历史学家，他对王莽的肯定，对于

---

① 冯自由：《民生主义与中国政治革命之前途》，原载香港《中国日报》。《民报》第四号曾予转载。
② 《胡适文存》二集卷一，亚东书局1924年版，第31页。
③ 翦伯赞：《中国史纲》第二卷，大孚公司1947年版，第397、400页。

在学术界引起重新评价王莽的争论，有很大的作用。

新中国成立后，胡寄窗是中国经济思想史研究中为王莽翻案最力的人。他认为王莽是一个"对经济问题具有一定观察力的、平凡的封建剥削阶级的知识分子"，"能对以前的思想家在这方面的成就加以综合利用，并在某些方面有较深刻或独到的认识"。①

这样，王莽就不但是个政治家，而且还是个值得重视的思想家了。说他把以前思想家的成就加以综合利用而又有所发展和提高，这无异说王莽的经济思想代表着汉代经济思想发展的高水平。

过去历史家虽否定王莽，但总是要讲到王莽的，而思想史却从不讲王莽。胡寄窗同志是第一个把王莽看作思想家的人，从此，对王莽的评价问题，又成为经济思想史上的争论问题了。

王莽搞过许多经济改革，而且不但有政策措施，还有某些理论说明。这些改革的思想基础，自然应该成为中国经济思想史的研究对象的一部分。问题在于怎样评价王莽的经济思想。评价王莽的经济思想，必须有个科学标准。资产阶级革命派指出：在评价王莽时不可"以成败论英雄"。翦伯赞强调：不要站在"祖刘的立场"②，因为王莽篡汉而否定王莽。胡寄窗则告诫人们不要从动机出发，"把历史人物简单地分为君子和小人"③。这些意见无疑都是正确的；不过，它们都没能回答什么是评价王莽的科学标准问题，因为它们都只提到不要怎样怎样，而没有说应该怎样怎样，都没有正面地提出评价标准问题来。

经济思想是经济条件、经济关系在人们头脑中的反映；在阶级

---

① 胡寄窗：《中国经济思想史》中册，上海人民出版社1963年版，第177页。
② 翦伯赞：《中国史纲》第二卷，大孚公司1947年版，第397页。
③ 胡寄窗：《中国经济思想史》中册，上海人民出版社1963年版，第145页。

社会中,经济思想是一定阶级的利益和要求的表现。评价王莽的经济思想的科学标准只能是:看它是有利于社会经济发展的,还是阻碍、破坏社会经济发展的;看它是反对、打击腐朽社会势力的既得利益的,还是维护这种既得利益的。

下面就依据这种标准,对如何评价王莽的经济思想提出个人的一些看法。

二、王莽是大地主阶级最腐朽集团既得利益的代表

汉政权建立后,大地主阶级的势力日益发展、强大起来,到汉元帝时代,大地主阶级已经牢固地控制了政权汉代的大地主阶级有两个主要的组成部分:中央的大官僚地主(贵戚、宦官和其他大官僚)和各地的豪强地主。东汉王符所指责的"京师贵戚"和"郡县豪家"①正是指的这两部分人。

王莽的祖先出自齐国的强宗田氏,本来就是一个大豪强地主家族。王莽的姑母王政君作了汉元帝的皇后,后来又经过汉成帝、汉哀帝、汉平帝各朝,先后被尊为皇太后,太皇太后,成了王氏家族的靠山。于是,王氏家族又由豪强地主变成了西汉最显赫、最持久的贵戚官僚集团。王氏一门,出了九侯、五大司马,他们"后庭姬妾各数十人,僮奴以千百数……狗马驰逐,大治第室,起土山渐台",他们"以舆马声色佚游相高","骄奢僭上,赤墀青琐","藏匿

---

① 《潜夫论·浮侈》。

奸猾亡命，宾客为群盗"①。

王莽出身于当时的这个最腐朽、最贪婪、最横暴的贵戚家族中，并且不是其中的普通成员，而是这个家族的前辈掌权者精心挑选出来的继承人。王莽的伯父王凤、叔父王根都很器重王莽，在他们辅政时都大力提拔王莽。王根死前又荐王莽自代，王莽遂爬上了辅政的地位。

由于当时王氏家族的腐朽淫靡极不得人心，王莽在长时期中力图把自己装扮得同这个家族的其他成员不同。他被服如儒生，表现得十分恭俭好学。他礼贤下士，乐善好施，一再捐家财赈济灾民……。王莽在当时的确曾以这种面貌欺骗过不少的人。但是，王莽的这一套做作全是为了实现更大的野心，是他借以收买人心、篡窃政权的手段。他的腐朽、贪婪、横暴都与王氏家族的其他成员无甚区别，只是野心更大，更善于伪装和阴谋欺骗而已。这已由王莽自己后来的全部行为自我揭穿了。

王莽除了这个由血统关系形成的王氏家族集团外，还在他的几十年政治生涯中聚集起一个权力集团。这个权力集团是他篡窃政权的参谋部，控制政权的核心。分析一下这个集团的情况，能够更清楚地看出王莽的政策和思想是反映什么阶级的利益和要求。

历史对这个以王莽为首的权力集团有过记载，说它是"以王舜、王邑为腹心，甄丰、甄邯主击断，平晏领机事，刘歆典文章，孙建为爪牙"②。

这些人都是一些野心家、阴谋家、残暴凶险的政治流氓和无

①《汉书·元后传》。
②《汉书·王莽传》。

耻文人，历史事实俱在，无须缕述后来，在王莽篡夺皇位的关键时刻，王莽的权力集团中又增加了一个要员，就是四川梓潼人哀章。他深知王莽的政治野心和喜欢装神弄鬼的作风，于是做了一个金匮，黑夜送到汉高祖刘邦的庙中。金匮中放着一个"天帝行玺金匮图"，一个"赤帝行玺某传予黄帝金策书"，说上帝命王莽为真天子，刘邦也自愿传位于王莽。书中还列有辅佐王莽称帝的佐命功臣十一人，除了上述王舜、王邑、刘歆等人外，又加上哀章自己和另外两个由他编造的名字。

王莽自然知道这是做假，可这正好投着了他的需要，于是，亲到高庙拜受金匮，并以此为根据，由假皇帝（王莽在公元5年毒死汉平帝，立了一个幼儿刘婴作皇帝，自为假皇帝）居摄而宣布即真，建立新朝。哀章从此一步登天，被封为国将美新公，和王舜、王邑、刘歆并列为王莽的"四辅"[①]。

王莽政权的领导核心，王莽改制的决策班子就是由这样一批人物组成。能够设想，这样一个当权集团会"对症下药"，制订出具有进步意义、符合人民大众利益的政策来吗？

但是，要判断王莽集团究竟代表什么阶级的利益，最主要的还是看这一集团的政治实践。王莽集团的政治实践集中表现为它所进行的改制，而"王莽改革之最主要的部分，是经济制度的改革"[②]。因此，下面就从王莽在经济方面所进行的改制来剖析一下这些改制的思想基础，剖析一下王莽经济思想的性质和特点。

---

① 《汉书·王莽传》。
② 翦伯赞：《中国史纲》第二卷，大孚公司1947年版，第396页。

三、王田制的性质，兼论禁奴

在王莽的各项改革中，王田制是使资产阶级革命派最感倾服，又是为现代的某些主张肯定王莽的学者所高度评价的东西，也是王莽集团所最引为自豪的东西。首先弄清王田制的性质，对研究王莽改制和王莽的经济思想有重要意义。

王莽即位后，颁布了王田、禁奴的诏令，宣称：

古者，设庐井八家，一夫一妇田百亩，什一而税，则国给民富而颂声作。此唐虞之道，三代所遵行也。秦为无道，厚赋税以自供奉，罢民力以极欲，坏圣制，废井田，是以兼并起，贪鄙生，强者规田以千数，弱者曾无立锥之居。又置奴婢之市，与牛马同栏，制于民臣，颛断其命，奸虐之人因缘为利，至略卖人妻子，逆天心，悖人伦，缪于'天地之性人为贵'之义，《书》曰：'予则奴戮女'，唯不用命者，然后被此辜矣。汉氏减轻田租，三十而税一，常有更赋，罢癃咸出，而豪民侵陵，分田劫假，厥名三十税一，实什税五也。父子夫妇终年耕芸，所得不足以自存。故富者犬马余菽粟，骄而为邪；贫者不厌糟糠，穷而为奸。俱陷于辜，刑用不错。予前在大麓，始令天下公田口井，时则有嘉禾之祥，遭反虏逆贼且止。今更名天下田曰'王田'，奴婢曰'私属'，皆不得卖买。其男口不盈八，而田过一井者，分余田予九族邻里乡党。故无田，今当受田者，如制度……。①

---

① 《汉书·王莽传》。

王莽的这个诏令,看起来是相当冠冕堂皇的。它全面批评了秦汉以来的土地制度和土地政策,提出了一整套解决土地制度问题的主张,它可以说是中国历史上第一个由官方制订和颁布的解决土地制度问题的方案。① 这个方案不仅包括较为详尽具体的措施,还对自己的主张提出了一系列理论论证。

第一,它认为当时社会矛盾和社会冲突的症结是土地兼并所造成的贫富分化,由于"强者规田以千数,弱者曾无立锥之居",就造成了农民"父子夫妇终年耕芸,所得不足以自存"和"富者犬马余菽粟"而"贫者不厌糟糠"的状况。

第二,它认为土地兼并是土地私有制的必然产物。秦以前本无土地兼并,自从秦"废井田",才使"兼并起,贪鄙生",造成了土地日益集中和豪民(大地主)残酷剥削贫民的状况。

第三,它认为不解决土地制度问题而企图采用其他办法改善农民的状况是不能收效的。汉政权"减轻田租,三十而税一",结果由于"豪民侵陵,分田劫假",地租高利贷剥削惨重,农民的实际负担不是三十分之一,而是"什税五"即50%。

第四,它认为解决土地制度问题,必须废除土地私有制,对全部土地实行国有,由国家按一定制度分配土地,私人对土地只有使用权,不得买卖。

第五,它把井田制看作是"唐虞之道,三代所遵行"的"圣制",是能够使"国给民富"的最好的土地制度。王田制就是以井田制

---

① 王莽以前的各朝政权,都未制订和颁布过解决土地制度问题的方案。《周礼》被后代儒家说成是西周的典章制度,实际上是战国人所作,它不是官方文件而是私人对理想政治制度的设计。比王莽王田制稍前的师丹、孔光的限田方案,也不包含改变土地制度的内容。

为蓝本制定的。

在这些理论论证中，核心的内容是反对土地兼并。自秦汉政权建立以来，封建地主土地所有制由于得到相适应的上层建筑——中央集权专制主义封建政权的扶植保护，获得更迅速的发展，土地兼并日益严重。还在汉武帝时期，董仲舒已经痛论土地兼并及其后果，并认为这是土地私有制的必然产物，要求对私人占田数量加以限制。汉哀帝时，师丹、孔光等又提出限制私人占有土地和奴婢数量的具体方案。和前人相比，王莽所新加的，只是恢复什一税和"更名天下田曰'王田'，奴婢曰'私属'"，并禁止买卖这几项内容。单纯从形式上看，这似乎是综合利用了前人的成就并有所前进了。然而，对王莽的方案进行具体分析就可看到，它并没有取得什么实质性的前进，在某些重要方面，反较前人后退了。

首先，王田制实质上是要以封建的土地国有制代替封建的土地私有制，这种变革决不是什么前进，而是历史的倒退。

土地国有制的性质，和其他生产资料的国有制一样，取决于国家政权的性质。王莽的政权是地主阶级的政权，而且是大地主阶级最腐朽集团掌握的政权，因此，王田制只能是封建的土地国有制，它和地主土地所有制、领主土地所有制等其他封建土地所有制形式一样，是地主阶级剥削、压迫农民的基础。以王田制代替土地私有制，土地制度的性质以及封建的剥削、奴役关系，都不会有所改变。

不仅如此，封建的土地国有制，不论从历史上或从理论上看，都是比土地私有制更为落后的形式。从历史发展看，中国的封建土地所有制的主要形式是私人地主土地所有制；在中国封建制度发展的过程中，土地私有制越来越扩大、越成熟，而土地国有的范围则越缩小,大批国有土地逐渐变成了私有土地。这是中国封建土地所有制发展的总趋势。从理论上说,封建农业极其落后的生产力,使得生产只能采用一家一户为一个单位的个体生产方式。对这种个体生产的管理,以个体农民自己占有土地和生产资料、自己劳动并自己经营管理的方式最有效,私人地主经济次之,而以封建国家官僚机构的管理为最差。王莽要用封建国有性质的王田制代替土地私有制,不仅在形式上是复古,在实质上也是倒退的和更加反动的。

既然是历史的倒退,那就注定了要失败。王田制遭到广泛、激烈的抵制,王莽力图用严刑峻法来压制人们反对,王田禁奴诏颁布三年,"自诸侯卿大夫至于庶民抵罪者不可胜数"[1],而反对仍无法制止,终于迫使王莽自己打了退堂鼓,宣布:"诸食王田及私属皆得买卖,勿拘以法。"[2]

其次,王田制并不能解决土地兼并问题,事实上,它也并不打算真正解决兼并问题。

王田制规定八口以下的家庭占地不得超过九百亩,超过了就要分给别人;但对怎样实施,如何保证,王莽却既未规定期限,也未规定强制办法。如果占地超过九百亩的家庭不肯把多出的土地分给别人怎么办呢?没有强制办法,只凭一纸诏书是不能使大地主遵守的。

大地主多半是大家族,一户往往多至数百口。八口以下限九百亩,八口以上的户怎么办?王田制却未作规定,这样,大地主

---

① 《汉书·王莽传》。
② 《汉书·食货志》。

就完全可以大家族的形式占有大片地产而不分给别人。王莽口口声声说要限制土地兼并，然而他所规定的具体限制办法却是限小不限大。仅就这一事实看，他是否真想限制土地兼并，是大可怀疑的。

此外，王田制规定分余田给宗族、邻里、乡党。封建的宗法、保甲等制度向来是地主统治农民的手段，要地主分田给宗族、邻里、乡党，他完全可以利用宗法、保甲之类的关系保持对农民的剥削奴役，实行明分暗不分，把应名分田的人实际上作为自己的农奴。

在王田制的各项规定中，比较容易付诸实施的一条是禁止土地买卖。土地买卖是土地私有权的表现，"完全的、自由的土地所有权，不仅意味着毫无阻碍和毫无限制地占有土地的可能性，而且也意味着把它出让的可能性"[1]。在中国封建社会中，土地买卖是土地兼并的一般手段，禁止土地买卖，应该说在一定程度上是有"缓和土地兼并"[2]进程的作用的。但是，对大地主来说，尤其是对贵戚、权臣之类的大官僚地主来说，土地买卖却不是土地兼并的必要手段，更不是主要手段。豪强地主兼并土地更多的是倚靠暴力，大官僚地主更是主要靠政治特权进行兼并。汉哀帝一次赐给宠臣董贤二千余顷田，哪里需要买卖？王莽嫁女给汉平帝，汉朝廷一次赐给他二万五千六百顷土地，又何尝要他付出一钱？

因此，禁止土地买卖对一般地主的土地兼并可能有一定限制作用，而对大地主尤其是官僚地主则不起多大作用。事实上，王田

---

① 《马克思恩格斯全集》第21卷，人民出版社1965年版，第190页。
② 翦伯赞主编：《中国史纲要》第1册，人民出版社1979年版，第154页。

制甚至还会给官僚地主兼并土地提供更多便利。既然全国的土地都成了王田，利用王权把土地赐给贵族、官僚岂不更成了名正言顺的事情？

可见，王田制决不是有利于农民的制度，也不是维护中、小地主利益的制度，而恰是最符合大地主最腐朽集团的既得利益的。

又次，王莽的田赋改革，也不会有抑制兼并的作用，而只会更加重农民的负担。

王莽指责西汉政权对田赋减到三十税一，结果主要使地主得了好处。这种说法无疑是有相当道理的。既然土地大部分为地主占有，减轻田赋自然首先使地主得益，但是，决不能因此就认为，封建政权的重税比轻税好，更不能认为重税会对农民有利。因为，轻税多少会使自耕农得些好处，而重税却主要会落到自耕农的头上（因大地主可有很多办法逃避纳税）。王莽指责汉政权统治下农民负担仍重，而他的解决办法却是把田赋由三十税一提高为十税一！他指责汉政权"常有更赋，疲癃咸出"，而他自己却对捕捉鸟兽、龟鳖以及从事畜牧、蚕织等农村副业的人，都要征收什一税！

最后，再看王莽对土地问题的理论认识。试把王莽的王田禁奴诏和董仲舒关于土地问题的议论比较一下就可看出，王莽所提出的主要论点，除了指责汉政权三十税一的那段话外，董仲舒基本上都说过了；而且，有些地方说得比王莽还更深刻。例如，王莽说：土地兼并造成贫富悬绝，结果，富者"骄而为邪"，贫者"穷而为奸"，以致"俱陷于辜，刑用不错"。这只是把土地兼并看作犯罪增多的原因。可是，董仲舒却早已指出：豪强剥削和土地兼并，造成了大批农民破产，再加上官吏贪暴，迫使农民"亡逃山林，转为盗贼"①。这却是在一定程度上用土地兼并来解释农民起义了。

王莽对压迫和掠卖奴隶表示了义愤,并第一个以正式诏令禁止买卖奴隶。虽然他只是把奴婢的名称改为"私属",而没有根本改变奴隶的地位;禁止奴婢买卖总也是对蓄奴制的一个限制,抽象地看起来似乎是有一定进步意义的。但是,应当指出:王莽的这种主张并不是反对蓄奴制度本身,因为他只反对私奴制而并不反对官奴制。在指责私人压迫和掠卖奴隶为不人道的同时,他却为继续保留蓄奴制留了一个余地,说:"唯不用命者,然后被此辜矣"。这是他保持和扩大官奴制的理论依据。以此为依据,他把大批反对他的统治和对他的改制表示不满的人"没入为官奴婢",槛车铁锁,押赴长安,并且乱点鸳鸯谱,强制"易其夫妇"。这种官奴婢多到"以十万数",苛重的苦役和虐待,使"愁苦死者十六七"②。

私奴是一个主人的奴隶,他的死亡是主人财产的损失;官奴不是一个主人的奴隶,而且官奴的获得不须付出经济代价(不须购买),只凭政治权力就可以一下子把大批平民变成奴隶。因此,王莽这种只禁私奴不禁官奴并且极力扩大官奴的做法,决不是什么真正的进步。

四、封建政权垄断工、商、虞各业的"六筦"政策

"六筦(管)"是王莽在王田、禁奴之外所实行的经济政策的总

① 《汉书·食货志》。
② 《汉书·王莽传》。

称。所谓六管，就是对盐、铁、酒三者的生产和流通均由国家经营；对名山大泽实行全面的国家管制，对在山泽从事采伐渔猎的人征税或强制收购其产品；对铁（钱）布铜冶即货币的铸造和货币材料的采掘冶炼由国家垄断；在几个大城市实行"五均赊贷"即由国家管制工商业、物价并直接进行赊贷活动。可见，六管就是对农业生产以外的一切生产、流通活动都实行封建的国家垄断。

对于实行"六管"的目的，王莽的诏书说：

> 夫盐，食肴之将；酒，百药之长，嘉会之好；铁，田农之本；名山大泽，饶衍之臧；五均赊贷，百姓所取平，卬以给澹；铁布铜冶，通行有无，备民用也。此六者，非编户齐民所能家作，必卬于市，虽贵数倍，不得不买。豪民富贾，即要贫弱，先圣知其然也，故干之。[①]

这就是说：王莽政权所以要实行六管，是因为盐、铁、酒、名山大泽、钱布铜冶和五均赊贷六项，都是普通老百姓生活所必需，而又不可能家家户户自给自足，豪民富贾利用这种情况把价格抬高数倍，平民也不得不买。只有实行六管，才能杜绝豪民富贾垄断以制民命的情况。

说的是很娓娓动听的！实行六管本是为加强掠夺人民以增加国家财政收入，却要说成是为了使黎民百姓免受豪民富贾的兼并盘剥。不过，我们倒不必为这种情况而特别谴责王莽。掠夺人民是剥削阶级政权的本质，是任何封建王朝所不能例外的。只要在

---

① 《汉书·食货志》。

增加财政收入的过程中确实打击了豪民富贾的兼并活动，从而使广大人民因增加国家财政而承受的负担比原来所受豪民富贾的兼并盘剥为少，这种财政政策就仍有可以肯定之处。然而，王莽的六管又是如何呢？

第一，王莽政权要垄断的生产、流通事业，并不都是豪民富贾所要垄断和所能垄断的。

王莽政权规定对在山林水泽捕捉鸟、兽、鱼鳖、百虫，从事畜牧以及嫔妇桑蚕、织纴、纺绩、补缝、工匠、医巫、卜祝及其他方技的，都要征收共赢利的十分之一作为赋税。鸟兽鱼鳖百虫不都是名山大泽所出，而且多数是农民的副业；嫔妇桑蚕织纴补缝更基本上是自给自足性的生产，只有自家消费的少量剩余才成为商品；医巫卜祝及其他方技也多是一些规模极小的营业。王莽政权把这些都列入六管之中，都要征税，这绝不能说是为了打击豪民富贾。

第二，王莽政权通过六管对广大人民所进行的掠夺，未必较豪民富贾的盘剥为轻。

六管中对酒专卖的成本、价格和利润做了比较具体的规定，我们就以酒专卖为例来分析它对广大人民剥削、掠夺的程度。

王莽政权的酒专卖，规定一酿用粗米二斛、麹一斛作原料，酿造出酒六斛六斗。酒的售价每三斛相当于粗米二斛和麹一斛的价格之和。这样，从六斛六斗酒价中扣除原料价格，还余三斛六斗的酒价，其中的十分之三，即一斛八升，用于补偿"丁、器、薪樵之费"，也就是工资、工具和燃料的开支，余下的十分之七即相当于二斛五斗二升的酒价为纯利润，利润率高达61.76%！①

———

① 据《汉书·食货志》所载材料计算。

如果对酒不实行国家专卖而听任私人卖酒，未必能达到这样高的价格和利润。

王莽的"五均"实际上也就是桑弘羊所实行的"平准"。不过，王莽的"五均"，办法定得比较详尽周密；目前学术界对它的评价也分歧较大，因而有必要作较为具体的考察。

"五均"出自西汉河间献王所传的《乐语》。《乐语》说："天子取诸侯之土以立五均，则市无二贾，四民常均，强者不得困弱，富者不得要贫"①。这表明设立五均是要通过国家管理物价来限制商人的剥削、兼并活动。王莽依据这一说法，在首都长安的东、西市和洛阳、邯郸、临甾、宛、成都五个城市，都设立"五均司市"，每一五均司市设交易丞一人、钱府丞一人，管理市场物价并经营赊贷活动。在管理市场物价方面，各五均司市以每一季度的中间一个月的商品价格为依据，并按商品质量分为上、中、下三等，确定每一季度的标准价格，叫做"市平"。当商品价格上涨到高于标准价格一钱时，五均司市即按标准价格抛售商品；在市场价格低于标准价格时，就听任私人买卖，不加干涉。对五谷、布帛、丝绵等民间主要消费品，则在发生滞销时由五均司市按照其原来价格收买，使商品出售者免遭亏损。

王莽的这一套市场价格管理办法，是为保持首都及几个主要城市物价的稳定，"以防贵庾者"②，即防止抬高价格和囤积货物。

应该说，这一套管理办法比起过去封建政权实行的"平准"，"平籴"的办法来，在技术上都更加完善。但是，实行这一套办法

① 《汉书·食货志注》。
② 《汉书·食货志》。

能否收效，在经济上要取决于两个前提：一个是生产的情况比较正常，不致因物资奇缺而造成物价大涨；另一个是不发生货币的严重贬值。

然而，这两个前提在王莽的统治下都被根本破坏了，而且是由王莽的政策自己破坏的。

先看生产方面。王莽对内实行频繁的改制，严重搞乱了社会经济活动，又大兴土木，用严刑峻法惩治反对和抵制他的改制的人；对外向周围各少数民族挑衅，弄得战祸频繁。单是侵犯匈奴的战争，兵力就达三十万，后方从事运送、征发的人员更难数计。他为了给自己的祖先和冒认的祖先修"九庙"，仅过度劳动和虐待致死的劳动力就达"万数"，征发的全部劳动力至少也有几十万人。由于他的倒行逆施和朝令夕改严重破坏了生产，弄得哀鸿遍野，仅入关的饥民就有几十万人。广大农民被迫聚集山泽，进行武装起义；王莽发百万大军征剿，这样，因农民战争和反革命镇压战争而脱离生产的劳动力，总数无疑有数百万。结果，在王莽统治的短短十几年中，"天下户口减半"[①]。劳动力遭到如此巨大的损失，生产遭到如此巨大的破坏，物价就必然因物资奇缺而继续猛涨。在这种情况下，不论多么周密的市场物价管理办法，也丝毫无济于事。

再看货币方面。王莽统治期间，货币改制是他的各种改制中最愚蠢、最荒唐、最具有自杀性的一项。这将在下一节专门论述。这里只要提出一点，即王莽的每一次货币改制都是一次剧烈的通货贬值。这使物价的上涨不是超过标准价格一钱，而是一下子涨到标准价格的几倍、几十倍！面对着这样的高物价，王莽政权规定

---

① 《汉书·食货志》。

的"市平",还能有什么意义呢? 五均司市有多少物资来维持这样一种"市平"呢?

六管政策多是汉武帝时代所推行过的。正如班固所说:王莽的六管是"欲法武帝"①。肯定王莽的人自然会提出:既然汉武帝实行这些政策有进步意义,而且确实取得了重大的历史成就,为什么对王莽沿袭和推广汉武帝的做法就不应肯定呢?

看一种政策所能起的作用,不但要看政策本身,还要看实行时的主、客观条件。汉武帝的政权是一个新兴地主阶级的政权,它有相当的朝气和生命力,既敢于打击违背这一政权的意志的大地主、大商人,又能控制和利用肯于为这一政权服务的商人。同时,这一政权对外受到强大匈奴武装入侵的威胁,对内受着地方诸侯分裂割据势力的威胁;执行盐、铁、平准、均输等政策,确有加强国防、巩固统一之效。王莽政权所代表的却是大地主阶级最腐朽集团的利益。不能设想,这样一个政权还能实行进步的政策。即使是历史上起过进步作用的政策,到这一批统治人物手中也会转化为自己的反面。何况,在汉武帝以后,汉政权所面临的外来入侵威胁和内部分裂危险都已基本上消除了,盐、铁、平准等政策已不能再发挥它们过去所曾起过的那种作用,而王莽政权却要不顾主客观条件变本加厉地加以推行,结果自然只能是东施效颦,适得其反!

---

① 《汉书·货殖传》。

五、王莽的货币改制是对广大人民的全面洗劫

在王莽掌权的十几年中,共进行了四次货币改制,如果算上第三次改制后的局部改变,实际上就有五次;而且,这些货币改制是在居摄二年(公元7年)至天凤元年(公元14年)这八年时间内进行的,平均不到两年就改一次。

居摄二年,王莽实行了第一次货币改制,在西汉政权原来通行的五铢钱外,又加铸了三种货币:大钱每枚重十二铢,当五铢钱五十,契刀每枚当五铢钱五百,金错刀每枚当五千。

始建国元年(公元8年),也就是王莽由假皇帝居摄而即真的第一年,废除契刀、错刀和五铢钱,除了当五十的大钱继续通行外,又加铸重一铢的"小钱",当五铢钱一枚使用,[①]这是第二次货币改制。

次年,王莽又进行了第三次货币改制。他把这次改制所发行的货币,统称为"宝货"。宝货共有钱、布、金、银、龟、贝六种。"钱货"共六品:小钱、幺钱、幼钱、中钱、壮钱、大钱,分别当五铢钱一、十、二十、三十、四十、五十枚。布货十品:大布、次布、弟布、壮布、中布、差布、厚布、幼布、幺布、小布,分别相当于五铢钱一百、二百、三百……至一千。钱、布都是铜铸的货币。黄金一品,重一斤,值五铢钱一万银货二品:朱提银每"流"重八两,值五铢钱一千五百八十;其他成色较差的银每"流"值五铢钱一千。龟宝

---

① 《汉书·王莽传》。按:《汉书·食货志》未记载这次改制。

四品：元龟、公龟、侯龟、子龟，分别当五铢钱二千一百六十、五百、三百和一百。贝货五品：大贝、壮贝、么贝、小贝和次于小贝的贝。大贝至小贝四种都以二枚为一朋，分别当五铢钱二百二十、五十、三十、十枚；次于小贝的贝不按朋计，而以每枚当五铢钱三枚行使。这次货币改制所颁行的"宝货"，共计五物、六名、二十八品。这样荒唐混乱的货币改制，在中国货币史上和世界货币史上都是绝无仅有的。

这次改制后，市场交易和社会经济生活各方面都陷于极大混乱，王莽的"宝货"无法流通，民间私用汉朝的五铢钱交易，"农商失业，食货俱废"①，王莽对私用五铢钱的严刑惩治，结果"自卿大夫至于庶人"犯罪者"不可称数"，王莽无计可施，只好宣布只行小钱和大钱二品，其余均暂停行使。

天凤元年，王莽又进行了最后一次改制。这次改制的内容是：（1）"复申下金银龟贝之货"，但对它们原来规定的价值有相当增减。（2）废大钱和小钱，另作货布、货泉两种。货泉重五铢，当五铢钱一；货布重二十五铢，当货泉二十五，也即当五铢钱二十五。（3）大钱许继续使用六年，但由当五十贬为当一。

王莽的货币改制，是他所实行的各种经济改制中最糟糕的一部分，这是历来评论王莽改制的人所公认的翦伯赞同志就认为：王莽的货币改制"种类复杂，单位太多，换算亦不容易"②。胡寄窗同志则评论说："在王莽的各种经济改革措施中，货币改革要算是最混乱、最荒唐的一种"，王莽"毫无货币常识"③，"每次都是在货制

①　《汉书·食货志》。
②　翦伯赞：《中国史纲》第二卷，大孚公司1947年版，第397页。
③　胡寄窗：《中国经济思想史》中册，上海人民出版社1963年版，第169页。

改革上充分运用政治权力以加强对人民的剥削"①。

这些评论都是十分正确的。问题在于:既然认为王莽的货币改制是荒唐、混乱、毫无货币常识,又是疯狂掠夺人民的,这同肯定王莽是大政治家、能对症下药地进行改革和在经济问题上有较深刻的认识,如何能够协调呢?

唯一可能的解释是,这些同志都把王莽的货币改制在整个的经济改制中的地位看得并不重要,因而认为:既然王莽改制的其他方面是有进步意义的,那就足以表明王莽改制有可以肯定的一面。

对王田制和六管政策前面已作过分析。现在要分辨清楚的是:究竟王莽的货币改制在他的全部经济改制中占什么地位?是无足轻重,还是极为重要?

笔者认为:王莽的货币改制在他的全部经济改制中的地位不是无足轻重,而是占着最重要的地位。评价王莽的经济改制,应当首先考虑这一方面,因为:

第一,王莽的货币改制,在他的各方面经济改制中牵动面最广,破坏作用最剧烈。

货币是一般等价物,币制的改变影响社会上的一切人。尽管封建社会以自然经济占主要地位,货币流通的范围有限,币制改变的影响面也仍然是很广的。王莽频繁地实行货币改制,每次又总是以小易大,以轻易重。例如,第一次货币改制所铸的大钱,重十二铢,含铜量只是五铢钱的2.4倍,但却当五铢钱五十枚使用,每发行一枚大钱就从百姓手中掠夺走五铢钱46.6枚。第二次改制禁行五铢钱,而改铸重一铢的小钱当五铢一枚使用。王莽政权每发

---

① 胡寄窗:《中国经济思想史》中册,上海人民出版社1963年版,第171页。

行一枚小钱就可从百姓手中夺走四倍的价值。第三次改制中铸造的"幼钱"，每枚重五铢，却当五铢钱二十枚使用。第四次改制所铸的货币，重二十五铢，是五铢钱的五倍，却当二十五枚五铢钱使用。……如此等等。这样，王莽每搞一次货币改制，就是对全国人民实行一次最普遍的洗劫，也是对市场、对社会经济生活的一次全面扰乱。这些货币改制自然也打击了一些商人和地主，但主要却是打击中、下层人民。因为，频繁的货币改制所引起的严重的社会经济混乱，恰恰有利于大商人、大地主浑水摸鱼，投机牟利。史书上说王莽"每一易钱，民用破业"①，这无疑是真实的情况。

第二，货币改制最典型地体现了王莽在政治实践方面的迷信、复古、狂妄轻躁和朝令夕改等特点。

王莽把货币看作王权的象征，在居摄、即真后都立即改换货币；在改元天凤时也进行改币。他的货币改制所以搞得如此频繁，和这一点是分不开的。

王莽是个复古迷，"每有所兴造，必欲依古得经文"②。他所以把龟、贝、布等都搬了出来，列入"宝货"，演出中国货币史上的一幕空前绝后的闹剧，就是因为古代有过布币，有过以龟、贝为货币的情况。

利用迷信为自己的篡权窃国造舆论，借装神弄鬼来愚弄群众，吓唬别人，更是王莽的拿手好戏。王莽的一生，制造过无数迷信。在货币改制方面，这个特点也有非常明显的表现。他即真后，宣布废五铢钱、契刀和金错刀。五铢钱是汉朝通用的钱，王莽废五铢钱，

---

① 《汉书·食货志》。
② 同上。

是想彻底抹掉汉朝的痕迹，这是不难理解的。契刀和金错刀，本来是他居摄时所新铸的货币，行用不久，为什么也要废呢？原来，王莽以为"劉"（刘）字是由"卯"、"金"、"刀"三字组成的，害怕人们看到契刀、金错刀就想到刘字，想到刘氏作皇帝的汉朝，为了表示"皇天革汉而立新，废刘而兴王"①，所以就把它们和五铢钱一道废除了。

第三，货币改制最能体现王莽在理论认识上的浅薄、无知和愚蠢。

王莽改制处处都表现了违反历史趋势、不顾主客观条件而一意孤行的特点，而他在货币改制方面的所作所为，更把他的这种浅薄、无知和愚而好自用的情况最突出地表现了出来。事实确如胡寄窗同志所说：王莽"毫无货币常识"。

在王莽的货币改制中，最为光怪陆离的是第三次，一下子就搞出了五物、六名、二十八品，其名目之多，尤其是换算标准之复杂，肯定连王莽本人以及他的"羲和"（主管财政经济工作的大臣）鲁匡也记不得，说不清。王莽这样做并不是没经过考虑的。在宣布实行"宝货"制的理由时王莽曾说："宝货皆重则小用不给，皆轻则儌载烦费，轻重大小各有差品，则用便而民乐"②。轻重大小是量的问题，而五物、六名则是品种方面的差别，为了确定货币的轻重大小，就要搞出多品种的宝货制来，弄得轻重大小更难计算。这表明：王莽连什么是轻重大小也不懂，不仅没有货币常识，连一般人的常识也是缺乏的。

---

① 《汉书·王莽传》。
② 同上。

第四，货币改制最能表现王莽的"独创"性。

在王莽的各项改制中，王田制有井田理想可供仿效，盐、铁、酒榷、五均等有汉武帝旧制可以沿袭；但是，像王莽所进行的那样频繁、那样杂乱、那样离奇古怪的货币改制，的确是旷古未有。正因如此，王莽的货币改制比他的经济改制的其他部分都更能代表他的经济思想的水平。评价王莽的经济思想，理应把他的货币改制所体现的思想放在首要地位。

王莽的货币改制，对广大人民进行了最普遍的洗劫，对社会经济造成了最剧烈的破坏，同时，也最彻底地挖了自己的墙角。王莽政权所以崩溃得那么快、那么惨，他的货币改制无疑是起了重要作用的。

王莽为什么要以这样频繁、猛烈和荒唐的方式来进行货币改制呢？单用他的无知和愚妄并不能说明问题，还需要作更深入的分析。

笔者认为：这首先是由王莽政权所代表的大地主阶级最腐朽集团的极端贪婪性所决定的。这个集团恨不得把全国人民的财富一口吞进自己的肚里，它一旦上台，必然要利用手中的政治权力想尽办法掠夺人民。王莽政权把全国土地改为王田，使自己成为全国唯一的地主；五均、六管几乎把全国一切重要的工商业和自然资源都垄断起来。然而，对一个掌握了全国政权的大地主阶级腐朽集团来说，最普遍、最集中、最迅速的掠夺手段，自然还是货币贬值。王莽时代还没有纸币，还不可能实行滥发纸币这种简单易行的办法，用"纸蝴蝶"把财富"从公众的钱袋诱入空虚的国库里去"[1]。于是，他就企图把历史上曾经当作货币使用过的一切东西，都统统

---

[1] 《马克思恩格斯全集》第20卷，人民出版社1971年版，第257页。

搬出来作为掠取人民财富的手段。

其次,这又是大地主阶级最腐朽集团极端迷信权力的特点的表现。

对汉代的贵戚、大官僚这些大地主集团来说,政治权力是他们获得财富的主要手段和基本保障。因此,这些集团必然有迷信权力的特点。王莽是西汉最大、最横暴、最腐朽的贵戚集团的代表人物,因而他在迷信权力方面也达到了登峰造极的地步。这种对权力的极端迷信,表现在货币方面,就使他必然成为一个十足的货币名目主义者。他相信王权可以使任何东西成为货币,可以任意改变货币的价值,也可以废止任何货币。于是,就出现了他在货币改制方面的一系列频繁、猛烈和荒唐的做法。

六、王莽"不能无为"的秘密

西汉时代有一个很有意思的现象:从汉初的"无为"开始,到王莽的"不能无为"结束。

汉初奉行黄老之学,提倡无为,这对巩固中央集权的封建政权、恢复和发展经济曾起过重要的作用。到汉武帝时期,无为已为有为所代替。汉武帝确实是有为的,在文治武功各方面都大有作为。

王莽是最崇尚有为、反对无为的。他年年改制,岁岁更张,他自己经常忙得"御灯火至明,犹不能胜",他的公卿百官,也为此"旦入暮出,连年不决"①。他的改制,几乎扰动了全国各阶层、各地区

---

① 《汉书·王莽传》。

和各个民族的人，破坏了农、工、商、各种生产和流通事业。内地的广大农民、其他劳动人民、商人以及一般地主，都被他的改制弄得搅海翻江，鸡犬不宁。他对各少数民族领导人的称号乱加贬削，甚至加给各种侮辱性称号（如把"匈奴单于"改为"降奴服予"），并把他们要求民族团结的愿望看成软弱可欺，肆意勒索财物，结果完全破坏了长期的民族和好局面，引起连年的民族战争，造成各民族人民生命财产的巨大损失。王莽改制打击、损害了全国绝大多数人，也把全国绝大多数人都变成了自己的敌人，终于使自己淹没在遍地人民起义的怒涛中了。史称王莽"不能以无为"[①]。王莽的频繁改制确实表明了这一点。道家的理想是"无为而无不为"；王莽刚好相反，他"不能以无为"，结果却是全无可为。

为什么王莽不能无为，非要频繁地搞这种自扰扰民、害人害己的改制不可呢？班固认为，这是由于"莽性躁扰"[②]，也就是说，是由王莽的个人性格造成的一个人的所作所为，同他的性格当然有关系；但王莽改制是一场扰动全国十几年、害死全国人口一半的巨大历史灾难，把这样一场巨大历史灾难简单地归因于王莽的个人性格，这完全是唯心主义的解释，是不能说明问题的。

笔者认为：王莽所以不能无为，是由王莽的阶级地位决定的，又是和西汉今文经学的改制思想的影响分不开的。

西汉盛行今文经学。今文经学宣扬王朝受命于天的思想，认为改朝换代是天命变更的结果，新王朝必须以改制来表明自己的受命。王莽代表的是大地主阶级最腐朽集团，这个集团的既得利

---

① 《汉书·食货志》。
② 同上。

益是和全国大多数人尖锐对立的王莽的得天下，完全靠裙带关系和玩弄阴谋诡计，欺人孤儿寡妇，未费过一兵一卒。他代表的社会力量极其虚弱，手中没有真正的政治、军事实力，他得天下的手段又极不得人心。他坐上了皇帝的宝座，就像坐在了火山口上，既怕百姓不服，又怕汉朝的残余势力卷土重来，还担心其他的野心家、阴谋家仿效他的所作所为。在这种情况下，他特别需要以"受命于天"作为护符，用天命来吓唬人们，使老百姓畏服，使汉朝残余势力熄复国之望，使他自己的臣下绝觊觎之念。受命必须以改制来表现，于是，篡权、保权的需要，就使王莽成了一个真正的改制迷。

王莽的亲信、专门依托古书为王莽篡权造舆论的刘歆，本是以提倡古文经相标榜的。王莽改制经常依托《周礼》，就是王莽集团重视古文经的表现。但是，王莽绝不是拘守今、古文经门户界线的经生。对他来说，什么手段有利于他实现黄袍加身、传之万世的目的，他都不拒绝利用，何况今文经学这种特别适合于他的篡权固位需要的改制受命思想呢！

史书说王莽认为"制定则天下自平"[①]。为什么制定则天下自平呢？因为，在王莽看来，改制既是受命于天的表现，改制越多，越频繁，花样越翻新，就会在人们眼里把"受命于天"表现得越明显，越突出，人们就会更服从他统治而不敢有异心，所以就"天下自平"了。

王莽从这种目的出发进行改制，结果必然会是：他认为天下越不安、越不平就越要改制，改制把天下搅得更乱，更不平，就又要搞另一次改制。越不平越改，越改越不平……王莽就这样深陷在

---

① 《汉书·王莽传》。

一个恶性循环中了。

　　恩格斯曾经指出：路易·波拿巴认为历史上"起决定作用的是老江湖骗子的小骗术，而且是什么样的骗术呵！对付任何事变，总是只用同一个处方①"。

　　这话对评价王莽也是适用的。

（原载《北京大学学报》,1983年第8期）

---

① 《马克思恩格斯全集》第32卷,人民出版社1974年版,第503页。

29　汉传佛教经济思想发展的重要阶段

——试论禅宗的农禅思想

一、佛教关于经济生活的基本观点

在中国汉族地区流行，并且传入朝鲜、日本等国的汉传佛教，同印度原来的佛教以及南传佛教、藏传佛教相比，在教义、组织形式及教规、教律方面，都有自己的特色，在经济观点、经济思想方面，也具有许多自己独特的东西。

汉传佛教的经济思想，是佛教原来的经济观点同汉族地区特有的经济、政治、文化条件逐渐结合起来的产物。研究汉传佛教的经济思想，不可不先对佛教原来的经济观点有一个大致的了解。

佛教是一种出世的宗教，它认为现实世界是充满着苦难的，但却不想去改造现实世界，而是在人世之外约许给人们的灵魂以一个极乐世界。佛教对现实世界的这种态度，使它对国计民生即有关国家、人民的经济状况问题，抱着漠不关心的态度。

佛教对个人的经济生活问题，比对宏观的国民经济问题的态度，甚至更为消极。它要求僧侣出家，不积私财，摒绝各方面的嗜欲和生活享受，以简单、清苦的生活自持。这种态度，同为了私人财富而积极从事经济活动的要求是相反的，因而，佛教也极少从积极方面探讨如何进行个人经济活动的问题。

这种情况决定了：佛教在经济思想领域积累下来的成果，总的说是不丰富的，尤其缺乏对社会经济的发展和进步具有积极意义的内容。

尽管佛教对国民经济及个人的经济生活都抱消极的态度，但它毕竟不可能完全避开经济问题；尽管佛教的经济思想并不丰富，并不活跃，却也不可能没有某些关于经济生活的观点。经济生活是人类的最基本的生活，是人们生存所系，是任何个人、任何群体所不能没有的。佛教徒不管信仰多么虔诚，对个人物质生活的要求多么简单、低下，但归根到底总需有某种经济生活作为宗教生活的基础。佛祖释迦牟尼在修行时，馁饿无力，后有牧女施给一碗乳糜，才得恢复气力继续修行。释氏由此认为："道非羸身得，要须身力求。饮食充诸根，根悦令心安。……食已诸根悦，堪受于菩提。"[1]可见，宗教生活是不能完全脱离物质生活的；否则，个人不能生存，宗教修行也就完全谈不上了。

既然不能没有经济生活，当然也就不可能没有经济生活在观念方面的表现，不可能没有某些经济观点和经济思想。佛教对经济生活的消极态度，本身也是一种经济观点。

佛教的基本经济观点大致可以概括为以下几个方面：

（一）认为财物（尤其是贵重财物和生产资料）和获取财物的各种经济活动都是"不净"的。

佛教戒律有"八不净财"的说法，把"一，田宅园林，二，种植生种，三，贮积谷帛，四，畜养人仆，五，养系鸟兽，六，钱宝贵物，七，

---

①　《佛所行赞》卷三。

毡褥釜镬,八,象金饰床及诸重物"等等,都看作是"不净财",认为僧、尼占有,贮积这些不净财,就会"长贪坏道,污染梵行,有得秽果"①。僧、尼不但不许占有这类财物,而且连进行生产和经营活动以获取财物,也被认为是违反佛戒的:"持净戒者不得贩卖、贸易、安置田宅、畜养人民、奴婢、畜生,一切种植及诸财宝,皆当远离,如避火坑,不得斩伐草木、垦土、掘地。"②

不仅如此,佛教还认为僧、尼为了解决自身生活问题而进的一切劳动和服务,如"自手作食,自磨自舂"③以至泥壁、彻屋、清除庭院积水等,也都是同僧、尼身份不相容的"不净业"或"下业"。

(二)僧、尼的物质生活主要应靠"劝化"即乞讨来解决。

僧、尼既不许积私产,又不许从事生产劳动和各种经营活动,他们的收入从何而来呢?他们的衣食靠什么来维持呢?答案是,而且只能是,靠接受布施,即靠檀越们的施舍来解决。为了得到布施,僧、尼不能只是坐等檀越上门,还应主动去请求布施,这就是所谓劝化或化缘。

劝化可以说是佛律对解决僧、尼物质生活来源所无条件肯定的唯一方式。佛律在有的情况下也允许僧、尼生活可有其他的来源,但它从原则上无条件加以肯定的,则只有劝化一种方式,对其他方式的肯定都是有条件的,有限制的。《释氏要览》引《三千威仪经》说:"出家所做事物有三:一,坐禅,二,诵经,三,劝化。众事若具足三事,是应出家人法。"④

---

① 《四分律删繁补阙行事钞》卷中二。
② 《佛遗教经论疏节要》引《十诵律》。
③ 《四分律删繁补阙行事钞》卷中二。
④ 《释氏要览》卷上。

这里，劝化不止被看作解决僧、尼生活问题的唯一无条件合乎佛律的要求的方式，而且被列为僧、尼的最基本的宗教活动之一，同坐禅、诵经并作为佛教出家人的三项日常功课。

（三）僧、尼的最低生活资料之外的财物，必须通过"净施"才可以获得。

劝化原则上是对僧、尼最低生活资料即日常衣食的劝化，尤其是每日餐饭的乞讨。但劝化得来的食物有限，难以维持长久；而且，劝化食物不能成为僧、尼生活的稳定的、可靠的来源，有时就可能劝化不到。维持生命的食物都劝化不到，坐禅、诵经等宗教活动，也就难以正常进行了。于是，佛教在允许僧、尼劝化食物之外，也难以绝对禁止他们接受其他财物的布施，包括所谓不净财的布施；不过，接受这种布施必须有两个条件：一是直接劝化来的食物不足维持正常宗教活动的需要，二是各种财物的布施必须通过净施。佛律规定：

> 观知我等弟子，有人供给所需无乏，如是之人，佛则不听受畜一切八不净物；若诸弟子无人供须，时世饥馑，饮食难得，若欲维护建立正法，我听弟子受畜奴婢、金银、车乘、田宅、谷米，卖易所畜。虽听受畜如是等物，要须净施。[1]

不仅对金银、车乘等贵重财物的布施可以接受，而且连生产资料以及为僧、尼进行生产劳动和服务的劳动力（奴婢）也可以接受，而且还允许"卖易所需"。这就为僧、尼大量积贮财物和从事

---

[1] 《四分律删繁补阙行事钞》卷中二。

各种经济活动,以求财益富,大开了方便之门。虽然对接受这些财物的布施规定了条件,但因条件的规定很不严格,其含义的解释又具有很大的伸缩性,因而实际上起不了多少限制作用。例如,第一个条件是接受这类布施必须是"为欲维护建立正法"。维护建立正法的物质需要到底应该是多少,可以言人人殊,凡是想接受大量财物布施的僧、尼,随时都可以借口只靠劝化食物或化斋不敷"建立正法"之所需,而多方求取其他财物,从事求利、生财的各种活动;而且,越是富有的佛寺和僧、尼,越可以说自己建立正法的需要大。至于第二个条件"要须净施",即通过一定的宗教仪式把不净财说成是"净"的,那就更是漫无边际,可以随心所欲了。

(四)寺院所从事的一切生产劳动和经济活动,以及僧、尼生活所需的各种服务,应由属于寺院的"净人"即寺院的依附劳动者担任,免致僧、尼自身沾染"不净"。

不净财在经过净施之后,虽然允许接受,但如果让僧、尼直接利用这些财物进行生产、经营活动,那就不啻把僧人变成了俗人,会影响他们的佛门弟子的形象;而且,让僧、尼整天陷入求田问舍、坐市列肆、贩物求利、放债取息之类的俗务中,也会妨碍他们从事坐禅、诵经、礼佛、说法等宗教活动。为了使他们摆脱这些矛盾和困难,佛律规定:佛教寺院可以役使"净人"承担生产劳动、经营活动和各种生活服务。

所谓净人,是指专门为寺院进行生产、贸易及服务活动的一种人身依附性的劳动者。寺院为了"维护建立正法",需要进行这类活动,而这类活动又是不净的,由僧人自为,会"长贪坏道,污染梵行",于是,就需要专门找一种人为僧、尼承担这类活动,使僧、尼可以免受这些不净业的污染。这就是所谓"为僧作净,免僧有过"①。事实上,净人的使命,不但是使僧人可以避免自操不净之业的"过"而已;还使僧人可以不劳而获,坐享不净之财、不净之业所带来的实惠。

这样一来,僧、尼的财路就十分宽广了:

如有人施僧田宅、店肆,听受,使净人知之。②

如有生息物在外,遣寺内僧祇、净人推求取之。③

"有贵价衣",可"令净人贸易"④。

僧、尼要得到什么珍奇难得之物,也可以"觅净人求之"⑤。

贵价衣、奇珍异宝,是不净财中尤为不净的,是僧、尼不应接受和积贮的,可是,有了净人代为经营,就不但可以接受布施,还可到处去买卖、搜求。这样,寺院广藏珍异,富过王侯,也就不无可能了。

有了净人,僧、尼生活的许多方面,都可随时有人侍候:"若彻故屋,使净人为之"、"若坏壁,使净人却泥"、"井池渎汪水,新雨后使净人抒"⑥等等。

净人不仅是为僧、尼进行生产、贸易和生活服役的劳动者,还是对寺院存在着人身隶属关系的寺院奴隶或农奴。

正像世俗的奴生子世为奴隶一样,净人所生的子女也世为净人。

---

① 《释氏要览》卷上。
② 《四分律删繁补阙行事钞》卷中二。
③ 同上。
④ 同上。
⑤ 同上。
⑥ 同上。

寺院的净人主要是由国家、贵族和豪富们布施来的。这些檀越在向寺院布施财物时，往往也把大量依附人口布施给寺院，依附人口在被布施给寺院之后，就成为净人。《释氏要览》曾引述《十诵律》中的一个故事："瓶沙王见大迦叶自蹋泥修屋。王于后捕得五百贼人。王问：'汝能供给比丘，当赦汝命'。皆愿。王遂遣往祇园充净人。"①

一次施给五百净人，可见寺院规模之大，僧人之众和财富之多！

（五）寺院中的一切生产资料和基本财物，都归"常住"即僧团集体所有。

寺院的房舍、耕地、依附劳动力、畜力以及库存粮食等，是寺院的经济基础，离了这一基础，或者这一基础遭到严重削弱，寺院在宗教界以及社会上的势力就难以保持。因此，佛教虽然允许佛门弟子接受财物布施并经营各种经济事业（借助净人），但前提是由寺院接受，并归寺院僧、团集体所有；僧、尼个人有权享用，但不得据为私有，更不许僧侣之外的各界人士侵占。本寺院以外的僧、尼，如因学法、游方等原因来本寺居住，也得与本寺僧、尼一样免费享受食宿；但其他任何寺院不能分占或抽调本寺院的财物。这种寺院僧团集体所有制，就是佛教所称的"常住"。常住者，常常留住于寺院僧众内部，不分散亦不外流之谓也。这也就是《释氏要览》所解释的："常住谓众僧舍宇、什物、树木、田园、仆畜、米麦等物，以体局当处，不通余界；但得受用，不通分卖，故重言常

---

① 《释氏要览》卷下。

住也。"①

常住财物虽然为寺院集体所有，但往往控制在地位高、有权势的僧人手中，实质上同他们的私产差不多。不过，任何僧、尼个人却无权把这些财物赠送别人；即使在他们死后，也必须作为僧人财产留在寺内："制入僧余处不得"②。所谓"制入僧"，包括入于常住集体和寺僧个人，一般的分配办法是："重物"即田产、房舍、奴婢、畜产以及粮米储存等生产资料和僧、尼的基本生活资料，只能作为常住财产归于寺中僧团集体；"轻物"即一般消费品，可以分给其他僧人或世俗亲友。这种制度是为了使寺院所有的生产资料以及屋宇、粮食等基本生活资料可以常住不散，以保持寺院的经济基础不被削弱。

（六）消费方面的禁欲主义。佛律要求僧、尼以戒自持，过极为简单、清苦的物质生活。"沙弥十净戒"中关于不饮酒、不坐卧高广大床、不花鬘璎珞香油涂身（不美饰，不用化妆品）、不自作亦不观听歌舞，不非时食（过午不食）等，都是要在消费方面施加严格的限制，尽量抑遏嗜欲。

总之，以财物及经济活动为不净，要求僧侣不积私财，不亲身从事经济活动；生活靠劝化，靠接受布施；僧侣所需的生活服役及寺院的经济活动由净人承担；寺院的财产为寺院僧团即常住所有；在消费方面的禁欲主义，等等。这些就是佛教对经济生活的基本观点，也是汉传佛教的经济思想由以形成的出发点。

---

① 《释氏要览》卷下。
② 《四分律删繁补阙行事钞》卷下一。

二、汉传佛教和汉传佛教的经济思想

佛教自东汉前期开始进入中原地区，但在相当长时期中并未得到广泛流传。这与其说是由于封建王朝的不热心提倡和支持，[①]毋宁说是由于佛教在汉族地区还未形成广泛传布的社会基础。

东汉末至三国时期，严重的社会扰攘和战乱，使苦难深重的人民看不到出路，对现实社会陷入绝望，正如佛教所说的，人们已处于"苦海无边"的惨境。在这种情况下，佛教关于现实世界之外存在着一个极乐世界以及轮回果报的说法，总还可以为人们提供一点空幻的安慰和希望。于是，佛教在民间逐渐有了传布的土壤。西晋以后，朝政昏暗、腐败，统治阶级内部进行着惨烈的权力争夺，军阀的无休止的混战以及继之而来的民族战争，终于使中国出现了一个长达数百年的分裂、战乱时期。在这种局面下，不但广大黎民百姓如水益深，如火益热；连统治阶级的上层人物也经常处于朝不保夕的危惧之中。这样，从东晋、十六国时期开始，佛教在中国就有了比较广泛的社会基础，进入了盛行的时期。

随着佛教在汉族地区的传布，佛教怎样对待经济生活的问题也日益提到日程上来了。

认为僧、尼的生活来源主要应靠劝化或接受布施是佛教的一个最基本的经济观点，不论是什么时期、在什么地区传播的佛教，

---

① 东汉及曹魏都只许"西域人得立寺都邑"，"其汉人皆不得出家"。见《高僧传》卷十《竺佛图澄传》。

也不论是佛教的任何教派，绝没有否定劝化或布施的。但是，布施只能从俗界的佛教信徒或支持者而来在佛教的传布还没有广大的社会基础的时代，僧、尼所能得到的布施也不会多。在东汉、三国时期，佛教已有了若干较大的施主，如东汉末"督广陵、彭城运漕"的军阀、官僚笮融，就以贪污漕粮得来的巨款"大起浮屠祠"，铸铜佛，"以黄金涂身"，每次浴佛，都多设酒饭招诱人们来参加，以致来者常"万人"，"费以巨亿计"。① 不过，当时这还只能是个别的情况，在整个社会中，僧、尼所能得到的布施，在范围和数量方面，都还是很为有限的。

在布施少而且不容易经常得到的情况下，靠劝化维持生活是十分艰难的。汉传佛教的许多僧人，持戒相当严格，他们靠托钵乞食，恪守不蓄私财的戒律，虔诚地修持着。例如，"释慧弥……翦茅结宇，以为栖神之宅；时至则托钵入村，食竟，则还室禅诵"② 有的僧人，在劝化来的财物有剩余时，则转施给贫民，而自己却始终过着绝无私财、私蓄的乞食生活，如：

释法恭……少而苦行殊伦，服布衣，饵菽麦……所获信施，常分给贫病，未尝私蓄。③

释道嵩……随获利养，皆以施人；瓶衣之外，略无长物。④

靠乞食是不能维持稳定的生活的，有的僧人就因多日无法乞

① 《三国志·吴志·刘繇传》。
② 《高僧传》卷十二。
③ 同上。
④ 同上。

得食物而饿死。北魏时凉州僧人智嵩，在迁地避乱中，"道路饥馑，绝粮积日"，他的弟子找到一些禽兽之肉，但道嵩"以戒自誓"，坚不食肉，"遂饿死于酒泉之西山"。①

即使能够经常乞得食物，至多也只能维持虔信僧、尼的个人生活，却不可能供养一个几十人、几百人的僧团集体；而没有僧团集体，佛教就不能形成为一个在社会上有影响的宗教势力。因此，汉传佛教从一开始就不能仅仅建立在直接劝化食物的基础上，而不得不在乞食之外另寻其他生路。早在晋代，僧侣就"或垦殖田圃，与农夫齐流；或商旅博易，与众人竞利；或矜持医道，轻作寒暑；或机巧异端，以济生产；或占相孤虚，妄论吉凶；或诡道假权，要射时意；或聚蓄委积，颐养有余；或抵掌空谈，坐食百姓"②。

僧人为了生活，不但从事农耕、手工业（机巧）、经商贸易等经济活动，而且连行医、卖药、占卦、看相等当时各种江湖人士所从事的"游食"活动，都无所不为。这同佛教为僧、尼所规定的坐禅、诵经、劝化三项"出家人法"，已经相去很远了。

如果说，靠托钵乞食不能为僧侣提供较稳定的生活来源；那么，靠占卜、医药等"游食"活动，也同样如此。较为稳定的生活来源，只能靠从事农、牧、工、商等经济活动。在一个农业为主的社会中，僧侣的生活也只有建立在农业生产上才最有保证。

因此，汉传佛教从较早时期起，就有靠农耕来维持寺院部分需要的情况。晋代曾经前往印度取经的名僧法显，年轻时曾和僧众数十人"于田中刈稻"，遇到饥民前来抢掠，被法显以"夺人所有"

---

① 《魏书·释老志》。
② 《释驳论》，见《弘明集》卷六。

来世必遭恶报的说法劝走，"众僧数百人，莫不叹服"。①

　　法显当时还是沙弥，一同劳动的僧众数十人，大概和他同样是寺院中的低级僧人；"众僧数百人"，则可能是全寺的僧众。一个僧寺同时出动数十名僧人参加农业劳动，这表明农业生产在寺院经济中已占了相当的地位。

　　在当时的佛教僧侣和社会人士中，还不认为僧侣从事农业生产或从事其他经济活动是正常的；但也不像印度佛教那样，认为是"不净"而从原则上加以否定。晋代有的名僧在回答人们对僧人参加经济活动是"业尚鄙近"的指责时就说：僧侣"体无羽毛不可袒而无衣，身非瓠（匏）瓜不可系而不食。自非造极，要有所资。年丰则取足于百姓，时俭则肆力以自供。诚非所宜，事不得已"②。

　　这里，"取足于百姓"即劝化仍被看作是僧、尼的唯一正常的生活来源；而"肆力以自供"即自谋生活，则是在"时俭"即荒年饥岁靠劝化不能维持生活时的变通办法。它是"诚非所宜"的，即不是僧、尼维持生活的正常方式，但它在特定条件下又是"事不得已"的，是行之不为有过的。

　　然而，许多经济活动不可能只在荒乱之年进行。以法显那种几十人同时刈稻的情况为例，几十人同时从事农业劳动，所耕土地当不下数百亩。如此大片耕地，不可能只在荒年耕播，常年则任其抛荒。这表明，他所在的寺院，很可能已经常有一批僧人从事农业生产活动。不过，由于受佛律的约束，汉传佛教长时期中仍保持着这种劝化为本的观点；只是，已不怎么强调僧人参加经济活动为

---

① 《高僧传》卷三《释法显》。
② 《释驳论》，见《弘明集》卷六。

"不净"了。

随着佛教在社会上层人士中得到越来越多的信奉者，许多寺院，特别是一些大的寺院，得到的布施大量增加：成百顷、千顷的土地，成百万、千万的钱财，被布施给寺院；有些门宗显赫的世族、豪家人士，自身也出家为僧，把巨大的家业也转成庙产。佛教在汉族地区臻于兴盛的时期，正是豪强世族地主在社会上处于支配地位的时期，社会上层对寺院的布施，除了土地、舍宇、财物外，也常把大批依附劳动力布施给寺院。这使一些大的寺院不仅田连阡陌，而且拥有众多的净人、奴婢以及"僧祇户"、"佛图户"等各种形式的依附人口，事实上成了同世俗的豪强世族地主相类似的僧侣豪强地主；而寺院的净人、奴婢、僧祇户、佛图户等寺院依附人口，则同世俗豪强地主的宾客、部曲在性质上无甚区别。

这样，大寺院的僧、尼，尤其是其上层僧、尼就可依靠巨大的寺产和众多的依附劳动者而完全摆脱"不净业"，过着豪侈的寄生生活。但是，并不是所有的寺院都有这样的条件。一般的寺院没有这么多的布施和寺产，就不得不较多地从事经济活动；由于这类寺院的净人等依附劳动者不多，僧人自己也不得不亲自参加一些生产和经营活动。众多的小寺庙，更不得不在劝化之外，广泛从事耕田、贸易以至医药、占卜等活动。

佛教寺院所拥有的土地和所从事的经济活动，以及僧、尼本身和寺院的依附人口，均不对封建国家缴纳赋税和承担徭役。寺院及僧、尼由国家的特殊部门管辖，不列入国家的编户齐民之中，因而为国家赋税、徭役所不及；寺院的净人等依附人口，也同世俗豪强地主的宾客、部曲一样，不列入国家的户籍，不对国家承担赋税徭役,所谓"皆不贯人籍"①、"寸绢不输官库,升米不进公仓"、"家休大小之调,门停强弱之丁"②。一些大的寺院,由于拥有强大的势力和特权,更能隐蔽大量的人户和土地。因而,寺院成了逃避官府赋税、徭役者的渊薮,一些苦于官府苛重赋役的百姓,纷纷出家为僧、尼,或寄名寺院,作为寺院依附人户。

寺院的经济活动,其贪婪残暴,较世俗地主、商人,也不稍逊色:寺院"主司冒利,规取赢息,及其征责,不计水旱,或偿利过本,或翻改券契,侵蠹贫下,莫知纪极。细民嗟毒,岁月滋深……"③。

僧徒中许多人"嗜欲无厌,营求不息,出入闾里,周旋阛阓,驱策田产,聚积货物,耕织为生,估贩成业"④。

这样,随着佛教的兴盛和寺院经济的强大,寺院内部以及寺院同外部社会之间的阶级斗争和不同利益集团之间的斗争,也日益加剧起来。斗争主要表现为:

(一)寺院剥削者(掌握寺院经济的高层僧侣)同受剥削的寺院依附劳动者以及其他贫民之间的斗争,如上面所揭露的"规取赢息"、"偿利过本"、"征责不计水旱"等。

(二)寺院僧团内部上层僧侣同下层僧侣、穷僧同富僧之间的斗争。

(三)寺院地主同世俗地主之间的矛盾和斗争。

在寺院经济兴起之前,中国社会中除地主同农民之间的对立之外,在不同的地主集团之间,也早就存在着错综复杂的矛盾,如

---

① 《南史·循吏传》。
② 《谏仁山深法师罢道书》,见《广弘明集》卷二十四。
③ 《魏书·释老志》。
④ 《旧唐书·高祖纪》。

豪强世族地主同一般地主之间的矛盾，豪强世族同代表地主阶级整体利益的封建国家之间的矛盾，以及不同的豪强世族地主集团之间的矛盾，等等。寺院经济的兴起，使这类矛盾更加复杂化：大、小寺院之间，也存在着豪强世族地主同一般地主之间以及他们同农民小生产者之间相类似的矛盾，而寺院地主和各种世俗的利益集团之间的矛盾斗争，也不断发展和加剧。

在中国的汉族地区，神职人员从未形成为一种特殊的社会等级。任何宗教在进入中国后，宗教徒都未能取得这种地位。佛教寺院经济的强大，僧尼经济活动的增多，对许多世俗地主及其政治、思想代表人物来说，是看不惯的。寺院僧、尼及寺院依附人户不纳赋税、徭役，这既削弱了国家赋税、徭役的基础，也加重了编户齐民的负担。大寺院的富有，高级僧侣的豪侈，也激起了广大世俗人士日益强烈的反感。因此，寺院经济及僧、尼的经济活动，不能不遭受到世俗社会多方面的批评和谴责，遭受到封建王朝的一次次限制和打击。

僧、尼们被指责为不劳而食，是靠社会养活而对社会无益的寄生者。人们攻击僧、尼靠劝化生活是"抵掌空谈，坐食百姓"，靠布施来修建寺院是"聚敛百姓……糜费而无益"①。唐代以后，人们更进一步从整体上把僧侣看作是一个寄生的阶层。例如，韩愈关于古有四民、今有六民的说法，就是把僧、道说成是靠"四民"养活而对国家、社会无益的两种人，从而主张全面加以取缔。宋代的李觏，把"缁、黄"即僧、道列入几种"冗民"之中，认为"冗民"众多是国家贫的原因，要富国就必须"去冗"，其主要内容之一就是"驱缁黄"。

---

① 《全晋文》卷一六六《正诬论》。

僧、尼被指责为剥削百姓，贪求无厌。这在前面已经讲过了。除此而外，人们还以子之矛，攻子之盾，把僧、尼的贪鄙行为同佛教的戒律相对照，指责僧、尼名为出家、修持，实际上却是"耽好酒浆，或畜妻子，取贱卖贵，专行诈绐"，是"世之大伪"①，是"栖托之高远，而业尚之鄙近"②。

不仅僧、尼自身的贪利、剥削受到指责，那些"竭财以赴僧，破产以趋佛"③的大檀越，尤其是那些以广大百姓的脂膏布施佛寺的帝王、权宦，也受到激烈的谴责。如后赵大官张离、张良"家富事佛"④，为时人所侧目，连有的僧人也批评他"贪吝未已"、"积敛不穷"，这样来事佛求福，只能是南辕北辙，"方受现世之罪，何福报之可希也"？⑤南朝刘宋明帝舍故宅建造华丽的湘宫寺，自诩为"大功德"，臣下有人当面驳斥说：

　　陛下起此寺，皆是百姓卖儿贴妇钱。佛若有知，当悲哭哀悯。罪高佛图，有何功德？⑥

对一些寺院的崇丽和高级僧侣的华侈，人们进行了激烈的抨击："大构塔寺，华饰奢侈"⑦，"会极馐膳，寺极壮丽"⑧，"割生民之

---

①　《弘明集》卷一《牟子理惑论》。
②　《释驳论》。
③　《神灭论》，见《梁书·儒林传·范缜》。
④　《高僧传·释佛图澄传》。
⑤　同上。
⑥　《太平御览》卷六五八。
⑦　《全晋文》卷一六六《正诬论》。
⑧　《释驳论》。

珍玩,崇无用之虚费"①,如此等等。人们还攻击佛教所宣扬的多布施多积功德的说法,引用中国传统的崇俭思想关于"俭德之共"、"侈恶之大"的论点,指责佛教"以空财布施为名,尽货与人为贵"②的说法劝诱人们尽量多布施,实际上是导人为奢,陷人于罪;所谓布施得福的说教,是纯粹的欺骗!

针对上述这些指责、非难,僧侣及佛教信士们提出了一系列的辩解论点:

第一,针对僧侣是不劳而食的指责和布施是虚费无益的非难,他们回答说:僧、尼是以道济世度人,不能没有一定的物质条件来维持生活,从而不能不要求一定的布施,否则就成了"无柯而求伐,不食而徇饱"③。他们还用佛教轻视、贱视财物的观点,把布施说成是以至贱微、至无益、至低下的东西,用于最高尚、最神圣的用途,因而不是虚费,而是最大功德。他们说:

> 夫博施兼爱,仁者之厚德;崇饰宗庙,孝敬之至心。世教如此,道亦如之。物有损之而益,为之必获。且浮财犹粪土,施惠为神用,譬朽术之为舟,乃济渡之津要,何虚费之有哉? ④

第二,对于寺院和僧、尼剥削贫民、聚敛百姓的指责,他们一方面辩白说:寺院财物不是只供僧、尼使用,同时也是为了赈济贫民;另一方面,他们又把寺院和僧、尼的剥削、聚敛说成只不过是

---

① 《释驳论》。
② 《牟子理惑论》。
③ 《释驳论》。
④ 同上。

个别违犯佛门宗旨的人的事情。

北魏时期曾担任"沙门统"的僧人昙曜，要求把一部分农民变成只向寺院纳租，不向国家纳赋的"僧只户"，称所纳租为"僧祇粟"，其理由是：这些僧祇粟"至于俭岁，赈济饥民"①。北魏政权也接受了这种说法，并在所颁诏书中称："僧祇之粟，本期济施：俭年出贷，丰则收入山林，僧、民随以济施；民有窘敝，亦即赈之。"②

这都把寺院僧、尼靠地租、高利贷活动聚积起来的财富，说成是为了赈济贫民而筹集的基金，从而赋予了寺院的地租、高利贷剥削以崇高的道德涵义。

对于人们关于寺院僧、尼"规取赢息"、"不计水旱"、"偿利过本"等剥削行为的揭露，辩护者们也无法否认，于是，他们就把这些情况归结为少数不道德的僧、尼的行为。他们辩说：必须把"道"本身和"行道"中出现的问题区别开来，因为，"圣人能授人以道，不能使人履而行之"③。僧人中贪婪、苛酷的剥削行为，只不过是"人之不能行"，而不能认为是"佛道有恶"④。

第三，对于寺院僧、尼奢侈豪华、蠹民伤财的指责，他们的回答是："华饰奢侈"是身份和地位崇高、尊贵的表现，人情总是"从所睹而兴感"，首先由外表看问题。当人们看到寺院建筑的巍峨壮丽，器用陈设的侈靡华贵时，就容易由仰慕而产生"向道"之心，就容易由此而皈依佛门。因此，寺院华贵奢侈，是扩大佛教影响、吸引更多信徒的有力手段；要促进佛教的传播，就要从人们的观

---

① 《魏书·释老志》。
② 同上。
③ 《牟子理惑论》。
④ 同上。

感入手,"先悦其耳目,渐率以义方"①。他们还征引儒家"以礼节用"的思想来为寺院僧、尼的豪华奢侈辩护,认为儒家提倡俭,首先是以礼作为判断奢俭的标准,决不允许因提倡俭而模糊了贵贱等级界线。他们说:"故王者之居,必金门玉陛,灵台凤阙,将使异乎凡庶,令贵贱有章也。"②佛门为了显示自己的崇高尊贵,也需要借助于豪华富丽的形象:"铭列图象,致其虔肃;割其珍玩,以增崇灵庙。"③

总之,僧侣可以在一定条件下从事农业生产和其他经济活动,以自谋生活;劝化不是不劳而获,"坐食百姓";把巨额财物布施给寺院是"朽木为舟",化腐朽为神圣;寺院广积财物是作为慈善事业的基金,以赈济贫穷窘敝;寺院栋宇华贵,广饰珍玩,不是奢侈,而是为了显示佛门崇高尊严,以导人向道;……这样一些经济观点是在晋至唐代前期佛教日趋兴盛的过程中逐渐形成起来的。这些观点是佛教为了在中国汉族地区传播,而适应汉族地区的经济、政治、文化条件和汉族人民的习惯而提出的,是为了使佛教的教义和宗教生活方式能为汉族地区的人们所理解和接受而宣扬的。这一时期是汉传佛教的各方面特色逐渐形成并明显表现出来的时期;在经济观点、经济思想方面,汉传佛教也自然会形成一些自己的有特色的东西。上述这些经济观点,也可以说是汉传佛教的独特经济观点、经济思想在其形成过程中的某些方面的表现。它们是以佛教原来的基本经济观点为依据,结合汉族地区的历史条件和社会环境,加以解释、推衍的结果。它已不完全是外来的东西,而是

---

① 《全晋文》卷一六六《正诬论》。
② 同上。
③ 同上。

开始具有汉传佛教的特色了。但是，从总体上看，在晋至唐代前期这几百年的时间中，汉传佛教的有自己特色的经济思想还没能真正形成。上述这些观点还只是一些零散的、彼此之间没有什么紧密联系的观点。它们虽然开始有了一些不同于印度佛教经济观点的新特点，但特点多半还不甚显著，不甚明确。例如，关于僧侣可在布施之外从事某些经济活动以自给的思想，同强调这种活动是不净的，僧、尼从事这种活动是"非法"、"有过"的佛教传统看法相比，可说是已有了新的内容；但是，它仍然把僧、尼亲身从事这些活动看作是"事不得已"，并不认为这是可以经常为之的。这不但同当时许多僧、尼（特别是较小寺院的僧、尼）已在劝化之外经常从事农、工、商业或其他谋生活动的现实情况无法协调；在理论上也是难于自圆其说的。说僧、尼从事经济活动"诚非所宜，事不得已"，就显然还未彻底摆脱把这些活动视为不净的佛教传统观念。

上述经济观点又都是在回答佛教批评者时消极地、被动地提出来的，而不是从自己的认识和需要出发，积极地、正面地揭橥自己关于经济生活的主张，阐明自己的观点。

具有自己特色的汉传佛教已经基本形成，但汉传佛教独特的经济思想尚未形成。汉传佛教经济思想方面的滞后，不能不对佛教的继续传播和发展产生不利的影响。这个矛盾必须解决。到唐代中叶，禅宗的怀海禅师制订了《百丈清规》，首先举起了教规和寺院生活制度改革的旗帜，在佛教经济思想方面实现了重大的突破。汉传佛教所特有的经济思想，至此而基本形成。

三、《百丈清规》及其所体现的主要经济思想

《百丈清规》是怀海为其坐落在百丈峪的禅寺所制订的生活制度和仪规。

怀海，本姓王，福建长乐人，生于唐玄宗开元十六年（728年），殁于唐宪宗元和九年（814年），终年八十六①。他是道一禅师的弟子。道一是禅宗六祖慧能的三传弟子。怀海后来在洪州（今江西南昌市）大雄山修持。大雄山山势雄峻，别名百丈峪，因而人们也称怀海为百丈禅师。

当时禅宗已是汉传佛教各宗派中最为风行的教派，怀海在百丈峪，有极强的号召力，寺内弟子及僧徒日益众多，各处游方、学法的僧人纷纷慕名而来："有徒实蕃"②、"禅客无远不至"③。而且，许多教外人士也竞来求教："上而君相王公，下而儒老百氏，皆向风问道。"④这使怀海所在的百丈峪禅寺，成了一个人数众多、影响广远的禅学丛林。如何管理好这一禅寺，使其在当时条件下能够继续保持和扩大其在佛教界和社会上的影响，就成了一个十分迫切的问题。怀海正是在这种形势下，对佛教寺院的组织制度、生活制度和教律、教规，进行了大刀阔斧的改革，其集中体现就是由他手订的《百丈清规》。

---

① 《怀海传》谓"享年九十五"，当系计算有误。
② 《敕修百丈清规》卷二。
③ 《宋高僧传》卷十《唐新吴百丈山怀海传》。
④ 《敕修百丈清规》卷二。

《百丈清规》最初本是只为怀海所主持的禅寺制订的一套管理制度,但由于它适合于佛教在汉族地区生存和传播的条件,适合于唐中叶以后的经济、政治变化的形势,因而在各地佛教寺院中迅速流传开来,尤其是在禅宗的寺院中成为普遍通行的制度:"天下禅宗,如风偃草。"[1]

《百丈清规》原件,在宋代前期已经失传;但宋代以后,陆续出现了多种以《百丈清规》为蓝本而编成的禅寺清规,其中较为著名的有宋徽宗时期僧宗赜编成的《崇宁清规》,南宋度宗时僧惟勉所编的《咸淳清规》,元武宗时东林咸公所编的《至大清规》三种。到元顺帝至元年间,元朝廷指派怀海的第十八代传人百丈屿德辉禅师,汇集历来的各种《清规》,修订为《敕修百丈清规》,颁行天下僧寺遵行。

后代编定的各种《清规》,都免不了有些是根据它们当时的条件而修改、增补进去的内容,但其许多基本内容,则是同《百丈清规》一脉相承的。因此,依据后代的各种《清规》、尤其是汇集各种《清规》,并有百丈屿禅寺的累代遗制可供参照的《敕修百丈清规》,仍可使人们对《百丈清规》所体现的主要经济观点、经济思想,了解其梗概。

《百丈清规》广泛涉及寺院组织和僧众生活各个方面。从经济生活方面看,它所体现的主要思想为:

(一)僧人要普遍地、经常地从事农业生产劳动,自食其力。参加农业生产同坐禅、诵经等宗教生活一样,成为僧人必须履行的日常功课。

---

① 《宋高僧传》卷十《唐新吴百丈山怀海传》。

《百丈清规》规定：全寺所有僧人以及在本寺讨褡（来本寺居住较长时期）的外来僧人，都必须经常到田间参加农业生产劳动，谓之"出坡"。凡出坡之日，寺中事先挂牌通知：在某时、某处进行农业生产劳动。届时以击木鱼或鸣鼓为号，全寺僧众"除守寮、直堂、老病外，并宜齐赴"①。由于是普遍通知一切僧众的，因而称作"普请"，所挂牌就叫做"普请牌"。

这种普请制度的指导思想是：一切僧人，不管在寺院中的职位高低，只要具有劳动能力，必须自食其力。怀海自己对此率先奉行，直到老年，仍坚持不懈。传说他曾讲过"一日不作，一日不食"的话。另一种传说是：怀海老年仍坚持出坡，众僧不忍，把他的生产工具藏了起来。他找不到工具，无法出坡，当天遂一日不食，因而后来就流传下来"一日不作，一日不食"的说法。可见，怀海对僧人的自食其力的要求，是极其严格认真的。

僧人普遍参加劳动，自食其力，是否还要进行劝化或接受布施呢？各级僧人统统参加生产劳动，是否还要在生产中役使净人呢？这也就是僧人自身的生产劳动对僧人生活和寺院经济所起的作用的问题。由于《百丈清规》原件亡佚，已无充分可靠的材料来弄清这些问题；但从一些零散的、不很直接的材料来判断，怀海当时很可能是把僧人自身的生产劳动作为寺院经济的基础和僧人生活的基本来源的。

一个材料是：《敕修百丈清规》说怀海"至于作务，犹与众均其劳。常曰：'一日不作，一日不食，乌有廪庾之富與仆之安哉？'"②。

---

① 《敕修百丈清规》卷六。
② 《敕修百丈清规》卷二。

没有廪庾之富,是说怀海的禅寺中没有大量贮积的财物可供坐食,所以必须靠僧众自己劳动生产;另一方面也说明:禅寺的经济来源主要靠自己的农业生产。由于农业的劳动生产率低,只靠寺僧本身的劳动所能生产的粮食不多,食用之外,不会有多少可供贮积,所以就没有廪庾之富了。

没有"舆仆之安",说明寺中僧侣包括高级僧侣都没有华侈的享用和众多奴仆的侍奉,所以"一日不作,一日不食"才成了禅寺经济生活的基本原则。

另一个材料是:怀海圆寂后,寺僧为纪念他而共立一碑,在碑侧刻有《同记五事》。其中第三事为:"台外及诸处不得置庄园、田地。"[①]

如果在寺僧耕种的土地之外还广置庄园、田地,那么,这些田地就不可能靠寺僧们自己耕作。在寺院已无净人或净人已很少的情况下,寺僧自己又无力耕种的土地,就只能采用当时庶族地主所采用的租佃制,把土地分租给"佃客"、"庄客"之类的佃农,坐收地租。这当然已不同于唐中叶以前寺院大量剥削净人、僧祇户、佛图户等各色依附劳动者的情况;但同怀海倡导的"一日不作,一日不食"的自食其力原则,毕竟是不一致的。

《同记五事》虽然是怀海的徒子、徒孙们所记的,但他们铭刻于怀海碑侧,显然是秉承怀海遗训,刻石以垂范于后世。因此,这应该说是体现了怀海的一贯思想。

强调僧人自食其力,是否还要进行劝化或接受布施?劝化是佛教僧、尼的基本事务之一,尽管《百丈清规》强调自食其力,也不

---

① 《大正新编大藏经》卷四十八《唐洪州百丈山故怀海禅师塔铭》。

可能明确地废掉劝化。尤其是怀海的禅寺这样一个闻名遐迩的大丛林，纵使僧众可以全靠自己劳动维持生活，却难以积攒下较多的资财以应付某些巨额的开支（如整修庙宇之类），因此，劝化、接受布施是不可能完全停罢的。再说，当一些世俗贵富（如前面提到的前来"问道"的"君相王公"之类）主动布施财物时，拒绝接受的情况显然是不可能发生的。《敕修百丈清规》在寺院职事方面设有"化主"一职，其任务是："凡安众处，常住租入有限，必借化主劝化檀越，随力施与，添助供众。其或恒产足用，不必多往干求取厌也。"①

仍设化主之职，这表明并非完全取消劝化；劝化是为"添助供众"，在"恒产足用"时就不主动去劝化……这些规定表明：劝化虽然并未废除，但在寺院经济和僧人生活来源中的地位已经下降，只是作为耕作自给的"添助"手段了。

前面讲到：佛教原来把坐禅、诵经和劝化作为僧侣的三项基本事务。《百丈清规》则以农耕取代了劝化的地位，事实上是把农耕和禅修（禅宗也不重视诵经）看作僧人的两项基本功课，因此，人们常把《百丈清规》所建立的寺院生活制度称为"农禅"制度。

（二）平等、平均和清苦的经济生活。

《百丈清规》不但要求全体僧众平等地参加农业劳动，还要求他们不论职位高低，都过一样的经济生活，而且是过共同的集团生活：所有僧人一律按同样的条件居住僧寮；每日只上午进餐，过午不食，但因出坡体力耗费大，在农忙季节允许吃晚餐，称为"药食"（病号饭）；吃斋一律在斋堂集体进行：僧众顺序排列进入斋堂，餐毕依次排列回僧寮。

---

① 《敕修百丈清规》卷四。

所有僧众一律穿着僧装，每年春秋各发一次衣布或衣单钱，供缝制僧衣之用。

外来的游方僧人获准在本寺挂褡（暂住）的住入云水寮（接待游方僧的僧寮），挂褡期间同本寺僧人一样免费供食宿，离寺时还赠给若干"草鞋钱"（路费）。获准在本寺"讨褡"的外来僧人，与本寺僧人享受一样的经济生活待遇，也平等地参加本寺僧人的一切活动，包括宗教活动和出坡在内。

佛教虽宣扬众生平等，实际上佛教内部素来是等级森严的。把生产劳动及为僧、尼生活服务的劳动都强加给净人和其他依附劳动者去做，而僧人自己则过着纯粹的寄生生活，这不仅有着剥削者和被剥削者之间的不平等，还有着主与奴、贵与贱之间的人身不平等。在高级僧侣和低级僧侣之间，也是很不平等的。《百丈清规》这种在全体僧人中实行平等、平均、清苦的集团生活的制度，不但有助于限制寺院中的腐化、堕落行为，缓和僧众中的矛盾和对立，建立起比较虔敬、清肃的宗教生活秩序；在唐代中叶后佛教寺院严重衰落、寺院经济力量普遍下降的情况下，这对于维持寺院经济和僧侣生活的稳定，也是有重要作用的。

（三）巩固和加强常住集体财产。

维护寺院僧团的集体财产，即常住财产，是佛教对经济生活的一项基本主张。这在前面已分析过了。

《百丈清规》在寺院经济已普遍衰落的时代，主张以僧众自身的农耕劳动作为僧众经济生活和寺院财产积累的主要来源。这一来源所能提供的剩余很有限，常住财产数量不会很多，而且积累艰难。在这种情况下，寺院对怎样维护常住财产，防止私人侵渔的问题，自然尤为重视。为此，《百丈清规》建立起一系列的制度。

制度之一是加强常住财产的管理,设置机构,确定权责,以防止浪费、贪污和侵渔。

常住财产由"副寺"或"库头"管理。副寺十日一结账,谓之旬单,收支对全寺公开。常住财产归全寺僧众及挂褡、讨褡的外来僧人按制度平等享用,并供檀越、宾客、官员等迎送庆吊一应人事支用,此外任何人"不可假名支渔"①。对贪污、侵渔常住的人,除责状追赔外,还要根据情况给予处罚:"重则集众篦摈,轻则罚香、罚钱、罚油,而榜示之。"②

制度之二是增加常住的收入和积累,以加强寺院集体经济的力量。

在农禅制度下,常住的收入和财产积累主要是靠僧众的农耕劳动来提供的,耕地的多少,对维持僧众生存和常住财产是一个重要的条件。耕地不足,就必须垦荒以增加常住土地。因此,唐中叶后,僧寺开荒创业的材料屡见不鲜。《同记五事》戒饬寺僧"不得置庄园、田地",即不得买置田产,在耕地不足又不得买入的情况下,就只能靠寺僧自己的劳动垦辟了。不论是以自己的劳动耕种现有的土地,或者是垦辟荒地,都是和《百丈清规》自食其力的精神相一致的。

但是,这样的要求,不是所有的僧寺都能坚持的。土地兼并是土地私有制下必然存在的现象,世俗的土地所有者经常有买卖土地的情况,僧寺所有的土地也不例外;而且,随着人口的增加和容易垦辟的土地的减少,僧寺要增加常住的土地面积,就难免要买入

① 《敕修百丈清规》卷四。
② 《敕修百丈清规》卷二。

土地。在《百丈清规》产生的时代，已不断有僧寺买入或卖出土地的情况，后世就更不用说了。买入土地较多的僧寺，不可能全靠僧众自力耕作，也就会出现寺院出租土地的现象。《敕修百丈清规》的寺院职事中设有庄主职，其任务就是招佃收租，管理佃户："视田界至修理庄舍，提督农务，抚安庄佃"①，要求"充此职者……毋苟取佃户，毋亏损常住，则自他俱利矣"②。这里说的"提督农务"，不是管理寺僧出坡那样的农务，不是安排、指挥农业生产，而是管理佃户、收取地租那种"农务"。寺院的庄主，实际上是寺院地主即常住的收租人。

制度之三是关于亡僧遗产的分配。分配的主要要求是把亡僧遗产尽量留在寺内，防止外流，并且把其中一部分收入常住。

佛教是反对僧、尼积私产的，佛律规定寺院基本财产归常住所有，禁止侵渔常住，就是要限制僧、尼蓄积私有财产。但是，在整个社会以私有财产占主要地位的情况下，僧、尼积蓄私财的事是禁绝不了的。亡僧遗产"制入僧"的规定，一方面是承认亡僧生前有私人财产的事实，并且承认其中一部分可归私人继承；另一方面则设法尽量将其留在僧界之内，以防止私有制的发展严重削弱僧团的经济基础。

《敕修百丈清规》对亡僧遗产的处理作了如下的规定：

一是遗产中的生产资料和僧、尼的基本生活资料归常住："亡僧"或勤旧（奋）有田地、米谷、房舍、床榻、卓橙（桌凳），当归常住。③这也就是佛律中关于"重物"归常住的一贯主张。

---

① 《敕修百丈清规》卷四。
② 同上。
③ 《敕修百丈清规》卷七。

二是亡僧遗产的分配比例。对亡僧的全部遗产,扣除丧葬费用及还债等开支后,所余为可分配数额,其中三分归常住,七分"俵僧众"①。

可以看出,这些规定所遵循的总原则仍是"制入僧",但从分配的比例来看,已经是把大部分遗产分给僧、尼个人,而常住只能得到遗产的30%。这表明:在唐代中叶以后私有制进一步发展的情况下,僧、尼蓄私产的现象已更加普遍。面对这一现实,把遗产的大部分俵散给僧众,只不过是承认更多的僧人有蓄私产的权利而已。但是,为了保持住寺院僧团的最起码的经济基础,对田地、房屋、米谷积贮等生产资料和基本生活资料,还是力求保留于常住之中,不使其分散的。

四、汉传佛教经济思想的特色

《百丈清规》的出现是汉传佛教特有的经济思想开始形成的标志。继此之后,宋、元时期以它为蓝本而修订的一系列佛教禅林的《清规》,更加丰富了汉传佛教的经济思想,并使其所具有的特色更显著,更明确。

《百丈清规》所以能成为汉传佛教经济思想形成的标志,是由于:

(一)它所体现的主要经济思想,在某些基本方面对佛教传统的经济观点有了重大的突破。

---

① 《敕修百丈清规》卷七。

　　汉族地区的社会，很早已形成为一个以土地私有制为基础的农业社会，除了地主的封建地产外，还有着数量众多的个体农业，以及与个体农业性质相类似的小手工业和小商业。佛教传入并逐渐兴盛起来之后，出家为僧、尼的不仅有上层社会的贵族、官僚、豪强世族人物，更多的则为一般的平民百姓。能够从社会上层人物接受大量田产、财物及依附人户作为布施的，只能是一些较大的寺院；众多的小寺院和贫穷僧、尼，不可能纯靠劝化维持，就不得不从事农耕、工商以及各种游业，以自谋生活。在这种情况下，佛教关于"不净财"、"不净业"、"下业"之类的观念，以及僧侣只应靠劝化维持生活的传统，就因不符合汉族地区的实际条件，而难于严格遵行。佛教在汉族地区的传播中，很早就出现了僧人广泛从事经济活动或"游业"以谋生的情况，并由此而不断引起僧人是否可以从事这类活动的争论。虽然在唐中叶以前，佛教界的许多人士，迫于事实，也不得不认可僧、尼在劝化不够维持生活时，从事经济活动以自谋生活；但生产劳动和其他经济活动是"不净业"的"紧箍咒"，仍然作为一个神圣不可侵犯的教条束缚着人们的思想和行动。这类脱离现实的外来教条，为上层僧侣的腐化和某些下层僧侣的游手好闲提供借口，并在社会人士的心目中败坏着佛教徒的形象。

　　《百丈清规》首先卸下并打碎了这个金箍：农业生产劳动不再是不净业，而是变成了僧人必须遵行的"清规"；靠大量布施获得"廪庾之富"和"舆仆之安"，享受华侈淫靡的僧侣贵族生活，被视为应受鄙视和谴责的行为；出坡取代了劝化，自食其力取代了寄生生活。在汉族地区重视农耕、重视勤劳节俭的风气下，这一对佛教原来观念的重大突破，不但有助于树立佛教和佛教徒虔诚、刻苦、清肃的形象,对生产和社会经济的发展也有积极的意义:大批僧侣由过寄生生活的受戒游民,变成了自耕自食并向国家缴纳赋税的穿袈裟的农民了。

个人从事经济活动是和对产品的某种私有关系相适应的。允许僧人从事农业生产劳动,就难以不许他们占有产品的一个或大或小的部分。佛教传统是否定僧、尼积蓄私有财产的,这一同现实经济生活条件相冲突的戒律,在实践中也只能日益变成具文。但是,如果放任僧、尼无限制积蓄私人财产,那么,寺院的僧团集体财产(常住),就将全被私人侵吞,而没有寺院僧团的集体财产,僧团作为一个宗教势力就会因失去经济基础而逐渐分解、没落。在《百丈清规》出现前后,僧、尼私有财产已有严重发展,大量的常住财产也被某些僧、尼侵吞,僧人中贫富分化日益显著,"物力稍充者常无冻饿,家用不足者尽抱饥寒"①。

《百丈清规》及其后的各种《清规》对待此种情况的办法是:进一步明确划分寺院中的集体财产和私人财产,一方面以常住财产公开,严禁侵渔常住,僧、尼遗产一部分归常住,以及坚持生产资料和基本生活资料的常住所有制等办法,以保持寺院的经济基础;另一方面又承认已存在的僧、尼财产,并允许其大部分归私人继承。

《百丈清规》可以承认僧人参加农业生产劳动的正当性,并将其规定为僧人必须履行的基本任务之一;可是,作为佛教的清规,它却绝对不可能承认僧人追求私人财产的正当性,不可能列入僧、尼私人占有土地和对生产成果全部自有的条文。它仍然保持着佛

---

① 《全唐文》卷七五七《乞降敕东林寺处分住持牒》。

教反对私有财产的传统观点，不过，它又不得不接受僧、尼已普遍拥有私产的现实。

（二）《百丈清规》在经济生活方面，已不止是提出某些具体的、零散的经济观点，而是制订了一个以农禅为中心的寺院经济生活的完整模式，提出并阐明了一套大体上自成系统的经济思想。

《百丈清规》不像它以前的经济思想那样，是为答复别人的指责、非难而提出的若干零散的经济观点，而是基于对传统佛教戒律某些基本内容的不满，而主动地对佛教寺院生活，包括其经济生活，所提出的新的、系统的设计。其所体现的经济思想，也超越了过去汉传佛教仅有某些比较具体的经济观点的水平，而形成了一个多方面的观点互相联系在一起的较为完整的经济思想体系。

《百丈清规》实际上设计了一个寺院经济生活的新模式：寺院全体僧众，在常住所有制的基础上，从事农禅两种基本活动，共同劳动，共同分享劳动成果，过着平等、平均、节俭、清苦和有秩序、有纪律的集体生活。共同劳动成果超过集体生活需要的剩余以及从其他方面得到的财物（如接受布施），则归入常住，以保持和加强寺院的经济基础。农业生产劳动实行普请制度，寺院僧众人人劳动，自食其力，没有剥削和被剥削的关系。由于强调"作务"而不强调劝化，僧侣自来过寄生生活的传统也改变了；僧侣既是虔诚的佛法信奉者，又是勤俭的生产劳动者。

这样，实行《百丈清规》要求的寺院或禅林，实际上就成了一个有宗教信仰的乌托邦式的共同体。

佛教是一种宗教，宗教的最高理想不在世间而在世外。任何宗教都不想把现实的人类社会改造成一个理想社会，而是希望通过信仰来净化人的灵魂，以便使人在死后能进入一个永恒的、绝对美好的境界。对佛教来说,这就是极乐世界。宗教是不相信乌托邦的,是不相信在人世间能够找到或建立起理想社会的。《百丈清规》所塑造的禅林生活模式,自然不是佛教徒的终极理想,不是所谓的极乐世界;它也并不想在人间建立一个理想的社会环境。因此,不能说《百丈清规》所设计的经济生活模式是一种乌托邦的模式。但是,《百丈清规》下的禅林生活,在许多方面又确实有一些乌托邦式共同体的色彩:除了不是作为终极理想外,《百丈清规》所设计的,不正是一个建立在生产资料公有制(常住所有制)的基础上,共同劳动、公平分配、生活平等的乌托邦式农业公社吗?

《百丈清规》所体现的经济思想,不是限于经济生活的某一方面或某些方面,而是广泛涉及了生产、分配、消费、积累、集体经济的管理,以及公(常住)私(僧、尼个人)经济关系等问题,而这些方面的观点并不是孤立地存在或机械地并存着,而是以农、禅为中心,互相联系在一起的。如果说,在《百丈清规》出世以前,汉传佛教已有了某些自己的经济观点;那么,《百丈清规》的出世,则标志着汉传佛教的有自己特色的经济思想,已经基本上形成了。

(三)《百丈清规》是佛教同中国特殊的社会经济条件,尤其是同唐代中叶以后中国封建社会后期特殊的社会经济条件相结合的产物。

不管佛教怎样轻视和厌烦经济问题,它也不得不经常面对多方面的经济问题,不得不对经济问题表示某些意见。佛教原有的各种基本经济观点,实际上是古印度的社会经济条件在印度佛教徒思想中的反映。在佛教传入中国汉族地区后,如果不随着汉族地区的社会经济条件而加以改变或重新解释,它们就会成为脱离现实社会条件的僵化教条而遭到摈弃。

从晋至唐代前期，佛教的经济观点已经体现了随着佛教在汉族地区的传播而逐渐有所调整、改变的趋势，但毕竟还没能使佛教的经济观点同汉族地区的社会经济条件充分结合和协调起来，还没能适应汉族地区的条件而形成为汉传佛教特有的经济思想。

唐中叶以后，中国封建社会中的社会经济结构逐渐发生了一些重要的变化：均田制的废坏，标志着国有土地在社会经济中的地位和作用更加下降，土地私有制得到了进一步的发展；数百年来在社会经济中处于支配地位的豪强世族地主势力趋于衰落，不以门阀逞霸，而主要以财富称雄的庶族地主势力日益兴起；与此相适应，农业劳动者的人身依附性有了明显的减弱：过去在宾客、部曲等形式下受豪强世族地主奴役的人户，逐渐被建立在租佃关系上的佃户、庄客所代替；商品经济及城市工商业有了较多的发展；南方地区的经济发展赶上并逐渐超过了北方……这些变化，从唐代逐渐开始，宋代以后，愈来愈显著。

社会经济方面的变化，也必然会在佛教的经济生活中表现出来：豪强世族地主势力的衰落，使得过去靠它们的大宗布施来维持的豪奢华侈的大寺院失去了后盾。世俗豪强地主的宾客、部曲的大量减少，使得寺院靠净人等依附劳动者经营的农艺、园圃、手工业、商业等经济活动都日益难乎为继。寺院僧、尼及依附人户不承担赋税、徭役，削弱了国家的财政基础，使士大夫中要求限制寺院僧、尼特权的呼声日益高涨，到一定时机，就会引发封建王朝的大规模排佛行动。由北魏至唐中叶，先后出现了三次由皇帝下诏排佛的事件，这就是由北魏太武帝（拓跋焘）、北周武帝（宇文邕）和唐武宗（李炎）所发动的排佛行动，即佛教徒所谓的"三武之祸"。这些行动，尤其是唐武宗的那次排佛，拆毁了全国的大部分佛寺，把大量铜佛像销熔铸钱，铁佛像销铸为农具，没收了寺院的"膏腴上田数千、万顷"，强制僧、尼二十六万余人还俗为民，把寺院依附劳动者十五万人"收充两税户"①。社会经济条件的变化本已使大的寺院庄园日益陷入严重困境，封建政权的大规模排佛行动的打击，更使佛教赖以生存和传播的物质基础遭到了极大的破坏。富僧靠大宗布施及剥削净人、穷僧靠托钵行乞的佛教传统经济生活方式越来越没有出路。要改革佛教传统的经济生活方式，就必须在思想上冲破佛教中一些素被尊崇的观念的束缚。《百丈清规》正是顺应这种形势的要求，对佛教的许多一贯奉行的观念和制度，进行了重大的改革，以求为佛教的继续生存和发展寻求新的出路。

从《百丈清规》的"普请"制度和怀海徒众"不得置庄园、田地"的约定可以看出：它们所体现的经济思想，基本上是农民小生产者性质的。它们主张以农、禅为中心，在常住所有制基础上建立起人人劳动、无剥削和被剥削关系、分配平均、生活平等的寺院经济生活。这实质上是一个对小农经济理想化的模式。

但是，小农经济从来是不稳定的和不断分化的。在封建时代，小农的分化不是不断地产生资本主义和资产阶级，而只能是不断向地主和佃农两极分化：少数富裕农民上升为地主，而大多数农民则不断下降为无地或耕地不足的佃农、半佃农。

世俗的农民小生产者如此，禅林佛寺的农民小生产者也不能逃避这一规律。《百丈清规》自始就不是为只有少数僧人的小寺庙制订的，而是作为一个"有徒实蕃"、"禅客无远不至"的佛教大丛林的"清规"设计出来的。对一个僧人众多的大寺，要靠小农经济

---

① 《旧唐书·武宗纪》。

的办法长期维持下去，就更加困难。《百丈清规》最初是否允许寺院出租土地，难以确切判断；但即使它最初不许出租土地，后来也必然会因寺院人数增多和垦辟土地困难的增加而使得小农经济自食其力的做法，越来越陷入艰难竭蹶的境地。《敕修百丈清规》不但明文规定寺院土地可出租，而且专设了同世俗地主收租人相类似的寺院"庄主"，负责寺院土地的管佃收租事宜。显然，这里所体现的已不是农民小生产者自耕自食的观点，而是"毋亏损常住"这种保护寺院地租收入的地主经济观点了。当然，由于这时豪强世族地主的统治已经成为历史的陈迹，庶族地主的招佃收租的剥削方式已成为农业中封建剥削的普遍形式，《敕修百丈清规》中的租佃观点，也不可能再是反映豪强世族地主利益的观点，而只能是庶族地主要求的表现了。

　　《百丈清规》及后来陆续编成的各种《清规》，在经济思想上反映了唐中叶以后土地私有制的进一步发展、庶族地主兴起、生产劳动者人身依附性减弱等社会经济变化的趋向，同这一时期中国经济思想发展的总的趋向也是一致的。但它们对中国封建社会后期商品经济增长的趋向则都没有什么明显的反映，这表明佛教的经济思想较一般的经济思想更为落后；佛教对经济生活所持的消极态度，要比儒家的重义轻利和道家的小国寡民更甚，这当然会使其对有利于经济联系扩大化和经济生活多样化的商品经济的发展，更加抱有偏见。即使是怀海这样的宗教改革家，在这方面也未能把佛教的经济思想向前推进。

（原载《国学研究》第 3 卷，北京大学出版社 1995 年版）

30　论王符的经济思想

　　王符是东汉中后期人,字节信。大约生存在公元1世纪末、2世纪初至2世纪六七十年代之间①。他一生郁郁不得志,抱着愤世嫉邪的心情,写了《潜夫论》一书,讥评当世。王符比较重视经济问题,《潜夫论》中有许多篇都涉及到这一方面。

　　王符在当时是一个小人物。解放后,研究思想史的人多半承认他是东汉时期的一位进步思想家。他的经济思想,较深刻地反映了当时的社会经济危机。他对"重本抑末"论最先提出了异议,这对当时权贵势豪等大地主分子的既得利益和特权所作的揭露和批判,在整个封建时代都有着典型的意义。他用来批判徭役制和官僚主义的"爱日"论,更是中国经济思想史上的一个具有独特风格的先进思想。

一

　　王符的经济思想,是他所处的时代的产物。

---

　　① 据侯外庐等同志的意见,王符的生年当在东汉和帝、安帝之际(公元107年以前),卒年当在桓帝、灵帝之间(公元168年左右)。

东汉王朝是利用农民起义推翻短命的新莽政权后建立起的一个新封建王朝。东汉王朝建立后,经历了相当时间,社会经济逐渐从新莽时期的大破坏、大崩溃的局面下恢复过来。西汉平帝元始二年(公元2年),全国人口曾达到五千九百余万,垦田面积达到八百二十七万零五百三十顷。东汉光武帝建武中元二年(公元57年),全国人口只有二千一百余万。但到东汉和帝永元十七年(公元105年),人口已恢复到五千三百余万,垦田数恢复到七百三十余万亩①。

另一方面,在东汉封建政权的统治下,封建社会所固有的矛盾又重新紧张起来。地主阶级的剥削压迫,尤其是大地主阶层对广大人民的巧取豪夺,使社会经济危机越来越深重。东汉的大地主势力也像西汉后期一样,主要有中央的贵族、官僚和地方豪强两个组成部分。这就是王符所说的"京师贵戚"和"郡县豪家"。贵族、官僚利用政治特权疯狂地积聚财富。他们的各个不同集团之间,特别是贵戚、宦官两大集团之间,不断地进行着惨烈的争夺权力的斗争;而随着权力的得失,他们之间的财富的再分配,也有着聚散倏忽、盛衰无常的特点。当某一集团在政治上得势时,这一集团的财富也随之以极快的速度膨胀,迅速成为全国最大的富豪;一旦它从权力高峰上滚下来,它所积聚起来的庞大财富,就会遭到抄家籍没,顷刻瓦解冰消。例如,东汉时期声势最显赫的外戚梁冀集团,专权近二十年,不但在内地各州郡拼命掠夺财物,还不断派人到边疆少数民族中搜求珍异。他的府第侔于皇宫,苑囿遍于洛阳。到

---

　　① 东汉时期豪强地主为规避赋役而隐匿地产及依附农民人数的情况很严重,因此,实际人口和垦田面积当较此数字为多。

他失败被抄家时，抄没的财物就值钱三十多亿，相当于全国一年财政收入的半数。大宦官侯览，自己前后夺取民田一百一十八顷，民宅三百八十一所，模仿皇宫体制为自己修建府第十六处。他的亲属、家人也仗着他的权势，到处鱼肉人民，掠夺财富。他的哥哥侯参，在益州刺史的任内，掠夺人民财物累计达数十万，仅金银财帛就装车三百余辆。

除了中央的贵族、官僚势力外，在全国各郡县则有着由豪强地主组成的大大小小的地方势力。这些豪强地主，都是所谓门阀世族，他们累代相承，拥有特殊的身份和社会地位。他们占有极大的地产，又通过"宾客"、"部曲"等名义，剥削奴役着成千上万的依附农民。宾客、部曲，除向他们缴纳地租贡赋，担负各种劳役外，还被他们按军事组织编制起来，施行军事训练，成为他们镇压农民起义以及同其他豪强地主争强火并的私人武装。在某一豪强迁移到国内其他地区时，他的整个大家族以及全部宾客、部曲，也都跟着迁徙。这些宾客、部曲，在人身依附程度方面实际上和农奴无甚区别。

豪强地主通过当时的乡举里选制度，垄断仕进的权利，又通过婚姻和其他联系，同其他豪强互相勾结，把持州郡地方政权，赋役不纳，犯法不坐。大的豪强还利用"门生"、"故吏"等关系，在自己周围聚集起一大批党羽爪牙，形成盘根错节的地方封建势力网。

豪强地主是东汉王朝的社会基础。东汉开国皇帝刘秀（光武帝），就出身于南阳的豪强集团。他的母舅樊宏，是南阳的大豪强，拥有三百多顷田地，世代经营农业和商业，奴役着大批的依附农民和奴隶，每年仅放出的高利贷钱就达几百万。

豪强地主是十分牢固持久的封建统治势力。许多豪强地主，都是连续多少代盘踞一方的土皇帝，有些豪强地主甚至是战国时代六国贵族的后裔，门阀势力可以上溯到几百年前。中央的大贵族、大官僚，虽然从个别人物，个别集团看，多半是短暂的、盛衰无常的；但作为一个阶层来看，却是一直存在的，不但可以同王朝相终始，就是王朝发生了更替，新的封建王朝也照样有自己的一大批贵族和官僚。

地主阶级对农民的残酷剥削奴役，使农民和地主这两个敌对阶级之间的矛盾日益激化；"京师贵戚，郡县豪家"的横暴统治，加速着东汉王朝的腐朽溃烂。一场新的农民大起义风暴，正在酝酿之中。王符的晚年，下距黄巾农民大起义，已经为期不远了。正因王符是一个比较敏感的思想家，他的经济思想能够较深刻地反映出当时的社会矛盾和社会经济危机，为时代经济思想的发展作出了自己的贡献。

二

王符的经济思想的基础和中心，是他的"务本"论。王符也接受早已成为封建正统经济思想的"重本抑末"口号，并积极提倡"务本"或"崇本抑末"。但是，王符的"务本"论同正统的"重本抑末"论却是有很大不同的。他借用了"重本抑末"的口号，但却采用对"本"和"末"另作解释的手法，巧妙地把"重本抑末"论这个维护大地主既得利益的理论，转变为揭露和批判大地主特权和既得利益的思想武器。

"重本抑末"论产生于战国中后期，到西汉时代逐渐发展为占

715

支配地位的经济思想。"重本抑末"论把封建自然经济下的农业看作对国家贫富、人民生计和社会秩序有决定意义的"本业",而把从事商品生产和商品流通的独立工商业称为"末业"。这种理论把农业和工商业看成利害完全相反、作用互相排斥的行业,认为工商业的发展必然会对农业发生阻碍、破坏的作用,因而提倡"重本抑末",主张以国家的力量鼓励、扶助农业的发展,压制、打击工商业。"重本抑末"论从理论上说是有片面性的。工商业作为独立的行业和农业并存,是社会分工发展的结果。农业和工商业作为国民经济的不同部门,有着互相依赖、相互促进的作用。农业和工商业分工的进一步扩大,是社会生产力发展的要求。把农业和工商业之间的关系看成敌对的,一味强调抑末,不但会妨碍社会分工和生产力的发展,即使对农业自身的发展,也是有不利作用的。

但是,在战国到西汉初期这段时间中,"重本抑末"论却曾起过较大的积极作用。当时还处于封建生产方式形成和巩固的时期,农业劳动生产率还很低,剩余产品较少,就限制着工商业,使其不能有较大的发展。为了保证封建社会的主要生产部门农业中有充足的劳动人手,也不允许工商业同农业争劳动力。而且,当时的较大工商业还多半控制在奴隶主残余势力的手中,代表奴隶主残余势力的"富商蓄贾"利用工商业势力进行的活动,对封建生产方式和封建政权的巩固,都有不利的影响。因此,地主阶级的思想家多半主张实行"抑末"的政策以打击这些"富商蓄贾"。

随着封建生产方式的胜利和地主阶级统治地位的巩固,"重本抑末"论也就失去了它起积极作用的历史条件,逐渐转化为保守的、反动的理论。它的保守性、反动性主要表现在:(1)它维护落后的、闭塞的自然经济,敌视社会分工和商品经济,不利于社会生产力的发展。（2）它有利于维护封建剥削制度，尤其是有助于维护大地主统治势力的既得利益。封建剥削是通过赤裸裸的超经济强制来进行的，它本来就不需要通过任何商品交换；大地主阶级尤其是依靠暴力和特权进行兼并掠夺。"重本抑末"论和封建剥削制度所依据的这种条件是一致的。（3）重本抑末论还有利于地主阶级把农民束缚于土地上，和其政权实行愚民政策。①

正因为"重本抑末"论适合于地主阶级的现实需要，在两千多年的封建社会中，一直成为占支配地位的正统经济思想。

一种思想既然成了正统思想，要公开反对它就是困难的。在封建社会中反对正统思想的进步思想家，一般都采取一种曲折的做法：把自己也扮成正统思想的拥护者，表面拥护，实际反对。王符也是如此。他在《潜夫论》的《务本》②篇中，一开始就宣布：自己是"重本抑末"论者，自己认为"重本抑末"应该成为国家的基本政策："凡为治之大体，莫善于抑末而务本，莫不善于离本而饰末。"

可是，他不接受封建正统经济思想关于农业是"本业"而工商业是"末业"的说法，而认为农、工、商各种行业中，都各有自己的本业和末业：

夫富民者，以农桑为本，以游业为末；百工者，以致用为本，以

① 历史上许多提倡"重本抑末"的人，都认为农民安土重迁，淳朴易治，而商人轻走其乡，浮伪难治，因而主张"驱末作而缘南亩"。

② 王符的《务本》篇除了从经济方面区分本末外，还从政治、教育等上层建筑方面区分本和末。本文研究王符的经济思想，对后一方面略而不论。

巧饰为末；商贾者，以通货为本，以鬻奇为末。①

　　很明显，王符的"本业"和"末业"，不是按国民经济部门来划分，而是按为什么人服务作为标准来划分的。他把为社会上一般人的生活需要服务和为一般社会生产服务的农、工、商业都称作"本业"，而把为权贵势豪及其奴仆们的寄生生活服务的各种生产、流通、服务行业统统斥为"末业"。

　　王符所以谴责末业，主张抑末，并不只是出于对权贵势豪们荒淫无耻的寄生生活的道义上的愤慨，而首先是从是否有利于增殖国民财富的角度来考虑问题的。他明确表示：他所以主张重本抑末，是因为只有本业才能富国，末业虽能够富家，使经营末业的人发财，对整个国家的财富却不能有所增益，反而会"损民贫国"：

　　故力田所以富国也。今民去农桑，赴游业，披采众利，聚之一门，虽于私家有富，然公计愈贫矣。百工者，所使备器也。器以便事为善，以胶固为上。今工好造雕琢之器，巧伪饰之，以欺民取赇。虽于姦工有利，而国界（计）愈病矣。商贾所以通物也。物以任用为要，以坚牢为资。今商竞鬻无用之货，淫侈之币，以惑民取产，虽于淫商有得，然国计愈失矣。此三者，外虽有勤力富家之私名，然内有损民贫国之公实。②

　　王符以前，已有不少人谈论富国和富民之间的关系，认为要富

----

①　《潜夫论·务本第二》。
②　同上。

国必先富民。他们所谓富民,都是指增加个人财富而言。王符则认为:富国应该是增加一国物质财富的总和。个人财富的增加,不一定能够富国;如果个人财富不是自己创造,而是把别人已有的财富转移到自己手中,那就谈不上富国。他实际上已开始提出了国民财富的概念。①

至于为什么只有"本业"才能富国,而末业却只能富家而不能富国,逻辑的答案只可能是:本业是生产的,而末业则是不生产的。从上面所引的一段话来看,王符认为本业能为人们提供吃、穿、用的产品,而末业则只是"欺民"和"惑民取财",即只能把别人的财富赚入己手,而不能对社会提供真正有使用价值的东西。这显然是把是否能为社会提供使用价值作为是否能够富国的判断标准。但王符从来没能提出过明确的生产概念,他把出售坚牢、便用的商品的商业,也看作能够富国的一种本业,实际上是把这种商业也看作是生产的,这从生产的概念来说自然是不正确的。他把一种物质产品是否坚牢、便用作为判断有无使用价值的标准,认为奢侈品都是没有使用价值的,这种对使用价值的理解也是不科学的。

王符的务本论为揭露和批判大地主阶级的既得利益提供了理论根据:既然为权贵势豪们的淫侈生活服务的一切农、工、商业和服务行业都不能为社会增加财富,而只能损民贫国,那末,权贵势豪们的淫侈生活本身以及由他们占有、供他们浪费挥霍的财富,自然就都是对社会有害的,都是应该加以否定的了。

---

① 胡寄窗:《中国经济思想史》中册,上海人民出版社1963年版,第195页。

三

王符不但从理论上否定了大地主阶级的既得利益，还从以下两个方面对这种既得利益直接进行了揭露和批判。

第一，他对权贵势豪们兼并财富的行为进行了激烈谴责，痛斥他们为"盗天"：

> 且夫利物，莫不天之财也。天之制此财也，犹国君之有府库也。赋赏夺予，各有众寡，民岂得强取多哉？故人有无德而富贵，是凶民之窃官位盗府库者也。终必觉，觉必诛矣。盗人必诛，况乃盗天乎！得无受祸焉？邓通死无簪，胜跪（诡）伐其身。是故天子不能违天富无功。①

这里，王符借西汉时的宠臣邓通、羊胜、公孙诡等人不得好死的历史先例，隐喻东汉的贵戚、宦官等炙手可热的"盗天"式的人物，也只会有同样的下场，实际上画出了梁冀、侯览等人的影子。

第二，他尖锐地揭露权贵势豪及其奴仆们穷奢极侈的寄生生活，指出：

> 今京师贵戚，衣服、饮食、车舆、文饰、庐舍，皆过王制，僭上甚矣。从奴仆妾，皆服葛子升越，筩中女布，细致绮縠，冰纨锦绣，

---

① 《潜夫论·遏利第三》。

犀象珠玉,虎魄(琥珀)瑇瑁,石山隐饰,金银错镂,麋麂履舄,文组彩褋,骄奢僭主,转相夸诧。箅子所唏,今在仆妾。①

他特别对权贵势豪们在丧葬方面纵情铺张靡费的罪恶作了尽情的暴露:

今京师贵戚,郡县豪家,生不极养,死乃崇葬。或至刻金镂玉櫺梓楩柟,良田造茔,黄壤致藏,多埋珍宝、偶人、车马,造起大冢,广种松柏,庐舍祠堂,崇侈上僭。庞臣贵戚,州郡世家,每有丧葬,都官属县,各当遣吏斋奉,车马帷帐,贷假待客之具,竞为华观。②

王符经济思想的一个最值得称道之处,是他不仅谴责权贵势豪们的寄生生活本身,而是着重指出这种寄生生活对社会生产和广大人民生活所造成的严重损害,指出它的不可避免的社会后果。他指出:贵戚豪家"一飨之所费,破终身之本业","一棺之成,功将千万","费功伤农"。这样的侈靡生活,是当时的社会生产所供应不了的,正如"山林不能给野火,江海不能灌漏卮"③一样。如果听其发展下去,势非造成社会经济的大崩溃不可。他警告东汉的统治集团说:贵戚豪家的穷奢极欲,使广大人民"饥寒并至"、"愁怨者多",如果闹到"下民无聊而上天降灾,则国危矣"④。这可说是王符对东汉末黄巾农民大起义的预感。

---

① 《潜夫论·浮侈第十二》。
② 同上。
③ 同上。
④ 同上。

从王符对贵戚豪家奢靡生活的抨击，人们自然会想到中国古代的"黜奢崇俭"论。在中国的封建社会中，"黜奢崇俭"论是和"重本抑末"论地位相当的另一个正统的封建经济思想教条。封建的黜奢崇俭论的一个显著特点，是把生活方面的封建等级制作为判断奢俭的标准。它认为人们的生活水平必须和他们各自在封建等级制中的地位相一致。符合这个等级标准的就被赞誉为"俭"，否则就被指责为"奢"。封建的黜奢崇俭论特别反对较低等级的人超越自己的等级标准过生活，认为这不但是经济上的"奢"，而且是政治上的"僭"，而"僭"乃是藐视、冒犯上级的地位和特权的犯罪行为，是"犯上作乱之渐"。这表明，封建的黜奢崇俭论的实质，就是要用严格的封建等级标准限制下层等级，特别是广大农民、手工业者的生活消费，以尽量压缩必要劳动，扩大地主阶级尤其是权贵势豪等大地主分子所占有的剩余劳动产品。

王符也是主张黜奢崇俭的，他的奢俭标准也同样是封建等级制。他既指责权贵势豪们生活"过王制"、"僭上"，他们的奴仆"骄奢僭主"；也指责"郡司士庶"即小官吏和老百姓"僭侈主上"。可见，作为中、小地主的思想代表人物，王符的奢俭论也是带着明显的封建性的。不过，王符的黜奢崇俭论又有着同正统的黜奢崇俭论不同的一面，即强烈反对大地主豪侈寄生生活的一面；而且，王符的黜奢崇俭论的主要锋芒是指向"京师贵戚，郡县豪家"的。

四

现在来看看王符的"爱日"论。所谓"爱日"，就是爱惜生产劳动时间的意思。王符认为：国家和人民的贫富，取决于生产的多少，而生产量又决定于花费在生产上的劳动时间，因此，要富国富民，就必须尽量减少对劳动人民的生产劳动时间的侵占，使他们有可能把尽量多的时间用在生产上。他说：

国之所以为国者，以有民也。民之所以为民者，以有谷也。谷之所以丰殖者，以有人功也。功之所以能建者，以日力也。……礼义生于富足，盗窃起于贫穷。富足生于宽暇，贫穷起于无日。①

王符进一步指出：当时侵占劳动者的劳动日最严重、最妨碍他们的生产活动的弊政有二：一个是封建政权的徭役太繁重，"轻夺民时"；另一个是封建官僚机构庞杂腐败，官僚主义严重，使农民每年有很大部分时间"困于吏政"，无法从事生产劳动：

百姓废农桑而趋府庭者，非朝晡不得通，非意气不得见，讼不讼辄连月日，举室释作以相瞻视，……比事讫，竟亡一岁之功，则天下独有受其饥者矣。②

针对这些弊政，王符提出了自己的改革主张：大力减省徭役，简化行政、司法手续，废除各种繁杂苛扰的规章，以"为民爱日。"

中国封建社会中的徭役，和欧洲封建社会中的劳役地租，都是直接占有农民剩余劳动的形式，但又不同于劳役地租。主要区

①　《潜夫论·爱日第十八》。
②　同上。

别在于:(1)欧洲的封建地租,是封建领主所榨取的农奴的剩余劳动,它在发展中出现过三种形式:劳役地租、实物地租和货币地租。这三种地租形式前后相继,构成封建地租的三个发展阶段。在中国封建社会中,徭役是由封建国家强加给人民的。封建地主虽然也强迫他的依附农民从事无赏劳役,但劳役地租从未构成过地租发展的一个特定阶段,在中国的封建地租形式中,实物地租始终占主要地位。(2)欧洲的劳役地租,主要是迫使农奴在领主土地上进行生产劳动,虽然也包括一部分非生产劳动,那只是次要的。中国封建社会中的徭役却主要是非生产性的,举凡征战戍守,治水修路,建造城池、宫殿、陵墓,为封建国家运送粮食和其他物资,以及一部分官府手工业的生产等等,都征调农民从事无偿劳役。欧洲的劳役地租,体现的是领主和农奴之间的关系:中国的徭役劳动体现的则是封建国家政权同农民的关系。(3)欧洲中世纪的劳役地租只限于一个领主的领地范围内;中国封建社会中的徭役,却是在广大地区内甚至全国范围内征调的。

由于中国在两千年前秦始皇统一全国后已形成了中央集权专制主义的封建国家,能够运用国家暴力从全国征调徭役,而庞大的军阀官僚统治机器又需用浩繁,因此,中国农民所负担的徭役,名目之繁,规模之大,对农民生产劳动的影响、破坏之巨,都远非欧洲中世纪领主对农奴的强迫劳役所能望其项背。中国历史上许多次农民起义都以徭役的不堪忍受为直接起因,可见封建徭役对农业生产和农民生活的危害之大了。

中国在生产力低下的封建社会早期就建立了中央集权专制主义的封建国家,这样的国家必须有一个庞大的官僚军阀机器来维持它对人民的统治。这使官僚主义、贪酷、腐败、手续繁琐、办事拖沓等等，必然成为秦汉以来一切封建政权中存在的最普遍、最根深蒂固的现象。农民怕官，但又不可能不同官府打交道，于是，无数农民本可用于生产劳动的时间，就白白浪费于官僚主义的拖延、积压、推诿、敷衍和多方刁难之中了。

中国在封建社会早期建立起来的中央集权封建专制国家，在一定时期中，对保持国家统一，促进民族经济、文化的发展，是起过重要的积极作用的。但是，它对经济发展也有消极的作用。徭役的繁苛，官僚主义的顽固普遍，就是这种消极作用的一部分。越是到封建社会后期，这种消极作用也越突出。王符早在一千八百多年前，就强调指出了这两点，并且提出了"爱日"论作为批判封建徭役制和官僚主义的理论基础，这是他的思想的敏锐处。

五

由于王符在他生存的时代是个小人物，在整个封建时代也是个名气不大的人物，后代读他的著作的人不是很多。他的《潜夫论》侥幸存留下来了；可是，要说后代的经济思想直接受过他多么大的影响，那也是谈不上的。我们说他在中国经济思想史上是个值得研究的人物，主要不是看他的经济思想的直接影响，而是由于他在经济思想领域做出了一些独特的贡献。正如列宁所说："判断历史的功绩，不是根据历史活动家没有提供现代所要求的东西，而是根据他们比他们的前辈提供了新的东西。"①

---

① 《评经济浪漫主义》，《列宁全集》第2卷，人民出版社1959年版，第150页。

在中国的封建时代，进步思想家总是打着"黜奢崇俭"论的旗号来批判皇室、贵族、官僚、豪绅等的腐朽淫靡的生活，而最先明确地、集中地把"黜奢崇俭"的矛头转向这些大地主人物的，正是王符。

王符的"爱日"论，更称得起中国经济思想史上的一个稀世之珍。在中国封建社会的历史上，反对苛重徭役、要求轻徭薄赋的大有人在。《诗经》中就保留下了不少控诉苛重徭役的优秀诗篇；先秦的思想家也提出过"使民以时"、"勿夺其时"等要求徭役不侵占生产劳动时间的主张。可是，把批判徭役同批判封建政权的官僚主义结合起来，并且从保证生产劳动时间的角度赋予这种批判以一个理论基础的，却只有王符的"爱日"论。

王符留下的一些优秀的经济思想遗产，特别是他的"爱日"论，在我们今天批判官僚主义，浪费劳动时间有重要的启发和借鉴的意义。但王符指望在封建社会中出现一个"圣人"或"明君"来"为民爱日"，使广大人民能有更多时间从事生产，从而使他们的生活状况能得到一些改善，这自然是对封建统治者的幻想，是不可能办到的。今天我们是无产阶级领导的国家，人民当家作主就可以办到。

（原载《经济问题探索》，1980年第4期）

31　论刘晏关于国民经济管理的思想

　　刘晏是唐代的著名理财家,可是,他的活动并不只限于狭隘的财政问题的范围,而是从解决财政问题出发,广泛地进行了粮食的运输、储存,食盐的统购、发售和生产的管理,商品供求和物价的调节,以及救灾、抗灾等方面的工作。实际上,刘晏不但是一个理财家,还是一个封建时代的国民经济管理方面的能手。①

　　刘晏是个实干家,他不曾著书立说,他的有关财政经济问题的言论,留下来的也很少。但是,他的理财活动,却体现着异常丰富的经济思想,包含着顺应经济发展趋向的许多重要思想苗头。在中国经济思想史上,特别是在中国古代的国民经济管理思想的发展史上,刘晏这个并非思想家的人物,有着不容忽视的地位。研究刘晏的理财活动所体现的经济思想,对于总结中国古代关于国民经济管理思想方面的历史遗产,为我们当前的社会主义建设服务,是颇有意义的。

---

　　① 刘晏的管理工作,还没能广泛到包括国民经济的一切主要部门;同时,他主管的地区也主要是东南地区,而不是全国。但是,他的管理工作已涉及到许多部门及其相互之间的联系,而当时的东南地区又是财赋的主要来源。因此,刘晏的财政经济管理工作已超出了部门经济或地区经济的范围。

一

刘晏（718—780年，唐玄宗开元六年至唐德宗建中元年）字士安，曹州南华（今河南东明县附近）人。他八岁即因向唐玄宗献赋而获得了"神童"的声誉。公元760年任京兆尹，加户部侍郎，兼任度支、铸钱、盐铁使（后又兼转运使），由此至公元779年，除中间有不长时间遭贬外，前后有将近二十年担任唐中央政权的重要的财政经济领导职务，主管东南地区的理财工作。

刘晏开始肩负起理财重任时，正是安史之乱后的社会经济严重凋敝衰落的时期。安史之乱是唐王朝由盛而衰的转折点。唐代文治武功的基础——均田制，早已破坏无余。随着均田制的破坏，大土地私有制发展起来，土地集中的现象日益严重。安史之乱后的唐朝，也是中国封建社会中的社会经济开始出现某些新的变化趋向的时期。过去长期占支配地位的豪强地主的势力明显下降，不以门阀势力而主要以财富称雄的庶族地主的势力则逐渐上升。豪强地主对其"宾客"、"部曲"的很强的人身奴役，逐渐让位于庶族地主同佃农之间的租佃关系。封建的人身依附关系较过去有所减弱。与此同时，封建社会内部的商品经济有了一定的增长，城市手工业、商业更发达，手工作坊、行会以及经营信用业务的柜坊、行使汇兑职能的飞钱等，都相继出现。

刘晏又是在唐政权面临财政破产的局面下出任理财工作的。安史乱后，全国户数由九百万骤减至一百九十三万余，人口由五千二百余万剧降为一千六百余万。唐政权越来越腐朽，又使得各种"不课户"、"不课口"（除部分老弱病残外，主要是官僚和僧、道等人）越来越多。唐肃宗乾元末，在全部一百九十三万余户中，不课户达到一百一十七万余户；在一千六百余万人口中，不课口达到一千四百余万口。①战争使国家的财政经费极大地增加，引起赋役负担的加重，而不断增加的赋役负担，却落在占现存户数三分之一，现存人数七八分之一的农民身上（如和安史之乱以前的情况相比，还不到总户数的10％，总人口的4％），这些农民自然负担不了。唐政权为了解决自身的财政困难，不惜以种种贪酷手段，强行搜括。例如，在唐玄宗末期，王鉷为户口使。当时，有些被派戍边的农民，本人早已战死，但边将为了虚报战绩而隐匿死亡士卒人数，以至许多人在战死三十年后仍然保留着户籍。按唐朝的役法规定，在戍边六年期间应全免租、庸、调，役满还乡再继续征课。王鉷为了加强搜刮，就借口"丁名尚存"，租庸调仍不得豁免。于是，他计算了这些人三十年的租庸调全课，扣除应免课的六年，其余全要强迫已死丁壮的家属补纳。②又如，在刘晏以前主管江淮地区租庸调的元载，强令农民补交八年中所欠的全部租调。农民无力补纳，他就派官兵查抄民家，把家中尚余的财物夺走一半，有的甚至夺走十之八九，称为"白着"，③不服的则以严刑威逼。

唐政权的这类竭泽而渔的做法，只会迫使农民进一步逃亡，或者相聚山泽，走上武装起义的道路。结果，唐政权的赋役基础更加萎缩，财政状态更加恶化。

---

① 《通典》卷七《食货典·历代盛衰户口》。
② 《旧唐书·杨炎传》。
③ 《资治通鉴》卷二二二。

二

刘晏理财的措施，主要有以下几个方面：

第一，漕转制度的改革。

在中国的封建时代，中央集权专制主义的政权，机构庞大，首都一带，尤其是贵族、官僚、军队及统治阶级寄生奴隶们麇集之地，所需粮食，远非近畿农村所能供应，必须每年从外地调运进大量粮食。水运曰漕，陆运曰转。漕转成为历代封建政权的一项大政。唐代建都长安，每年漕转粮食的数量，随着官僚军阀机器的扩大而逐渐增加。唐太宗时期，每年漕转粮食不过二十万石，至唐玄宗时已渐增至一百万石。刘晏负责理财工作的江淮地区，是漕转粮食的主要来源地之一。由江淮至长安，路途遥远，水运要先后驶经运河、淮河、汴河、黄河及渭河五条河流。五河水情不同，涨落时间不一致，粮船由一河进入另一河，需要等很长时间。过去采用直运的办法，南船直驶东都洛阳，约需八、九月时间，损耗率超过20%，运费甚至多于粮食本身的价格。由洛阳至陕县，黄河有三百里险道，尤其是三门峡一带，时常翻船。如在这一线改为陆运，需征调成千上万的民夫，征用数千头大牲畜，费用尤为高昂。过去的漕运办法是由官府派富户督运，督运人称为"船头"；运送工作所用的劳动力，则征调沿途人民服徭役，对人民扰害很大。安史乱后，豫西一带人烟稀少，无法征调徭役；加上沿途驻军骄横跋扈，动辄截留漕粮，更增加了漕运困难。长安的粮食供应发生了严重的危机，甚至连皇帝的御厨都缺乏足够的储备。

　　刘晏接任后，亲自跋山涉水，勘察河道，在充分弄清情况的基础上，疏通河道，并对漕运办法进行了一系列的改革，改革的主要内容是：

　　（1）在运送制度方面，废除船头督运办法，改为官运，由官府出优厚造价，建造坚固船只，派军官督运；在劳动力方面，则将征调徭役的办法改为出钱雇工，并优给工资。

　　（2）在运道方面，改直运为分段接运：南船不入汴水，汴船不入黄河，河船不入渭水。各交接地点修建粮仓，粮食运到，卸船收仓，原船即回，等上游河道适于行船时再装船运走。

　　（3）废除三门峡一段运价高昂的陆运，改为水运。由于船造得坚固，刘晏又派人用优质材料制造很坚韧的纤索，因而基本上克服了翻船的危险。

　　这些改革保证了漕运的顺利进行，每年运达长安的粮食不少于四十万石，多时至一百一十万石，无沉船损失，运输时间大为缩短，运费也大大降低，"自是关中虽水旱，物不翔贵"。[①]

　　第二，对盐政的改革。

　　唐政权在安史之乱后因财政困难而实行榷盐（盐的国家专卖）。榷盐开始于公元758年，至刘晏接任为时不过二年，因制度不良，弊端已很严重。

　　最初的榷盐办法是：在各产区设"盐院"，负责管理盐务；盐的生产由"亭户"即专业盐民进行，亭户生产的盐全部卖给盐官，由官府运往各销区，卖给消费者。

　　为了利用盐专卖增加财政收入，唐政权把盐价由每斗十钱一

――――――――――

　　① 《新唐书·刘晏传》。

下子提高到一百一十钱。由于封建机构效率低,费用大,贪污中饱严重,增加盐价并不能增加很多收入;而且,盐价增加过多,百姓买不起,迫使许多百姓"淡食",也减少了食盐的销路。盐官见食监积压不售有的就采取摊派的办法,迫使百姓认购,给广大人民造成了严重的灾难。

刘晏接任后对榷盐制度进行了大刀阔斧的改革,主要措施为:

(一)大力裁减官盐机构和人员

刘晏认为盐政办理不善,盐官盐吏太多是一个重要因素。他只在主要产区设十个盐监和四盐场,非主要产区及销区均不设盐官盐吏。盐监负责管理食盐的生产和收购,盐场则是官府收购、储存和转售食盐的栈场。

(二)以商人的自由运销代替官运官销

亭户生产的盐,均由国家统购,储于盐场,商人向盐场买盐,国家从购销价格的差额获得财政收入。商人购盐后,可以按照自己的意愿运往任何地区销售。

(三)取缔各地方政权和军队对食盐征收过境税的行为

当时的地方官吏和军队,对过境食盐层层征税,给运销食盐的商人造成了极大困难。刘晏请求唐政权取缔了这类过境税,以利于食盐的流通。

(四)在边远地区实行常平盐制

刘晏考虑到,在一些不产食盐的边远地区,经营食盐的商人因运费高而不愿去;即使有少数人肯去,也会因竞争者少而发生高抬盐价的情况。于是,他仿照常平粮仓的制度,创立常平盐制,由官府运一部分食盐到边远地区存储,在食盐供应紧张盐价高昂时以平价出售。这样,既解决了边民食盐的困难,又增加了国家的财政收入,做到了"官收厚利而人不知贵"①。

　　刘晏对盐政的改革,节省了国家经费,汰除了贪污中饱;利用商人追逐利润的活动,把食盐广泛运销到各个地区,靠商人之间的竞争保持各销区的供求平衡,防止盐价高涨,也消除了食盐走私的现象。这使食盐的销售量大为增加,人民能以较合理的较稳定的价格买到食盐,国家也大大增加了财政收入。在刘晏刚接办盐政时,唐政权从江淮地区的食盐专卖所取得的财政收入每年不过四十万缗,到他主持盐政的后期,则增至六百万缗,约占当时全国财政收入的一半。②

　　第三,常平和救灾工作。

　　中国封建时代有"常平仓"制度。各地区设常平仓,丰年以稳定的价格收购粮食,储于仓中,以防止粮价过低造成"谷贱伤农";荒年缺粮,则把储存的粮食取出,按稳定的价格出售,以防止商人乘机高抬粮价,造成"谷贵伤民"。常平仓制度是由西汉宣帝时的大臣耿寿昌创立的,后代各封建王朝也多仿行。

　　唐朝也实行常平仓制度。贞观、开元等唐朝国势隆盛的时期,常平仓制度也办理得较好。安史乱后,常平制废坏,原来常平仓中存储的粮食,也多被挪用。

　　刘晏在救灾工作方面,首先着手恢复常平仓,各州常平仓储粮数经常保持三百万斛。

　　刘晏在救灾问题上的一贯思想是不赞成发放救济粮,而主张扶助受灾农民恢复和发展生产,搞生产自救,而财政政策则是他用

————————
①　《新唐书·食货志》。
②　同上。

以组织生产救灾的一个重要工具。刘晏死后,他的旧部下陈谏,曾把刘晏的救灾思想概括为这样一句话:"善治病者不使至危惫,善救灾者勿使至赈济"。①这个概括是十分中肯的。

由于刘晏对经济情况掌握得比较充分和及时,往往能在灾情刚露头时,就采取减免赋税、发放贷款、平价粜粮以及收购某些农副产品之类的措施,扶助农民生产自救。

刘晏组织生产救灾的一个重要作法是帮助灾区人民发展副业生产。他认为:荒年粮食虽歉收,农村还有其他一些农副产品,因而就在荒年经常采用以粮易货的办法,动用国家所储备的一部分粮食,以对农民有利的价格同农民交换其他农副产品,供官府自用,或运往丰收地区去售卖。用这种办法,既可扶助灾区人民度荒,又不至增加国家的开支。

刘晏还注意在救灾工作中发挥商人的作用。他考虑到常平仓多设在城市,农民进城买粮,费用大,又耽误很多生产时间,僻远乡村困难很大。于是,他就在城市中实行以粮食同商人交换农副产品的办法,给商人以优厚的利益,鼓励商人下乡购货粜粮,结果,国家的常平粮就可"不待令驱"而通过商人"散入村间",②不但解决了农民买粮的困难,而且使"二害"(水旱)变成了"二胜",把因灾荒而衰敝萧条的农村经济搞得颇为活跃。

第四,调节主要商品的供求和价格。

刘晏还把常平制的原则应于粮食以外的其他主要商品,采取各种措施调节供求和物价,以保持各地的商品供求平衡和物价的

---

① 《新唐书·刘晏传》。
② 同上。

稳定。他在各主要城市设巡院,负责管理粮食和其他商品的市场。各巡院的知院官,必须把当地农业生产、粮食收购、粮价变动和其他主要商品的行情等,按旬、按月及时上报。为了保证这些材料能够快速传递,刘晏又整顿改革当时的通讯机构——驿站,把以前派富户负责驿站(称为"捉驿")的办法,改为官办,并用很高的待遇招募善于骑快马奔驰的"急足"。尽管当时的交通工具和技术很落后,靠着这一套办法,几千里外的情况不出几天就能上报给刘晏。这样,刘晏事实上就在自己主管理财工作的地区内组成了一个严密的经济情报网,它能够及时地向刘晏提供充分可靠的统计材料,使他据以进行决策,按照各地"货殖低昂及它利害","权万货之重轻",指挥各地巡院吞吐物资,调节供求,"使天下无甚贵贱而物常平。"①

第五,干部制度方面的改革。

刘晏对理财工作的干部,制定了一套选拔和管理的办法,其主要特点是选拔有朝气,有能力的"新进锐敏"的士人来代替腐败的官吏。他认为:长期在封建衙门中任职的官吏,已经习惯于拖沓、敷衍、推诿以至勾结、请托和其他营私舞弊活动,不能依靠和信任他们来管理财政经济工作。士人有一定学识,又爱惜自己的名节,较能廉洁奉公。因此,他在自己主管的各级财政、经济机构中,凡检核、出纳等管钱、管物、管账等方面的工作,一律委任士人;原来的官吏,则只能"奉行文书",干些一般性的事务工作。同时,刘晏对干部还有一套有效的考核监督办法,使他的部下虽"居数千里

---

① 《新唐书·刘晏传》。

外,奉教令如在目前"①。不敢欺瞒或玩忽职守。

由于理财工作被人们看做"肥缺",许多有权势的人物都纷纷向刘晏荐举私人。在当时腐败的官场习气下,刘晏也不敢拒绝。但他对这些靠权势、关系进来的人,只给予丰厚的待遇把他们养起来,绝对不让他们插手实际工作,不给他们以营私舞弊的机会,严防他们进来败坏刘晏的精干有效的理财工作机构和理财干部队伍。

刘晏这一套选拔和管理干部的办法,保证了他当时改进理财工作的需要,还为以后几十年的理财工作培养了一批骨干。在他以后负责理财工作的韩洄、元琇、裴腆、包佶、卢贞、李衡等②,都是刘晏培养出来的干材。

刘晏还进行过其他某些方面的改革,如改定纳税户等,减轻工商业者的纳税负担等,就不一一缕述了。

三

从刘晏的理财活动中,可以看出许多饶有兴味、可资借鉴的经济思想。

他组织漕运的工作,有许多地方是符合运输学和运筹学原理的,在当时的具体条件下,的确收到了节约时间、节省运费、减少损耗、保证供应的要求。

---

① 《旧唐书·刘晏传》。
② 《旧唐书·食货志》。

他在救灾工作中,不强调赈济而着眼于扶助灾区人民进行生产自救,这的确是救灾工作的一个较为正确的方针。他在人才的选拔、使用和管理方面,也显示了十分卓越的才能。有些做法至今对我们也仍然可以有启发、借鉴的作用。

刘晏对精简管理机构、提高行政效率,也有一套行之有效的办法,其中也体现着一些颇为重要的思想。例如,在利用政权机构来管理经济时,他既注意减少、削弱官僚主义对国民经济管理的阻碍、破坏作用,又要尽量发挥国家权力在调拨和集中使用人力、物资方面的作用。在盐政改革方面,他大力裁汰官盐机构和盐官盐吏,以减少官僚主义的危害;而对边远地区,却实行全由官办的常平盐制,以便用国家的力量把大批食盐运往边远地区,保证边远地区的供应。这种做法正是上述思想的一种典型的表现。

刘晏继承了中国古代国民经济管理思想中的重视统计调查、重视数字材料的优良传统。他要求各地巡院上报的材料种类那么多,上报又要及时,很可能他已建立了一套比较合乎科学的表报制度,可惜的是没有这方面的材料存留下来。刘晏的经济情报网出现在一千二百年前,更堪称一项时代杰作。

刘晏在选择专卖商品方面提出了一个重要的原则:“因民所急而税之,则国用足。”①“民所急”的商品,也就是为广大人民所必需而又不容易找到代用品的东西。这类商品的需求弹性较小,价格增加,不致造成销售数量的急剧缩减。国家选择这类商品实行专卖,就能较多地增加国家的收入。汉代一开始实行专卖就选择盐铁两种必需品,是体现了这个原则的;然而,第一个明确地提出这

---

① 《新唐书·食货志》。

个原则的,却是刘晏。

当然,即使是"民所急"的商品,加价超过了一定限度,也会引起销售量的大幅度下降。在刘晏以前负责榷盐的第五琦,一下子把盐价提高十倍,结果引起食盐的严重滞销,就是明显的例子。刘晏是懂得这个界限的,他并不因为食盐是民所急而任意加价;相反的,当某些地区的盐价有可能涨得过高时,他还采取措施平抑盐价。

上述这些思想无疑都是很有价值的;然而,在刘晏关于国民经济管理的思想中,最值得重视的还是以下几点:

第一,他重视用财政政策作为积极手段来促进生产和流通的发展。

刘晏理财的一个突出之点是:他认识到理财不能只是片面地考虑增加国家财政收入,还应有利于生产的增长和流通的活跃,使百姓能够正常地"耕耘织纴"。他把财政政策作为扶助生产和流通的手段,"常平岁敛之,荒年蠲救之"[1],力求减轻自然灾害和市场情况对农业生产造成的不利影响。他所设立的盐政机构也不止是征收盐税、盐利,而是对盐的生产负有经常的检查,督促和技术指导的责任在刘晏负责理财工作期间,唐中央政权的实际控制地区共增加了九十万户,[2]全部都是在他主管理财工作的地区内增加的。这也足以表明他的理财工作确实起到了促进经济的恢复和发展的作用。

刘晏的这个思想,是对他以前关于经济和财政之间的相应关

---

① 《新唐书·刘晏传》。
② 同上。

系的认识的一个重要发展。在中国古代，早就有人认识到：经济决定财政，经济发展了，财政的增长才有可靠的基础。还在春秋末期，孔丘的学生有若就提出了"百姓足，君孰与不足？百姓不足，君孰与足？"①的著名论点。到战国时期，荀况更进一步指出："田野县鄙者，财之本也，垣窌仓廪者，财之末也；百姓时和，事业得叙者，货之源也，等武府库者，货之流也。"②明确地把经济看作财政的基础和本源。荀况甚至还提出了以国家财政经济政策来促进经济发展的所谓"以政裕民"的论点。不过，他所谓"以政裕民"，主要内容是："轻田野之税，平关市之征，省商贾之数，罕兴力役，无夺农时。"③这实际上还只是消极地限制国家财政对国民经济的耗蚀、破坏作用。后世的轻徭薄赋主张，基本上是对荀况这个论点的重复，而没有什么前进。刘晏则显然超出了传统的轻徭薄赋思想，他已不止是要消极地限制赋税徭役过重对国民经济的损害，而是要积极地用财政作为扶助经济发展的手段。

第二，他力求借商人的自由经营活动来改进封建国家的国民经济管理工作。

在封建时代，国民经济的管理自然是封建政权的事。但是，由封建政权管理国民经济，并不等于经济活动的一切职能都由封建的官府机构及其官吏承担。在中国古代，对国民经济管理问题，早就有主张国家直接经营和严格控制以及反对国家直接经营和过多控制的两派。轻重家要求国家对国民经济做到绝对支配，从而能

①　《论语·颜渊》。
②　《荀子·富国》。
③　同上。

够"予之在君,夺之在君,贫之在君,富之在君"①。是前一派的代表。司马迁主张国家对经济活动应尽量放手让私人去进行,少加干涉,更不应由国家直接经营牟利。他认为国家对国民经济管理的最好方针是"因之",即听任私人自由进行,最坏的则是"与之争",②即由国家直接经营或严加控制,与民争利。可算是另一派主张的代表刘晏在国民经济管理问题上基本上属于轻重家一派。但是,他清楚地认识到,由封建的官僚机构及其官吏直接经营生产流通事业,效率低,浪费大,贪污中饱多,因而主张在国家监督管理下,以商人的自由经营活动来取代或部分取代官府机构的经营活动。在盐政方面,他以商人的自由运销代替官运官销;在常平救灾方面,他以优厚的利润鼓励商人深入农村购货粜粮,如此等等。

刘晏的这些做法,标志着中国封建社会中国民经济管理思想的发展出现了一个新的动向:由强调"抑商"转而注意利用商人的活动来改善国民经济的管理工作。中国封建社会中长期流行着"重本抑末"或"重农抑(工)商"的观点。早在战国时期,"重本抑末"就逐渐成了法家代表人物管理国民经济的基本主张,秦统一以后,重本抑末更成了对国家经济政策起支配作用的观点。西汉的轻重家把"大贾蓄家"看作是同国家争夺"轻重之势"的主要力量之一,甚至看作是势同国君相侔的一国中的"二君二王"③,因而强调要把商人作为轻重政策的打击对象。在这种情况下,当然谈不上在国民经济管理工作中发挥商人作用的问题。西汉著名理财家桑弘羊,在管理国民经济方面所采取的各种主要措施如榷盐、榷酒、平

① 《管子·国蓄》。
② 《史记·货殖列传》。
③ 《管子·轻重甲》。

准、均输等，都是由封建官府机构及其官吏直接进行，"坐市列肆，贩物求利"①的都是官吏。当时，封建政权也曾吸收过一些商人或商人出身的人参加国民经济的管理工作，有些人（如孔仅、东郭咸阳、桑弘羊等）还担任了主要的领导职务。但这些人已经参加进去，就成了封建国家的官吏，执行的是封建国家限制打击商人资本的轻重政策，他们并不是作为商人的代表参加国民经济管理工作，更不能在参加之后继续从事私人的商业经营活动。

刘晏管理国民经济的活动也是要使封建国家在经济生活中取得"轻重之势"；但他已不是事事靠官府机构和官吏来直接经营，而是在一定程度上把封建国家的经济活动和商人的私人经营活动结合了起来。在刘晏的管理体系中，商人已不是轻重政策的打击对象，而是国家的合作者了。

第三，利用个人对物质利益的兴趣来提高工作的质量。

刘晏在管理国民经济的活动中，注意利用个人对物质利益的兴趣来刺激劳动者或工作承担者，借以提高经济活动的效率或质量。在漕运方面，他以出资雇工来代替封建的徭役劳动；在造船方面，他不惜以很高的造价来提高船只的质量，在传送经济情报方面，他以重酬来招募"急足"等等，都反映了他的这种认识。

剥削阶级的人物懂得利用个人对物质利益的兴趣来榨取更多剩余劳动，这本是由来已久的事情。在奴隶制时代，比较精明的奴隶主已经这样做了。古罗马的奴隶主思想家老卡图（Cato Major）就主张按奴隶的劳动情况给予不同的衣食待遇。中国古代的奴隶主思想家也主张对"百工"的"饩廪"（伙食）应按照他们各自的

①　《史记·平准书》。

技术和劳动情况而规定。在封建社会中,农奴或农民有自己的简单生产工具和家庭经济,能够在缴纳地租之后把余下来的劳动产品作为己有,因而比起奴隶来对生产劳动"感觉兴趣","在生产中能表现某种自动性"[①]。在封建主义生产方式下,也比在奴隶制生产方式下更有运用个人对物质利益的兴趣来役使劳动者的可能。在春秋时代,孔丘就已提出了"惠则足以使人"[②]的思想。不过封建社会也仍然是一个以超经济强制为特点的社会,这种刺激个人兴趣的管理办法仍不可能获得较为广泛的应用。刘晏的思想所以值得重视,不仅在于他在国民经济管理中已经比较广泛地运用了刺激个人工作兴趣的办法,更在于他已在一定程度上用体现着买卖双方形式平等关系的雇佣劳动来代替完全基于超经济强制的封建徭役劳动。从这一点来说,他的思想已多少超越了比较精明的封建官吏的水平。

刘晏对中国古代国民经济管理思想的发展,已经开始反映出唐中叶以后社会经济发展中正在出现的某些新的趋向。他在国民经济管理中,重视发挥商人的作用和一定程度上用雇佣劳动代替徭役劳动,正是唐中叶以后商品经济有所增长和封建人身依附关系已有减弱等经济发展新趋向在他的思想中和理财活动中的反映。刘晏能在这些新趋向刚露端倪时就觉察到它们,并以自己的实际活动来顺应这些新趋向,这是他的思想的敏锐处。

刘晏在中国古代国民经济管理思想的发展中处于承先启后的地位。在他以后的千年封建社会中,像他这样的思想在封建国家

---

① 斯大林:《辩证唯物主义与历史唯物主义》。
② 《论语·阳货》。

的国民经济管理活动中自然不可能受到重视；但是，此后的有进步意义的国民经济管理思想，却是沿着他所开辟的方向发展前进的。从宋代的李觏、王安石直到清代鸦片战争前的包世臣、魏源，不同程度地都表现了这一点。

刘晏是唐代封建政权中的大臣，他的管理国民经济的实质，是保证封建政权能够通过财政榨取更多的剩余产品；他的一切做法的直接出发点，都不过是为了使封建政权的财政榨取有一个更稳定、更充分的基础。但是，他的理财活动在一定程度上促进了当时社会经济的恢复和发展，他在管理国民经济方面的一些做法，也有符合于科学的地方。这同封建时代那些只知敲骨吸髓地榨取老百姓的"聚敛之臣"，还是有明显的区别的。

（原载《经济科学》，1981年第3期）

32　宋代小商品生产者经济思想的代表人物——苏云卿

苏云卿是两宋之际的高士，生卒年代不详，但知他和南宋抗金名相张浚同为四川广汉人，而且是张浚未入仕时的布衣交。他有经国济民的才略，张浚称赞他是"管乐流亚"。诸葛亮自比管乐，张浚此比实际上是推崇他为当时的诸葛亮。可是，他处在两宋之际国势阽危、百姓涂炭的局势下，却一直"遁迹湖海"，不求用事，和他的老朋友张浚"以匡扶为己任"的态度截然不同。张浚为宰相时，打听到他的下落，派当地最高官员去亲往拜访，代表张浚敦请他出山。他表面答应，并约定了行期，然后乘夜遁去，不知所往。

诸葛亮在东汉末高卧隆中，"苟全性命于乱世，不求闻达于诸侯"，并不是真的对世事漠不关心，而是"待价而沽"，要等待能够任用他的"明主"，不肯轻于求进。苏云卿一直遁迹湖海，连自己的旧交张浚的聘请也拒不接受，也并不是真的没有用世之心，济时之志，而是由于他看透了宋统治集团，认为在这样一个完全腐朽了的势力的统治下，任何有抱负、有才略的人，都不足于有为。他深知张浚是个有兴复之志的杰出人物，但认为张浚不能识小人、防小人，因而也难以济事（张浚后来推荐秦桧，犯了历史性错误，果不出苏云卿所料）。正是在这种认识下，他虽然并不见得甘心于无所作为，也明知处于惨烈的民族战争时期想做一个"苟全性命"的隐士实为不易，却只能终身遁迹湖海，长隐不出了。

对世事感到失望或绝望，因而隐居不求仕进，这是古代隐士常有的思想，苏云卿也没有什么独特之处。他的独特之处，不在于他为什么要隐遁，而在于他怎样隐遁，也就是他的隐居方式。在这方面值得注意的是：

第一，他坚持以自己劳动、自食其力的办法来维持自己的隐居生活。

中国古代的隐士，常以"躬耕陇亩"自相标榜，诸葛亮就曾对蜀汉后主刘禅说："臣本布衣，躬耕于南阳。"①事实上，中国古代的士大夫人物所说的"躬耕"，并不都是自己从事农业劳动，而往往是指监督农民劳动、亲自管佃收租等活动，也就是指亲自经理家计。古代的大多数隐士，实际上过的是地主田园生活。一般而言，地主经济是隐士们隐居生活的经济基础。

苏云卿却不是如此。他抛弃家园，远离未遭金兵侵轶的四川，遁迹他乡，"布褐草履"，"披荆畚砾"，完全以自己的劳动从事农业生产。白天务农之外，还"夜织屦"②，利用夜晚从事手工业生产。这些材料足以说明：苏云卿隐居的经济基础，不是地主经济，而是农业、手工业个体经济。他不是一个隐居的地主，而是一个隐居的小生产者。

第二，他过的不是耕织结合、自给自足的生活，而是从事农业和手工业商品生产。

---

① 《三国志·蜀志·诸葛亮传》。
② 《宋史·隐逸传下》。

古代的隐士即使自己从事生产劳动，一般也是从事耕织结合的农业劳动，自给自足。偶同市场发生联系，那也只是把自给有剩余的部分农产品，交换少量自己实在不能生产的东西（如盐、铁之类）。封建时代自然经济在经济生活中占主要地位的情况，决定了绝大多数生产者只能是自给自足为主，也决定了真正自食其力的隐士们只能如此。

苏云卿却不是这样。他不是从事耕桑，而是"为圃艺植"①，即开畦种菜。而且，他不是在种粮之外，兼种一部分蔬菜供自己需要，而是以种菜作为自己的专业，作为自己的基本的生活来源。用现代的名称说，他是一个专业的菜农。

专业的菜农是不可能自给自足的，而必须把自己的产品全部或绝大部分投入市场，从市场上换回自己所需要的生产资料和消费品。

这种情况表明：苏云卿不是自然经济下自给自足的小生产者，而是一个主要从事商品农业的小商品生产者。

前面提到，苏云卿还在夜晚"织屦"。织屦是一种手工业生产。当时农民多自己织屦，用以自用，自用之余也少量出售。可以说，它是一种农闲从事，并且基本用以自给的农村副业生产。苏云卿利用夜晚织屦，应该说也是作为副业来兼营的。但他织屦却不是为了自用，而是用作商品出售。由于他织屦的技术精良，所织的屦"坚韧过革"，以至"人争贸以馈远"②，成了人人争买以馈送远方亲友的名产。

---

① 《宋史·隐逸传下》。
② 同上。

主要从事种菜这种农业小商品生产,业余也兼营织屦这样的手工业小商品生产,这清楚表明:苏云卿是一个地地道道的小商品生产者隐士。

第三,他是一个隐于市场附近的隐士。

古来的隐士多是隐于山林,过一种与世隔绝的生活。苏云卿以从事小商品生产来维持隐居生活的特点,却决定了他只能隐于市场附近的地区。否则,他生产的商品就不能销出,他的隐居生活也就不能维持了。他要隐居,自然要与世隔绝;作为一个隐于农业、手工业小商品生产的隐士,他却绝不能"与市隔绝"。

史载当地"帅、漕"等文武大员受张浚委托去征聘他时,都"屏骑从",假扮"游士入其圃"。①大官可以微服去拜访他,说明他的隐居处不会太远离城市。

看来,苏云卿不是一时一处,而是长期坚持以种菜、织屦这些小商品生产来维持隐居生活,因此,他不但在生产技术方面成了真正的内行,而且在商品营销方面也深谙门道,成了善于依据市场情况而经营获利的能手。

苏云卿的基本经营原则是"利倍而售速"②,即经营要获得持久的、稳定的高收益,又要加速周转,尽量减少产品积压不售的情况。

为保证获得持久的、稳定的高收益,他的主要做法是:

第一,保证产品的高质量。

他深知产品质量是保证销路及销售收益的关键,因此,在生

---

① 《宋史·隐逸传下》。
② 同上。

产技术方面精益求精:"艺植、耘芟、灌溉、培壅,皆有法度。"他生产出的蔬菜,"味视他圃尤胜"①,质量超过一切竞争对手。他在织屦方面也极力讲求质量,以至他织的屦成了远近争购的名优产品。这样的产品,在市场竞争中,自然总是处于优胜地位,能够做到"利倍而售速"了。

第二,善于掌握生产和上市的时间。

市场竞争讲求"趋时"。能否把握住最有利的上市时机,对竞争胜负有关键意义。像蔬菜这种鲜货,上市时间尤其是个举足轻重的问题。时鲜蔬菜能比一般竞争对手早上市几天,价格往往可以倍蓰不止。这就使早上市者可因产品的个别价值大大低于市场价值而获得比竞争者高得多的收益。

苏云卿善于掌握生产时间和上市时间,做到:"虽隆暑极寒,土焦草冻,圃不绝蔬,滋郁畅茂,四时之品无缺者。"②他能在蔬菜供应的淡季上市新鲜优质蔬菜,这些蔬菜自然就会成为高价抢手货,"利倍而售速"。

第三,重视信誉。

树立信誉对保证有持久、稳定的市场具有极大的作用。苏云卿是极其重视信誉的。他创造信誉首先是靠产品的质量,这在上面已经论述过了。除此之外,他还从价格及供货时间、数量方面取得顾客信任,创立经营信誉。

在价格方面,他坚持"不二价"③的做法,规定各种蔬菜的合理价格,对所有顾客一律按价销售,不讨价还价。这种做法表明他货

---

① 《宋史·隐逸传下》。
② 同上。
③ 同上。

真价实，决不靠欺诈顾客牟利；同时也表明他深悉市场供求、价格及质量等行情，所定价格合理、优惠，为顾客所乐于接受，从而形成了很高的信誉。

在销售办法方面，他采取"先期输直"①的做法，即要求顾客对所购菜蔬预付全部的货款。

既不赊销，也不是一手交钱，一手交货，而是要求一次预付全部货款，这对顾客似乎太苛刻。苏云卿所以能这样做，一来是由于他一贯坚持高质量和合理价格，在顾客中早已树立了信誉；二来是他的产品供不应求，只有采用这种预付货款的办法，对顾客实行"计划供应"，才能保证顾客买到所需的产品。

实行"先期输直"的前提，是能够保证顾客按照约定的价格、数量和供货时间得到所预订的产品。若非苏云卿在这些方面早已信誉卓著，"先期输直"的办法是不可能为顾客所普遍接受的。

另一方面，能实行"不二价"和"先期输直"，无疑又会在顾客群中大大提高苏云卿的经营信誉。

在封建时代的手工业小商品生产者中，为订货而生产的情况是习见不鲜的，但像蔬菜这种季节性特强而且极容易失鲜霉变的产品，为订货而生产的情况，可就极为少见了。苏云卿能够如此，说明他对这类商品的生产技术和经营技术，都已达到了在当时可称得上是精通的水平。

小商品生产者总是克勤克俭的。苏云卿自己"布褐草履，终

---

① 《宋史·隐逸传下》。

岁不易"①,始终过着一个普通小生产者的俭朴生活。由于他善于生产和经营,收入自是不少的。他不但"薪米不乏",而且总是"有羡"②。在有羡时,他不是用于生产积累以扩大经营规模,至少不是以此作为使用"羡"即剩余的主要途径,也不是用于提高个人生活消费的水平,而是不吝用于"周急"。对于向他借贷的人,他不但不放高利贷,而且对"负偿一不经意"③,还不还本也毫不在乎。因此,邻居"无良贱老稚皆爱敬之"④,亲切地称之为"苏翁"。

苏云卿本是当时士大夫中一个才行高卓、器识不凡的人物。由于长期以种菜、卖菜为业,并兼营织屦,他已变成了一个十分熟练的和精明的小商品生产者。在生产经营活动方面,他完全按照小商品生产者的身份,按照市场的要求行事。对商品生产者的伦理道德规范,他已经习惯成自然,言行无不中节了。他讲时效,守信用,重质量,买卖公平……各个方面都能够得上一个充分符合商品生产伦理道德规范的小生产者、小经营者。从这方面说,他已使自己小商品生产者化了。

但是,苏云卿毕竟不是一个本来的、原发型的小商品生产者,而是由一个有气节、有才识的士大夫人物变成的隐于小商品生产的隐士,因此,他的言行又不全同于一个普通的小商品生产者,而是有着一些后者所不具有的品格。在市场交易以外的与人交往中,他所遵循的并不是公平交易、言不二价、钱货两清这类商品经济的规范,而是周急济困,乐于助人,债不取利,甚至可以连本不还。

---

① 《宋史·隐逸传下》。
② 同上。
③ 同上。
④ 同上。

这就不是小商品生产者的特点,而是他原来具有的某些道德规范和生活作风的表现了。

（原载《中国经济思想通史》修订本第3卷,

北京大学出版社2002年版）

33 丘濬——中国十五世纪经济思想的
卓越代表人物

　　丘濬（1419—1495年，明永乐十七年至弘治八年）是明代中叶在经济思想方面最有成就的人物。他的经济思想集中于《大学衍义补》一书中。此书名义上是南宋真德秀《大学衍义》一书的补编，实际上却是不同性质的著作。《大学衍义》是一部宣扬道学思想的书，在经济思想方面无甚价值；《大学衍义补》则是一部专论治国平天下之道亦即经世之学的著作。史书称丘濬“以经济自负”，丘濬自己也说：“前书（指真著《大学衍义》）主于理，而此则主于事。”①

　　《大学衍义补》一书，分门别类地大量辑录了前人有关言论，并以按语方式表达了丘濬自己的见解。在全书一百六十卷中，共有二十二卷（第十三至三十五卷）完全论述经济问题。此书除了丘濬本人的经济思想外，还广泛地保存了前人的有关经济思想资料，是一部研究中国古代经济思想史的重要文献。

---

　　① 《大学衍义补》。

一

丘濬虽然生于明王朝全盛时期,可是,到他考中进士、开始登上政治舞台时,明王朝已进入衰落时期,社会矛盾十分尖锐,明朝国力显著下降。土地兼并日益剧烈,土地集中达到很高的程度。大官僚和地方豪绅等大地主分子,兼并侵吞了大量土地,却极力隐匿田产以规避纳税,因而使全国农田总数和征赋田亩数的差额越来越大。1502年,全国土地总数应为8,357,485顷,但实际征赋田亩才只有4,228,058顷。这使封建朝廷中的许多官僚也不禁惊呼:"自洪武迄弘治百四十年,天下额田已减强半。"[①]

土地兼并和土地集中,使大批农民丧失土地,逃亡他乡成为流民。明封建政权在征赋田亩不断缩减的情况下,为保证自己的财政收入而不断增加赋税,这又使更多农民不堪负担,陷于破产和流亡。明太祖洪武年间,全国户口有一千六百零五万多户,到明孝宗弘治四年(1491)仅余九百一十万户,一百四十年间减少了六百九十多万户。明政权对流民采取严厉镇压的政策,在各地设立"抚民官",专门捕捉流民,驱遣还乡;又实行"勘籍互保"制度,限制农民逃亡。广大流民被迫入绝境,纷起反抗。在1465年,湖北荆襄一带就首先爆发了刘通、石龙领导的流民起义,众至数万人。这次起义被镇压下去之后,1470年又在河南内乡及陕西渭南等地发生了李源、小王洪等人领导的流民起义。

---

① 《明实录》,弘治朝,卷一九四。

　　在明朝的国力因内部矛盾而大大衰减的情况下，外来威胁也变得更严重起来。1449年，蒙古瓦剌部首领也先率军大举入侵，土木堡（今河北怀来县西南）一战，歼灭明军五十万，连明英宗也做了俘虏。接着，也先又挟明英宗进逼北京，明朝的统治受到了强烈震动。幸有于谦为首的抗战派力挽危局，击退也先，明朝才得避免重演东晋、南宋南渡偏安的历史。

　　明代中叶也是中国封建社会后期经济条件开始出现较为明显的变化的时期。经过明太祖、明成祖两代，在农业生产恢复和有了相当发展的基础上，城市工商业出现了比较繁荣的局面。明代中叶土地兼并增剧，使众多农民逃离农村，破坏了农业中的生产力。但是，部分农民流进城市，变成了手工业工人、小商人或城市贫民，这也多少对城市工商业的发展变化有一定影响。封建社会后期商品经济的发展，逐渐孕育着资本主义生产方式的萌芽。在14世纪，杭州地区的丝织业中已有资本主义性质的工场手工业出现；到明代中叶后，资本主义生产的萌芽在江南更多地区和更多部门中都有了存在。

　　资本主义生产的萌芽这种新的经济因素的出现，必然在意识形态领域中日益有所反映。这种情况在明代的各种社会思想和文艺作品（尤其是小说、戏曲）中，都有明显的表现。丘濬的经济思想，是这种新的经济因素的要求在经济思想领域中的较早的表现。

　　丘濬，字仲深，广东琼山（今海南岛）人。他少年时家庭生活不富裕，因"家贫无书"，经常向别人借书读，有时为借书甚至走出百里。但从他在1454年（景泰五年）中进士后，却一直在北京做官，最后官至文渊阁大学士，参与机务，也即是达到了相当于宰相的职位。丘濬官职虽高，但他的经济思想所反映的却不是大地主阶层的利益,而是受到大地主兼并和封建国家重赋损害的富民即一般地主和商人的利益,并在一定程度上反映了封建社会后期资本主义生产方式萌芽的发展要求。

丘濬做京官几十年,而且不曾做过主管财政经济工作的官;但从他的著作看,他对经济问题尤其是工商业、货币等问题,是有一定的实际知识的。他所提出的一些方案或主张,并不令人有纸上谈兵之感。

二

丘濬认为:物质财富是人类生存的前提,认为"人之所以为人,资财以生,不可一日无者也"①。所以,人都是要追求财富、贪图物质利益的。好财、好利,是人的天性:"财者,人之所同欲也"、"人心好利,无有纪极。"②他还认为:一个国家,不过是全国一切个人的总和,因此,国君治理国政,必须让每一个人都能满足他对财富的欲望,使"人人各得其分,人人各遂其愿"③。

丘濬的这些观点,是一种色彩相当明显的资产阶级人性论。在15世纪资本主义生产方式的萌芽已经存在的情况下,这种观点正是表达了地主、商人以及少数手工业工场主获得更多财富的愿望。

从这种资产阶级人性论出发,丘濬提出了他的"理财"论。他

---

①　《大学衍义补》卷二十《总论理财之道上》。

②　同上。

③　同上。

把理财分为"理国财"和"理民财",认为要理国财,必须先理好民财,"民财既理,则人君之用度无不足者"①。他所说的理国财和理民财的关系,实际上就是财政和经济之间的相互关系。对于理民财,他认为首要之点就是放手让私人进行获得财富的活动,国家不要做任何束缚或妨碍私人经济活动的事情。在谈到农业政策时他就曾说:

> 所谓生生之具,稼穑、树艺、畜牧三者而已。……明主有志于三代之隆者,不必泥古以求复井田,但能留意于斯民而稍为之制,凡有征求、营造,不至妨害于斯三者,则虽不复古制,而已得古人之意矣。②

丘濬提出了"安富"的口号,强调国家理财必须能使"富人安其富",坚决反对用重税侵害富人的利益。他认为占有财产是一切个人的天然权利,而不止是君主一人的权利;君主的职务只是"为民理财",使民能够保有和扩充自己的私人财富,"因其所有余而养之",而无权任意征收和夺取私人所有的财富。他一再说:天之生财"非专用之以奉一人",民之财"非君所得而私有也"。③为了限制封建国家任意增收赋税,损害富民利益,他主张国家应该制订"经常可久,百世而不变"的征收赋税办法,不可随时巧立名目,任意诛求于民。他指责历代封建政权所实行的各种横征暴敛说:"若汉之告缗、算舟车之令,唐之借商、税间架之法,宋之经总制钱之

---

① 《大学衍义补》卷二十《总论理财之道上》。
② 《大学衍义补》卷十四《制民之产》。
③ 《大学衍义补》卷二十一《总论理财之道下》。

类，是皆罔民取利之具，暂行尚不可，况常乎？"①

如果封建君主在用度方面漫无限制，他就必然会在用度不足时想尽各种办法搜刮人民，即使封建国家对征收赋税规定了"经常之法"，也会随时遭到破坏，成为根本起不了作用的一纸具文。于是，继提出限制封建国家征税权的主张之后，丘濬又提出了一个限制皇室用费的办法。他建议仿照汉朝内、外二府的制度，严格划分二者的权限：外府（封建国家的财库）收存经常性的赋税收入，专供国家公共事务的开支，有余则专款存储，作为"水旱兵火不测之需"的储备；内府（皇室专用的财库）收存坑冶（矿税）、赃罚之类的特殊收入，专供皇室用费。外府不足，"可取之于内"，内府"虽有不足，亦不可取之于外"②。

丘濬的这些主张，使我们想起了近代英国资产阶级限制国王征税权的要求。但是，封建专制所以是专制，就在于君主的权力是至高无上的，绝对不受任何法律的限制。英国资产阶级限制国王征税权的斗争遭到了国王蛮横镇压，爆发为资产阶级革命，革命推翻了王权，才使征税和王室经费成为从属于法律的事项。丘濬在明朝封建专制淫威正盛、而市民阶级的力量则极其微弱的时代，想使以皇帝为首的大地主统治势力在征税和皇室用费方面接受限制，服从法律，这自然只能是幻想。不过，这种思想具有很进步的启蒙主义精神，从经济思想发展史的角度看，是深值得重视的。

丘濬尖锐地批判了当时明政权所采用的"摊税"的办法。所谓"摊税"，就是在一个地区出现农民大批流亡、户口严重减少的

---

① 《大学衍义补》卷二十二《贡赋之常》。
② 《大学衍义补》卷二十四《经制之义》。

情况时,把这个地区原来的征税额强制摊派给尚存的农户。他痛论摊税之害说:

> 中人一家之产,仅足以供一户之税,遇有水旱疾疹,不免举贷逋欠,况使代他人倍出乎?试以一里论之:一里百户,一岁之中,一户惟出一户税可也假令今年逃二十户,乃以二十户税摊于八十户中,是四户而出五户税也。明年逃三十户,又以三十户税摊于七十户中,是五户而出七户税也。又明年逃五十户,又以五十户税摊于五十户中,是一户而出二户税也。逃而去者,遗下之数日增;存而居者,摊与之数日积。存者不堪,又相率以俱逃。一岁加于一岁,积压日甚,小民何以堪哉!非但民不可以为生,而国亦不可以为国矣。①

这种论述正是明代中叶地主兼并和封建政权的压迫所造成的严重经济和社会危机的反映。

三

丘濬的肯定私利和私人财富的观点,表现在对土地制度的主张方面,就是维护土地私有制,反对对土地私有权的任何侵犯。他认为古代井田制废坏以后,"田不在官而在民",土地私有制由来已久。因此,在土地制度问题上只能顺应习俗,"听民自便"。他不

---

① 《大学衍义补》卷二十二《贡赋之常》。

但认为古代的土地国有的井田制"决无可复之理",而且认为"限田之议、均田之制、口分世业之法",也都"不免拂人情而不宜于土俗"①。这种主张反映了当时社会中一般地主和富裕农民保有和扩大自己的土地占有数量的要求。

可是,当时大地主所进行的疯狂的土地兼并,不但使大批自耕农、半自耕农失去土地,也已威胁到一般地主富户的利益,长此下去,许多中、小地主也是受不了的。这使丘濬在提出了"听民自便"的口号后,紧接着又提出了并非完全听其自便的限制土地兼并的办法。

他对限制土地兼并,总的原则是"不追咎其既往,而惟限制其将来"②。具体的办法是:以特定年度为起点实行限田,在此年度以前,私人所有的田产"虽多至百顷,官府亦不问";从这一年度开始,一丁只许占田一顷。丁多田少的户,还允许买田,但只限于买足全家平均每丁一顷之数,而不许买进更多的土地。丁田已经相适应的户,则不许再买,否则国家没收其买进的土地。对于年度开始前土地已超过规定限额的,允许全部保留已有的土地,但不许增买;如再增买,则不但对新买进的土地要予以没收,对其过去所有的超限土地也要加以削减、追夺。同时,国家还实行丁田折算的徭役制度:以田一顷丁一人为标准,凡具备此标准的民户,每年均须对国家承担一夫应出的徭役。对田多的户,按二顷田折合一丁,出雇役钱;田少丁多的户,每多二丁,多出一夫差役。对官僚地主仍实行"优免之法",按官品高低,不同程度地减免其徭役负担,但只减免

①　《大学衍义补》卷十四《制民之产》。
②　同上。

徭役而不得减免赋税。丘濬认为,实行了这个方案,"既不夺民所有",又可起到限制兼并的作用,"行之数十年,官有限制,富者不复买田;兴废无常,而富室不无鬻产。田直日贱,而民产日均"。①

在这个方案中,不咎既往和官户减免徭役的规定,反映了丘濬所代表的社会势力的软弱性和妥协性,表明他们不敢触动大地主阶级的既得利益。它关于丁田折算负担徭役的办法,多少具有减轻一般地主和自耕农的徭役负担的作用;关于余田户出雇役钱的规定,也有扩大商品货币因素、削弱封建的人身依附关系的意义。但是,这个方案中出雇役钱的规定只适用于一般富户,至于官僚地主则照旧享受免役特权而不出钱,这就比北宋王安石的免役法还具有更大的妥协性。

这种不咎既往、惟限将来的限田办法,不是丘濬的发明。自宋代以来,主张限田的人很多都提出过这种意见。丘濬认为这种办法阻力较小,较易付诸实施,其实不然。这一类的方案,在中国封建社会中从来都未曾实行过。地主已经兼并的土地,是他们继续进行兼并的基础和出发点。已兼并的土地越多,他们就越有能力继续进行兼并,而且也更加热中于进行兼并。地主总是既要拼命保住已到手的地产,又要欲壑无底地去继续兼并土地。他们是完全腐朽的阶级,腐朽的阶级自然是没有未来的,但这决不是说他们不重视未来的财富和利益。对他们来说,削减他们已兼并的土地和限制他们未来继续兼并的可能性,同样是他们所不能容忍的。丘濬认为采取不咎既往、惟限将来的办法对待他们,就可取得他们的同意,从而收到限制兼并的效果,这未免是一种过分天真的

---

① 《大学衍义补》卷十四《制民之产》。

想法。

丘濬在土地制度方面主张私有，在农业税方面也主张按私有土地的亩数计税。他认为这种办法除了有助于平均纳税负担外，还具有比较确实、容易实行的优点，认为："定税以丁，稽考为难；定税以亩，稽覈甚易。"①他反对按户或按丁计税的办法，而赞成唐代杨炎所制订的两税法，说两税法"以资产为宗"，是"百世不易之制"②。

在中国封建社会前期，人身依附关系严重，大地主主要是采用隐蔽户口的办法以规避赋役；在封建社会后期，人身依附关系已有了削弱，大地主主要是用隐蔽田产的办法来逃避纳税。丘濬主张按占有土地的数量课税，这是符合于封建社会后期人身依附关系减弱的趋向的，对占有土地少的自耕农也是比较有利的。他还比较明确地提出了计税对象要确实，要易于查覈的原则，这从财政学的角度看也是值得重视的。

四

丘濬在工商业问题上论述的面相当广，而且在全部论述中贯穿着一个基本精神：反对以封建官僚机构经营工商业，要求尽量采用私人经营方式。

他反对由封建国家和同封建国家相勾结的大盐商垄断食盐的

---

① 《大学衍义补》卷二十二《贡赋之常》。
② 同上。

"榷盐"制度,认为各种自然资源都是"天地生物",应该由全体人民"公共之",即任何私人均有权经营牟利,而不应由少数人"擅其私"。君主的职守就是禁止少数人垄断,保证百姓共享。实行榷盐,"立官以专之",这不但违背了"天地生物之意",也有失"上天立君之意"①。

他主张废除榷盐制度,改为在国家监督管理之下实行私人生产、私人运销的制度:食盐一概"任民自煮",但生产食盐的"灶户"即盐民事先要向官府申请,由官府发给证明,并使用官府发给的"牢盆"(煮盐工具)进行生产。官府在发给证明时,每引收取一定数量的"举火钱"(生产税)。灶户在履行上述法定手续后,就可自煮自卖。凡未经官府同意而私自煮盐的,则加以取缔。食盐的运销概由商人自愿经营,商人在向灶户买盐后,必须向官府申报数量,由官府给予"钞引"(规定销售数量的执照),商人凭钞引到官府指定的销区售卖。在发给钞引时,每引收钱一百文,作为手续费。这种主张同唐代刘晏所实行的办法,是大体一致的。

对于从唐代中叶以后开始实行的榷茶制度,丘濬尤其反对。他认为榷茶除了和榷盐一样是"夺民之利"外,还有一个更不合理的地方:盐是生活必需品,国家加以垄断,虽然夺民之利,但确乎有增加国家财政收入的作用;茶不是必需品,如果由于国家垄断而价格昂贵、质量低劣,人民可以少买、不买,或"以他物代之",这样,实行榷茶,对财政收入也是没有多大好处的。

对封建国家直接经营商业的活动(如桑弘羊的"平准",王安石的"市易"),丘濬也持完全否定的态度,认为这是"争商贾之利,

---

① 《大学衍义补》卷二十八《山泽之利上》。

利庶民之有",不是国家所应该做的。他不同意官营商业可以打击商人操纵市场、稳定物价的说法,认为"民自为市,则物之良恶,钱之多少,易以通融准折取舍"①;而且,准许商人自由经营,市场上货物多了,"其价自然不至甚贵"②,用不着官府来平抑物价。

上述这些论点表明:丘濬已经提出了市场自发调节作用的问题。他相信通过私人之间的竞争,就能使商品的价格、数量直至质量都得到合理调节,不须封建官府人为地加以干涉。丘濬这个"官居一品"的朝廷大臣,能够对市场活动产生这样的看法,这正是明代中叶商品经济已有了相当发展的明证。

丘濬不但反对封建官府直接经营民间所用的各种商品,就是对封建官府乃至宫廷自用的商品,他也反对设立"坊务"(封建国家垄断的市场)强买,而主张由官府派人按公平买卖的原则到民间市场上去购买,并且要求官府、宫廷派去的采买人员遵守商业惯例,"齎见钱,随时价两平交易,而不折以他物,不限以异时,不易以坏币。"③

丘濬的这种主张,实际上是要把商品的平等原则适用于封建官府,把封建官府乃至"神圣的"宫廷也变成商品交易的平等一方,要他们和民间工商业者"彼此承认对方是私有者"④。

在漕粮问题上,丘濬主张在运河之外,再开辟一条海路,运送东南沿海各地供应首都的粮米。海运漕粮的主张也不始自丘濬,

---

① 《大学衍义补》卷二十五《市籴之令》。
② 同上。
③ 同上。
④ 《资本论》第1卷,第一篇第二章。见《马克思恩格斯全集》第23卷,人民出版社1972年版,第102页。

元代已实行过海运。值得注意的是，丘濬海运南粮的主张，除了保证封建国家和粮食供应外，还具有促进南北商品交流的目的。他建议：在载量一千石的海船中，每次只运粮八百石，余二百石的舱位，准许为私人搭载货物。如果是运粮的军伕附载的货物，只按三十税一的轻税率征税；如果是一般商人附载，则按一般的商税率征收。他认为这样一来，不但可使"京城百货骈集"，促进首都市场的繁荣，而且能在更广大的范围中促进商品流通的扩大。因为，北上的粮船即使"南货日集于北"，而"空船南回者，必须物实"，这又会使"北货亦日流于南"①，漕粮海运同时也将为南北贸易开辟一个重要的通道。

丘濬所主张的海运，还是使用官船，和清代包世臣、魏源等人雇用商船海运南漕的主张仍稍有不同。但他主张用官船搭载一部分商货，这种思想则已明显地突破了传统漕运问题的范围，而开始具有国民经济的意义了。

丘濬在主张扩大国内商品流通的同时，还要求开放对外贸易。他反对当时明封建政权实行的海禁，建议恢复"市舶司"（沿海主管对外贸易和征收关税的机构）的活动，凡打算出海经营贸易的商人，事先须向市舶司呈报出海贸易所使用的船只的情况、收贩货物的种类数量、贸易经行的路线以及回国的时间；运回的货物，由市舶司派人检查征税，然后许其运入国内售卖。他为自己的开放对外贸易的主张提出了两个理由：其一，经营对外贸易赢利很高，"利之所在，民不畏死"②，禁止是禁止不了的。其二，从对外贸易征税

---

① 《大学衍义补》卷三十四《漕挽之宜下》。
② 《大学衍义补》卷二十五《市籴之令》。

可以增加国家的财政收入，"岁计常赋之外，未必不得其助"①。他认为从对外贸易征税取得的财政收入，是一种有利于国无害于民的财政收入，比历来封建政权所实行的种种苛捐杂税要好得多：

夫然，不扰中国之民，而得外邦之助，是亦足国用之一端也。其视前代算间架、经总制钱之类滥取于民者，岂不犹贤乎哉！②

五

丘濬也较多地论述了货币问题。

他反对废钱用谷帛的落后主张，认为金属货币的使用，是交易所必需。废银用谷帛的主张，是西汉贡禹开始提出来的，在此后两千年的封建社会中，封建士大夫中不断有人重复这种怪论。这种主张的实质，是要使已经有了一定的发展程度的商品货币经济，倒退回原始的物物交易阶段，是一种同社会分工和生产力进步背道而驰的十分愚昧、十分反动的主张。这种主张在两千年的时间中所以不断有人宣扬，正是封建时代自然经济占支配地位和社会经济发展长期停滞的反映。在反对废钱用谷帛时，丘濬列举了金属货币易保存，"无毁败之费"，便于运输、携带，"省运致之苦"等优点。这些论点基本上都是沿袭前人，无甚创见，只有下面这段话颇

---

① 《大学衍义补》卷二十五《市籴之令》。
② 同上。

为耐人寻味：

> 苟或偏方下邑、有裂谷帛、捐谷帛以代钱用者，官府尚当为之禁制，况立为之法乎？①

这表明：他不但反对使整个社会倒退回物物交易阶段去的反动主张，还企图把金属货币普遍推广到一切偏僻落后的地区。这种思想对促进商品经济的发展，促进社会分工和生产力的进步，是有十分积极的意义的。

在货币理论方面，丘濬是一个金属主义者，他主张铸造货币必须"造一钱，费一钱"②，坚决反对铸造不足值的货币。他也在理论上否定纸币，认为只应"执券以取钱，而非以券为钱"③。意思是只可行使随时可以兑换为金属货币的银行券，而不应行使纸币，否则就是"以无用之物易有用之物"④，就是欺骗行为。

不过，丘濬虽然从理论上否定了纸币行使的可能，在实际上却并不反对行使纸币，而是主张发行一定数量的纸币，和白银及铜钱同时流通。他提出了一个"三币"结合的方案，其大致内容是：以银为上币，钞（纸币）为中币，钱为下币。银作为权衡货币价值的基础，并用于大额交易（十两以上）；日常交易则不用银而用钱和钞，银一分相当于钱十文或钞一贯，三种货币按此比价流通，不论

---

① 《大学衍义补》卷二十六《铜楮之币上》。
② 同上。
③ 《大学衍义补》卷二十七《铜楮之币下》。
④ 同上。

市场上商品价格如何涨落,三种货币的比价"一定而永不易"①。方案还规定:对钱和钞的流通数量加以限制,"钱多,则出钞以收钱;钞多,则出钱以收钞。"②

在这个方案中,既然把银明定为衡量钱和钞这两种货币的"权",又规定把钱和钞的发行数量都要加以限制,以保持它们和银之间的法定比价,这就使银多少具有主币的意义,使钱和钞实际上成了银的货币符号,而银一分则具有了价格标准的职能。

在中国的封建时代,货币流通是异常紊乱的。直到清代仍然是银钱并行而无主、辅币之分,纸币更是混乱无定制。在这样的历史条件下,不可能对主辅币的关系、金属币和纸币的关系等问题产生出十分明确的认识。拿丘濬的三币方案和后来的资本主义条件下所形成的货币制度相比较,丘睿的方案自然是显得十分模糊不清的。但是,丘濬能在15世纪的中国封建社会中得出这样的认识,提出这样的货币方案,不能不说是一件了不起的事。

丘濬在分析纸币时曾经说过下面这样一段话:

> 所谓钞者,所费之值不过三、五钱,而以售人千钱之物。呜呼!世间之物,虽生于天地,然皆必资于人力而后能成其用。其体有大小精粗,其功力有深浅,其价有多少。直而至于千钱,其体非大则精,必非一日之功所成也。乃以六尺之楮直三、五钱者而售之,可乎不可乎? ③

---

① 《大学衍义补》卷二十七《铜楮之币下》。
② 同上。
③ 同上。

这段话对纸币购买力的分析是错误的。纸币可以代替货币执行流通手段的职能，只要纸币的发行量没有超过流通中所需要的货币量，纸币就能按照它的票面价值流通，而不管它本身的材料（纸）的价值是多么小。不过，这段话值得重视之处并不在此，而在于它超越了货币问题的范围，触及了一个更深刻、更有根本意义的理论问题。它指出了：一切"资于人力"的"世间之物"即劳动产品，其价值都是由生产所耗费的劳动决定的。而且，"其功力有深浅，其价有多少"，价值和劳动耗费的多少是成正比的。

丘濬的这段话以相当明确的形式提出了劳动决定价值的论点。英国古典学派的创始人威廉·配第在17世纪60年代开始提出劳动价值论。配第的提法是：耗费在白银生产上的劳动直接创造价值，而生产其他商品的劳动只是在它们的产品同银相交换的范围内才创造价值。丘濬却至迟在1488年（他向皇帝进呈《大学衍义补》的一年）就已提出了劳动决定价值的论点，早于威廉·配第一百七十四年。他对价值的分析，自然没有配第细致，但在表达方式的抽象程度和普遍性方面，却显然比配第还高一些。中国人在15世纪就发现了劳动价值论，这无论如何是值得我们的民族引以自豪的。

一位西方学者曾这样说过："大概没有任何一个古老的东方文化曾经包含着足以和西方中世纪经院学者在经济方面所做出的良好开端相媲美的东西。"[1]

由于中国的经济思想遗产极其丰富，而遗产的整理工作仍然

---

[1] H. C. Taylor, "Economic Thought and its Application and Methodology in the East". American Economic Review, Vol XLVI, May 1956.

做得太少，中国人至今对自己的经济思想遗产还往往是若明若暗的；外国有些人士对此完全陌生，也就更加不足为奇了。本文概略地介绍了中国15世纪经济思想的一个代表人物丘濬对经济问题所做的一些分析。这同西方中世纪的经院学者的"良好开端"相比，恐怕也未必逊色吧！

（原载《北京大学人文科学报》，1981年第2期）

34　丘濬——市场经济的早期憧憬者

一

　　1840年鸦片战争前，中国在漫长的历史时期中处于一个中央集权封建专制统治下的农业社会，自给自足的自然经济在社会经济生活中占着主要地位，但商品经济又有一定程度的发展，而且商品经济的发展程度，在多数时期，要比欧洲中世纪高。在这种情况下商品经济的发展受着来自两个方面的排挤和压制。

　　一是自然经济的维护者对商品经济的排斥和压制，自然经济和商品经济本质相反，商品经济的发展对自然经济有分解破坏的作用。因此，自然经济的维护者总是对商品经济抱着敌视的态度，力图从国家政策、社会舆论诸方面给予商品经济以压制和打击。这种压制和打击的理论基础，就是自汉代以来在经济思想领域中长期居于正统地位的重本抑末论。重本抑末论把自给自足性的农业称为民生国运之所系的"本"，而把商品经济及独立工商业说成是无足轻重甚至是有害无益的"末"。

　　自然经济的维护者力图消灭或尽量压缩商品经济，而商品经济的支持者则要为商品经济的生存而呼吁，于是在鸦片战争前约两千年的时间中，中国经济思想领域中关于商品经济问题的讨论，就主要表现为重本抑末论和反抑末论之间的论争；而关于商品经济的运行以及市场机制方面的分析、探讨，则是十分稀少的。

二是封建专制政权对商品经济的限制和控制。和前者相比，封建专制政权对商品经济的限制和控制，一是强制性的，二是集中性的，因此，它为商品经济发展所造成的阻碍和损害，也更为直接得多和严重得多。

封建专制政权对商品经济发展的限制和控制，除了以各种名目的苛捐重税夺取工商业者利润以至部分资本外，主要还采用下列几种形式：

一是对市场最广大、利润率最高的一些工商业实行官府垄断经营，即所谓"榷"政，禁止或严格控制民间经营。自汉代实行盐、铁、酒榷开始，后代不断实行，唐、宋以后，榷政范围更加扩大，除盐、铁、酒之外，茶、矾乃至醋，都曾列入榷的范围。

二是同民间的一些富商大贾一起，实行官商勾结的垄断经营。例如把盐的经营特权交给某些富商大贾，利用他们的资本实行垄断经营，而商人则除纳税以外，还以种种名义对皇室、官府以及掌握权力的各种"势要"进行贡纳和贿赂。

三是以"和（双方自愿）籴"、"和买"的名义，低价强行向民间购买一些商品或物资。这种情况最初是一时性的，后来发展为官府常设一些"场"、"务"（官府商业机构）从事这种活动；宫廷也设立宫市强买民物。

四是由皇帝、贵族、太监以及其他势要出资，交由商人经商牟利。这类商业在形式上是"私人"而非官府经营，实际上却是以官权甚至皇权为依托，凭借政治势力进行的一种官商勾结的垄断经营。

丘濬是明代中叶对商品经济抱着十分积极态度的一位思想家。他反对自然经济维护者排斥、压制商品经济，主张尽力扩大商品流通，增强商品经济在社会经济生活中的地位和作用；他尤其反对封建专制政权对商品经济的限制、控制以及对工商业的官府垄断，要求废除各种榷政，使私人经营活动获得充分自由；他认为市场竞争可对商品价格、供求以及商品品质自发地进行调节，使其达到均衡的状态，从理论上反驳了封建专制政权对市场和民间经济活动进行垄断和控制的借口；他重视货币制度对商品经济发展的作用，设计了一个带有近代货币制度色彩的"三币"制度。

<h2 style="text-align:center">二</h2>

自然经济维护者的"理想"是彻底废除商品交换，对生产、生活需要的一切产品都"自为而后用之"①，"市井勿得贩卖"②，实行完全的自给自足。但是，他们中间的许多人，也深知这是做不到的，于是就力图把商品交换限制在极低水平和极狭窄的地区范围，使商品交换只限于邻近地区进行以有易无的物物交易，反对"万里远鬻"③的远途贸易，更反对"贩运东洋西戎之货"④的对外贸易。

丘濬则认为：商品交换和市场不仅对满足人们的生活和生产的需要是必要的，不可少的，而且对改善整个国家的经济、财政状

---

① 《孟子·滕文公上》。
② 《平书订》卷十一。
③ 《平书订》卷十一。
④ 同上。

况有积极作用。市场能使"有者得以售,无者得以济,斯民之可遂其所欲"①,"人各持其所有于市之中而交易焉,……各求得其所欲而后退,则人无不足之用。民用足则国用有余矣。"②

既然商品交换和市场于民于国都是必要的和有益的,那么,国家的政策就不应对之限制和打击,而应给予扶持、保护,"济其乏,苏其困"③。丘濬认为:这样的政策乃是"王政之一端"。④

从这种认识出发,丘濬极力主张扩大商品流通,提高市场的发育水平。他要求把狭隘的地区市场扩大为广大地区的以至全国性的,将以物易物的商品交换提高为使用货币进行的商品流通,还要求开放对外贸易,并把官府垄断的对外贸易变为商人自由进行的贸易。

在谈论漕运问题时,丘濬主张利用大运河通漕的同时,还尽量从海路运粮,并在海舟的全部载量中划出20%载运商货;运粮船回程"必须物实",因而更可多载商货。这样一来,不仅可以繁荣京城市场,使"百货骈集,……公私俱足"⑤,而且可以大大促进国内的远途贸易,使"南货日集于北,……而北货亦日流于南"⑥。

当时,商品交换和市场发展程度在许多地区还比较低,边境和内地的某些地区,实行物物交换以及以一般商品作为交易媒介而不使用货币的情况仍然存在。一些自然经济的维护者极力美化这种落后状况,并要求把全国的市场都降低到这种水平,实行所谓

---

① 《大学衍义补》卷二十五《市籴之令》。清同治十五年重刻夔州郭氏藏板《大学衍义》及《大学衍义补》合刻本。

② 同上。

③ 《大学衍义补》卷二十二《贡赋之常》。

④ 《大学衍义补》卷二十五《市籴之令》。

⑤ 《大学衍义补》卷三十四《漕輓之宜下》。

⑥ 同上。

"以粟帛、货物相易"①。丘濬不赞同这类落后主张,针锋相对地提出:"苟或偏方下邑,有裂布帛、捐米谷以代钱用者,官府尚当为之禁制,况立以为法乎?"②要求以国家的力量改变这种状况,提高市场发育程度。

丘濬反对明初以来对外贸所实行的禁制,认为这对国家、对百姓都是有害的,因为,对外贸易赢利率很高,允许出海贸易,可以增加百姓的财富,国家也可从对外贸易征税中增加财政收入,是"足国用之一端"③。

丘濬还指出:明政权施加给对外贸易的禁制,是不可能长久维持下去的,因为:"利之所在,民不畏死"④,不如干脆废除禁制,允许百姓出海贸易以求利,而由国家制定有关制度法规,进行管理,并照章征税,于国于民,两俱有利。

三

封建专制政权对工商业的垄断和控制,是中国商品经济发展的最大桎梏,因此,丘濬对扩大商品流通和市场的要求,也主要表现在反对官府垄断控制,呼吁准许民间自由经营上。

丘濬这种主张的理论基础,是他关于人性好利、爱财的论点。

---

① 《平书订》卷十一。
② 《大学衍义补》卷二十六《铜楮之币上》。
③ 《大学衍义补》卷二十五《市籴之令》。
④ 同上。

他强调:"人心好利,无有纪极。"①"财者,人民所同欲也。"②人人如此,而"天下之大,由乎一人之积"③,如果一国之内每个人都能按自己的愿望得到利和财,就可实现一国的最大福利,用丘濬的原话说就是:"人人各得其分,人人各遂其愿,而天下平。"④

以此为依据,丘濬主张:国家的政策必须顺应人们求财、求利的愿望,准许百姓人人自由从事获得财利的经济活动,不应擅加禁限,更不应由国家垄断经营,与民争利。他批评了汉代以来的榷盐、榷铁、榷酒,以及后来的榷茶之类的"没官以专之"的官府垄断,认为它们失去了"上天立君之意"⑤,要求加以废罢。

丘濬也批评了桑弘羊的"平准"、王安石的"市易"等官府经营商业、干预市场的做法。这类做法,不但有为国家取得商业利润的要求,还有着干预、影响市场商业活动的目的。主张这样做的人,总是强调私人经营商业必然发生市场投机、欺诈以及物价高涨等弊害,必须官府加以干预和控制,才能建立和保持市场的正常秩序。丘濬反驳说:"民自为市,则物之良恶,钱之多少,易以通融准折取舍;官与民为市,物必以其良,价必有定数,又有私心诡计,百出其间,而欲行之有利而无弊,难矣。"⑥

这段话表明:丘濬认为,市场上的商品生产者、经营者之间的竞争,可使商品价格、供求数量和商品质量,都得到合理调节,形成均衡的局面;而官府经商,则难免利用政治特权实行不平等交

---

① 《大学衍义补》卷二十《总论理财之道上》。
② 同上。
③ 同上。
④ 同上。
⑤ 《大学衍义补》卷二十八《山泽之利上》。
⑥ 《大学衍义补》卷二十五《市籴之令》。

易，其结果必然使市场机制的正常运转遭到扭曲和破坏，不可能达到"有利而无弊"。

从丘濬这段精彩的言论中，人们已可感觉到一只"看不见的手"的存在了。

丘濬不但对一般商品要求废除官府垄断，而且还明确主张：君主和其他宫廷成员，也只能以普通商品交易者的身份进入市场。他批评封建朝廷设立各种"场"、"务"向民间强买宫廷用物的制度，要求撤除这类场、务，在宫廷需要有关商品时，派人"赍见钱，随市价两平交易，而不折以他物，不限以异时（不赊购），不易以坏币。"[①]

"商品是天生的平等派"[②]。看来，丘濬对封建官府违反平等原则的权力经商是很不赞成的，所以就要求皇帝及宫廷带头来实行这种平等交易的原则了。

四

货币是商品流通的产物。商品流通的扩大和市场发展程度的提高，要求有相应的货币制度，而中国当时的货币制度是相当落后和混乱的：银、铜两种货币并用，都是无限法偿。铜为铸币（钱），银则不铸造，而以银块形式使用。各种银块成色不一，用时需秤量、折合。由于银、铜两种金属的比价变动不定，两种货币的比价处于

---

① 《大学衍义补》卷二十五《市籴之令》。
② 《马克思恩格斯全集》第23卷，人民出版社1972年版，第103页。

经常变化之中。自宋代以来流通已五百年的纸币，虽然在流通中的地位和作用已大大降低，但仍未停废。这样落后、混乱的货币制度，对商品流通是极为不便的，对商品经济的发展起着严重的阻碍作用。丘濬要求扩大商品流通和提高市场发育程度，就必然要求对货币制度进行改革。

他的改革方案是要在这种"三币"并用的基础上确定它们之间的地位和关系，使之形成为一种有明确的联系和比较稳定的比价的货币制度。方案的具体内容主要有以下几个方面：

第一，三币并用，而以银为"上币"，钞（纸币）为"中币"，（铜）钱为"下币"。

第二，钞及钱"一准上币为权之"、"一权之以银"①，即都以银计价。计价的标准是银一分，它相当于钱十文或钞一贯。三者的比价这样确定之后，"一定而永不变"②。

第三，为了保持这一比价稳定不变，采取限制钱、钞发行数量的办法，其具体运作是："钱多则出钞以收钱，钞多则出钱以收钞"③。

第四，银只许用于十两以上的大额交易；一般的交易则只靠"宝钞、铜钱通行上下。"④

当时实际流行的"三币"制，经丘濬这样重新安排，情况就将大不相同：既然钞及钱都以银计价，银就成了在货币流通和商品流通中唯一起价值尺度作用的货币，而钱及钞则成了代表银用于实

① 《大学衍义补》卷二十六《铜楮之币下》。
② 同上。
③ 《大学衍义补》卷二十七《铜楮之币下》。
④ 同上。

际流通的价值符号，整个三币制就将不再是三币并行无固定联系的混乱的货币制度，而成了在一定程度上具有近代银本位倾向的货币制度了。

这里说"有近代银本位倾向"，意思是它同银本位制比起来，还有许多含混不清以至相矛盾的地方：它没规定银的标准成色，没规定钞和钱的发行必须以银作准备，也没规定钞和钱可向国家兑换现银。这样，钞和钱的发行数量难以有效地限制，从而它们同银的比价难以保持不变。丘濬虽然提出了"钱多则出钞以收钱，钞多则出钱以收钞"的主张，但由于二者都是价值符号，这种规定起不了限制钞或钱发行数量的作用。

五

市场经济是商品经济高度发展的产物。15世纪时中国东南沿海的商品经济已有相当程度的发展，资本主义生产的萌芽已经存在，在此情况下，如果按照丘濬的希望，大力扩大商品流通，提高市场发育程度，允许和鼓励民间进行对外贸易，建立一种适合于这样要求的货币制度，将会大大加快中国商品经济的发展，促使中国在商品经济发展的基础上逐渐形成向近代市场经济转化的条件。在丘濬完成其《大学衍义补》并向明孝宗呈交的1487年，正是欧洲人发现好望角的同一年，当时中国的经济发展还没有明显地落后于西方，中国同西欧国家并驾齐驱进入近代史纪元的机遇并不是不存在的。然而，中国的社会经济制度、政治制度以及社会上占支配地位的观念，均已过分僵化。丘濬的走在时代前沿的经济思想，不可能得到响应，甚至难以为人们所理解，当然就更无付诸实施的可能。

（原载《海南大学学报》社会科学版，1998年第1期）

35 清初反对土地兼并的激进思想家
——王源

第一节 王源和颜李学派

颜李学派及其在经济思想方面的主要特点

王源（公元1648—1710年）是颜李学派的成员之一。颜李学派是清初的一个重要的、有影响的学派。学派创始人颜元（公元1635—1704年），字浑然，号习斋，直隶（今河北省）博野人。他在学术上重视实行，提倡经世致用，反对"空疏无用之学"或"主静空谈之学"，尤其全力攻击明、清统治者的御用学术程朱理学。颜元自己曾参加农业生产劳动，并兼行医治病，因而在生活上及思想上比较接近下层人民。颜元的主要弟子李塨（公元1659—1733年），字刚主，号恕谷，直隶蠡县人。他继承了颜元的学说并加以发扬，因而人称颜李之学。

在经济思想方面，颜李学派的成员，由于多数同农民较为接近，因而普遍重视土地问题，在反对土地兼并、解决农民耕地问题上有较为激进的要求。颜元强烈批评当时社会中的土地兼并和土地集中现象，指责土地兼并已造成了或"一人而数十百顷，或数十百人而不一顷"①的悬殊情况，并且提出了"天地间田宜天地间人共享之"②的平均土地的口号。李塨称均田为"第一仁政"③，主张实行均田，使"人人有恒产"而无"贫富不均"。颜元、李塨都明确地认识到，解决农民耕地问题对提高农业生产力有重大作用，认为均田后将使"上粪备精"④，"地辟田治，收获自加倍蓰"⑤。

但是，正由于颜元、李塨等长期活动于北方经济落后地区，受农村自然经济的影响和限制较大，他们对工商业和货币的看法，是较为消极的，落后的。颜元极力论证货币是无用之物，甚至把货币通行数千年的历史归结为"历代之愚"⑥。李塨更是极力赞美落后的自然经济生活，主张尽量把社会生活保持于"饮食取于宫（指住宅）中"、"布帛取于宫中"⑦的自给自足状态，尽可能不要商品交换；即使要进行商品交换，也应采用"以粟帛、货物相易"⑧的原始的直接物物交换办法，坚决反对"万里远鬻"的全国性商品流通⑨，尤其反对贩运"东洋西戎之货"的对外贸易，认为这只会"导靡长奢"⑩，败坏人心风俗。

颜元、李塨都主张"赋用本色"，即田赋征收实物，尤其反对明

---

① 《四存篇·存治》。
② 同上。
③ 《拟太平策》卷二。
④ 《四存篇·存治》。
⑤ 《平书订》卷七。
⑥ 《颜习斋先生言行录·王次亭第十二》。
⑦ 《瘳忘编》。
⑧ 同上。
⑨ 《平书订》卷十一。
⑩ 同上。

代中叶后已经普遍实行的田赋征银。颜李学派的一个重要成员恽鹤生（皋闻）还极力宣扬"废银"，认为废银为币才可使"粟帛益重，而农事女工日勤"①。这同样是落后倒退的自然经济观点。

王源的经济思想，和颜李学派的其他成员具有重要的共同点；但由于他的经历和生长环境不同于颜元、李塨等人，他加入颜李学派的时间又比较晚，因而他的经济思想又具有自己的许多独特之处。

王源及其主要著作《平书》

王源，字昆绳，直隶大兴（今北京市大兴区）人（方苞的《王昆绳传》则说他是直隶宛平人），生长于清初。他的父亲曾在明朝做官，明亡后不肯降清，当了和尚，"流转江淮间"②。这种反清的立场给了王源以深刻的思想影响。康熙三十二年，王源参加了清朝的科举考试，并考中举人，但不肯到清政权中去做官，说自己参加考试只是为了"使无诟厉已耳"③，意思是为了免得被人怀疑为反清而受到迫害。他中举后一直以"佣笔墨"（代人写作）维持生活，晚年同李塨交好，并拜颜元为师，成为颜李学派的成员。

王源的著作有《平书》二卷，《易传》十卷，《兵论》二卷，及《居业堂集》（诗、文）四十卷，除《居业堂集》外，其他可能均未刊行，所以为他作传的古文家方苞就说这几种著作"皆不可得"④。

《平书》是王源的主要著作。王源曾把《平书》交给李塨评论、

---

① 《平书订》卷十。
② 《王昆绳家传》。
③ 同上。
④ 《王昆绳家传》引方苞语。

订正。李塨的《平书订》，基本上保留了《平书》原文，并于每篇之后载录颜元、李塨以及恽鹤生的评论、商酌意见。这就不仅使《平书》的内容能够流传下来，而且纂集了师友意见，使《平书订》成了颜李学派的一部集体的政治、经济作品。

《平书》的意思是"平天下之书"。王源认为明朝灭亡是由于"法至明而敝已极"，必须彻底更改，他写《平书》就是为了更改累代敝法，以成就"一、二千年太平之业"。①他不肯把《平书》献给清朝，而只是在少数师友中商酌讲论，可见他著《平书》也和黄宗羲著《明夷待访录》有类似的用意。

王源的经济思想就主要体现在《平书》中。

第二节　"耕者有其田"思想的先声

王源的田制理论和"置田"方案

王源的经济思想中的最有价值的部分，是他的土地思想。他认为当时民生困苦、社会动乱的根本原因是广大农民没有土地，而农民"无立锥之地"是豪强土地兼并造成的。他不满意于历来的各种限田、均田方案，提出了"有田者必自耕"②的口号。

从近代、现代的意义看，"自耕"是指劳动者用本人及家庭成员的劳动耕种自有的土地；但在中国的封建时代，所谓"自耕"或

---

① 《居业堂文集·平书序》。
② 《平书订》卷七。

"躬耕"则不限于这种含义，而是把雇工耕作自己庄园的经营地主，乃至官僚地主辞官回乡过乡绅地主生活的情况都包括在内。诸葛亮说自己未出茅庐以前"躬耕于南阳"，他显然不会是自耕农。

王源说的"自耕"，却纯粹指劳动农民对土地的自有自耕。他把"有田者必自耕"明确地解释为："毋募人以代耕"，[①]这就完全排除了出租土地或雇工经营的情况。李塨在评论王源这种主张时指出：所谓"毋募人以代耕"，只是不许"有常工为之治田"，[②]至于在农忙时雇佣三五天短工的不在此限。这个解释把王源"自耕"概念的小生产个体性质描绘得更加清楚了。

怎样实现"有田者必自耕"呢？王源的具体方案是：把土地分为两种，一种为"民田"，即仍属私有的土地，限定一夫不得过百亩，由所有者以本人及家属的劳动耕作，并按原来负担的赋税徭役继续缴纳，多余的田可以卖给或献给国家。另一种为"畺（jiāng，音姜）田"，[③]是国有土地，以六百亩为一"畺"，其中一百亩为"公田"，余五百亩为"私田"，由国家分授给十户农民（每户一夫）。十户共同耕种公田，收获归国家；每户各自耕种五十亩"私田"，除了每年向国家缴纳绢三尺、绵一两或布六尺、麻二两，并按年服三日劳役外，其余产品归自己私有。

王源虽然同时提出了两种田制，他最终的理想却是全面实行畺田，民田实际上不过是作为一种由现有田制（封建的土地私有制）到达畺田制的过渡的办法。他认为民田所负担的赋役比畺田重得多，既然无田的人都可从国家受畺田，人们必会逐渐认识到，与其保留民

---

① 《平书订》卷七。
② 同上。
③ "畺田"的名称出于《周礼·地官·载师》："以大都之田任畺地"。

田而多负担赋役,不如献田于国家,再从国家受壹田。这样,两种田制并行一段时间,民田就会完全消失,全国的农田都将变成壹田了。

王源所设计的"壹田",可以图示如下:

壹田区划图

私田（1） 50亩	私田（10） 50富	私田（9） 50亩
私田（2） 50亩	公田 100亩	私田（8） 50亩
私田（3） 50亩		私田（7） 50亩
私田（4） 50亩	私田（5） 50亩	私田（6） 50亩

对于最初授壹田时的土地来源,王源设想了以下几个方面:

第一,清官地:如明代原属国有的卫田、学田等,应由国家进行彻底的清理,把被豪强侵吞隐没的官地都清理出来,收回国家手中。

第二,辟旷土:即开垦生熟荒地。

第三,收闲田:指因原主逃亡不归而成为无主的土地。

第四,没贼产:王源主张"凡贼臣豪右田连阡陌者没之入官"①。这里说的"贼臣",含义不十分明显,但从"贼臣豪右"的提法看,似乎不是指参加过明末农民起义的人,而是暗指叛明降清的大官僚地主洪承畴、吴三桂之流。

第五,献田:王源主张用给予爵禄的办法,鼓励地主献田于官。

---

① 《平书订》卷七。

第六,买田:有愿卖田的,一律由国家出钱收买。

王源认为,既然禁限民田一夫不得过百亩,田多的人就只能把田献给或卖给官府,再加上用前四种办法获得的土地,就不难筹足授予畺田所需的第一批土地。

王源畺田制的性质及其矛盾

王源是中国历史上第一个提出"有田者必自耕"的口号的人。"有田者必自耕",实际上是要把一切靠农业为生的人都变为自耕农;他主张每户授畺田五十亩,这差不多也是当时每户自耕农力能耕作的亩数。王源的田制方案,实际上是封建社会中的自耕农的利益和要求的表现。

王源的"有田者必自耕",同中国近代资产阶级革命派提出的"耕者有其田"口号有些相似,但实际上二者还是有性质上的区别。近代以孙中山为首的资产阶级革命派,主张以资产阶级革命推翻封建政权,然后由资产阶级政权来实现"耕者有其田";同时,他们所说的耕者,也包括使用机器和新式农业技术、剥削雇佣劳动者的农业资本家在内。这是一个资产阶级性质的反封建土地纲领。王源说的国或官,仍然是地地道道的封建政权,而没有资本主义的内容。他的方案事实上是想让封建政权来消除地主的剥削,把一切靠农业为生的人都变为自耕农,这只能是一种纯粹的幻想。如果封建国家按照王源的方案,颁布了民田每夫不得过百亩的禁限,而地主不肯遵守,封建国家就绝无强制推行的可能。事实上王源也从未设想过任何强制推行的办法。他所提出的以爵禄来鼓励限田的办法是软弱无力的,不可能获得地主的广泛响应;即使有个别大地主献出少量土地,这对他们的巨额地产来说不过是九牛一毛,丝毫不会影响到他们的大地主地位,而换得的爵禄却会成为他们进一步大规模兼并土地的手段。既然封建国家不可能对地主实行强制,要使地主能把超过百亩的土地都卖给国家只能是一种幻想。再说,封建国家财力有限,当时又没有公债和现代银行之类的财政、信用手段,即使地主都肯卖地,封建国家也无法大量购买,无法为实行全面土地国有化进行支付。

王源所设计的矍田,也不同于后来资产阶级革命派所主张的土地国有,而仍然是一种封建的土地制度。"民田"不许"募人代耕",虽然消除了私人地主的剥削,但耕种矍田的农民,实际上仍未能从封建关系下解放出来。前面已指出过,中国封建社会中的自耕农,并不同于西方封建制度解体后的小农。他们仍受着封建国家的严重的人身奴役和超经济强制,被束缚在土地上,处于耕织结合的落后自然经济下,他们对封建国家承担的赋税徭役,不过是以赋役形式表现的封建地租。这种自耕农实际上是封建国家的农奴。从王源的矍田方案可以看到,虽然耕种矍田的农民所缴纳的实物税和所承担的非生产性的徭役(每年三天)只约占民田的一半,但由于耕种公田的剩余劳动占总的生产劳动数量的六分之一,矍田耕作者对国家的负担的总量并不比民田所有者低。由于每户民田的面积比每户的矍田大一倍,即使民田赋役稍重一些,民田户无论如何也不愿以民田一百亩换矍田五十亩。王源关于民田户会自愿献田给国家因而最终必然会实现全国矍田化的设想,也是毫无根据的。王源的同门恽鹤生也看出了这种设想的破绽,提醒他说:民田一夫百亩,"是一户而兼二户之产也,难以均矣"①。

----

① 《平书订》卷七。

尽管王源的方案有着这么多的矛盾，尽管他企图依靠封建政权实现"有田者必自耕"完全是一种幻想，他的关于土地制度的思想在封建时代仍不失为一种激进的思想。在他以前，历来的封建士大夫所提出的限田、均田各种方案以至于许多"复井田"的方案，多以不触动或极少触动大地主已兼并的土地为前提；王源虽仍未摆脱对封建政权的幻想，但他毕竟从全国范围提出了消灭私人地主地租剥削的主张。他在反对土地兼并方面，是比一切前人都更为激进的。

和颜李学派的其他成员相比，王源的土地思想也是更为激进的。颜元虽提出了"天地间田宜天地间人共享之"的口号，李塨虽提出了"人人有恒产"的主张，但他们在具体考虑解决土地问题的办法时又顾虑"夺富与贫殊为艰难"，[①]因而提出了下面这样一个逐步实施的方案：地主除自留田百亩外，余田分租给佃户，对半分成，收租三十年后土地归佃农所有；如果不足三十年，佃农想取得土地所有权，就必须向地主买田。和王源的主张相比，这个方案显然是更注意照顾地主利益的。

王源的土地方案是在17世纪末的中国提出来的。这时，中国的历时两千多年的封建社会，已经接近尾声。王源的土地方案，尤其是他的"有田者必自耕"的口号的提出，是封建制度已经完全腐朽的事实在人们思想中的反映。

王源的"有田者必自耕"口号，虽然还和近代资产阶级革命派的"耕者有其田"有所不同，但已经是后者的先声，它对近代资产阶级革命派的土地思想是有直接影响的。20世纪初资产阶级革命

---

① 《拟太平策》卷二。

派关于土地制度问题的议论中,有的就提到王昆绳"有田者必自耕,毋募人以代耕"的论点,并加以赞扬说:"其说诚公"。①

第三节　王源的币制改革方案及其矛盾

王源的币制改革方案

如果说,王源的土地思想比他的同门师友更激进,那么,他关于商品、货币问题的观点则和颜李学派其他成员有更为明显的差别。他的经济思想的自然经济色彩比颜元、李塨等人要少得多。

王源虽然是北京大兴人,但他自幼随父漂流于江淮地区,这一带经济发展程度较高,工商业远比北方发达。王源的这种经历,自然就使他比长期生活于北方落后农业地区的颜元、李塨等较少受自然经济狭隘眼光的局限;他对工商业和商品货币经济的态度,要比他们积极得多。

王源把改革钱法同改革盐法、改革商税并列为田赋之外的三项"生财之道",并且提出了一个改革钱法的具体方案,主要内容大致是:把当时流行的杂乱无定制的各种旧钱全部销毁,按统一的制度重新铸造新钱。新钱分大、小两种,小钱用黄铜铸造,每文重一钱五分;大钱用青铜铸造,每文重二钱。大、小钱的价值均不以本身的含铜量计算,而以银计算:小钱一千文值白银一两,铸造费用(铜价和铸造用工)则为银七钱。这样,每铸造小钱一千文可使

---

① 见韦裔:《悲佃篇》,载《民报》第十五号。

国家获得三钱银的利润。大钱一千文值银二两，实际铸造费用则为银一两二钱，每铸一千文可获八钱银的利润。在钱法改革后，一般交易均用钱；也可以银计价而实行以货易货，但禁止用银作为流通手段，更不得发行纸币。不过，王源也不是完全主张禁银流通，而是只限于在以下两种情况用银：（1）国家铸造钱币所有的铜，须用银向铜矿主购买；（2）盐商向国家买盐（清沿明制，盐民生产的盐由国家统购，再卖给特许经营盐业的盐商）时，必须用银付款，而不许用其他手段支付。此外，田赋以外的其他赋税（主要是商税），可以用银或钱缴纳，听纳税人自便。①

王源币制改革方案的特点和矛盾

王源的这个币制改革方案，虽然在一般情况下禁止银的流通，实际上并不是一个废银的方案。因为，在这个方案中，银仍然起着价值尺度的作用；流通手段虽普遍用钱，但钱是按银的价值来流通的，事实上不过是银的价值符号。在这种情况下，即使完全禁止银本身的流通，也并不是废银为币。

王源主张在用钱作为流通手段的同时，还主张实行以货易货。不过。他所说的以货易货也是以银计价的，银仍起着货币的作用。这同李塨的那种要求尽量回复到自然经济或物物交换的落后的、倒退的主张，是显然不同的。

如果王源的这个方案完全禁止银的流通，或者像丘濬的方案那样只许在大宗交易中用银，他的这个方案是可以行得通的，而且在当时的条件下会对商品流通和经济发展起一定积极作用。可是，

---

① 《平书订》卷十。

他在商品流通中和财政收付中偏要为银保留那么几种用场，这却无异于画蛇添足，甚至比画蛇添足更糟。

拿第一种用场说，国家用银买铜，银由国库流入铜矿主手中，铜矿主除了用其中的一部分向国家缴纳矿税（假令铜矿主自愿选择用银纳税的方式）外，其余就无法再流回国库，也不能由其他任何途径重新进入流通（因为，用银购买生产资料、支付工资以及购买铜矿主本人的消费品都是法令所禁止的），而只能变成窖藏银。国家源源不绝地用银买铜，铜矿主手中的窖藏银就会越积越多，他的资本周转就会越来越困难。纵使他能靠把部分产品售给私人（例如冶炼铜器的作坊）而维持一段时间，迟早也会因窖藏银的不断增加从而越来越缺乏购买手段和支付手段而陷于破产。

再从第二种用场看，盐商用银向国家买盐，但他们售盐时却不许向消费者收银，即使盐商原来存银很多，但由于没有补充的来源，若干次交易之后，盐商手中的存银也将陷于枯竭，而无法继续向国家买盐了。

按王源的办法实行，经过一定时间，国家的存银都流入铜矿主手中，又因盐商存银用尽而无法得银，国家将因无银买铜而无法继续铸造货币。同时，由于盐商无银买盐，国家所垄断收购的大量食盐将无法售出。无法买铜，货币流通将发生严重困难；无法售盐，国家财政也将陷于极大的困境。

铜矿主破产，盐商破产，国家的财政和整个社会的货币流通也陷入严重的危机——这就是王源的古怪的限制银流通的办法必然带来的结果。

作为流通手段的货币，必须"不断地留在流通领域，不断地在那里流动"①，必须不停地转手，"从一个商品所有者手里转到另一个商品所有者手里"②，而不能停滞于一点。王源既然并不想完全禁止银的流通，还想继续把银作为流通中的货币的一部分，却又要多方面堵塞其流通渠道，使它对一些商品所有者成为有来无往，对另一些商品所有者则成为有去无回，这充分表明了他对实际货币流通过程的知识的贫乏。

据说，从前有个人患了左腿动脉阻塞和右腿静脉阻塞症。结果，血液无法从心脏流往左腿，以致左腿陷于枯干；静脉血无法从右腿流回心脏，以致右腿肿胀溃烂，最后两腿都锯掉了。王源的方案，限定盐商必须用银买盐，而又不许其收银，规定国家用银买铜，而又不许铜矿主用银，等于人为地堵塞了银流向盐商的"动脉"和银从铜矿主流出的"静脉"。

王源在颜李学派中是一个同工商业接触较多、工商知识也较为丰富的人，却也竟然设计出这种违反商品、货币流通常识的方案，这是当时中国封建社会中商品、货币经济不够发达的表现。

第四节　重本而不轻末论

王源提高商人的社会地位的主张

颜李学派的多数成员，由于受落后的农村自然经济眼光所限制，同正统的重本抑末经济思想教条划不清界限。李塨就极力宣

---

① 《马克思恩格斯全集》第23卷，人民出版社1972年版，第136页。
② 同上书，第134页。

扬"重农民，抑商贾"，认为这是"先王之良法远虑"①。同这种论调相反，王源却说："本宜重，末亦不宜轻。假令天下有农而无商，尚可以为国乎？"②

把商和农一样看作是"为国"、"立国"的前提，这是过去反对重本抑末教条的人所不曾言、所不敢言的。无怪乎他的同学和好友李塨听了，深觉刺耳，针对王源的"末亦不宜轻"，李塨坚持说："商实不可重。"③

认为"末不宜轻"，实际上就是主张"重末"；认为"本宜重，末亦不宜轻"，实际上就是主张本末并重。过去反对抑商的思想家，还不一定从积极方面主张重末，而王源则显然是在宣扬重末了。

王源重末的思想主要表现在两个方面，一方面是主张提高商人的社会地位和政治地位，另一方面是主张改革商税制度，以利于商业的发展。

王源不但要把商提高到和农同样的地位，而且要求改变几千年来商贾"不齿于士大夫"的传统，使商贾能够"附于缙绅"之列。④为了从政治上提高商的地位，他主张对每年纳税额达到二千四百贯的大商人，授以"登仕郎"的官衔，"以荣其身，以报其功"。⑤还主张在中央政权中设立"大司均"（主管商业的最高官），和"大司农"一样列于"六卿"之位。这简直有点像后来的资产阶级改良派陈炽、郑观应等人的设"商部"的要求了。

---

① 《平书订》卷十一。
② 同上。
③ 同上。
④ 同上。
⑤ 同上。

王源的改革商税的方案

王源对封建社会中层层关卡、处处征商的严重阻碍国内商品流通的商税征收办法深抱反感,认为这是一种和"杀人越货"差不多的暴政,要求彻底废除历来的一切商税,而代之以按资本和利润征税的新税制。这种新税制分商人为"坐商"和"行商"两种,坐商资本不满一百贯钱,行商资本不满五十贯钱的,均免征商税。资本超过一百贯的坐商,按资本大、小分为九等,每等均按其资本的1%(王源主张对坐商按利润的10%征税,但不是按实际利润,而是把利润看作资本的10%,因此,利润的10%即资本的1%)征收商税。对资本超过五十贯的行商,先按资本每十贯征收商税一百钱(也是1%),如经营获利,再按实际利润征税十分之一;如果亏损,则由国家补偿其亏损部分。

王源的这个方案,取消了封建社会中对商人征收的一切苛捐杂税,而代之以资本税和利润税,这已多少具有资本主义时代的直接税的意味;而坐商一百贯以下、行商五十贯以下免税,则有些近似于免税点的规定了。这是一个减轻工商业负担、促进和鼓励工商业发展的方案,如能得到实行,对推动商品经济的发展、加快封建自然经济的解体将会有很大的作用。

(原载《中国古代经济思想史讲话》,人民出版社1986年版)

36　简论蓝鼎元的经济思想

一

蓝鼎元(清康熙十九年至雍正十一年,公元1680—1733年),字玉霖,一字任庵,号鹿洲,福建省漳浦县人。他少年丧父,家境贫苦,但酷好读书,尤"喜经济之学"①。其涉猎的范围并不限于此,他"日泛览诸子百家、礼乐名物、韬略行阵,究心综覈不辍"②。他更重视实际考察,在十七岁时,就乘船自厦门出海,"泝全国岛屿,历浙洋舟山,乘风而南,沿南澳海门以归"③。他对闽粤沿海的航海、贸易情况十分熟悉,对东南亚国家以至某些欧洲国家的情况也颇有所知。他批评当时的公卿督抚等大臣"未身历海外",不懂得"经国远犹",④可见他重视研究域外知识,并以它作为决定国策的依据。

蓝鼎元博学多识,思想比较开放。这样的人容易离经叛道,在封建官场中往往是吃不开的。他屡应科举不中,到1726年才经人荐举做了广东省普宁县的知县。后来,又因得罪上官,被诬陷下狱。

---

① 蓝云锦等:《蓝鼎元行述》。
② 同上。
③ 同上。
④ 《鹿洲全集》初集卷三《论南洋事宜书》。

死前一年才得到昭雪,并被任命为代理广州知府,1733年刚到任一个月就因病去世了。他的著作均辑入《鹿洲全集》。

蓝鼎元是清代首先批评闭关政策的人,他要求清朝廷开放对外贸易,并对我国对外贸易的利弊作了中肯的论述。他早在鸦片战争前一百多年,就已认识到西方在军事工业技术方面走在中国前面,并且预见到中国将来会遭到西方国家侵略的危险。对西方国家在东南亚一些地区所进行的侵略扩张活动,他已有所觉察和了解。他是清代前期的一位目光敏锐和具有政治远见的思想家,是鸦片战争前后的进步思想家林则徐、魏源、包世臣等的前驱人物。

二

对清朝统治者的封关禁海论所作的批判,是蓝鼎元经济思想的重要内容之一。

清代的封关禁海政策,是在康熙五十五年(1716年)由皇帝亲颁谕旨提出,康熙五十六年开始明令实行的。这种政策是当时的一系列经济、政治条件的产物。

在中国封建社会后期,手工业和商业有了较明显的发展,东南沿海一带商品经济的发展,已逐渐孕育着资本主义生产的萌芽。封建社会内部商品生产的增长,不但要求扩大国内商品流通,而且要求进行对外贸易。

但是,封建制度是以自给自足的自然经济占主要地位的社会制度,而商品经济是封建自然经济的对立物,它在封建社会中,一直受到封建主义维护者的敌视。在两千年的中国封建社会中，敌视工商业的重本抑末论一直被正统的封建思想奉为金科玉律，就是这种矛盾的表现。到封建社会后期，商品经济越增长，它对自然经济的分解、破坏作用越显著，也就越加招来封建保守势力的敌意。这种敌意尤其表现在对待对外贸易的问题上。

在中国的封建时代，保守势力敌视对外贸易，除了有经济上的原因外，还有政治上的原因。封建君主专制统治为了推行其愚民政策，总是力图保持一种隔绝、闭塞的状况，总是希望把自己统治的国家变成一具"密闭棺木"①，唯恐有一条缝隙透进空气就会加速内部的腐烂解体。在封建社会的晚期，封建制度已日益衰落，社会矛盾和阶级斗争加剧，地主阶级更需要加强封建专制来保障自己的统治地位，并越加把"与外界完全隔绝"看作维持这种专制统治的"首要条件。"②因此，在封建社会后期就出现了严申海禁的情况。

清王朝是最后一个封建王朝。它自1644年入关后，长时期中仍受到农民起义军和明朝残余势力的反抗，直到1683年才把这些反抗势力完全镇压下去，实现了全国统一。在全国还未统一、清朝的统治还未巩固以前，要实施严格的封关禁海政策自然是不可能的。随着清朝统治地位的稳定和加强，封建保守势力就要求实行严格的封关禁海政策，在这种势力的不断影响而推动下，终于使康熙帝作出了实行封关禁海的决策。

康熙五十五年，清朝皇帝亲颁谕旨，宣召广东将军、两广总督

---

① 《马克思恩格斯全集》第9卷，人民出版社1961年版，第111页。
② 同上。

和闽浙总督等东南沿海的封疆大吏进京,同大学士、九卿等高级京官会商实行封关禁海的问题。在这道谕旨中,康熙帝提出了实行禁海政策的几方面理由:

第一,出海贸易的商人,利用出国机会将海船卖给外国,每年出海船只千余,"回来者不过十之五、六,其余悉卖在海外"①。这种情况所以发生,是因为制造海船龙骨所用的铁梨芴木,只有中国的广东出产。外国商人不惜重金买船,使中国独有的这种珍贵木材大量外流。

第二,江浙二省的稻米,也被出海贸易商人携出贩卖,影响国内民食。

第三,汉人本来"难治"②,而东南亚吕宋(菲律宾)、噶喇吧(爪哇)等地,自明代以来即不断有汉人迁往,成为"海贼渊薮"③,巡海官兵难于缉拿;中国台湾人民又经常同"吕宋地方人互相往来",有着密切联系。如允许对外贸易,则海内外汉人互相交通联络,更为"难治"。

第四,"西洋等国,千百年后,中国恐受其累。"④为预防这种威胁,应实行海禁,不许中国商人出海贸易。

在这四项理由中,前两项是当时主张封关禁海的人通常所持的看法。正像蓝鼎元所驳斥的,这些都不过是封建保守势力对内外情事愚昧无知的表现,并无任何事实根据。第三条是满族贵族统治者出于国内民族压迫的特殊需要而作的考虑。清朝廷以少数

---

① 《大清圣祖仁皇帝实录》卷二百七十。
② 同上。
③ 同上。
④ 同上。

民族统治者入主中原,最害怕的是占国内人口绝大多数的汉族人民的反抗。所谓"汉人难治",正是这种耽心的流露。福建、广东沿海一带,明代即已不断有人出海谋生;明亡后,一些不服从清朝统治的人,亡命海外,继续以"反清复明"相号召。清朝廷深怕继续保持东南沿海对外贸易和其他往来的情况下,会便于这些反清势力的活动,因而特别倾向于实行严格的封关禁海政策。

康熙帝的谕旨,虽说是让大学士、九卿和有关地方大员共同议论,实际上他已作了决策,所谓议论,只可能是议论实施办法的问题。于是,大臣们在议论之后,就拟定了实施封关禁海的下列几条办法:

第一,中国商船今后只许往东洋贸易,"其南洋吕宋,噶喇吧等处,不许商船前往贸易",①沿海官兵加强巡查,违禁者严拿治罪。外国商船仍许来中国贸易,但令地方官严加防范。

第二,出海中外商人每人每日只许带食米一升和余米一升(防风阻时食用),超限带米查出入官,船户商人一并治罪。

第三,凡制造出海船只,必先报官严查,填给船单,出海时照单盘查。如发现有人将船卖于外国,"造船与卖船之人皆立斩"②。

第四,如果出海贸易的人留在外国不归,则由官府行文外国"解回立斩";知情同去的人也"枷号三月"。③

第五,沿海文武官员有人知道商人私卖船只、多带米粮和偷越禁地等情况而隐匿不报的,也从重治罪。

康熙帝在颁发封关禁海的谕旨时,自认为是洞悉实情的,他以

---

① 《大清圣祖仁皇帝实录》卷二百七十一。
② 同上。
③ 同上。

十分自信的口气声称：

> 即如海防，乃今日之要务。朕时加访问，故具知原委；地方督抚提镇亦或未能尽悉也。①

在封建时代，康熙帝自然要算是一个不多见的英明君主；他对西方的科学技术，态度也是较为开明的。他任用南怀仁、汤若望等人在钦天监供职，并经常让他们为自己讲授西方科学技术知识。但是，作为一个封建专制君主，平日深居九重，与民隔绝，他所谓"时加访问"，主要是向大臣、左右询访，或从地方官的奏报中了解情况。接触面很窄，不可能"具知原委"，对臣下反映的情况，更难分辨真假。康熙五十五年谕旨所列举的封关禁海的各种理由，都是依据封建保守势力向他奏报的材料提出的。他自己曾说，他主要是从张伯行等人了解到的情况：而蓝鼎元也说康熙帝决定禁海是由于听信"闽抚密陈"。②事实表明，康熙帝在这个问题上完全站到了封建保守势力的一边。

在清朝廷颁布封关禁海诏令七年以后（雍正二年，公元1724年），蓝鼎元写了《论南洋事宜书》，依据确凿有据的事实，对康熙帝所列举的封关禁海的理由，逐条加以反驳。

第一，驳贸易恐招外患说。

康熙帝谕旨说西洋诸国将来可能会"为中国患"，但当时禁止出海贸易的规定，却只是对南洋即东南亚各国实行的，这本身就是

① 《大清圣祖仁皇帝实录》卷二百七十。
② 《鹿洲全集》初集卷三《论南洋事宜书》。

驴唇不对马嘴的事情。蓝鼎元抓住这一点反驳说：力量较强能为中国患的是西洋和日本，而不是吕宋、噶喇吧。这些国家历史上从未进攻过中国，而只是同中国"货财贸易，通济有无"①。现在借口预防外患，却对有可能为中国患的国家允许继续贸易，而对从未为中国边患的国家则禁止贸易往来，是难以自圆其说的。

第二，驳卖船说。

蓝鼎元指出：所谓商人借出海贸易卖船给外国，更是"从来无此事"。②

他比较中国同当时东南亚一带的造船情况，认为东南亚一带木材"比内地更坚固"，价钱更低廉，例如麻顶桅一条，在中国值银千两，在东南亚不过一二百两。由于这种原因，中国造船经常买外国木材，而不可能有中国木材流往外国的情况。中国造的海船，在东南亚也找不到市场，用不着耽心中国商人会把船卖给外国。

第三，驳米粮出口说。

蓝鼎元指出：闽、广米粮不足自给，过去总是内从江浙、外从东南亚运米进口。东南亚一带"出米最饶"，③未实行海禁以前经常向中国出口稻米，断无中国商人运米出口卖给这些国家之理。

蓝鼎元还对当时中国向东南亚出口的商品作了具体的分析，认为海船运费高昂，一担货所占的舱位，收运费达四五两白银，因而中国出口的多是价格高昂的商品。如果中国商人运米出口，运费要比米价还高得多，任何商人都不愿做此赔本生意。

---

① 《鹿洲全集》初集卷三《论南洋事宜书》。

② 同上。

③ 同上。

第四,驳盗劫说。

蓝鼎元认为:海盗船小,只能在近海出没,不能到大洋中行劫;即使出海贸易的船只遇到海盗,由于商船高大,人数也多于盗船许多倍,不怕盗劫。①

这一条反驳实际上是文不对题。康熙帝所谓"盗贼渊薮",是害怕反清的汉人借贸易机会出海,在海外组成反清武装,并以海外为反清活动的根据地(所谓"渊薮"),根本不是耽心商船出海遇盗。他对出海的人要严拏治罪,对已出去的人要行文外国要求引渡回来问斩,自然不会关心出海贸易商人的航行安全问题,不会为使他们免受海盗劫掠而采取措施。

蓝鼎元如此文不对题进行反驳,并非他没有看清康熙帝猜防汉人的心意,而是故意回避,指东说西,在航海安全问题上大作文章。

三

蓝鼎元除了逐条驳斥封关禁海的口实外,还从积极方面论证了对外贸易对中国的好处。他的主要论点是:

第一,对外贸易能增加中国的财富。

蓝鼎元认识到从事对外贸易,以其所有、易其所无,特别是我国闽粤沿海居民制造的传统工艺品在南洋、海外市场上,更是奇货可居,能够换得更多货币或换得价值更高的其他商品,从而能够增

---

① 《鹿洲全集》初集卷三《论南洋事宜书》。

加中国的财富。他说：

> 内地贱菲无足重轻之物，载至番境，皆同珍见。……是以沿海居民，造作小巧技艺，以及女红针黹，皆于洋船行销，岁收诸岛银钱货物百十万入我中土，所关为不细矣。①

第二，对外贸易有利于扩大国内就业和活跃沿海地区的经济。

蓝鼎元认为：福建、广东等沿海省份，耕地不足，单纯靠农业不足维持生活；利用滨海的有利条件，靠进行对外贸易来解决困难，对这一带的经济发展和人民生活，关系极大。因此，闽、粤人民，"望海谋生，十居五、六"②。蓝鼎元依据自康熙五十六年禁止出海贸易以来的情况指出：禁海结果，在经济上造成了"百货不通，民生日蹙"；③在政治上则迫使大批失业人口"走险海中"，成为海盗，甚至"群趋台湾，或为叛乱"，影响统治秩序的安定。

第三，对外贸易可增加国家财政收入。

在这方面，蓝鼎元指出："各处钞关，且可多征税课，以足民者裕国。"④

蓝鼎元的这些论点，是很值得重视的。它们为中国封建时代的对外贸易思想，增添了一些新的内容。

封建时代，由于自然经济占主要地位，人们对于对外贸易一般是不重视的。中国是一个中央集权专制政权统治下的大封建帝国，

---

① 《鹿洲全集》初集卷三《论南洋事宜书》。
② 同上。
③ 同上。
④ 同上。

经济发展水平又高于周围国家，就更容易产生"天朝百产丰盈"、"无物不有"之类的观点，把对外贸易看成是无足轻重的。诚然，在中国古代，也有少数思想家主张开放对外贸易。但看法片面，很少能从宏观经济立论。

如《管子》的"轻重"诸篇，谈论对外贸易时，往往从政治着眼，把它看作封建国家取得"轻重之势"的一个重要手段。《管子》作者有时主张利用对外贸易作为破坏别国经济、迫使别国臣服的政治阴谋手段。《管子》有时也主张用对外贸易手段来对本国人民取得"轻重之势"。这主要是由国家垄断对某种生活必需物资的进口，以加强国家对国内人民的商业榨取。如《管子·海王》篇主张不产盐的国家可以垄断食盐的进口，然后按照国家的需要提高盐价售给人民，以增加财政收入并加强对人民的掠夺。《海王》篇把它称为"因人之山海假之名"。封建时代也有些人从统治阶级寄生生活需要的角度来肯定对外贸易，例如，唐朝的韩愈就认为对外贸易可以使"外国之货日至，珠、香、象、犀、玳瑁奇物溢于中国，不可胜用"[1]。还有一种情况是从增加国家财政收入的角度来肯定对外贸易，例如，明代的丘濬要求取消海禁，允许商人从事对外贸易，就是认为从对外贸易征收的关税是一种好的财政收入，因为它"不扰中国之民，而得外夷之助"[2]。

在中国的封建时代，只有蓝鼎元能从国民经济的角度来论证对外贸易的利益。他认为对外贸易可以增加一国的财富，可以繁荣沿海地区的经济，有助于解决就业问题，这都是封建时代很少有

---

[1] 《昌黎先生全集》卷十一《送郑尚书序》。
[2] 《大学衍义补》卷二十五《市籴之令》。

人提及的。"判断历史的功绩,不是根据历史活动家没有提供现代所要求的东西,而是根据他们比他们的前辈提供了新的东西。"①尽管蓝鼎元关于对外贸易问题讲得不多,但他确实比他的前辈"提供了新的东西",确实讲了一些前人讲过的论点。应当说,即使到了第一次鸦片战争前后,进步思想家林则徐、魏源等人关于对外贸易问题的分析,许多地方仍没能超过蓝鼎元,在某些方面甚至还不及蓝鼎元的水平。

蓝鼎元认为从对外贸易征收的关税收入,是"以足民者裕国"。这种提法把对外贸易促进国民经济发展和增加国家财政收入这两方面的作用联系起来,而且认为"足民"(即发展经济)是"裕国"(即增加财政收入)之本。这一论点超越了单纯的财政眼光,比丘濬"不扰民"而"足国用"的认识也更积极,更深刻。

蓝鼎元认识到,中国的福建,广东等省,不应搞单一的农业经济,而应同时重视工商业,尤其是发展供出口的商品生产。这是一个能够发人深思的观点。在中国封建时代的思想家中,蓝鼎元的这种观点确是得风气之先的。

蓝鼎元关于对外贸易的这些观点,是当时福建、广东等沿海省份从事对外贸易的商人以及依赖对外贸易为生的各种手工业者、船户、水手等人的利益和要求的反映。他极言封关禁海对闽、广沿海地区所带来的灾难说:

> 既禁之后,百货不通,民生日蹙。居者苦艺能之罔用,行者叹致远之无方,故有以四、五千金所造之洋艘系维朽蠹于断港荒岸之

----

① 《列宁全集》第2卷,人民出版社1959年版,第150页。

间，……一船之敝废，中人教百家之产。其惨目伤心，可胜道耶？沿海居民萧索岑寂穷困无聊之状，皆因洋禁。①

今禁南洋有害无利，但能使沿海居民富者贫，贫者困，驱工商为游手，驱游手为盗贼耳！②

这样的充满着感情的笔调，充分表明了蓝鼎元同对外贸易商人以及有关手工业者、船户、水手之间的密切联系。他的《论南洋事宜书》，强烈地反映了这些人的愤懑和呼声。

四

蓝鼎元一方面反对封关禁海，主张允许商人出海贸易；另一方面他对西方资本主义国家的国力和它们所进行的殖民侵略活动，已经有了某些了解。在他的著作中一再提到：

红毛乃西岛番统名，其中有英圭黎、千丝腊、佛兰西、大西洋、小西洋诸国，皆凶悍异常。其舟坚固，不畏飓风，炮火军械，精于中土；性情阴险叵测，到处窥觇，图谋人国。③

如噶罗吧本亚来由地方，缘与红夷交易，遂被占踞为红夷市舶之所。吕宋亦亚来由分族，缘国人习天主教，遂被西洋占踞为市舶

---

① 《鹿洲全集》初集卷三《论南洋事宜书》。
② 同上。
③ 同上。

之所。①

　　蓝鼎元自然还不可能从西方的资本主义制度来认识西方国家的内部情况和对外侵略扩张的性质，但他已对西方国家的未来侵略活动有可能扩及于中国抱有某些警惕。当时，中国正处于清代的"盛世"，西方国家还处于工场手工业时期，其力量还远不足以威胁清王朝这个世界上最大的封建帝国。在康熙时期，沙皇俄国曾出兵侵犯中国边境，遭到清朝的迎头痛击。在这种情况下，西方国家的侵略对中国来说自然还不是现实问题；但是，蓝鼎元已经高瞻远瞩地估计到这种潜在着的危险而提醒人们须防患于未然。他说：

　　先民有言，防微杜渐。涓涓不息，将为江河。……脱有前此吕宋、噶罗吧之谋，不知何以待之？②
　　今圣德方盛，威灵既迄于遐荒，自万万无所容其痴想。然曲突徙薪，亦有心者所宜熟筹也。③

　　这已是对百余年后由鸦片战争所开始的西方资本主义国家对华侵略活动的预感。
　　怎样"曲突徙薪"、"防微杜渐"呢？蓝鼎元既然反对清朝廷的封关禁海政策，他当然不会赞成封建保守势力所主张的中外隔绝的愚蠢办法。限于当时中国人士对西方情况还了解得很浅薄，他

①　《鹿洲全集》初集卷十一《粤彝论》。
②　同上。
③　同上。

还不可能像百余年后的魏源那样提出"师夷长技以制夷"的主张。他对思患预防所提出的办法,主要有两条;一是收回澳门,防止西方国家未来侵略时利用澳门作为基地;二是对国内天主教堂中的西方天主教传教士的活动要保持警惕,防止其有不轨活动。虽然,这些意见都是正确的,但由于时代和阶级出身的局限,他也只能提出这些治标的办法而已。

在蓝鼎元的时代,中国在社会制度以及经济、文化的发展方面均已落后于西方;但在西方国家,既还未发生英国的产业革命,也还未发生法国资产阶级革命。如果当时清朝廷能像蓝鼎元所希望的那样取消封关禁海政策,在对外贸易方面采取正确的、积极的态度,就会大大有利于东南沿海地区的工商业发展,有利于资本主义生产的萌芽的滋长;中国对西方资本主义国家情况的了解,也会大为增进。这样,中国在一百余年以后的鸦片战争时期,也许有可能处于一种很不相同的局面。可是,在封建时代朝野上下为愚昧无知所笼罩的状况下,蓝鼎元的这种反对闭关自守的先进思想,不过如无边暗夜中的一只孤萤,任凭拼尽全力,使自己全身都发出光来,也难以为人们照亮眼前的方寸之地。蓝鼎元写了《论南洋事宜书》,他也深知自己的这种正确主张不会起任何作用,所以在最后只能不胜扼腕地说:"内外臣工,或知而不言,……草莽愚生,所旁观而窃叹也。"①

（原载《中国经济问题》,1983年第9期）

---

① 《鹿洲全集》初集卷三《论南洋事宜书》。

37 《中国经济思想通史》(修订本)序言

　　《中国经济思想通史》第一版于1991—1998年分四卷陆续出版。此次修订,将原书四卷合为一部,一次推出,但仍保留原来四卷的建制,作为一部统一著作的各个组成部分。

　　为便于读者了解全书概貌,于书的开端写一篇涵盖全书的序言,并将全书四卷的目录系于序言之后。为便于读者查阅,全书各卷均排出此目录。同时,在每卷开端写一"卷首语",对本卷的内容和特点作简要的、概括的说明。

　　本书的研究内容是中国传统经济思想的形成、发展和演变的历史,研究范围从夏、商、(西)周至清中叶鸦片战争以前。时间跨度达四千年之久。

　　中国传统经济思想是中华民族所固有的经济思想。它是在未受到外来经济思想的影响,或者基本上未受到外来经济思想的影响的情况下,在中国特有的社会历史环境中成长起来的。

　　中国文化不是一种封闭性的文化。中国同域外经济、文化的交往,早在秦统一以前就已有一定程度的开展。某些外来文化(例如印度的佛教文化)传入中国后,曾对中国文化以至中国社会生活的许多方面,发生过很大的影响,但是,中国的经济思想,在鸦片战争前的漫长历史时期中,却未受到外来文化的多大影响,而主要是在自身的历史条件和自身的社会环境中成长起来的。在鸦片战争前的历史中,中国的经济思想传往国外,并对所在国(尤其是一些东亚邻国)发生影响,这种情况是有的,但在鸦片战争前的中国经济思想中,却很难找到外来经济思想的痕迹。

在中国古代,尤其是在中国的封建社会时代,中国的经济发展水平长期走在世界前列,中国的经济思想,在很长的历史时期中也比同时期的其他国家(尤其是周围交往较多的国家)更发达。这种情况使得当时的中国很少需要为解决自身的经济问题而向外国寻求思想、理论方面的帮助,从而使得外来的经济思想少有传入并影响中国经济思想的可能。

本书取名《中国经济思想通史》,"通"有二义:一是时间上的连通,二是思想内容方面的贯通。

时间上的连通指本书的论述范围自始至终遍及中国传统经济思想发展的整个历史过程,而不是只限于这一过程的某个段落或某些段落。思想内容方面的贯通则是指力求找出支配中国传统经济思想发展变化的规律,从而能够在中国传统经济思想的研究中对其基本内容及其发展、变化的过程,把握其内在的联系。这也就是司马迁所说的:"通古今之变"①。

《中国经济思想通史》对"通"的要求兼包这两个方面,而更致力于后者。如果只是把中国历史上浩瀚的经济思想资料搜集到一起,按时间顺序编列起来,是做不到"通古今之变"的。它充其量只能对研究中国经济思想通史完成一定的资料准备工作,而不能写出真正意义的中国经济思想通史。

---

① 《报任安书》,见《前汉书·司马迁传》。

要在中国经济思想研究中实现"通"的要求,研究方法的问题至关重要。没有正确的、科学的研究方法,就无法从纷繁的、变幻无常的现象中把握其内在的、本质的联系,就不可能从事物的发展、运动的过程中,揭示出起支配作用的规律,就无法在庞杂的、充满着矛盾和混乱的研究资料中进行"去粗取精,去伪存真"的整理、分析工作。对于像中国经济思想史这样一门涉及漫长的历史时期且文献资料有如汗牛充栋的这样一门学科来说,研究方法问题关系尤为重大。

历史唯物主义的方法是对各门社会科学普遍适用的方法,而不是中国经济思想史所特有的研究方法,它不能代替后者。但是,中国经济思想史所特有的研究方法,却只有把历史唯物主义运用于中国经济思想史的研究,才能创立起来。

运用历史唯物主义方法研究中国经济思想史,首先就要从中国的具体历史条件出发,把中国历史上各时期的经济思想,看作特定社会历史条件的产物,看作当时的社会经济关系在人们头脑中的反映。

经济思想是人们的一种意识形态,它以自己特有的形式反映人们对当时社会经济关系的认识。人们在自己的经济生活中经常地、不断地接触各方面的经济问题,并通过反复的接触对这些经济问题中所包含的经济关系逐渐有所认识。这些认识就表现为一些特定的经济观念、原理和范畴。这些经济观念、原理和范畴,就是构成各时期经济思想的基本要素或基本材料。

各时期的经济观念、原理和范畴本身以及它们之间相互联系的状况,反映着不同时期以及不同国家、不同民族的经济思想发展水平:一个时期、一个国家的经济观念、原理和范畴,越是简单和直观,它们之间的联系越是缺乏,它们彼此越是处于零散、孤立的状态,其经济思想的发展水平就越低;反之,这些经济观念、原理和范畴,在反映经济关系方面越是深刻,越是具有抽象的、普遍的性质,它们彼此之间的联系越密切,经济思想的发展水平就越高。

从经济思想的发展水平或发展程度看,经济思想可以划分为三个不同的层次:简单的或初级的经济思想、经济学说和作为一门独立科学的经济学。

1. 简单的或初级的经济思想:人们对社会经济关系的认识主要表现为某些零散的经济观念、原理和范畴,对它们之间的联系很少认识,或只看到某些粗浅的、表面的联系。

2. 经济学说:人们在表达对某些经济问题的认识时,已能使用多方面的经济观念、原理和范畴,并能够看到它们之间的某些深层的、有因果关系的联系,能够对这些观念、原理及范畴和它们之间的联系,进行一定的说明、分析和论证。这些分析、说明和论证,已大体形成了某种体系。

3. 经济学或政治经济学:对经济问题的研究,不止在某些方面已形成系统的经济学说,而且对整个社会经济生活的理论认识已形成了一门独立的科学。

在资本主义以前的各种社会经济形态中,生产力低下,经济生活以及人们的经济关系都比较简单,同时,由于自然经济在经济生活中占主要地位,各地区、各经济单位以及各经济部门之间的联系均不密切,因而经济思想的发展也处于比较低级的阶段,不可能形成一门独立的科学的经济学。现代意义的经济学①,是在人类的历

---

① 中国古代早就有"经济学"的名称,但当时所谓的"经济学"是指"经世济物"或"经国济民"之学,与现代意义上的经济学是不相干的。

史发展进入了资本主义世纪后才出现的。

中国在1840年鸦片战争前,长期停滞于封建主义历史阶段,而未能进入资本主义社会,因而经济思想的发展也长期处于经济学形成以前的阶段:经济思想主要以水平参差不齐、涵盖面广狭不同的经济学说的形式存在;同时,简单的或初级的经济思想,也相当大量地存在着。

尽管如此,由于中国古代的经济、文化发展均曾长期处于世界领先地位,中国的经济思想在很长时期中也具有较高的发展水平。中国传统经济思想所探讨的经济问题范围之广,保存下来的经济思想资料之多,以及经济学说、经济思想所达到的深度和完整性,在资本主义以前的经济思想遗产中,都是值得赞叹的。

在历史发展的不同阶段,经济关系有着本质的区别,这决定了它们的经济思想,不仅在程度和水平方面有差别,在性质和内容方面也是各有不同的。用历史唯物主义的方法研究经济思想史,必须首先懂得这一点,切忌把只适用于特定社会形态或特定历史条件的研究模式,当作一个不变的框架任意套用到不同社会形态的经济思想的研究中。恩格斯曾经对这种非历史主义的研究方法提出过警告,他说:"谁要想把火地岛的政治经济学和现代英国的政治经济学置于同一规律之下,那末,除了最陈腐的老生常谈以外,他显然不能揭示出任何东西。"[1]

经济学的研究如此,经济思想史的研究同样是如此。

西方的经济思想史著作一般说来都是以资本主义时代的经济思想作为研究对象。在资本主义时代,资本关系是本质的关系,而

---

[1] 《马克思恩格斯全集》第20卷,人民出版社1971年版,第160页。

商品生产又占主要地位，因此，人们对经济问题的探讨，总是通过表现商品关系的各种范畴如商品、价值、货币等，以及表现资本关系的各种范畴如资本、利润、利息等来进行的。西方学者的经济思想史著作，通常也都是按照人们对这些范畴的认识而写的。

但是，中国传统经济思想的产生和发展的社会历史背景与此根本不同。它一直处于资本主义发展以前的历史时期。从中国传统经济思想形成的时期开始，则长期处于封建社会的历史阶段中。在这样漫长的历史过程中，"土地财产和农业构成经济制度的基础，因而经济的目的是生产使用价值"[①]。自然经济在整个社会生活中一直处于主要地位。中国社会中早就有商品经济存在，而且，在很长的时期中，还比欧洲中世纪更为发达。然而，尽管如此，中国在鸦片战争前始终处于自然经济占主要地位的状态，商品经济不过是自然经济汪洋大海中的孤岛。同时，由于中国封建社会经济、政治结构的特殊性，中国封建社会中的商品经济，不但数量上处于严重劣势，而且发展得比较畸形：它对封建势力处于严重的从属地位，同广大农村则缺乏经济方面的联系和交流。这样的商品经济，自身缺乏活力，不容易对封建经济发生较强的分解作用。

这种情况决定了对商品、资本关系的探讨在中国传统经济思想中不可能成为人们普遍重视的事物，不可能构成各时期中国传统经济思想探讨的主要内容。

正因如此，研究中国传统经济思想史，就不宜于，也不可能应用西方经济思想史研究所普遍应用的那种商品—资本的模式，不可能按对商品—资本有关范畴的认识的发展来写中国经济思想

---

① 《马克思恩格斯全集》第46卷，人民出版社1979年版，第482—483页。

史。谁如果硬要照搬这种模式,他就不可能找到必要的、确实可靠的材料来说明问题,就会使整个说明、论证陷入支离破碎、望文生义的境地,而不可能科学地理解中国传统经济思想发展的历史进程,不可能揭示出支配中国传统经济思想发展变化的历史规律。

中国传统经济思想是资本主义以前各时期的中国经济思想,其中占主要地位的是中国封建时代的经济思想。在这类社会形态中,不是商品经济,而是自然经济在经济生活中占主要地位;基本的经济关系不是资本关系,而是土地关系;生产的目的不是赢利而是使用价值,是满足生产者及其奴役者的直接需要;所生产的剩余劳动的基本表现形式,不是资本的利润,而是封建地租。

中国的封建制度又有许多自己的独特之处:它在土地所有制方面不是以领主土地所有制为主要形式,而是以地主土地所有制占支配地位;地主主要是以实物地租的形式占有农民的剩余劳动。同时,由于中国封建地主不具有完备的政治统治手段,中国封建地主经济形成了自己独特的政治上层建筑——中央集权的封建专制政权。在生产力落后的封建社会中,维持庞大的中央集权专制封建政权,必须有巨大的物质、经济手段,而这只能通过赋税、徭役从社会生产的剩余中瓜分而来。

这样,在中国封建社会中,以地主土地所有制占主要地位的土地所有制形式就成为社会经济的主要基础;地主(包括私人地主和代表地主阶级整体的中央集权封建专制政权)和农民是社会的两个基本阶级;劳动产品划分为农民的必要劳动产品和由地主占有的剩余劳动及其产品,剩余劳动在地主私人(通过地租形式)和地主阶级国家(通过赋税、徭役的形式)之间的划分,则成为经济关系的核心。

　　这些就是中国封建社会经济关系的基本内容和基本要素。在这样的历史条件下，人们对经济问题的探讨都不可避免地同土地所有制，同地主、农民和地主阶级国家的关系，以及劳动产品在地主、地主国家和农民之间的划分这些问题，这样那样地联系着，经济思想的一切代表人物及各种有关的著作，都必然经常地涉及土地制度、地租及赋税、徭役等方面的问题。

　　在中国传统经济思想的文献中，也颇有谈论商品、货币、市场之类问题的。但这方面的文献和土地制度——地租、赋税和徭役方面的文献相比较，不论从数量上看，还是从其受人们重视的程度来说，都不能相提并论。

　　更重要的是，当谈论商品、货币、市场之类的问题时，人们更多地是从这些事物同农业、土地制度、地租、赋役等问题的关系而注意及之，不是把它们作为独立问题来关心和探讨的。

　　还须指出，在中国封建社会的历史上，许多人谈论商品、货币、市场等问题，还往往是站在维护自然经济的立场，抱着消极的，甚至是敌视的态度来对待这些事物。"重本抑末"、"废钱"、"废银"之类的主张，所以在漫长历史中频繁出现，并且在经济思想和经济政策中处于正统思想的地位，就说明了这一点。

　　中国传统经济思想所由以产生的历史条件以及传统经济思想中所积存下来的历史资料，都决定了对中国传统经济思想的研究不能套用西方经济思想史教科书所常用的商品—资本的模式，而只能从中国传统经济思想自身的特点出发，把土地制度、农业生产及其剩余的分割形式（地租、赋税、徭役等），作为经济思想探讨的中心，逐步探寻适用于中国传统经济思想的新的研究模式。

中国传统经济思想是在鸦片战争以前漫长时期的中国社会经济的土壤上产生出来的，又是在中国悠久的文化传统的滋养、涵育下成长起来的。

经济思想和哲学、道德、文艺、宗教等的观点以及政治、法律制度等，都是特定社会经济结构的上层建筑。上层建筑的这一切组成部分，都是"以经济发展为基础的。但是，它们又都互相影响并对经济基础发生影响"①。

政治、法律制度以及哲学、道德、文艺、宗教等意识形态，对经济思想的发展有巨大的影响。在资本主义以前的各种社会形态中，这种影响尤其深重，尤其显著。正确的认识并说明这种影响，是运用历史唯物主义研究中国经济思想史的一项重要任务，是中国经济思想史研究方法中的一项重要课题。

政治制度对经济思想的发展有重大的影响，中国传统经济思想的许多重要特点，都是同中国封建时代中央集权专制主义国家政权的作用和影响分不开的。在中国古代，经济思想所以是国家本位的经济思想，人们探讨经济问题所以总是从国家角度着眼，中国传统经济思想所以总是着重谈论"富国"，而较少谈论"富家"；财政、赋税等方面的思想所以特别发达……这些问题离开中央集权专制主义封建政权的作用是无法索解的。中国古代所特有的一些经济思想，如漕运思想、屯垦思想、轻重思想等，都是同中央集权专制主义封建政权这一政治制度方面的特点分不开的。在中国传统经济思想中，即使是对待商品、货币、市场等方面的问题，也多是从国家管理财政、经济的角度来进行探讨。在中国传统经济

---

① 《马克思恩格斯全集》第39卷，人民出版社1974年版，第199页。

思想中,对商品、货币、市场等问题的微观分析所以较少,这无疑是重要的原因。

在资本主义以前的各种社会形态中,哲学、文艺、道德、政治观点以及宗教等意识形态,都比经济思想更为发达。它们对经济思想的影响,也往往超出经济思想对它们的影响。在许多民族的封建主义历史阶段,经济思想往往包含在宗教教义中,作为宗教思想的附庸而存在。经济思想还受着道德规范的严重制约,强调经济思想必须服从于伦理道德规范。贵义贱利论所以成为中国封建时代长期束缚经济思想发展的正统经济思想的神圣教条之一,就典型地表现了这一点。

在资本主义以前的各种社会形态中,大量的经济思想往往不以直接形式(直接论述经济问题的著作或论文)出现,而是广泛存在于国家政策、宗教经典、哲学或伦理著作以及诗歌、小说、戏曲及其他文艺作品中。在中国古代,许多对经济思想有重要作用的人物,都没有论述经济问题的专文(更不用说著作了)。因此,研究中国传统经济思想史,决不能只注意于经济著作、经济论文等直接的思想资料,而忽略了零散地广泛存在于各种非经济文献中的思想资料。

在资本主义以前的各种社会形态中,政治制度和哲学、道德、文艺、宗教等意识形态对经济思想能有更大的影响,它们之所以更受人们重视,主要是由于:

第一,这些社会中生产力水平低,而且发展缓慢,经济对社会生活的决定作用,是在长时期中以难于察觉的形式表现出来的。这就必然造成经济思想不够发达,经济思想对政治制度、伦理道德、宗教、艺术等的影响不够显著等特点。

第二,经济生活是最基本的社会生活,是任何一个国家,任何一个民族,任何一个个人,舍此就难以生存的一种活动,但是,也正因如此,经济生活又往往被看作日常小事而不受人们重视。

第三,在资本主义以前的某些社会形态中,人身依附及超经济强制起着突出的作用,而生产力的低下又使人们比较愚昧,因而使直接体现暴力统治的政治制度,使能够对被统治群众具有恫吓、愚弄及麻醉作用的有关意识形态,容易受到重视,使它们对经济的反作用容易被强调,被夸大。

第四,奴隶主、封建主都有鄙视经济的偏见。在他们看来,经济工作是他们的家臣以及奴仆们的事情,如果让他们这些高贵的人亲身操持,在他们看来就是有损体面,有失身份的事情。在这种偏见的支配下,探讨经济问题的思想、学术,自然就不会受到十分重视。

研究经济思想史,还必须注意经济思想本身的纵向联系(历史时间先后)和横向联系(不同国别,不同民族)。经济思想虽然以经济为基础和根源,却必须从已有的思想资料出发。经济自身"在这里并不重新创造出任何东西"[1],而只是"决定着现有思想资料的改变和进一步发展的方式"[2]。一个时代的经济思想总是要以内部(本民族前代)或外部(其他国家或民族)已有的经济思想作为出发点,依据当时经济发展的要求对已有经济思想进行分解、吸收、加工和改造,以建立起自己时代的经济思想。

---

① 《马克思恩格斯全集》第37卷,人民出版社1971年版,第490页。
② 同上。

　　像中国这样一个历史悠久，文明史连续数千年未断，经济思想遗产极其丰富的国家，经济思想的纵向联系自然是一个特别值得重视的问题。横向联系问题对经济思想史的研究自然是不容忽视的，它的重要性在许多情况下甚至会大大超过纵向联系（例如鸦片战争以来的情况就是如此）。不过，中国传统经济思想所受外来影响不大，横向联系的问题就不那么突出，这一点在前面已分析过了。

　　从社会经济的状况来揭示经济思想的性质和社会内容，重视政治制度和哲学、道德、艺术、宗教等意识形态同经济思想的相互联系和影响，考察经济思想在发展中的纵向和横向联系，了解已有的思想资料对特定时期、特定国家经济思想发展的影响，等等……这些都是运用历史唯物主义研究中国经济思想史所必须解决的方法论问题。至于科学研究所常用的一些方法，如归纳法、演绎法等，以及整理中国文化遗产所常用的一些方法，如考证、校勘方法等，也都是研究中国经济思想史所不可或缺的方法。在辩证唯物主义和历史唯物主义的指导下，恰当地应用各种必要的方法，使其在研究中互相配合，各得其所，才能逐渐在探寻中国经济思想史研究方法方面不断有所前进。

　　中国传统经济思想的发展，大体经历了以下几个阶段：
　　第一阶段是传统经济思想出现以前的阶段。这一阶段大约从夏代到春秋前期（公元前22世纪—前7世纪）。这是中国历史上奴隶制度的时期。奴隶制社会形态在中国未得到充分发展。中国的奴隶制时代，不仅土地国有，工商业也由奴隶主国家经营（"工商食官"），文化也由"王官世守"，即由奴隶主国家垄断。这种情况使得生产力和文化进步都分外缓慢,经济思想的发展也处于极其低下的水平。夏代的经济思想资料迄今还只在若干传说中存有一些,而无可靠材料。保存下来的可信材料为商及西周的某些文献,如《尚书》及《诗经》中的某些篇章,以及甲骨文、金文等,从中都可找到有关经济问题的某些观点或见解。但是,这些观点或见解都是极其零散的、片断的和直观的,少有申述和解说,更谈不上理论的分析或论证。这一阶段可以说是中国传统经济思想的史前时期,中国传统经济思想的特色,在这一时期还没有明显地表现。

第二阶段是中国传统经济思想萌发的阶段,这一阶段大约从公元前6世纪至公元前5世纪的前二三十年,即春秋时期的末期。

这一时期文献中所包含的经济思想资料显著增加。虽然经济思想的大部分仍然表现为一些零散的经济观念、原理和范畴,但对某些经济问题的议论已日益显著地超过前人。到这一时期的最后几十年,已开始出现了个别在经济思想方面有代表性的人物,其对经济问题的论述,已开始具有经济学说的特点,有的人物(例如孔丘)对多方面经济问题的探讨和议论,虽然形式上仍表现为一些零散的观念、范畴和原理,实际上从思想内容方面看已存在着一定的相互联系,因而其经济思想已开始形成了自己的独特的思想体系。中国传统经济思想的特点,已开始显露出来了。

第三阶段是中国传统经济思想的形成阶段。春秋战国之际至西汉中叶(公元前5世纪—前1世纪中期)是中国传统经济思想形成的阶段。

这一阶段的中国经济思想是为中国封建主义生产方式的建立服务的,是为中国地主阶级夺取和巩固政权造舆论的。从春秋末期开始,中国经济思想的发展就开始进入了一个比较活跃的时期,进入战国时期后,许多学派的学者,纷纷著书立说,提出自己改革社会经济的方案和主张,指陈时弊,批评其他学派的见解;同一学派的不同学者之间也各抒己见,互相批评、争辩。在经济思想领域中,这种异彩纷呈的局面,是当时思想学术界"百家争鸣"的一个重要组成部分和一个重要表现方面。这时,许多学者对经济问题的议论,都已经能够把若干方面的经济观念、原理和范畴相互联系起来。并力求探求它们之间的因果关系,尤其是儒、道、墨、法这些主要学派的著名学者,多半已能就当时社会上的一些主要经济问题,提出自己较为系统的解决方案,并且在理论上进行一定的分析、说明和论证。他们的经济思想,大体上均已达到经济学说的发展水平了。

秦始皇兼并六国,在全中国范围实现统一,是地主阶级在夺取政权方面取得的决定性胜利。但是,中国的中央集权专制主义封建政权一时还没能得到巩固,地主阶级在相当长的时期中还须为巩固政权而努力。同时,在工商业领域中,尤其是在一些较大的工商业中,奴隶主的残余势力还相当强大,扩大和加强封建主义经济基础的任务仍相当艰巨。从秦统一到西汉中叶百余年间,经济思想主要是为巩固中央集权专制主义封建政权,为加强封建主义的经济基础服务的。在这一时期中,经济思想仍十分活跃,仍然具有较强的批判精神和开创性。它敢于同奴隶主残余势力作斗争,也不怕暴露封建主义自身的某些矛盾。先秦时期的许多学派仍然存在并相当活跃,并且形成了许多新的学派和支派,经济思想领域中百家争鸣的局面实际上仍继续存在和发展着。

第四阶段是中国传统经济思想缓慢发展的阶段。

随着巩固中央集权专制主义封建政权和加强封建主义经济基

础的斗争的胜利,地主阶级的统治地位已经巩固,它同奴隶主残余势力的矛盾已基本解决,而地主阶级同农民阶级的矛盾则日益发展起来。在这种情况下,经济思想在过去时期所曾具有的那种批判精神和开创性就日益削弱了,下降了,而保守的,为既得利益者辩护的倾向则日益滋长。到西汉后期,这种保守的、辩护的倾向,在经济思想领域逐渐占了上风,形成了一种维护大地主阶级腐朽势力的封建正统经济思想。在此后近两千年中,这种封建正统经济思想在思想领域中长期居于支配地位。经济思想领域总的说来远不如前一时期活跃和有生气,但也并未出现欧洲中世纪那样的"黑暗时代"。早期封建社会中经济思想所具有的那种进取的精神和批判的、战斗的风格,在一定程度上为异端的或非正统的经济思想接了过去。这些异端的、非正统的经济思想同正统的经济思想之间的斗争,不时在经济思想领域中引起一些波澜。不过,由于中国封建社会中生产力发展缓慢,在漫长时期中没有形成新的生产力和新的社会阶级,这些异端的、非正统的经济思想自身仍属于封建主义意识形态的范畴,它们同封建正统经济思想之间的斗争,总的说还属于封建主义经济思想内部的分歧。

由西汉后期至鸦片战争前,中国的传统经济思想就这样处于一种缓慢发展的状态:有时停滞、低沉,有时又较为活跃。但总的来说,经济思想的发展基本上是缓慢的,在漫长时期中没有出现本质的变化和飞跃发展的局面。

鸦片战争的失败也宣告了中国传统经济思想时代的结束,代之而起的是在性质上、内容上以及在发展条件和表现形式各方面都同中国传统经济思想有重大区别的中国近代、现代经济思想。

对中国近代、现代的经济思想,我们将在《中国经济思想通史续集》中进行探讨。

　　《中国经济思想通史》（修订本）的主要撰稿人，除主编、副主编外，尚有裴倜、孙树霖、张守军、郑学益、陈为民、张劲涛等。

赵　靖

2002年7月24日于北京大学

（原载《中国经济思想通史》修订本第1卷，

北京大学出版社2002年版）

38 《中国古代经济思想史讲话》自序

　　《中国古代经济思想史讲话》和在它以前出版的《中国近代经济思想史讲话》是姊妹篇。在论述范围方面，本书是从先秦直到清代第一次鸦片战争前，和后者正相衔接；在体例、风格和表达方式方面，也力求同后者保持一致。由于本书涉及的时间长达两三千年，在篇幅方面不得不长于后者，但作为一本普及性的读物，又不宜过长。我力求在保持通俗、生动的前提下加以浓缩，把全书控制在四十万字左右。同《中国近代经济思想史讲话》（二十万字）相比，本书的篇幅基本上还是适当的。

　　由于古代经济思想史研究的时间离现代更远，在语言及有关知识方面，都比研究近代经济思想史有更多困难。对此，我除了像《中国近代经济思想史讲话》那样尽量少引证原文和酌加知识性注释外，还采用了其他一些办法，如对古代汉语中习用而现代汉语中比较少见的词汇加注音、义，对一些较难懂的语句结合阐述经济思想内容说明文义等，以尽量减少缺乏古汉语基础的读者的困难。虽然本书在某些地方还难以做到像《中国近代经济思想史讲话》（以下简称《讲话》）那样通俗易懂，但总的说来，凡是初步具有政治经济学知识的读者，阅读本书是不会感到有太多困难的。

　　我写中国近代经济思想史方面的著作，是从写高校教材开始，这是我的教师的职业决定的。对写古代经济思想史，我原来也想从写教材或专著开始。我多年从事中国经济思想史课程的教学，讲义及教学资料已积累了不少，写教材或专著已具有了相当基础，尤其是写教材，更可说已有水到渠成之势。但是，经过反复考虑，我决定稍稍推迟写教材或专著的计划，而首先着手把这本《讲话》写出来。我痛感中国经济思想史这门学科迄今还没有普及。我们祖先留下的经济思想遗产，内容异常丰富、瑰丽。用现代科学的方法加以整理和总结，能够对提高我们民族的自信心和自豪感、吸取宝贵的历史经验以推进我国当前的社会主义现代化建设事业有重要的帮助，能够大大有助于丰富人类文化宝库。但由于我国学术界对这门科学的研究和宣传不够，迄今不但国外人士不甚了了，国内也仍然未予以广泛注意和应有重视。和璧隋珠，货弃于地，作为一个中国经济思想史的专业研究者，对此怎不深感焦灼和内疚！

要迅速改变这种局面，只靠少数专业的教学和研究工作者是很不够的，还必须有广大的业余研究者和业余爱好者群策群力，必须有社会人士的广泛关心和支持。普及是提高的基础。深切关心本门学科的普及，并且为促进其普及而积极努力，是专业研究者义不容辞的责任。正是从这种认识出发，我才决定把这本普及读物的写作，提到自己古代经济思想史专著写作日程的前头。

我向来主张：通俗不是普及读物的唯一特点；必须把通俗、生动和必要的研究深度结合起来，力求做到深入浅出，这才是写普及读物的正确要求。本书虽是一本《讲话》，但我自信：它已把我讲授和写作中国经济思想史的体系和方法基本上表现出来了。

本书是以我对北京大学研究生讲授中国经济思想史的讲义为基础改写而成的。胡寄窗教授的《中国经济思想史》比本书早出许多年。虽然我研究中国经济思想史的观点和方法同胡老颇不相同，也不曾为写作本书而直接向他求教过；但我在长期教学和研究工作中参考过他的著作，得到过不少的帮助和借鉴。我仍愿借此机会向胡老深表敬意和感谢！

衷心欢迎更多的专业工作者为促进中国经济思想史这门学科的普及而共同努力！热烈期待各方面有关同志对本书惠予批评和指正！

（原载《中国古代经济思想史讲话》，人民出版社1986年版）

39 《中国经济思想史》重版序

今年是胡寄窗教授诞辰九十五周年及逝世五周年。重新出版他的《中国经济思想史》是一件很有意义的事。

胡著《中国经济思想史》是一部三卷、一百二十余万字的巨著。第一卷及第二卷分别于1962年及1963年问世。第三卷在1965年完稿，未及付梓，即遭逢史无前例的文化大劫难，胡老一家冒着极大危险保护手稿，虽屡经抄家，幸得保存下来，至80年代初终得出版，使全书得作为"完璧"以飨读者。

胡寄窗的名字，已经永远同中国经济思想史这门学科的历史连在了一起。提起中国经济思想史，人们不会忘记胡寄窗，而谈到胡寄窗对中国经济思想史的贡献，又自然会想到他的三卷本的《中国经济思想史》。

中国经济思想史这门学科的开拓，并不始于胡寄窗，但胡寄窗的贡献，无疑大大超过一切前人。

早在1902年，梁启超就提出了在大规模发掘、整理有关文献资料的基础上，编写一部《中国生计学史》的意见。梁启超当时把经济学称为"生计学"，他所拟编写的《中国生计学史》，实际上就是中国经济思想史。梁启超对中国经济思想史上的若干问题及某些代表人物作过些研究，但未能系统地开展这方面的工作。20世纪20年代至40年代末，甘乃光、李权时、熊梦、唐庆增、赵丰田、夏炎德等，先后以"中国经济思想史"的名称写出了自己的专著或小册子；与此同时，还有一些人写了总数约有百篇的论文。中国经济思想史这门学科，由此进入了自己的滥觞时期。

这些作者的先驱作用是值得纪念的，不过，他们未能为这门学科的产生奠立必要的基础。到40年代末，中国经济思想史仍未能作为一门单独学科（像中国哲学史或中国文学史那样）创立起来。

这个基础是在60年代前期初步形成起来的，是在80年代得到巩固的，其主要标志在于：

第一，有若干种系统地、完整地探讨本学科对象的学术著作问世。

50年代以前，中国经济思想史的著作大多以小册子形式出现，资料不丰，研究不深；只唐庆增的《中国经济思想史》上册，稍具学术著作的特点。在研究范围方面，这时期的作品大多限于先秦和近百年两个时期，而没有一本贯穿几千年历史的系统的中国经济思想史著作问世。

这一局面在60年代前期开始有了改变。新出现的中国经济思想史著作、论文，在学术性及资料基础方面均非前人可比，而胡寄窗的《中国经济思想史》，更是中国经济思想史领域中出现的第一部纵贯几千年的完整著作（当时第三卷尚未出版，但前两卷的连续出版已使人充分地体察到这种态势）。可以说，这部书的出版是中国经济思想史作为一门单独学科面世的显著标志。

第二，有坚实的资料发掘和整理工作作为研究工作的基础。

50年代以前，没有人埋头进行有关中国经济思想史文献资料的发掘整理工作，而没有这方面的工作，一门学科就不能在扎实的资料基础上得到创立和发展。像中国经济思想史这样一门处于拓荒阶段的学科，尤其如此。新中国成立前，中国经济思想史这门学科的研究之所以浅尝辄止，终至陷于流产，与缺乏认真、扎实的资料工作不无关系。

这种局面在五六十年代开始改变，有多种整理、汇集中国经济思想资料的书籍陆续问世。胡寄窗教授没有发表过这方面的专书，但他研究工作的资料基础是令人赞叹的。在毫无前人资料工作作为基础的情况下，独自写出三卷本的中国经济思想史，为查阅资料所耗费的精力，其艰苦繁巨是可以想见的！

第三，要在高等学校中正规地开设出中国经济思想史课程，并为培养中国经济思想史的专业人才进行一系列的条件和机制的建设。

在胡寄窗教授埋头写作《中国经济思想史》时，他被不公正地剥夺了从事教学工作的权利。但是，到七八十年代之交拨乱反正工作一开始，胡寄窗教授虽已近耄耋之年，立即多方面下手，大抓培养后继人才的工作：在为本科生开课之外，又广招硕士生、博士生；在大抓本单位的教学之外，又面向全国办进修班，为兄弟院校培养中国经济思想史教师。直到九十高龄，他仍不知疲倦地坚持教学工作。在他安然逝于自己书房中的前几天，他仍在为自己的一名博士生提出论文修改意见。他为培养中国经济思想史的人才，真是做到了"鞠躬尽瘁，死而后已"。

20年代至40年代的中国经济思想史研究者，除唐庆增外，没有人在大学中正规地开设过中国经济思想史课程，更没有人指导过中国经济思想史专业的研究生。因此，在40年代过去之后，以前从事过中国经济思想史研究的人，全都退出了这一学术领域，而他们的学生，也无人继续这方面的工作，致使中国经济思想史这门学科的研究，不得不中断了许多年；使后来的有志于此学者，不得不另起炉灶，重新开始。

旧中国的中国经济思想史研究中途夭折，而新中国的中国经济思想史研究能够坚持下来，并且进入初步繁荣的局面，这当然和不同的历史条件有关；但是，有没有一批专心致志、坚韧不拔地为这门学科的创建和振兴而努力的学科带头人，尤其是问题的关键。在这方面，年事最高、资望最深的胡寄窗所作的至死不懈的努力，是尤足感人的。

第四，要以适当的方式和形式，把有共同志趣和愿望的人联合起来，群策群力，共同致力于这门学科的创建和振兴。

任何一门学术的开拓和发展，都不是个人或少数人所能胜任的，必须靠群体的力量，而且是靠群体若干代人的持续努力。在一门学科处于筚路蓝缕的开拓阶段时，更需要群策群力，互相支持，以克服纷至沓来的种种难关。在旧中国，正是由于中国经济思想史的研究者互不相谋，各自为战，中国经济思想史的开拓才陷入了自生自灭、旋生旋灭的局面。

胡寄窗教授有鉴及此，在80年代初条件有利时，及时登高一呼，联络同行及时组成了中国经济思想史学会。学会成立后，会务开展得有声有色，会员由最初的数十人发展到三百余人，学会充满了团结、奋进的气氛，为这门学科的开拓、发展起了积极的群体作用。

在1996年初为胡寄窗教授的《中国经济思想史简编》再版所写的序之中，我曾写道：

"中国经济思想史这门学科……直到七八十年代，才真正取得了自立于经济类学科和传统文化类学科之林的地位。对此,许多同志都与有劳绩;但公正地说,胡老的贡献是最大的。"

在《中国经济思想史》三卷本也将重版之际,简略地回顾一下中国经济思想史这门学科的历史,我相信更能使人们同意我的上述论断。

（原载《中国经济思想史》,上海财经大学出版社1998年版）

40 《中国经济管理思想史》序

　　中国经济管理思想史是一门新兴学科。国内开始有人进行这方面的研究,迄今不过四五年。但它一经破土而出,就以异常迅猛的势头发展着,截至1987年上半年,已出版了两种专著,两种论文集,全国各报刊上发表的论文有二三十篇,有关单位举办的讲习班、培训班有四五次,许多院校已开始讲授中国经济管理思想史的课程,有的还招收了这个方面的研究生。据我了解到的不很完全的信息,已经脱稿、正在出版中的,尚有专著及教材四种,论文集及资料选编各一种。

　　中国经济管理思想史这门学科的开拓工作所以有这样强劲的势头,首先是由于现实需要的推动。

　　当前,全国人民正在中国共产党的领导下,为建设有中国特色的社会主义国家而奋斗。四个现代化,都包含着技术设备的现代化、人才现代化和管理现代化三个方面。在这三个方面中,管理现代化居于特别重要的地位。如果管理不现代化,管理工作跟不上其他两方面的步伐,即使有十分现代化的设备也难以有效运转,即使有大批高水平的、训练有素的技术专家和工人,也将英雄无用武之地。而且,由于购买现代化设备、聘请或培养现代化人才代价高昂,有了设备和人才的现代化而无管理现代化,只会造成更大的浪费。

管理现代化从何而来呢？我们所要实现的是社会主义的管理现代化，但我国和其他社会主义国家，迄今都还没能实现经济管理和企业管理的现代化，没能建立起社会主义的现代管理科学。社会主义的现代化管理，不能从资本主义国家找，社会主义国家也还在摸索，只有靠我们自己来创造。

要创造社会主义的现代化管理和管理科学，必须以马克思主义理论为指导，逐步总结我国社会主义经济管理工作的实际经验；同时，必须多方面寻求参考和借鉴，尤其是要从西方的现代科学管理和中国管理思想的丰富历史遗产中去寻求借鉴。

有人认为，在目前的世界上，还只有西方国家实现了管理现代化，产生了现代化管理科学，我国要实现管理现代化，就只有采取西方的现成办法，一切照搬西方。

学习和移植西方的科学管理，研究和借鉴西方的管理科学，对我国的管理现代化当然是重要的，不可少的；但是，学习和移植决不等于机械地摹仿和一切照搬。即使是移植一种外来的植物，也必须使它适应于本地的气候、水土，使它逐步改变其某些原有的习性，由纯粹是外来的植物变成能在本地区生长繁衍的植物新品种，移植才能成功。经济管理是远为复杂的事物，它既包括生产力方面、技术方面的内容，也包括生产关系和上层建筑方面的内容。如果外来的管理和管理科学不同本国的历史条件和文化传统结合起来，逐步改变成本国人民习见乐闻的东西，那么，它们就不可能在新的土壤里扎下根来。不管它们在原来的国度是怎样的先进和行之有效，照搬到异国也会成为毫无生命力的东西。旧中国曾有人鼓吹所谓"全盘西化"论，不但毫无成效，而且在当时就受到广大人民的冷遇，其原因就在于它违反了移植外来事物必须同本国的历史条件相结合这样一个真理。

其实,学习和移植西方的先进事物,正确的做法,与其说是"全盘西化",倒毋宁说是要使外来事物"华化"。移植的外来事物一旦同中国的历史条件和文化传统相结合,它也就变成了中国的一种新事物,或者说,就"华化"了。

旧中国的许多著名的民族实业家,都是热心于学习和移植西方的科学管理的,但他们也从来没有人在这一问题上搞全盘西化。他们一方面学习西方的科学管理,不断改革自己企业中的落后的管理办法,另一方面也努力消化、改造西方的管理制度和管理方法,使其适合于本国的本企业的具体条件。既然在半殖民地半封建的中国还不能对西方的管理一切照搬,对我国当前的社会主义经济管理而言,就更不能搞所谓全盘西化了。

这个道理,现在已经为一些有实际管理经验的人们所认识到了。近几年,大批经理、厂长和其他企业管理人员以很大的热情学习了西方的管理科学,并积极加以推行。在实践中,他们越来越体会到,要使所学到的西方管理科学知识能够活起来,用得上,就必须使它同中国的条件结合起来,并且不能丢掉自己的好经验和好传统。于是,他们更加强了对中国实际情况和实际问题的调查研究,其中有些人并开始注意研究中国经济管理思想的历史遗产。在我国南方和北方,都已有了一些在这方面取得了一定成效的企业家,有的还发表了这方面的研究论文;某些地区的企业家已成立了专门研讨、学习和运用中国经济管理思想遗产的学习组织。中国企业管理协会两次召开中国古代经济管理思想座谈会,并在此基础上成立了中国古代管理思想研究会,这些会议都有众多的企业家参加。

中国经济管理思想史的开拓工作势头迅猛，同中国管理思想历史遗产本身的特点也是分不开的。中国经济管理思想史是一门诞生未久的学科，但这方面的历史遗产却极其丰富而珍贵。这好比一个储量丰、品位高的富矿，过去长期深埋地下，无人注意，一旦有人开始采掘，自然会迅速激起人们采掘的积极性和热情。

这种积极性和热情，不仅在我国学术界和企业界开始看到了，而且在一些外国也开始出现了。受中国古代文化哺育过的日本，比我们更早注意研究和运用中国古代管理思想的历史遗产。《孙子兵法》被许多大企业用作培训高级管理人员的教材，《三国演义》被称作"商业学的宝库"，日本学者发表了许多这方面的研究论文和著作。有的日本学者还提出了"两个轮子"的说法，认为日本战后经济腾飞时期，企业家使企业生存和发展，一靠美国的现代管理思想，二靠中国的古代管理思想。

日本的成功也影响了其他一些国家，美国以及欧洲的某些国家，都已有人在研究《孙子兵法》对经济管理的价值了。

不过，目前外国学者的研究，还只限于某些中国古代的著作和文献（如《论语》《孙子兵法》《三国演义》等），而少有对中国经济管理思想史的系统研究。

面对中国经济管理思想史这门新学科迅速发展的形势，我们每一个想从事这方面开拓的人，都应以非同一般的劲头和效率进行工作，力争捷足先登，为这门学科的开拓做出更多的贡献。在这一学术逐鹿中，何炼成教授主编的《中国经济管理思想史》问世了。这是学术界的一个喜讯。

本书是国内外头一部以"中国经济管理思想史"命名的著作。过去已出版的这方面著作，不论从内容说或从范围说，都不是系统的、完整的中国经济管理思想史。本书在范围方面从古代一直写到近代，而且在全书的十大问题中，每一问题都纵贯数千年的历史，它已经是一部名副其实的中国经济管理思想史了。

本书是这门学科已出版著作中部头最大的一部著作，它汇集了较多的材料，开始形成了一个庞大的体系，因而也为这门学科的进一步发展打下了较广的基础。

本书尽量研究、参考了这门学科中已出现的成果和某些有关学科的研究成果，因而在一定意义上可以说是对现阶段中国经济管理思想史研究工作的一个总结。

开拓伊始，不能要求精耕细耨，学术开拓也是如此。本书既是头一部《中国经济管理思想史》，它就不能不带有些难以避免的缺点和局限。

本书的体系是以经济问题为纲，在一个问题之下则按历史顺序排列。这样写起来比较容易；从这门学科的现状来说，暂时恐怕也只能如此。但是，这种体系使同一历史时期的不同思想分散在各章节，对于管理思想和它产生的历史条件的关系，不容易看得清楚；对于经济管理思想和其他学术思想之间的关系的分析，也比较难以处理得好。在资本主义以前的时代，经济管理思想往往是和哲学、政治、军事、教育等思想共生的，而且很多是在议论这些问题的著作中涉及的。以经济问题为纲的写法，在处理这方面问题时也会受到很大的限制。

本书所写的内容主要是宏观的经济管理思想，以中国传统的范畴来表示就是"富国之学"。"富国之学"特别发达，而"治生之学"（传统的微观经济管理思想）则比较薄弱，这的确是中国经济管理思想历史遗产的一个重要特点。写中国经济管理思想史必须以富国之学为主要内容，这是毫无疑义的；但是，对治生之学也应尽量注意。中国古代的治生之学，尤其是中国近代民族实业家的经营管理思想，包含不少精彩的、有参考借鉴价值的东西。认真研究这些遗产，对我国当前搞活企业的改革，具有重要意义。本书对我国微观经济管理思想的历史遗产重视不够，没有给予应有的地位。作为一部《中国经济管理思想史》，应该说是还不够完备的。

本书的出版，为中国经济管理思想史这门课程提供了一种教材，也大大加强了现有的研究阵地；更重要的是，何炼成等同志在学术开拓中奋勇争先的精神，对这门学科的进一步发展是一个重要的鼓舞力量。

长江后浪推前浪，这是学术发展的普遍规律。在学术研究、开拓的万里长江中，已有的学术研究成果，都应说是前浪；而每个研究者、开拓者，都应永远保持后浪推前浪的劲头。一种研究成果，即使水平很高，价值很大，一旦出世，就成了启迪后人、为以后的学术研究开路的"前浪"。研究者个人，则应永远不满足于已有的研究成果，不论是自己的研究成果或者别人的研究成果，也不论这些研究成果达到了怎样高的成就，都不应望而生畏，裹足不前，而要敢于推陈出新，力求使自己成为更有未来的"后浪"。

本书的作者们也提到了拙著《中国古代经济管理思想概论》，这使我感到惭愧。就那本拙作而言，虽然出版在前，却实在不敢自居为前浪；就我个人而言，也不愿自居于前浪。谨借写这篇短序之机，谈一点自己对学术开拓的看法，就正于本书的作者们以及一切有志于研究中国经济管理思想遗产的人士。

（原载《中国经济管理思想史》，西北大学出版社1988年版）

41 《中国历史上的重本抑末思想》序

张守军同志的《中国历史上的重本抑末思想》将要出版了,这是一个喜讯。

重本抑末思想或重本抑末论是中国经济思想史、中国商业史等领域中的一个有重要理论意义和很大实践意义的研究课题。从理论意义来说,重本抑末论是中国封建时代最重要的经济观点之一。它伴随着中国封建主义生产方式的产生而产生。在封建主义生产方式取代奴隶制生产方式的过程中,它为新的封建主义生产方式服务,宣传和论证封建生产方式的合理性,批判奴隶制生产方式的腐朽性,特别是激烈地抨击了工商业领域中的奴隶制残余势力,对封建主义生产方式发展和巩固起了积极的作用,在封建主义生产方式于全国范围取得胜利的秦、汉时期,重本抑末思想开始形成为受到官方支持的流行思想。但是,当封建地主阶级最终解决了夺取政权和巩固政权的任务之后,它同奴隶主残余势力的矛盾已基本解决,或者说,已退居很不重要的地位;而它同以农民为主的广大人民群众之间的矛盾,则日益尖锐起来。在这种情况下,本重抑末思想也像其他一些重要的封建经济观点一样,越来越表现出保守的倾向,终于转化成了封建正统经济思想的一个重要组成部分,成为此后两千年中在经济思想领域中起支配作用的三个主要的教条之一(另外两个是贵义贱利论和黜奢崇俭论)。

作为封建正统经济思想的主要教条之一，重本抑末思想所主要反对的已不是工商业中的奴隶主势力（这时已基本不存在了，或已微不足道了），而是封建社会内部的民间手工业和商业。它实质上是一种维护封建自然经济、敌视商品经济的封建主义思想。由于它极力维护停滞、落后的封建自然经济，企图多方压制、阻挠对自然经济有分解作用的商品生产和商品流通，它对社会分工、技术进步、生产知识和生产经验的传播交流以及对生产力本身的发展都有很大的消极作用。到封建社会后期，商品生产的发展逐渐孕育着资本主义生产方式的萌芽商品生产的增长及其对封建自然经济分解作用的增强，包含着生产力的重大进步的可能性，而以维护自然经济、反对商品经济为特色的重本抑末思想，也就更加成了一种十分保守、十分反动的意识形态。

正由于重本抑末思想在封建社会长期停滞的时期中起着这样的消极、反动的作用，它受到封建社会中许多进步思想家不断的批评、抗议和谴责。重本抑末论和反重本抑末论的斗争，交织成中国封建时代经济思想发展史中一幅幅波澜起伏的画面。

在中国近代的半殖民地半封建社会中，陈腐的重本抑末教条又成了地主阶级顽固派用来维护自己的地租、高利贷利益，抵制引进西方科学技术和新式工商业的思想武器，起着更大的反动作用。它遭到了近代的先进思想家们的强烈反击，它的封建主义嘴脸日益被人们揭露出来。

自从中国的封建自然经济陷于解体之后，重本抑末思想已日益丧失了它的正统思想的地位；经过近代先进思想家们的揭露、批判，它的名声已坏。因此，在进入20世纪之后，中国思想界已很少有人就这一问题进行争论；甚至最反动的思想家，也不再热衷于宣扬重本抑末的教条, 对它的批判, 自然也很少听到了。

然而,"百足之虫, 死而不僵", 在中国封建时代曾经盘踞正统经济思想地位达两千年之久, 在近代半殖民地半封建社会中还曾喧嚣一时的重本抑末思想, 当然是不肯轻易退出历史舞台的。何况, 中国的典型的自然经济虽已解体, 但商品经济却始终未能在中国居于支配地位; 在全国绝大多数人口居住的农村, 商品经济发展的程度还很低。这就使得重本抑末思想仍有存在甚至滋生的一定土壤。它公开横行的时代已经逝去, 但它仍能乔装改扮出来活动。在沉渣泛起的"文化大革命"时期, 重本抑末思想也穿着"社会主义"甚至"共产主义萌芽"的外衣出台活动: 商品、货币因素被等同于资本主义, 按劳分配被看作产生"资产阶级"的土壤, 农村集市贸易和农民自产自销的活动被说成是"资本主义尾巴"。这当然是历史前进中的一股暂时的逆流, 是历史发展的正常进程中的一支微不足道的反常插曲, 但它能在我国的社会主义时期出现并能肆虐十年之久, 这足以说明, 重本抑末这个在封建时代统治两千年的正统经济思想教条, 其残余影响还是不可忽视的。

党的十二届三中全会作出了关于城市经济体制改革的决定。决定指出: 社会主义经济应该是有计划的商品经济。这是对马克思主义政治经济学的创造性发展, 是崭新的社会主义经济学理论。我们要进行经济改革, 发展社会主义的商品经济, 就必然要从经济领域和上层建筑领域彻底排除一切阻碍商品经济发展的因素。像重本抑末论这种专门为维护封建自然经济、反对商品经济服务的经济思想, 而且又是流毒两千年、有着盘根错节的残余影响的思想, 自然是非破不可, 非彻底破不可, 非破除净尽不可!

正因为如此, 所以这个问题又是一个有很大实践意义的研究课题。

张守军同志是中国经济思想史这门学科中的一位后起之秀。前些年,他在北京大学攻读硕士学位时,曾花费很大功夫研究这个问题,写出过《重本抑末思想的形成》的论文。毕业后又继续进行研究,扩大研究范围,补充更多材料,做出了新的研究成果。这就是《中国历史上的重本抑末思想》这本书的来历。

中国经济思想史迄今还是一门处于开拓阶段的新学科。专业研究者和研究成果都还不多。我为这一学术领域中又出现了一本严肃认真的研究成果而高兴,也为这一成果出自我的学生而高兴,所以写这篇短序,以勖勉作者,并热烈希望在这一学术领域中有更多的优秀研究成果出现!

（原载《中国历史上的重本抑末思想》,中国商业出版社1986年版）

42 《儒家管理哲学》序

黎红雷博士的《儒家管理哲学》是一部很有特色的学术著作，值得一读。

我认为这部书主要有以下几个明显的特点和优点：

第一，运用马克思主义的立场、观点和方法，对新的学术领域勇敢地进行了开拓。

列宁曾说过，马克思主义有三个组成部分：哲学、政治经济学和科学社会主义。这在当时确是如此。但是，不能把这话理解为：马克思主义永远只能有这三个组成部分。马克思主义是科学的世界观和方法论，是适用于一切学术领域的研究和开拓的犀利理论武器。必须运用这一理论武器不断开拓新的学术领域，不断创立新的学科，并且在已有的马克思主义学科（例如哲学、政治经济学等）领域中不断进行拓展，才能更有力地促进马克思主义的发展和学术事业的繁荣。

管理科学是一个十分重要的学科门类，它对经济的发展和现代化有巨大的意义。但遗憾的是：我们迄今还没有建立起马克思主义的管理科学。

哲学是马克思主义的重要组成部分之一，而管理哲学是哲学中的一个分支学科，它对实现马克思主义哲学的改造世界的使命至关重要。可是，我们迄今也还没有马克思主义的管理哲学这样一门学科；从事马克思主义哲学研究的人士，还很少有人在这一领域问津。

对这种情况我们能继续容忍吗？能够继续迁延不决吗？难道我们还不应抓紧时机在管理领域进行马克思主义的学术开拓吗？

现在，一个青年学者勇敢地投入了这种开拓，而且已开始拿出了值得重视的学术成果。这是值得我们额手称庆的喜事。

第二，力图把现代科学的成就和中国传统文化的精髓结合起来，为建立中国自己的科学管理和管理科学服务。

由于我国的经济落后和旧的经济体制的束缚，我国当前的经济管理显著落后于发达的资本主义国家。要迅速改变这种状况，就必须大力引进西方的科学管理，必须认真学习和研究西方的管理科学。但学习和引进不能是教条式的，不能机械地照搬，更不能搞什么奴性十足的"全盘西化"，而应在马克思主义指导下，结合中国的实际情况，有分析、有鉴别地学习、引进符合中国的实际情况和需要的东西。

中国的实际情况是历史形成的，要深刻了解一国的实际情况，就决不能割断历史。一国传统文化中的精髓，是一国历史遗产中最宝贵的、长期起作用的东西。必须把外来事物中的先进东西同本国传统文化的精髓结合起来，从两个方面参考、借鉴，古为今用，洋为中用，立足于中国当前实践的迫切需要，斟酌去取，才能正确地解决，推陈出新，创建中国自己的科学管理和管理科学的历史课题。

儒家思想是在中国历史上长期居于支配地位的意识形态，是中国传统文化的主要组成部分。它像任何历史遗产一样，有精华，有糟粕。以马克思主义为指导，取其精华，弃其糟粕，并把它和特定领域中（例如哲学、经济学、管理科学等）的现代科学成就结合起来，就能把它的精华转化成有关领域中有巨大的新活力的宝贵财富。

儒家思想千头万绪，就其实用目标而言不过是"修己安人"四个字。"修己"可说是管理者对自己的管理者素质的自我养成和对自己管理行为的自我约束；"安人"可说是管理者对被管理者的指导、管理和使用。因此，儒家哲学从一定意义上说也就是管理哲学。

黎红雷博士抓住了儒家哲学的这一重要特点，站在现代哲学和现代管理科学的高度，以马克思主义为指导，深入发掘，整理，分析，鉴别，推陈出新，不但透辟地揭示了儒家管理哲学的各方面的基本内容，而且建立起以"儒家管理的哲学论"和"儒家哲学的管理观"为基本框架的理论体系。在自己的研究领域中成功地解决了把现代科学成就同传统文化精髓结合起来的要求。

第三，体现了把严谨和创新结合起来的优良学风。

科学研究必须坚持创新精神。一个从事科学研究工作的人，不管工作如何勤奋刻苦，读书怎样多，搜集的资料多么齐全；如果没有创新精神，只会人云亦云，踏着别人的足迹行走，不敢越雷池一步，他在科学事业上也就断无成就。这样的人实际上不可能是一个合格的科学研究工作者。

但是，创新必须以勤奋刻苦的学习、研究为基础，不肯勤奋刻苦，而想希冀侥幸，想轻而易举地做到有所创新，有所发明，那只能是想入非非，甚至会流于作伪，欺骗。

本书作者的治学态度是严谨认真的。他为研究此课题，查阅了大量文献，发掘了多方面的资料，研究、参照了古今中外学者有关的论述和研究成果。本课题是一个多学科互相交叉的课题，它广泛涉及到哲学、经济学、管理科学、历史和古典文献等多种学科的内容。在写作一篇博士论文的有限的时间内，要评阅、钻研这么广泛范围的文献、资料、图书，是需要非常勤奋刻苦的工作的，是需要付出巨量的心血和精力的。

作者同时又表现了很强的创新精神。他多读书而不唯书；尊重历史遗产而不唯古；努力学习、吸取外国管理科学的成果而不唯洋；虚心研究、借鉴已有的研究成果而不囿于别人的成说。他敢于走自己的路，发别人所未发，提出了一系列自己的新颖见解，并形成了自己的理论体系。尽管他的某些见解还可进一步推敲，他的体系在某些方面还有待进一步完善，但他把严谨和创新相结合的学风是值得称道的，他的著作在同类研究成果中是走在前列的。

本书原是黎红雷同志的博士学位论文。我国从80年代开始正规地培养博士学位研究生自那时起，我除了指导自己的博士生外，还参加了许多博士生的论文答辩，参加了更多博士论文的评阅。我由此得到的总的印象是：水平不低！就以黎红雷的这篇论文来说，如果他没有较好的马克思主义理论功底，没有扎实的专业学术（哲学）基础，没有较深的传统文化素养，没有对现代管理科学的丰富知识，这样水平的论文是写不出来的。

事实表明：我国学术界、教育界确实已具备了自己培养博士研究生和硕士研究生的充分条件。近年来国家决定对博士研究生和硕士研究生的培养都要立足于国内，我认为这是符合我国现实情况的一个有战略意义的决定。

但是，毋庸讳言，有些同志至今对这一点仍无足够认识。公开出版一些优秀的博士论文，对我们自己培养的博士生在各方面的成就、建树，如实地并及时地加以报道、宣传，对增进人们对这一有战略意义的问题的认识是有益的。在祝贺黎红雷的博士论文付梓之际，顺便谈谈这个问题，可以说是题外话，也可不算是题外话。

（原载《儒家管理哲学》，广东高教出版社1993年版）

43 《富国富民论》序

叶坦同志所著的《富国富民论》即将出版,这是近年来中国经济思想史学界的一桩喜事。喜在两点:

第一,这是国内外正式出版的头一部宋代的经济思想史专著。

我国学术界对中国经济思想史的研究,已有六七十年的历史,以马克思主义为指导对这一学术领域进行认真的学术开拓,也已有了三十多年的历史。但是,长期以来,这门学科的研究工作主要集中于先秦和近代两个时期,而中间长达两千年的时间,则无论材料的发掘和研究的深度、广度都很不够,宋、元、明、清各代,研究基础尤为薄弱。这些朝代是我国封建社会的后期,资料保存得远比以前各朝代多,研究成果所能够具有的借鉴意义也比以前各朝代更大。对这些朝代的经济思想下大功夫逐一进行断代的研究,在充分发掘、占有资料的基础上写出几部断代的经济思想史,然后再联系前后进行综合研究,才能克服中国经济思想史研究中的薄弱环节,使中国经济思想史的研究上到一个更高的阶段。

这种新的、更深入的开拓工作,应当从宋代开始。不仅因为宋代时间在前,而且,宋代的经济思想在中国传统的经济思想发展史上处于承先启后的地位。我国封建社会后期社会经济方面的一些重要变化,如封建土地私有制的更加成熟、豪强地主的衰落和庶族地主的兴起、封建人身依附关系的减弱、商品经济的增长等等,虽多在唐代开其端，但都是在宋代才变得更明显，人们对这些社会经济变化的认识，也是到宋代才更加明确。诚如本书作者所指出的，宋代经济思想对以后各时代的经济思想有重要影响；以后各时代的经济思想，是在宋人研究的基础上、按照宋人开启的方向继续前进的。选择宋代作为突破口，进行扎实、深入的研究，写出一部有水平的宋代经济思想史，对于开创中国经济思想史研究的新局面，会有重要的战略意义。叶坦同志勇敢地承担了这一攻坚的任务，并且初步攻占了这一重要阵地，当然是值得庆幸和祝贺的。

第二，这是中国经济思想史学界头一本女作家的学术专著。

中国经济思想史这门学科起步虽不算晚，但由于客观的和主观的原因，长期进展缓慢。到1978年，从事中国经济思想史教学和研究的专业工作者不过十五人左右。在中国共产党十一届三中全会以后，这门学科发展迅速，十年中出现的专著、论文、资料整理汇编等研究成果，都比过去几十年累计的数量多许多倍；正规的培养研究生工作，也基本上是这十年中的事情。

叶坦是这门学科开始招收攻读博士学位的研究生以来取得学位的头一个女博士。过去几年，已有许多女作家发表过中国经济思想史方面的学术论文，但发表这方面学术专著的女作家，尚以叶坦为头一人。这是中国经济思想史学界近年出现的新气象之一，当然也是值得庆幸和祝贺的。

叶坦在读大学本科时，就对宋史研究很感兴趣，打下了比较扎实的基础。在硕士研究生阶段继续坚持宋史学习，接着又在巫宝三教授指导下攻读博士学位。这部书是她的博士学位论文。

叶坦同志研究宋史已有十年。据她估计：有关宋代经济思想史的文献资料大约有一千种，而她面壁十年，搜集并深入研究过的文献资料共达三百余种。在当前学术界,许多人一味追求短期效益而不肯从事艰苦科学劳动,叶坦这种扎实、勤奋的治学态度,与此适成鲜明的对照。

我有幸主持了叶坦同志的博士论文答辩会,深为我们中国经济思想史学界有像叶坦这样的青年而自豪,并祝愿她在今后继续发扬这种扎实、勤奋的学风,千辛万苦地为攀登学术高峰而奋斗!

在她的《富国富民论》付梓之时,略书数行,表示祝贺和期望。对于此书的内容,则留给读者自己去研究和评说,我就不作介绍了。

（原载《富国富民论》,北京出版社1991年版）

附录　宋代之专卖制度

一、专卖制度的历史条件

　　专卖又名财政独占,是政府为筹措财政收入而独占经营消费货物的一种制度。专卖的目的虽然也是最大收入,但专卖事业的经营主体是政府而不是任何个人,所以专卖与私人独占企业不同;公营企业的经营主体也是政府,但政府经营公共企业的动机是加强经济效率或执行某种社会政策,换言之,是为服务人民而不是为单纯的财政收入,因此,专卖与公营企业也不能混为一谈;政府独占经营的对象,可以为实体货物,也可以为某种役务——如政府对旅行者的服役,不过专卖事业却只能以实体货物为对象;实体货物有的可供直接消费或使用,有的却只有交换价值而没有使用价值——例如政府独占发行之彩票,没有使用价值的东西,虽然一样可以为政府独占的对象,但也不能取得专卖品的资格。

　　因为有这些独特的性质,所以专卖制度的存在,是依存于定的历史和地理条件的:具体说来,在自由主义的国家,政府以少参加经济活动为原则,专卖既是政府的一种经济上的独占行为,当然与自由主义的原则抵触,在社会主义国家,原则上一切企业都由政府经营,但政府经营企业的目的,恰好是为了经济效率和社会正义,这不免又与专卖一词的定义有所扞格,因此,无论在自由主义或在社会主义国家，专卖制度都不能成为一种重要的财政制度。

一般说来，专卖在下列几种环境下最容易盛行：

（一）私有财产制盛行，而且政尚专制的国家

专卖的对象是消费品，专卖收入越多，消费者的负担越大；但照一般情形，消费者的所得越大，用于直接消费的支出，所占的比例越小，从这种观点看，专卖无异为一种累退税（Regressive tax），是违背社会正义的，如果想把专卖制度在自由主义国家大规模推行，必然会遭受人民的强烈反对。在社会主义国家，私有财产消灭，一切企业国营，政府尽可在整个经济计划中，妥筹收入，也用不着乞灵于专卖。只有在私有财产制度存在而且政尚专制的国家，政府既不能靠大规模的公营企业以获取必要的收入，推行专卖制度又不怕人民反对，专卖制度自然而然的成了筹谋财政收入的重要法门。尤其在文化落后封建制度部分残留的国家，近代优良的财政工具如直接税、公债等，既然不容易采用，专卖制度便越发显得重要，从近代的例子看，德、日等法西斯国家，属于前一类型，伊朗、暹罗两国，则属于后一类型。①

（二）殖民地国家

统治国经营殖民地，一切都是为了本国片面的利益，对殖民地的剥削榨取，当然不厌其多；同时殖民地在法律上和事实上都不能与统治国立于平等地位，一切自然也不容反抗。因此，殖民地便成

① 德国有火柴及酒类专卖，日本有盐、烟草、樟脑专卖，意大利有盐、烟草、火柴、糖及金鸡纳霜专卖；伊朗有茶叶、烟草、糖等专卖，暹罗有鸦片及麻醉药专卖。

了推行专卖制度的最适当环境。英国统治期中的印度，法国统治下的越南、摩洛哥，日本统治时代的朝鲜、中国台湾和伪满，都盛行专卖制度，①正是这种道理。

（三）出产某种特产品的国家

特产品的需求弹性一般较小，产区又比较集中，这些特性使特产品天然成为专卖的优良对象；特别是几种所谓"殖民地型的"特产，如茶、咖啡、烟草、蔗糖等，最具备专卖品的条件，出产这类商品的国家，也最容易采行专卖制度。②

（四）战争时期

战时支出庞大，非经常收入所能应付；人民受爱国心驱使，对政府一切增加收入的临时办法，都比较容易谅解。因此，在战时财政的讨论中，专卖制度也占有相当地位，尤其在利得税、财产税和公债等办法没有发现以前，专卖制度在战时财政中，每有举足轻重的地位。

从以上各条件看来，长期停滞在封建社会而且战乱频仍的中国，实在是发展专卖制度最典型的地区，从专卖制度的规模宏大和实行历史的久远来说，任何一国都不能和中国相比拟，而中国历代所执行的专卖制度，又以宋代为最精密复杂，因此，要研究中国专

---

① 印度有盐专卖及鸦片专卖，越南有盐、酒及鸦片专卖，摩洛哥有烟草及大麻专卖，朝鲜有盐及红参专卖，中国台湾有盐、酒、烟草、鸦片、樟脑等专卖，伪满洲国也曾实行盐、火柴、石油及麻醉药等专卖。

② 例如智利之硝石专卖，秘鲁之燐专卖，中国台湾之樟脑专卖，所专卖之货物均为当地之特产。宋代之茶马政策，亦因茶为中国特产之故。

卖制度的历史,必须对宋代特别注意。

二、宋以前的专卖制度

就政府独占经营的范围而言,专卖制度可以分为两大类:如果从独占商品的生产,收贮,运销,批发,一直到零售的全部过程都由政府独占,这类专卖普通叫做全部专卖制;反之,如果政府只独占此整个过程中的一部或数部,便叫局部专卖制,这两类专卖,在宋代以前都早已实行过。

远在春秋时代,管仲就曾实行过盐专卖,据管子的记述,当时管仲所行的是一种局部专卖制:食盐的生产,主要由人民经营,政府也生产一小部分;不过从收贮,运销一直到零售的过程,却全部掌握在政府手里,就连食盐的进口和出口,也都全由政府独占,这"从此则坐长十倍之利,以令枲之梁、赵、宋、卫、濮阳,"和"通东莱之盐而官出之"两句话[1]就可得到证明。虽然《管子》一书现已发现是伪书,但齐国地靠渤海,盐的产区相当集中,在春秋战国战伐兼并的时代,很可能有人设想到专卖食盐的办法。汉武帝用齐地的大盐商东郭咸阳,实行全国性的盐专卖,当时的制度,已经有相当规模,这不见得都是由于东郭咸阳一人的创见,或者齐地早就有过专卖制度的理想甚至事实,到东郭咸阳时代,还有这类的传说,才使他有所取法。

汉武帝好大喜功,连年用兵,把国库好几代的蓄积,都用得一

---

[1] 《管子·海王》。

干二净，不得不任用一些聚敛之臣，想尽各种方法筹措战费，中国历史上开始有确凿可考的专卖制度，也在汉武帝时代。

当时作为专卖货物的对象，一共有盐、铁和酒三种，其中酒专卖的办法，因为记载太简略，详细情形，已经不太容易推断；盐、铁两种，则都是全部专卖制，制盐的器具（牢盆）由政府供给，制盐人由政府雇佣，连零售也是"令吏坐市列肆，贩物求利"①。铁则除铁矿的采掘外，连铁器的铸造和售卖，都全部由政府独占经营。办理盐铁专卖的官吏从上到下多是任用过去经营盐铁致富的商人，对私自造卖食盐和铁器的人，除没收其生产品和生产工具外，并处以"趺左趾"的刑罚。

专卖制度实行的结果，确实解决了当时大部分的财政困难，但因此所加给人民的痛苦，却也相当可观：食盐和铁器，都是品质低劣而售价高昂，引起民间的普遍反感，一部分朝臣也不赞成专卖制度，甚至连一向拥护拓边政策的卜式，也再三主张废除专卖制度。②所以武帝死后不久，酒专卖便先被取消，③盐、铁专卖在元帝时也曾一度取消，不过因为盐铁专卖收入很大，一旦废止，没有新的税源可资代替，所以过了三年，就又重新恢复，④而且一直延续到西汉末年。

王莽篡汉后，盐、铁专卖大体是沿袭西汉旧制，但酒专卖在这

---

① 《史记·平准书》。

② 《汉书》卷五十八《卜式传》："式既在位，言郡国不便盐铁，而船有算，可罢，由是上不说式。"又《史记·平准书》"卜式言曰：'今弘羊令吏坐市列肆，贩物求利，亨弘羊，天乃雨。'"

③ 昭帝六年，桑弘羊与丞相车千秋共奏罢酒酤，见《汉书》卷二十四《食货志》。

④ 《汉书》卷二十四《食货志》。

时却有了比较详尽的资料：王莽实行酒专卖的目的，除财政收入外，大概还有"寓禁于征"的意义，①酒的酿造和零售，都完全公营，卖酒的收益，除去所费的米曲价值外，提出十分之三，用以支付工资和燃料以及生产工具方面的费用，余下的十分之七，则作为专卖收入，归入国库，一切因造酒所发生的副产品，也都作为支付工资及燃料、工具之费。

王莽所任用的专卖官吏，也都是过去经营此等事业的商人，汉武帝失败的故辙，王莽都未能避免，再加上王莽的泥古不化，专卖制度所加给人民的烦扰和痛苦，自然更甚于武帝时代。

东汉初年曾取消一切专卖制度，章帝时恢复盐铁专卖，但因实行成绩不佳，和帝初年复予废止，但不久又再度恢复。②汉末大乱，盐、铁专卖随之崩溃，此后铁专卖中断了七八百年之久，到宋代才再有铁专卖，而且在财政上之重要性也远不如古代；但盐专卖不久就为曹操所恢复（西蜀也盛行盐专卖），③一直经过魏晋两代，到北朝的东魏高齐，仍在沿海各地实行盐专卖。④这几代承袭两汉的遗制，所实行的盐专卖大概都是全部专卖制，但因有关资料太少，详细情形已经无从推断了。

唐代安史之乱，使中央和被兵地方的财政都万分拮据。河北招讨使颜真卿，曾先收景城郡盐，实行专卖以助军费，第五琦从军

---

① 《汉书·食货志》："义和鲁匡言：'今绝天下之酒，则无以礼相养，放而无限，则费财伤民。'"
② 苏诚鉴：《后汉书·食货志》长编。
③ 《晋书·食货志》："卫觊议为盐者国之大宝，自丧乱以来，放散，今宜如旧置使者监卖。……于是魏武帝使谒者仆射监盐官"，又《三国志·蜀志》卷十一《王连传》："成都既平，以连为什邡令，所居有绩，迁司盐校尉较（榷）盐铁之利，利入其多。"
④ 《魏书·食货志》："自迁邺后，于沧、瀛、幽、青四州之境，傍海煮盐。"

河北,学得了颜氏的办法,[①]后来作了盐铁使,便将盐专卖推广到全国。第五琦的办法也是一种局部专卖制:将各地的盐民都编为"亭户",亭户生产的盐,一律强制卖给政府,由政府运往各销区,再照买价加上十倍的专卖利益(榷价),零卖给消费者。实行结果,很见成功。

刘晏继第五琦作盐铁使,将第五琦办法中的官运,官销两种措施,改为商运、商销,亭户制就的盐,由政府全部收买,照加十倍榷价卖给盐商,由盐商自由运往各销区出售,这就是现代所常说约"就场专卖制",既有专卖收入可得,又可避免官运官销的费用和麻烦,较第五琦的办法更进一步。同时刘晏又注意改进专卖制度的技术和人事,结果使盐的专卖收入由他在职初年的每年四十万缗,增加为他在职末年的每年六百万缗[②],约占当时全部岁收的一半。[③]中国历代所行的专卖制度,实以刘晏的办法最为成功。

刘晏死后,由他一手擘画的盐专卖制度,也就逐渐崩坏,私贩盛行,盐价连续增加到原来的三倍以上,[④]国库收入却反日渐减少,在唐代除李巽能够稍微恢复刘晏的规模外,刘晏的办法,竟是"人亡政息"了。

在第五琦、刘晏实行盐专卖时,河北、山东各盐场,则因军阀割据,盐利也归当地的军阀所把持;元和中削平藩镇,各地盐利才重归中央。但因各地军费无从筹措,长庆年间又割归地方,连山西

---

① 《颜鲁公集》附《颜鲁公行状》:"李华遂与公数日参议,以定钱收景域郡盐,沿河置场,令诸郡略定一价,节级相输而军用遂瞻。时北海郡录事参军第五琦随刺史贺兰进明招讨于河北,睹其事,遂窃其法,乃奏肃宗于凤翔,至今用之不绝"。

② 《新唐书·食货志》。

③ 《文献通考》卷十五,谓:刘晏季年,天下总入一千、二百万缗。

④ 刘晏时代,榷价为每斗一百一十钱,贞元四年加三百一十,后又加六十。

的解池,也于僖宗时代为河中节度使王重荣所夺。

除盐以外,唐代的专卖品还有酒、茶和矾三种。酒专卖始于建中三年(782—783年),办法是官酿官卖的全部专卖制,但京城则不实行酒专卖,淮南、河东等地方所实行的,则不是酒专卖而是曲专卖。贞元二年(786年),京城也实行了酒专卖,此后唐朝的酒专卖办法,时时有所更改,其中元和六年(811年)将酒专卖利益随两税青苗钱摊配在一般人民身上的办法,实为后代勒配专卖利益的滥觞。

茶专卖始于太和九年(835年),办法也是全部专卖,但茶专卖在唐代还是史无前例,而主持茶专卖的王涯,又办理的极不得法,为了掌握茶的供给竟至强迫种茶人民——"园户"将私有茶树移入官场,并且焚毁他们的一切存茶,这当然激起民间极大的反感,因此王涯一死,继任的令狐楚,就马上将茶专卖交给各地方随宜办理。①到开成元年(836年),李石为相,更将茶专卖改为征税,完全恢复贞元时代的办法。

唐代有关矾专卖的资料最为缺乏,但据《册府元龟》"开成三年(838年)停晋州平阳院矾场工匠官吏四百余户"的记载,②可以断定唐代是有矾专卖的。

五代十国战乱相寻,又承唐代专卖制度的遗规,专卖制度也极盛行。专卖货物共有盐、酒、矾等几种,制度屡有变革。盐专卖始于后唐同光二年(924年),其初规定州府省司由政府设置专卖

---

① 《旧唐书·食货志》:"九年涯以事诛,而令狐楚以户部尚书右仆射主之,以是年茶大坏,奏请付州县,而入其租于户部,人人悦焉。"但《新唐书·食货志》则谓:"令狐楚代为盐铁使兼榷茶使,复令纳榷,加价而已。"

② 《册府元龟》卷四九四。

机关——榷集折博场院负责盐的零售工作，乡村则允许商卖，这就是现代所说的官商并卖制或混合专卖制。但因行政效率欠佳，官卖不能普及，人民食盐不足，不得不购买私盐，结果因实行专卖支出极大的行政费用，财政收入反不及通商收税之多。其后为保持充足的收入起见，乃创立"蚕盐"、"食盐"等名目，将人民按贫富分为五等，规定五等人户每年应买盐数，强制购买；再后仍嫌收入不足，又将应派给各户的蚕盐、食盐等，收归官卖，但各户应摊的蚕盐、食盐等钱，仍须照常缴纳，成了食盐消费者的双重负担①。这种计户勒配的办法，唐代张平叔就曾建议过，因遭韩愈等人激烈反对，未能实行，到五代竟然见诸实行，终宋一代，尚未能废除。

五代的酒专卖，最初也是沿袭唐代的旧制，后唐天成二年（927年），允许三京邺都及附近各地的人民，自由造酒卖酒，但将专卖利益均摊于地亩，强迫人民随税缴纳；京都及附近各州府的卖酒人户（京都附近过去为曲专卖地，故允许人民卖酒），则须按照过去每户每年应买官曲数量的十分之二，折价缴纳给政府，作为政府的专卖利益，缴纳后便可取得酒曲的营业自由，不以卖酒为业的人，也可造酒，但只许自用，不得出卖。长兴二年（931年），恢复各城市的曲专卖，但乡村仍许人民造酒自用。后周显德四年（957年），并曾禁止勒配酒曲，但各地仍多有勒配情形。

《宋史·食货志》谓："矾，唐于晋州置平阳院以收其利，开成三年罢。五代以来，复创务置官吏，宋因之。"②由此可见，五代时也曾实行过矾专卖。

---

① 《文献通考》卷十五。
② 《宋史·食货志下七》。

三、宋代专卖制度之特色

宋承唐及五代之后，专卖制度更趋复杂完备：不但专卖制度的各种实施办法，远较前代详尽精密，专卖品的种类，也较前代大为增加，在实施办法方面，除前代已经实行过的"全部专卖"，"民制官运官销"，"民制官收商运商销"（就场专卖），"官商并卖"和"勒派专卖利益"等办法之外，在宋代更有"人中"，"折博"（易货），"钞法"，"外销专卖"（茶马），"隔糟法"，以及"入口货物专卖"等，而每种办法又都是式样纷杂，变更不常，过去各代所实行过的办法，宋代应有尽有，后代的种种专卖办法，在宋代差不多也都可以找着先例。在专卖品的种类方面，除前代已有过的专卖品如盐、茶、酒、矾之外，宋代又有香、醋和石炭等专卖品，连几百年寂寂无闻的铁及铁器专卖，到宋代也重新恢复，各种专卖货物，纷然杂陈，蔚为大观。

但除量的方面以外，宋代专卖制度在质的方面，也不断发生变化，这种变化过程使宋代的专卖制度，在中国专卖制度的发展史上，起着承先启后的作用，这由以下各种情形可以看出：

（一）由分散趋向统一

唐自安史乱后，藩镇割据，中央政令不能普及全国，在专卖制度方面，也呈现着各地纷歧的状态，所以盐专卖有河北、山东的例外，酒专卖也有榷酒榷曲和无榷的差别，矾专卖则只及于晋州一隅之地。五代十国，不能相一，专卖制度更趋纷歧，不仅不同地域制度不一,甚至城市乡村,办法也各自不同。宋初虽用武力统全国,但各地纷歧的制度,却不是一时可以统一的,所以宋初各种专卖制度,仍多是因地制宜,极为纷乱。其后经过统一政府二三百年的统治,专卖制度的实施办法虽然常有变革,但各地的特殊设施确实有逐渐划一的趋向;例如范祥、蔡京、赵开等的专卖办法,都曾推行到全国绝大多数的地方,而宋初盐专卖的例外地河北和茶专卖的例外地四川,也终于实行了专卖制度。

除不同地域的专卖办法有逐渐划一的趋势外,不同货物的专卖办法,也趋向统一,例如"入中","引票"等制度,对盐、茶、香、矾等专卖品,都曾适用过。

(二)政府经营的范围逐渐缩小

先秦的专卖制度,已无信史可征。从西汉到魏晋所实行的各种专卖制度,都是由生产到零售的全部专卖制。到唐代第五琦的盐专卖办法,将盐的产制完全划归民营,才开了局部专卖的先例,到刘晏的就场专卖制,除盐的收贮仍归官营外,更将运销、零售等步骤,一并划归民营,政府经营的范围,到此更加缩小。但除盐专卖以外,其他茶、酒、矾等专卖品,却仍是彻头彻尾的官营官办。五代对盐酒等专卖品,最初在城市实行全部专卖,到乡村则允许商卖,但因官卖成绩不良,公营范围已有逐渐缩小之趋向,到宋代这种趋向更加显著:范祥的盐钞法,将城市乡村,一并改为商卖,政府只剩了收息给钞及收贮食盐的工作;李谘的茶法,政府只管给钞收息,连收贮的麻烦一并免去;赵开的"隔槽法",政府只供给酿酒者一个工作场所,竟连发"钞"的手续都避免了。公营范围愈缩小,专卖制度的行政开销愈减少,政府的专卖收入也愈多,因为社会生产力的发达，政府的行政效率显得愈益薄弱，专卖事业中公营范围逐渐缩小的趋向，就是由社会生产力的发达所引起。[①]这种趋势继续发展，终至演变成明末及清代的专商引岸制度，千余年来的专卖制度，终于完全变质。

（三）专卖制度与边防的关系，日渐明显而直接

自汉武帝以来，历代实行专卖制度，本都是为了筹措战费，但在宋代以前，这种从属关系多半是间接的及一般性的，政府很少因筹措某项战费而采取某种特殊专卖制度。但宋代的"入中"制度，竟至指定某地的某种专卖品为某边之备，把大部分的专卖收入都变成了各地的"边防专款"；神宗时代的茶马政策，也是这种意义；高宗南渡以后，甚至将四川的各种专卖收入，都拨与四川总领财富所，作为川、陕防军的军费，不再解交中央，[②]专卖与边防的关系，更加直接而明显了。宋以后元、明各代所实行的茶马政策，都是仿照宋代的办法而来。

四、宋代的盐专卖

宋代的盐专卖制度，可分为四个时期：从宋初到雍熙四年

---

① 例如高宗绍兴初年，淮南盐户每灶煎盐最多十一筹（每筹一百斤），孝宗淳熙年间，亭户发明"卤水法"，每灶煎盐量增至二十五至三十筹，政府没有大量经费来收买增加的盐产，在买盐时便每筹多称二十至三十斤，名为"浮盐"，再加上其他种种名目的剥削，逼得亭户设法私卖，专卖制度的管理，也就更加困难（见《宋史·食货志下四》）。

② 《续资治通鉴》卷一百二。

（960—987 年）为第一时期，从雍熙四年实行入中办法到庆历八年（987—1048 年）为第二时期，从庆历八年范祥创"钞法"起到宋徽宗初年为第三时期，从徽宗时代蔡京几度变法起直到南宋末年则为第四时期。

第一时期的最大特点是各地制度的不统一，五代的政治力量所达到的地方，只在长江以北，长江以南，则为各小国所割据，各区域本有各自的特殊性，又加上各国的设施不一，统治的久暂不同，因此，各地的盐制也都是因地制宜，极端纷乱复杂。不过大致说来，各盐产区所出产的盐，都有一定的行销范围，这些行销范围中，一部分是实行官运官卖的，另一部分则是官商分界运卖，而对商卖地区应用征税办法。

宋代的食盐，有池盐、井盐、海盐和土盐四种。池盐产于山西南部的解县、安邑两地；海盐产区则有山东、河北、淮南、浙江和福建、广东等地；井盐产于四川，土盐则以晋中为主要产地。这几种食盐的产区环境不同，专卖办法自然也彼此歧异。

（一）池盐

宋代称池盐为"颗盐"，而统名海盐、井盐、土盐为"末盐"。颗盐的生产，是完全由政府经营的。政府在盐池附近各州府招募人民制盐，募得的人民，都编为"畦户"，每户每年出夫两人，将盐池附近的田地垦辟为畦引池水注于畦内，名为"种盐"，畦内的水干涸以后，盐的生产也就完成。畦户的待遇是每人每天给米二升，每户每年给钱四万，并免去一切赋税和徭役。池盐的销区分为京东、京西、陕西和四川四路，相当于现在的河南，陕西全境，河北南部，山东西部，苏、皖北部及四川一部地区。京东一路的盐称为"东盐",东盐的运销零售,宋初是完全公营的,官营运输名为"官般",官般的办法是由政府役使乡户、民夫和里正、地保等代运,名为"帖头";销区则由政府设立的公卖机关——"市易务"担任零售。由此看来,京东一路的盐,在宋初似乎是行的全部专卖制;但是直到宋太宗太平兴国年间,还常看到蚕盐入城的禁令①,可见五代时"城市官卖,乡村商卖"的办法,在宋初仍然残留着,即使在"官运官卖区"办法也不是怎样单纯划一的。

京西所销的盐名为"南盐",陕西所销的盐则名为"西盐",南盐和西盐宋初都是"商运商卖"的,入四川的盐,则采取易货办法,由政府在陕西凤翔设立易货机关——"折博务",用盐交换蜀货,普通商盐则绝对禁止入川。

海盐的生产则全归民营,生产海盐的人,分为"亭户"(或灶户)和"锅户"两种:亭户所出产的盐,名为"正盐",正盐除每年缴纳一部分给政府作为赋税外,余下的必须全部按官收价格卖给政府;锅户所出产的盐名为"浮盐",②浮盐在纳税后,是允许卖给商人的,但浮盐的产量较小,一般只有正盐的四分之一左右。③

海盐的运销制度,各地不同:大概两浙和淮南,盐的运输和零售都是完全官营的,官营的办法,和池盐的京东区大致相同;河北和山东,则部分为官销区,部分为商销区,不过河北因地近契丹,为防止辽盐私入河北并收买边地民心起见,于开宝年间改为完全

---

① 建隆二年及三年(961—962年),皆限制蚕盐入城数量,超过限额者须经特许。太平兴国二年(977年),规定凡蚕盐入城在五百斤以上者,一律黥面送阙下(见《宋史·食货志下三》)。

② 浮盐有两种意义,除锅户所产的盐名为浮盐外,南宋时收盐官吏在收盐时每百斤多称二三十斤,亦谓之浮盐。

③ 《宋史·食货志下四》。

商卖，直到神宗时代才又恢复官卖；福建一部分地区实行官运官销，另一部分则实行"产盐法"，让人民按财产多少，随税缴钱，由政府供给食盐；广南（包括广东及广西）在名义上全为官运官销区，但海南岛一带，因人口过少，官卖无利可图，实际上乃采取摊派法，将食盐强派给里正地保，收取盐价。

井盐的产场有两种，大的产场名为"监"，小的称为"井"，监是公营的，井则完全民营，监所产的盐，由政府在官销区出售，井所产的盐，在纳税后则可在四川境内的商卖区自由运销。井盐的产制本较困难，再加上当时生产技术的幼稚，结果便因产量不敷川境人民的食用，不得不运入一部分解盐，以资补充，因此，四川境内又有一部分地方被指定为池盐的销区。

晋中是土盐的主要产地。河北及陕西也出产土盐，但因成本高而产量少，所以无足轻重。晋中的土盐也是由人民产制，制盐的人家名为"锴户"，锴户刮碱土制盐，每年无代价缴纳一部分给政府，名为"课盐"，余下的则按官价全部卖给政府，名为"中卖"。政府买得后，加上专卖利益，再卖给商人，商人便可在规定的销区内自由运卖，只是不可侵入邻区而已。

兹将宋初各盐产区之产量及盐价列表于下：①

---

① 根据《宋史·食货志下三》——《宋史·食货志下五》。表中产量系太宗至道二年（996年）数字，井盐卖价为太平兴国三年（997年）数字，其他各种盐价皆为至道三年数字。

第一表　宋初各盐产区产量及盐价

种类	颗盐	末盐									土盐
		海盐						井盐			
		京东	河北	两浙	淮南	福建	广南	川西	川东		
产量（石）	870,359.8	32,000	21,000	647,000	1,677,000	100,300	35,686	323,382	2,820		125,000
价格 买价				4—6钱			5钱				6—8钱
价格 卖价	34—44钱（有三等）			8—47钱（有二十一等）				70钱			36钱

　　雍熙四年（987 年），因对外用兵，边防各地，粮草缺乏，遂招募商人，使自运粮草缴纳给边防各地，边防各地收到粮草后，按照当地市价及商人运送路程的远近，发给商人一种领款凭证，名为"交引"，商人持交引到京城领款，政府一方面发指令给各产品的盐、茶专卖机关，准许这类商人用领到的款项，购买盐和茶，这种办法，在宋代就叫做"入中"。补价入中的货物，最初本只有盐茶两种，后来范围逐渐扩大，又加上香矾等货物，于是入中制度就变成宋代专卖制度中最普遍、最久远、最重要的一种形式。

　　入中商人于买到盐后，只许在商销区售卖，至于原来的官销区，这时仍然实行着全部专卖制。但全部专卖制的困难是相当多的，因为全部专卖制必须设立很多行政机构，并且任用很多专卖人员，行政费用自然相当巨大；运输方面役使里正和民夫，又加给人民无限烦扰，再加上用人行政的不当，于是官吏侵渔，盐质低劣，和人民逃亡等现象都相继发生，专卖收入也因之减少。同时，在入中制度实行后，入中商人多半和边地的官吏相勾结，故意高估入中货物的价值，京城的专卖机关，又恐怕入中商人伪造交引，因此规定在入中商人持交引来京领款时，必须要有京城的商人作保；这样一来，京城的一部分商人，遂大做其投机生意，设立所谓"交引铺"，代入中商人作保或收买其交引，并且故意压低交引的价格，以图厚利，结果政府按虚估的粮草价值付款，而入中商人则因受交引铺的剥削，甚至不能收回成本，于是公私两亏，贪官污吏和投机奸商却坐享重利，官卖入中，都告失败，盐制是非变不可了。

　　盐制的改变是从解盐开始的。仁宗庆历八年（1048年），范祥奉命总管解盐，改行"钞法"，把京东路的全部专卖制，四川的以货易盐和边地的实物入中办法，一并废除，所有解盐的销区；都改为商运商销，由商人用现款入中，换取购盐凭证——盐钞，发给盐钞时，按各商人所要求的销区和入中地区的远近，给予差别待遇，商人取得盐钞后，就可凭钞径往产区的专卖机关验钞领盐，在指定的销区内行销。不过在邻近西夏的西北边区一带，因有外盐走私的威胁，仍旧采取官销办法；但运输方面，则不用旧日的"官般"，"帖头"办法，而是招募商人将食盐入中该地，交由当地政府出售，以防私贩；对入中食盐的商人，则在内地给予较多数量的食盐以作报价。这样官销和实物入中两种办法的缺点都可免除，对人民的烦扰大为减轻而政府的收入却反增加：范祥总管解盐的最初四年，盐专卖收入平均比庆历六年增加了六十八万缗[①]，过去每年付给入中商人数达四五百万缗的现款，在钞法实行后也完全免除了。范祥死后，由他的副手薛向继任，薛向对范祥的办法颇有变更，收入也

---

　　① 《宋史·食货志下三》。

逐渐减少，但治平二年（1065年），盐专卖收入还达一百六十七万缗。① 徽宗大观四年（1110年），毛注论盐法，还说："薛向讲究于嘉祐中，行之未几，榖价据损，边备有余"。②可见薛向在大体上，仍是遵行着范祥的遗制的。

范祥钞法，最初虽只行于解盐，但不久就被推广到其他盐区，而各区所产的盐，又都被指定作为一特定边地的饷源，③各边盐钞，都由中央统筹发给，以防发行过滥。但后来终因边防需要急切，盐钞发行过多，钞价大跌，入中减少，专卖收入也大受影响。

崇宁年间，蔡京改变盐法，在京城的专卖机关内，设立买钞所，用盐茶及其他杂物收买盐钞，一面更印新钞，收换旧钞，凡拿旧钞前来更换的，十分内须加付现款三分，名为"贴纳"；换给新钞时，只换给七分，其余三分仍为旧钞，名为"对带"。这些办法实行之后，商人因贩盐利薄，多不愿请钞，政府为保持专卖收入计，乃选择各郡县比较殷实的人家，分为三等，每等人家都强制认销一定数额，并且限期销尽，如到期尚未尽销，则处以体刑。

蔡京变法后，大受朝臣攻击，大观四年，张商英为相，便将蔡京的办法废止，企图恢复范祥、薛向的旧制。但不久蔡京又复任执政，遂于政和二年（1112年），再度变更盐法，废止官运官销，令商人凭引赴场买盐，设立"合同场"，负责称量盐斤及查对引据事宜；商盐装运，必用官袋，每袋三百斤，作为一长引，长引均有一定销区，随引护运。限期一年缴销，如有特别情由，可以展期半年，倘

---

① 《宋史·食货志下三》。
② 《宋史·食货志下四》。
③ 《宋史·食货志》引毛注奏："东北盐为河东之备，东南末盐钱为河北之备，解池盐为陕西之备，其钱皆积于京师，随所积多寡给钞。"见《宋史·食货志下四》。

期满而盐未销完,则引票作废,余盐由政府没收。在产场附近地区,则另用小袋装盐,名为"短引",短引只许在产场附近售卖,不能运往外路。宣和年间,盐制又屡有变更,先用对带法,后来又改为"循环"法,所谓循环法者,商人已经买钞,尚未给盐,又须更换新钞,换钞后尚未给盐,又须再行贴钱,前后三次缴钱,才能买得钞面上所规定的盐数,商民如无钱换钞或贴输,则以前所缴的钱,都不再退还,常有富商巨贾,因此而破产败家的。而蔡京所任用的专卖事业主持人魏伯刍,又是一个大蠹吏,常和经营交引铺的奸商相结纳,非法盘剥盐商,以便求宠媚上,宋代盐专卖的弊政,到此达于极点。

蔡京的盐专卖办法,虽然加给盐商和一般消费者极大的烦扰与担负,但专卖收入的确是大为增加了。政和六年(1116年),魏伯刍主持榷货务仅仅两年,专卖收入的总额已达到四千万缗,平均每年二千万缗,和宋初的数字相比,增加了几乎六倍,[1]这种培克聚敛的能力真是言之可惊!

这当然投着了专制君主的喜好,因此,尽管朝野士民,都骂蔡京的办法为"弊法",但从蔡京变法起,直到南宋末年,尽管制度的名称和细节不断改变,但基本上则总脱不出蔡京的窠臼。宣和年间主政的王黼,对蔡京的弊法固然是"萧规曹随",南渡以后也是时而"对带",时而"贴纳",时而"对""贴"并行,[2]以及"并支",[3]

---

[1] 至道三年池盐,海盐,上盐专卖收入共达二、五五〇、〇〇〇余贯,井盐共产三二六、二〇二石,每石五十斤,每斤七十钱,共计一、一四一、三五〇贯,合计专卖收入共约三百七十万贯。
[2] 建炎初年用对带法,三年改贴纳法,绍兴年间对贴并行,孝宗淳熙年间改为循环钞法。见曾仰丰著《中国盐政史》,第14页。
[3] 绍兴四年(1134年)改为对贴并行,但因建炎旧钞尚未支绝,故实行"并支法",按输钱先后,依次支给。

"正支"等办法①都无非循用蔡京旧制,稍加增损而已。只有建炎二年(1128年)赵开在四川所实行的专卖办法,虽是"仿大观法置合同场",②但并不是蔡京办法的翻版,而是"取其精华,去其糟粕",因为蔡京盐法的缺点,在于变更频繁和剥削过重,至于制度的管理和稽察,合同场法的确有他的优点;所以赵开只在管理和稽察方面仿照合同场法,在盐的收贮运销方面,则大加改变:政府不再收盐,只向盐商征收专卖利益,盐商缴纳专卖利益后,就可取得向生产者——井户直接购盐的权利。这样政府没有收盐贮盐的烦费,仍有专卖利益的收入,一举两便,在南宋称为良制,可惜未能将这种办法推广到全国,所以实行效果也只能见于四川一隅之地。

由以上看来,宋代的盐制,虽然千头万绪,但除了极少数的例外(海盐中的浮盐,井盐区的"井",以及河北陕西的少量土盐外),盐产的专卖制度,是始终未曾改变过的;所以宋代尽管常有废榷通商的措施,但所谓"废榷",只是废除官运、官销而已,并非废除专卖制度之谓;而所谓商鬻,也只是一种局部专卖制,与近代的食盐自由贸易制,实在大相径庭。

除专卖收入外,宋代对食盐尚有各种各类的税课、摊派及手续费等,分别述之如下:

(甲)生产者(盐民)所负担的税课:③

1. 产场税:井盐中的"井",由土民经营,纳税后准在川境运销。

---

① 宁宗庆元初年,罢循环钞法,改增剩钞,名为"正支文钞",仍按缴款次序先后支盐。

② 《宋史·食货志下五》。

③ 同上。

2. 土产税：建炎二年赵开变法后，每引输"土产税"及增添钱九钱四分，由"井户"缴纳。

3. 官溪钱：元祐以前，于产场税之外，令每井别输五十缗，谓之"官溪钱"。

（乙）盐商所负担者：

1. 出场税：《宋史·食货志》谓："（元祐六年即公元1091年）提举河北盐税司请令商贾贩盐，于场务输税"。[1]

2. 通过税及落地税：范祥变法，曾规定将通过税及落地税（所历所至输算）合并于入中数目内扣除，但各地仍照旧征税，至嘉祐六年（1061年），薛向才将此等重复课税废除[2]赵开盐法中也有通过税（所过税七分）及落地税（住税一钱有半）之规定。[3]

（丙）手续费及其他苛杂：

1. 头子钱：雍熙四年实行入中制度后，商人持钞在京领款，每钞须缴头子钱数十。[4]

2. 提勘钱：赵开盐法规定商人在请引时每引须缴提勘钱六十六。[5]

3. 贴输钱：类似现在的"附加"：也是赵开于建炎二年所创立。

4. 其他苛杂：四川州县所收的有买酒钱，到岸钱，榻地钱等[6]；东南盐则有买时多称（浮盐），卖时少称等剥削。

---

① 《宋史·食货志下四》。
② 《宋史·食货志下三》。
③ 《宋史·食货志下四》。
④ 同上。
⑤ 《宋史·食货志下五》。
⑥ 同上。

（丁）消费者之其他负担：

1. 蚕盐：五代时的蚕盐，北宋仍旧存在，蚕盐时给时否，但无论政府是否给盐或人民是否接受，蚕盐钱则必须照缴；南宋后蚕盐一律停给，但蚕盐钱则照收不停[①]。

2. 产盐法：宋初福建下四州（福，泉，漳，化）所行的产盐法，后来也像蚕盐一样：政府停止供盐，但盐钱照旧缴纳[②]。

专卖利益本系生产者、消费者和商人所负担税额之总和，因此，在专卖制度下，除少数手续费或执照费外，专卖品的一切货物税和消费税都应完全取消，人民的负担才算合理；但宋代既实行盐专卖，又对食盐征收各种名目的税课，其中一大部分都构成人民的双重负担。食盐本是需求弹性极小的一种生活必需品，人民虽然不胜负担，但却不能减少消费，被迫不得已，只有出于走私漏税一途，因此，在宋代几乎每一地区都有走私现象发生。其中河北及陕西沿边，因接近辽、夏，国际走私一直是北宋时代最感困扰的问题之一。广东、福建、江西三省的边界山地，因地势险阻，武装走私尤为严重，每年秋冬农闲之时，人民便"数十百为群，持甲兵旗鼓，往来虔、汀、漳、潮、循、梅、惠、广八州之地，与巡捕吏卒格斗，至杀伤吏卒，则起为盗，依阻险要，捕不能得"[③]。淮盐利益最大，所以"江淮之间，虽衣冠士人，狃于厚利，或以贩盐为事"[④]。走私既这样猖獗，宋代对付私盐的法令，也就特别严厉。汉武帝时代对买卖私盐的处罚，不过是"铁左趾并没收其器物"；唐代的盐法号称严厉，

---

① 《文献通考》卷十六。
② 《宋史·食货志下五》。
③ 《宋史·食货志下四》。
④ 同上。

但元和年间,盗卖池盐一斗,不过杖背,盗卖一石以上才处死刑;^①但按宋太祖建隆二年（961年）的规定,商盐（合法商）进入官销区在三十斤（六斗）以上,私卖或私造土盐在三斤以上的,都一律处死;乾德四年后（966年）,虽然是"每诏优宽",但到雍熙四年,一斤以上的盐犯还要按轻重论罪,^②嘉祐三年（1058年）,仅只两浙一路,因私盐犯罪的就达一千零九十九人。^③宋代盐禁的苛密,由此可见一斑。

五、宋代的茶专卖

盐专卖之外,宋代的专卖品当推茶为最重要。制度的复杂精密,专卖收入数额的巨大,都只有茶专卖能够和盐专卖相比拟;若从供给边防经费一点来说,茶专卖的重要性还在盐专卖之上。

自王涯创行茶专卖遭到惨败之后,唐代一直就没敢再度尝试,五代的辖境多半不产茶,所以也不曾实行茶专卖。因此,宋初实行盐专卖时,中央政府就不致过分顾虑各地特殊情形的牵制,而得在比较广大的地域内,实行比较划一的制度,这是茶专与盐卖专卖最大的不同处。

茶的生产比较分散,在私产制度存在下,政府想独占茶的生产,是不太容易的,王涯所以失败,也就在此。因此,在宋代所实行的茶专卖办法中,类似宋初解盐官销区所实行的全部专卖办法,

---

① 《新唐书·食货志》。
② 《宋史·食货志下三》。
③ 《宋史·食货志下四》。

是根本找不到的。宋初所实行的，也只是"民制，官收"制。

宋初在淮南设有十三处收茶机关——山场，又选择沿江大埠，设了六个专卖机关——六榷货务①（京城和襄、复州，最初也设有榷货务，后来襄、复州榷货务停闭，京城的榷货务也变成茶钞的结算机关，而不再存茶），凡生产茶的人，都叫做"园户"，园户所生产的茶，除一部分折税缴纳外，余下的也都须卖给政府；交易手续是政府先给钱而园户后缴茶，名为"本钱"。这样买到的茶，都送往六榷货务存贮，商人买茶缴款，都在各榷货务。商销区共有六十五州军，其余区域，则由政府零售给消费者，称为"食茶"；而四川和两广，在宋初则为茶的自由贸易区。但这只是一种大致的规定，事实上宋初对茶专卖的执行，并不如此认真，例如太平兴国二年（977年），樊若水评论乾德年间的茶制，曾说："江南诸州茶，官市十分之八，其二分量税听自卖，逾江涉淮，紊乱国法。"②而《文献通考》又引用下列一段话，以说明宋初的茶制：

　　止斋陈氏曰："太祖榷法，盖禁南商擅有中州之利，故置场以买之，自江以北皆为禁地。"③

由此看来，似乎宋初至少在事实上还允许江、南的茶产可以有一部分自由贸易，直到樊若水奏请禁止后，专卖办法才趋于严格。

雍熙四年，实行入中办法茶和盐同被指定作为偿付入中商人之用；商人于沿边各地入中粮草，就可取得茶钞，持往京城榷货

---

① 六榷货务为江陵府，海州，汉阳军，无为军，苏州之蕲口及真州。
② 《文献通考》卷十八。
③ 同上。

务换钱,再往六榷货务买茶,这和在盐专卖制度中所实行的入中办法,是毫无二致的。端拱二年(989年),又采用"折中"办法,商人在京城缴纳粮草,和在边地入中同样可以取得购买茶盐的权利。①到真宗乾兴年间,因西北用兵,粮草需用急切,遂又扩大入中办法用茶、香和东南缗钱(因在东南各地支付,所以叫做东南缗钱)作为入中的报偿,这就是当时所谓的"三说法"。同时为吸收商人入中起见,故意高估人中粮草的价值,商人为图厚利,遂争先入中,结果茶钞乱发,以至全国三年的茶产量尚不够偿付已发出的茶钞,再加上交引铺的居间剥削,结果钞价大跌,商人都不肯入中,沿边军需大感缺乏。丁渭谈到三说法的得失,曾指出当时边防各地因入中所获得的粮草每年只值五十万缗,而东南(四川除外,所以只说东南)三百六十万缗的茶利,却完全给了商人,②粮草虚估的情形,可谓严重之极。李谘等更用极为精确的数字,说明三说法的弊害,他举天禧五年(1021年)的情形为例:当年淮南十三山场所收购的茶共值二十三万贯,茶钞每张的票面价值为一百贯,但市价只值五十五贯,十三茶场一共只能卖到十三万贯,其中的九万余贯是买茶的"本钱",专卖利益实际只有三万多贯,倘连一切有关茶专卖事业的行政费用都计算在内,专卖利益所余无几。③三说法行到这种地步,实在是非废不可了。

仁宗天圣元年(1023年),采纳李谘的意见,设立计置司,废三说法,改用"贴射法";政府对茶产不再收购,只向商人征收专卖利益——"息钱",商人缴纳息钱之后,便可按照官收价格——本钱,

①　《宋史·食货志下五》。
②　《续资治通鉴》卷三十六。
③　同上。

直接向园户交易，但园户所生产的茶，仍须全部送往收茶机关（山场）存贮，以便商人自由选择——"贴射"。倘园户所产的茶无人贴射，或者贴射后仍有剩余，则都由政府收购。园户每年仍须将一部分茶产无代价缴纳给政府，作为租税，倘缴纳不足定额，则按照所亏欠的数量，罚缴专卖利益。①入中办法仍然实行，但对入中货物的价值，一律改为实估，只按路程的远近，稍微给予优待。商人拿到入中的钞据，可随自愿在京城或在别处换领现款，名为"见钱法"。如商人不愿领取现款而愿取得茶盐香等货物，也可听其自便，但一切必须按实在价值计算，不许再有虚估。

贴射法和见钱法实行了仅仅一年，京城榷货务的收入增加了一百零四万余贯，边地所收入的马草增加了一千一百六十九万余围，军粮增加了二百一十三万余石，而茶、香和东南缗钱的支出，反减少了一百七十一万缗，总计所增加的收入和所省减的支出共为六百五十余万贯；过去各边粮草的储存量有的甚至不够支持一年，这时一般都有二年以上的储量，多的甚至有四年的储量，②新法的成效总算相当可观了。

但这对互相勾结非法图利惯了的贪吏和奸商，当然是致命的打击，于是他们便全体动员，对新法拼命攻击，一般短见的守藏官吏，又怕用现钱偿付入中会使京城的库藏陷于空竭，也便应声附和，这两种反对势力异常强大，弄得宋仁宗也视听眩惑，在新法施行的第二年就下诏责备计置司，虽经李谘及财政主管当局列举事实说明新法的成效，而得到仁宗的省悟，但反对派却不肯就此甘拜

① 《宋史·食货志下五》。
② 同上。

下风,在天圣三年(1025年),又由孙奭等人出面,对新法猛烈抨击:指出在新法实行后,因商人所贴射的都是好茶,余下归政府收购的则多半是无人问津的劣货;又说新法中规定园户缴税不足时,则按亏欠数额计缴专卖利益的办法,加重了贫苦园户的痛苦,甚至连新法实行后,偶有少数不法分子冒名贴射强买民茶的现象,也成了他们攻击的口实。①反对派这次的攻势获得成功,实行不满三年的"贴射——现钱"法,终于在天圣三年被明令废止了。②

贴射法废止后,三说法卷土重来,入中粮草的虚估现象,首先恢复,过去茶制的一切弊政,也都相继出现,茶专卖制度大遭破坏。李谘等人,心有未甘,随时伺机反击,但因反对派势力强大,屡次不能得手;直到景祐年间,李谘执政,主张"贴射——见钱"法的人,才重新抬头,遂于景祐三年(1036年),恢复"贴射——见钱"法,并为根绝奸商贪官互相结纳起见,将过去入中商人领款必须由交引铺作保的办法,也明令取消。李谘等还恐怕反对派会再度反攻,又要求仁宗特别下诏镇压;但反对派的实力却并不因此而稍见削弱,仍然处处与李谘等一派的人作对,于是宋代主张茶专卖的人,便分成了"贴射——见钱"法和三说法两大壁垒,此起彼伏,争闹不休,后来三说法终于占了上风,庆历八年,于茶、香和东南缗钱之外,又加上盐,成为"四说"。结果所至,入中粮草的虚价达到十分之八,但交引价格却因京城贪官和交引铺的压抑,以致原值一百贯(十万)一张的茶引,只能卖到二千钱,原值二贯八百钱一斤的香,只能卖到五六百钱,③政府收入大减,商人因利少而减少入

---

① 《宋史·食货志下六》。
② 同上。
③ 同上。

中，边防各地的粮草也大起恐慌。皇祐年间，虽然采纳韩琦等的建议，恢复见钱法，但三说法所引起的一切不良结果，都已经积重难返了。

除了在少数细节上有欠周详外，贴射法在大体上不失为一种优良的制度，宋代君臣如果能平心静气，用贴射法作基础，尽量设法改善他的欠缺，茶专卖一定可以成为宋代的一大善政；不幸"贴射——见钱"法和"三说——四说"法竟有点像神宗以后的新党旧党之争，此起彼伏的把宋代传国几十年以来的茶专卖制度，弄得焦头烂额，"贴射——见钱"法和"三说——四说"法，也闹成两败俱伤，而主张取消茶专卖的人，遂乘机得势。

远在天圣年间，就有人攻击茶专卖制度，宋仁宗本人也不赞成茶专卖，但因茶专卖收入很多，无法废止。[①]景祐年间，叶清臣剀切陈辞，要求取消茶专卖，而在全国各地普遍增加丁赋，并对茶商征收各种茶税以为代替；但当时理财大臣都竭力反对叶氏的主张，废榷通商的要求，因而无法实现。到嘉祐年间，何鬲三、王嘉麟、沈立等，又群起要求取消茶专卖，改用茶产税——"租钱"及通过税、销场税等为代替，当时的执政大臣富弼、韩琦、曾公亮等，也竭力主张取消茶专卖，仁宗还不肯马上听从，一面令韩绛、陈升之等会同财政首脑——三司举行一个财政会议，讨论专卖制度的得失，一面又派人到各地方去视察专卖制度的实施情形。会议结果，三司提出报告，指出专卖收入极少，但对人民的烦扰极大；派出去视察的人，回来也说专卖制度扰民而无利于官。在朝野舆论和现实利害的双重压力下，宋仁宗便决意于嘉祐四年（1059年）下诏取消

---

① 《宋史·食货志下六》："先是，天圣中有上书者，言茶盐课亏，帝谓执政曰，茶盐民所食，而强设法以禁之，致犯者众，顾经费尚广，未能弛禁耳。"

茶专卖，①除腊茶（宋代品种最好的一种茶产）外，一切种类的茶产都允许自由贸易；茶税方面则采纳何亶三等的建议，对园户征收"租钱"，对茶商则征收销场税（落地税）、通过税等。

自由贸易制实行后，各种茶税的总和并不及专卖利益之多，园户则因"本钱"之停止及租税之负担，感觉周转不灵，茶商也因赢利减少而减少交易额，②一切情形都不如最初所理想。许多朝臣，看到此种情形，又主张恢复专卖，③但事实上茶的自由贸易制却实行了相当长时期，直到徽宗时代，茶专卖才重新恢复。

徽宗崇宁元年（1102年），蔡京建议恢复专卖：园户应缴的茶税，仍旧恢复用实物的折缴。政府从园户手中买到的茶，一部分准许产区附近州县的人民，于缴纳专卖利益后，取得"短引"，在附近指定的销区内出售；大部分则由商人在六榷货务缴钱或在边地入中粮草，换取"长引"向山场领茶，运往指定的销区售卖，商人在山场领茶后，须付出场税才许运出，沿路应缴的通过税，则由沿途税卡于引票上批定税额，等运到销场，然后计算总数，一次付给，以免去沿途征税的麻烦。④崇宁四年（1105年）蔡京又再度变更办法，撤销各产区的收购机关——山场，由商人在京城或各地方政府购买长短引，直接向园户买茶，以避免官收官运（运往六榷货务存贮）的烦费。领引的商人都由给引机关用抽签方式排定次序，按次序缴纳专卖利益，批给长短引，然后买茶运卖。茶的包装也必须购用官制的"笼篰"，笼篰的大小，都有定式。政和二年（1112年），

---

① 《宋史·食货志下六》。
② 同上。
③ 主张恢复专卖者有刘敞、欧阳修等。
④ 《宋史·食货志下六》。

蔡京第三次更改茶法，设都茶场专管收款给引，产茶地区则设置合同场以检查引据，斤重及其他交易手续，用严刑峻法，禁制私贩，各种交易手续和罚规，非常繁杂苛细，茶商都感觉不便，但从财政收入一点说，蔡京的办法却获得极大的成果：从变更茶法到政和六年，专卖利益共达一千万缗，茶的产量也增加了一千二百余万斤。①由此看来，蔡京的茶专卖办法，虽因条文的繁碎多变和用人行政的不当，不免扰民，但大体上总算是一种精密有效的制度，不应因为蔡京本人在历史上的一切劣迹而一概加以抹煞。

南渡以后，茶专卖办法虽然时常有小的更改，但大体上则一直沿用蔡京的办法。甚至连北宋时代茶专卖制度的特殊区域四川，在南宋也变成了"都茶场"法的天下。

前面提到在宋初的茶制中，全国各地只有四川和广南两路是实行自由贸易制的。其中广南一直到宋末，始终不曾实行茶专卖；四川则在神宗熙宁年间，也被划为专卖区。不过四川的茶专卖，在宋代却属于另一系统，不但在措置上、管理上和专卖收入的使用上，与其他专卖区都大不相同，就从茶专卖的经营动机而论，四川的茶专卖也具有其特殊性。

在神宗以前，四川的茶税是随"两税"（即唐代杨炎所创的两税制）缴纳的，熙宁年间，神宗同文彦博、王安石等谈到茶制，都有意恢复专卖，但当时并未能恢复全国性的专卖。②后来王韶建议神宗用茶在陕、甘及四川边境一带，和边民交换马匹，以供军用。神宗便派遣李杞及蒲宗闵两人往四川筹划买茶事宜，李杞等入川后，便在各地创立收茶机关——官场，实行专卖，李杞死后，刘佐、李

① 《宋史·食货志下六》。
② 同上。

稷、陆师闵等先后主持川茶专卖事宜，茶法日益严密，专卖利益屡次提高，政府用茶换马，每年所买入的马数也由过去的二千一百余匹增加为四千匹，①孝宗乾道年间，又增为九千余匹，淳熙年间，更达到一万二千余匹的高额。②这确实解决了当时很大部分军马困难，但因榷茶买马所增添的机构和人员，数额庞大，支出浩繁，再加上官吏的营私舞弊，弄得茶户破产相继；官茶的品质又日渐低劣，同边民换马的官吏，更常有侵吞官茶，用空券骗买马匹的情形，引起边民怨恨，时常侵扰边境。四川的茶专卖，终于也走到了山穷水尽的地步。

但宋代对茶马政策的执行，似乎特别坚决。当李杞等开始在四川实行茶专卖时，其他各地都还是自由贸易的天下，一般朝臣也多反对川茶单独专卖，但政府对川茶专卖却是雷厉风行，一点不因朝臣们的反对而有所更张；就连蔡京的都茶场法，在北宋时代也不曾将四川包括在内，直到南宋建炎年间，四川的茶制才发生重大的改变。

建炎元年（1127年），赵开上书痛论茶马政策的五害，③主张最好彻底废除川茶专卖，即使一时不能废止，也应该减低专卖价格和收购数量。高宗便命他去四川主持茶马事宜。赵开到了四川，大变茶制，仿照蔡京的都茶场法，由政府将茶引售给茶商，准许茶商和园户直接交易，设合同场负责稽察事宜，并设立公开茶市，以便

---

① 《宋史》卷三七四《赵开传》。
② 《宋史·食货志下六》。
③ 赵开所指出的"茶马五害"为：（一）"护马兵逾千人……费衣粮，为一害"。（二）"吏旁缘为奸，以空券给夷人……边患萌起"。（三）"初置使榷茶，借本钱于盐运边吏几五十二万缗，于常平司二十余万缗……旧所借未偿一文，而岁借乃准初数不已"。（四）"茶户破产相继而官买岁增，不得不为伪茶以相抵漫，于是官茶日益滥恶，而私贩公行，刑不能禁"。（五）"积压难售，未免科配州县"。

交易；每引茶的斤重，售价以及销场税、通过税、手续费等，也都详为规定。过去弊政，一举廓清，专卖收入递增至一百零五万贯。①

但马茶政策并没有因赵开变法而停止，每年买马的数量，反而继续增加，到孝宗淳熙以后，才略见减少。

专卖收益之外，宋代对茶产也还有种种税捐、苛杂和额外剥削，甚至比对食盐的情形还要复杂繁重，主要的大致如下：

（甲）捐税

1. 货物税（包括通过税、销场税和出场税）：宋初对茶产的运销大致是沿途征收通过税，景德二年（1005年），林特改变茶法，才规定茶商所经各地，只记录税额而不征税，等运到销场，然后计算总额，在京城一次缴付。②崇宁年间，蔡京变法，对通过税也采取沿途记录的方式，但为便利商人起见，纳税地点则改为各商之指定销区。③建炎二年赵开对川茶也规定"所过征一钱"的通过税率。④又蔡京变法时有"商税自场（合同场）给"一条，可为出场税之证明；⑤赵开茶法中"所止一钱五分"的规定，⑥又可证明宋代对茶也征收销场税。

2. 关税：南宋隆兴年间，对运茶往淮北（当时已为金的领域）的商人，每引征收"翻引钱"二十一贯，乾道年间，除翻引钱外，更征收"通货偿息钱"⑦。

---

① 《宋史·食货志下六》。
② 《宋史·食货志下五》。
③ 《宋史·食货志下六》。
④ 同上。
⑤ 同上。
⑥ 同上。
⑦ 同上。

除此两种税外，仁宗嘉祐以后对园户所征的"租钱"，在性质上属于产物税，但从财政意义上说，租钱乃是专卖利益的替代品，而不是和后者并行的。

（乙）苛杂及额外剥削

1. 加工费：元丰年间，在京城沿汴河堤岸，设立水磨，强制京城商民必须利用官办水磨磨制末茶，不得私磨，水磨的利用费在当时每年共可收入二十万缗。绍圣年间又扩大范围，在长葛等地设水磨二百六十几处。仁宗嘉祐以后，茶专卖取消，水磨也废置了好些年，徽宗崇宁以后，又兴复水磨，大观四年（1110年），水磨收入竟达四百万缗。①

2. 买引手续费：赵开茶法中规定买引时于"引钱"之外，须加付"市利"、"头子"等钱。②

3. 额外剥削：天圣元年（1023年）以前，政府向园户买茶，每百斤多称二十斤至三十五斤，名为"耗茶"。③李谘变法，耗茶才被废除。熙宁年间，李杞在四川办理茶专卖，在买茶时也往往"压其斤重，侵其价值"④。此外，政府与园户交易，都有牙侩为中介，在贪吏和牙侩两层剥削下，茶户名义上虽是卖茶给政府，但实际上则几乎等于无代价征收。

宋代茶的专卖利益虽因茶产的种类而各不相同，但大致都在买价——本钱的一倍以上。专卖利益既高，官茶的品质又坏，再加上种种捐税苛杂，弄得生产者、消费者和茶商都困恼不堪，走私情

---

① 《宋史·食货志下六》。
② 同上。
③ 《宋史·食货志下五》。
④ 《宋史·食货志下六》。

形,自然也相当普遍。孝宗淳熙年间,私茶商赖文政等起兵,转攻湖北、湖南、江西、广东各地,屡败官军,历时半年才被辛弃疾讨平,①私茶的猖獗情形,由此可见。因此,宋代对私茶犯的处罚,比对私盐犯还要厉害:宋初规定园户私卖茶或匿不送官,查出后除没收货物外,还要按所犯数量论罪;园户毁败茶树,也按所毁茶树的生产量大小而处刑;主管官吏私卖官茶价值达到一千五百钱的,都处以死刑。太宗淳化五年(994年),甚至明令规定私茶的处罚要加私盐一等,②可见宋代对茶专卖的重视了。

六、宋代的酒专卖

酒、烟、茶同为习惯必需品(Conventional necessaries),需求弹性极小,本是一种优良的专卖品,在中国历史上,酒也是最古老的专卖品之一,但汉、唐五代实行酒专卖的结果,都是成效极微,宋代的酒专卖虽然比较前代为成功,但其重要性也不能和茶盐专卖相比拟。这完全因为在中国社会中,酒的产制极为分散,供给的控制既不容易,专卖品的销路便大成问题,从而专卖收入也就毫无把握。

宋初的酒专卖制,分全国为卖酒和卖曲两种区域:在卖曲的区域,人民可以自由造酒及卖酒,但造酒所用的曲,必须向政府购买。在卖酒的区域,州城和乡镇,办法又各不相同:大致说来,州城所实行的大都是全部专卖制,乡镇则多半允许民酿民卖。各州

---

① 《续资治通鉴》卷一四四。
② 《宋史·食货志下五》。

城内都有官办的酿酒机关——酒务，由政府用公款购买燃料及支付吏役薪资，造酒所用的食粮，也用公款购买，不得支用公仓存粮。对私贩的处罚极为严厉：在建隆二年（961年），私自卖曲在十五斤以上，乡镇民酒私自进城在三斗以上，都一律处以极刑。法禁虽严，但因官酒成本高而价格贵，品味又很醨薄，人民都不愿购买，政府的专卖收入极为有限，不得不用摊派办法，按民户大小强制派销，对有婚丧等事的民家，也一律强派官酒，人民大受其害。太宗即位后，将一部分专卖收入较少的卖酒区，改为卖曲或者完全民酿，但对申请卖酒的人民必须先由政府检查其资产，并须由官吏或地方士绅作保；倘酿户有欠税情形，保证人须负连带赔偿之责。这种办法实行后，申请酿酒的人并不踊跃，因此，过去各卖酒区在事实上仍多是官酿官卖。真宗天圣以后，因宋、辽和好，国内秩序安定，人口及财富都不断增加，酒的需要量也逐年增大。为保障官造酒曲的销路并限制人民浪费食粮起见，便采取减数增价的办法：严格规定每年的生产量，并将酒曲售价陆续提高。例如在熙宁四年（1071年）以前，京城卖曲每斤实价一百四十三文（定价一百六十八文，但以八十五文作为百文），熙宁四年加为二百文，后又增为二百四十，元丰二年，更增为二百五十，靖康年间，两浙的酒价较元丰年间又几乎高出一倍。[①]但在北宋时代，加价的情形究竟还不够严重，南渡以后，因筹措军费的关系，巧立名目，随时加价；绍兴元年（1131年）起，更允许各地如卖酒亏折，可以随意加价，不必再呈由中央核准。从此各地便任意加抬酒价，毫无约束了。在北宋时代，加价与减数并行，多少还有"寓禁于征"的意义，南宋

---

① 《宋史·食货志下七》。

为增加收入，只求多销，除不断加价外，并设法鼓励消费，①这实是前古未有的情形。

　　大概宋代官酿的成本是相当高的，所以尽管用加价、勒派等办法，专卖收入总难大量增加。直到建炎三年（1129年），赵开创立"隔槽法"，才为宋代的酒专卖开辟了一条新途径。

　　隔槽法于建炎三年，先在成都试行。由政府设立许多官办的酿酒场所——"隔酿"，打算酿酒的人民，必须利用隔酿。一切原料、劳力，都由人民自备专卖利益按人民酿酒所用的米数为标准：用米一斛，共缴专卖利益五十二钱（"每斛输钱三十，头子钱二十有二"）。试行结果很见成功，第二年便将隔槽法推广到川境各地，官槽多至四百所，专卖收入大为增加。②久后更被推行到南宋辖境内的一切地区，结果酒专卖成了南宋军费和地方经费的主要来源之一。直到宋末，隔槽法的实施细节虽然常有更改，但它的主要精神却一直不曾变更过。

七、宋代的矾专卖

　　宋代的矾有白矾、绿矾、青胆矾、黄矾及土矾等几种。白矾产于晋、慈、坊州（今陕西中部县），无为军（今安庆附近）及汾州之灵石县；绿矾产于慈、隰两州及池州铜陵县（今安徽贵池区一带）；青胆矾及黄矾产于江西抚州；土矾则河北、江西均有出产。此外湖

---

① 例如孝宗时代李焘设法劝饮以敛民财。
② 《宋史·食货志下七》。

南浏阳、广东韶关、福建漳州（龙溪县）等地，也有少量矾产。但河北及江南各地矾山，在当时产量较少，因此，北宋时代的矾专卖政策只注意山西、陕西及安徽（淮南）三区的矾产，对江南各地的矾，则不太重视。

宋初沿袭五代的矾制，由政府在各产区设官主持专卖事宜，制矾的人民名为"镬户"，"镬户"所造的矾，都要按官价卖给政府，付款的办法是三分之二付给现钱，其余三分之一则用茶丝等物折价付给。①政府收购后，一部分由政府零售给消费者（散卖），另一部分则批发给商人（博卖）。商人买矾时可用金、银布、帛、丝、绵、茶等货物折缴，不一定全用现款。商人唯利是图，所缴多是陈茶劣货，使政府大受损失。太平兴国年间，才改变办法，只许用现款或金、银买矾，不得再用其他实物。

矾的销区在宋初也分为官销区和商销区两种，大致产区附近的州县，为防止镬户私卖起见，都被划为官销区；离产区较远的地区，则有一大部分是商卖区。

仁宗天圣以后，山西晋、慈两州允许人民卖矾，但规定每户每季只许卖矾一盆（六七百斤至一千五百斤不等），其中四分之一，必须无代价缴纳给政府，如卖满一盆后仍有剩矾，则所有剩余都须按官价给政府。无为军的矾产后来也准许商卖，但必须在政府所设立的市场中出售，不许在别处交易。天圣六年（1028年），矾也继茶、盐之后，变成偿付入中的货物，入中制度所引起的虚估现象，把矾专卖也变得无利可图；嘉祐年间，改令矾商一律用现钱入中，虚估的现象，才算消除。

---

① 《文献通考》卷十五。

熙宁元丰年间，划定各地矾产的销区，越界按私矾处罚。河北本是晋矾的销区，当地的土矾一向是禁止造卖的，直到元符三年（1100年），才将河北划为官卖区，准许人民采制土矾，由政府统购出售。东南各地在神宗时代也是官卖区，从哲宗时起直到北宋末年，东南各地时而允许商贩，时而恢复官卖，蔡京的新旧引对带办法，在大观年间也曾侵入矾专卖的领域之内。

南渡以后，山西和陕西两地的产区全部丧失，矾专卖的总收入也较北宋大为减少，江南各地的矾产才开始被注意。绍兴年间，除漳州因地势险恶，矾产为盗贼所把持，不能实行专卖外，其他抚州、韶州、浏阳各地，都设场给引，积极实行专卖。但绍兴二十四年到二十八年（1154—1158年）四年专卖收入的平均数，也不过只合北宋元丰六年（1083年）收入数量的13%左右，[1]东南矾产之少，于此可见。

兹将宋代的矾价列表于下：[2]

---

① 绍兴二十四至二十八年均数为四万一千五百八十五缗，元丰六年则下三十三万七千九百缗。

② 第二表根据《宋史·食货志》及《文献通考》卷十五编成。其中晋、汾、慈州矾价，《食货志》及《文献通考》均作"（每驮）给钱六十"，"十"字系"千"字之误。《宋史·食货志下七》有下列记载，可以为证："入中麟州粟斗直钱百，虚估增至三百六十，矾之出官，为钱二万一千五百，才易粟六石，计粟实直钱六千，而矾一驮已费本钱六千，县官徒有榷之名，其实无利。"晋州矾之批发价格（博价）恰为每驮二万一千五百，每驮易粟六石，六石粟之实在价值为六千，而矾每驮之本钱亦为六千，故谓无利。倘每驮本钱仅六十，岂得谓之无利？

第二表　宋代之矾价

种类	白矾					绿矾				青胆矾	省铅山场	黄矾(省铅山场)	土矾(抚)
	晋	慈	汾	无为	坊	隰	慈	汾	池	抚			
买价（驮）	六千	六千	六千			八百	六千						
卖价 批发（驮）	二十一贯五百	二十三贯				四贯六百	二十五贯	二十四贯五百					
卖价 零售（斤）			一九二	六〇	八〇	七〇	七〇	七〇	七〇	二〇	一五〇	八〇	三〇

注：晋、汾、慈州每驮140斤；隰州每驮110斤。

八、宋代之其他专卖

（一）香专卖

宋代专卖品中，除茶、盐、矾以外，以香的利益为最大，但香并不是中国的产物，要想实行香专卖，必须先由政府独占香的进口方可，这是香专卖与其他专卖品不同之点。

当时通商的海口，如广州、泉州（晋江）等，都在闽、广两省，距中原颇远，所以在北宋时代，并不见有香专卖的事迹。南渡以后，香的利源才开始为政府注意，香专卖才正式见于记载。

香专卖的办法，最初大致是由通商口岸的税关——市舶司用金、银和中国的几种特产如绢、帛、瓷、漆等，与海外商人交换进口的香科,送往京城的专卖机关——榷货务包装成套,然后由榷货务分发各路专卖。孝宗时代因各路分卖扰民,乃将官卖改为商卖,让商人在榷货务缴款买香,运往各路售卖。

除市舶司与外商易货外,宋代又常用厚利招诱商人出海买香,所以当时香的入口数额相当巨大,建炎四年(1130年),只泉州一地,入口乳香就达八万六千七百多斤。①香料大量进口的结果,金银外流的数量自然也相当可观,为防止金、银外流起见,宁宗嘉定十二年(1219年)便颁布法令,以后只准用绢、帛、瓷、漆等土产交换进口香料,不得再用金银。

(二)铁专卖

宋代金、银、铜、铁、锡、铅、水银等矿产的开采权,原则上都归国家所有:矿脉较厚的地方,由国家设官开采,矿脉较薄的地区,则准许人民承买开采,但承买的人,每年必须将所采的一部分矿产折税缴纳给政府,另外还须每年卖给政府一定数额,名为"中卖"。倘缴税或中卖不足定额,承买人必须照赔。这和其他专卖品的产制,收买办法,很相类似;但政府所收得的铜和锡,多半用作币材,金、银则除用作货币外,又被用作典礼及赏赉之用,由政府出卖的情形是不多见的。由这种道理来推测,宋代的各种矿物,虽然原则上都由政府独占,但并不能都算作专卖品,只有铁,因为是铸造生产工具和日用器具所必用的金属,而且在古代早已有过专卖的历史,这些都使它具备了专卖品的条件,能够成为宋代的专卖品之一。②

---

① 《宋史·食货志下七》。
② 五代时曾有铜器专卖,主要目的为防止人民熔钱铸器。但宋代各种矿物中,仅铁专卖有明确之记载,其他矿产都无确实之根据可以断定其为专卖品。

铁及铁器的专卖，始于元丰六年（1083年），但实行期间很短，元祐年间就被明令废止。徽宗大观初年，苗冲淑建议将一切铁器都改为官造官卖，并将民间已铸成未出卖的铁器，也一律由政府备价收买。但徽宗并没有完全采纳这种建议，只将铁专卖恢复：铁的采炼都听任民营，但炼成的铁，则必须"中卖"给政府，由政府增价售出，铁器仍准人民造卖。又为防止奸商收买官铁，然后增价出卖起见，规定只有经营熔铸铁器事业的人，才许购买官铁。①政和年间，朝臣屡次奏请恢复铁器专卖，但铁器专卖则始终不曾恢复。

（三）醋专卖及石炭专卖

五代对醋已有征税，后周显德四年曾有诏停止醋税，②但五代时并不见有醋专卖的事迹。宋代从没有实行醋专卖的明令，因此，醋专卖究竟始于何时，自然也无从推断。但事实上宋代是盛行醋专卖的，这可引以下记载为证：

崇宁二年（1103年），知涟水军钱景先言：建立学舍，请以承买醋坊钱给用诏常平司计，无害公用，从其请，仍令他路准行之。初元祐臣僚请罢榷醋，户部谓本无禁文。后翟思请以诸郡醋坊日息用余悉归常平，至是景允有请，故令常平计之。③

宣和七年（1125年），诸路鬻醋息率十五为公使，余如钞旁法，令提刑司季具储备之数，勿得移用。④

---

① 《宋史·食货志下七》。
② 徐式珪：《中国财政史略》。
③ 《宋史·食货志下七》。
④ 同上。

宋代有关石炭专卖的资料，最为缺少，但由以下记载，可以证明宋代确有石炭专卖：

自崇宁以来，言利之臣，殆析秋毫……官卖石炭，增二十余场，而天下市易务炭，皆官自卖，名品琐碎，则有四脚、铺床、榨磨、水磨、庙图、淘沙金等钱。①

九、专卖在宋代财政上之重要性

从事实和理论两方面讲，筹措战费总不外增加生产，减少消费和接受外援三类办法。其中增加生产又可分为政府直接增产和促使民间增产两种办法，减少消费的办法则有以下几种：

（一）加税，包括增加旧税率及创办新税。

（二）强制及劝导储蓄，内债，强迫保险，及其他强迫储蓄办法。

（三）增加公营事业售价。

（四）出售公产。

（五）增发通货。

（六）摊派及募捐。

（七）实行专卖。

在这些方法中，如果单独采取增加公营事业售价的办法，政府必须先能掌握全国最大多数的生产事业，但这只有在社会主义制度下才有可能；在资本主义下，减少消费主要是用加税和强制储蓄

---

① 《宋史新编·食货志三》。《宋史·食货志下》一记载与此略同。

两办法；比较落后的国家，则多半靠摊派及通货膨胀等办法，专卖制度和出售公产、募捐等办法，在近代都被认作效果微小，所以在近代的战时财政中，专卖制度已经不占太重要的地位。

但在中国古代，筹措战费多半是靠政府直接增产——屯田和加税，通货膨胀，摊派及实行专卖等方法，而以专卖最能收效。桑弘羊、颜真卿都曾靠专卖筹得了充足的战费，刘晏实行盐专卖的结果，专卖收入竟达到当时全部岁收的一半。① 专卖制度的功效，在宋代以前已经很显著了。

本文第三节曾经提到，宋代的专卖制度，不但规制较前代更精密，种类较前代更繁杂，而且专卖与边防的关系，也较前代更为直接而明显。在宋代，许多重要专卖办法的创设或加强，几乎都是因为边防需要的关系，而若干专卖办法的废止或放宽，又多是在比较承平的时代②。专卖收入的数量和专卖品价格的高低，也有随着战费需要而变动的趋势。南宋初年疆域缩小，战事扩大，专卖收入的数量急剧增加，专卖品的价格也空前高涨。例如北宋初时，末盐每斤最高价不过四十七钱，而南宋建炎初年，盐钞价每袋连"贴纳"在内，共为二十一千，每袋六石，共重三百斤，每斤的价格计为三百五十钱，较北宋初时高出七倍有余。③ 盐专卖收入，在至道三年，仅约三百七十余万缗，但到绍兴末年，只泰州海宁一监，盐利就达六七百万缗，④ 建炎二年，东南沿海的盐利共为二千四百万

---

① 刘晏季年盐利六百万缗，而当时全部岁收各为一千二百万缗。见《文献通考》卷十五。

② 例如入中创于太宗与辽构兵时，茶马创于神宗开湟时，赵开的种种专卖办法，多半为一时军费急需，仁宗废茶专卖，又恰在宋代比较承年时代。

③ 《文献通考》卷十六。

④ 《宋史·食货志下四》。

缗，①如连四川的盐利计算在内，共达二千八百万缗，较至道年间的数字，高出八倍以上。茶专卖方面，至道三年全国的茶利共为二百八十余万缗，②建炎二年，仅东南各路的茶利已达二百七十余万贯，③如连四川的一百零五万贯计算在内，④也远超过北宋的数量。南宋酒价之高和酒专卖收入之多，更不是北宋任何时代所能比拟，香专卖更是南宋所特有；唯独矾专卖因北方主要产区之丧失，虽在南方产区加强专卖，收入仍远逊北宋。

除边防经费外，宋代中央及地方经费，也有很大部分仰仗专卖收入。以至道三年（997年）的情形为例，当年财政总收入为二二、二四五、八〇〇缗，⑤但仅盐、茶、矾三种货物的专卖收入合计已达六百七十余万缗，⑥倘连酒专卖计算在内，则四种货物的专卖收入当在全部岁收的40％左右。南宋建炎三年（1129年），盐、茶专卖收入共为三千二百余万贯（东南及四川合计）较至道三年的全部岁收，尚多50％。孝宗乾道年间，户部侍郎叶衡曾谓："今日财赋，鬻海之利居半。"⑦所谓鬻海之利，仅指海盐的专卖收入而言，倘连井盐及茶、酒、矾等的专卖收入合计。则全部专卖收入无疑必占全部岁收的50％以上。可见宋代的专卖收入，已经取得和田赋对等的地位，成为财政收入的两大来源之一了。

兹将宋代盐、茶、矾三种货物专卖收入数额之变化列表于下：⑧

---

① 《续资治通鉴》卷一〇二。
② 《宋史·食货志下五》。
③ 《续资治通鉴》卷一〇二。
④ 《宋史·食货志下六》。
⑤ 《宋史新编·食货志三》。
⑥ 由以下第三、四、五表计算。
⑦ 《宋史·食货志下四》。
⑧ 根据《宋史·食货志下》及《文献通考》卷十五—十八，《续资治通鉴》卷一百二等所载资料编成。

第三表　宋代茶专卖收入表

年代	至道三年	天禧末年	景德元年	二年	三年	大中祥符五年	六年	七年	八年	景祐元年	嘉祐二年	大观三年	政和二年至六年	建炎二年
专卖收入（贯）	二、八五二、九〇〇	三、三〇一、九〇〇	五、六九〇、〇〇〇	四、一〇〇、〇〇〇	二、〇八〇、〇〇〇	二、〇〇〇、〇〇〇	三、〇〇〇、〇〇〇	三、九〇〇、〇〇〇	一、六〇〇、〇〇〇	一、一六〇、〇〇〇	四六九、〇〇〇	二、二四四、四〇〇	一〇、〇〇〇、〇〇〇	二、七〇〇、〇〇〇

第四表　宋代盐专卖收入表（单位：贯）

年代	种类	池盐	海盐	井盐	土盐	备注
	太平兴国二年			1,141,350		
	至道三年	728,000	1,633,000			范祥主持解盐时代
	庆历六年	1,470,000				
	皇祐　初年	2,210,000				
	皇祐　四年	2,150,000				
	皇祐　五年	1,780,000				
	至和元年	1,690,000				

895

年代 种类	池盐	海盐	井盐	土盐	备注
仁宗时				189,000	
治平年间	1,670,000	5,560,000			
熙宁八年前				250,000	
熙宁八年				104,000	虚估
元祐年间		4,000,000			
建炎年间		24,000,000	4,000,000		
乾道五年		26,975,000			淮浙两区
庆元初		9,908,000			
宝庆元年		7,490,000			
备注					

第五表　宋代之矾专卖收入

时期	专卖利益（贯）			
	钱	茶（注）	金银绢帛缗钱	共计
太平兴国初		30,000	120,000	150,000
端拱初		140,000	20,000	160,000
至道中	170,000			170,000
真宗末	239,000			239,000
熙宁元年	36,400			36,400
熙宁元年至六年平均	183,100			183,100
元丰六年	337,900			337,900
绍兴廿四年至廿八年平均	41,585			41,585

注：见本文第七节矾专卖。

（原载《燕京社会科学》, 1949 年第 2 卷）